JN196969

住(すまい)の民俗事典

森 隆男 編

編集委員 山崎祐子
松田香代子

柊風舎

はじめに

長年住まいの研究に関わってきて、住まいとは何かという根本的な思索にふけることがある。住まいを動物の巣と重ねて、身を守るシェルター、子育ての場と説明したことがある。寝場所であることに注目したこともあった。文化の所産としての「住まい」について、数年前に刊行した拙著『住まいの文化論』で一定の結論を出すつもりだったが、逆に謎が増えた。問われても今のところ、人の棲み処であるが一言では語れないと答えることにしている。

編者の私事で恐縮であるが、高校時代に下宿生活を始めて以来ずっと故郷を離れていたが、昨年から生家の築一二〇年の古民家を拠点に暮らすようになった。自由に改装して好みの住まいをつくりつつある。理想の住まいとは言えないが、ありのままの自分を包んでくれる、心休まる場である。平凡な結論であるが、この辺りが住まいの意味ではと考え始めている。

理想的な住まいを目指して

大正から昭和初期にかけて、短いながら理想の街と住まいが模索された時代がある。イギリス人の都市設計家E・ハワードの著書『明日の田園都市』が明治末期の官僚の目にとまり、良質の居住環境が模索されるようになった。この田園都市が、大正の中ごろに日本的な解釈のもとに実現したのが多摩川住宅地（現在の田園調布）である。関西でも同時期に大阪府吹田市千里山で、理想的な街として田園都市とよばれる西洋風の街づくりが始まった。あわせて各地で住宅博覧会が開かれ、洋風または和洋折衷のモデルハウスが展示された。千里山住宅地の広告には「ちょっと西洋にでも行ったような感じのする田園都市です」とうたわれている。しかしそこに出現したのは道路こそロータリーをもつ西洋風の趣であったが、建築された住まいの多くは和風の外観をもち、和室中心の伝統的な生活が営まれた。

近年の都市の住まいは洋風化が進んだといわれるが、玄関に靴脱ぎ場を作り和室を設ける家もあるように、住まいについて私たちは依然保守的であるといえよう。それは住まいの中に、常に本音が支配する空間をもっているからである。

住まいを知ることでわかること

最も身近な空間である住まいには、本音が支配する空間と、社会との関わりの中で生まれた建前が支配する空間が配されている。前者の属性は就寝、食事、団らん、生殖、育児、収蔵など家族の生活と家の存続に直結する要素である。一方、後者の属性には接客、格式などをあげることができる。このような属性をもつ部屋や設備の位置をさぐることで住まいをめぐる秩序と世界観を知ることができる。

編者はこの秩序の一つとして、クチ―オクを提唱したところである。住まいの出入口から奥に向かう動線上に配される部屋や設備、神仏の祭祀などを分析することで、住まいの秩序をさぐる方法である。そのためにそこで暮らす人たちがどのような動線で行動しているのか、客はどのような動線上を進んで家人の応対を受けるのか、日常時と非日常時の差はあるのか、さらにこれらの動線はどのように変容してきたのかなどを聞き出す作業を、調査時の重要な柱にしている。その結果、一般的な住まいでは客の動線と家族の日常の動線は交差することが多いが、上層の住まいではほとんどなく各々が独立している。そして最上層の住まいでは客の動線が長く、最奥部を数寄風の仕様にして接客空間にする傾向がある。また家族の日常生活における動線では食事と団らんの場が中心になっており、その奥に寝室や収蔵空間を配していることが多い。さらに公の性格をもつ神と私の性格をもつ神の祭祀場所が明確に区別されていること、奥に女神を祀るところがあることもわかってきた。

民俗学的研究の視点

モノとしての住まいを考える際に、建築年代を明らかにすることは重要である。考古学が土器の編年に大きなエネルギーを費やしてきたように、住まいの編年については第二次世界大戦後の建築学が担ってきた。その成果が六〇〇件を超す民家の重要文化財指定につながった。しかし保存修理が施される際に、建築当初もしくは最盛期の姿に復元されることが多い。いわゆる「凍結保存」である。暮らしの場である住まいは当然姿を変え続ける。変容の経過を明確に把握する視点が、「生きている住まい」を理解することになるといってもいいだろう。

生活から住まいを、住まいから生活を相互に検証しながら理解を深めることができるのが民俗学である。このような民俗学的な手法によって得られた研究成果は、今後の住まいの在り方を考えるときに大きな貢献をするはずである。

本書がめざした事典

本書では民俗学的な視点から住まい全体を理解するために必要な項目を設定した。そして、本書は住まいの専門家だけでなく、少しだけ関心をもっている人も対象にしている。そのため平易な記述を心掛け、図版を多用してビジュアルな体裁にした。長文のコラムを随所に配したのは、読み物としても楽しい事典をめざしたからである。多様な視点から項目を設定したが、それでも抜け落ちた項目があるはずである。変容を続ける住まいについては、いずれ改訂版が必要になるはずで、その際に項目の再検討をすることになろう。

本事典を手に取って住まいへの関心をもってくださる方が増え、その中から住まいの研究者が生まれることを望んでいる。

編者　森　隆男

編集委員　山崎祐子

松田香代子

住の民俗事典――目次

Ⅱ　儀礼と信仰

解　説

Ⅳ　設備と道具

解説

V　変容と活用

解説

コラム

凡例

一　この事典は、住文化について、「民俗の視点」から理解しようとするものである。そのために、執筆者には具体的な民俗事例を織り込むよう求めた。

二　住の民俗を個別的かつ総合的に理解するために、「空間と秩序」から「変容と活用」までの五章を設け、関連する項目を取りあげた。

三　原則として一般名称は漢字と仮名表記に、民俗語彙と地方の呼称はカタカナ表記にした。

四　写真は撮影場所と、撮影が二〇世紀のものは年次を記した。また撮影者が執筆者と異なる場合のみ提供者の名前を記した。

五　図は原典所収のものを使用し、一部については加筆・作図した。

六　索引は、見出しとしてあげた項目はゴシック体で、その他は並字で頁数を示した。

七　住の民俗をふくらみをもって理解していただくために、一部の見出し項目の末尾に▼印によって関連項目（見よ項目）を示した。

八　年数表記は原則として和暦と西暦を併用し、伝承者の生年は和暦のみにした。

九　参考文献は巻末に一括し、各項目で直接引用したものと参考にしたものを記した。

十　本文中で使用されている重さ、長さ、面積、体積の単位については、巻末（622頁）に換算表を付けた。

I 空間と秩序

住

解　説

住まいとその周辺は、多様な機能をもった空間で構成されている。それらは生活の変容により付加と分割が行われてきた結果である。空間の配置とくに母屋の部屋の配置を分析するために、オモテ―ウラとカミ―シモの概念が使用されてきた。近年、私はこれらに加えてクチ―オクの概念を提唱し、部屋が複雑に配置されている住まいや、敷地全体を分析する際に有効と考えている。第Ⅰ章では住まいの空間と秩序をさぐる項目をとりあげる。

平面上の秩序と垂直的な秩序

「田の字型」とも呼ばれる四間取りの住まいは、オモテ―ウラとカミ―シモの二本の軸を使用して区分すると部屋の機能がよくわかる。一般的にオモテ側の二部屋を接客に充て、とくにカミの部屋は最高の格式をもつ客間として重要な客の応対やハレの日の儀礼の場になっている。ウラ側の二部屋のうちシモの部屋は家族の食事や団らんの部屋に、カミの部屋は寝室に充てられることが多い。また中部地方や東北地方さらに列島の山間部には広間型の間取りをもつ住まいが見られ、土間に接した広間は家族の日常生活のほか接客の場にもなる。広間が分割されて四間取りになる傾向が認められるが、これは接客空間の分離・発達を意味している。

商家では商売上の客はミセノマにとどめるが、重要な客はオクザシキに迎え入れて応対をする。さらに親しい客は中庭を経て敷地のオクに設けられた茶室などの数寄空間まで迎え入れて丁重にもてなす。一方近代の都市住宅に採用された応接間は玄関付近に設けられて、来客を簡単な対応で済ませる部屋である。これらは接客が客との関係を考慮しながら、クチ―オクの線上で展開してきたことを示している。また農家や商家を問わず、寝室は出入口から遠いオクの部屋を充てる事例が多く、概して生活空間のオクに家の存続にかかわる重要な属性を見出すことができる。

平面上の秩序だけでなく、垂直的な秩序も存在する。たとえば土間で履物を脱ぎ、床上にあがる。上層の住まいの客間には他の部屋より一段高い「上段の間」をもつ事例もある。座敷に設けられた床の間はもう一段高い場所を創出し、美術品を置いたり掛軸をかけたりして接客の場を示す象徴的な装置になっている。仏壇は一段高い棚に位牌を安置する設備で、神棚はさらに高い鴨居の上に設けている。神棚の上に人が生活する場を設けている家では神棚のすぐ上の天井に「雲」「天」「空」などの字を書いた紙を貼るところが多いが、この習俗は神より上に人がいることを憚る意識が働いているからである。

空間を区切る装置

玄関には住まいの出入口の象徴としてさまざまな魔除けの装置がつけられている。節分の時にとりつけたヒイラギとイワシの魔除け、米寿の人の手形を押した紙などである。一段高くなった敷居には、「勘当した子どもには二度と敷居をまたがせない」など「家」の内外のけじめをつける諺がある。これらは住まいの空間を厳密に区切る結界である。

一方、日本の住まいの特色でもある障子や襖はとり外しが可能なため、多数の客を迎える婚礼や葬儀などの際には広い空間を確保することができる。そして厚い壁で区切る欧米の住まいと異なり日本の障子や襖は視覚的な間仕切りで、それらが閉められていれば聞き耳を立てないという暗黙のルールが存在する。欄間も話し声や物音を通す透かし彫りの様式が見られ、同様である。また切り込みの入った暖簾はあいまいに内部の様子を伝える象徴的な結界の代表であろう。

縁もあいまいな空間で、新仏などあいまいな性格の神霊を迎えて祀る場になる。

非日常時の変化

住まいを貫く空間上の秩序も、祭祀儀礼などの非日常時には一変する。宮崎県椎葉村の霜月神楽では、神楽宿になった住まいの屋内全体がハレの空間に転換される。デイに迎えた神の前で芸能が演じられ、家族の居間であるウチネは村人の観客席になり、かまどが設置されているドジ（土間）まで神々が舞い降りる。また本書で紹介されている山口県防府市の大歳祭では、土間に神を迎えるため土間側がカミになり、参加者が床の間がある座敷に背を向けて着座するという。

住まいにはオモテ―ウラ、カミ―シモ、さらにクチ―オクの秩序が存在し、それらに応じて多様な空間が配置されている。また時に応じてこの秩序がダイナミックに変化するといえよう。これらの分析を通じて、それぞれの地域や時代の住居観をさぐることができる。（森　隆男）

一　住まいの空間

1　母屋の利用

四間取り［ヨマドり］

▼さまざまな間取り

土間を除く居室四室が田の字型に配されたものを四間取りといい、全国的に最も多い間取りである。

日本の民家の空間構成の基本は矩形で、土間と床張りの部分（高床だが、床高が低いので「揚げ床」ということもある）からなり、家の中で靴を脱ぐという上下足分離の生活様式である。日常生活から考えるとごくふつうに見えるが、世界的には、日本列島、朝鮮半島や東南アジア、オセアニアの一部などごく限られた地域にしか見られない特色である。土間では立ち、床上では坐るという、屋内に異なったふたつの身体動作をともなうふたつの空間が存在していることになる。

間取りは床上居住部分の配置（部屋割り）をさすことが多い。大きくは、四間取り型（田の字型、四つ目間取り）

広間型および広間型的間取り
四間取り型（田の字型）
土間極小
曲屋
中門造り
妻入り（前土間、片側タテ並び、本棟造り）
二棟造り（主屋無土間）
イエ・ナカ接着

四間取り型分布図（杉本尚次『日本民家の研究』ミネルヴァ書房より）

と広間型に分けられる。

間取り型の分類については、区画の幾何学的な形態による分類、発生や発達過程を考慮した分類、これらに機能や居住習俗などを加えた分類など多様である。ここでは機能や居住習俗などに留意して間取り型を考える。

四間取り型には、田の字型に整然と区画した整形四間取りと、その区画の縦または横の一方をくいちがわせる食違い型があり、各地で混在している。旧地主など富農層の場合、部屋数も六～八室など四間取りを基本に増築した例が多い。四間取り型の主要分布地域は、関東、東海や、近畿地方をはじめ西日本各地である。

四間取り型は、入口土間側から玄関（行事、接客）、ダイドコ（食事、団欒、手仕事など）、その上手にザシキ（行事、接客、就寝）、ナンド（就寝、家具収納）がある。いずれも、間仕切りは障子、襖、板戸などスライディングウォールともいえる可動的なものが多い。必要に応じて伸縮自在の空間をつくることができるフレキシブルで開放的な、融通性のある構造である。昭和三〇年代以降の建築史学の復元・編年研究によると、地域によって異なるが、広間型から四間取り型への変化は、少なくとも江戸末期から明治初期に成立したものと推定されている。

また、四間取りを日本民家の原初形態と想定する立場もある。出雲から中国山地・四国山間部に、ザシキとナンド境を仕切った大社造りを思わせる古い間取りの分布が指摘されている。

四間取り型の諸相

事例1 大阪府河内長野市小深、金剛山に近い山間部にある山本家は、元庄屋といわれる旧家。茅葺き入母屋屋根で、間取りは整形四間取りである。増改築がほとんどなく、解体修理の結果、一七世紀末ごろの建物で、四間取りではもっとも古いものと認められ、国の重要文化財（重文）の指定を受けた。現在は建設当初の姿に復元してある。家族が生活していたときにも訪ねたが、古型を保持していたためか、復元前に比べてほとんど変化がない。平入りの大戸口を入ると土間で、カマヤに五つ穴の竈がある。カマヤとウチニワ境の頭上すれすれに架かる太い梁をケムリガエシと呼ぶ。土間の一部にマヤ（元ウマヤ）があったのも、山村の古民家らしい。間取りは、クチノマ、ダイドコ、ザシキ、ナンドの整形四間取りで、ダイドコの土間脇に板敷のヒロシキがある。ナンドだけは閉鎖的で暗い部屋になっている。クチノマ正面の鴨居の上部に祈祷札が並んでいる。もっとも古いものは正徳三（一七一三）年である。重文になってから、家族は別棟に住むが、村の寄合いなどには広い母

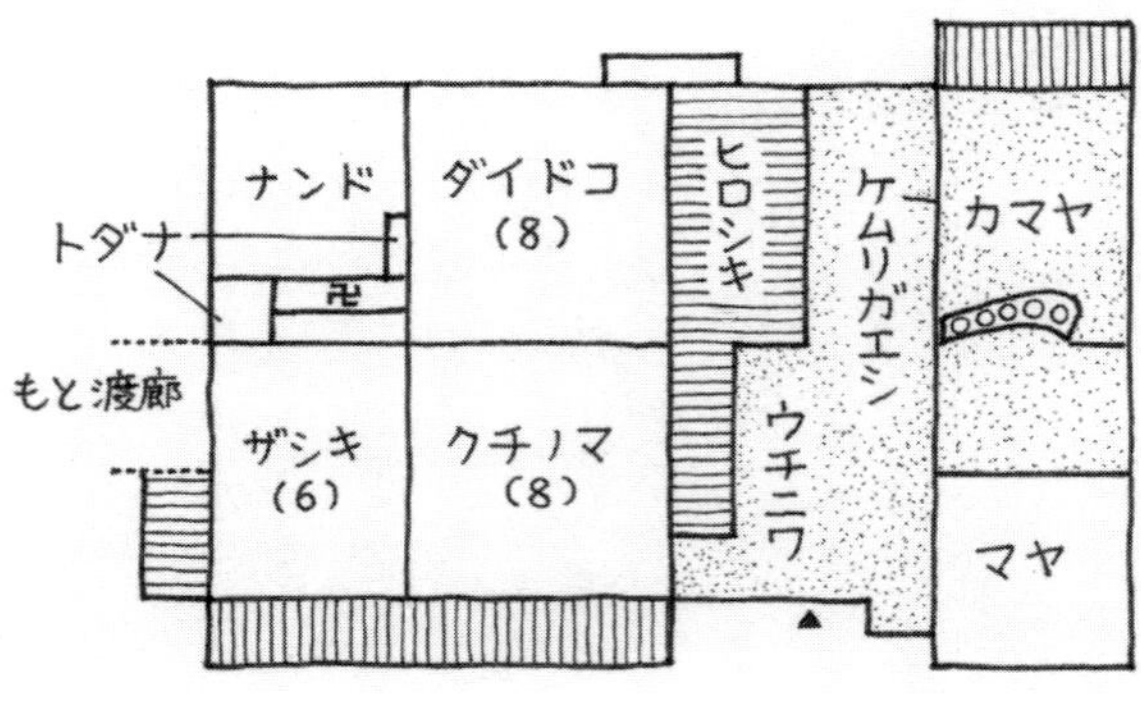

四間取り事例1（大阪府河内長野市小深）

屋を使っている。

事例2　和泉山脈の南斜面、和歌山県伊都郡かつらぎ町東谷神野は、串柿の里として知られている。整形四間取り型で、広い土間に沿ってオモテとダイドコロ、その奥がオクノマとナンドである。オクノマはザシキにあたり、仏壇がある。トコに天照皇大神、豊受大神の軸をかけ、神棚はナンド境の鴨居の上にとりつけてある。ダイドコロは居間であり、エビス、大黒、稲荷を祀る。土間（ニワ）は現在でも皮むき、乾燥など串柿生産の場として利用している。竈に近い柱に荒神を、ナガシ、水がめ脇の柱に水神を祀っている。やや奥まった山間村で、伝統行事や家の神を祀る習俗も比較的よく残っている。

（杉本尚次）

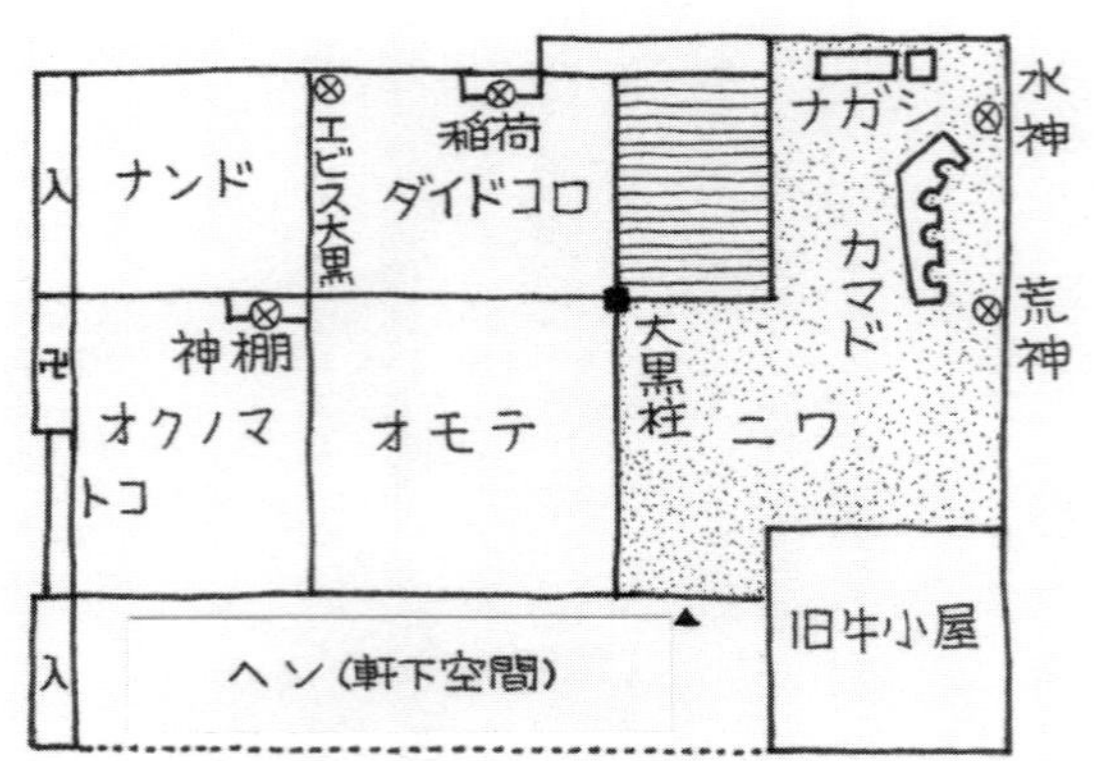

四間取り事例2（和歌山県伊都郡かつらぎ町東谷神野）

広間型間取り［ヒロマガタマドリ］ ▼さまざまな間取り

広間型は民家平面形式のひとつにつけられた呼称で、居住部分が①囲炉裏のある広い部屋と、その奥にネマや座敷のある「三室広間型」②囲炉裏のある広い部屋（ヒロマ、オイエ、オエ、常居（じょうい）など種々の名称がある）を中心にして、ヘヤ、ネマ、座敷などがその周囲に配置された「取り巻き広間型」の二形式がある（図1）。

広間型は、東北、北陸、中部山岳地域に分布が顕著で、隣接する関東地方の山間部や愛知県、静岡県の山間部などにも分布しており、住宅規模（一戸あたりの畳数）の大きい地域と広間型の分布地域はほぼ一致している。広間の機能は、炊事、家族団欒の場で、接客空間も兼ね、仕事場でもあったし、家族が最もよく利用する部屋であった。

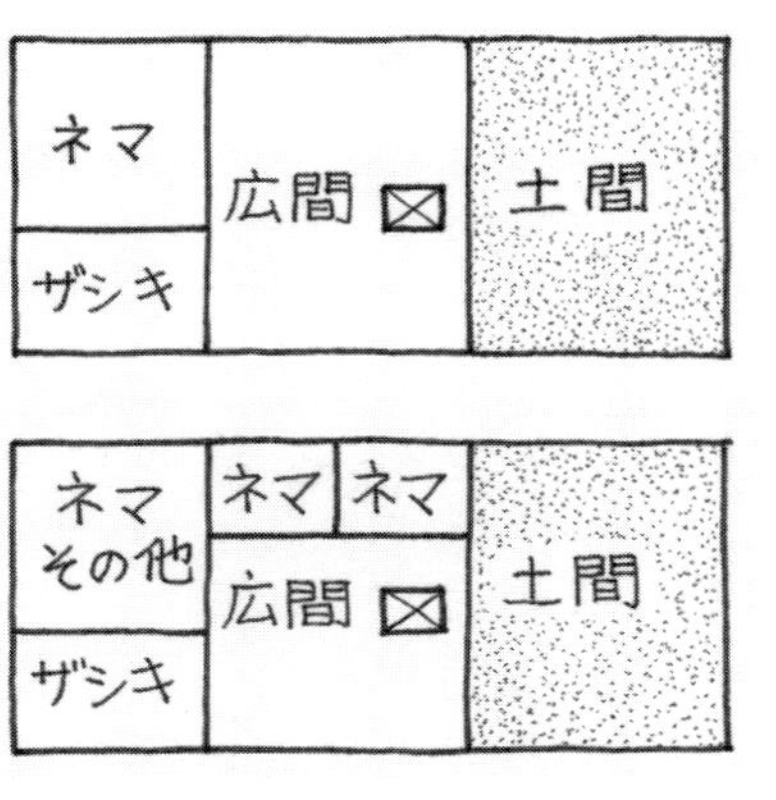

図1　広間型の間取り（大河直躬原図）。三室広間型（上）と取り巻き広間型（下）

建築史学の研究（昭和三〇年代以降の復原調査の進展）によって、広間型は、江戸時代には東北地方から九州にいたる非常に広い地域で農家の間取りに使われていたことが明らかになっている。一方、近畿地方の中心部をはじめ各地に、古い時代にさかのぼっても広間型がなかった（四間取り型と推定）地域が存在することも明らかになっている。

広間型は、先の二大区分以外に諸種のタイプがある。居住部分は広間型で、これに生産関係（家畜飼育など）や接客関係の部屋を付加した曲家（まがりや）や、中門造り（ちゅうもんづくり）・鍵屋（かぎや）のように生活機能を一棟に集めた地方色豊かなものもある。

生活慣習やそれぞれの部屋のもつ役割などを考慮すると、広間型的間取りは現在の広間型の分布縁辺部や西日本各地にも分布している。石川・福井から琵琶湖北部地方に見られる妻入りの地床式（じゆかしき）民家（余呉（よご）型・伊香（いか）型）や、対馬のような広い板間をもつ間取り、中国山地その他の山間地に見られる板間の拡大した民家なども、広間型的間取りといえよう。

広間型の場合、その主要分布地域や囲炉裏のある広間中心的な生活を考えると、寒冷、積雪地域の生活様式との関連も無視できない。

広間型の諸相

事例1　北陸砺波平野の散居村（富山県砺波市鷹栖）は庄川の形成する扇状地のほぼ中央に位置する、典型的な散居村地帯である。富山県は、住宅規模も全国的に見て石川県、新潟県とともに大きく、部屋数は一戸平均六室で全国最多である。砺波地方の民家の間取りは広間を中心にして上手に座敷、下手に土間を配した広間型間取りを基本にしているが、背後や上手に多くの部屋を加えて多室化したものが多い。

　広間の間仕切り中央に太い一対の大黒柱があり、四隅の柱を加えた六本の柱が主軸となり、その上はセイロ組みで頑丈に組んである。この地方では「枠の内造り」という。広間には神棚が置かれ、精神的にも家を支える聖なる空間といえる。奥座敷には立派な仏壇がある。浄土真宗の盛んな土地柄だけに、仏間として格別、僧侶を大切にする気風や大法事などの行事が盛んなことを考え合わせると、多室

広間型事例の民家（富山県砺波市鷹栖、1966年）

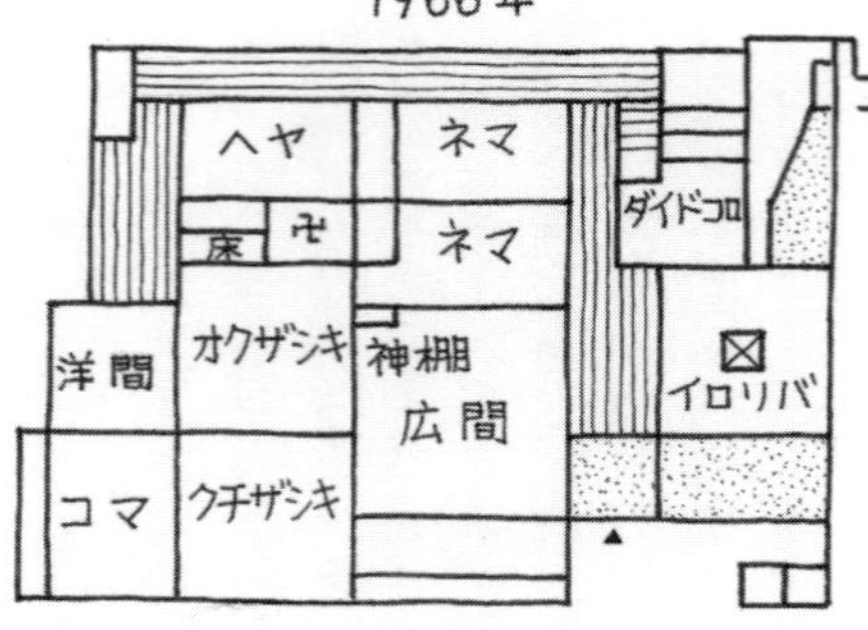

広間型事例1（富山県砺波市鷹栖）

間取りが理解できそうである。近年、母屋が大改造され、瓦葺きを二階建てにするものが多い。このように外形は大きく変化したが、間取りは従来の型を保存しながら部分的に改変している。とくに、中廊下の設置が注目される。この結果、各部屋の独立性が確保されており、家族の日常利用の多い「ケの空間」の改変が進んでいる。

事例2　広間型的間取り。対馬上島の西海岸に位置する青海（長崎県上県郡峯町（現・対馬市））の、もと給人（郷村に残った武士階級）の家である。母屋の上手約半分は整形四間取りになっており、広い板間のダイドコロの前に三畳とドウジ（土間）がある。ダイドコロは三間×三間半の広さ。正面の壁にカヤの木の平柱（見付幅〈柱の正面の幅〉三五〜三七センチメートル）が四本並び、その柱の間に上下二段の戸棚があって、上段を仏壇にしている。ダイドコロの土間境の鴨居の上に棚をつけ、ホタケサンを祀る。ホタケサンとは作物の神で、稲や麦を収穫したときに供える。

対馬の広い「ダイドコロ」と平柱（長崎県対馬市、1980年）

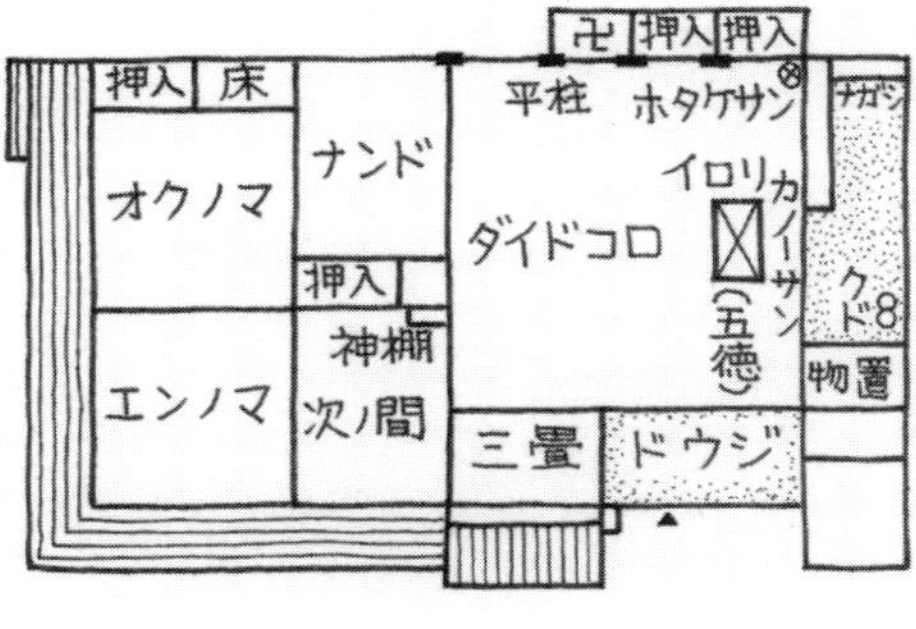

広間型事例2（長崎県上県郡峯町）

対馬では、年中行事のために広いダイドコロに村人が集まることがある。とくに盆踊りの稽古場が踊り組の年番でまわってくるため、必須の空間であった。村の寄合いにも使ったことがある。現在ではほとんど公民館を使っているが、ケの空間兼聖なる空間としての役割は残っている。広間型的な広いダイドコロは、対馬民家の型となって新築家屋にも継承されている。

（杉本尚次）

さまざまな間取り［さまざまなマドリ］

四間取り型や広間型間取りとも関連するが、さまざまな間取りとして、土間極小・無土間型と並列型間取りなどをとりあげる。

土間極小（踏込土間）・無土間型

母屋で土間が極端に小さいか、土間のない全面高床（揚げ床）の民家は、母屋と炊事棟が別棟になった分棟型とも関連すると思われ、日本民家の源流を探るうえでも重要である。

典型的な土間極小型は、三重県志摩半島に見られる。その他、南四国の漁村、南九州の薩摩半島、屋久島、種子島などにも分布している。志摩半島では一般に土間が一坪以下のものが多い。この型は、三重県の志摩郡（現・志摩市）や度会郡から熊野灘沿岸の北牟婁郡あたりにおよんでいる。

薩摩半島では、四間取り部分（「オモテ」または「イエ」と呼ぶ）に「ナカエ」と呼ぶ部屋がつき、土間が小さい。この間取りは、オモテ（生活の場）とナカエ（食生活の場）という機能の異なった部分が、元は別棟であったものが接近して屋根接着などを経て合体したものと考えられており、分棟型との関連が濃厚である。

並列型間取り

梁行方向（上屋に架けた梁の並びかた）に間仕切りを設けて部屋割りをする型で、梁間を一定にして部屋数を増すごとに桁行方向にのびるので、この四室事例が横に並んだ横長の間取りになる。多くは囲炉裏をもつ。この型式は宅地が狭小・急峻な山間村などに見られ、とくに次の地域に

土間極小型（三重県志摩町和具）

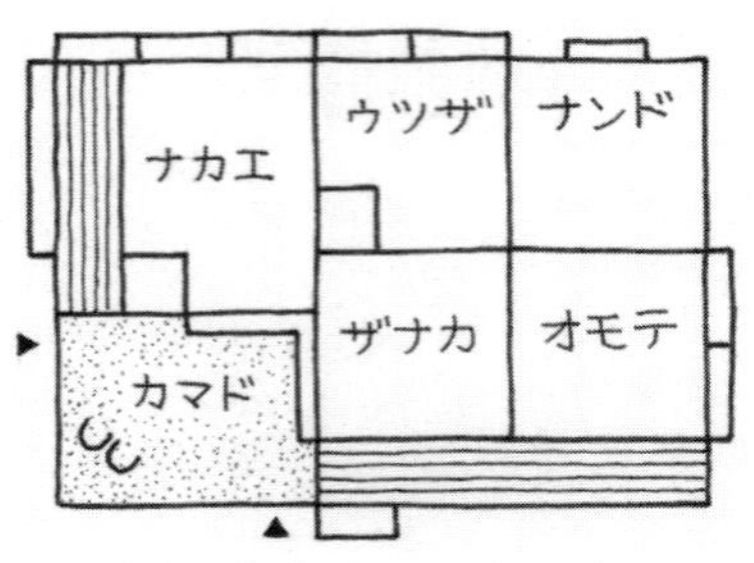

イエ・ナカ一体（ナカエは１段低い）
（鹿児島県山川町利永ノ市山東）

著しい。十津川流域の紀伊山地、吉備高原、四国吉野川上流域の祖谷地域、九州山地中央部の高千穂、椎葉、米良や五家荘、奥三河や関東山地の秩父地域などである。

九州山地の並列型は、四国山地より規模が大きい。

宮崎県東臼杵郡椎葉村上椎葉の旧家はこの地域に多い並列型間取りで、上手からコザ、デイ、ウチネの三室が並び、板間のダイドコロがついている。上椎葉では、この民家や国の重要文化財の鶴富屋敷など一〇戸の民家が古く、それぞれ屋号をもつ。夜神楽はこの一〇戸で輪番制で神楽宿をつとめている。デイが神楽を舞う場所で、神棚から無目敷居にかけて、注連縄を張る。コザは楽師や世話人の控え室、ウチネから縁側にかけて村人が拝観する。

デイとウチネ、最後に火の神を祀ってあるダイドコロで舞いおさめをする。椎葉民家には、「オハラ」「ソトハラ」「ヒエン」と呼ぶ三区分がある。オハラは部屋の部分、ソトハラは一間幅通りの無目敷居から外側、ヒエンは縁側。神楽奉納などハレのときには、オハラとソトハラを一体にして使うが、敷居から外側は控え、見物席になっている。この三区分を寝殿造りの残像であるとする説もあり、古風な室名や平家伝説などとともに興味深いが、民家の内部を夜神楽など村落共同体の祝祭の場に利用することや、その際の秩序など、祝祭と神をめぐる聖なる室内を結界で区分するなど、一種のシンボリックなものが強く関わっているようである。

椎葉の並列型間取り（日本民家集落博物館に移築）

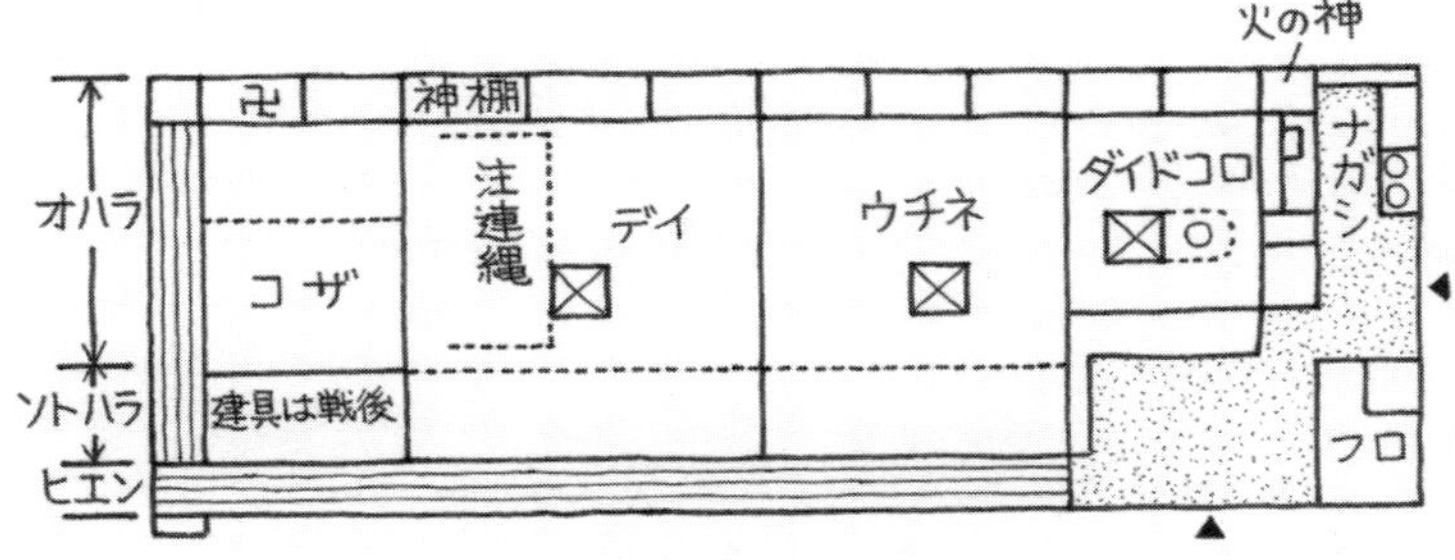

椎葉の民家（宮崎県椎葉村上椎葉）

その他の間取り

矩形の基本型（直屋）からつき出してL字型、コの字型などになった鍵屋、ツノヤ、シュモク造り、クド造りなど地方色豊かなさまざまなタイプがあるが、多くは四間取りか、広間型に付加されたものである。クド造りの一部と有明海沿岸地域に見られる漏斗造り（ロの字型）が縦割系の間取りである。増設部（突出部）は、ウマヤ、作業場、台所など生産的空間や日常生活空間が付加されたもの、座敷など接客空間が加わったものが多く、なかには家格表現形式もある。

妻入り型

妻入りは、全国的に宅地面（間口）を節約する町屋や街村状の村落に見られるが、農山村では近畿地方に多い。妻入り型は滋賀県湖北地方から石川県にかけて分布する前土間・地床式（余呉型・伊香型と呼ばれる）および和泉山脈北麓に分布する前土間型と、丹波高原や能勢地方に見られる片側通り座敷（部屋の配列が縦割り）の二型式がある。

妻入り型はほかに、志摩半島などの土間極小型と、信州に見られる本棟造り型などをあげることができる。

（杉本尚次）

寝室・納戸［シンシツ・ナンド］

寝場所としての寝室は収納場所としての機能をもつため、納戸の呼称がある。

寝室の呼称と機能

全国的に分布している呼称は「ナンド」である。「ネベヤ」「ヘヤ」も比較的多く、近畿地方の一部から東日本にかけて分布している。「オク」「オクベヤ」は岐阜県や愛知県、三重県、兵庫県、山口県に分布している。富山県と岐阜県、愛知県、兵庫県には「チョウダイ」の呼称が見られる。チョウダイの語源は「帳台」と思われ、貴人の寝所をさすことばであるが、これらの地域に呼称として伝承された背景は不明である。白川村（岐阜県大野郡）の場合は、家長夫婦と女性たちの寝室がチョウダイで、男性の寝室は「デイ」である。伊豆諸島にもチョウダイと呼ばれる部屋があるが、この場合は仏壇の背後にある狭い部屋をさし、寝室ではなく物置として使用されている。

ナンドは、「納戸」の字があてられるように、室町時代は「オサメドノ（納殿）」と呼ばれ、収納の機能をもつ場であった。中世の絵巻物『慕帰絵』に描かれている納戸構は土壁と重厚な板壁で囲まれており、出入口になる戸には「猿」と呼ばれる戸締りの装置がとりつけられている。

江戸時代中期の故実書である『貞丈雑記』には、庶民が帳台と納戸を同じ意味で使用しているとみえる。なお、古い住まいには寝室の出入口の敷居を一段高くしている場合があり、「帳台構」と呼ばれる。これは、かつては寝室が床のない土座であった名残りともいわれている。

空間上・観念上の位置

四間取りの民家の場合、住まいの秩序を創出しているオモテ—ウラ、カミ—シモの方位をあてはめると、ウラとカミにあたる位置が寝室とされることが多い。とくに家長夫婦の寝室は、ほぼこの位置に固定しているようである。

福島県東白川郡鮫川村には、長男が、新婚初夜だけは「ザシキ」を、次の日から子どもが生まれるまでは次の間を、子どもが生まれて家長になるまでは居間の付近の部屋を、そして家長になって初めてナンドを寝室にする事例がある。しかも、その部屋は「オナンド」と呼ばれ、九畳の広さがある。家長と家族の序列が重視された大家族の時代の習俗であろうが、寝室がその象徴になっている点は注目すべきで、寝室が住まいの観念上の中心でもあるといえる。当地では、家長の地位を息子夫婦に譲ると、自分たちは別棟を建てて隠居する。

また、比較的遅くまで土座の様式が残ったのも、寝室であった。ここには土間と同質の空間と見る観念が認められ、出産の場として使用された理由のひとつも、この点に求めることができる。なお、死者の湯かんをする場も寝室で、人の生死に関わる重要な場であった。

閉鎖的な空間が意味するもの

古代の塗籠（寝殿造の母屋に設置）や中世の納戸構の構造は、周囲を土壁や板壁で囲まれた閉鎖的な構造であった。

帳台構を残す秋山郷の住まい（日本民家集落博物館）

これらは寝室と収納場所を兼ねた空間で、以後も寝室は長いあいだ閉鎖的な暗い空間であった。ここに土座の要素が加わると、これらの条件がつくりだす空間は「室」と共通する。

その典型は古代の大嘗宮につくられた悠紀殿と主基殿の正殿で、二室のうち奥の部屋は「室」と呼ばれ、寝台が備えられた寝室である。この部屋は、神と新しい天皇が共食する祭祀のための空間である。

民間に残る御仮屋のなかにも同様の形態と機能をもつ事例がある。寝室には祭祀の場としての機能が付随しているといえよう。

寝室で祀られる神々

近畿地方から中国地方の東部、対馬などで、寝室に納戸神を祀る習俗があったことが報告されている。たとえば島根県隠岐郡西郷町（現・隠岐の島町）では、ヒヤ（寝室）の隅に棚を設けて榊を立て、供物を供える。正月二日にはツクリゾメ（作り初め、「鍬初め」ともいう）にアシナカ（足半、踵の部分がない草履）をつくって片足分だけ供えるという。大阪府河内長野市では、納戸に祀られているナンドバアサンのために、一二月の終わりに二股大根を供えるという。多くの場合は女性神で、この神の司祭者が女性であったことを反映している。

住まいのオクの寝室に祀られる神は、穀霊であるとともに、対馬の寝室で祀られているウチノカミが「知らず知らずのうちに家内を守ってくれる神」と伝承されているように、住まいや家族を守る神でもあった。

（森　隆男）

茶の間・居間［チャのマ・イマ］

居間の設え

居間は、暮らしのなかで家族がもっとも多く過ごす、住まいの中心的な部屋である。ここに家族が集まり、食事をともにして団欒する。居間の呼称は地域や家によってさまざまで、「イマ」「ジョウイ」「オーエ」「チャノマ」「ヒロマ」「カッテ」「ダイドコ」などがあるが、たとえば「ジョウイ」が「常居」と表記されるように、この部屋が日常生活の中心であることがうかがわれる。

居間は、広間型や田の字型の民家において、土間に隣接するシモ側の、とくにウラ側に位置するのが一般的である。居間は、板敷きで炉が切ってあるほか、天井には竹の簀子を張る程度で梁組みや屋根裏がむき出しになっている。土間との境には壁や間仕切りがなく、背の高い指物などの材を置いて空間を区切っている。居間には人や家具類の大きな荷重が集中し、また土間から延びる長大な梁を受けるために、居間の隅に「大黒柱」と呼ばれる太い柱が使われた。大黒柱は時代を経るにつれて家格や富の象徴として必要以上に太いものが使用された。細い材で上品に仕上げられた客間などのオモテ側の部屋と比べて、居間の意匠は力強い印象を受ける構造となっている。

居間と土間の関わり

居間は食事や家族の団欒の場であるとともに、採暖や食物の煮炊き、裁縫や生業補助作業などを行う場として、さまざまな日常の生活作業に使用される。

こうした機能は、土間と密接な関係にある。土間は、とくに農家では農具の手入れや脱穀など屋内で可能な農作業を行う場として使用されたほか、炊事や風呂、食糧や家財の貯蔵収納など、家族が屋内における生活や作業を営める場となっていた。たとえば、土間で炊事を行い、居間で食事をとるように、土間と居間とで一連の動作が成立しており、ふたつの部屋の関係は日常的な生活スタイルを形づくるひとつの空間となっていた。今日では、居間よりも土間を居間化させている家がある。台所の近代化が進んだことで土間の役割も縮小し、居間が土間の空間をとり込むようになったのである。両部屋の密接な関連性がこうした結果を可能にしたといえる。

信仰から見る居間の性格

居間は間取りの配置上、住居内のウラ側に位置している。オモテ側にある客間や次の間が、冠婚葬祭や神事などの儀礼や集会、接客などを行う公的な場であるのに対し、ウラ側にある居間は、前述のとおり家族の生活が集約された私的な領域である。このような空間に対する観念は、屋内神の配置からうかがえる。奈良市興ケ原（おくがはら）の田の字型四間取り民家では、居間にあたるシモ―ウラの部屋を「ヘヤ」、そのオモテ側を「クチノマ」と呼んでいる。クチノマには氏神を祀り、春日大社や伊勢神宮、橿原神宮（かしはらじんぐう）の札などを並べるなど、地縁集団や広域的な信仰を得るような神を配する。一方、ヘヤには家内繁栄を願うダイコクを祀る。こうした神の配置から、オモテ側には一定の社会性が伴われるのに

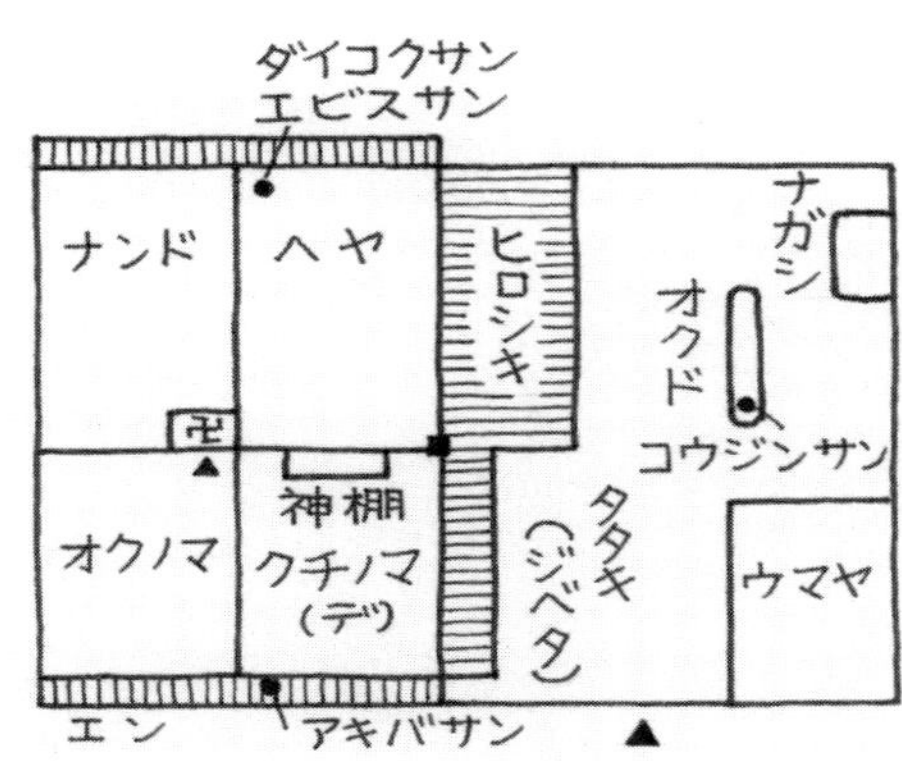

田の字型民家の間取り（奈良市興ケ原）

対して、ウラ側は家内に特化した私的な性質を伴っていることがわかる。

近代の「茶の間」

居間には「チャノマ」と呼ぶ例があると紹介したが、両者は必ずしも一致するものではない。平井聖によれば、近世までは「イマ」「チャノマ」とも、住居のウラ側の家族の食事・団欒の場という私的な空間をさした。だが、近代以降の生活の西欧化に後押しされ、とくに大正期の生活改善運動などで家族生活を重視する意識が広まり、畳敷きで日当たりのよい住居の表側に家族の空間をシフトしていった。この部屋を「茶の間」と呼んで広く世間にとり込まれたことで、「茶の間中心型住宅」ともいえる住居の形態が主流となっていった。茶の間という言葉は、それまでの居間観と異なる発展を遂げていったのである。（秋山裕貴）

デイ・ザシキ・客間　［デイ・ザシキ・キャクマ］

客間の形態

一般的な民家においては、接客の間を「デイ」「ザシキ」などと呼ぶ。単に「客間」といえば、来客を通して応接する部屋という意味でしかなく、近代以降の洋式のそれをさす場合があるが、日本の伝統的な住まいのなかで客間とされてきた部屋は座敷であり、今日においても座敷をしつらえる住宅は少なくない。座敷は一般的に、住居の表側の戸口から最も離れた場所に位置していることが多い。日当たりがよく通気性に優れ、家の中でもっとも快適な空間といえる。座敷には畳が敷き詰められ、違い棚、床、付書院（つけしょいん）などの座敷飾りが備えられたりして、格式高い空間を演出している。その意匠は室町時代後期の書院造り建築に由来する。

座敷の歴史と利用

元々、貴族や上級武士の住宅において貴人などを接客する部屋として備えられていたが、江戸時代半ばころから、下級武士から庶民の町家や農家にいたるまで広く普及した。

座敷は、正客を迎える部屋として日常生活の場から切り離された空間となっている。ふだんは家の者でもめったに入室することはなく、用がなければ畳をはずしておくこともある。また、上層階層の民家では役人などを迎え入れることもあり、直接座敷へあがるための式台（しきだい）という通用口を、通常の家族が使用する戸口とは別に設ける家もあった。座敷は、精神的にも空間的にも日常空間と隔てられていたのである。

しかし庶民の民家では、近所の親しい人との交流であれば、戸口を入ってすぐの部屋で応対するため、座敷で応接すべき正客を迎えることはほとんどない。そのような民家での座敷のおもな利用法は、客の応接よりも、村の寄合や信仰的集団を組む講（こう）に用いられることが多かった。

たとえば、江戸時代に火伏せの守護として東海地方を中心に秋葉信仰が広く流行し、各地に秋葉講が結成された。秋葉講は、年に一度、輪番やくじで決められた代参人の家に講員たちが集まり、床に秋葉山の掛け軸をとりつけ、座敷に膳を並べて皆でお籠もりをした。輪番やくじで家に講員を集められたのも、空間的に広く使える座敷を備えた家が普及していたからこそといえる。石川県能登半島のアエノコトという民俗行事においては、家の主人が田の神を自宅に招き入れて饗応し、収穫感謝や五穀豊穣を祈るが、この神の接待は座敷で行われる。住まいの最上の部屋である座敷で応対するのは、神が最上の来訪客であるという意識の表れでもある。

このように座敷は、寄合や行事、冠婚葬祭などさまざまな催しの会場となり、接客という概念だけでない、常設の儀礼の場としての性格をもっている。そのため行事の際に大勢の人を収容したり幅広い空間を維持したりする必要がある。その場合、表に面した座敷を軸として、その裏側、あるいは戸口側にも座敷や次の間を連ねて配列している家では、両部屋を仕切る襖（ふすま）や障子（しょうじ）をはずして続き部屋にして用いる場合もあった。

旧松永家住宅の座敷（奥）・次の間（手前）（写真提供：富士市立博物館）

住まいの中のデイ

「デイ」と呼ばれる部屋をもつ家がある。デイとは、平安時代の貴族たちの寝殿造り住居にある「出居（でい）」に由来する。出居は客との応対の場として使用されたほか元服（げんぷく）や裳着（もぎ）などの儀式を行った場所であり、中世には上層農家にもデイという言葉が流入し、接客空間として広まった。しかし、今日村々の住まいで確認されるような近世以降のデイは、地域で性質や呼称が変化しているため、その限りではない。

愛知県渥美（あつみ）半島の伊良湖町（いらごちょう）ではデイを「オデー」と呼んでいるが、その部屋の配置・機能はまさに座敷と同様である。オデーには、座敷飾りが備えられ仏壇が設置されている部屋でふだんは使用しない。葬式やお日待など人を集めるときにしか使われない。一方、奈良市柳生に「デ」と呼ぶ部屋があるが、戸口を入ってすぐの部屋に位置し座敷とは別の部屋である。近所の人などを軽く接客する場で、家族が日常的に使用する。座敷で大きな集会があれば続き部屋にして使われることもある。

以上のように、座敷やデイが日本の伝統的な住まいを構成してきたが、公会堂で地域の会合を開いたり冠婚葬祭は式場を借りたりして、家への人寄せの機会が減っており、客間の伝統的な利用は姿を失いつつある。（秋山裕貴）

仏間［ブツマ］

ここでは、仏間を仏壇が置かれている部屋ととらえる。仏壇の役目は、宗旨の本尊を拝むことと、その家の先祖を祀ることである。仏壇が家の中のどこに置かれているかをみると、三つのタイプがある。ひとつは座敷、ひとつは居間（広間）、そしてもうひとつが納戸（寝室）である。そのなかでいちばん多いのは座敷、ついで居間である。座敷は接客空間としてあとでできたものであるから、本来は居間にあったものが、座敷ができるとともにそこへ移されたものであろう。納戸は異様なようであるが、米櫃、たんすなど、大事なものの収納場所であった。

三つのタイプには分布の特徴がある。大正から昭和前期にかけて、全国の間取りを組織的に調べた石原憲治の『日本農民建築』によってその状況をみると、次のようになる。

座敷に仏壇を設置する事例が多いのは、東北では日本海側の青森県と秋田県（山形県は中の間が多いが、これは座敷増築前の座敷機能部分である）。中部地方では新潟県、富山県、石川県、福井県の四県と岐阜県、愛知県。西は近畿以西、中国、四国、九州である。

日常生活の中心である居間（広間）に置かれるのは関東地方全域で、このほか東北の太平洋側の岩手県、宮城県、福島県と、中部の長野県、山梨県である。家の入口側から

仏壇にオボクサマ（仏供）を供える（富山県南砺市野新）

見て広間の奥に中段のように置かれ、鴨居から上には神棚や神札類が祀られる。納戸タイプの分布はわずかずつであるが、関東各県と山梨県、長野県、奈良県、岡山県、山口県などである。

座敷地域のなかでも大きな仏壇を飾るのは、北陸四県と岐阜県、愛知県である。ここはいわゆる北陸・東海の真宗門徒地帯である。

仏壇が置かれている部屋と生活のなかでの使われ方を、真宗地帯の富山県を例にみる。仏壇へは毎日朝晩お参りする。子どももお参りしないとご飯を食べられないようにしつけられた。初ものや貰いものも仏壇に供えてから食べた。手次寺（檀那寺）からは月に二、三回は月忌参り（故人の命日のお参り）にくる。結婚式のとき、花嫁は入家すると部屋へ落ち着いてから白無垢に着換え、舅姑に案内されて仏壇に参る。仏と先祖に挨拶をするのである。年賀や弔問に訪れたときも、まずその家の仏壇にお参りしてから家人に挨拶する。座敷で宴会をするとき、配膳の正座は仏壇を背にする。

巡回仏のお座（法座）や村寄合いの宿をするときも、使僧や司会者の位置は仏壇の前であった。仏壇はイエのレベルだけではなく、社会的なレベルでも重要な位置を占める。

（佐伯安一）

応接間 [オウセツマ]

応接間とは、来客に応対する部屋のことで「応接室」ともいわれる。その始まりは明治二〇年代（一八八七〜九六年）で、そのころになると日本人の住宅の洋風化が進み、皇族などの上流層が、和館の横に洋館を設けたことがその始まりとされる。和館は日常生活の場で、洋館は接客の場あるいは客の宿泊場として用いられたのである。一方、中流層では仕事など個人の実用的な目的から書斎や仕事場として洋室を設け、住まいの一部に洋風建築様式を組み込んでいった。

当時の日本住居は各部屋が建具によってつながり、内部空間は開放的で、客間が広い面積を占めて重視される特徴をもっていたが、そのことが在来住宅への批判となっていた。こうした批判への対応として、①部屋の独立性の確保、②接客本位の住居から家族本位の住居への変換、③ユカ座からイス座への変換、④実用性合理性の追求——といった住宅改善がなされていった。

明治三一（一八九八）年には、家族の日常生活用の和館と来客接待用の洋館を別棟で建てていた上流層の住宅を簡素・縮小化させて従来の和風住宅の玄関脇に西洋式の外観をもった他の空間とは壁で仕切られた洋風の客間を設けて、これを応接室とする部分的に洋風化を図った「和洋折衷住宅」が大都市の中流層の住宅として提案された。この考え方は、家族の日常生活を守るために、客の居室の通り抜けを解消した中廊下型住宅へと発展していき、戦前までの中流住宅の典型となっていく。

このような住宅の受け皿として、明治末期から都市中流層をターゲットに都市近郊に、郊外住宅地が誕生していった。大正一一（一九二二）年に大阪北部の郊外住宅地として売り出された「千里山住宅」の間取りの特徴は、プライバシーを重視して中廊下式を採用し、玄関と中廊下、中廊下をはさんで和室と洋室が向かい合う形式となっている。洋室は応接間となっており、接客の場に使用された。外観、居室双方とも和洋折衷型の特徴が顕著であった。千里山住宅のひとつで改築になった「岡田家住宅」の応接間にはテラスが設けられ、かつて縁側が果たしていた地域社会との接点も設けられている。

千里山住宅岡田家応接間（大阪府吹田市）

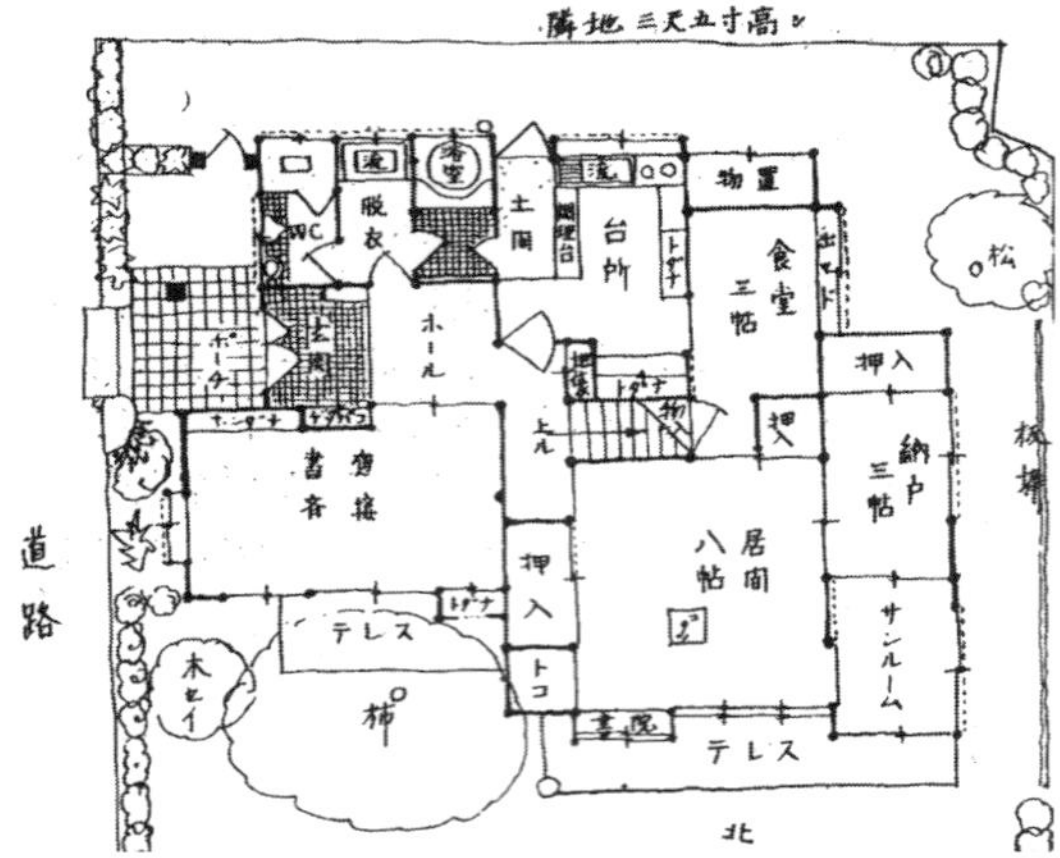

千里山住宅岡田家平面図（岡田孝男「我が家改造の記」『住宅』第25巻3月号、住宅改良会より）

応接間は大正末期から昭和前期には都市のサラリーマンの住宅に普及した。中流層の住宅の応接間に比べると狭いが、肘掛椅子、長椅子、テーブルといったいわゆる応接セットが配置されていく。さらに昭和三〇～四〇年代（一九五五～七四年）には、農家でも畜力から機械化への農業スタイルの移行を受けて、不要となった牛馬を飼っていた玄関脇のマヤを改造して応接間をもつ家が増えた。新築の家だけでなく、従来の部屋の畳を板敷きにして、そこに絨毯を敷いたり、土壁をベニヤ板で覆って応接間に改装したりした。しかし、小さい住宅や団地では応接間のスペースがないため、接客には居間が用いられている。

応接間の導入は、家族の生活に変化をもたらした。それまでの客の応対には旧来、親しい親戚や近所の人の場合には「デイ（居室の表側下手の空間）」が使われ、改まった客や婚礼・葬送儀礼といった人生儀礼や正月や盆などの年中行事などの儀礼には「座敷」が用いられた。座敷はもっとも日当たりのよい場所に位置し、客に食事を出し、宿泊できる部屋であった。

これに対して、応接間ではこうした応待はせず、座敷での接客よりも手軽な接客方法を用いることができた。応接間は住居の奥ではなく、玄関脇に配された来客および主人の書斎に限定された空間であり、応接間を用いた接客方法は、客を家の奥に招き入れることなく、家族中心の日常生活を重視する接客方法であるといえる。

こうした手軽な接客法を生む応接間の普及により、座敷は儀礼的な空間として本来の接客機能が失われていった。このため、日本の応接間は、西欧の居間形式を取り入れたというより、中流武家住宅の玄関近くにあった接客空間を基礎として誕生したとする説もある。

（藤井裕之）

子ども部屋［コどもベヤ］

子ども部屋とは、子どもの勉強道具や身のまわりの生活道具を置き、寝起きする場をいう。

戦後、家族生活の民主化から子どもたちに独立した部屋を設けることが意識されるようになり、増加するようになった。

現在、一般的に見られる住宅は、二階建てで、食卓、リビング、夫婦の部屋、子ども部屋などがあり、それぞれ壁で仕切られて独立したかたちとなっている。このような家の形式に変化していったのは昭和三〇～五〇年（一九五五～七五）ころにかけてであろう。それまでの日本の民家は木造平屋建てが多く、襖（ふすま）や障子（しょうじ）のみで仕切られたものであった。

滋賀県の湖東（ことう）地域の農村の民家は入母屋造り（いりもやづくり）の草葺き、整形四間取りの家が多い。玄関を入るとニワがあり、そこにはウマヤやクドがある。部屋は田の字型になっており、身近な客を招き入れるデノマや、あらたまった客を招いたり、結婚式で使用するザシキ、家族が食事をとるカマド、家長夫婦の寝室として利用されるナンドが配されている。機織などのために女性がデノマを使用したりするほかは、カマドやナンドが日常を過ごす空間であった。

子どもたちは、カマドやナンドで寝食を行ったほか、人によっては木製のみかん箱を机代わりに、また食卓で日常の勉強をしていた。

昭和五〇年代になると、子ども部屋がつくられるようになった。二階建てに改築している家庭では、二階に子ども部屋をわりあてることもあったが、平屋建ての場合は新設されることもあった。

たとえば、図のA家の場合は蔵の前の廊下を子ども部屋として改築した。またA家ではウマヤがその機能を終えていたこともあり、改築され隠居部屋としての機能に変化した。このように、平屋の民家では縁や使用されなくなったウマヤを改築し、子ども部屋としてつくりかえられることがあった。

子ども部屋ができると、それまでデノマやカマドなどで行っていた勉強などは自室で行う者が多くなり、家長をはじめとする家族の個々のプライバシーが保たれるようになった。

（上田喜江）

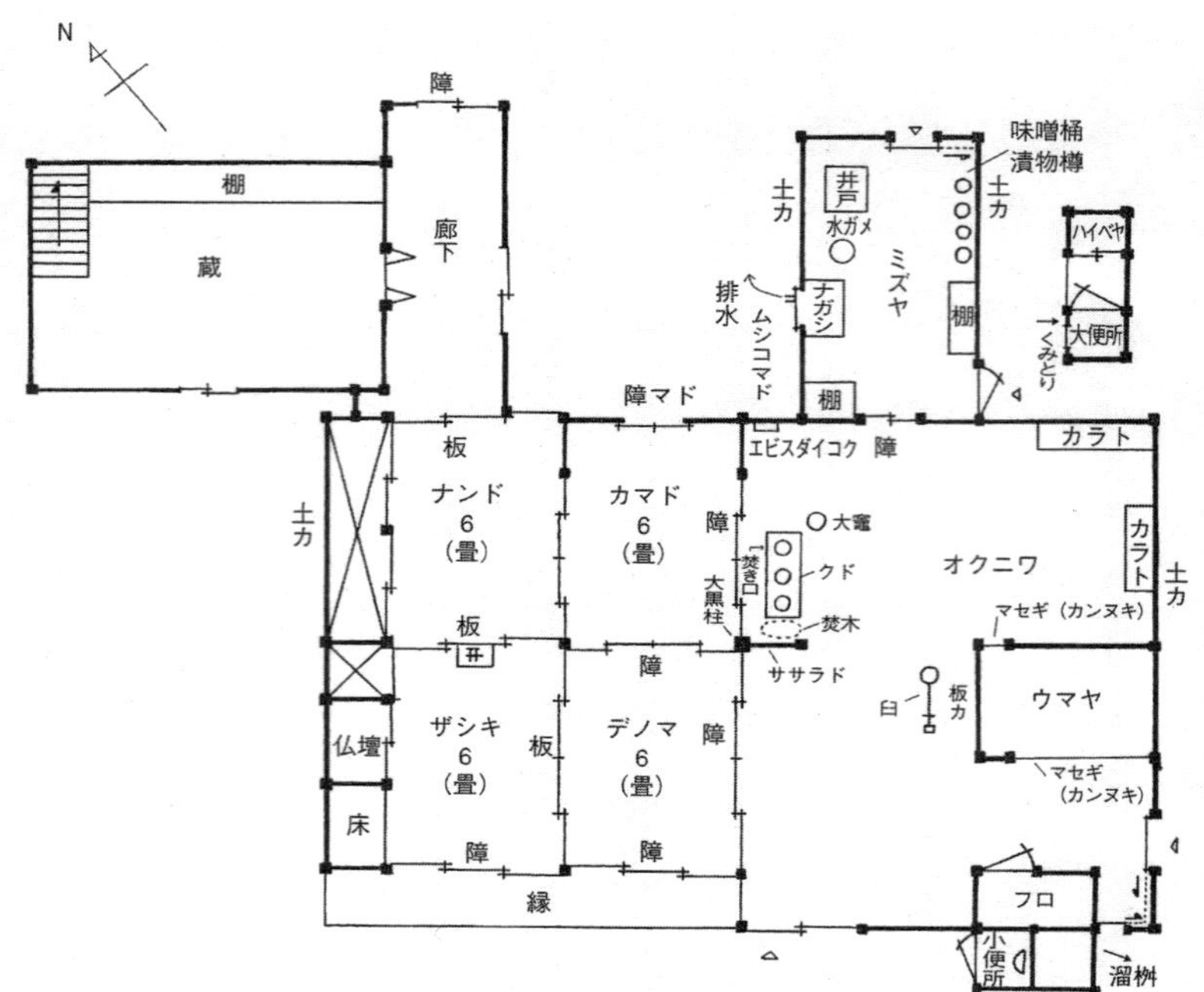

A家の間取り（『近江 愛知川町の歴史　第３巻　民俗・文献史料編』愛荘町立歴史文化博物館より）

隠居屋［インキョヤ］

隠居と隠居屋

隠居とは、一般的には家を代表する家長が、後継者である長男などに家長がもつ地位や財産など一切の権限や義務を委譲し、地域社会など関係する社会の第一線から退くことをいう。隠居ということばをもって生前の家督相続をさすようになったのは戦国時代からといわれ、一般庶民に浸透するのは江戸時代に入ってからのことと考えられている。

後継者を中心とする家族からはある程度独立して生活をするので、一家族のなかに複数の生活単位ができる。居住形態では、母屋の間取りに隠居の生活空間をつなげて配置する「同棟隠居」と、別棟に生活の場を設ける「別棟隠居」のふたつに大別され、別棟隠居の場合、多くはその建物を「隠居屋」と呼んでいる。

隠居屋の分布と呼称

隠居慣行は、宮城県南部から福島県中通り地方を経て茨城県にかけての地域、東京都伊豆諸島、山梨県から長野県にかけての地域、三重県紀伊半島沿岸部地域、滋賀県から福井県にかけての地域、瀬戸内海沿岸部地域、四国地方の山間部地域、中国地方の山間部地域、九州地方の対馬・壱岐・五島列島にかけての地域、鹿児島県の薩南諸島からトカラ列島の島々まで、広く日本各地に見られる。

別棟隠居の建物を多くの地域では「インキョヤ」と呼ぶが、福島県中通り地方・同浜通り地方・茨城県・山梨県・長野県では「インキョ」「インキョヤ」、東京都伊豆諸島では「インキョ」、瀬戸内海沿岸部地域では「インキョヤ」「インキョナヤ」「ナヤ」、四国地方の山間部地域では「ヘヤ」「インキョ」「インキョヤ」「インキョベヤ」、中国地方の山間部地域では「ヘヤ」、長崎県五島列島では「ヘヤ」「ツボネ」、鹿児島県のトカラ列島では「インキョ」「ワカサレ」と呼んでいる。

また、一家族がもつ隠居屋は一棟であることが多いが、隠居する際にすでにもう一組上の老夫婦が住んでいる場合には、さらに隠居屋が建てられ、先の隠居屋と区別して閑居（福島県・茨城県・三重県）とか中隠居（福島県・三重県）、散居（伊豆諸島）などの名称で呼ばれる。

隠居屋の形態

別棟隠居を建てる場合、母屋と同じ敷地内に建てるのが一般的であるが、対馬・壱岐・五島列島にかけての漁村では、敷地が狭いことから母屋の横やうしろに下屋（母屋の外壁に接した片流れの屋根、または屋根下の空間）を出して隠居部屋をつくり出すほか、離れた別の場所に建てたり、借家して隠居屋とすることもある。

福島県中通り地方には、母屋と棟続きに隠居専用の部屋をつくり込んだ「造り込み隠居」（同棟隠居）がある。別棟隠居と同様、その間取りは母屋家族との日常の生活上の依存度と関係し、ほとんどを独立しての生活である場合には、母屋よりも小さくとも炊事場、寝室、居間、便所、仏壇、神棚などをもつ。

中国地方の周防中南部（山口県）では、母屋とは別棟の納屋に一部屋をつくって離れ座敷にしたものを隠居屋とする。広さは六畳か八畳が一般的で、寝室兼用の居間である。食事は母屋で摂るので炊事場は設けない。中国地方の山間部では母屋と同様に炊事場、寝室、居間、便所をもつ別棟隠居を建てる。

四国でも伊予の中南部から土佐や阿波の山間地域では別棟隠居を建てることが多く、二間取りが一般的で、食事はほかの家族とは別にとるので炊事場を設ける。

隠居屋に関する禁忌・俗信

福島県や茨城県では「隠居屋は、母屋の東側につくるな」「太陽のあがる方向に家長が住むと、身上があがる」など、隠居屋を建てるときの禁忌や俗信が伝えられている。

隠居するものは後継者を前面に立てる意味合いがあると考えられるが、滋賀県野洲郡野洲町（現・野洲市）では「ホンヤ（母屋）に向かい合うように建てる」、長崎県福江島では「母屋の東側に建てる」場合が多い。（小澤弘道）

機織部屋【ハタオリベヤ】

機織は、家の中でも陽の光のさす、明るい場所で行われた。多くは「デ」と呼ばれた部屋で、そこには明かり取り用の窓（機織窓）があり、そこから入ってくる光を利用して機織が行われていた。

滋賀県の湖東地方では、豊かな水と気候条件から、中・近世から麻織物の生産が盛んであった。とくに流通の拠点にちなんで「高宮布」という名称で呼ばれ、江戸時代初期には彦根藩が献上品として用いていたほど

機織窓（滋賀県彦根市）

高級なものであった。

戦前から昭和四〇年代にかけては、「ハタヤ」と呼ばれる麻織物業者が多くあった。ハタヤの役割は、問屋から糸を仕入れ、染色・加工をし、反物に仕上げるまでの工程をコーディネートすることである。ハタヤから糸をあずかって反物に仕上げていたのは、「オリコ」と呼ばれる人たちであった。オリコは、ハタヤが貸し出した織機を使用して反物を織っていた。このような形態を「デバタ」といった。

オリコは農家の女性が多かった。そのほとんどが農作業の合い間に機織をしており、副業としても重要なものであった。そのため、このあたりでは「機織ができないと、嫁にもいけない」といわれたほどであった。（上田喜江）

土座住まい［ドザズまい］

▼広間型間取り

土座住まいの分布

土座住まいとは、日常生活の中心である広間に床を張らないで住む住まい方をいう。三和土土間の上に籾殻や藁、茅などを敷きつめ、その上に筵や茣蓙を敷く事例が多い。土に接するので冬暖かく、すき間風も入らない。分布は東北から北陸、中部山地の北部、滋賀県の湖北地方から京都北部の北桑田郡美山町（現・南丹市）まで広がる。このエリアは積雪寒冷地帯で、広間型の分布と重なる。近年まで残っていたのは山形盆地の一部、長野県北部の秋山郷、新潟県の中魚沼地方、福井県から滋賀県湖北地方などである。

現在見学できる保存民家では、神奈川県川崎市日本民家園の広瀬家（もと山梨県塩山市）、大阪府日本民家集落博物館の山田家（もと長野県秋山郷）、岐阜県高山市飛驒民俗村の野首家（もと高山市片野町）、福井県大野市宝慶寺の橋本家、同県池田町の堀口家、同県武生市横市町（現・越前市）越前の里味真野苑の谷口家（旧・武生市）、滋賀県近江風土記の丘の宮地家（旧・長浜市）、京都府北桑田郡美山町（現・南丹市）の石田家住宅などがある。

福井県の例

福井県坂井市上竹田の坪川家は一七世紀中ごろまでさかのぼる古民家で、この家のオエ（入口ニワから入った広間）は板張りであるが、上のザシキやナンドの床よりも一段低く、下手のニワ（土間）の高さとあまり変わらない。上層民家なので、この地方の土座時代には土座に直接板を張るのは最高の仕上げだったのであろう。オエの中心に大きな炉が切られ、上から自在鉤が下がっている。大野市の橋本家は一八世紀前半の建築であるが、間取りは坪川家よ

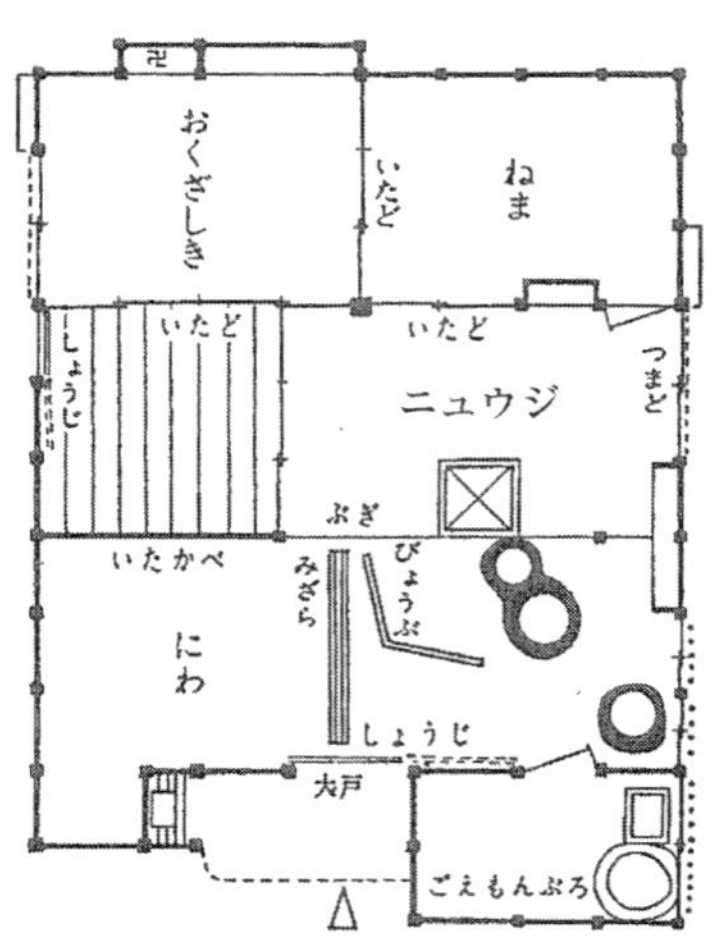

滋賀県伊香郡西浅井町（現・長浜市）集福寺・田中弥太郎宅（伊藤ていじ『民家は生きてきた』鹿島出版会より、一部加筆）

宮地家（近江風土記の丘））

ニュウジ（奥）とニワ（手前）。間の框のような木はブギ

り素朴で、広びろとしたニワがそのまま土座の広間となっており、中心に炉がある。隅の入口部分一坪あまりを「ハクモンバ」といって土間にしている。反対側の隅にナガシがある。

滋賀県の例

滋賀県琵琶湖北部の伊香（いか）地方には伊香造りとか余呉（よご）型と呼ばれる妻入り・前土間の広間型民家が分布しており、これは北陸・東北の広間型に続く。伊香郡西浅井町（にしあざいちょう）（現・長浜市）集福寺（しゅうふくじ）集落では昭和五五（一九八〇）年当時、まだ土座住まいの家が数軒残っていた。妻側の入口を入ったところが梁間（はりま）一杯のニワ（土間）で、筵が敷いてある。続くダイドコロ（広間）が「ニュウジ」と呼ばれる土座である。土間を少し掘り下げて籾殻を敷きつめ、その上に筵、さらに莫蓙を敷く。ニワとの高低差は少ないが、ニュウジの籾殻がはみ出ないように「ブギ（分木）」と呼ぶ角材が框（かまち）のように埋められている。ダイドコロもニワも美しく掃き清められていて不潔感はなく、ニワへも履物をはいて入れない。

ダイドコロのニワ境に炉があり、それに接したニワ部分に竈（かまど）が置かれている。炉には大きな五徳が据えられ、自在鉤はない。

「ニュウジ」は「入地」で、土を掘り窪める意であろう。しかし、この方式は湖北地方だけで、他の土座地帯では掘らずに籾殻を敷くのが一般的である。逆に山形県山形市周辺や長野県上田市周辺、京都府北部の美山町では土を盛って、床張り部分と同じ高さか少し低めにする高土座方式にしている。

土座住まいをさかのぼる

民家の復原の成果からさかのぼって機能分化する前の広間型民家を見ると、炉を中心とした土座住まい一室の住居に近づいていく。近年増えてきた中世の住居跡発掘の事例もそれを裏づけている。文化一四（一八一七）年、秋田県北秋田郡鷹巣町（現・北秋田市）近くの米代川の氾濫で川岸が崩れ、慶長ごろの洪水で埋まった住居二棟が現れた。菅江真澄がそれを描いているが、寄棟の掘立土間住居で地面を四尺ほど掘り下げ、地上へ出るための梯子がかけられていた（『菅江真澄未刊文献集二』）。

こうした事例を重ねてさらにさかのぼると、竪穴住居の系譜につながる。屋根から落ちた雪の積もった入口から下りるように入っていく土座の広間は、まさに竪穴住居のイメージである。

（佐伯安一）

2　周縁の空間

玄関［ゲンカン］

今日、一般的に住居の入口とされる玄関は、以前は、家屋の出入口のなかでも畏まった来客の送迎のために使用された場所であった。そのため、その家の格式や威厳を対外的に示す場ともなった。もとは、禅家の〝玄妙〟へ入る門、すなわち禅の幽玄な道へ入る端緒＝関門という意味（語源は、『老子』の「玄のまた玄は、衆妙の門なり」）をもち、もともと禅宗寺院の方丈などへの入口として設けられたも

代官屋敷の式台玄関（栃木県栃木市、岡田記念館）

のであった。そのため、ほかの建物には、玄関という入口はなかった。

たとえば禁裏や公家などの住まいでは、中門廊の途中で妻戸の前に庇を出し、地面には石を敷いて、牛車や輿で乗りつけられるようになった場所を入口とし、これを「車寄せ」と称した。また、古く武家では、塀重門といわれる中門を入ったところにある対面所の妻戸を、客の入口とした。客は、対面所の庭から縁にあがり、中へと請じられたのである。

室町時代になると、公家や武家の建築にも玄関が広まっていった。『守貞謾稿』には、摂家幕府以下の公家、武家は皆、玄関を設けていると記されている。この玄関は、式台玄関である場合が多い。

式台玄関は、母屋から直角に張り出した幅二間ほどで、建具は両脇に舞良戸、中央に障子二枚の計四枚建てとするのが一般的である。建具の前には奥行一メートルほどの低い板敷きの式台を設け、式台から座敷に向かって一段高い踏み段が設けられた。屋根は、唐破風や千鳥破風などが好まれた。しかし、玄関をもつ上層の農家でも、普段は玄関からの出入りはされず、その使用は式日や公用のときのみであった。

一般の農民の家には、玄関は許されなかった。「トボグチ」「オオトグチ（大戸口）」などと称する、中に入るとそこがウチニワ（土間）である場所を、入口としたのである。

「玄関つき」という言葉があるように、玄関がついた家は、立派な家や格式のある家であることを指した。その家の顔として、外部に対して権威を示す場所ともなっていた。たとえば、第二次世界大戦のとき、戦死者を出した家の玄関口には「誉の家」「遺族の家」「靖國の家」などと書かれたプレートが張られ、この家から国のために戦死した「英霊」が出たことを、対外的な名誉として表した。今日でも、自治会役員の札などが掛けられ、社会的な役割を表示することも多い。

正月の注連縄。中央に火箸がつけられている（京都府亀岡市）

また、玄関には、節分にヒイラギや寺社から配られた護符を貼り、魔除けの場所ともなっている。京都府亀岡市では、厄年の人がいると正月の注連縄の中央に火箸をつける。

近・現代の住宅建築では、表の出入口をさして玄関と呼んでいる。勝手口（裏口）をゴミ出しなどの家事のための出入口とするのに対して、玄関を日常的な家族の出入口とするとともに、客や郵便配達人などに対応する場所とされていることが多い。

（佐々木康人）

勝手口【カッテグチ】

一般的に農家建築の場合、土間の表側出入口を「大戸口（オオトグチ）」と称し、裏側の出入口（勝手口）は、「背戸口（セトグチ）」や「背口（セグチ）」「トボグチ」と呼称された。農家建築では、ニワの奥部を炊事場とし、煮炊きをするクド（かまど）は勝手口近くに設けられることが多かった。戸は、片引きの板戸のほか、採光を考慮して腰高障子とされることもあった。賓客の来訪には玄関や表の出入口（大戸口）が使用され、勝手口は私的で、炊事などの日常生活のための出入口としての性格をもっていた。

泉家の勝手口。摂津能勢の民家（大阪府豊中市、日本民家集落博物館）

この玄関と勝手口の使い分けは、高度経済成長前後までふつうに見られた光景であった。たとえば漫画『サザエさん』でも、来客や家族の帰宅には玄関が使用されるが、酒屋が御用聞きや配達にくる場面は、必ず勝手口でのやりとりとして描かれている。玄関がおもに「人」が出入りする場所の性格を有するのに対して、勝手口は、住人の日常生活物資を運び入れる、いわば「物」のための出入口としての性格を表しているといえよう。

現代の住宅建築においては、「人」の出入口だけでなく、宅配便の配達なども玄関で受け渡しが行われることが多くなり、出入口に対する性格分けは見られなくなってきている。しかし、新築住宅においても、依然として勝手口が設けられることは多く、食料品などの搬入、ゴミ出しや洗濯物を干すための移動などに使用されている。今日でも「物」の出入口としての性格は少なからず見受けられるのである。

婚姻儀礼において新婦は勝手口から入家（にゅうか）するという地方も見られた。埼玉県秩父郡浦山（うらやま）村（現・秩父市）では、新婦は、トンボグチ（勝手口）から杵（きね）をまたいで入家した。九州の阿蘇地方でも、新婦の一行が嫁ぎ先に着くと、随行した者たちは玄関から座敷にあがるが、新婦はニワントグチ（庭戸口）から入り、台所を経て納戸に入った。こうした婚姻儀礼において新婦が嫁ぎ先の家の中に勝手口から入るという習俗は、結婚後の主婦権の獲得を象徴的に表す行為ととらえることができよう。

（佐々木康人）

土間［ドマ］

土間とニワ

土間は屋内の板床などでない地面のままで、外に接する出入口や仕事場などであることが多い。古い家ほど土間が広い傾向にあり、煮炊きする竈や囲炉裏のある台所（ダイドコともいう）が土間であったり、あるいは板の間と土間が半々であったりする例もある。また商家では入口・店先から裏口まで通り抜ける通り土間（トオリニワともいう）があり、奥にある勝手場も土間という町屋もあった。農家ではその地方の生活風土により建物構造が多様であるが、母屋に土間のある棟をつけ足し、その一隅を区切って屋内に牛馬を飼育する廐中門という建物もあった。

土間のかたちと機能

かつての農家は屋外で作業する外ニワと、屋内で作業する内ニワ（土間）があった。土間は赤土（山土）、石灰、砂利にニガリ（塩）を混ぜ、水で練って叩きしめた地床で、三和土ともいう。この土づくりには技術を要し、ニガリなどの混ぜ具合で、あとでひびが生じたり、湿気をよぶこともあり、昔はムラに土づくりの名人が一人か二人はいたものだという（一九一二年生まれの話者談）。

地床に莚が敷いてある土間（新潟県津南町、秋山郷）

土間は屋内の農作業である秋の稲の脱穀・調製（籾摺り）や藁仕事だけでなく、一年の生活の節目ごとに、餅搗き・味噌の仕込み、納豆煮などにも使用した。祝言、法事などの際は勝手場となり、土間に莚などを敷き、近所の女性たちが手伝いに集まり、賄いの食事の下拵えをしたりした。このように、内ニワの土間は生活の基となる場所であった。

土間での藁仕事

冬は、土間に莚を敷いて、縄ないや俵編み、蓑や草鞋などをつくる藁仕事をした。

藁仕事でまず最初に行う作業は、藁スグリ（藁屑を取り除くこと）と藁叩きである。土間の片隅には藁叩き専用の石が伏せてあり、そこに藁をのせて横槌で叩く。藁叩きは朝食前にする仕事で、正月二日の仕事始めでも朝早く起きてまず藁叩きをした。

藁叩き用の石は、通称「生き石」と呼ばれる水成岩で、直径比較的大きな川のやや上流域の水底に転がっている、直径四〇センチほどの扁平な丸石を使用する。下になる部分の床土を掘り下げて砂を敷き、水で湿らせて周囲を土で固める。石の平らな部分が表面に出るように設置してあり、全体の三分の二くらいが床土に埋まっている。上手に伏せた石は叩いたときに藁が石に吸いつくように感じるが、伏せ方が悪いと横槌が跳ね返るようで疲れるという。単に「ワラハタキイシ」や「ワラタタキ」と呼ぶこともあるが、新潟県内ではこの石を「ジョウバイシ」と呼ぶところが多い。『越後方言考』には、ジョウバイシについて「ジョウバ（常場）ではあるまいか。兎に角此の石は家の大黒柱に相当する神聖なもので、ジョウバンゲ・イシアライ・イシナガシなどという農家行事の言葉はすべてこれから来ている」とある。しかし、外から土間への入口を「ジョウバ」あるいは「ジョウグチ」と呼ぶ例（南蒲原地方の方言）もあるので、〝ジョウバ〟の語源ははっきりしていない。

藁叩き（新潟県三条市東本成寺）

冬期、土間は青年たちの集会場所にもなった。気のおけない仲間たち数人が組になり、仕事に使う藁と自分用の敷物を持って集まり、世間話をしながら藁仕事をした。ときには、藁細工のコツを先輩から習うこともあった。

青年たちは、一か所の土間に集まってしばらく藁仕事を続けるが、そのうちに「イシアライ」（「常場石流し」と表記したものもある）の話がもちあがる。これは農村の青年たちが冬場に行う慰労会の呼称であり、泊まり込みで会食した。米、野菜、川魚、鶏肉などを持ち寄り、藁仕事を終わりにするときの行事であったと考えられるが、いつからか青年たちの楽しみの行事となり、ひと冬に二回、三回と繰り返し行われることが多かった。

現在では、土間として使っていた場所が板床となり居住用の部屋に改築され、ジョウバイシは姿を消してしまった。農家には青年たちがいなくなり、イシアライという行事もほとんど忘れられてきている。

（五十嵐　稔）

ソラ

屋内のソラ

住まいの屋根裏または天井裏にあたる桁と梁の上から棟木の下までの空間を「小屋裏」と呼ぶが、この小屋裏のことを「ソラ」と呼んでいる地域がある。

新潟県魚沼地方の一角を占める十日町市の住まいでは、建物の外まわりよりも三尺（約九〇センチ）分内側の入側に沿って太い上屋柱が並び、その上に上屋桁がのる。上屋桁の上には太い叉首が合掌に組み合わさり、その頂部に棟木が入る。このような上屋桁が叉首の荷重を受けた構造の小屋組は「叉首組」と呼ばれて、三角形の小屋裏になる。これが「ソラ」と呼ばれる広い空間である。

小屋裏をソラと呼ぶのは、魚沼地方だけではない。京都府船井郡では、小屋裏を「ソラニカイ」と呼んでいるし、南九州では「エンソラ」（家のソラ）と呼んでいる。富山県の五箇山や岐阜県大野郡白川村の合掌造りの民家では、

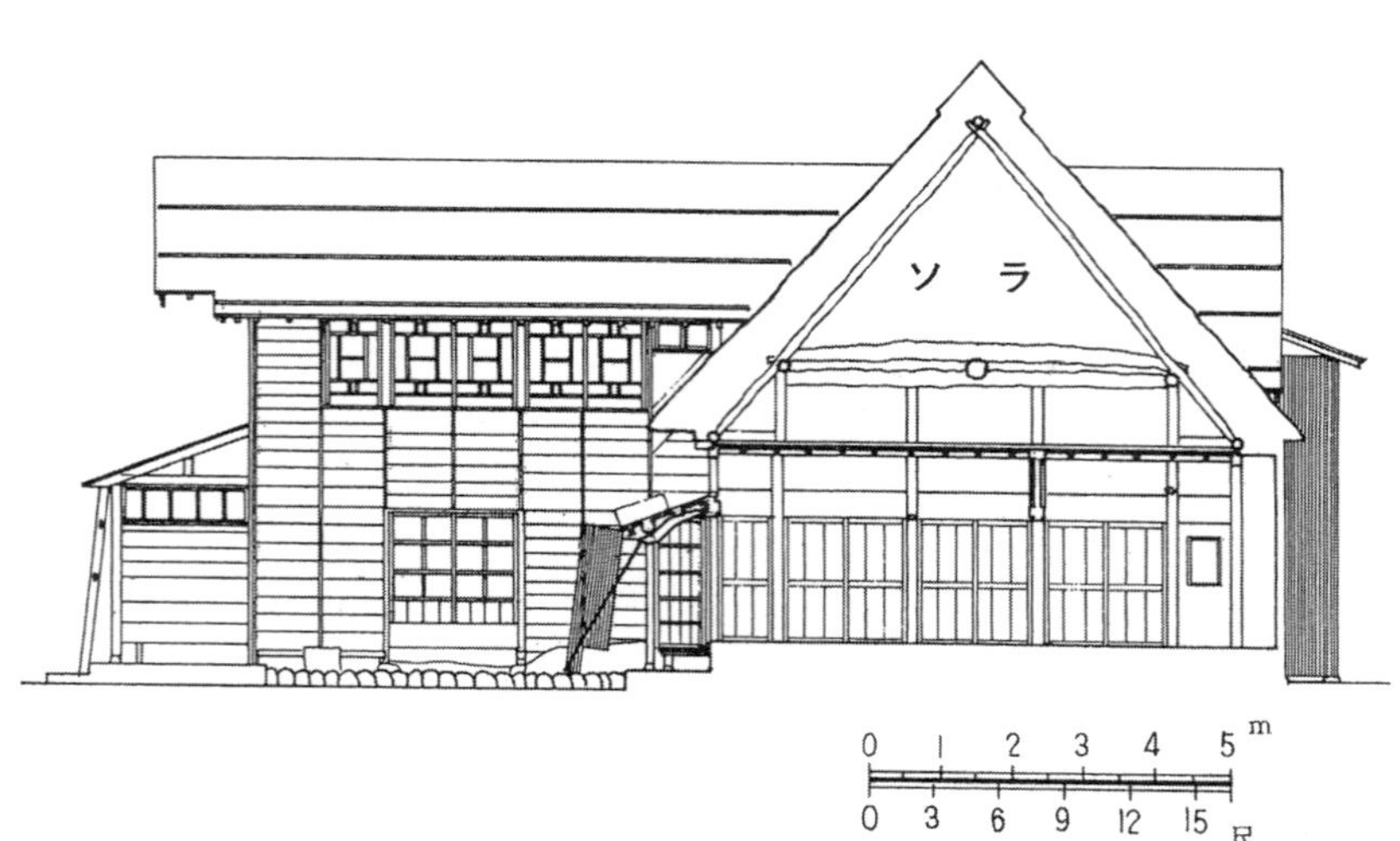

屋内のソラ（新潟県十日町市）

居住部分を「シタ」、その上の二層目を「アマ」、三、四層目を「ソラアマ」と呼んでいる。

「ソラマド」は、東北地方や長野県北信地方、岐阜県揖斐郡、愛知県渥美郡（現・田原市）などにおいては、草葺き屋根の中段に設けられて採光や換気のためにつくられた破風窓をさしている。同じ破風窓を、長崎県の対馬地方では「ソラダマ」と呼び、岩手県南部では「ソラサマ」と呼んでいる。ソラマドは、名称からもソラについた窓なので、ソラは小屋裏をさしているといえる。

また、室町時代の永禄六（一五六三）年にさかのぼると、惟高妙安の『玉塵』のなかには「吾ハ天地ヲ家ノムナ木ヤ家ノソラトシ」と出ているので、民家におけるソラという存在が古くからうかがえる。

そのほか、炉の上の火棚をソラといったり（新潟県南魚沼市）、炉の上の鉤をソラカギといったりしているところもある（岐阜県高山市）。

新潟県魚沼地方の民家に見られるソラには、「コロ」と呼ばれる燃料や、屋根材のカヤ、脱穀をしたあとの藁束などを梯子をかけて運びあげたり、道具を置いて物置きとしたりして使っている。一般に、小屋裏は養蚕にも利用されていた。

家の神とソラ

現在では、民家の小屋裏と居住室との境には天井がつくが、元々の住まいには天井が張られていないのが普通であった。その後、簀の子天井が現れてくるが、見あげれば屋根下地を見通せるものである。本来、民家は一階も二階もない一体のものと考えてよかったが、天井を張ったことによって、一階と二階の区分がなされてしまった。そこで問題になったのが、神棚の処遇である。神棚は、仏壇のように座って拝するものとはちがい、高い部分に祀って立って拝するものである。同じ屋内神でも、恵比須・大黒のように高く祀ってはいけないとされているものもあるから、神棚の祭場の高所化は際立っている。

そのため、神棚の上に二階を設ける場合は、神棚が神聖な天空上であることを示す意味で、神棚の天井の上に「雲」「空」「天」という字を書いた紙を貼りつける事例が各地にある。これは、二階がありながら二階の存在を解消しようとした工夫といえよう。つまり、神棚の上に存在するものがないようにしたかったのである。

神棚には、神札が置かれている。神札がたくさんたまってしまうと、まとめて俵などに入れて小屋裏（屋根裏）にあげたり、棟木や垂木に神札をくくりつけたりしている場

燃料などが置かれたソラ（新潟県十日町市）

合がある。とりさげた神札までも、あえて高所にあげておかなければならなかったのである。
　屋根の開口部のソラマドなどと呼ばれる破風窓は、家の神の住まいへの出入口の機能があるとされている。そして、住まいの上部のソラと呼ばれる小屋裏（屋根裏）は、家の神のいる空間と意識されているのである。
　外来の神を祀る神棚自体は古いものではないので、民家に神棚をしつらえる以前は、棟木に降りてきた家の神の居所が、小屋裏であるソラであった。そもそも、古語のソラには天井界にいる神などを意識して使っている場合があるので、小屋裏をソラと呼んでいることも、家人や住まいにとっての高所を意味するソラではなく、霊力を得た棟木をいだく神聖な空間と意識されていたことによろう。
（津山正幹）

縁［エン］

多様な機能をもつ縁

　縁は文字が示すように、建物の周縁部に設けられる板敷きの空間をさす。庄屋クラスの住まいでは、武士の接待をするため、書院造の様式とともにそれに付属する縁が近世初期に導入された。しかし、庶民クラスの住まいに縁が導入されるのはかなり遅く、多くは近代に入って座敷が整備されて以後のことである。

　住まいには複数の出入口がつくられるが、それらは使用目的によって厳密に使いわけられる。

　座敷の縁は僧侶や神職の出入口になるが、家族が使用す

親しい人との交流の場になる縁（福島県）

ることはない。娘が他家に嫁ぐときと出棺のときだけである。とくに葬儀の際は、現在でも縁が重要な機能を果たしている。滋賀県愛知郡愛知川町（現・愛荘町）では、読経が終わると藁草履をはいた孫たちが棺を担ぎ、直接縁から庭に出る。これを「孫の掻きだし」と呼んでいる。徳島県の祖谷地方では、屋内に残った人が縁に向かって箒で掃きだす所作をする。

一般的には、濡れ縁から、外側に建具が設けられて内縁に移行するが、北日本では当初から内縁であった。雨に濡れることがなく、日当たりが良好な縁は、穀物を乾燥させるためには絶好の場であった。この場合は前庭と連続する空間として理解され、天候や時間帯によって使いわけがなされる。

あいまいな性格の空間

縁は、軒下と同様、屋内と屋外の境界的な空間である。そのため、風雨に対する緩衝空間であるとともに、精神的な緩衝空間として重要な機能をもっている。

住まいを訪れる神々は多様で、私たちに幸せをもたらす神ばかりとは限らない。明らかに災いをもたらす疫病の神などに対しては、節分のときのヒイラギとイワシの頭のように魔除けの装置をとりつけて、住まいへの侵入を許さない。この場合は玄関が象徴的な出入口になり、敷居が結界としてその機能を果たす。

一方、盆に訪れる祖先の霊の性格は複雑である。祖先として敬愛を受けながら死者霊の延長として恐れられるという二面性をもつからである。それが端的に現れるのが、新仏への対応である。和歌山県伊都郡かつらぎ町では、餓鬼棚を庭の隅に、盆棚を床の間につくるのに対し、新仏があると「アラタナ」と呼んで縁の隅につくる。新仏は、家族であってもこの世に未練を残して危害を加える可能性のある不安定な存在と観念されており、それゆえ屋内と屋外の境界的な空間である縁が設置場所に選ばれているのである。

縁に設けられた新仏の棚（奈良県宇陀市、写真提供：谷口弘美氏）

八丈島では、屋外にあった持仏堂に起源をもつ仏壇を、エンノマに設置する。エンノマは、かつての縁が屋内にとり込まれた空間であり、この理由も、新仏の棚と同様に理解できる。

縁と玄関を備える日本の住まいは、来訪神に対して柔軟な対応が可能な構造をもっているといえよう。なお、西洋のバルコニーは縁と同様の空間に見えるが、バルコニーの語源はバルコン（銃眼）であり、まったく異質である。また韓国のトェンマルも外観上は縁と似ているが、葬儀の際の出入口になることはなく、異なる空間といえる。

「縁」の復活に向けて

縁は、来訪神だけでなく人に対しても柔軟な対応をすることができる場である。客間の座敷に通された人は正式な客であり、客と家人にはルールにのっとったタテマエの対応が求められる。それに対して縁は、気楽にホンネの対応ができる場である。

冠婚葬祭を専用の施設で行うことが一般的になった現在、住まいに残された機能は、家族の生活と親しい人との交流の場である。日本の住まいから縁が姿を消しはじめて半世紀が経過した。私たちにとって縁の喪失は、他人との「縁」の喪失でもある。地域社会の信頼関係が希薄化したいまこそ、「縁」を復活させるために住まいに縁を復活させたいものである。広縁を設けてサンルームにしておくだけでは惜しい。


（森　隆男）

ベランダ

ベランダとは、家屋の外まわりに設けられた屋根つきのスペースをいう。多くの場合、手すりや柵などで囲まれている。屋根などの覆いがないものは「バルコニー」と呼ばれて区別される。

一般的にベランダは屋外にあり、部屋の中とは窓やドアで隔てられている。雪の多い地域では、ガラスをはめ込むなどして建物内部にとり込まれているものもある。

住まいの外部空間にありながら室内と連続していることから、生活のなかで多目的に活用される。物干し場、室外機置き場、ガーデニングスペースなど、その用途はさまざまである。マンションなどの集合住宅では、火災や災害発生時の避難経路にもなっている。

ベランダの起源は、西洋諸国による植民地統治時代にまでさかのぼる。一七世紀から一八世紀にかけて、熱帯地域の植民地では「コロニアル様式」の住

避難経路にもなるベランダ（沖縄県中城村、写真提供：森隆男氏）

宅が建設された。

この住宅様式の特徴は、建物の外まわりに設けられたベランダである。強い日差しから住まいを守り、室内への風通しをよくすることで、温湿度の調節が可能になった。ベランダは、高温多湿の気候条件のなかで快適に暮らすための工夫であった。

日本では、幕末から明治初期にかけて西洋の技術が導入され、各地でコロニアル様式の建築が誕生した。日本最古の木造洋風建築といわれる旧グラバー邸は、その代表的な例である。文久三（一八六三）年竣工のこの邸宅は、上から見るとクローバーのような形をしており、三方に突き出した部屋をとり囲むようにベランダが設けられている。

日本の伝統的な住まいでは、「縁側」や母屋から差し出して作られた小屋根の下に広がる「下屋」という空間が、住まいの内と外の間にある境界的空間としての機能を果たしていた。現代の住まいにおいて、その機能はベランダへと引き継がれている。

集合住宅が密集する都市部において、ベランダは年中行事が展開される舞台になっている。場所をとらないベランダ用の鯉飾りなども人気を集めている。鯉飾りに七夕飾り、クリスマスイルミネーション。ベランダが織りなす景観は、季節の趣を感じさせてくれる。

（渡会奈央）

軒下［ノキシタ］

軒下は、家屋の屋根が張り出した延長部分の下に広がる空間のことをさす。そこは、住まいの内と外のあいだにあるあいまいな境界的空間である。そのため、日常的な利用に加えて、年中行事などハレの日の宗教的な場になった。生活の場としては雨や日差しをしのぐことができるので、作業場として重宝された。とくに風通しがいいため、収穫物を干したり保存したりするにも最適な場所であった。

岐阜県飛騨市の山之村地区では、茹でた大根を輪切りにしたものを軒下に吊るし、寒風にさらして一か月ほど天日干しする。この地域に伝わる伝統的な保存食「寒干し大根」である。真っ白な大根があめ色に変化していくにつれて、甘みと旨味が増すという。家々の軒下にずらりと吊るされた「寒干し大根」は、雪深い山之村

軒下のくくり猿（奈良市、写真提供：森隆男氏）

の冬の風物詩となっている。

沖縄の伝統的な住まいには「雨端（あまはじ）」と呼ばれる軒下の空間がある。雨端は、多くの場合母屋（うふや）の南側と東側に設けられた。深くせり出した軒によってつくりだされた空間は、強烈な日差しや台風による風雨をさえぎってくれる。また、夏になると南から吹く涼しい風が室内を通り抜けた。

沖縄の古い住まいには玄関が設けられておらず、人々は中庭（なー）を通って雨端から室内に出入りした。そこは、お茶を飲んだり、おしゃべりを楽しんだりするための開放的な空間であった。住まいの内と外をゆるやかにつなぐ雨端は、人と人とをむすぶコミュニケーションの場でもある。

七夕の篠竹（しのだけ）が立てられるのも軒下である。盆に訪れた祖先を祀るために盆棚を設置するところもある。また、奈良盆地などでは氏神を住まいに迎えて祀る御仮屋が軒下に設けられた。

奈良市街の南東部に位置する「ならまち」には、住まいの軒下に猿をかたどった小型の赤いぬいぐるみを吊り下げる習俗がある。これは庚申（こうしん）信仰の呪物で、災いや疫病が住まいの中へ侵入することを防ぐための装置といわれている。晴天を祈る照々坊主（てるてるぼうず）もまた軒下に吊り下げられた。

このように軒下は、縁と同様あいまいな空間ゆえにさまざまな機能をもっている。

（渡会奈央）

犬走り［イヌバシリ］

建物の軒下に三和土（たたき）や砂利敷きなどで舗装した場所をさし、数十センチの幅であることが多く、人が通るまでもない、犬の通る空間という意味で「犬走り」と呼ばれる。

木と紙でできているといわれる伝統的な日本の家屋は、雨などの水にあたると腐ったり崩れたりと、都合の悪いことが多かった。そのため、「雨仕舞い」といわれる雨に対する工夫が多く存在する。犬走りもそのひとつで、現在ではコンクリートやレンガなどの舗装も多い。

機能的には、屋根から地面に落ちた雨の跳ね返りが壁な

犬走りと犬矢来（京都市中京区）

ステンレス製の犬矢来（京都市下京区）

どを汚したり、柱や基礎を腐らせたりするのを防ぐ役割がある。犬走りの機能に変わる雨樋（あまどい）の一般的な普及は明治後期といわれ、そのほかにも水に強い外壁材の登場などによって、現代では犬走りは必要性が高いものではなくなってきている。しかし、犬走りのほんの数十センチの空間があるだけで建物の外部と内部をやわらかくつなぎ、日本の家屋の豊かな空間となっていた。

犬走りに付随するのが、いまでも町屋などで見ることができる「犬矢来（いぬやらい）」である。犬矢来は、犬走りに設置する竹を半円型にした柵で、役割のひとつとしては犬などが用を足すのを防ぐ、馬が外壁を傷つけることを防ぐ、外壁を汚したり傷をつけたりされないようにするといったものである。もうひとつの役割として、お茶屋などで客の会話や中のようすが外からうかがえないようにするためともいわれている。犬矢来は日本の家屋の動物や人との間の取り方を表している。動物や人が近づくことを禁止するという思いをやわらかく伝える、装飾的にも美しい装置である。現代では、竹製のもののほかに金属などでつくられているものも見られる。

犬走りの本来の必要性はかつてより低くなってきているが、機能面だけでなく、その空間的・意匠的な豊かさが、現代にも受け継がれている。

（堤　涼子）

路地［ロジ］

路地は、建物と建物のあいだに便宜的に発生した、人のための通路である。そのできかたはさまざまである。

京都や大阪の都市のように近世以前につくられた街では、ひとつの街区が比較的大きい。街区の道沿いには町屋が建ち並ぶものの、内側は空き地などになってしまう。そのような街区内の空き地に、寺や町屋の持ち主が経営する長屋などが立地する。街区の外周からこのような内部の空間に入っていくために、人だけが通ることのできる通路ができた。また、街道集落では、街道のみが荷車がすれちがうことのできる道幅をもっており、街道から裏の宅地に延びる

町屋のあいだの路地（奈良県橿原市八木）

道は路地となっている。

明治維新以降、大都市の周辺部には多くのスプロール市街地（都市基盤整備が不十分なまま無秩序に開発された市街地）が形成された。緊急車両のための道路や上下水道の整備が行われる間もなく家々が建ち並んだ。路地から路地へと市街地が広がる。

一九七〇年代、路地は舗装されておらず、子どもたちの遊びの場であった。狭い路地で展開される子どもの遊びをよけるように、配達の自転車が通った。

京都や大阪には、石畳の路地が見られる。これらの多くは、市電の敷設に使われていた敷石を転用したものである。

借家群の共用空間である路地の場合、そこに入るための門があった。これを冠木（かぶき）門という。路地の一角に井戸や共同の便所があり、井戸端では借家に住むおかみさんたちが洗濯などをしながら談笑した。

現在でも、路地はそこに住む人々のつきあいの場であり、よそ者はちょっと入りづらい空間である。

歓楽街の路地空間は、人々を非日常な空間に誘う。閉鎖性と迷路性が独特の高揚感を醸す。路地に面する店舗の入れ替わりは激しい。そこは、表通りの店となる前の準備期間、店舗のインキュベータ（保育器）的役割をもつ空間でもある。

（岡　絵理子）

カド

「カド」はどこか

カドといえば、一般的には門松・門付けなどと使われるように、屋敷地の入口を表す門口をさす。ところが、土地伝来の民俗語彙「カド」は、地方によって少しずつ内容が異なるのである。以下では、まず屋敷地の出入口で行われる儀礼をあげた後、「カド」が示すさまざまな場所の具体例、語源についての学説を紹介する。

屋敷地の出入口で行われる儀礼

屋敷地と公道との境界にあたるカドでは、家を舞台とする年中行事においての重要な儀礼が行われてきた。

正月の門松、小正月の門入道（かどにゅうどう）、盆の迎え火、ウヅキヨウカ（卯月八日）の花を付けた竿などをカドに立てた。これらは季節の折々に神霊を迎えるための依代（よりしろ）といえよう。

また、カドでは門付けも行われる。門付けとは、家々を訪れ、厄払いや祝福をする芸や儀礼を演じて、米や金銭の報酬を受けながら巡ることである。正月に来る三河万歳や獅子舞がよく知られている。

カドは家と外界との接点であるため、重要な儀礼の場となっているのである。

盆の迎え火（静岡県裾野市、写真提供：松田香代子氏）

カドンドーシン（門入道のこと。山梨県丹波山村、写真提供：松田香代子氏）

「カド」が示すさまざまな場所

民俗語彙「カド」が住居に関する場所や設備の呼び名として使われている例は、次の七種類が報告されている。

一つ目は「母家の前庭（まえにわ）」。収穫した穀物を干したり、脱穀・調整などの農作業に使う場である。中部・近畿・中国・四国・九州地方などの農家での呼び名であるが、東北地方の秋田県などでも使われている。

二つ目は「屋敷地の前の道」。福井県大飯（おおい）郡や京都府京都市付近などの農家での呼び名である。

三つ目は「屋敷地の出入口」。群馬県利根（とね）郡地方や東京都八丈島地方などの民家での呼び名である。ただし、八丈島ではイシバシ（石橋）とも呼ぶ。

四つ目は「屋外共同作業場」。島根県隠岐（おき）郡西ノ島町付近の民家での呼び名である。各家の空き地が少ないので、設けられた場だと伝えられている。

五つ目は「便所」。福島県会津（あいづ）地方や新潟県北魚沼（きたうおぬま）郡小出町（こいでまち）（現・魚沼市）付近などの農家での呼び名である。

六つ目は「共同の水汲み場」。青森県・岩手県・秋田県・宮城県の農家では、流れのほとりや共同の水汲み場をカドと呼ぶ。「川戸」という漢字で表記されることもある。

七つ目は「一軒前の屋敷」。静岡県・愛知県などで一軒の屋敷のことを表す呼び名である。愛知県北設楽（きたしたら）郡振草（ふりくさ）村

(現・東栄町振草)では、宅地とそれに続いた屋敷墓を合わせたものをカドと呼んでいる。

「カド」の語源

直江廣治は、以上のような「多様な用法が、初めから併存していたはずはない」とし、「カドなる語は、門のあたりを指すといった、固定した用い方をするようになる以前には、ずっと広い意味に使われていたもので、住居を中心とした屋敷地の一区画を指して、カドと称した」時代があったと推測している。さらに、岩手県稗貫郡(現・花巻市)あたりの旧家で屋敷の前面にある田をカドタ(門田)と呼ぶ事例などから、より古い時代には「元来カドなるものが屋敷および、これに付随する耕地まで含めた、いわば農場の一単位を指す言葉であったとすれば説明がつく」としている(『屋敷神の研究』)。

また、屋敷地の入口の部分をさす用法は、カドという語に漢字「門」を当てた後に強調されたものではないかとの指摘もしている。「通例農家では、屋敷の入口には門を設けず、生垣や塀をその部分だけあけて、出入に供しているのが普通」であり、この部分を「東北地方から関東地方にかけては、ジョウノグチ、ジョウグチ、ジョウマヘ、ジョウボなどと呼んでいる。沖縄でも門はすべてジョウと呼んでいるから、ジョウは入口を意味する古語で、これが門、或いは門口に相当する古い呼び名であったと思われる」としている。

(駒木敦子)

二 秩序と結界

1 秩序

オモテとウラ

空間の秩序

ものごとの外と内、あるいは外面性と内面性を表す一般的な対置語である「オモテ—ウラ」は、家屋内部やその敷地の空間認知を示す語彙として、日本の民家に広く使用されてきた。「表口—裏口」「表庭—裏庭」などといった一般名称のみならず、オモテヤ（表屋・京都）、オモテノマ（表の間）、ウラヤ（裏屋・壱岐地方）などの民俗語彙が日本各地に伝えられている。

民家研究における「オモテ—ウラ」は、屋敷地というよりも、家屋内部の空間秩序を理解する考え方として使用されてきた。部屋名称には、居間や寝室といった機能に基づく名称ではなく、「オモテ—ウラ」「カミ—シモ」のように、相対的な位置関係を示す対置語が使用されることが多いことから、日本の民家においては、家屋内部の方位を重視し、空間を秩序化して把握する傾向が強いと理解されてきたのである。こうした理解の背景のひとつに、部屋の間仕切りが襖や障子といった取り外し可能な建具によってなされ、時と場合に応じて、部屋空間を伸縮自在に操ることができたことがある。用途や機能を固定せず、その時々で仕様を変えるという柔軟な空間利用は日本の民家の大きな特徴である。

ふたつの空間軸

さて、日本の民家の空間秩序の基本は「オモテ—ウラ」と「カミ—シモ」という空間軸であり、この二軸は直交するとされてきた。民家研究の蓄積が多い農家を例に、具体的な設備や部屋がどのように対置されるかについて大河直躬は次のように示している。

「オモテ—ウラ」の秩序づけは、住居の正面、すなわち表側をどう認識したかにある。住居の正面性については、井上充夫がその発生に庭の存在が深く関わっていると指摘している。大極殿を例にとれば、前面を開放することによって、内部に座す天皇と前庭に並ぶ臣下が同じ空間で儀礼を執り行うようになり、そのことによって建物の正面性が強く認識されるようになったというわけである。

大河直躬はそれを民家にあてはめて、屋内に祭壇を設けそれを庭から拝するという構図が古いとした。また森隆男は、まず庭で儀礼が完結した段階があり、徐々に屋内に祭祀場所が移行したと想定している。いずれにしても儀礼の場としての庭に影響され、庭側の正面性が強まったことで、「オモテ—ウラ」の秩序が生みだされたと想定している。

確かに、神祭に際して頭屋（とうや）の家へ神霊を招来する施設であるオカリヤ（御仮屋）や、仏壇導入以前の祖霊祭祀の場と考えられてきた盆棚にしても、庭や座敷の縁先に設置される場合が多い。また葬送儀礼における出棺、婚姻儀礼の際の嫁の出立ちや入嫁の際には、玄関を通らずに座敷から庭へ（庭から座敷へ）とわたるというように、特別な日の儀礼においては、庭が意識されてきた。

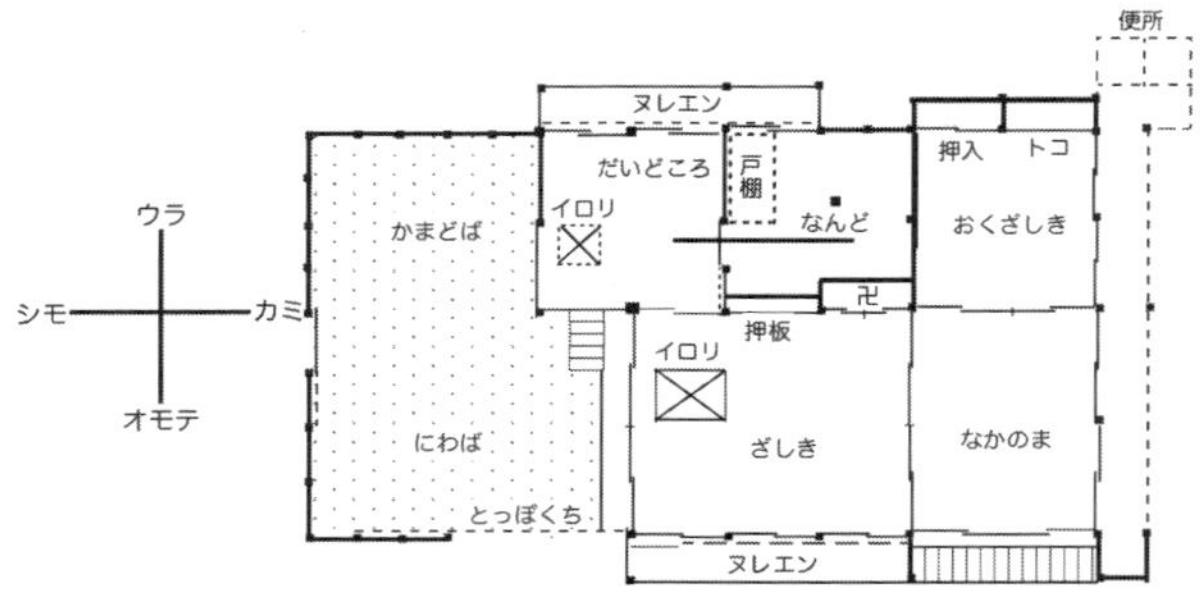

オモテ—ウラ／カミ—シモの空間軸（大河直躬『住まいの人類学』平凡社より）

オモテ	ウラ
客間	納戸
客間の次の間	客間の奥の間
客の出入口	客用の便所
日常の主要出入口	流し・かまど
カミ	シモ
客間／（囲炉裏のある部屋）	土間
納戸／（囲炉裏のある部屋）	土間

町屋の場合

民家とひとくくりにしてきたが、町屋の場合は異なる。通りに面して軒を並べる町屋の場合、そのオモテは、通りに面したミセノマや玄関であり、その反対がウラとなる。町屋の敷地は基本的には短冊形であるので、トオリニワ（土間）を通路として使用して、それに沿って部屋が並ぶので、トオリニワ側がシモで、その反対がカミと意識される。

（村上忠喜）

カミとシモ

カミとシモの意味

カミとシモは、漢字では上と下があてられ、カミは上とみなされる位置にあるものをさす語として、シモはその対義語として使われている。カミは、ひと続きのものや、ことの始まりをさす語であり、シモは、カミから隔った部分をさし、本と末の意味でもある。

日本の住まいには、出入口から離れた部屋ほど上座とするカミとシモの空間認識がある。具体的には、カミは床の間のある座敷や客間、シモは土間や台所、出入口である。座敷においては、客は床の間を背にしたカミの位置に座り、主人は対面するシモの位置に座る。床の間は、住まいにおけるカミとシモを示すとともに、室内空間のカミとシモを示す装置であるといえる。

カミとシモの逆転

このように、住まいにおけるカミとシモの関係は、出入口からの距離や床の間の位置によって判断されるが、住まいの中に祀られる神の位置や祭礼によっても変化する。

山口県防府市大道小俣地区に伝わる「お笑い講」と呼ばれる大歳祭は、大歳神を迎えて収穫の感謝と来年の豊作を占う神事である。小俣八幡宮の社伝によると、鎌倉時代の正治元（一一九九）年から続いているといわれている。旧暦の一二月一日に二一戸の名をもつ講員が集まり、順繰りの当屋で祭りを行う。当屋は、大歳神のシンボルである御室を一年間預かり、大歳祭を主宰し、次の当屋に引き継いでいく。

この地域の住まいは整形四間取りを基本とし、祭礼は当屋の家の南側に面したオモテとニノマの続き間を使用する。大歳棚はニワ（土間）とニノマの鴨居の上にオモテの床の間と対面して設置され、御室を置き、初穂と掛魚のせいごを吊り下げる。講員は、昔から決まっている席に着く。座には、苗字とは異なる名前、名がついている。通常、床の間のあるオモテを上座、ニワに面するニノマが下座となるが、お笑い講ではオモテが下座となり、ニノマが上座となる（写真）。カミとシモが逆転するのである。

お笑い講ではニワに向いて着座。座敷が下座になる（山口県防府市）

大道地域の人々はニノマを大歳座敷とも呼び、お笑い講ではニノマが上座敷になることを伝えている。また、「大歳座敷」という言葉は、オモテとニノマの部屋の機能が逆転することにちなんで、ものごとが逆転することを言い表す言葉としても使われている。

土間がカミ

ニノマが上座になる理由について、天保年間に書かれた『防長風土注進案九　三田尻宰判上　切畑村』に、大歳神は作り神であるので、農作業をする土間を上と定めているとある。大歳棚が土間の上がり口の鴨居の上に設置され、通常の上座である床の間のある部屋とは反対側の、土間側の部屋が上座となるのは、屋内での混納（穀物の脱穀や調製、保管）の場が土間であり、土間に神が座すことによるものであり、祖霊神の概念を想定させる。

「大歳座敷」は、住まいの中に上座に床の間をもつ二間続きの形式が確立する以前に、土間を中心とする空間認識が存在したことを推測させる。土間を中心とした空間認識を継承しようとする意識が、「大歳座敷」という言葉に込められている。

（金谷玲子）

クチとオク

クチは、「京の七口」といった通称や「〇〇口」といった地名からもうかがえるように、出入口、すなわち外に向かって開いている場所を示す語である。民家についても、オモテグチ（表口）、ウラグチ（裏口）、ゲンカングチ（玄関口）、カドグチ（門口）、クチノマ（口ノ間）というように、外に向かって開かれている場所や地点、あるいは施設を示していることが多い。

それに対してオクは、クチから内に向かって深く入った場所や状態を示す語である。「奥へどうぞ」という表現が示すように、具体的な位置ではなく、内に向かうベクトル上において、クチやクチ側との相対的な位置の関係性を表現する語であるといえる。すなわち、「クチとオク」は対概念というより、関係性のなかで、一次元的に把握されるべきものであろう。

これまでの民家研究においては、「オモテ—ウラ」「カミ—シモ」が基本的な二軸とされてきたが、近年ではそこに「クチとオク」という秩序を加えて、平面空間の認知のあり方を考える場合がある。

森隆男は、祭祀施設であるオカリヤ（御仮屋）という神の住まいに、古い時代の住まいの基本構造をみようとした。

御仮屋に見られる住まいの基本構造は、古代から中世にかけての塗籠（ぬりこめ）や、民家における寝室であるナンド（納戸）の閉鎖的な構造にも通底するものである。住まいの基本を外敵に対して身を隠すということにあるとするなら、人間にとって無防備な状態にある睡眠をとる場所を、もっとも安全な位置に設定するのは当然である。出入口である「クチ」の逆方向にある「オク」が、神々の住まう場であり、人々が就寝する場であった。そういう意味では、「クチとオク」の秩序が、「オモテ―ウラ」や「カミ―シモ」の秩序に先行すると考えてよいだろう。

祇園祭時の町屋のしつらえ（屏風祭り）

一方、また別の意味空間を形成するオクも存在する。たとえば、それは町屋の空間構造に見られるオクである。とくに京都の町屋は、通りに面して頬（ほほ）を向け、細長い短冊形の地割に、「鰻（うなぎ）の寝床」といわれるように建つ。京都の町屋では、オク空間は、離れ座敷や茶室が営まれる文化的空間である。限られたメンバーしか集まらない接客の場という意味において、隠れ家的な場であるとはいえる。このような京町屋のオクは、たとえば祇園祭における屏風祭りのように祭りの日には開放されるというような、時と場合によって閉じたり開放したりする伸縮性の高い空間である。（村上忠喜）

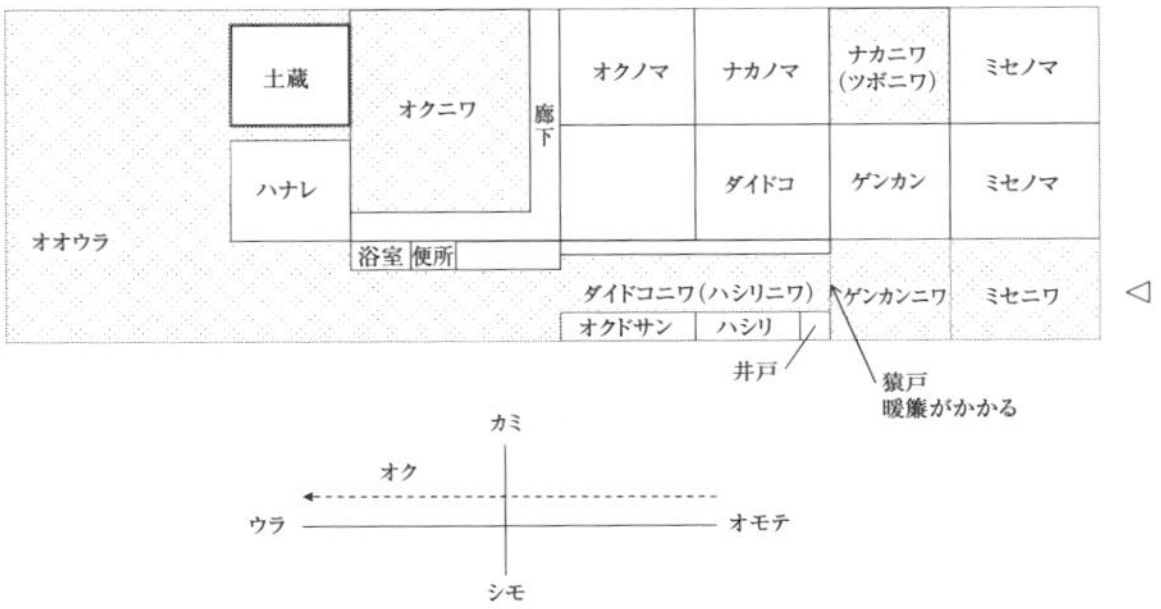

京町屋の空間軸、オモテ―オク。オモテ―ウラ軸に平行して、オモテ―オク軸が通る。オモテ―オク軸は、伸縮性の高い可変空間である（『民俗建築』第124号より）

ウチとソト

玄関で靴を脱いで床にあがるとき、日本人はウチとソトを意識する。靴を履いて歩くところがソトで、靴を脱いでスリッパや素足で歩くところがウチである。

日本の近代化は、生活様式の洋風化でもあった。イスとテーブルに象徴される洋風の生活様式はなかば定着し、いまでは日本の生活文化の一部になっている。しかし、洋風化の波に洗われても、昔から変わらない日本の生活文化がある。上下足分離の習慣である。欧米では、家の中で靴を脱ぐ習慣がない。屋外と同様に、屋内でも靴は履いたままである。日本人はこれには抵抗があり、生活がどんなに洋風化しても、上下足分離の習慣だけはどうしても譲れないものとみえる。家に帰っても、靴を履いたままではくつろいだ気分になれない。靴を脱いで足を直接空気にさらすことが、日本人のくつろぎの姿勢であるからだ。

靴を脱いだり履いたりする玄関は、ウチとソトが接する境界である。玄関のなかった昔の民家であれば、大戸口(おおとぐち)の敷居がこれに相当する。敷居をまたいで土間に入れば、そこがウチであった。しかし、土間といっても地面の延長ではなく、立派な屋内である。土間の床は三和土(たたき)といって赤土に石灰、砂利、苦汁(にがり)などを混ぜて水で練り、それを土間に一〇センチほどの厚さに塗って叩いて固めたもので、特有の湿り気と弾力があった。いわゆる土間床である。したがって、土間に入るには足元に気を配り、たとえ裸足であっても、筵(むしろ)の隅などで足の裏の汚れをぬぐって入ったものである。いわんや汚れた履物のまま入ることはしなかった。ここでも上下足分離の原則が守られていたのである。

日本では床の上を直接素足で歩く習慣があり、床があるところをウチとすれば、身体のなかで直接ウチを感じているのは足の裏である。日本人は玄関で靴を脱いだり履いたりすることでウチとソトを意識するが、生理的には足の裏の感触によってウチとソトのちがいを感じているのである。

日本の伝統的な家屋は、壁や間仕切りの少ない開放的なたたずまいに特徴がある。壁や間仕切りが少ないぶんだけ、相対的に床の面積が大きくなる。日本の室内空間で床が占める割合は大きく、また空間を構成する要素としても床の存在は重要である。極論すれば、日本の空間は屋根や壁がなくても床さえあれば成立する。

川床と野点

日本人は、屋根や壁がなくても床があればそこに空間をイメージすることができる。茶の湯の野点(のだて)などはその好例で、緋毛氈(ひもうせん)を敷き、茶道具一式を並べるだけで即席の茶室ができあがる。屋根もなければ壁もなく、ただ緋毛氈という敷物があるだけで、日本人はそこを茶室空間とみなすのである。緋毛氈が床で、その周囲に目に見えない壁を見ているともいえる。

京都の夏の風物詩として知られる川床もまた、床だけでできた仮設の空間である。貴船川や鴨川の川床がとくに有名で、川沿いの料理屋が夏の間だけせせらぎや河原に張り出して設けた、いわば桟敷のような床である。客は、川面をわたる風に涼を感じながら料理に舌鼓を打つ。長い歴史に培われた京都ならではの伝統的な床の建築である。

鴨川の川床（京都市）

目に見えない壁

また、猟師のあいだには「シバウチ（柴打）」と呼ばれる風習が伝わっている。鹿児島県肝属郡高山町（現・肝付町）では、猟師が山に野宿するとき、柴で入用な場所を打ちまわり、山の神から地面を借りる。これと同じような風習は近くの百引村（現・鹿屋市）にもあり、ここでは「シバサシ（柴差し）」といって、人数に応じて二坪または三坪の地の四方に柴を挿して、山の神に「宿を貸してください」といって泊まる。こうすれば何事もないという（『綜合日本民俗語彙』第二巻）。柴には呪力があり、柴で地面を打つのは、柴の呪力によって大地にひそむ悪霊や邪霊を退散させて、安全な場を確保するという意味があるのだろう。山は山の神の領分であり、シバウチは、山の神によって聖別された床であることを標示する作法ともとれる。シバサシも同じで、地面の四方に柴を挿すことで周囲に目に見えない結界が生じ、結界の内側が山の神の保護下にある清浄な空間であることを示している。屋根をかけるわけでもなく、壁で仕切るわけでもない。床さえあれば、そこに内なる空間（＝ウチ）が現出する。

日本人にとって、ウチとは床のあるところだといえる。民家には竈神や納戸神など古い土着の神々が祀られていたが、これらの神々によって聖別された土間を含む床のあるところ、そこがウチであった。

（狩野敏次）

ハレとケ

ハレとケという言葉はすでに平安時代には使われていた。『建武年中行事』（正月）には「はれの御膳四種以下、八盤供じぬれば、やがてわきの御膳を供す。…」とあり、「はれの御膳」は天皇が正月三箇日に召しあがる膳で、ハレには「正式な」「威儀のある」というニュアンスが感じられる。ハレに対応するのがケである。ふだん着のことを「けころも」といい、「この衣の色白妙になりぬともしづ心あるけころもにせよ」（『和泉式部集』）などの用例がある。ハレとケの意味は現代とさほど大きな違いはない。

民俗学でいうハレとは冠婚葬祭や年中行事など改まった日のことで、一方のケは普段の生活をさしている。昔の日本人の生活はハレとケという異質なふたつの側面から成り立っていた。ともすれば単調に流れやすい日々の暮らし（ケの生活）にハレの生活が一つの節目をつけていた。ハレとケというふたつの局面をもちながらリズミカルに展開する人々の暮らしは多彩で、しかも変化に富んでいた。そしてハレの生活の多くが住まいの中で行われたから、住まいは多彩でドラマチックな人間生活の場とも考えられていたのである。

時間をはらんだ空間

昔の民家の屋内は大きく分けて土間と床の部分からなる。民家の典型とされる整形四間取り（田の字型）を例にとると、土間に面しているのがダイドコとデイの二部屋で、ダイドコはナンド、デイはザシキにそれぞれ隣接する。ダイドコは家族がふだん生活する部屋、デイは接客の場、ナンドは寝室、そしてザシキは冠婚葬祭や年中行事などに使われるハレの間である。ザシキはハレの日以外はほとんど使われることがない。もし他の部屋と同じように日常的に使われることがあれば、ザシキの聖性は著しくそこなわれてしまう。ザシキは俗なる空間から隔離されることで、聖性を維持しているのである。聖なるものは遠くにあって近寄りがたい。ザシキは心理的には遠くにある部屋という印象が強く、この心理的な距離感覚がザシキをしてハレの空間たらしめているのである。

正月行事はハレの生活のなかでもとくに重要である。まずザシキとデイとの境を仕切る板戸や襖が取り払われ、一続きの大きな広間がつくられる。ハレの間がデイにまで拡大されたとみることができる。屏風が立てられ、神棚には注連縄が張られ、床の間は鏡餅、南天の活け花などで飾られ、掛軸も正月用のめでたい図柄のものに替えられる。こうして歳神を迎えるのである。膳椀を並べれば、そのまま神人饗応の宴の場にもなるし、さまざまな調度類や小道具がハレの空間を演出する。日本の住空間は壁で仕切られ、いつも決まった家具が置かれているのではなく、そのつど必要に応じてつくられる。時間とともに現れたり消えたりする、いわば時間をはらんだ空間といえる。

ケの空間からハレの空間へ

同じことは宮座が運営する祭礼でも見られる。たとえば、山形県鶴岡市黒川には黒川能という伝統芸能が伝わっている。黒川能の最大の行事は旧正月（現在は二月一日と二日）に行われる王祇祭である。当屋に選ばれた民家が神宿になり、村氏神の春日明神を迎え、神の前で能が演じられる。当屋は持ち回り制で、宮座に加入すれば、いずれは当屋の役が回ってくる。黒川の民家はそのときのことを考えてつくられている。間取りは一般の民家とさほど違いはないが、各部屋を仕切る襖や板戸のほか、板壁や仏壇まで取りはずせるようになっていて、板壁と仏壇を撤去すれば、屋内全体が大広間になる。

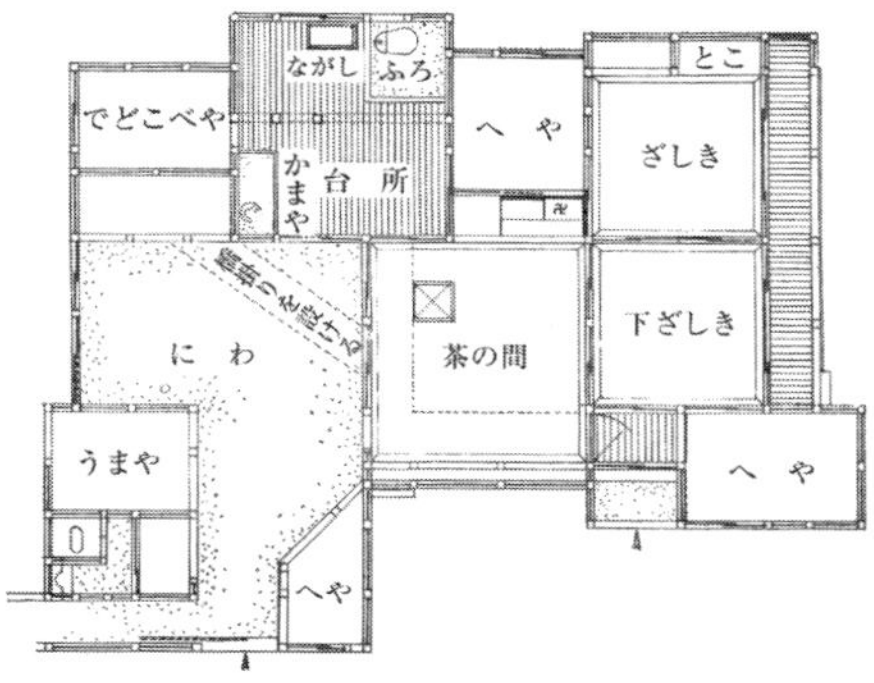

黒川の民家の平面図（戸川安章『黒川能の歴史と風土』中央書院より）

祭りの当日は屋内を清め、中央に注連縄を張って王祇様を祀り、その前に舞台をしつらえる。舞台と楽屋のあいだには仮設の橋掛りもつくられる。真新しい筵を敷きつめた土間が見物席である。舞台のまわりには大蝋燭がともされ、こうして日常の生活空間は一転して祭りの空間に変わる。ケの空間からハレの空間へのみごとな転換である。見物席は立錐の余地がないほど人でうめつくされ、熱気と興奮が渦巻く。そして翌朝まで、夜を徹して能が演じられるのである。

歳神をはじめ、日本の神は常住するのではなく、時をさだめて来訪する。ふだんは何の変哲もない民家が祭りのときだけハレの空間に変貌する。日本の空間が時間をはらんでいるのも、要はハレとケという二つの局面をもちながらリズミカルに展開する人々の暮らしがそこに反映されているからだといえる。

（狩野敏次）

高さの秩序［タカさのチツジョ］

▼ソラ

住居構造の共通性

一般に、住居の新築および増改築は、そこに住む住人の主体的な意思に基づいて行われる。自由な意思で建築される住居では、部屋の配置や構造が異なっていて不思議はないが、実際には随所に共通性が認められる。多様な事情をもつ不特定多数がはからずも同じ形状を選んだとは思えないので、意思の決定は、認識の有無に関わらず、ある種の「秩序」とでもいえる規則性の内側でなされたものであろう。秩序には、住居がたどった歴史的過程と、そこを舞台にした民俗が記憶されていると考えられる。

住居の内部空間には、方位に関して二種類の概念が指摘されている（大河直躬『住まいの人類学』）。オモテとウラ、カミとシモに対比される部屋や設備の配置である。この概念は、住空間の平面上で水平に直交するもので、「水平的秩序」として把握される。これは座敷に対する納戸や土間のあり方を規制した。

一方、住居は立体的にも構成されるので、当然そこにも住人の意識が注がれることになる。この意識は、住空間のなかでの高低差として認識され、水平的秩序に対して垂直に交わった状況でとらえられる。ウエとシタに対比される高さの秩序であり、「垂直的秩序」として把握される。

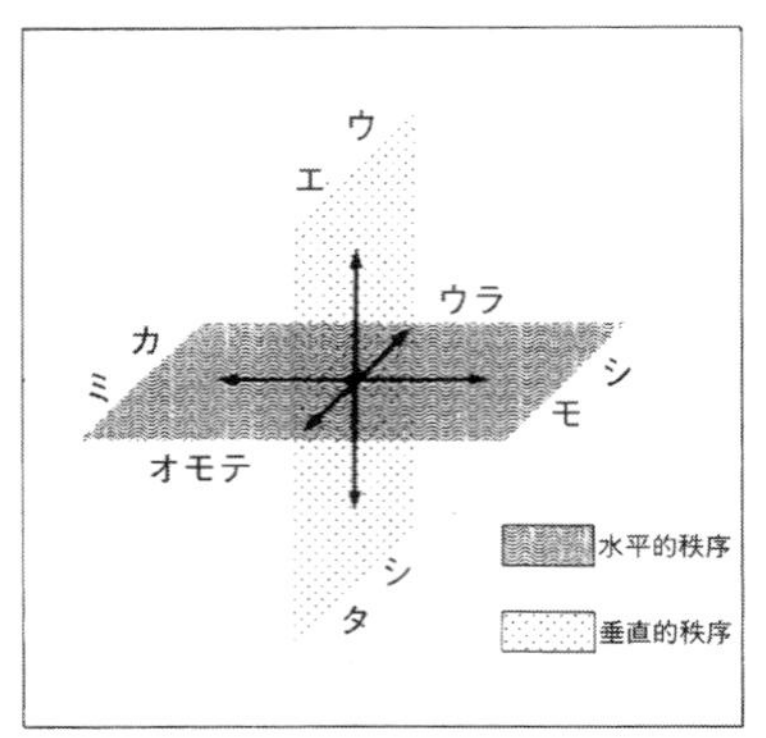

秩序の概念（『柏崎市立博物館館報』65号より、一部修正）

最近の都市部ではほとんど見られなくなったが、昭和の半ばごろまでは、農村などを中心にほとんどの家の座敷には神棚や仏壇が置かれ、台所など土間空間には井戸神、竈神、便所神などが祀られた。前者は信仰内容が体系化された公的な神で、オモテとカミの領域に祀る。後者はウラとシモの領域で、そこは戸籍がやや不明確な私的なウラの神の居所である。明確な住みわけ、つまり水平的秩序が人の行為を規制し、その範囲内で意識の安定をもたらしたのである。

身体動作と設え

同様に、神棚や御札棚は、床に置かず鴨居や長押の上に設置する。価値観の多様化した今日、個性的な祭祀の方法があっても不思議ではないが、なぜか当然のように守られる。人が神棚に相対するとき、起立していても、心と視線は斜め上方にある。位牌も、床下でなく仏壇の上に置き、座って祈るのが常識的で、社寺の参拝でも同様である。こうした身体動作は、人の目線に対して相対的に神を上（ウエ）にする行為と理解される。

加えて、建築的な部分においても、高さの秩序が保たれる。たとえば、押板形式の床の間や仏間は、座敷面より框を一段高くつくる。また、やむなく神棚の上部に階段や二階を設ける場合には、神棚の天井板に「雲」や「空」などの文字を墨書した半紙を貼る。文字は神棚の上部が天空であることを視覚的に表示し、神をシタにしない意思を具現化した。

神棚に貼られた「雲」（新潟県柏崎市西本町）

さらに、床と天井においても一定の規則性が指摘できる。一般に、床はシモの土間が低く、カミの座敷に向かって順次高く設定され、床の間の床がもっとも高い。天井はこれに反比例して、座敷のほうが低く、茶の間や土間側のほうが高くなる傾向にある。あるいは、茶の間や土間では天井が消滅する。その結果、住居のカミは、シモに比べて体積が小さくなる。つまり、ハレの領域は小区画の空間を屋内に創出することで屋外との異質性を主張した。床と天井のしつらえが高さの秩序を形成し、畳や床材などの仕様が秩序の心理的強度を演出したのである。

小屋裏のソラ

新潟県中越地方では、土間の小屋裏を「ソラ」、広間のほうを「オオゾラ」と呼び、神棚はオオゾラのもとに安置した。その部屋の窓は「空窓」「天窓」と呼んだ。

こうした呼称は、ソラに高低差の認識があることを意味し、屋根の煙出しから祖霊が出入りしたり、棟木に神が宿るなど多様な伝承を合わせると、小屋裏が単なる高所や換気の場ではないことをうかがわせる。また、役目の終わった社寺の御札類は、天井裏（ウエ）に収納する事例が多く、けっして床下（シタ）に放置するようなことはない。

ウラの神においても、状況は同じである。祀られる神々は、水の中や灰の中、暗い地底が居所と考えられ、そこはシタに相当する。しかし、日常のなかでその存在を意識するのは、本来の居所でなく、祭祀の場所である。一般に、御札などは近辺の柱や壁面などのやや高い位置に貼られる。竈や炉、水屋（みずや）や便所などは姿勢を低くした状態で使用されるため、身体動作によって高さの秩序が維持されたとみられる。

身体動作と床などの構造が垂直的秩序を形成するが、これは相対的な概念で、明確な起点や基準が屋内に存在するわけでない。人の姿勢や移動、家財の仕様によって柔軟に変化し、水平と垂直の秩序が保たれた住空間が、心理的にも物理的にも安定したものとして支持されたのである。

（三井田忠明）

女性の祭祀空間［ジョセイのサイシクウカン］

性別による祭祀

住まいは複数の空間によって構成され、「カミ」と「シモ」、「オモテ」と「ウラ」などいろいろな秩序が存在して、折々に顕在化する。神々の祭祀の際には、これらの秩序に加えて性別による祭祀の分担が認められる。民俗学者の宮田登は、男性―ザシキ―神棚―仏壇と、女性―ナンド―ナンド神―かまど神―祖霊のふたつの領分が対峙し、現代社会では前者が後者を侵食していると指摘している。

女性を排除する空間

静岡市北部の大井川上流域に位置する井川（いかわ）地区では、住まいの最奥部に「カミデイ」と呼ばれる部屋があり、荒神（こうじん）をまつる棚と仏壇が安置されている。この部屋に女性が立ち入ることは許されず、男性だけで祭祀が行われている。しかし、荒神は生活を楽にしてくれる家の神としての性格をもち、難産の際は荒神に供えた洗米を飲むと安産になると信仰されているように、女性を守る神でもあった。

長野県の木曽地方にもナンドのさらに奥に神部屋が設けられており、女性の侵入を許さない空間になっている。二畳または三畳の小部屋で、内（うち）荒神を祀っている。内荒神は家の守り神で、その家に災難が降りかかるときに音を立てて知らせてくれるという。長野県木曽郡上松町（あげまつまち）では「荒神部屋」と呼ばれ、正月には男性が供物を供える。

岡山県美作（みまさか）市後山（うしろやま）地区では、正月に歳神（としがみ）を祀る棚が常設されている。その場所は住まいの最奥部のオクナンドであり、正月に小餅や干し柿などを収めた歳桶（としおけ）がご神体として安置される。歳神は女神であるため、供物として供える雑煮をつくることはもちろん、儀礼のすべてが男性の手によって行われる。

長崎県・対馬では、居間であるダイドコロの隅に、「ホタケサン」と呼ばれる女神が祀られている。ホタケサンは家族が家を出ることを嫌うなど家の神としての性格が見られる。とくにご神体はなく、赤飯などをつくったときには供えることになっている。この神は、ふだんは主婦が管理をしているが、正月の祭祀は主人が担当する。

荒神部屋（長野県大桑村）

本来は女性による祭祀

宮田が指摘するように男性の祭祀領域が拡大してきたとすると、本来は女性による祭祀が盛んに行われていたと見るべきであろう。たとえば青森県や岩手県のオシラサマや福島県のオシンメサマは、馬や人の顔を彫った棒に毎年一枚ずつ布を重ねていく民俗神であるが、これらの作業や「アソバセル」と呼ばれる神憑けの儀礼は、主婦の役割である。これらの神々は、病気の治癒を祈願する家レベルの神である。

前出の荒神や歳神のように強く女性を排除してきた祭祀こそ、女性がもっぱら担当してきた領域であった可能性がある。しかも、そこに女神が祀られ、女神の嫉妬を避けるために男性が担当するという論理は、男性側が創出したものと考えられる。なお、女神であることについては司祭者である主婦の性が反映しているとも考えられるが、「女性性」が重要である。韓国の南東部でも、板敷の部屋であるマルに城主壺（ソンジュ）という家宅神や穀霊、祖先神が祀られており、これらの神々の司祭者は主婦である。

荒神部屋に貼られた神札

クチ―オクの秩序と女性原理

住まいには、前出のカミ―シモやオモテ―ウラの秩序に加えて、クチ―オクの秩序が認められる。それは「大戸口」や「奥座敷」の呼称にも表れている。奥座敷をもつ上層階層の住まいをのぞくと、ナンドがオクに相当する。ナンドは、夫婦の寝室であるとともに、出産の場でもある。

南西諸島を中心に研究を進めてきた村武精一（むらたけせいいち）は、ナンドは他界につながる空間であり、他界から活力をとり入れる重要な役割を果たしていると指摘する。南西諸島で祭祀を担当してきたのは女性であった。

住まいのウラ側そしてオクに祀られる神々と女性は、密接な関係にある。これらの神々が穀霊の性格をもち、家の存続・繁栄を司るのは、女性の属性である生命を生み出す性が背景にある。

（森　隆男）

囲炉裏の座［イロリのザ］

▼囲炉裏

囲炉裏のある風景

現在では飲食店や旅館といった特別な場所でしか目にすることができないが、かつて、民家にはほとんど炉がしつらえられていた。炉のある場所は屋内で、土間に面した座敷や土間にある竈（かまど）の脇などさまざまであるが、ほとんどの場合、土間から座敷へあがる途中の「勝手」と呼ばれる板の間につくられていた。

炉には、現在のようにその風情を楽しむだけでなく、さまざまな機能が備えられている。それは、炊事、乾燥、採光、接客、家族の団欒などであり、とくに炊事は重要で、炉の周囲で食事をとることはもちろん、炉の中央に下げられた自在鉤（じざいかぎ）に吊るした鉄瓶や鍋で湯を沸かし、汁物や煮物の調理も行われた。

現在では「囲炉裏」という名称が一般的であるが、「ユルリ」「ユロリ」「ジロ」「ヒジロ」などさまざまな呼称があり、全国的には「ユルリ」と呼んでいる地域がもっとも多いという。

座の名称

食事、接客、団欒と、日常生活において家族がその大半を過ごす炉には、その周囲の場所ごとに名称がつけられており、それぞれ座る人も決められていた。田の字型の間取りを例にすると、図のようになる。土間からいちばん奥の場所を「ヨコザ（横座）」「ウワザ」などといい、その家の主人いわゆる家長が座るところとされている。ヨコザから見て土間の入口に近いほうを「キャクザ（客座）」といい、客が座るところとされ、その反対側を「カカザ」「コシモト」などといって、その家の主婦が座るところとされている。ヨコザの正面の土間にいちばん近いところを「シモザ」「キジリ（木尻）」などといい、その家の嫁が座るところとされている。この囲炉裏の座の順序については、若干の差異はあるものの全国的に共通している。

これに対して、座の名称については全国各地にさまざまなものがある。まずヨコザ・ウワザはほかに「テイシュザ」「オヤザシキ」「オクザ」「オトコザ」「ダンナイドコ」「ダンナバ」など、カカザ・コシモトは「カシキザ」「オンナザ」「オナゴザシキ」「カカザシキ」「ニョウボウイレ」「オンナジロ」など、キャクザは「マロウドザ」「マトリザ」「ムコウザ」「タテザ」「ヨリツキ」など、シモザ・キジリは「スエザ」「シモジロ」「ヨメザシキ」などである。

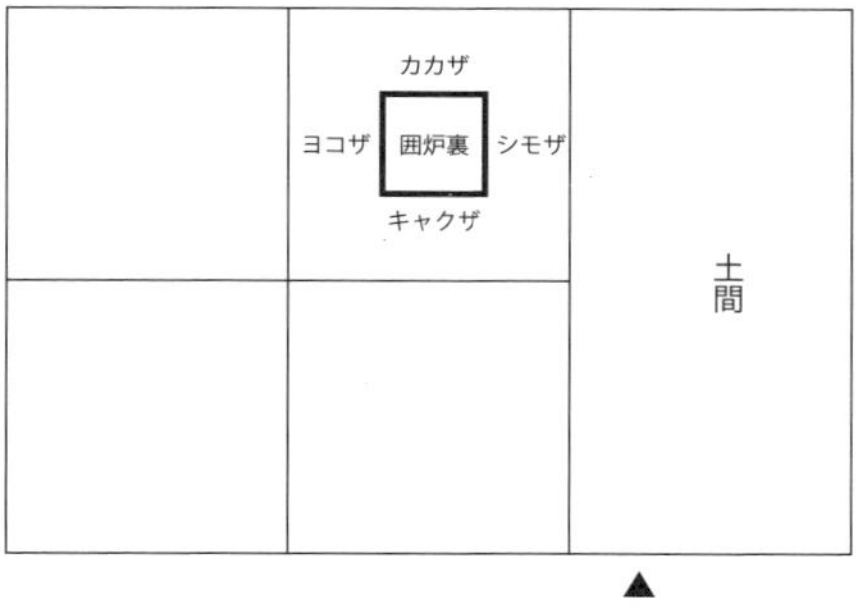

囲炉裏の座の名称

座をめぐる秩序

では、もっとも多く用いられている名称について、その伝承をみてみよう。

家長が座るヨコザは、炉のしつらえられている板の間の板目に対して、炉の辺に沿って敷かれたゴザなどの敷物が直角になる（横になる）ことからその名称がついたなどといわれている。このヨコザからは土間側を一望でき、家への人の出入りなどがすべて見渡せたため、「八方睨み」などともいわれた。また、このヨコザについて「猫・馬鹿・坊主」という言葉があり、これは家長以外でヨコザに座るのは猫と馬鹿と坊主くらいしかいないという意味である。檀那寺（だんなでら）の住職が来訪したときには家長も席を譲るが、それ以外では、ほかの者はけっして座ることを許されなかったという。

カカザは、その名称が示すとおり、家長の妻すなわち家のカカ（母）が座ることからこの名がついたと考えられている。

これに対して、家長の座以外の場所にヨコザという名称を用いる地域も見られる。埼玉県の西部では、家長の座る場所を「ムコウザシキ」といい、家長の左右である家長の妻や客の座る場所を「ヨコザ」という。これは単に、それぞれの座る場所が家長の座の横に相当するからであるとされ、位置関係のみを示すものといえる。

若干の例外はあるものの、このようにヨコザ・カカザは、その家の家長・主婦を象徴する場所であり、家長権や主婦権が次の人に継承されるまではその場所にほかの人が座ることが禁じられた。

また、炉には神がいるとされ、常に清潔に保たれていた。そのため、炉に足を踏み入れたり、お茶などの飲み残しを炉に捨てたり、炉のまわりで爪を切ったりという行為が禁じられている地域も少なくない。

囲炉裏の座は、その名称こそさまざまであるが、家の長やその妻が座る場所が決まっていたことを示していた。そしてその座は、その権利が次の世代に移行するとともに明け渡されていったのである。特別な儀礼や信仰ではなく、神聖な炉の周囲で営まれる日常生活の繰り返しのなかにこそ、家ごとの厳格な秩序が内在し、より自然なかたちで継承されていったのである。

(田中　斉)

2　結界

敷居［シキイ］

敷居とは

敷居は戸や障子などの建具を開閉するための横木で、上部の鴨居(かもい)に対応する下部の部材をさす。建築物の部材であるが、とくに玄関の敷居を踏むことは親の頭や先祖の頭を踏むことに等しいとしてタブー視され、敷居がわが国の精神文化と深く関連していることを示している。ここでは、〝結界〟の機能をもつ文化的な装置である点に注目したい。

玄関の敷居に関わることわざ

玄関の敷居に関わることわざに、「敷居が高い」がある。不義理のため、その家に入ることに躊躇することを意味する。実際に、戸を支えるうえで必要とされる以上の三〇センチ程度の高さをもつ敷居の事例もある。

「敷居をまたがせない」は、勘当した子どもや好ましくない人を家に入れないことである。

また「男は敷居をまたげば七人の敵がいる」は、男性社会の厳しさを表現したものであるが、敷居の内側に温かい家庭が想定されている。ここには、シェルターとしての住まい像がうかがえる。

いずれのことわざも、敷居が住まいの内外の結界であるという認識が前提になっているといえ、前出のような高い敷居に示されるように、結界の象徴的な存在といえよう。

儀礼のなかの敷居の機能

滋賀県南部の石部町（現・湖南市）では、葬儀で玄関から出棺する際、棺を約三〇秒間敷居の上に安置する。敷居が汚れないように、棺を安置する直前に筵を敷く。神聖な敷居であっても、野辺に送られる死者に長年住んだ住まいとの最後の別れをさせるためだという。ここには、死者への情とともに、玄関の敷居が住まいの外の世界につながる結界であるとの意識を見ることができる。

住まいを訪れて施しを乞う〝乞食〟は、敷居をはさんで屋内の家人から食料や金銭を受けとった。けっして玄関の敷居をまたいで屋内に入ってくることはなかった。乞食に付属するケガレなどの負の要素が住まいの中に侵入することを防ぐためであった。

沖縄県国頭郡国頭村安波を訪れたとき、毎月旧暦の一日と一五日に、二番座（オモテ側の序列二番目の部屋で、通常は居間として使用）の敷居に塩と水、酒、香炉を置き、他出している家族の安穏な生活を願うという女性に出会った。屋内から屋外に祀られている神々に対して行う祈願である。また、渡名喜島でも毎月旧暦の一日と一五日、正月や彼岸などに一番座（オモテ側の序列一番目の部屋で、通常は客間、儀礼の場として使用）の敷居付近に香炉や水、茶を載せた高御膳を置き、屋内から屋外を拝する。この儀礼を「ブン」と呼び、出身地の首里に祀られている祖先の霊を拝することになるという。

いずれも屋内から屋外の神と向かい合うときに敷居が祀りの場になっており、敷居が結界として意識されているこ

屋内と屋外の結界になる玄関の敷居（鳥取市）

とがわかる。

無目敷居（めくら）

宮崎県東臼杵郡（ひがしうすき）椎葉村（しいばそん）では、毎年秋に霜月神楽（しもつきかぐら）が行われる。現在は神社の拝殿や神楽殿で行われるが、かつては村内の旧家が交代で、住まいを舞台として提供した。準備期間も含めて数日間、家族は住まいを明けわたして他の家で暮らす、厳重な神事であった。

そのうちのひとつであった旧椎葉鉄造（しいばてつぞう）家が、日本民家集落博物館に移築されている。カミからシモへコザ、デイ、ウチネ、ドジ（土間）と部屋が並ぶ山村の住まいである。

屋内の結界「無目敷居」（椎葉の民家、日本民家集落博物館）

神楽の当日にデイの床の間に氏神が勧請され、ここを正面にして神楽が奉納される。舞台になるのがデイで、天上から「雲」と呼ばれる天蓋が吊るされ、部屋の鴨居付近に注連縄（しめなわ）が張りめぐらされる。期間中はもっとも神聖な空間になる。コザは楽師の部屋にあてられ、ウチネとヒロエン、ホカエンが見物席になる。この住まいのデイとウチネの二部屋がホカエンと区切られるところに、溝が彫られていない無目敷居が据えられている。かつて村人は、二本差（にほんざし）、一本差（いっぽんざし）、鎌差（かまさし）と呼ばれる階層に分かれており、身分の低い人々が座る場所がヒロエンやホカエンであった。無目敷居は、建具を立てるためのものではなく、結界の装置といえる。

（森　隆男）

暖簾［ノレン］

暖簾は、一般的には商家の軒先（のきさき）に垂らす布を指し、木綿地に商標や屋号などを染め抜いて用い、「のれん」と呼称するほかに「のうれん」「のんれん」などの読みがある。

暖簾は、店の信用や営業権を標示するもので、現在でも「暖簾分け」という言葉は馴染み深い。商家の経営においては、分家や奉公人別家に対し暖簾の使用を認め、世間の信用を獲得する象徴的な意味をもたせていた。また同じ暖簾を使用することは、本家を中心として分家・別家が連帯して家業を盛り立てる方策であり、それぞれの営業活動に制限をかけるものでもあった。

歴史

平安時代から鎌倉時代に制作された絵巻物類に、家の出入口に暖簾を下げた表現が散見される。当時は「幌（とばり）」と呼ばれている。幌は、もともと禅家において防寒用の布をさしていたが、徐々に町屋や物売り屋台の日除け、塵除けや室内における間仕切り用のものをさすようになったとされる。こうしたものは布のほかに板、筵なども用いられた。

軒暖簾（石川県金沢市、写真提供：山崎祐子氏）

江戸中期に刊行された絵入りの百科事典『和漢三才図会』（一七一二年）巻三二「家作の部」に、

【かけむしろ】かけむしろと云う事、旧記にあり〈『三好亭へ御成記』、又『東山殿年中行事』に有り〉。『東山殿年中行事』に云う、「上の御末は半間梁に九間迄、間は遣戸高閾也。真中に柱あり。其際の戸、両方へ一本宛開く。此口に掛席あり。但、二枚の筵四ツに切、縁をとり、ぬひ合する」とあり。これ、畳の表にへりを付けて暖簾の如く下ぐるなり。

とあり、筵を四つ切りにして縁を取り、縫い合わせたもので、畳の表にへりをつけたような暖簾状のものが用いられたと想定される。また、「家飾具」の項目には、「幌（とばり）音は黄〔和名は止波利〕。俗に暖簾（のうれん）という」『唐韻』に、幌は帷幔であるという。これは布帛でつくり、その幅には定めはない。市井の商店では家ごとに幌をかけ、そこに屋号や商う品物の名を記しているが、これも幌の一種であるとしている。

こうした歴史的記述により、古くは公家殿中に見られた幌様の形式から市井で用いられる暖簾への変化を知ることができる。暖簾の形態的変化を見ると、室町時代の国語辞典『下学集』(一四四四年)や『運歩色葉集』(一五四七~四八年)に「垂れ筵の彙」として記され、「喜多院職人尽絵」畳師の描写に垂れ筵の図を見ることができる。また初期風俗図には、紺地に白抜き模様を描いた布を二、三枚接ぎ合わせたものを入口に下げたり、横に長い暖簾(水引暖簾)を軒先に下げたりするあり様が早くから定着したことがうかがえる。

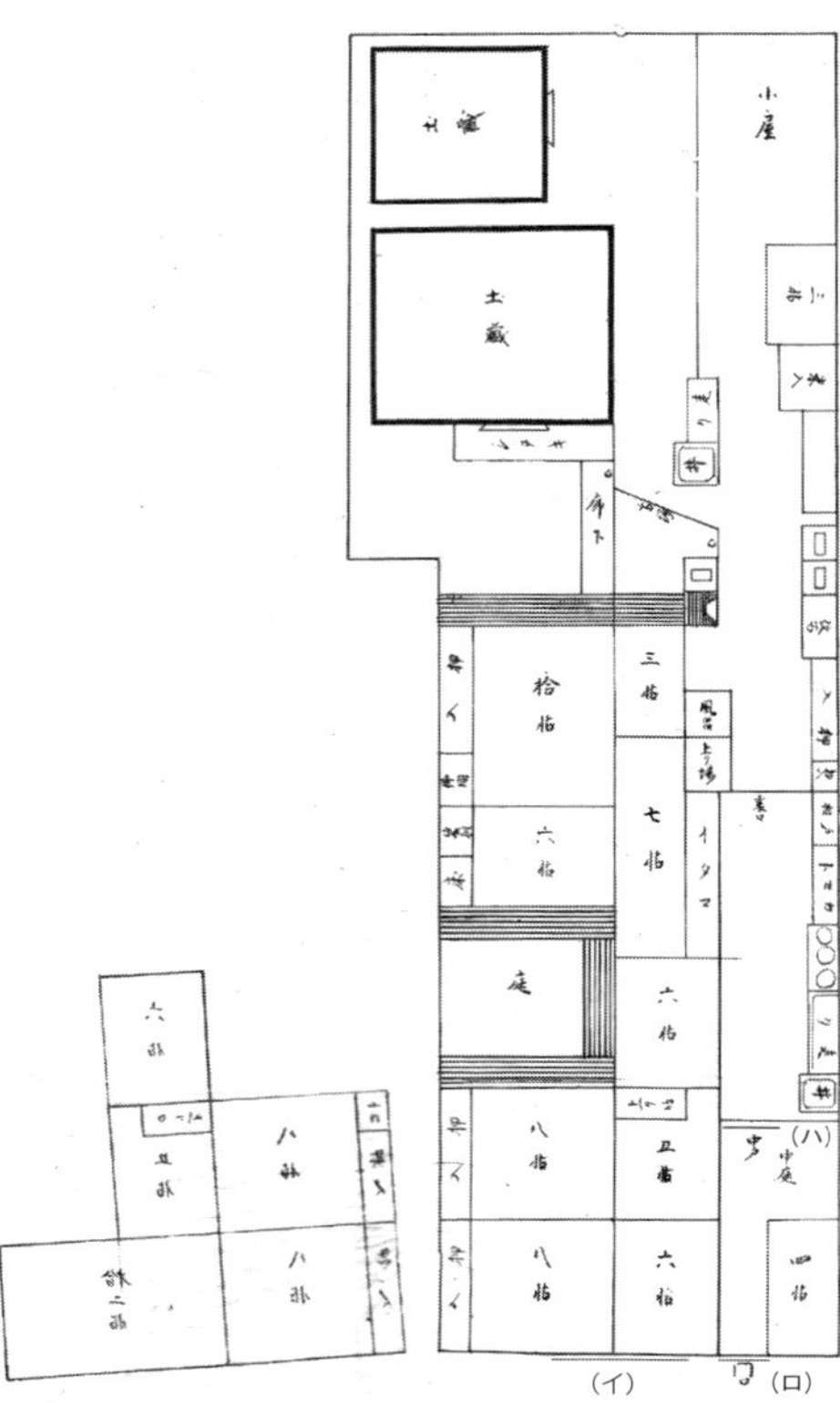

梅忠町家屋敷絵図(花園大学歴史博物館蔵)

習俗

一六世紀初頭の京都の景観や風俗を描いた『洛中洛外図屛風』などの絵画を概観すると、暖簾に商標、屋号などを染め抜いて軒先や入口に下げる描写を見ることができる。このことから室町時代末期にはすでに暖簾は都市部で用いられ、江戸時代初期には一般に普及したと考えられよう。近世前期、とくに呉服・両替・酒・小間物・木綿などが都市部商いの代表的商人として台頭したこの時代は、大衆の購買力の増大が基盤となっていた証と見るべきである。この結果「暖簾分け」などの仕組みが整えられ、さらに株仲間などの同業者の組合が成立していった。

一九世紀初頭に著された医学書『杏林内省録』(一八三六年)では「京地ノ医ハ御簾ノ下ヲ穿ヨリ、暖簾ノ下ヲ穿レヨト云(貴賤を問わず医術を施すこと)」と喩えている。これは、医師の心構えを説いた喩えとして暖簾が意識されている証左ともなろう。

江戸幕府の幕臣木室卯雲が、二鐘亭半山の名で著した京都見聞録『見た京物語』（一七八一年）には「節句にかける暖簾は、平日かける暖簾とは違ひ、嗜ミのを掛る」と記されており、ハレの日にふだんの暖簾を用いないことがわかる。また曲亭馬琴の京坂旅行記『羇旅漫録』（一八〇三年）にも「京にて忌中には。店上に黒き暖簾をかける。江戸にて簾をかける類ながら、黒は喪服の色なれば簾にまされり。忌中の札なし。無地の暖簾をかくれば、人かならず喪あることをしつて、みだりにいらず。」とあり、京の町では黒い無地の暖簾をかけることにより、忌中であることを知らせていたことがうかがえる。

随筆『雲萍雑誌』（一八四三年）には、掟として「商人たる身分、重ね着にても、絹の類着すべからず。たとひ分家の者たりとも、掟に背くものは、身帯、暖簾取あげの上、同家業相成申間敷事」とあり、商家のあり方を厳しく説いている。このように暖簾は、掛ける家の状態をも表す意味も有していたとみてよい。

江戸時代に大坂で有名な売薬であった「ウルユス」を製造・販売していた肥後屋では、暖簾の使用方法について興味深い事例が認められた。大坂の町屋は京都と同じく職住一致の居住形態を有している。街路に面した部分で「商い」を営み、奥は家人と奉公人の居住部分として利用するのが一般的となっている。肥後屋では、表に「ウルユス」の効能書きを染め抜いた柿暖簾（イ）を掛け、日除けと宣伝を兼ねていた。店の入口には、屋号を紺地に染め抜いた三布の長暖簾（ロ）を下げて職空間である標示を行った。その奥は居住空間であることを示すために「家紋」を染め抜いた暖簾（ハ）を通り土間の台所の入口に掲げたという。

こうした都市部の町屋で使用する暖簾は、一家屋に宣伝、職業、そして家筋を示すという暖簾の使い分けをしていることがわかる。それにより結界としての暖簾も、それを下げる場所により利用する者の基準が示されていた。さらに暖簾には、ハレ・ケ・ケガレを示すものとしても利用され、家がどのような状態を示すかも歴然と示す手段となっていた。

（明珍健二）

結界格子［ケッカイコウシ］

商家の格子戸のさらに外側に設けられた、格子状の垣。京都では「駒寄せ」と呼ばれているが、馬をつなぐ場所というよりも「犬矢来」（竹でできた低い柵）と同様に住まいを守る設備といえる。また、道路と私有地の境界を示す〝結界〟としての役割も大きい。

商家の前に設けられた結界格子（奈良市）

帳場格子（滋賀県近江八幡市）

結界格子や格子戸は、塀や壁と異なり、通行人に威圧感を与えない。客を招き入れることが商売の繁盛につながる商家にあっては、重要な条件であろう。

　結界格子や格子戸は視界を完全に遮断しないので、屋内と屋外の双方向から見ることができる、あいまいな建具である。ただし、その方向は昼夜に逆転する。昼間は屋内から屋外の様子を観察することができ、客に関する情報も店に入る前に得ることができる。逆に夜は、屋外から屋内の様子をはっきりと見ることができ、かつての遊郭の張見世はこのような特質を生かした構造であった。

　商家では、店の奥にコの字型またはL字型の帳場格子を立てて、帳場の空間を区切っていた。この格子も「結界格子」と呼ばれる。金銭の管理をする帳場に座ることができたのは主人か番頭で、その他の店員は立ち入ることができなかった。高さ二尺（約六〇センチ）程度の格子は、誰でもかんたんに踏み越えることが可能であるが、帳場格子はそれを許さない結界を創出しているのである。物理的な機能はもたなくても、精神的な働きかけをして十分に機能を果たす帳場格子は、まさに象徴的な存在である。

　結界という明確な秩序をあいまいな設備や象徴的な装置で表現する点に、日本の文化の特徴を見ることができる。

（森　隆男）

踏み石【フみイシ】

前庭と縁のあいだに設置した石。「クツヌギ石」「坪石」などとも呼ぶ。ふつうの庭石とは形状と目的がやや異なり、加工した長方形の切り石や上面が比較的平坦な自然石を選ぶのが一般的。

地面と床との高低差を緩和し、出入りを容易にする意味があるが、単なる昇降用ではない。また、通常の玄関でもないので、日常的な出入口として用いることは少ない。ところが、季節の節目や冠婚葬祭などの日には、その様相が大きく変化する。特別な日の踏み石は、ウチとソトを接続する境界の装置として、その本来の機能を発揮する。

前庭は、たとえば農村では穀物の脱穀や調整など作業の場として用いられてきたが、家の祭祀や儀礼の場としても使われた。正月になると門松（かどまつ）を設けて歳神（としがみ）を招き、盆には高灯篭（たかとうろう）や臨時の棚を設けて祖先の霊を迎えた。葬儀の棺は庭をめぐり、婚礼の嫁は火をまたいで草履の緒を切った。こうした行為は屋内ではなく前庭で行われ、実用的な作業の場が屋敷内における神祀りの空間であったことを示す。

婚礼の日の踏み石（新潟県柏崎市土合（どあい）、1999年6月）

前庭に隣接する縁は、作物の干し場や人の寄りつく場であると同時に、構造的には内と外の中間的な領域である。往々にして帰属の不明確な境界は不安定なことから、侵入する悪霊防除のための呪物や神霊の依代（よりしろ）を掲げ、月見などでは儀礼の場にもなった。つまり、縁は縁の内側にある住空間を守る機能も備えた設備ととらえられる。

新潟県柏崎（かしわざき）市鵜川（うかわ）では縁を「ガンギ」と呼び、その外に「坪石」や「籠台（かごだい）」と呼ぶ石を配した。縁の床をとり外す方式の家では、床下に「踏み石」を置いた。ふだん使用しないガンギの構えは、古くはそこが土庇（つちびさし）であり、出入口だった記憶を語る。

ハレの日の人の動きを見ると、限られた者に、庭から縁を経由して座敷に入る経路と、その逆の動線がある。婚礼であれば家族のほかに嫁や仲人が、葬儀ならば死者や僧侶などの正客が通過する。このとき、嫁は他人から身内に、死者は人から祖先に属性が変わった。人は、境界の石を踏み越えたことで、別の世界へ移ったのである。踏み石は、二面性を内包したふたつの空間を結びつけ、通過者の属性転換を演出する場所でもあった。

（三井田忠明）

ケッカイ

屋敷地に植えてはいけない木があることは広く知られている。しかし、なんらかの「物語」をもって植えるべき木が定められている場合もある。そのひとつの例が、「ケッカイ」にまつわる事例である。ケッカイは妊婦が産むといわれ、出産のときに注意しなければ、赤ん坊の代わりに産まれるとされて恐れられた産怪のことである。関東、甲信、北陸地方では「ケッカイ」「ケッケ」。岡山県では「オケツ」と呼ばれる。

この「ケッカイ」という名称は、江戸時代まではおもに産科書のなかで「血塊」という漢字で表され、「出産と紛らわしい病気」をさしていた。明治以降には、この名前を用いた「毛だらけの子ども」の見世物があったことが、人々の記憶に残っている（その見世物の正体は、南洋産の猿であった）。しかし、これらとは別にこの名称は、山形県から岡山県までの広い地域で「子どもになれないもの」の誕生の記憶として、あるときは噂話のように、あるときは出産への教訓や心がまえとして、語られてきた。その際には屋敷のさまざまな事物や空間と結びつけて説明されることが多く、あたかもそれらが記憶装置となってこの「物語」を忘れないようにしているかのようである。

山梨県富士吉田市新屋では、産怪を防ぐために家の周囲に槐の木を植えたという。その理由はケッカイと呼ばれる「毛が逆さに生えたもの」が生まれることがあるからと言い伝えられてきた。ケッカイは、生まれるとすぐに縁の下へとびこもうとし、縁の下にとびこんでしまうと母親の命が危ないので、槐の木で殴るのだという。ほかの木を使ったのでは効力がないので、出産の際には家のまわりに植えた槐の木から枝を採り、手頃な大きさに切って産室に用意しておいたと伝える。

群馬県利根郡では、ケッカイは台所に行って水瓶の水を飲むので、山椒のスリコギでたたくといいとされ、台所にスリコギを吊るすいわれとなっている。

群馬県伊勢崎市三和町では、水瓶のところにスリコギを置いておく。新田郡（現・太田市、みどり市、伊勢崎市）、神奈川県津久井郡（現・相模原市）、足柄上郡、足柄市などでは、ケッカイは炉の自在鉤を伝って逃げるという。足柄上郡三保村（現・山北町）では、これを飯杓子で打ち落とすために自在鉤に杓子を結びつけておくのだという。

同郡寄村（現・松田町）では、自在鉤を天井から吊るす横木にミヅフサ（水木）を用いた。ケッカイは生まれるとすぐ自在鉤を伝ってのぼる。その際はナタでミヅフサを結わえてある縄を切って自在鉤を落とす。そのため、ミヅフサの一方の端を梁の下側に結わえておくという。

ケッカイという生まれ児は、生まれるとすぐに逃げようとすると語られ、その逃げる場所は、山、川、屋敷内の特定の場所とされている。屋敷内の場所としては、①縁の下、②囲炉裏（囲炉裏をつたって天井）、③台所——があげられている。

①については岡山県では、オケツと呼ばれる類似のものが「産褥の真下」にくるとよくないといい、石川県河北郡でも、「ケッカイは産褥の下に入る」という。①が意味するのは、このような産室との関わりのほかに、後産や死産児、乳幼児を埋める場所が縁の下であったことも留意する必要がある。

②については、自在鉤が屋外に逃げていくルートとも考えられるが、天井は①とともに屋敷のなかのうす暗い未知の空間であることにも注意する必要がある。また、囲炉裏のほかに、カマドの陰に隠れるという事例（静岡県沼津市）もある。このことは、民俗学者の石川純一郎が、妖怪のなかに「火を欲する、あるいは火を慕い寄る」ものがあることをあげていることとあわせて考える必要があろう。

③は、座敷や板間のような表の空間ではなく、土間の、女性が管理する裏の空間であることが重要であろう。そのため、ケッカイの伝承は、女性が台所道具を扱う際の作法や禁忌とも結びつけられてきた。その禁忌を犯すとケッカイが産まれると、語られてきたのである。

最後に、この「伝承」が「耳」から伝わった点に留意すべきことを述べておきたい。ケッカイの対処法に、出産の際に蚊帳を吊るす、ナンド（産室に用いる場合が多い）の敷居を高くする、産室の窓や戸を閉めるなど、「産室から外に出さない」ことが語られることがある。ケッカイの誕生が産室のなかで処理されるべき「異常」としてとらえられていたことがわかる。一方、この伝承の背景にはケッカイという音が「結界」ということばと結びついた可能性が考えられる。ここから、産室を日常の空間とは隔てられるべき聖域とする心意を読みとることができよう。

（山田厳子）

屋根［ヤネ］

屋根とは住まいの最上部の覆いで、入母屋（いりもや）や寄棟（よせむね）などの型がある。

鎌倉時代末期に成立した『春日権現験記絵（かすがごんげんけんきえ）』に、屋根にあがった疫鬼（えきき）が軒（のき）から住まいの中をのぞき込んでいる様子を描いた図が収められている。疫鬼の視線の先には土間に嘔吐（おうと）する男が描かれているが、疫鬼は中に入ることができない。両者の間に、屋根と軒、そして雨垂れ落ちに並べられた焚き火・注連縄（しめなわ）・女性の髪をはさんだ御幣（ごへい）などにより目に見えない結界が設けられているからである。中世の都市に住む人たちに、屋根が住まいでの生活を守る重要な結界として意識されていることがわかる。

隅棟にとりつけられた鬼瓦と桃形の瓦（大阪府泉大津（いずみおおつ）市）

屋根には、常設や臨時の多様な魔除けの装置がとりつけられてきた。すでに装飾と思われているものもある。また屋根そのものが、年中行事や通過儀礼の際に結界として重要な役割を果たすことが多い。以下代表的なものをとりあげてみよう。

魔除けの装置

棟の両端にとりつけられる鬼瓦はその代表であろう。鬼の顔を浮き彫りにしたものや、「鬼」の字を刻んだものなどが知られている。鬼瓦は隅棟（すみむね）の端にもとりつけられ、それらのなかに桃を浮き彫りにした瓦を見ることがある。桃が魔除けの役割を果たす信仰は古代中国の習俗や日本神話にも見ることができる。桃を浮き彫りにした瓦が隅棟にとりつけられるようになった歴史は不明だが、信仰の系譜は古くまで遡るといえよう。

沖縄地方の赤瓦の屋根に見られるシーサー（屋根獅子）も現在では装飾品になっているようであるが、本来は獅子の威力に期待した魔除けの装置である。シーサーは瓦葺きが普及した比較的新しい時代の産物である。しかし八月に行われるシバサシと呼ぶ行事では、来訪する妖怪などが住まいに入らないように茅屋根の軒にススキを挿す習俗があり、屋根を結界とみなす信仰は古いといわざるを得ない。

端午の節供に、軒に菖蒲を挿す習俗が広く分布しており、室町時代末期の京の町を描いた『洛中洛外図屏風』にも見ることができる。前出のシバサシの習俗と同様、臨時の魔除けである。

屋根をめぐる習俗

近畿地方を中心に、神社の神を頭屋と呼ばれる個人の住まいに迎えて一定期間祀る習俗が見られる。奈良県磯城郡川西町結崎では翌年の頭屋に決定すると、その家は神職により祝詞で清められて母屋の屋根に注連縄が張りめぐらされる。以後一年間、屋根を修理することができない。一年後の神迎えに備えて住まいを清浄な空間に保つためである。

赤瓦上のシーサー（沖縄県小浜島）

死の床にある人の息が切れてすぐ家族の一人が屋根に上がって、その人の名前を呼ぶ「魂呼び」の習俗が広く分布する。兵庫県宍粟郡千種町（現・宍粟市）では、屋根の上で杓を振って死者の魂を呼びもどしたという。また和歌山県有田郡湯浅町では死後四九日目に餅を作り、法事の後に枡の底で切って一切れを屋根の上に投げ、残りを親戚縁者で分ける。死後屋根にとどまっていた死者の霊が、その日を境に他界に赴くと伝えている。

沖縄では住まいを新築する際、家族に妊婦があると屋根の一部を葺き残したり、棟に茅をのせて儀礼的に葺き終わったとみなす習俗が報告されている。逆に難産のときには、屋根の一部を破る習俗も見られる。これは住まいを母胎とみなし、屋根に開口部を作ることで胎児が無事に出産すると考えた信仰である。

これらの習俗はいずれも屋根が重要な結界であるという観念に支えられて成立したと思われる。（森　隆男）

門［モン］

門は、垣や塀などで敷地を囲んだところに、人や物の出入りのためにつくられた建造物である。主として寺社、城郭、武家・公家屋敷などで発達し、そこが敷地の出入口だとわかるように、両脇に太い木を立てたり、両脇と上部を木で囲ったり、扉を設けてその開閉ができる仕組みをとっている。軍事的・警備的な目的で設けられることも多いが、同時に権威や身分、家格の高さを表す象徴的意味合いももっていた。寺社、武家、公家などの建築物では、高麗門、四脚門、薬医門、腕木門、冠木門、長屋門などさまざまな形式が発達した。

農村においては、門を構えることが許されたのは名主や庄屋といった村役人など一部の上層農民に限られた。幕末ごろになると制限もゆるみ、自家の家格を象徴的に高めようとして、経済的に優位な農家や町屋でも門がつくられるようになっていった。

無窓の長屋門（大阪府能勢町）

農家建築の中で門としてもっとも広く見られるのが「長屋門」であろう。もともとは武家屋敷で発達した形式で、文字どおり長屋の建物の中央部を門として開けたかたちをしており、長屋部分は門番などの住居として使われた。農家建築においては、長屋部分を隠居部屋や使用人の部屋として使う場合もあるが、納屋や厩として使用される場合も多かった。それゆえこの形式の門を「納屋門」とも称した。

近畿地方の民家建築では、屋敷まわりを土蔵や塀などで囲うことが多かったため、長屋門もそれらの建造物と一連のつながりとして、屋敷地の周囲をとり囲む構えであった。それに対して関東地方などの屋敷林で囲まれるような屋敷構えでは、長屋門は独立して建造されていることが多かった。前者では、屋敷のニワへ入るには長屋門をくぐるしかないが、後者の場合は、長屋門以外の場所からも、ニワに入ろうと思えば容易に入ることができた。

門での民俗儀礼

門は、ウチとソトを分け、またはウチとソトとの交流に際して開かれた場所となるために、民俗儀礼として門をくぐる、あるいは門扉を開けるといった象徴的な所作にさまざまな意義を付してきた。

葬儀の出棺時に仮の門をつくって棺をくぐらせる、「仮門」と称する儀礼が広く見られる。『葬送習俗語彙』で報告されている事例によると、青森県の八戸地方では、三本の葦を麻糸で結んで家の前に仮門をつくる。棺が仮門をくぐると、仮門をとりはずす。岩手県下閉伊郡田野畑村では、「スグロ」という草の茎を菅で結んで門型をつくる。棺がくぐり終わると、位牌もちが刃物でこれを切り倒す。

（佐々木康人）

雨垂れ落ち［アマダレオチ］

緩やかな境界的空間

軒下の、雨垂れが落ちてあたるところ。「アマオチ」ともいう。雨水の跳ね返りを防ぐために、砂利を敷き詰めた溝を設けたり、石を並べたりすることが多い。

雨樋をもたない伝統的な住まいでは、雨垂れによって削られた地面の窪みのことをいった。そこは、住まいの内と外とのあいだに広がる境界的空間であり、多様な民俗が繰り広げられる神聖な場であった。

出産と子どもにまつわる習俗

代表的な例に、出産にまつわる習俗がある。後産で娩出される胞衣の処理にはさまざまな作法があった。入口や納戸の床下に埋めることが多いが、雨垂れ落ちに埋める地域もある。

三重県鈴鹿市では、雨垂れ落ちのなかでも便所のそばの日のあたらないところに埋めた。岡山県の備中地方では、胞衣を埋めたところに産湯をかけると乳の出がよくなるという伝承もある。生命を育む胞衣には特別な呪力があると信じられ、古来ていねいに扱われてきた。しかし、明治中期になると衛生に関する法律が公布され、この習俗は姿を消していった。

雨垂れ落ちは、子どもの健やかな生育とも深い関わりをもつ。

雨垂れ落ち（徳島県東祖谷山村、写真提供：森隆男氏）

愛媛県の宇和地方では、出産直後に炊く産飯の膳に、雨垂れ落ちから拾ってきた、形が美しくて硬そうな小石をふたつ添える。この小石は、へその緒といっしょに保存しておき、嫁入りのときにもたせた。高知県長岡郡（現・南国市）でも、出産から七夜までのあいだ、床の間に「オブノカミ」と呼ばれる産神を祀った。雨垂れ落ちの石をふたつきれいに洗い、雑煮や雑魚の膳といっしょに供えた。この石は、産婦と生まれた子どもを守護する産神が宿る依代と考えられており、「ウブイシ」「イシノオカズ」などという。

同じ四国の徳島県では、「子どもの夜泣きをとめるには、雨垂れ落ちの小石をとってくる」という伝承も残されている。夜泣きがとまった場合は、小石を倍の数にして返すという。このように、雨垂れ落ちの小石には、不思議な呪力が宿ると信じられていた。

ほかにも、子どもの歯が抜けると、下の歯は屋根に放りあげ、上の歯は雨垂れ落ちのところに埋めると、丈夫な歯が生えるという。このような伝承は、全国各地に見られる。

雨垂れ落ちと葬送儀礼

一方で、雨垂れ落ちは、葬送など「死」にまつわる儀礼でも重要な役割を果たす。「雨垂れ落ちは三途の川」ということわざもあるように、雨垂れ落ちはこの世とあの世を隔てる境であった。

高知県高岡郡では、納棺の際、帯に雨垂れ落ちの小石を入れ巻いたものをあてがって枕にしたという。また、雨垂れ落ちは冥途につながるといった。家に瀕死の病人が出たときには、雨垂れ落ちいっぱいに水をまくと、水に阻まれて三途の川がわたれず、こちらの世界にもどってくることができたという。新潟県の佐渡では、出棺の際、雨垂れ落ちのところで死者の茶碗を割ると、死者が三途の川をわたるといった。

死産した子どもは、一般の墓とは区別して埋葬されることが多かった。その場合、家の内と外の境界である雨垂れ落ちなどで供養された。和歌山県東牟婁郡では、「アマシダレ」と呼ばれる軒下には無縁仏が集まるといわれている。死者の霊は雨垂れ落ちの内側には侵入できないため、お盆には「アマシダレ」にお茶を供えた。

雨垂れ落ちにまつわる禁忌

雨垂れ落ちには、いくつかの禁忌がある。新潟県十日町市では、雨垂れ落ちのことを「アマンブチ」という。「神聖な場所なので、そこで小便をしてはいけない」と子どもにいい聞かせた。掟を破ると陰部が腫れるといわれている。

鹿児島県奄美地方では、雨垂れ落ちは「アマシューダリ」と呼ばれる。「ケンムン」という妖怪がいるかもしれないので、そこでは悪口をいったり、悪いことをしたりしてはいけないと戒められてきた。「ケンムン」は、雨垂れ落ちより中には入ることができないといわれている。

　雨垂れ落ちは単なる軒下の溝ではなく、この世とあの世の境界というあいまいな空間であった。（渡会奈央）

破風【ハフ】

「破風」とは、屋根の妻にとりつけられた合掌形の板のことであるが、それを含む開口部全体をさすことばとして理解されている。入母屋の屋根では煙出しの機能をもち、懸魚や家紋を彫った装飾板がとりつけられることも多い。「水」や「龍」の字を彫り抜いた板をはめ込んで、火事よけのまじないにしている事例も見られる。

　兵庫県尼崎市には、住まいに侵入した鬼神が破風を蹴破ってとび出したため、このことを忌んでそれ以来屋根には破風を設けないという伝説をもつ村がある。この伝説はすでに『摂陽群談』（一七〇一年）に見られ、入母屋の屋根をもつ住まいが多いこの地域で寄棟の屋根の住まいが分布する理由を説明するために、「渡辺綱伝説」を利用したと思われる。ここには、破風が鬼神の世界につながる場所であるとする意識をうかがうことができる。

　また、奈良市都祁吐山では破風に「日輪さん」の札を立てる習俗が見られる。破風や棟付近に祖先の霊がとどまっているからと説明される。死者の霊は、死後四九日間はそれまで暮らした住まいの破風付近にとどまり、満中陰の後、そこから死者の世界に向かって飛び出すという俗信も多い。

　逆に、破風から死者の霊が住まいの中に入るという考え方もある。兵庫県豊岡市但東町の久胡義子さん（大正一四年生まれ）によると、昭和二〇（一九四五）年に京都で

破風に立てられた札（奈良市、写真提供：早瀬哲恒氏）

亡くなった人を迎えに行き、死者の自宅付近に着いたとき、遺体から火の玉が飛び出して破風から住まいの中に入った光景を、複数の人が目撃したという。このような体験が伝承されてきた背景にも、破風を神霊が出入りするところとする考え方が共有されてきたことをあげることができよう。

屋根全体が住まいを覆う結界であるとすると、そこに設けられた開口部である破風は、他界につながる場所と考えられた。『信貴山縁起（しぎさんえんぎ）絵巻』や『粉河寺（こかわでら）縁起絵巻』には破風に的形が描かれている場面があるが、破風に付属するこのような意味を考慮することで理解できよう。

関東地方に分布する破風に貝殻を使用した装飾を施す習俗も、見栄えを強調したとするよりも魔除けの意味を込めたものと考えていいのではなかろうか。

（森　隆男）

Ⅱ 儀礼と信仰

住

解説

住まいは単なる家族の生活の場、容器ではない。住まいは人と同じように魂をもった存在と考えられてきた。それは建築儀礼からうかがうことができる。棟上げは住まいの誕生であり、棟梁は助産師である。棟上げの日、棟梁が槌で三回棟木を打つ事例がある。ゴシンすなわち魂を棟木に籠めるという。また誕生直後の住まいは弱い存在で、鬼門に向かって弓矢がとりつけられるなど、様々な魔除けの装置がとりつけられる。以後、屋根葺き祝いや屋移りなどの儀礼を重ねて完成する。そして助産師である棟梁には、盆と暮れに施主から贈り物がなされる。第Ⅱ章では、このような住まいで展開される儀礼と祭祀をとりあげる。

さまざまな儀礼

住まいは婚礼や葬儀などの通過儀礼の場になる。

福島県鮫川村の旧家では座敷が上段の間になっており、新婚夫婦は初夜だけこの部屋で過ごす。翌日から次の間が寝室になり、最初の子どもが誕生すると住まいのウラ側の小部屋に移る。子どもが生まれることで嫁が正式に家族の一員になるという意識がうかがわれる。夫が家長になると住まいの中心に位置している広い部屋が寝室に充てられる。この部屋をオナンドと呼んでいる。家長の席を譲った老夫婦は、敷地内に隠居屋を建てて移る。上段の間が夫婦になったことを実感する儀礼の場であり、以後寝室を移動することが通過儀礼になっているといえよう。

人が亡くなると、寝室での枕経、湯かん、入棺などを経て座敷に移され、葬儀が執行される。棺は縁から直接庭に出され野辺送りが行われる。この動線は日常には忌むべきものとされた。

住まいで行われる主な年中行事は、正月と盆である。

来訪神

住まいには折々に神々が来訪する。その代表が正月の神と、盆の祖先の霊である。正月の神はまず前庭の門松に迎えて、注連縄を張った清浄な屋内に迎え入れられる。当初は恵方棚のように天井から吊り下げた棚が祭場であったと思われるが、床の間が普及すると、ここが祭場になる。盆に来訪する祖先の霊は、かつては庭に設けた盆棚に迎えられて供応された。その後、軒下から屋内へと祀る場が移動し、ついには仏壇が祭祀の場になっていく。

日本列島には人が扮した神々が訪れる行事が分布してい

る。ナマハゲなど面をつけ、蓑をまとった異相の姿をとることが多い。先年、私は宮城県加美町の「柳沢焼け八幡」の行事を見学した。小正月の寒い夜、山中の神社から駆け下りた裸の青年たちが各家を訪れ、家人に酒をふるまい、顔に一年間の健康を約束する竈の墨をつける。彼らは山中から祝福に訪れた神として、庭から草鞋を履いたまま直接部屋に上がる。

祭祀

住まいには、さまざまな神々が祀られるべき場所を占めている。かつて今和次郎は土間、板の間、畳の間に祀られる神々をとりあげ、これらの神の系譜をそれぞれの場の起源に求めた。土間に祀られる神が古い歴史をもっていることになり、竈神や火の神、便所の神などがそれに該当する。

寝室に祀られる納戸神の歴史も古い。これらの神々は生活に直結する機能を持っていると同時に家や家族の存続にかかわる重要な機能ももっており、女神と伝承されていることがある。たとえば、南西諸島のウラザに設けられた竈に、「三ツ石」と表現される火の神が祀られていた。この神の祭祀を担当するのは主婦で、主婦が死んだときは石の交換が行われた。分家の際には竈の灰の一部をもっていく事例もある。また娘が嫁ぐときは、まず実家の火の神に別れの挨拶をするものとされた。嫁ぎ先では最後に火の神に拝礼する。火の神はあらゆる願いを聞き届けてくれる女神として信仰されており、他の神々に願いを伝える神でもあるという。これはアイヌの女神である、火の神とも共通する。

対馬の旧家には、家族の食事や団らんの場と客間を兼ねたダイドコロと呼ばれる広い部屋があり、その部屋の隅にホタケサンと呼ばれる女神が祀られている。祟ることもなく家族を守ってくれる神といわれ、供物は娘や次男以下の男子には食べさせない。ホタケサンは家族のメンバーが家を出ることを嫌うことから、結婚の縁が遠くなるからだと考えられている。同様の伝承は、列島の火の神や納戸神などにも付属しており、ホタケサンの起源は諸説あり謎の神であるが、土間の神の系譜につながると見ていいだろう。

このように見ると住まいは、家族と時間を共有する存在と意識されてきたことがわかる。住まいで行われてきた婚礼や葬儀が専門の施設で行われるようになると、住まいから儀礼の場であった座敷が消滅することになる。そして家族の安穏な生活や家の存続を約束してきた神々が、今消えつつある。住まいが家族のための単なる容器になってきたといえよう。

（森　隆男）

一　建築儀礼

1　普請

普請帳［フシンチョウ］

普請帳とは

普請帳とは、民家の新築工事に際し、職人の手間賃や材料費などの諸費用を詳細に記入した帳簿類の総称である。新築に際して祝儀を持参した人の名前と品物を細かに記述した記録簿もある。近世から近代にかけての住宅建築は大勢の人々の協力によって成り立っているので、後日お礼をしたり労働力で返済したりする場合に参照する必要があった。建築にかかる費用や工事日記など、全体をひっくるめて万覚帳と称する例もある。買物帳を別に記録する場合もあったりするので、普請帳といってもさまざまなものを含むことになる。労力を提供してくれた家が新築する際は、それ相当のお返しをすることになるので詳細な記録を残す必要があったといえよう。この帳面は普請帳、覚帳、控帳、萬帳などの名称がつけられる。

具体的事例

ここで具体的な普請帳を見ていく。事例は群馬県伊勢崎市境島村の栗原利茂家所蔵の普請関係文書一〇冊である。それらを年代順に並べると、文化一五（一八一八）年「蔵普請諸入用帳」、文政二（一八一九）年「普請萬覚帳」、文政一一（一八二八）年「火事見舞帳」、明治二二（一八八九）年「火事見舞受明細簿」、同年「居宅築造諸人日勤簿」、同年「居宅築造費記載簿」、同年「諸職人手間料内貸帖」、同年「挽方日記帳」、同年「上棟祝受帳」、明治二六（一八九三）年「味噌蔵普請諸控」となる。ここで注目したいのは、江戸時代の普請帳に記録された土蔵と明治二二年建築の母屋が現存していることである。文政二年建築の茅葺き屋根の母屋は明治二二年三月二四日の火災によって焼失してしまった。そこで急きょ資材を調達して母屋の建築にとりかかる。この地域は大蚕種地帯であり、明治五（一八七二）年に「養蚕新論」を著した田島弥平の住む村であった。ちょうど母屋が類焼した時期は、瓦葺き総二階の養蚕農家が続々と建てられていた時期である。現在残る母屋は、養蚕飼育のための養蚕作業場と居宅を兼ねた巨大な建物である。

明治二二年の火災で母屋は全焼し、一七四人から見舞いが届いた。見舞品として茶碗、桶、皿など日用品の現物を贈られただけでなく、漬け物、味噌、鼻紙、下駄など生活必需品の数々も贈られた。見舞金として現金を包んできた人も少なくない。栗原家は島村でも有力な家で財力もあったから、この火災を契機にすぐさま母屋の普請にとりかかった。一一月二九日には上棟祝いをしているので、実質八か月で母屋を完成させている。その間における諸入用の記録簿である。「居宅築造費記載簿」には翌明治二三（一八九〇）年五月にいたる記録が記され、上棟後もさまざまな入用があったことを知る。この記載簿には職人の賃金、購入した材料の価格、材料の運賃、上棟の振舞にかかる経費

文政2（1819）年「普請萬覚帳」

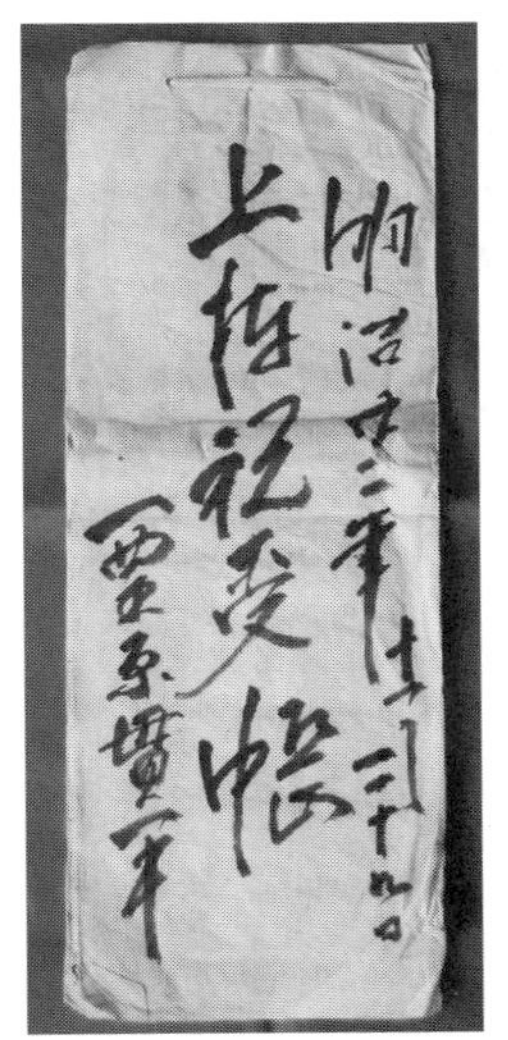

明治22（1889）年「上棟祝受帳」

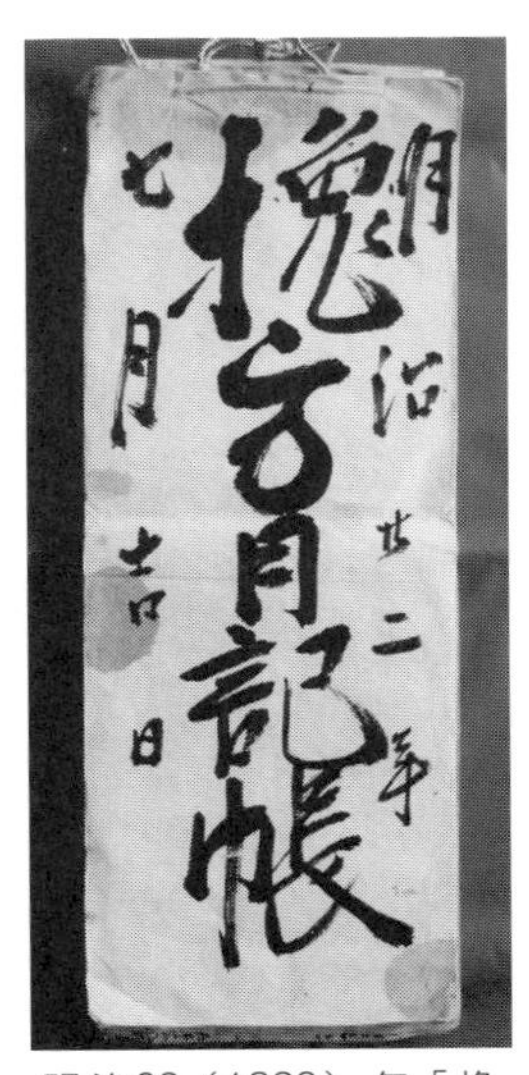

明治22（1889）年「挽方日記帳」

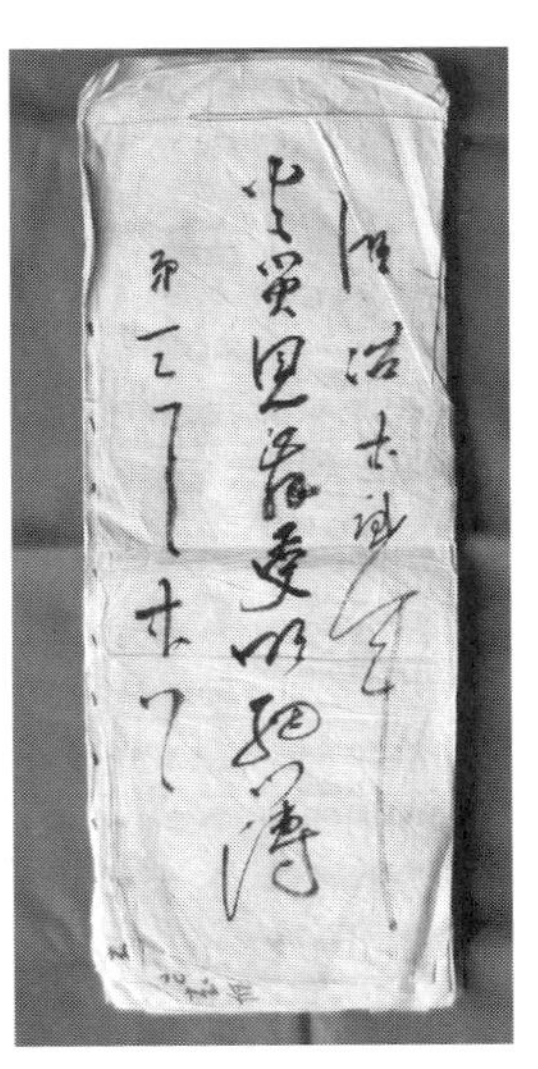
明治22（1889）年「火災見舞受明細簿」

などの詳細な記録が残る。そして「居宅築造諸職人日勤簿」は、職人の勤務簿である。職人の賃金は日当計算なので、できるだけ細かな記録が必要であった。細かな計算はその家の当主が担当した。「挽方日記帳」は木挽職人が建主に提出した賃金の請求書である。具体的な木割りの様子が図化されている。このほか上棟の際にかかった費用を詳細につけている。上棟祝いには金銭だけでなく、手拭、扇子、障子紙、半紙などが贈られた。当日の入用には、うどん、酒、鳥などの記述があり、多くのご馳走が人々にふるまわれた。

材料調達の特徴

一連の普請関係文書で注目すべきは、材料の調達であろう。火災後できるだけ早く建築することになったが、家造りに重要な良質のケヤキなどの部材は、本来であれば数年前から準備し、木材をしっかり乾燥させておかねばならない。しかし、そのような余裕はないので、すでに乾燥した良質なケヤキを多数保存管理している大手の材木業者に発注しなければならない。史料によれば良質のケヤキなどの部材は、熊谷市の材木店から調達している。杉皮は本庄市、その他の木材は対岸の平塚から調達していた。釘、漆、柿渋などは深谷の商店から買い求めている。居宅の建設にあたっては原材料を村内に限定せず、かなり広い範囲から調達しているが、これは養蚕による利益と養蚕関連の交流に注目しなければならないであろう。

（板橋春夫）

牛腸［ゴチョウ］

▼普請帳、上棟式・建前、屋移り

見舞品の牛腸

牛腸とは、民家の建築（普請）に際して贈る見舞品（贈答品）をいう。上棟式や屋移りの祝いのときに熨斗をつけて持ち込まれる品や、普請のあいだに差し入れられる材料または食物を、牛腸または入牛腸と呼んでいる。なお、「牛腹」という字を当てる場合も、めずらしくはない。

牛腸は、民家の建築のときばかりに使われているのではなく、造船や大漁を祝うときの見舞品にも使われている。

一方、民家の建築の際中に、親類や近所の者が施主と職人を招待することがある。こちらのほうは「牛腸ヨバワリ」とか「牛腸ヨビ」といわれている。分家が家を建てるときには本家でヨビ牛腸を行ってもいる。

また、牛腸は、岐阜県高山市では嫁や主婦の生家などの近親者が職人に酒をふるまうことをさす。四国の香川県三豊市では、親類から大工への贈り物をいう。さらに牛腸は、愛知県幡豆郡（現・西尾市）や三重県尾鷲市でも記録とし

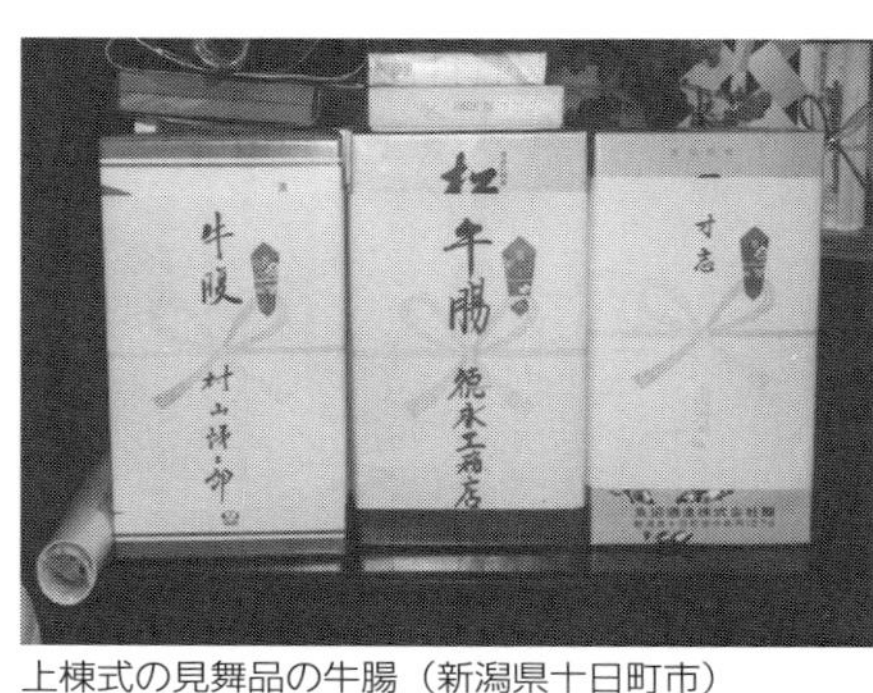
上棟式の見舞品の牛腸（新潟県十日町市）

て残っている。石川県鹿島郡でも、「入牛腸」のことばが使われている。また、岐阜県大野郡白川村では民家の新築祝いのことを「ゴチョー祝い」といい、大工を正客として、村内の者と親類だけを呼んだ祝いが行われる。

普請帳にあらわれた牛腸

過去の普請帳には、「牛腸帳」などと称して牛腸の内容を詳細に帳面につけているものが、いまに受け継がれて残っている。帳面のなかには、牛腸のことばを見ることができる。たとえば、新潟県十日町市中条上町に残る文化一二（一八一五）年の「諸飯喰人覚之帳」には、「牛腸覚」の見出しがあり、各家からの牛腸の品が示されている。さらに、同市三ツ山には、普請帳自体の題が「牛腸合力人足覚帳」（文化一二年）となっているものや、「家屋増築人夫牛腸日記帳」（明治四二年）などとなっているものがある。岐阜県大野郡白川村大牧の天保一三（一八四二）年の普請帳の「人足もらい覚帳」には、「御長」と記録されている。

牛腸の帳面（新潟県南魚沼郡湯沢町）

これら江戸後期から明治期にかけての普請帳に示された牛腸には、次のようなものが具体的に示されている。「縄、竹、酒、糯米、白米、豆、赤飯、うどん、麦麺、秋味（鮭）、にしん、あら、平目、塩ます、あじ、こんぶ、いんげん、ねぎ、なす、夕顔、菊、大根、きゅうり、玉子、羊かん、茶」である。これらを一品だけ持ち寄っている場合が多い。つまり、牛腸とは普請中の建築資材の供与と、飲食物の供与とのいずれをもさしていることがわかる。

新潟県の中越地方では、現在でも牛腸の習俗が見られる。ただし、飲食物の供与を牛腸として贈っているものの、建築資材の供与は見られない。食物の供与は、終戦後は豆腐、車麩、こんぶ、赤飯、寿司などの食物であったが、いまは酒が多くなっている。

牛腸のいわれ

柳田國男によれば、牛腸ということばの語義は「午腸」で、それは午餉（ひるげ）の弁当を意味するとしている。ご馳走や疲れたことを意味する「ゴッチョウ」は牛腸とは関係がなく、「餉」という漢字の意味である食物を運ぶことからきているとする。

しかし、いまでも牛腸ということばを使っている地域では、次のような伝承も残っている。

たとえば新潟県南魚沼市では、「大工の職人がくたびれて威勢がなくなったときに牛の腸を食べさせたら元気がついたので、牛の腸を出すことに始まった」といい、同県十日町市では、「普請のときには食べ物が悪くなるため、食べ物を牛の腸に入れて縛ってわたすといいとされたから」「普請で働いている大工の食事として、牛の腸に食物を入れたものを上に投げて与えていたから」などと伝えられている。このように、牛腸ということばの伝承として、「牛」と「腸」という漢字からくる意味に影響を受けた民間伝承になっていることがわかる。

一方で、新築の民家に先に持ち込むものは、かつては牛そのものか、牛の首と呼ばれる糸車の枠であった。また、臼を先に入れるところもあった。こうしたウシ（うす）を先に持ち込むことは、生類犠牲の名残りであるともいわれている。梁を「ウシ」あるいは「ウシ梁」と呼んでいるところもあり、民家をつくるときには、なんらかの牛の力を借りる必要があったともいえる。

（津山正幹）

2 地鎮祭と地搗き

地鎮祭 ［ジチンサイ］

建築のはじまりと地鎮祭

地鎮祭とは、建物を建てる前に敷地を清めて建築の無事を祈るために行う儀礼のことである。「地祭り」あるいは「地祓い」ともいう。民家に限らず建物を建てる場合には、建築工程の節目ごとに建築儀礼である祭りを行うが、地鎮祭は数ある建築儀礼のうち、最初の儀礼である。

建築工事の機械化が進み、安全性や作業能率が高まったとはいえ、一度事故が起こると大きな怪我をするなどの深刻な事態を招くことにもなるため、今でも必ず地鎮祭は行われている。地鎮祭を行わずに事故などがあると、責任を問われることもある。

地鎮祭の祭壇（茨城県古河市）

祭場と供物

地鎮祭にあたっては、建物を建てる敷地の中央に約一〜二間（約一・八〜三・六メートル）四方の区画を決め、四隅に笹のついた竹を一本ずつ立てる。そして、その竹を柱にして注連縄を張り、幣束を垂らす。注連縄が張られた内側の部分が祭場となる。注連縄は、東南の隅（福門）からねじりはじめ、たるみをつけて張っていくような地域もある。また敷地の一部ではなく、敷地全域の四隅に竹を立てて周囲に注連縄を張り、敷地全域を祭場化する地域もある。

祭場の中には机などを置いて祭壇とし、その上に御神酒、塩、米、尾頭つきの魚、野菜などを供物として供える。地域によっては、生きた鮒や鯉を盥などに入れて供えるところもある。また、供物の魚は、尾頭つきの鯛などの大きな魚を供えることが多いが、地域や家によって違いが見られる。たとえば関東ではスルメ、西日本では小魚のイリコなどを供えるところも多い。四隅に立てる竹は、その年に採った「ニイコ」などと呼ばれる新しい竹（若竹）を利用している。

祭主と式の内容

地鎮祭では、祭壇を前にして神主が祝詞をあげてお祓いをする。祭主は神主が多いが、なかには僧侶の場合もある。

また、山口県から九州にかけては、盲僧が祭主を務めて琵琶を奏でることもある。福島県会津地方では、神主がうなり声をあげて神を呼び、神主のお祓いが終わるまで神主以外は祭場に入れない地域がある。

地鎮祭の参加者は神主のほか、施主、施主の親類、大工の棟梁や建築に携わる職人など、五〜七人程度である。式は大安などの吉日を選んで行われるが、三隣亡の日は避けられる。それは、この日に地鎮祭を行うと、火災が起こって近隣の三軒をも滅ぼすとされるためである。式にあたっては、小石に「東」「西」「南」「北」「中央」とそれぞれ墨書し、その小石を建物の基礎部分のそれぞれの位置に埋める地域もあった。

地鎮祭の鍬入れ（新潟県南魚沼市、写真提供：細矢菊治氏）

祭壇の前には、あらかじめ砂または土を盛って小山を造り、幣束を立てておいたところに、棟梁や施主が「エイエイオウ」と言って鍬を入れる。地域によっては、小山に茅をあらかじめ挿しておき、鎌で茅を切る場合もある。小山を造るための砂や土は、施主とその子どもが集めにいくのが習わしで、地域によっては家を建てる方角によって砂や土を集めに行く方向も異なる場合がある。また、地鎮祭の後に盛られた小山の砂を敷地の四方に撒いてから敷地全体に撒く場合もある。

式は、午前中に行われ、お神酒を飲んで終了する。その後に振舞が催されて酒宴となる。この振舞は、建物がまだ建っていないため、祭場の脇に筵や茣蓙を敷いて行われるほか、仮の住まいで行われることもある。

地鎮祭で使われた幣束や注連縄は神主が持ち帰るのが一般的だが、その扱いは地域によって異なり、持ち帰らずに単に敷地内に埋めておく地域もあれば、「ヒモロギ」と呼ばれる榊の上に紙垂れをつけ下にシズメモノ（鎮物）という五色の幣束の飾りとともに敷地の中央に埋めるところもある。注連縄についても、焼いて灰にしてから、川や海に流すところもある。

（津山正幹）

琵琶法師・盲僧［ビワホウシ・モウソウ］

琵琶という楽器を携えて、語り物を語ることを専業とする人々のうち「平曲」を語る者を当道派の琵琶法師、「地神経」を語って、主として民間宗教家として生きる人々を地神盲僧と呼んでいる。

黒川道祐の著した『遠碧軒記』には「盲人の内に地神経と云が一流ありて、釜はらひなどのやうに祈禱をして通る者あり」とある。彼らは「地神経」という独自の経典に拠っているからで「地神経読み盲目」とも記されている。

現在でも九州と山口県の一部に、彼らの後裔がいて、天台宗地神盲僧派の僧侶として活動している。彼らは僧侶の資格を持ちながらも、葬送儀礼や盆などに基本的には関与せず、江戸時代と同様に琵琶を弾奏しつつ呪術的な祈禱をなりわいとしている。そこで学術的には彼らを当道派の琵琶法師と区別して「盲僧」、あるいは「地神盲僧」と呼んでいる。

五郎王子の物語り

「地神経」は、実際は多様な仏典や祭文風の語り物を含んでいるが、その中心をなすものは地神の本地を説くいわゆる「五郎王子の物語り」と琵琶の功徳を説く「琵琶の段」などと称される語り物である。

五郎王子の物語りの筋は次の通りである。天竺の磐古大王には五人の王子があったが、年長の四人の王子に四方と四季を分け与えてしまったため、怒り狂った末子の五郎は所領をめぐって四人の兄たちと争うことになった。それぞれ青竜、赤竜、白竜、黒竜、黄竜となって遠賀川を血に染めて戦ったなどと描写される大戦争を収めるため、陰陽の博士が招聘されその進言によって五郎の王子には中央と四季の土用とを与えられることになった。怒りを収めた五郎の王子は以後地神という大地のカミとなったという。

つまり一種の御霊神誕生を語る物語となっている。またそこでは地神と荒神、あるいは土公神は同体で、春は竈に夏は門に秋は井戸に冬は庭に在りとする。したがって毎年の竈祓いをはじめとして、地鎮祭、屋敷地の方位占いなどを盲僧が執行することの根拠になっている。「地神経」は盲僧だけでなく修験や巫女なども語っていた記録があり、また「土公祭文」などという名称で各地の神楽にもとり入れられている。

荒ぶる祟りが多いカミを慰撫し鎮魂する呪的能力が、彼らに宿っていると信じられた。とくに琵琶法師のもつ盲目性はその顕著な表れであって、戦前までは憑き物落としや口寄せにも携わったという報告があるとおり、盲僧もまたシャーマンの一類と考えることができる。

実際の活動は九州北部と南部ではやや様相を異にし、北部では主として竈祓いを本業とするのに対して、南部では屋敷地に祀られているウチガミなどと称する小祠を祓うことを主たるなりわいとしている。これを「竈祓い」、「荒神祓い」、あるいは単に「お祓い」などと呼び、「廻檀（かいだん）」といったりもしている。

対馬盲僧の荒神祓い（長崎県対馬市厳原）

対馬盲僧の廻檀（長崎県対馬市豆酘）

対馬盲僧の荒神祓い

「廻檀」は地神経の説くところにしたがえば四季の土用であるが、実際は年二回あるいは一回程度である。とくに農閑期の冬季に訪れる場合が多く、地方によっては「寒座頭」という呼称も聞かれる。戦前までは、六月ころなら麦一升、秋なら米一升がその報酬で、弟子を連れて歩いていた時代は、米を入れた大きな袋を持たせていたという。

平安時代に書かれた『新猿楽記（しんさるがくき）』に、「琵琶法師の物語」と「千寿万歳の酒禱」とが並んで記述されている。琵琶法師は「平家物語」成立以前から呪術的職能をもつ語り物芸能者であったことがうかがえる。「平曲」が本業となって以降も、「平曲」を語った後に「地神経」を読誦（どくじゅ）していることが室町時代の『看聞御記（かんもんぎょき）』などにみえる。もともと琵琶法師一般は呪術宗教家であると同時に芸能者でもあったが、「平曲」を表芸とする琵琶法師の団体、すなわち「当道派」が有力になるにつれ、この組織に属さない古風な形態をとる琵琶法師たちは、徐々に限られた地域にのみ存在するようになっていったと考えられている。

現在盲僧は主として九州に分布しているが、大きく北部九州と南部九州とのふたつの組織をなしている。いずれも天台宗の僧侶であるが、北部は玄清法印流、南部は常楽院法流と称している。

対馬在住の盲僧は玄清法印流に属して、旧城下である厳原（いづはら）に住し、主として在住のムラを廻檀していた。定期的な

荒神祓い以外にも、いわゆる地鎮祭や葬式の後の家を浄める「シケバライ」などもかつては担っていた。（西岡陽子）

地搗き・ヨイトマケ［ジツき・ヨイトマケ］

▼地搗き歌

民家を建てる敷地の基礎固めを地搗きという。昭和四〇年代前半ごろまでは各地で行われていたもので、地搗きのほか「どう搗き」「地業」「石場かち」「さんよう搗き」「ヨイトマケ」などとも呼ばれる。

地搗きをとりしきるのは、鳶の頭である。鳶は、地搗きのための道具を用意し、人の手配も行う。地搗きでは、「タコ」または「どうつき棒」と呼ばれる地搗き棒（直径約二〇～三〇センチの丸太）が中央に据えられて、そこに一〇本前後の綱をつけた。地搗き棒は、欅や樫、松などを利用している。綱には、一、二人の綱子がついて、綱を引いたりゆるめたりして、柱の立つ位置などを地搗き棒を搗いて固めていった。地搗きの順序は、大黒柱から搗きはじめたり、戌亥（北西）の柱または辰巳（南東）の柱から搗きはじめたりしている。仕事は、音頭とりの主導のもとに地搗き歌を歌いながら行われた。

一方、大きな民家や社寺建築の場合には、櫓を組んだ大

櫓を組んだ大がかりな地搗き（新潟県南魚沼市、写真提供：細矢菊治氏）

がかりな地搗きを行う場合がある。櫓は、高さ約三～六メートルのもので、脚になる四本の丸太に補強用斜材の筋交いの丸太を入れ、地搗き棒を中央に立てて搗いた。この場合の地搗き棒は、檜材や鉄製のものも使われた。地搗き棒は、とりつけられた綱で櫓の上の滑車近くまで引きあげられてから搗き落とされたので、威力は増す。このとき、地搗き棒をおさえる舵とりの担当は、「根とり」と呼ばれて中央に入った。

なお、地搗き棒ではなく石を使う場合もある。石は「亀の子石」などといわれて、石の側面の溝に藤蔓や綱を巻き、これに縄をつけた。縄を引いたりゆるめたりして石を落としていく。

地搗きの綱子には親類や近所の人があたるが、地搗きを専門にしている職業集団が請け負う地域もあった。綱子は、男女の区別なく参加したものの、女性は同程度の力でむらなく搗けるため、女性を中心に行う場合がある。したがって、地搗きの職業集団も女性だけの場合があり、この人たちは「ヨイトマケのおばさん」などと呼ばれた。

なお、山形県のように、地搗きの最後に施主や音頭とりの胴上げをしたり、地搗き棒に施主らをまたがらせた舟乗りを行ったりしているところもあった。

（津山正幹）

地搗き歌 ［ジツキウタ］

▼地搗き・ヨイトマケ

地搗きの作業は、長時間にわたる力仕事を続けなければならないため、「エンヤサー　エンヤサー」「ヨイトマケ　ヨイトマケ」などとかけ声をかけ、さらに音頭とりの先導によって地搗き歌を歌いながら行われる。音頭とりは、赤い半纏を着て頭巾をかぶって行うところもある。地搗きの名称が各地で異なっているのと同様に、地搗き歌は「石場かちの歌」「ヨイトマケの歌」などとも呼ばれている。歌詞は、土地の風景を盛り込んだ地域色豊かな歌詞であったり、即興的な内容を盛り込んだり、伊勢音頭の変形であったりとさまざまである。地搗きの仕事が終わるまで歌い続けられた。

石場かち歌（新潟県南魚沼郡湯沢町）

〽ここは大事の住まいの柱　さらば祝いましょ
この石場　面白い　ソリャノコエンヤラヤ
ヨーイ　サンヨ　サンヨ　サンヨでかちこめ
〽これの石場になぜ酒出さぬ　かかがしわくて酒出さぬ
面白い　ソリャノコエンヤラヤ
ヨーイ　サンヨ　サンヨ　サンヨでかちこめ
〽目出たうれしや思うことが叶た　さらば祝いましょ

この石場　面白い　ソリャノコエンヤラヤ
ヨーイ　サンヨ　サンヨ　サンヨでかちこめ

どうづき歌（静岡県静岡市葵区井川）

〽めでためでたの　若松様よ　枝も栄えて　葉も繁る
どうづき棒は　二間と半よ　サンヨーエン
そこだ　サンヨーエン
〽子どもが若いときにゃ　茶原でさせた　木まくらに
夜がふけて　あんねいつけたか　みておくれ
サンヨーエン　そこだ　サンヨーエン

地搗き歌（京都府与謝郡与謝野町）

〽これらの屋形は　めでたい屋形
鶴がご門に　ホイホイ　巣をかける　おめでたや
イヤノー　大きなしょたい（世帯）しょ
〽石場つくとて　暦をみたら
今日も良い日や　ホイホイ　明日も良や　おめでたや
イヤノー　大きなしょたいしょ
〽これのお背戸に　茗荷や蕗や
茗荷めでたや　ホイホイ　富貴繁盛　おめでたや
イヤノー　大きなしょたいしょ
〽めでためでたの　若松様よ
枝も栄える　ホイホイ　葉も繁る　おめでたや
イヤノー　大きなしょたいしょ（『加悦町誌』）

（津山正幹）

3 上棟式

上棟式・建前［ジョウトウシキ・タテマエ］

▼餅撒き・棟梁送り

上棟式の飾りもの

柱を組みあげていくことを「建前」といい、それを締めくくって頂部に入る棟木があがると「上棟式」が行われる。大工の棟梁の主宰で行われるもので、上棟式のほか「棟上げ」「建前」などとも呼ばれている。まだ骨組みができただけの段階なので民家の完成ではないが、上棟式は建築儀礼のなかでは最大の祝いになる。

上棟式の祭場は、棟木の周辺や梁の上などに板を敷いてしつらえる。正面には祭壇を設置し、そこに供え餅、洗米、塩、御神酒、尾頭つきの魚、野菜などのほか、後に棟木に打ちつけられる棟札を供える。

上棟式の矢の飾り（茨城県古河市）

また、祭場や棟木の周辺には、上棟式のための飾りものがとりそろえられる。

ひとつは、魔除けの意味を込めて鬼門に向けられた弓矢である。矢は小ぶりの材を使って、矢羽の板には兜や鶴、亀などを描く。

ふたつめの飾りものは、五色の幟である。白、黄、青、赤（桃）、紫（黒）などの幟が風に流れるように、棹などにくくりつけられる。それぞれ八尺（約二・四メートル）～一二尺（約三・六メートル）ほどもあるので、大工が用意したり親類縁者が持ち寄ったりする場合が多い。五色の幟の色には意味があるとしている地域もあり、五行思想の表現であるとされている。また、五色の幟は、上棟式終了後に妊婦の腹帯にするために、競ってもらい受ける習俗が各地に見られる。これを腹帯に使用すると安産になるといわれているからである。

三つめの飾りものは、女性の道具である。口紅、白粉、鏡、櫛、かもじ、こうがい、針のほか、女性の髪の毛などを箱に入れて、弓矢や五色の幟の棹などにくくりつける。女性の道具を飾るようになったのは、柱を短く切ってしまった棟梁が、その対処法を教えてくれた妻を口封じで殺したために、その供養に祀るようになったという女人犠牲譚がともなっている。

上棟式での棟梁の槌打ち（新潟県南魚沼市）

四つめは、ヘイグシ（幣串）などと呼ばれる角材である。その頂部には日の丸扇が、二～三本組み合わせて丸くとりつけられる。

上棟式では、棟梁が祝詞を読みあげた後に、棟木を二、三回玄能（鉄製の槌）でたたいて槌打ちを行った。そして、弓を鬼門の方角に向けて打つしぐさをする弓引きを行う。弓引きでは、棟梁が「今日は棟上げの大吉日とあって鬼門に向かって弓を打つ」というと、参加者から「ヤイヤーヨイヤサー」と声があがる。

そして、建物の四方には塩と水、四方固めの大きな餅が撒かれ、続いて小さな餅が、集まってきた近所の人たちに向けて撒かれる。

上棟式を司る棟梁

上棟式が終了すると大工の棟梁が自分の履いていた草履の鼻緒を切って投げる地域がある。あるいは棟梁の草履の鼻緒を切って梁に吊るしている地域もあり、もし棟梁が草履を履いたまま帰ってしまうと、家の魂が抜けるともいわれている。

その後、この草履を拾ってきて自分の家の縁側のあたりなどに吊るしておくと安産のお守りになる（新潟県長岡市）、この草履で妊婦の尻をなでると安産になる（山梨県北都留郡）、この草履を頭痛のときや赤ん坊の泣くときに枕元におくと治る（長野県北部）などといわれている。これらの習俗は、家の神を呼び寄せる役目の棟梁自身に力が加わった状態を示しており、棟梁の身につけたものにあやかろうとするものであろう。

棟梁も、単に家づくりの監督者というものではなく、上棟式の司祭者につくべき重要な任務があたえられているのである。上棟式の主宰者である棟梁は、家の神を降臨させる重要な役割を担っているともいえる。

上棟式が終了すると、建物の下では酒宴が開かれる。この酒宴を「直会」と呼んでいる地域もある。酒宴では、伊勢音頭や木遣が歌われ、終了後は棟梁を家まで送り届ける棟梁送りが行われた。

民家の誕生

福島県では、上棟式に男性器と女性器をかたどったものを棟木に吊るす習俗が見られる。一般に、これらは「ヒブセ」などと呼ばれ、火伏せのまじないのためにとりつけるとされている。これは、福島県のなかでも中通りの北中部と奥会津地方に限られる。このように上棟式の飾りもののなかには、人の生殖に関わる習俗をともなっているものがある。

上棟式はふつう、満潮の夕方に行う場合が多い。たとえば愛知県田原市では、上棟式は上げ潮のときに行うもので、下げ潮のときに行うものではないとされていた。三重県北牟婁郡紀北町では、上棟式の際の餅撒きは必ず潮の満ち

上棟式（新潟県湯沢町、写真提供：種村末蔵氏）

てくるときか満潮のときにするもので、潮の引くときにはけっして餅撒きをしてはいけないとされている。岡山県小田郡矢掛町では、差し潮のときに民家を建て始めるが、満潮になるまでに民家の頂部の棟木をあげてしまう。また、山口県や沖縄県では、満潮に向かう時間をみはからって上棟式が実施されている。

こうしたことは、妊婦が初めて腹帯を巻く帯祝いを満潮のときに行っていることと同じである。そればかりではなく、人は「満潮時に生まれ、干潮時に死んでいく」「差し潮に生まれ、引き潮に死ぬ」といわれるように、子どもの生まれるのが満潮時に多いといわれていることとも関係してくるし、「出潮の刻の産は重く、入潮の産は軽い」といわれていることにもつながってくる。つまり、上棟式は単に棟木があがったことを祝うというよりも、上棟式をもって家の神を棟木に降ろし、民家の誕生を祝う式なのだといえよう。

（津山正幹）

餅撒き［モチマキ］

▼上棟式・建前、屋根葺き祝い

餅撒きとは、上棟式が行われた棟木あたりから、下に集まった人たちに向けて餅などを撒くことである。上棟式のときのみにしか行わない地域が多いが、屋根葺き祝いのときに行われるところもある。

餅撒きでは、まず、大きめの四、五個の餅を、四隅に投げ落とす。この餅は「スマ餅」「スミ餅」「カド餅」「四方餅」「四方固め」「スマコロバシ」などといい、その後に撒く小餅とは別の呼称をつけて特別視している。それは、この餅は棟梁が撒く、拾うのは家の相続者に限られるなどとされるほか、拾った人は縁起がよい、子どもが授かる、あるいは家を建てることができるなどといわれていることからもわかる。

大きめの餅を撒いた後には、手の中に入るほどの丸形か菱形の「撒き餅」あるいは「投げ餅」と呼ばれる餅を数多く撒く。この撒き餅も、拾うと産が軽くなる、無病や安産

上棟式の餅撒き（新潟県湯沢町、写真提供：種村末蔵氏）

になるといわれるほか、焼かないで食べると火災除けになるともいわれているので、下で撒き餅を拾う人の争奪戦が行われる。

餅のほかに、小銭も合わせて撒く場合がある。小銭は、五円玉や五〇円玉などの穴あき銭を撒くところが多い。拾ってきた小銭は炉の鉤にくくりつけておき、それを火災除けのまじないにしているところが多かった。近年では、餅や小銭のほかに、みかんや飴、菓子を袋に入れて撒くこともある。

ところで、餅撒きに、餅ではなくシトギを使っている地域がある。シトギとは、水に浸した生米を粉にして固めたものをいい、おもに神への供物とされている。

上棟式のときに、熊本県天草市では「しとぎ万年」と叫んでシトギを撒き、鹿児島県肝属郡ではシトギ祭りを行っているところもある。長野県飯田市でも、生米を搗いてつくった「ゴフー」と呼ばれるものを撒き、新潟県糸魚川市では、白米を粉にしてから水を加えてどろどろにしたものを、棟梁がサシガネ（曲尺）の端を使って四方に撒いた。

このように、上棟式のときには広く餅を撒いているが、本来は餅ではなくシトギを撒いたのであろう。（津山正幹）

棟札［ムナフダ］

棟札とは、建物の建築時に作成された木札のことである。通常棟上げ（上棟式）のときに作成され、棟木に打たれるなどして後世に伝えられる。

札には「奉建立」、「奉再建」などの主文のほか、施主の名前、建築年、工匠など関係者の名前、経費などが記される。このような建築行為そのものの、記念性、記録性の意味を込めた内容のほかに、火災除けや家内安全の意味を込めた信仰的な願文も併せて記されることが多い。神仏名も併せて記載され、家屋の守護神である「屋船久々能知命」や「屋船豊受姫命」の名前はよく登場する。また陰陽道や修験道の符号も記されることがあった。棟札は祈禱札の一種でもあるといえるだろう。

このような風習はまず、古代寺院にさかのぼることができる。古代では棟木や梁など、建築の部材に直接記していたもので、これは唐の仏教建築の影響がある。しかし棟木銘などの習慣は遺存しつつも、次第に木札に記すようになったのが棟札である。

棟札は通常尖塔形で作成された板札で、棟木下や棟木を支える束に釘で打たれる例が多い。大きさはさまざまであり、民家では少ないが、寺社では二メートルを超えるものもある。このように大きな札は小屋内に打ちつけることができないので、建物内の仏壇や物入れ内に安置する。このように打たれていない棟札を置札という。

棟札は二枚作成され、二枚を合わせる形で小屋内に打たれることがある。また寛永通宝（かんえいつうほう）などの穴のあいた銭貨と一緒に打ちつける場合があった。後者の例は呪術的な意味合いがあったのであろう。

棟札とよく似たものに「幣串（へいぐし）」がある。棟札が板であるのに対し、幣串は板ではなく一定の長さの角材を用いる。いわゆる御幣（ごへい）形式の幣串が一般的な姿といえ、御幣と同じように紙垂（かみしで）をつけるものが多いが、近代のものでは扇子をつけたり、玉をつけたりして飾られる。

幣串は棟札と同じように施主の名前や工匠の名前を記す場合があるが、無記銘の場合も多い。棟札同様に小屋組内の棟木や棟束に釘で打ちつけられる。しかし新潟県三条市の町家や農家などでは、切妻（きりづま）屋根の妻壁面に幣串を打ちつける習慣があり、外部からでも幣串がとりつけられている様子が望見できる。

和歌山県橋本市の町家では、近代になってから顕著に見られるようになり、上棟式の際に作製することが習慣化したようである。古いものでは、素朴な竹製の幣串の例もあったが、次第に大型化し、また記銘するものが増えていっ

棟札（2枚合わせのもの）

幣串の例（大小2例）

た。当地方では幣串は複数本作製されることがあり、上棟式のあと、棟梁や左官の親方などに持ち帰らせる習慣があった。あちこちでもらってきた幣串は処分する棟梁もあったが、大工の家では建てた家々の幣串を今も保管している。

棟札は祈禱札の一種であることから本来僧侶や神官などの宗教者が作成するものであったと思われる。これに対し幣串は基本的に大工が作ったものである。棟札と幣串が両方作成されることは少なかったと見られるが、両方作製された例もある。

民家の棟札で建築とともに現存するもので最古のものは、奈良県五條市に所在する栗山家住宅（重要文化財）のものである。慶長一二（一六〇七）年の年紀があり、これにより栗山家住宅は建築年代が判明するもので、もっとも古い民家になる。

寺社建築などと異なり、民家は建築に関係する文書史料が残されている場合が極めて少ない。よって、多くのものの建築年は不明である。このため、建築年代が記された棟札や幣串は、建築年代を知ることができる貴重な資料となる。また上棟式の習俗や、建築に込められた人々の願いを推し量ることのできる重要なものであるともいえよう。

（御船達雄）

棟梁送り［トウリョウオクリ］

▼上棟式・建前

上棟式の終了後に、大工の棟梁を自宅まで送っていくことを「棟梁送り」という。

上棟式が終わると、まだ床が張られていない建物の下で酒宴が開かれる。これを「直会」と呼んでいる地域もある。酒宴は、棟梁と施主の挨拶で始まり、親類や近所の人が用意した料理でもてなされる。鳶からは木遣が披露され、続いて伊勢音頭をはじめとして、地域の民謡や地搗きの歌も歌われる。宴が盛りあがったころあいをみはからって、棟梁は宴をあとにする。そのときには、伊勢音頭が歌われる場合が多い。そして、棟梁を棟梁の家まで送りとどける棟

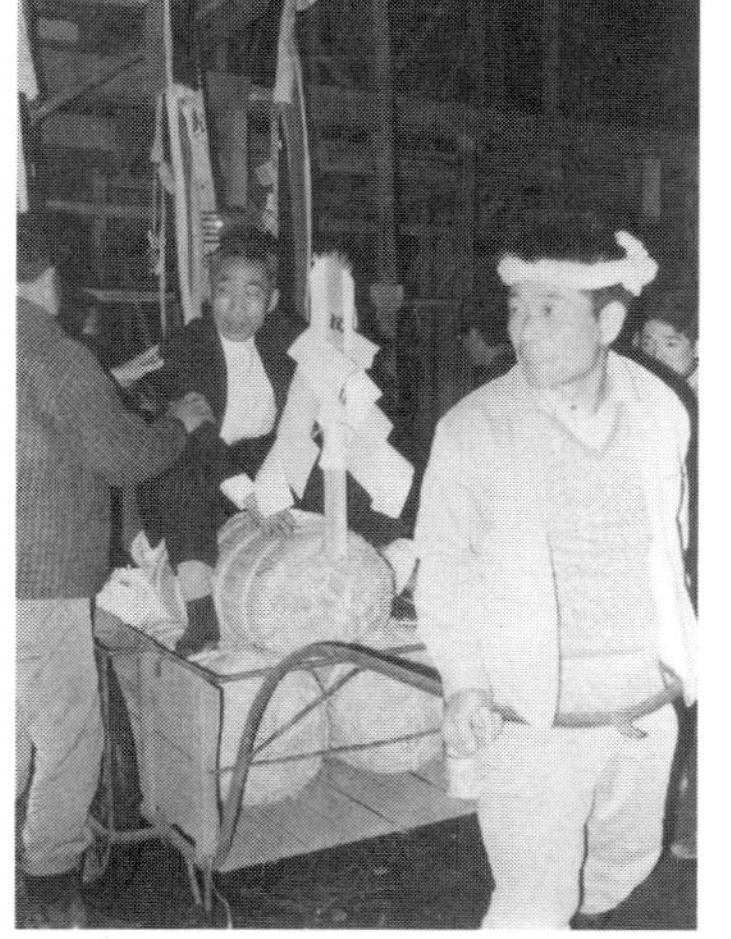

棟梁送り（神奈川県藤沢市、写真提供：小林梅次氏）

梁送りが行われる。棟梁送りでは、鳶や大工の職人、左官、親類、手伝いの人たちがともない、飾っていた五色の旗や弓矢、ヘイグシ、祭壇の餅や米などは棟梁の家にもっていく。

山口県では、割った青竹に米を吊るして棟梁の家まで担いでいった。道中は木遣や伊勢音頭を歌いながら、かつては馬車やリヤカーに棟梁を乗せて送っていった。なかには、送る人たちが数人で人の馬をつくり、そこに棟梁を乗せて送ることもあった。茨城県では道中の家々に餅を配りながら歩くこともあったし、新潟県では建てた家の図面の板図を欅（けやき）や竹でたたきながら送っていった。

棟梁の家に着くと、もらってきた品や棟梁の家で用意された料理で、さらに「振舞」などといって酒宴が深夜まで開かれた。

上棟式の日は、朝早くから柱を組みあげていき、深夜まで酒宴が開かれるというような、民家をつくるための大きな催事の日である。その上棟式を主宰するのは家の施主ではなく大工の棟梁なので、棟梁を自宅まで送りとどける棟梁送りが、上棟式の最後を飾る重要な意味合いをもっている。

なお、自動車が普及してからは、こうした棟梁送りは省略されて、ほとんど行われなくなった。

（津山正幹）

4　屋根葺きと屋移り

屋根葺き祝い［ヤネフキイワい］

▼餅撒き

屋根葺きを終えた祝い

屋根の棟（むね）の部分は「グシ」と呼ばれており、屋根葺きの最後にグシの部分を葺きあげて終える屋根葺きの仕上がり祝いを、屋根葺き祝いまたはグシ祭りと呼んでいる。鹿児島県では、屋根の頂部を覆う甍（いらか）からきた甍祭りとも呼ばれている。

屋根葺き祝いは、グシ（棟）の周辺で行われる。参加者は屋根葺き職人（屋根屋）が中心で、施主や親類は参加しない場合も多い。式では、屋根屋の親方がグシに御神酒（おみき）をかけて塩を撒（ま）く。そこには三方や膳に、洗米、塩、御神酒、水、尾頭つきの魚のほか、グシ餅と呼ばれる供え餅をあげる。そして上棟式と同様に、餅撒きをするところもある。神奈川県足柄上郡（あしがらかみ）では、「トウ餅」と呼ばれる餅を膳に載せて屋根に上り、これを屋根鋏で切りながら撒いていった。

屋根葺き祝いの終了後、参加者はグシから下りてきて、御神酒を飲んでから施主や手伝いの人たちとともに酒宴を

屋根葺き祝いでの餅撒き（宮城県気仙沼市、写真提供：佐々木徳朗氏）

開く。屋根屋にとっては、最大の祝いでもあるので、歌も出て酒もはかどる。

なお、鹿児島県の甍祭りでは、屋根屋は水に浸した生米を粉にして固めたシトギを膳に入れ、屋根に上って甍に供えてから、祝言を唱えて施主とともにシトギを撒いた。

葺き籠り

新しく民家の屋根が葺きあがると、「葺き籠り」「泊まりぞめ」などといって、夫婦または夫が新築の民家で先に泊まり込む習俗が、各地に見られた。たとえば大分県の日田地方の葺き籠りは、主人夫婦か若夫婦かの二人が、上棟式から屋移りの日まで、新しい家に藁を敷いて泊まるものである。これをしないと獣や悪神、魔物が先に入ってしまうといわれている。また、同県国東市での葺き籠りは、屋移りの夜に、家主が蓑を着て泊まるか、泊まらないときは蓑だけを新居の中心になる柱にくくりつけた。蓑の姿は神の姿だとされている。

（津山正幹）

▼牛腸、家見念仏

屋移り［ヤウツリ］

完成祝いの屋移りとワタマシ

屋移りとは、新しい民家の完成祝いまたは新築祝いのことをいい、「ワタマシ（移徙、渡座）」ともいわれていた。ワタマシとは、古くは貴人の転居や渡御をさすうやまったいいかたである。新潟県佐渡市では、屋移りでワタマシすべきものは家の神であったと考えられている。また、山形県新庄市周辺では、屋移りのことを「ジング」と呼んでいる。ジングは「神供」を連想させ、家の神の存在が考えられる。

完成を祝う屋移り祝いは、吉日を選び、新しい建物に大工、鳶、左官、屋根屋などの職人や親類、近所の人を招いて行う。九州では盲僧を呼んで琵琶を奏でてもらう場合もある。

新築の民家で先に入れ込むものは、炉の灰とするところが多かった。分家に出るときは、本家の炉の灰をもってきた。あるいは神棚と仏壇を先に移すという例も多い。また、かつては牛そのものか、牛の首と呼ばれる糸車の枠、または臼を先に入れるというところがあった。こうしたウシ（うす）を持ち込むのは、新築民家への生類犠牲の名残りであるともいわれている。実際に、南西諸島では、上棟式において牛や鶏・豚などを殺して祀る習俗が報告されている。

なお、関東地方では、家見念仏などといって、念仏講中の女性たちが念仏を唱えて新築を祝うところもある。こうした地方でなくとも、単に「家見」などと称して、近所の女性たちが新しい民家を見に行く地域もある。

屋移り粥

屋移りのときに粥がふるまわれることがある。たとえば千葉県西上総地方では、屋移りの日の最初に近所の子どもたちを招待し、箸と茶碗を持参した子どもが小豆の粥をご馳走になる。この粥を「屋移り粥」と呼んでいる。子どもたちは、食べ終わると箸を天井に向けて投げ、「天まで続け」といった。また、新潟県の長岡藩ではワタマシ（屋移り）に「赤小豆粥を煮て、親しきものを招きてふるまふ。是をやわたりかゆといふ。又かゆをふるまふ時、箕の裏をうちてはやす詞、『いへつくつたかいらうよはたりたらふた』と繰り返し繰り返しはやす」と、『北越月令』（一八四九年）に見える。

屋移り粥は、各地に広まっている名称ではあるが、そのほかの名称として、ワタリ粥（群馬県）、ヤワタリ粥（新潟県）、ウツリ粥（長野県）、ヤタテ粥（滋賀県）、ヤガユ（九州）などがある。粥は、たいてい中に小豆が入った小豆粥であるから、そのまま小豆粥と呼ばれる場合もある。

粥を柱に塗る柱誉め（静岡市葵区井川、再現写真）

屋移り粥を柱に塗りつける地域があり、そうした習俗は、柱粥（新潟県）とか柱誉め（静岡県）などと呼ばれている。このとき、柱に対して問いかけや祝言をいうようなことがある。静岡市葵区井川で行っている柱誉めは、棟梁(とうりょう)や施主が「カイススル　カイススル　ナニカイススル　この家は福つく　徳つく　福徳つく　幸いつく　軍配うちわにて　あおりつけたる　延命長者の　わたぬき　カイススル」と唱えてから、柱に粥を塗ってまわった。そのほか、柱に対してではなく、参加者によってかけあいの問答が行われる場合もある。

粥の中に何も入れない白粥の場合があるが、福井県小浜市では、屋移りの日に「カネイシ」と呼ばれる小石を三つ入れたオカユサン（粥）を炊いて隣近所に配り、「カネイシが入っていた家は、蔵が建ち、めでたい」といって喜ばれた。同市では、粥に大豆三粒、小豆三粒、小石三個を入れており、自分の椀に大豆が入ると「蔵が立ちますように」、小豆があたると「家が建ちますように」、小石があたると「土地が買えますように」と念じて粥を額(ひたい)につけてから、茅(かや)の箸で食べる。兵庫県朝来(あさご)市では、屋移りぞめの日に黒豆を三粒入れた粥を炊いて村の人たちに食べてもらい、この黒豆が入ると験(げん)がいいとされて、誰に入るかを楽しみにした。また、佐賀県佐賀市の大正五（一九一六）年の資料には、一文銭一二個を粥の中に入れたという記述があり、それにあたれば喜んで大黒天に供えた。

（津山正幹）

家見念仏［イエミネンブツ］

関東地方で、新築祝いとしてあげる念仏。「家見念仏」と総称されるが、各地では「イエミネンブツ」「イミネンブツ」「エミネンブツ」「ユミネンブツ」「ヤウツリネンブツ（屋移り念仏）」などと呼ばれる。念仏というと葬儀や仏事のイメージが強いが、これは「めでたい念仏」といわれている。土地の神を鎮め、新居に魂を入れるための儀礼とも考えられる。

埼玉県越谷(こしがや)市大成町(たいせいちょう)では、新築祝いに念仏講中の女性たちを招いてイミネンブツ（家見念仏）を唱えてもらう。祝いの最初にこの念仏を唱えてもらい、その後に「松坂」「これさま」「高砂」などの祝い歌や踊りなどの余興が披露されてにぎやかになる。イミネンブツの歌詞には神や縁起物、家の部位名称などが読み込まれ、家の繁盛や火伏せを祈願する内容になっている。歌詞の一部は次のとおり。

〽これの東の日のもとの　小池に小判が咲き乱れ　白銀(しろがね)つるべで黄金竿　お家繁盛と汲み上げて　これほどめでたいことはない

〽これの館を見申せば　いずくの大工が建てたやら　霜の土台でくり柱　雨の垂木で雪の屋根　屋根葺きあ

埼玉県八潮市のユミネンブツ（写真提供：八潮市教育委員会）

げれば水結び　火伏せのお念仏おめでたい　ご祝いお念仏おめでたい　これほどめでたいことはない
（『埼玉の民謡』）

これ以外にも、埼玉県では県東部の草加市、八潮市、春日部市の事例が報告されている。いずれも、新築後あまり時間が経たないうちに（一〜二か月以内というところと、一年以内というところがある）、念仏講のおばあさん方を招いてあげてもらうというもので、これをすませないうちは葬式を出すことはできないとされている。家見念仏をすませる前に不幸が生じた場合は、すぐに念仏講の人に集まってもらい、通夜念仏の前に家見念仏を唱えてもらう。

また、「家見念仏をしない家は、大黒柱が欠ける」といわれている地域（埼玉県八潮市）もある。新居に強い霊魂を宿らせる家見念仏をしないと、悪霊が家長に祟るとされる言い習わしであるが、家見念仏がどのような歴史的背景によって生まれ、広まったのかについては、はっきりしない。

家見念仏については、東京都多摩市、神奈川県横浜市緑区でも事例が報告されている。

（駒木敦子）

二 住まいで展開される諸儀礼

1 年中行事

注連縄［シメナワ］

「シメナワ」の意味

「シメナワ」とは、そこが神聖な場所であること、清浄を保っていることを示すために張られる縄のことで、縄が張りめぐらされた領域内に不浄なものや邪悪なものが入らないようにするためのしつらえでもある。項目名としてあげた「注連縄」のほかに、「標縄」「七五三縄」「〆縄」とも表記される。

鎮守の祭礼の際、氏子の家々を囲うように注連縄を張りめぐらしてあるのは、そこが神聖な祭祀空間であることを示すためであり、村境に注連縄を張りわたすのも、村に邪悪なものが入ってくるのを防ぐためで、この場合には「道切り」「張り切り」などと呼ばれるしつらえがなされる。

正月に注連縄を飾るのは、家に歳神（としがみ）を迎えるために、神聖な空間を用意したことを示すためである。

注連縄のつくりかたと形態

注連縄の材料は稲藁（いなわら）である。稲（米）は日本人にとって重要な食物であるため、古来、稲や藁には神聖な力が内包されると信じられてきた。そのために正月の注連縄を綯（な）うのは一二月の何日と決まっていた。大晦日に注連縄を飾る「一夜飾り」や、「苦」に通じるとされる九のつく日は、忌むべきとされた。

注連縄は、「七五三縄」とも書くように、縁起をかついで七五三の数字に見立てた編み方をする場合が多い。注連縄は、藁を手でていねいに綯っていく。藁のシデ（注連縄につけて垂らす、藁や切り紙の飾り）が綯い込まれた縄の場合はシデが右流れに、切り紙のシデがとりつけられた縄の場合はシデが左流れになる。

その形態には、太さが均一なもののほかに、丸い輪のような形状の「輪飾り」や、両端が細く中央部が太い「鼓（つつみ）胴注連（どうじめ）」、牛蒡（ごぼう）のように細長い形をした「牛蒡注連」、大根に似せた「大根注連」がある。いずれも綯い始めの部分が右に向くように飾る。このように注連縄の綯い方や飾り方には、右を上位と見る思想があった。

正月の注連縄にはユズリハ、松葉、樫の葉、裏白など常緑の葉をシデの代わりにとりつける。そのほか、ミカン、昆布、スルメ、干し柿などを一緒に吊るす。扇をとりつけて華やかにする例もある。

牛蒡注連の装飾化がさらに進むと宝船の造形になる。船に俵を積んだ宝船である。暮れの酉の市などで売られる熊手をあしらった「お宝」も、注連縄の変形である。

正月の注連縄は、神棚はもちろん、床の間、竈、便所、戸口、井戸、物置小屋、門など各所に飾られる。一般に、松の内や小正月を過ぎればとりはずすが、三重県の伊勢・志摩地方などでは、「笑門来福」などと書かれた木片がつく注連飾りが一年を通して玄関先に飾られる。

東京の注連飾り・注連縄づくり

東京都の葛飾区・足立区・江戸川区といった東郊の農村地帯では、江戸時代から注連縄づくりが農家の副業として盛んに行われた。E・S・モースは、『日本その日その日』のなかで注連飾りを図入りで紹介している。「新年用の装飾品は稲の藁でできていて、いろいろな方法でひねったり、編んだりしてある。それ等を家の入口の上と、家庭内の祠の上とにかける慣がある。意匠の多くは美しく、そのある物は構造上に多分の手並を示している」と述べ、もっとも美しいと賞賛する宝船を紹介した。それに先立つ嘉永六（一八五三）年に出版された喜田川守貞『守貞謾稿』には、モースがスケッチしたものと同じような注連飾りが多く描かれている。

東京の注連縄（神奈川県大和市、写真提供：山崎祐子氏）

東京の注連縄づくりは、現在は専業で行われている。藁はミトラズと呼ばれる青刈りの稲を用いて製作される。東京の注連飾りは、前垂れ、牛蒡注連、大根注連、輪飾り、玉飾り、ジョウワ、リンボウ、ナイサゲ、お顔隠しなど各種の名称と形態に分かれる。できあがった注連縄は、一二月一五、一六日の浅草観音の市、二〇日の神田明神の市、二四日の芝愛宕神社の市、二六日から二九日までの両国回向院の市などで取り引きされる。ここで取り引きされた注連飾りが、東京を中心に関東地方の各地で正月用品として売られていくのである。

注連飾りは限られた期間で取り引きされる際物であるが、都市部に住む住民にとっては、正月儀礼を執行するうえで必要不可欠な物品である。東京の注連飾りが関東各地に広まり、ほぼ標準形となっている。

（板橋春夫）

炉での裸廻り［ロでのハダカマワリ］

正月に、夫婦が裸になって粟や稗の予祝をしながら炉の周囲を三回まわる儀礼。この「裸廻り」は東日本を中心に五〇例以上報告されている。

たとえば、宮城県栗原郡一迫町長崎十七軒（現・栗原市）のある旧家では、戦前、小正月の女の年取り（大正月が男中心の正月であるのに対し、小正月に女が中心になって祝う正月をいう）の晩に、家人が寝静まってから次のような儀礼が行われていた。

まず、当主が「どこで年取っぺや」といいながら家の周りをまわると、おかみさんが「どうぞ、入って年取らえん（取りなさい）」といって招き入れる。それから炉でどんどん火を燃やし、夫婦が真っ裸になる。亭主が四つんばいになって男根を振りながら「粟穂も稗穂もこのとおり」と唱えて炉端をまわると、その後から女房がこれも四つんばいになって、片手で女陰を叩きながら「割れた、割れた、実入って割れた」と唱えて三度まわったという。

裸廻りでは、性的な所作だけでなく、擂粉木と擂鉢などの一組の道具によって男女両原理が表されることもある。山形県南置賜郡中津川村（現・西置賜郡飯豊町）では、元日に若主人が柄杓に昆布、麻、松、柿、栗などを紙縒でしばりつけたものを持って若水（新年の最初に井戸から汲む神聖な若返りの水）を汲みにいき、「ナナドコイハイヤットコセ」という。帰ってくると年男は塩水で炉を清め、夫婦で擂粉木と擂鉢を持って、裸で炉の周囲を三回まわる。それから若水を釜にあけて、餅のしたくをした。

同村数馬のある家では、元日の朝、爺と婆がいちばん早く起きて裸で四つんばいになり、アキノホウ（歳徳神の在する方位）を向いて、爺は「粟穂が割れた」といい、婆は「粟穂が下がった」と唱えながら、炉の周囲を三回まわり、それから炉に火を焚きつけたという。

こうした裸廻りの主要な構成要素を整理してみると、次のようになる。

①大晦日、元日、小正月、節分といった新旧の年の替わり目に行われること。

②夫婦が真っ裸で四つんばいになり、唱言を唱えながら炉の周囲を三回まわること。
③唱言は粟や稗の予祝になっているが、同時に性的なメタファーをなしていること。
④村の旧家筋の秘儀とされ、神聖な性的儀礼となっていること。
⑤儀礼の場として、炉や火所が重視されていること。

儀礼の意味するもの

このように、炉での裸廻りの特徴のひとつが年頭の性的儀礼にあることは明らかである。性的な儀礼は、日常生活での男と女という性別のある不連続の状態を脱して、男女両原理の統合（一種の両性具有状態）という聖なる連続の状態を創出し、表象するうえで、重要なものといえる。つまり、万物がみな甦る〝正月〟という始まりのときに際して、日常とは異なった聖なる秩序を現出させ、原初の宇宙的なエネルギーに満ちた特別な時空間を生み出す儀礼なのである。

また、この儀礼が裸や四つんばいで行われている点も注目される。裸は、衣服（文化）や日常性を身体からはぎとり、生まれたままの自然の状態または非日常的な聖なる状態を表象している。しかも、四つんばいで炉をまわる事例が多く見られるのは、成人よりも動物や赤ん坊（自然）により近い所作といえ、原初のときの姿を表象したものと見ることができる。これによって、混沌から秩序へ、自然から文化へ、動物から人間への移行がなされたのである。

儀礼の場である炉は、住まいというひとつの小宇宙の中心をなし、あらゆるものが生成される場でもある。そこはまた、火を中心にして自然と文化が媒介され、対立するものが統合される特権的な場であり、異界へ通じる場ともなっている。

この裸廻りの儀礼は、イザナキ・イザナミ両神による国生み神話との類似が指摘されてきたが、どちらも原初のときに立ち返り世界創造の過程を表現したものである点で共通する。

ものごとの始まりにおいて、性的な儀礼がしばしば行われていることは注目される。たとえば、元日の「柳の木の下の御事は」や新婚初夜の「柿の木問答」などは、その一例である。

また、裸廻りと同様の唱言は、正月の祝い言葉や若水汲みの唱言、さらにわらべ歌や昔話などのかたちでも伝承されている。とくに西日本では、儀礼のかたちでの裸廻りの事例はほとんど報告されていないが、「大穂がぶらぶら」という昔話のかたちでは、兵庫、岡山、鳥取の各県で伝承されている。

炉の周囲を〝三回〟まわる意味も、婚姻儀礼などとの比較から、ある状態や身分から別の段階への移行や統合を示すものといえる。いずれにしろ、裸廻りはけっして奇習などではなく、「始まりのとき」に回帰し、世界の秩序を更新する神聖な儀礼であり、「時間の初めからの再開始、すなわち宇宙開闢の繰り返し」（エリアーデ）の儀礼といえるのである。

（飯島吉晴）

小正月［コショウガツ］

小正月の行事

元日を中心に展開する大正月に対して、一月一五日前後を小正月といい、比較的古態を伝える儀礼が見られる。①餅花や繭玉、②扮装した若者たちが訪れる「訪問者」、③庭田植え、④粥占などの占い儀礼、⑤トンド焼きや左義長など火を利用して災いを除去する儀礼などがある。このうち住まいを中心に行われる儀礼には、①②③をあげることができる。

餅花と神棚

小さくちぎった餅や団子を柳やヌルデ（ウルシ科の落葉小高木）などの枝に挿して、神棚に飾った。作物の豊作を願う予祝儀礼である。餅花をはずすのは、正月二〇日としているところが多い。東日本の養蚕地帯では、米粉を繭形にして枝に挿して繭の豊作を願う。これは「繭玉」と呼ばれる。かつて「餅花」と呼ばれていたものが、養蚕の隆盛で繭玉と呼ばれるようになったと考えられる。綿作が盛んな時代には、「木綿玉」「綿団子」と呼ばれた。

群馬県伊勢崎市境島村の金井家では、楢の枝に米粉で作った繭玉、さらに米粉で小判型や熊手型をつくっていっしょにとりつけ、ザシキの天井に飾った。これらは正月の一八日には撤去する。宮城県名取市の洞口家では台所付近にある「水屋柱」に、メーダマ（繭玉）をとりつける。小

メーダマ（宮城県名取市洞口家）

餅は、火事に遭わないように水木につける。『出羽国秋田領風俗問状答』によると、近世には神棚のほかに仏壇にも供えることがあった。

小正月の訪問者

秋田県男鹿半島のナマハゲがよく知られているが、この習俗は全国的に分布している。一般的には「ホトホト」「コトコト」「カセドリ」などの呼称があるように、若者たちが扮装して静かに各家を訪れ、餅や小銭を受けとって去っていく行事である。これらは、神が祝福に訪れると解釈されている。

宮城県加美町の「柳沢の焼け八幡」として知られている行事では、一月一四日の午後、山の中腹に鎮座する氏神の八幡神社の境内に、「オコヤ」と呼ばれる御仮屋がつくられる。一五日の午前四時ごろ八幡神社を駆け下りた若者たちが二人一組になって村の各家を訪れる。彼らは下着一枚の裸で、手には酒の入った手桶をもっている。「あたらせ」と叫びながら土足で室内に入り込み、囲炉裏のある部屋で家の主人に手桶の酒を進める。その家の女性たちには、囲炉裏の鍋の底についた墨を取って顔に塗る。大声をあげ土足で入り込む若者は、山の中腹に設定された聖地から訪れる神と思われている。二時間後に神社の境内にもどってきた若者を迎えてオコヤに火がつけられ、その燃え具合でその年の豊凶が占われる。小正月がもつ予祝・占い・火祭り・来訪神の各要素が含まれた行事といえる。

土足で入ってくる若者たち（宮城県加美町）

庭田植え

雪の積もった屋敷の庭の一角を田に見立て、松の枝を苗として田植えの所作をする儀礼が北日本に見られる。青森県では一月一四日から一五日にかけて庭の雪を掘り起こし、藁と豆殻をいっしょにして苗に見立て、これを四株ずつ四列挿し込む。そのあと田の草とりの所作も行う。また、夜間に雪が降りかかると、稲に花が咲いたと喜ぶという。

年頭に各地の神社でお田植え神事が行われるが、庭田植えはそれが家レベルで行われた予祝儀礼といえる。

門口の作り物

中部地方から関東地方にかけて、ヌルデを材料にした「削り掛け」がつくられ、庭や門口に置かれる。静岡県水窪町（現・浜松市）では「アワボ」と呼ばれる一対の削りかけを庭に立てる。静岡県下ではヌルデの木片に男の顔を墨書きしたり、彫ったりして一対を戸口に立てるところもある。静岡市では切り込んだ口の部分に、小豆粥を供える習俗が報告されている。神奈川県でも同様の習俗が見られ、「門入道」と呼ばれている。

『三河国吉田領風俗問状答』によると、一月一四日の夕方に武家や商家、寺社では「にん木」と呼ぶ長さ一尺六寸（約四八センチ）程度の薪に、炭で平年は一二本、閏年は一三本の線を引き、門や玄関口、その他の入口に一対にして立て掛けた。一五日の朝、小豆粥を少し塗り、その日の夕方にはとり込んだという。

これらの作り物は小正月に来訪する歳神の依代と考えられている。

（森　隆男）

節分［セツブン］

節分とは、本来二十四節気の立春、立夏、立秋、立冬の前日という意味であるが、立春の前日を「節分」として、正月と同様の年越しの行事が行われてきた。

社寺では「追儺式」「節分会」「節分祭」などと称して豆撒きを行う。家庭での豆撒きは、まず、神棚に上げておいた豆を入れた枡をおろし、神棚のある座敷から順番に各部屋で「鬼は外、福は内」と声をあげながら豆を撒く。最後に出入口で撒き、撒き終わると急いで戸を閉める。そうしないと鬼が入ってきてしまうなどという。この豆は年齢の数だけ食べたり、豆を煮出して福茶にして飲んだりする。栃木県などでは、あまった豆は神棚にあげておき、初雷のときに食べると雷が落ちないともいった。

イワシの頭とヒイラギ（写真中央、奈良市、写真提供：森隆男氏）

節分には、家の出入口に、イワシの頭を炙ったものを豆ガラとヒイラギといっしょに束ね、挿しておく。これを「ヤイカガシ」「ヤキカガシ」という。これは「焼き臭がし」という意味であり、イワシを焼いた臭いで邪気の進入を防ぐといわれている。ヤイカガシを挿す場所は、玄関や勝手口ばかりではなく、雨戸の戸袋をはじめ倉や納屋、外便所、馬小屋などの付属建物にも挿した。

ヤイカガシにはまじないをともなうことも多い。イワシの頭を炙るときに、豆ガラやグミの木を燃やす地域もある。グミの木は、燃やすときに出る臭気が邪気を寄せつけないという。静岡県などでは、イワシの頭を火にかざし、唾を吐きかけながら「からすの口焼き、よとの虫の口焼き、もぐらの口焼き」と唱えることもあった。

住宅の改築や新築などで、木造住宅が減り、ヤイカガシを挿すところのない家も多い。ヤイカガシを出入口や非常口などにテープで貼りつけている家もよく見かける。ヒイラギや豆ガラが手に入らないため、割り箸にイワシの頭を刺しただけのヤイカガシもある。

近年は節分が近づくと、スーパーマーケットで「節分セット」などと称してヒイラギと豆ガラをセットにし、節分の由来を記した説明書とともに売るようになった。ヒイラギは関東以西に育つ植物であり、ヤイカガシは必ずしも日本全国で見られる習俗ではないが、民俗が商品化されることによって、節分行事の均質化が見られるようになった。

（山崎祐子）

事八日［コトヨウカ］

事八日とは、二月八日と一二月八日に行われる行事のことをいう。西日本では二月八日のみに行事を行うところが多いが、東日本では二月と一二月の二回行うところが多い。「コト（事）」とは、祭事や斎事を意味する。年に二回行う地域では、二月八日を「事始め」、一二月八日を「事納め」と称することがあるが、東京などでは、正月の準備の開始と終了という意味で、一二月八日を「事始め」、二月八日を「事納め」という。

東日本では、この日に神霊が来るという伝承がある。この神霊は、一つ目小僧のような妖怪、災いをもたらす厄神（やくじん）であることが多い。目が一つの妖怪が来るというのは関東地方を中心に広く聞かれる。妖怪が来ないように目籠（めかご）や笊（ざる）を戸外に掲げて、囲炉裏で臭気の出るグミの木や髪の毛などを燃やした。妖怪は目がたくさんある目籠を恐れて逃げていくのだというが、外に高く掲げられた目籠や笊は、訪れる神の依代（よりしろ）であるとも説かれている。また妖怪は履物に判を押し、押されると病気になるといって、その夜は履物を外に出しておかないようにした。この日は、暗くならないうちに家に帰って戸締まりをし、静かに過ごすという伝承も多く、履物を出しておかないという伝承とともに、静

目籠立て（静岡市葵区、撮影：松田香代子氏）

かに忌籠もりをする夜であったこともうかがえる。また、小豆飯、団子、そば、けんちん汁などを作って食べることが多かった。

関東地方西部から、山梨県、長野県にかけて、事八日を小正月の火祭りの由来として伝えるところが多い。一二月八日に一つ目小僧が村々を回り、翌年、疫病をもたらす家を帳面に書いておく。その帳面を村はずれの道祖神に預け、次の村に行く。道祖神は名前を書かれた家を気の毒に思い、小正月の夜に自分の家を火事にして帳面を燃やしてしまい、二月八日に帳面を渡すことができないという話になっている。

西日本では、この日の来訪神の伝承はあまりないが、鳥取県などでは、一二月八日は「八日吹き」といって風が荒れる日だという。石川県や富山県ではハリセンボンが海岸に打ち上げられるといわれており、神霊の去来を意識させるような伝承がある。

また、事八日は針供養の日であり、豆腐やこんにゃくに折れた針を刺して供養する行事が各地で行われている。

（山崎祐子）

桃の節供［モモのセック］

三月三日を桃の節供といい、それぞれの家では、座敷に雛人形を飾って、女児の健やかな成長を願う雛祭りを行う。この日は、「上巳」という節日である。上巳とは、三月初巳の日をさし、日本にもすでに奈良時代に中国から伝えられた曲水の宴などが宮中で催されている。江戸時代には五節供のひとつに定められ、武家の年中行事としても定着した。

桃の節供の諸相

民間では、桃の節供に、野山にご馳走を持って出かけ、一日遊んでくるというところも多かった。埼玉県秩父市では、子どもたちが川原に竈をつくり、粥を炊いて食べる「男雛粥」の行事が行われている。桃の節供に近い大潮の日に潮干狩りを兼ねて海岸に行き、持ち寄ったご馳走を食べる「磯遊び」も、広く行われてきた。このような行事は、稲作の開始に先立って自然のなかで神とともに過ごす、古い信仰の名残りだと考えられている。

民間で行われる桃の節供は上巳の行事をもとにしているが、さまざまな儀礼や習俗が習合し、宮中や武家とは異なるかたちになっている。

雛人形と調度品

三月三日に雛人形を飾って祝う習俗は、平安時代から行われてきた人形に穢れを移して川や海に流した風習や、その人形で幼女が雛遊びをしていたことに由来する。貴族や武家など上層階級の家では、室町時代から江戸時代にかけて雛人形を飾るようになった。明治時代後半には都会の百貨店が雛人形のとり扱いを開始し、一般に広まる契機となった。

雛人形は、江戸時代初期には立雛のように男女一対の内裏雛を飾るだけであったが、次第に三人官女、五人囃子、随身、仕丁などが加わり、さまざまな雛道具も並べるようになった。また、装束を十二単にした元禄雛や大型の享保雛のように贅沢な雛人形がつくられ、大名や豪商の家では娘の嫁入り道具のひとつとして誂えるなど豪華さを競うようになった。また、享保の改革で、幕府によって贅沢品の規制が始まると、小さくて精巧な芥子雛が流行した。江戸時代後期には、公家の礼装を忠実に再現した有職雛や生き生きとした表情の古今雛がつくられた。

雛人形には、紫宸殿を模した御殿飾りや段をつくって飾る段飾りなどがある。しかし、どの家でもこのような雛人形を揃えられたわけではない。昭和一〇年代ごろまでは、座敷に机を置き、そこに紙でつくった姉様人形、キューピー人形、抱き人形など手持ちの人形を並べて、そこに桃の花、草餅、雛あられなどを供えるという雛祭りも珍しくはなかった。

桃の節供は、女児の初節供ではとくに盛大に行われ、嫁の生家から雛人形、親戚からは日本人形などが贈られた。福島県いわき市では、女児の初正月には羽子板が贈られるが、初節供にはその羽子板もい

雛祭り（福島県いわき市、1957年）

っしょに飾るものであった。また、結婚して迎えた初めての桃の節供には、夫婦に高砂人形を贈る地域もある。

雛の吊るし飾り

近年、稲取（静岡県賀茂郡東伊豆町）の「雛のつるし飾り」、山形県酒田市の「傘福」、福岡県柳川市の「さげもん」などの雛の吊るし飾りがブームになっている。いずれも雛人形のそばに吊るして飾るもので、稲取や酒田市では、縮緬細工を紐に吊るしたもので、柳川市のものは糸でかがった手鞠を吊るすかたちである。二〇〇八年二月には、「日本三大つるし飾りサミット」が稲取で開かれ、以後、会場をもちまわりで変えながら続いている。一回目のサミットのシンポジウムのテーマは「地域の能力を活かした新たな観光振興に向けて」町おこしとしてのムーブメントになっている。

傘福（山形県酒田市）

稲取や酒田の吊るし飾りは、縁起物の縮緬細工である。それぞれに由来が付されて解説されているが、括り猿をはじめとして、三番叟、這子、桃などの伝統的な縮緬細工である。

この三か所以外にも、福島県いわき市、静岡市蒲原など、古くから吊るし飾りをしていたところもあった。これらは、初節供の女児のために親戚や近所の女性たちがお祝いとして贈ったという地域が多く、雛人形と同じように女児の成長を願い、厄を祓うものであったものと思われる。

近年、二月に入ると、商店やホテルなどのディスプレイに雛の吊るし飾りを使うところが増えてきている。雛人形を飾るよりもディスプレイの応用がきき、季節感もある。一般の家庭でも、雛壇を出して飾ることは億劫であり、季節のしつらいとして吊るし飾りを楽しむことも増えている。

稲取では、「つるし端午の福まつり」として四月から六月末まで縁起物の縮緬細工を吊るしたイベントを行っている。縮緬細工という手づくりのもので季節感のあるしつらいを整えるには、吊るし飾りは応用のきく形式なのであろう。

（山崎祐子）

昔話 古屋の漏り

福島県いわき市に住む大正三（一九一四）年生まれの女性が「世の中に怖いもの、雨の漏り目と馬鹿と借金」という諺を教えてくれた。「馬鹿と借金」はたしかに怖いし、人生訓としてわかりやすい。雨漏りという些細なことから借金までもってくるところが、この諺のおもしろさであるが、なぜ雨漏りをもってくるのかは、一般にはわかりにくいだろう。「雨の漏り目」は、昔話の「古屋の漏り」を下敷きにしたものである。

「古屋の漏り」のあらすじは、次のようになっている。

昔、貧しい老夫婦がいた。雨の降りそうな晩、何が世の中でいちばん怖いかという話をしていた。婆が「オオカミが怖い」というのに対して、爺は「オオカミよりも古屋のモリ（漏り）が怖い」という。その家を襲おうと思っていたオオカミが会話を立ち聞きし、自分よりも怖いという古屋のモリという怪物がきてはたいへんだと思って逃げだす。

話の後段では、逃げだしたオオカミが馬泥棒と遭遇し、馬泥棒をモリだと思って大騒ぎになる。そばにいた猿をまきこんでの騒動になって、最後は猿の尾が切れてしまい、猿の尻が赤くなったというところで終わる。

前段の、オオカミが逃げだしたところで終わることも多く、オオカミではなくて虎になっているところもある。

この昔話は、雨漏りを示す「モリ」ということばを怪物か何かと勘ちがいするのが主要な部分である。モリは、地方によっては「ムル」「ブル」などとも表現される。

昔話の印象的な部分が諺となって伝承されるのは珍しいことではなく、昔話は伝えられていなくとも、「狼よりもムルが怖い」「虎狼よりもムルが怖い」などのいいまわしのみが知られているところもある。

前述のいわき市の女性は、「古屋の漏り」の昔話は聞いたことがなく、諺として祖母からいい聞かせられてきたという。そして、年寄りだけの世帯にとって雨漏りがどれだけ怖くて惨めなものかということも聞かされたという。

茅葺きの屋根であったころは、屋根の葺き替えは一世一代の大仕事であった。材料や地域の自然環境にもよるが、この話者の住んでいる地方では、一度茅を葺けば三〇年以上はもつといわれていた。立派に葺いた屋根は、それだけで家の誇りとなる。反対に、茅が抜けてやせ細った屋根は、もっとも目について貧しさを感じさせる。

葺き替えに使う茅は、手入れの行き届いた茅場から採取する。茅場は村の共有の場合が多く、手入れは共同作業である。屋根の葺き替えには材料や労力の調整が必要なので、突然思い立ってできるものではない。時間をかけて準備をし、手間とお金をかけて行う。専業の屋根職人が地元にいなければ、家に泊めながら作業をすすめることもある。手伝いの人たちにも食事を提供しなければならないから、葺き替えの年は、米も余分に残しておかねばならない。だから一世一代の仕事だといわれているのだ。

爺は、自分の世代に屋根替えができなかったのかもしれない。さらに、貧しいうえに跡継ぎのいない家では、屋根葺きを手伝ってもらっても、その労力へのお礼ができない。結（ゆい）での共同労働は、労力が等価交換できることが前提になっている。爺と婆のふたりではできないのだ。

実際の村の暮らしのなかでは、事情のある老人世帯に対しては、第二次世界大戦の出征兵士の家に青年団が農作業の手伝いをした例も多いように、若者のボランティアのようなセーフティネットがはたらくかもしれない。しかし、一人前のつきあいができないという負い目は、爺と婆に重くのしかかる。

雨漏りは、雨が降っている最中だけ我慢すればすむものではない。天井、壁、床までも傷みがすすむ。大雨のたびに感じる「家が壊れるのではないか」という恐怖は、「世の中に怖いもの」が雨漏りだということを実感させる。

昔話「古屋の漏り」は、全国に広く伝承されている。神奈川県では、「シシオオカミよりムルが怖い」といういいまわしが知られている。秦野（はだの）市の男性は、昔話の内容は知らなかったが、貧乏のつらさのたとえとして「シシオオカミよりムルが怖い」といったのだという。手入れができなくなった茅葺き屋根に住むつらさが見え隠れしながら、この話は伝えられてきたのだろう。

ところが、「ムルが怖い」は思わぬほうへ展開していく。同じ神奈川県中郡大磯町（おおいそまち）の男性は、「シシオオカミよりムリが怖い」といって、無理が怖いのだという。シシオオカミならば、なんとか逃げることができるが、無理を通されれば逃げられないからだという。

また、東京都多摩市の男性は「ブルが怖い」といって、夜、小便をしたくなってぶるっと震えがくることが怖いのだという。

この話者は明治生まれで、子どものころは便所が外にあった。夜、便所に行くのが怖かったという。便所に行くために外に出て、狐火（きつねび）を見たという人も珍しくない。フクロウなどの鳥の声や犬の遠吠えも怖かったにちがいない。ここでのブルは、外便所の思い出とともに語られている。子どもでも実感をともなう「ブルが怖い」なのである。

（山崎祐子）

卯月八日［ウヅキヨウカ］

旧暦四月（卯月）八日は農耕開始時期の上弦の日であり、農耕儀礼の祭日であったと思われる。この日、ツツジやフジなどの花を竹竿の先につけて庭の軒先に立てる慣習があり、天道花、八日花などという。上杉本『洛中洛外図屛風』に洛外の聖護院村で花や笠、籠、瓢などをつけた高い竿を屋外に立てている描写があり、それが天道花であろうと解釈されている。

近畿地方ではオツキヨウカと称し、一か月遅れの五月八日に行っているところが多い。三重県上野市では五月八日のオツキヨウカに山ツツジとシャクナゲを竹竿につけて立てる。竿の元に蓬餅や団子、芋などを供えるところもあり、これらは月への供えものとされている。オツキヨウカの花を高く掲げると米がよくとれる、また鼻の高い子どもが生まれるという伝承がある。

オツキヨウカの花竿（『上野市史 民俗編下巻』より。写真提供：三重県伊賀市）

京都府相楽郡南山城村では、オツキヨウカに「お月様に花を供える」といって、竹竿の先端にモチツツジ、フジなどの花をつけ、そのやや下方に蓬摘み用の竹籠を結びつけて立てた。この夜、空から三本足の蛙が降りてくるといい、翌日に竹籠の中に入っていると長者になるとか幸福がくるなど縁起がいいとされた。また、家族などが行方不明になった場合には保存しておいた花を焼いて煙がたなびく方向へ探しにいくと、発見できるといわれた。一方、竹竿ははやく倒さないと病気になる、病気になると長引くといった。

奈良県生駒市では、五月八日にヨウカビツツジと呼ぶモチツツジを竹の先につけて、西向に立てた。米の粉でヨウカビダンゴをつくって、縁先の月が見えるところに供えた。月に供えるのだという。また、同市小明町では「花嫁はヨウカビサンの夜露にあたってはいけない」といわれ、嫁いで一年未満の嫁はこの日一晩、実家に里帰りさせる風習があった。

高く掲げる竹竿と花は月神の招代であり、神霊降臨の設備であると考えられる。月神は水の恵みをもたらす神であり、月神を祀ることで農作物の豊穣をもたらす潤沢な水を願う信仰が見られる。空から降りてくる異形の蛙は、水神の来臨とみなされたものであろう。また、竹竿や夜露に関する禁忌は、月神の強い霊性を示す伝承といえよう。

（高田照世）

端午の節供［タンゴのセック］

端午の節供とは、五月五日に鯉幟をあげたり菖蒲湯に入ったりして、こどもの健やかな成長を願う日のことである。昭和二三（一九四八）年の国民の祝日に関する法律で「こどもの人権を重んじ、こどもの幸福をはかるとともに、母に感謝する」ことを趣旨とした「こどもの日」となった。

端午の節供の由来としては、楚の屈原が失脚して水中に身を投げたときに、人々が粽を水中に投じて死を悼んだという中国の故事が知られている。また、古代中国では、五月を悪月とする考え方があり、菖蒲や蓬で邪を払う習慣もあった。日本でも、平安時代には、軒に菖蒲や蓬を挿し、菖蒲を浮かべた菖蒲酒を飲む習慣が広まったが、武家社会では、菖蒲が尚武（武勇・武道を尊ぶこと）に通じることなどから、男児の成長や武運長久を祈る行事になっていった。

端午の節供（福島県いわき市）

鯉幟

江戸時代になると、民間でも武家に倣って、武具を飾ったり鯉幟をあげたりすることが行われるようになった。鯉は、龍門の故事で知られるように、立身出世の象徴である。享保年間に刊行された滝沢馬琴の『俳諧歳時記』（一八〇三年）には、武家の吹流しを真似た小さな紙の鯉が、町人の子ども用に売り出されたとあるが、天保年間の『東都歳時記』では、鯉幟をあげるようになったとあり、江戸では、この三〇年のあいだに民間で鯉幟をあげる習慣が広まったことがうかがえる。

もっとも、この鯉幟は、現在のような布製ではなく、紙製の鯉幟が主流であった。昭和の初めころまでは、東京都や神奈川県などの農村で、和紙を貼り合わせた一〇メートルを超えるような大型の鯉幟が、風をはらんでうねりながらあがっている風景が見られた。

端午の節供は、通過儀礼のひとつとして、親戚間での贈答が行われる。男児の生まれた家へ親戚から鯉幟や五月人形が贈られ、もらった家からは餅や粽などを返礼として贈る。五月人形は、金太郎のようなお伽噺の主人公や武者人形が多く、兜や甲冑を飾ることもある。鯉幟ではなく、武者を描いた絵幟を掲げる地域も多い。

競技

男児が菖蒲を束ねたもので地面を叩く印地打ちや、石を投げあう石合戦をしたところもある。この日に競技を行う地域は多く、競馬、凧合戦、舟競争、相撲などがある。凧揚げは、関東地方から東海地方にかけて各地で見られ、初節供の家が大凧を奉納するところもある。

子どもの成長に関わるものばかりではなく、邪気を払う意味をもつ行事も多く、菖蒲や蓬といった香りの強いものを屋根の軒に挿す、菖蒲湯に入る、菖蒲で鉢巻をする、菖蒲の葉を浮かべた菖蒲酒を飲む、菖蒲を束ねたもので地面を叩く、といった習俗も各地に伝えられている。また、現在の鯉幟の竿の先端には、プラスチックや金属でできたカラフルな矢車がついているが、本来は、杉や檜などの青い葉や丸く編んだ籠であった。高い竿に常緑樹の葉や籠を掲げるのは、神を招く依代、または「女の家」のような忌籠りの表示とも解することができ、端午の節供は、子どもの成長を祈るだけではなく多くの習俗を背景にもつ行事である。

昔話と俗信

端午の節供の菖蒲に関わる昔話として「蛇聟入り苧環型」や「食わず女房蛇女房型」がある。「蛇聟入り」は、人間に化した蛇が女のもとに通い、女に蛇の子を孕ませたが、菖蒲湯に入る、菖蒲酒を飲むといった方法で蛇の子を堕胎するという話である。それで、この日は女性に菖蒲湯や菖蒲酒をすすめるという。「食わず女房」は、飯を食べないといっていた妻が実は蛇であり、妻の正体を知った男がさらわれるが、菖蒲の茂みに隠れて難を逃れたという話で、軒に菖蒲を葺く由来として語られる。いずれも、菖蒲の香気のもつ呪力を語っている。また、東京都多摩市のように、この日に、家の周囲に麦こがし（大麦を炒って粉に挽いたもの）を撒いて蛇除けのまじないをしたという地域もある。

女の家

近松門左衛門の「女殺油地獄」の一節に「三界に家ない女ながら、五月五日の一夜さを女の家と言うぞかし」とある。五月五日が男児の祝いと認識される一方で、このような女性の権利を主張するような伝承もある。四日または五日の夜を「女の家」、「女の夜」と呼ぶ伝承は各地にあり、神奈川県相模原市津久井では、軒に菖蒲を葺くことを「女の屋根」といい、愛知県知多郡南知多町日間賀島では、菖蒲を葺いているあいだは、軒先三寸は「女の権利」などという。これらの伝承から、この日は、早乙女となる女性たちが田植えの直前の時期に、菖蒲で邪霊を払った場所で忌籠りをした名残ではないかと考えられている。

（山崎祐子）

七夕［タナバタ］

七夕とは、七月七日の星祭りのことであるが、東北地方などでは、一か月遅れの八月七日に行う地域も多い。笹竹に五色の短冊や切り紙の細工物を飾る。早朝、芋の葉にたまった朝露で墨をすり、短冊に字を書くと文字が上達するなどともいう。

日本の七夕の行事は、中国から伝えられた牽牛と織女の物語や乞巧奠の習俗と、日本の古代の信仰が習合したものだといわれている。七夕の語源については諸説あるが、折口信夫によれば、「機織つ女」の略であって、水辺に張り出した小屋に棚をつくり、そこで神のために機を織る乙女のことであるという。

奈良時代より重要な節日のひとつであり、宮中では、相撲の節会、詠詩、乞巧奠などの行事が催された。乞巧奠は、手芸の上達を願う行事である。江戸時代になると、武家や庶民も七夕を祝った。寺子屋などでは、短冊に文字を記して笹竹に吊るし、文字の上達を願った。

七夕馬と七夕人形

各地で行われてきた七夕の民俗は多様である。東日本には、七夕馬といって、麦藁や真菰で二匹の馬をつくり、笹竹の下に飾るところがある。この馬に七夕さまが乗ってくるという。七夕さまとは先祖のことだという地域もあり、七月七日を七日盆といって、盆の始まりの日だとする地域も多い。

七夕が終わると、七夕馬を屋根にあげるところもある。また、宮城県などでは、七夕馬には田の神が乗ってくるともいう。短冊を飾った笹竹は、七夕が終わると、川に流したり、田畑の畦に挿したりした。

七夕に紙雛を軒下に吊るすところもある。長野県松本市の七夕人形は、紙雛や紙や木でつくった人形（ひとがた）に着物を着せたものであり、これを軒に吊るし、野菜や果物などの供物を供えた。とくに初子が生まれた年の七夕には、健やかな成長を願って飾るものだという。

降雨の伝承

よく知られている牽牛と織女の物語では、天の川によって隔てられた二人の、年に一度の逢瀬の日だという。雨が降ると天の川を渡れないので、雨が降らないようにと祈るのだとされている。しかし、この物語とは相反して「七夕には雨が降ったほうがよい」と伝えている地域も少なくない。「七夕には三粒でも雨が降る。雨が降らないと疫病がはやる」という伝承が、長野県、山梨県、静岡県などで伝えられている。牽牛と織女の二星が出会うと疫病が流行するとか、天の川が氾濫すると疫病神が出会えないなどという伝承で、七夕の夜の降雨を期待するのである。

ねぶた流し

東北地方を中心に、ねぶた流しを行うところも多い。福島県中通り地方では、ねむた流しといって、「ねむた流れろ、豆の葉はくっつけ」などの唱えごとをしながら、ネムの葉と大豆の葉を川に流した。眠気や災厄を流してしまうのだという。栃木県足利市周辺では、七日の朝に七夕飾りの笹竹を川に流し、「ねぶた流し、ねむけを流す」と言いながら水浴びをしたという。

青森県では、八月一日から七日まで、武者を描いた大型の山車灯籠（だしとうろう）を曳いて練り歩くねぶた祭が行われる。「ねぷた」と呼ぶ地域もあり、青森ねぶた、弘前ねぷたが知られている。坂上田村麻呂の蝦夷（えぞ）征伐を祭りの起源として説明することもあるが、これももともとは眠気や災厄を流す行事が変容したものである。

七夕では水に関わる伝承が多く、七月七日を井戸浚（さら）いの

七夕祭り（福島県いわき市）

日とする地域は多い。また、七夕に洗いものをするとよいといい、髪を洗ったり、食器を洗うときれいになるともいわれる。この日は七回水浴びをするとよいというところもある。このように、水によって心身を清め、災いを除く伝承が見られることから、この後に行われる盆行事のための禊(みそぎ)であると考えられている。

イベントとしての七夕祭り

現在の七夕は、商店街などを中心にした夏のイベントとして行うところも多い。「仙台七夕まつり」は東北の三大夏祭のひとつとして知られている。仙台では、近世から七夕が行われてきたが、明治維新以後、次第にさびれてきてしまった。それを昭和二（一九二七）年に、商家の有志が当時の不景気を吹き飛ばそうと町内に笹飾りを復活させ、好評を博した。翌年からは、日程を一か月遅れの八月六日、七日、八日の三日間とし、多くの町内が参加し、笹飾りだけではなく、電飾や仕掛けものなどもある観光行事として定着した。

仙台の七夕祭りの成功はほかの地域にも波及し、各地で同じような七夕祭りが行われるようになった。近年は、駅、図書館、ショッピングセンターなど人の集まるところに短冊に願いごとを書くコーナーを設け、笹竹に自由に飾るようなイベントも増えてきた。個人の家で行うことが減ってきたが、幼稚園や小学校を含め、イベントとしての七夕祭りが広まっている。

（山崎祐子）

盆［ボン］

盆とは、盂蘭盆会(うらぼんえ)（旧暦七月一五日）を中心に行われる祖先供養の行事である。その前後の一連のさまざまな行事を含め、祖先の精霊をこの世に迎え、祀り、再び送り出すという儀礼を、毎年繰り返すのである。

盆のはじめは、釜蓋朔日(かまぶたさくじつ)の七月一日とする地域、七日盆の七月七日とする地域、精霊迎えをする七月一三日とする地域などさまざまである。七月上旬には村をあげて墓地周辺や道の草刈りと清掃を行うが、これは盆道づくりといって精霊が通る道を清める意味がある。また、一三日にキキョウやミソハギの花を刈ってくるのは精霊を迎えることを象徴すると考える地域もある。一般的には一三日の夕刻に苧(オ)ガラなどを焚いて迎え火を行い、盆の終わりと理解される一五日には門口(かどぐち)や河原などで精霊送りの火を焚く。新暦採用の後は、地域によって七月に実施する場合と、月遅れ盆の八月に実施する場合に分かれている。

七月一六日やその数日後に、施餓鬼(せがき)を行う地域も多い。

あの世とこの世が通じる盆の期間は、祖先の精霊のみならず、祀られないさまざまな無縁仏もこの世を徘徊するため、これらを鎮めないと災いを引き起こすと考えられたのである。

盆棚・餓鬼棚

盆を住まいと関連づけて考えるときに、まず盆棚をあげなければならない。これは、祖先の精霊や、前一年間に亡くなった人物の精霊（新仏）を祀るために設置するものである。仮設棚の四隅に竹を立て、マコモ（真菰）で編んだ敷物や茣蓙を敷き、ナスとキュウリの牛馬のつくりもの、夏野菜を供えて位牌を立てる。東北地方では、夏野菜に生の素麺を結びつけて吊るす地域が多い。

位牌は、平素は仏間の仏壇に置かれて日々供養されるものであるが、盆にはこれを外に出して特設の棚に祀る。こうすることによって祖先の精霊の招来を認識する機能があるとも理解できる。

盆棚を設置する場所は、仏壇の前、縁や庭先などで、縁には七夕飾りや十五夜の飾りなども飾られるから、家のウチとソトの性格を両義的にもつ空間として使われているのである。

この盆棚とは別に、餓鬼棚を立てる地域も多い。餓鬼棚は、盆棚に祀る祖先の精霊とは別に、餓鬼、無縁仏などを祀ることを目的として、庭先、縁側、土間などに設置される。竹を四本立てて棚をつくるもの以外に、箕や篩などを容器として祀る場合もある。盆棚用とは別につくった供物や水、線香のほか、「施餓鬼供養」などと書かれた板などを飾り、祖先の精霊をあの世に送り出した後に川に流すなどして供養する場合が多い。

このように、盆棚と餓鬼棚によってあの世から来訪するものすべてを供養するという流れがあるが、実際には両者を厳密に分けることができないケースが多い。

庭先に設置された餓鬼棚（和歌山県清水町、1999年）

民俗調査の場では、精霊送りが悪霊払いの意味も付与され、あるいは庭先に設置した餓鬼棚が祖先を迎える施設だと説明されるなどの場面に直面することが多い。たとえば写真の餓鬼棚は和歌山県有田郡清水町（現・有田川町）上湯川で取材したときのものであるが、ここでは「向かいの山の向こうから祖先が降り立つので供養する」と説明された。竹を三本立て、そこに階段の役割を果たすという竹ひごを結びつける。上部の棚にはイチゴの葉にナスとキュウリ、菓子を供え、柱の竹を花立てとして花を供えている。位牌は仏壇から動かさない。

精霊送り

また、盆棚に供えた供物をマコモに包んで、麦わらなどでつくった精霊船や灯籠を川に流す儀礼も各地に見られる。八月一五日に和歌山県田辺市下川上で行われる「流れ施餓鬼」もそのひとつであり、麦わらでつくった大型の船には新仏の精霊が乗せられ、住職の読経のなか集落を流れる安川（日置川支流）に流される。この行事は、文化年間に起こった日置川の水害の犠牲者を慰めるために始まり、その後中断したが、明治期に病気が流行った折に復活して現在にいたると伝承されている。祖先や新仏の供養と疫病や悪霊を流す厄払いとが同居していると理解することができる。

住まいとの関連では、七夕馬の習俗も重要である。これは、七月七日に稲わらでつくった馬を屋根に放りあげたり縁側に飾ったりするものである。本来は精霊の乗り物であり、神社に奉納する神馬に通じるものがあり、ナスとキュウリのつくりものの淵源をここにもとめる見方もある。

（加藤幸治）

中秋［チュウシュウ］

中秋とは

陰暦八月の十五夜に月を愛でる習俗は古く、名月をめぐる歌も多くつくられてきた。農村では、豊凶を占うとともに豊作を祈願する農耕儀礼の日である。たとえば、九州南部で見られる綱引きは、老若男女が大綱を引きあう行事として知られている。

この日を「芋名月」と呼んで、月に里芋を供える習俗が見られる。里芋を供える場は縁が多いが、前庭とする事例も見られる。大阪府豊能郡能勢町では、前庭に草刈り籠を伏せて置き、お盆にススキ、サトイモ、洗い米、塩などを載せて供える。

また、他家の農作物を盗むことは農村社会では厳しく戒められているはずであるが、この日に限って他家の畑の芋を盗んでもとがめられないとする報告も多い。鳥取県の

芋名月の供物（奈良市）

伯耆地方では「芋神の祭日」といい、初めて芋を収穫する日とされている。

芋の代わりに団子を供えるところも全国的に分布している。この団子を盗みに子どもたちが各家を訪れる。この習俗については、供えものを集めてまわる習俗が本来の姿であるとされる。

芋名月に対して、一三日は「豆名月」「栗名月」と呼ばれる。

供物を供える場としての縁・前庭

中秋に芋や団子などの供物を供える場が縁・前庭であることは重要である。住まいから遠く離れた対象に供物を供える際に、屋外と屋内を結ぶあいまいな空間があてられることが多い。

中秋に上層階層では月を鑑賞して詩歌を楽しみ、庶民では月を拝するが、ともに縁から前庭にかけてのあいまいな空間が重要な役割を果たすことになる。（森　隆男）

亥の子［イノコ］

収穫祭としての亥の子

亥の子とは、旧暦の一〇月亥の日に行われる刈り上げの行事で、とくに西日本で盛んに行われる。初亥を祝うことが多い。関東から甲信越の内陸部には一〇月一〇日を祝う十日夜（トオカンヤ）が盛んで、亥の子と対応する一方、静岡から千葉、埼玉付近までは亥の子と十日夜が混在する。ともに田の神（作神・農神）を祀っての収穫祭りであると考えられている。

亥の子も十日夜も、暦の上では中国の下元節を起源とする。一〇月亥の日に餅を食べる習俗が日本の宮廷に伝わり、各地の収穫儀礼と結びついたと考えられている。日本でも、平安時代には貴族のあいだで餅の贈答が行われていた。

春になると山の神が里に下りて田の神となり、秋には収穫を終えて山に帰るという、山の神・田の神の去来循環の信仰があるが、亥の子の神は、田の神とされることが多い。「イノガミサマ」「恵比須」「大黒」などという神名で呼ばれ、稲作を終えた田の神を迎えて祀った。鳥取県や兵庫県などでは二月の亥の日に春亥の子が行われ、田の神または歳徳神が家から田へ出ていく日とされる。

亥の子の行事

亥の子には、餅や牡丹餅をつくったり大根を供えたりして、亥の子の神を祀る。「この日は大根畑に亥の神さんが帰ってきているから、大根畑に入ってはいけない」「畑に入って大根の割れる音を聞くと死ぬ」などとする伝承も多く、大根つまり畑作の収穫祭でもあり、こうした禁忌は神祭の物忌の名残りと考えられる。なお、静岡県の山間部を中心とした焼畑文化圏では、「亥の子の芋餅」といって亥の子餅に里芋を使う例が見られ、里芋の収穫祭だったことを示唆する。

亥の子の夜、子どもたちが唱えごとをしながら藁鉄砲で地面を打ったり、石で地搗きをしたりして家々をまわる習俗が、九州から関東周辺まで広く行われている。唱えごとには、豊年祈願や祝儀歌などのほか「亥の子の晩に祝はんものは／鬼を生め　蛇生め／角の生えた　子生め」のような特徴的なものもある。藁鉄砲の原型は、今年の生産物を入れて田の神へ供えた藁苞であったと考えられる。

亥の子の石搗き（愛媛県宇和島市吉田町、1993年11月14日、写真提供：塩田研一氏）

また、おもに瀬戸内海沿いに見られる石亥の子搗きに用いられる石は、「ゴリンイシ」（兵庫）、「ゴウリンサン」（愛媛）などと呼ばれることから、降臨石すなわち神の依代であると考えられ、生産の呪力を認めたものと思われる。

この日を炉開きなどといい、炬燵をあけるとするところが多い。亥の子は、秋の収穫を終えて冬に入る季節の折り目と意識されていたのである。

（神かほり）

住まいのにおい

住まいの不快臭

東京郊外のマンションに住んでいるが、外出から帰って玄関のドアを開けると、出迎えてくれる愛犬の動物臭がこもっている。靴箱も開けると中から不快なにおいがツーンと鼻をつく。

住まいに発生する不快臭の元は、空気中を浮遊する細菌（バクテリア）やカビなどの微生物であるといわれている。細菌は生ゴミや屎尿（しにょう）、人の汗・体脂などの有機物を分解して増殖し、その際に悪臭を発生する。カビは目に見えるものから、押し入れや建物の壁の内部に増殖してにおうものもあり、わが家の靴箱の悪臭の原因も、足から出た有機物と、内部のカビの増殖かと納得できる。

最近ではスーパーや薬局に「消臭・芳香剤」が種類多く出まわっている。玄関やトイレだけでなく、寝室やリビングの居住空間、カーテンやソファーなどの家具のほか、押し入れの収納空間にも使うようにと説明書きにある。家のなかの各所で消臭が求められているようである。また、「抗菌グッズ」と呼ばれる抗菌加工製品が、身近でよく売れている。「抗菌加工製品ガイドライン」（経済産業省、二〇一〇年）によると、現在市場に出まわっている製品は増加の一途をたどっており、靴下、肌着などの繊維類や、洗濯機、冷蔵庫などの家電類の販売額が高い。「抗菌」という語は新しい言葉で、その定義は、おおよそ「細菌の増殖を抑制する」とされている。「抗菌」と名のついたさまざまな製品で、臭気が発生する前から予防が期待されている。

現代は住まいから不快臭を消したがる時代であるといえる。

住まいの生活臭

トイレが汲み取り式だった時代、いまからわずか五〇年ほど前のことである。当時は下水も未整備で、鼠や蝿、ダニなどにも悩まされ、細菌やカビの発生源は家の内外にあふれていた。内風呂の普及率も低くてシャワーもなく、家族の体臭は家に集まっていた。このような環境で、だれが住まいににおいがあることなど問題視しただろう。「生活臭」として暮らしの中に受け入れていたと思う。においが意識されだしたのは、比較的新しいことである。

上下水道も完備、住環境も整備された現代では、住まいの不快感は臭いだけに限らず「暑い」「寒い」「うるさい」「汚い」と広がりを見せ、これらをできるだけ排除することが快適な住まいであると誰もが思うようになっている。

そのために住まいが以前の開放型から密閉型の構造になり、当然密閉された室内にこもる「生活臭」は換気扇で排出したり、人工的に無臭化する方向に変化してきたのである。

生活環境の変化は人間の感覚の快・不快感を変え、臭いの質の知覚を変えてきたといえる。

嗅覚の退化

人間の感覚は時代の環境に適応して変化を続けてきたものであるが、かつて人間の嗅覚は、いまでは考えられないほど鋭くはたらき、精神的にも社会的にも重要な役割を担っていた。沢田四郎作『山でのことを忘れたか』は、多くの動植物の特殊なにおいや、これを焼いて燻（いぶ）したにおいで魔除けとしていた習俗をあげて「わが民族の嗅覚が文化の進むにつれて退化してきた」「文化の発達ということは、あらゆる点においてそれぞれの特有の香いを消滅しているからである」と述べている。古くから携えてきた異界への畏れや、異界との交信の手段であったにおいが、ここで伝承されなくなっていくことを嘆いている。同時代に柳田國男も、「文明化によって鼻の働きが悪くなる一方である」「人はその先祖以来の生活に、深い由緒を持つ数々の物の香から、何の思い出もなく別れていった」という（『明治大正史　世相篇』）。柳田が対象としているにおいは、生物としての人間に備わった自然の能力の喪失と、もう一つは、たとえばお彼岸の線香の香りや夕餉の香りが村に漂い「村の香り」となって共通の体験や感動を共有していたことであった。近代化にともなう民俗の大きな変わり目に、数々の由緒あるにおいが消滅したと同時に、人間のもつ嗅覚の能力が退化していったことが両者から指摘されている。

においは目には見えないが、広く自然界に行きわたり、さらに異界にまでも行き来できる。また、においは人間の社会にも入り込み、人と人との間をつなぐ力をもっている。かつての人々は嗅覚によって多くのにおいを嗅ぎながら人間の心、あるいは魂に共鳴してきたのである。

現代人が住まいの消臭に苦心している姿は、自分で自分のにおいを消そうとする自己臭症的な症状にも通じるものであろう。深く悩まなければならないほどのにおいではないのである。こうして、生活臭も消臭された部屋で生まれた子どもたちは、おいしいにおいの好物を食べ、毎日風呂に入って、快適に眠る生活に浸かっている。我々人類の嗅覚は、今後さらなる退化の道を辿るのであろう。

（折橋豊子）

アエノコト

アエノコトとは、石川県輪島市・珠洲市・鳳至郡（現・鳳珠郡）などの奥能登地方に伝わる、稲の生育と豊作を約束する田の神を祀る儀礼である。

農耕神である田の神が農耕期以外には山にもどって山の神になるという、田の神と山の神の去来伝承は全国に広く見られるが、そのなかにあってアエノコト行事では、田の神が家を来訪し、春には去るという儀礼構成が見られ、田の神のみならず家の神の性格を考えるうえでも重要な儀礼である。これまでも民俗学の世界では注目され、多くの研究が蓄積されてきた。田の神と山の神の去来・交代儀礼はムラを単位としたものが多いのに対して、アエノコトは家単位での儀礼であり、家ごとの差異が大きい点にも特色がある。

アエノコトは、いわば研究者がこの地方の同種の行事を総称して呼んだ学術用語に近いものであり、地元では「タノカンサア（田の神さま）」と呼ばれることが多く、「アイノコト」や「ヨイノコト」などの呼称もある。通常、一二月に田から神を迎え、二月に送り出す。

儀礼と供物

堀一郎による珠洲郡内浦町松波（現・鳳珠郡能登町松波）での調査によると、この地方のN家では一二月五日に、種籾を入れた俵を奥座敷に六俵並べ、そのひとつに榊を差してこれを依代とする。午後二時に家の主人は風呂を沸かし、山から採ってきた栗を用いた杵で餅を作る。この杵の音で、田の神は田から上がる準備をするという。夕方になると主人は田に行って柏手を打ち、田の神に挨拶の言葉を唱えて家の玄関へと導く。ここでは家族も田の神に挨拶をする。それぞれに声を出すのは、田の神が盲目であるためだという。そのあと炉端に田の神を案内して、あたかも人に対するように声をかけて風呂に入れる。ついで、奥座敷の種俵の前に二膳の御馳走を出す。これは田の神は男女一対であるからだという。

供物は、本膳にオヒラ・メバルのオザシ汁・なます・赤飯の五皿である。これら一連の所作についてもそれぞれ主人は田の神に声をかけてもてなす。また箕に二股大根を二本載せたものも供えられる。そのあと家族中で食事をして、この日の行事は終わる。

二月九日には田の神を送る行事がある。内容は一二月のものとほぼ同様だが、田の神の食事の途中で家族の椀に赤飯を分配し、豊作を願う唱えごとをする点が異なる。また、

鍬は田の神の依代（石川県能登町、1985年ごろ、写真提供：森隆男氏）

田の神を田に送ることも行われない。

このような行事内容や田の神にかける言葉、供物は、地域や家によって差異がある。ことに魚は、メバルのほかブリなどがあり、餅のかわりにシトギやオハギを供える家もある。また日程も、迎える日は一二月五日が大半であるが、送る日については、かつては一月九日や一一日、二月一一日や三月九日などの例が見られた（近年では、二月九日に統一されつつある）。

神を送り出す儀礼がないものを含めると、同種の行事の分布は能登半島全体に広がっている。また、近年では社会の変化を受けて行事内容の変化も大きく、田植えのときに苗を購入することが増えた影響もあって、種籾を使わずふつうの米を使う例も増えている。

家の神

アエノコトは、小寺廉吉の調査と報告によって広く知られるようになったが、それに家の神としての意味づけをあたえたのは、民俗学者の柳田國男であった。『山宮考』において柳田は、能登地方ではすでに山の神・田の神が分立しているとしたうえで、アエノコトの行事内容から、もともとは家ごとに別々の田の神を祀っていたこと、そして田の神は家の祖先神であり、先祖が子孫の農耕を守護するものであることなどを述べている。柳田は、これ以外の論考でも繰り返しアエノコトについて言及しており、柳田の祖霊信仰を日本人の信仰の基盤にすえる思考にとって、アエノコトの事例が大きな意味をもっていたことがわかる。

また、「田の神＝家の神＝祖霊」という仮説は、柳田以降のアエノコト研究のみならず、民俗学全体に影響をあたえている。このような民俗学上での位置づけを得たこともあって、アエノコトは昭和五一（一九七六）年に国の重要無形民俗文化財に指定され、国立歴史民俗博物館にも行事を示すレプリカが展示されるなど、その存在は広く全国に知られるようになった。

（市川秀之）

2 人生儀礼

誕生・産小屋・産屋［タンジョウ・ウブゴヤ・ウブヤ］

人の誕生は、このうえなく厳粛なものである。それゆえに、産の場も尊い。そして、産の場では子の将来の健全な生育を祈る儀礼も行われる。

産屋・産小屋

記紀に「産屋」「産殿」などが見えるが、これらは独立棟であったと考えられている。母屋とは別棟の産小屋での出産は近代にいたるまで行われ、福井県や京都府にはいまでも産小屋が残っている。

京都府福知山市三和町大原小字町に残る産小屋は間口一間・奥行二間、萱葺きおろしの天地根元造りで、入口には魔除けの鎌が吊られ、なかには力綱が垂らされている。この産小屋は、町（「町ヶ市」とも「町垣内」とも）地区二〇戸で共同使用されてきたものである。

同地の片山とよのさん（大正九年生まれ）は昭和一九（一九四四）年五月三日に母屋で長男を産み、出産後、長男と夫の竹雄さん（大正六〈一九一七〉年生まれ）と三人が、一泊二日を産小屋で過ごした。竹雄さんも母屋で産まれたのだが、母のとくさんとともに七夜を産小屋で過ごしたという。してみると、この産小屋で出産が行われていたのは明治時代までだったと考えることができよう。

福井県敦賀市白木の坂本喬子さん（昭和七年生まれ）は昭和二九（一九五四）年に長女を出産したとき、母屋で出産してから小屋に入った。当地では小屋籠りのことを「養生」と称し、男児を産むと二三日、女児の場合は二四日の養生をしたという。

鈴木敏雄は、三重県鳥羽市相差の「おびや（産屋）」の慣行として、お七夜以降に共同のおびやに入り、初産の者は五〇日以上、二産以降の者は四〇日以上をおびやで過ごしたと報告している（『志摩の民俗』）。

敦賀、鳥羽ともに、本来、産屋で出産していたことはまちがいないが、いずれも共同体として産婦の養生を重く考えていたことは明らかである。

谷川健一は、福井県敦賀市常宮で、産婦が産小屋に入るたびに産屋の砂を入れ替えていたという事実を確認し、ウブスナの語源は「産屋の砂」からきたものだとした（「産屋考」『日本民俗文化資料集成』第五巻）。祭りの日やハレの日のために砂を敷き替えるというこの国の民俗を合

産屋の内部、中央に力綱が下がっている（福井県色浜、写真提供：森隆男氏）

わせて考えてみると、新しい生命をこの世に迎える出産も、神聖な営み、祭りの一種として認識されていたことがわかる。

『仏説大蔵正教血盆経』などの影響から、出産や生理の血を汚れとし、産小屋を隔離、女性蔑視の象徴のように見る向きもあったのだが、産小屋は発生的にも実際にも、出産の神聖さを守り、産婦の養生をもたらす場としての機能が認められていたと考えることができよう。

産の場とよりどころ

この国の出産の場として、広い地域で長いあいだ用いられてきたのは、納戸であろう。納戸は穀霊を育む場だとする地方もあり、納戸は生命を産み出す場としての力を認められてきたのである。

富山県南砺市利賀村阿別当の野原ことさん（大正四年生まれ）は、納戸の真ん中に鎌で半分に切った筵を敷き、その上に灰を敷きつめる。さらに、その上に藁のハカマ（稲の葉の部分）を敷きつめ、その上に布団を乗せ、川の下流方向を向いて座産をした。

宮崎県東臼杵郡椎葉村竹の枝尾の中瀬守さん（昭和四年生まれ）・同ケサヨさん（昭和元年生まれ）は、次のように語る。

出産時は母屋のドヂ（土間）に筵を敷き、その上にドテラを重ね、竪臼を据えた。そして臼の縁をつかんで気張ったのである。後産（胞衣）を野外に埋めて獣に喰われると嬰児が健康に育たないとして、稗搗き場のドヂの片隅に埋めた。後産の処理が終わると、ケサヨさんは赤子を抱き、「これは私の子じゃ」と声を出して宣言する。そうしないと、山のモノ・川のモノが、赤子を自分たちの子だと言って奪っていくと伝えられている。宣言が終わると夫の守さんが、産婦の枕元に立ててある箕に向け、竹の弓にススキの矢をつがえてその矢を放つ。矢をつがえながら「神の鳥居で弓張って　悪魔外道を射抜いて　いまこそ福徳を授けるぞ」と唱える。三回唱え、三矢放つ。この儀礼を「イリコヤス（射り子安）」と呼ぶ。出産が近づくと、夫がイノコシバ（ソヨゴ）を伐り採ってきて庭先に三尺立方の仮小屋をつくる。その中央に木鉤をさげ、鉄瓶を吊って湯を沸かす。湯と花米（洗米）を竪臼の前に供え、イノコシバの葉で赤子に湯を舐めさせる所作をする。竪臼は不動の民具であり、これをよりどころにする体位での出産は極めて安産が得られやすく、合理性がある。

瀬川清子の『女の民俗誌・そのけがれと神秘』には、「福岡県大島地方の産屋の模型」として、四尺四方の仮屋の中に包丁を飾った絵図がある。この包丁は、椎葉村の矢、福知山の産屋の鎌に通じる魔除けである。また、仮小屋も椎葉の仮小屋と同様、古層の産小屋の残映を見ることができる。

胞衣の伝承も重要で、胞衣と嬰児の一体性を思わせる伝承が多い。玄関の敷居の下に埋め、そこをまず父親がまたげば、子は父親の言うことを聞くようになり、健康に育つといった伝承もある。

（野本寛一）

若者宿［ワカモノヤド］

若者宿とは、基本的に未婚の男子や女子たちが寝泊まりするための施設をさす総称で、一般には男子の宿は「若者宿」、娘たちの宿は「娘宿」などと呼ばれる。宿をさす具体的な名称としては、「トマリヤド」「ワカモノヤド」「ヨナベヤド」「ワカシュウヤド」「ニセヤド」「ヘヤ」「ネヤド」「マワリヤド」など各地域においてさまざまな呼び方がされ、基本的には西南日本の主として瀬戸内海や太平洋沿岸地域に多く分布していた。

たとえば、伊豆半島最南端の南伊豆町では、かつては多くの村に「若衆宿」と呼ばれる集会所があり、これらには村の公民館や公会堂をあてる例が多かったという。また一般の民家を借りて若者宿にあてている例もあり、その場合には宿として使用する民家は必ずしも固定せず、村の中の経済的に恵まれない家や未亡人の家、あるいは老人だけの家などが選ばれたという。このような家が選ばれた背景には若者宿として使用する契約を交わし、若干なりとも謝礼を支払うことで、恵まれぬ家を援助するという目的があったようである。

若者宿は、古くは日本の広い地域で見られた民俗であったが、徐々に衰退し、とくに娘たちのための宿は、男子たちの宿に比べて早くに消滅していった。なお伊豆半島の諸地域では、かつて若衆宿であった建物が、後に村の集会所や消防団のための詰所として再利用されている例も多く見られる。

若者の育成を目的とした宿

宿にはほぼ同世代の者たちが複数で寝泊まりし、その人数は地域によって異なり、二、三人という場合から多い場合には十数人が一緒に泊まるという例もある。さらに村の若者たち全員が合宿するような大規模な宿も存在する。

村内の民家を宿にあてる場合は、その家の主人がヤドコ（宿子）たちの教育の一環を担うという例もあれば、主人は単に部屋を貸し与えるだけで、宿子たちの暮らしには特に口出ししないという場合もある。娘たちの宿においては例外なく前者であるが、男子たちの宿の場合は後者のような例も見られる。

若者宿の泊屋（高知県宿毛市、1990年ごろ、写真提供：森隆男氏）

未婚の若者たちが自家以外の家を宿とし、毎夜泊まりに出るという慣行の背景には、さまざまな目的や事情があったものと考えられる。その第一は、いわゆる村の非常事態に備えての危機管理を目的とする場合である。そのような例においては、若者集団は村の公的な組織の下部構造をなし、宿もその目的達成のための公的な性格を色濃く帯びることになる。このような若者宿の典型事例は、伊豆半島に顕著に見られる。第二は、宿親と擬制的親子関係を結び、しつけや教育を受けること、さらに同じ宿で寝泊まりする仲間たちと生涯にわたる絆を結ぶことを目的とする場合である。そのような例においては、どのような人に宿親を依頼するか、どのようにして宿の仲間を決めるかが重要な問題とされる。このような若者宿の典型事例は、愛知県篠島（しのじま）や三重県答志島（とうしじま）などに顕著に見られる。さらに宿親と宿子とが親方・子方関係を結び、漁業などの一定の生業における共同労働をスムーズに行うことを目的とするような場合もあった。またこれら以外にも、漁村などで単に家が狭いという理由だけで、他家に泊まりに出ることもあり得た。このように、若者宿にはさまざまなケースが見られ、一様に理解することは極めて困難である。

村落社会における若者組織

日本の村落社会における若者たちを中心とした組織には自然発生的な同齢仲間と、村落社会の公的な下部組織として組織される大規模な組織の二種の集団が存在する。前者はインフォーマルな若者小集団であり、その機能や役割は必ずしも明確ではない例も多く見られる。一方後者は、近世期には「若連中」や「若者組」と呼ばれ、明治以降には「青年会」や「青年団」と呼ばれるようになった全国的な規模で結成されたフォーマルな若者集団である。

これら二種の若者集団はさまざまな場面においてよく混同されがちであるが、両者は明らかに異質な集団であり、明確に区別して理解する必要がある。よって若者宿に関しても、いかなる若者集団を対象とした宿であるかによって、その性格や機能も異なっていると見る必要がある。

（八木　透）

月小屋［ツキゴヤ］

月経中の女性が食事・寝泊まりを別にして過ごす小屋を「月小屋」と呼ぶ。東海地方から西にかけて多く見られた。呼称は、ヒマヤ（愛媛県）、タヤ（愛知県）、カリヤ（三重県）、コヤ（静岡県）、コエヤシキ（静岡県浜松市天竜区水窪町）などがあり、「タビヤ（他火屋）」「ベツヤ（別屋）」などとも呼ばれる。産小屋を兼ねる場合もあった。小屋の広さや形式は、地方、時代、イエによって異なった。

月小屋の広さと構造

浜松市天竜区水窪町大野の北下家から同町押沢へ一八歳で嫁いだ平賀さかるさん（明治三五年生まれ）は、実家でも嫁ぎ先でもコエヤシキでの暮らしを経験した。さかるさんの娘時代、大野は二四戸。なかでコエヤシキをもたない家は二軒だけだった。小屋のないイエの女は、隣家の小屋を借りた。

コエヤシキは畳三畳分の広さで、間口は一間、そのうち三尺に障子戸と板戸が二重についており、昼は障子戸、夜は板戸を閉めた。入口近くに小型の炉があり、それで煮炊きをした。つきあたりには戸棚があった。月役（月経）の際は一週間から一〇日を小屋で過ごし、小屋入りの際、味噌と穀類を持ち込んだ。

この狭い小屋に一人で入るとは限らず、嫁いで間もないころは姑と二人で入ったこともあったし、後に子や姑とともに入ったこともあった。昭和一〇年代に入り、丸山教の道者が「女の月役は花だから、家族といっしょに食事をしてもよい」と説いたため、水窪から急速にコエヤシキが消

月小屋（タヤ）（愛知県東栄町）

えていった。さかるさんは昭和一九（一九四四）年、四二歳での出産はコエヤシキで行った。

静岡県榛原郡川根本町に昭和五〇年代まで残されていた月小屋は九尺に八尺。三尺四方の土間があり、小型の炉、戸棚・連子格子の窓がついており、床は板張りだった。愛知県北設楽郡東栄町の花祭り会館敷地内に建てられているタヤは、一間に一間半である。福井県敦賀市色浜では、六畳の広さの部屋を二部屋連ねた棟を設け、一方を産屋、もう一方を月小屋として共同で使っていた。月小屋には、個人の家単位、ムラ組共用の二種類があったことがわかる。ふつうの洗濯用の盥とは別に、「小屋盥」などと称して、月役時の行水や、汚れものの洗濯に使う小型の盥が用いられることが多かった。

小屋に籠る母・母を慕う子ども

月小屋に籠っている母親を慕った体験者もいる。愛知県新城市七郷一色黒沢の荻野勝次郎さん（明治三二年生まれ）は子どものころ、月小屋に籠っている母を恋い、小屋の近くにある柿の木に登って母を呼んだ記憶があるという。また、静岡県藤枝市源助の内藤正治さん（明治三三年生まれ）は子どものころ、小屋籠りをしている母ふささん（明治元年生まれ）を恋しがり、小屋に近づいて父に叱られたことがあったという。

共同月小屋の伝説

共同月小屋に関する伝承が、静岡県藤枝市蔵田に伝えられている。

昔、蔵田にお君という娘がいた。お君は一九歳になっても月のものがなかった。娘仲間は皆ムラの共同月小屋へ行くのに、お君だけはいつまでも小屋に行くことができなかった。そんなわけで、お君は月ごとに悩みを深めていった。周囲の人々の眼も気になり、思いつめる日が続いた。思いあまったお君は、宇嶺の滝の上の不動の森に行き、香花の木（樒）につかまって手のとどく限りかきむしって泣き、ついには滝に身を投げてしまった。このことがあってから、人々はこの滝を「お君の滝」と呼ぶようになった。

共同月小屋ゆえの悲しい伝説である。

民謡から読み解く月小屋の実態

月小屋の民俗が歌い込まれた民謡もある。静岡県島田市福用(ふくよう)の大池みちさん(明治二七年生まれ)は、祖母たよさんが歌った次のようなお茶摘唄を伝承していた。

〽小屋(A)になったら裏の小屋(B)へ行って　汁もコションバク煮て食べず

唄のなかに　ABふたつの「小屋」が使われているが、両者は同じ意味ではない。Bが月役のときにこもる建物の小屋を意味しているのに対して、Aは月小屋籠りという習俗ゆえに発したもので、月役即ち女性の生理現象そのものを指しているのである。「月役になったら母屋の裏にある月小屋に入って」という意味になる。

同じ「コヤ」がふたつの意味をもつとすれば、両者のあいだに区別が必要である。大井川流域では、両者をアクセントのちがいによって使い分けている。籠る小屋、建物のことを「コヤ(koya)」、生理現象のことを「コヤ(koya)」と発音するのである。この地方においてはこれほどまでに月小屋の民俗が根強く生き続けていたのである。生理のことを「コヤ」と表現する習慣は、一九八〇年代までは一般的だった。

「コションバク」はこの地方の方言で、「少し塩辛く」というほどの意である。「ず」も方言で、この場合、打ち消しの意ではなく古語の「むず」に相当するもので、「むとす」がつまったものである。意志や勧誘を示すが、この場合は意志を示している。歌意は、次のようになる。

「月役になったらたった一人で裏の月小屋に入って、平素は味噌を節約しているので薄くて味がよくない味噌汁を飲んでいるのだが、それとは別な、味噌をたっぷり入れた味の濃い味噌汁を作って飲もう」

月小屋の中へは、夫も、子どもも、姑も、入ってはこなかった。食事も別である。平素はもっとも遠慮している嫁は、毎月、月役の期間だけは月小屋の中で平素はひかえている味噌を自由に使うことができた。月の忌みは極めて厳しく、小屋での生活は残酷きわまりないものと思われがちなのだが、現実には、食の自由と睡眠の自由と休息が得られる貴重な時間と空間だったのである。それほどまでに日常の暮らしは厳しいものであったということができよう。

月役を忌むべきとする考えは、血の忌みからきており、それは、中国で著された『血盆経(けつぼんきょう)』(『仏説大蔵正教血盆経(ぶっせつだいぞうしょうぎょうけつぼんきょう)』)が室町時代後期から近世にかけて次第に庶民の間に浸透したことによると考えられている。　(野本寛一)

婚礼［コンレイ］

▼カド

自宅での婚礼

婚礼は「シュウゲン（祝言）」や「シュウギ（祝儀）」などと呼ばれ、昭和三〇年代までは自宅で行われることが多かった。これは、婚姻の披露が目的であり、そこに宗教者の介在はなく、宗教的な儀礼も見られなかった。家で婚礼が行われた時代には、嫁方と婿方のそれぞれの家で祝宴が催された。嫁や婿をもらう側の本祝言では、三三九度などの盃ごとをして祝宴をするのが一般的なやり方である。二日以上にわたって宴が行われることも珍しくなく、婚礼の当日はもとより、準備や後片づけに手間がかかった。一般に母屋の上手（かみて）の座敷が、婚礼や葬儀などの儀礼の場として利用され、床（とこ）の間（ま）のある座敷と寄りつきの部屋の建具をとり払って二間続きの広い空間をつくった。

ハレの日のしつらい

婚礼が近づくと、畳や障子を新しく替えて人寄せの準備をした。土蔵や納戸（なんど）、押入などから漆器などの食器類や膳、盆、客用の座布団などをとり出した。また、襖（ふすま）や板戸をはずしてひと続きの部屋をつくり、床の間を飾った。嫁入りの前、あるいは当日には、嫁入り道具が運ばれ、婚家の座敷に飾られた。

嫁の出立ちの儀礼と入家儀礼

婚礼の当日、嫁が生家（せいか）を出る出立（でた）ち、婚家への入家（にゅうか）の際には、地域によってさまざまな儀礼が行われた。これらは、いくつかの儀礼が組み合わされて行われることが多かった。嫁が家を出るときは、縁側から外に出る場合が多い。埼玉県や長野県などでは、嫁が出た後に座敷や玄関を掃き出した。使っていた茶碗を割ったところもある。これらの儀礼は、嫁が実家にもどることがないように行われたものである。

藁火をまたぐ花嫁（東京都東村山市、1969年、写真提供：東村山ふるさと歴史館）

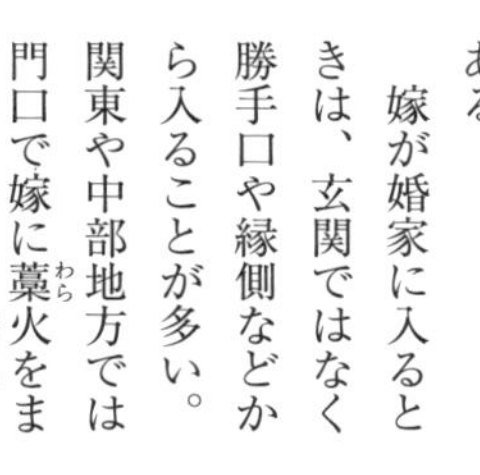

嫁が婚家に入るときは、玄関ではなく勝手口や縁側などから入ることが多い。関東や中部地方では門口で嫁に藁（わら）火をまたがせたり、松明（たいまつ）のあいだを通り抜けさせたりした。蓑（みの）を被

せたり、頭に笠や傘あるいは鍋蓋（なべぶた）を差し掛けたりする事例も各地にあり、嫁に水や酒を飲ませたところもある。長野県や愛知県などでは、嫁が履いた草履の緒を切って屋根に投げた。千葉県や長野県などでは、母屋の入口で藁束などで嫁の尻を叩くシリタタキの習俗も見られた。

長野県長野市では、オカッテマワリと称して、嫁が母屋の入口から勝手を回って座敷に入った。群馬県吾妻（あがつま）郡では、杓子を持たされた嫁が、女仲人に手をひかれて囲炉裏を一周したところがある。奈良県添上（そえかみ）郡（現・奈良市）では、カマドを回った。宮城県仙台市では、婿の母が、嫁に雨傘を差し掛けて戸口をまたがせ、味噌を食べさせたところがある。味噌を仕込み、管理することは主婦の大事な仕事のひとつであったが、入家の際、嫁に味噌を食べさせるのは、その家の主婦になることを意味する象徴的な行為である。

出立ちの儀礼や入家儀礼には、葬送儀礼との類似性が指摘されるものもある。生家から婚家へ引き移る際に、嫁にはケガレがつくと考えられており、このケガレを呪術的な力によって排除しようとしたものである。また、入家儀礼によって、嫁は生家を離れて婿方に属することを強く意識させられる。入家儀礼には、嫁に嫁ぎ先での苦労を体験させる、覚悟させる、婚家に落ち着かせるなどの意味づけや教訓的な説明がなされることが多い。

座順と盃ごと

座順は、地域や家によって差異がある。一例を示すと、床の間に向かって左に婿、右に嫁が座り、両脇に仲人が座った。その前に、婿方と嫁方の客が対面して着座した。婿の席を設けないところも多く、婿は席に座らず、酒の燗などをしていた。婚礼が嫁を披露する場であったため、婿の存在は重視されなかったのである。

婿と嫁が席に着くと、雄蝶（おちょう）・雌蝶（めちょう）と呼ばれる男女の子どもの酌で、夫婦の契りを固める三三九度の盃をした。続いて親子盃や兄弟盃を行い、親戚盃を行うこともあった。三三九度の盃をしないところも多かった。盃ごとを別室ですることがあり、静岡県などでは納戸で行うところがあった。

婚礼の場の変化

昭和四〇年代になると、婚礼の場は自宅以外の場所へ移行していった。高度成長期以降、挙式から披露宴までを行ういわゆる結婚式場が普及する。一方、サラリーマン層の若者が増加し、個人と個人の結びつきが重視されるようになっていく。それによって付き合いが広がり、婚礼の招待客が増え、自宅の限られた空間では対応しきれなくなる。

式場での婚礼が一般化すると、婚姻儀礼の多くが消滅していった。

（佐藤照美）

葬礼［ソウレイ］

葬礼とは葬送の儀礼をいう。現在は死を迎えてから葬儀の執行まで、すべてを葬祭業者にゆだねてしまうことも珍しくないが、このような葬送の儀礼は近年の傾向であり、かつては家で死を迎え、隣近所の人たちが世話をしてくれた葬儀がごく一般的であった。葬礼をどの時点から始め、どこまでを終わりとするかは、時代や地域によって異なる。

静岡県裾野市の魂呼びから出棺まで

静岡県裾野市は、市域が箱根山・富士山・愛鷹山に囲まれた黄瀬川流域にある。かつての住まいは、これらの山から採取される茅で屋根を葺いたものであった。同市では、一九五〇年代まで以下のような葬儀が行われてきた。

病人が危篤状態になると、近隣の人たちが屋根の棟にあがって穴をあけ、下の病人に向かって大声で名前を呼ぶ。霊魂が体から遊離しようとするのを、呼び返す習慣はかつて全国各地にあったという。

魂呼びのかいもなく病人が息を引き取ると、近隣の人たちや親戚が集まってきて、葬儀の段取りを分担して進めていく。おもな衆が喪家に入ってまず行うのは、神棚に笹竹の枝を渡したり、白い紙を貼ったりして、不浄除けをすることである。そして、遺体をナキャー（居間）に移して北枕で寝かせ、着物を逆さに掛け、その上に鎌などの刃物や機織りの筬を魔除けとして置く。枕元には枕団子と枕飯、一本花を供える。この部屋でサビシミマイ（弔問）をうけ、通夜がいとなまれる。

葬儀のことを「トブライ（弔い）」といい、朝、遺体をナキャーからザシキ（座敷）に移して、湯灌を行う。座敷の畳を二枚上げ、そこにたらいを置いて逆さ水（水に湯を入れて温度調節した水）で湯灌をする。納棺をすませて、座敷で弔いをする。このとき、僧侶はトンボグチ（玄関口）から入らずに、座敷前の縁側から直接家に入り、読経を行う。当主の弔いでは引導が渡されると、すぐに棺桶をコマ（小間）にある囲炉裏のヨコザにすえ、その家の嫁が囲炉裏の縁に茶を置く。出棺の直前に茶を進ぜるという習慣は、市内のほぼ全域で行われていた。

別れの茶が置かれるとすぐに、四人のコシアゲ（輿上げ）が座敷の中からアシナカ（足半草履）を履いたまま棺桶を台に載せて担ぎ、トンボグチのカリモン（仮門）から出る。棺桶が仮門から出るとすぐに、手伝いの女衆が家の中から外に向かって足や手で目籠や笊を蹴り転がして勢いよく追い出し、同時に箒で掃き出す。仮門は、二本の笹竹を入口の両側に立て、先端の笹葉をより合わせて門の形にしたもので、サトヤと呼ばれる忌中の標の大札を大戸の柱にくくりつける。棺桶が出たあと、仮門はすぐに外されて墓地の入口に設置される。仮門は東日本に多く見られる習俗で、この世とあの世の結界を意味している。

　棺桶がオモテ（前庭）に出ると葬列を組み、そこで左回りに三周回る。この間に送り念仏が唱えられ、葬列がジョウグチ（屋敷の入口）を出る直前にタチザケ（発ち酒）がふるまわれる。あるいはチカラモチ（力餅）といって、臼と杵でできる限り大きな音をさせて餅を搗く。タチザケは食い別れ、チカラモチは魔除けの意味があるとされる。コシアゲは、アシナカをジョウグチで脱ぎ捨てて墓地へと向かう。

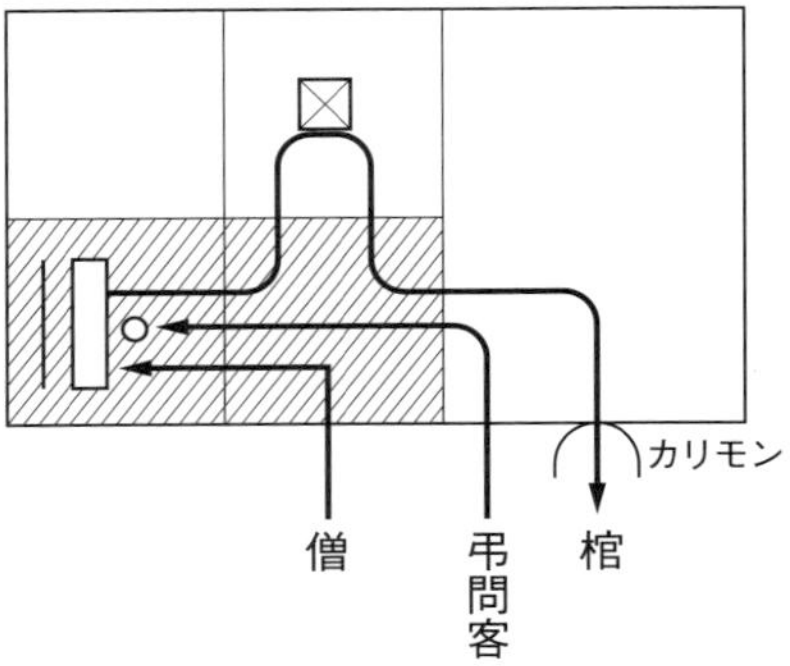

葬礼での部屋の使い分け　遺体は座敷にすえられ、出棺直前に囲炉裏のある部屋を経由して、トンボグチの仮門から出ていく。（静岡県裾野市『裾野市史第七巻　資料編　民俗』より）

葬礼における部屋の使い分けと呪術的作法

　裾野市の場合、死を迎えてから出棺までのあいだ、遺体の移動がたびたび行われ、時間の経過とともに、日常から非日常の空間へと移っていく過程が見えてくる。四間取りの民家の場合、遺体は日常使われていた寝室であるナンドから、弔問客を迎えるための接客の部屋（ナキャー）へ移され、さらに弔いの儀礼を行う座敷へと運ばれる。出棺に際しては、家族が日常暮らしている囲炉裏のある部屋（コマ、チャノマ）へと移され、家長が座るヨコザに棺桶がすえられる。そして、トンボグチの仮門から棺桶は出される。日常生活の場である裏から、儀礼の場である表へ、そして再び日常生活の場から死者は出立する。葬礼における部屋の使い分けは、死者が段階を追って家（この世）と別れるための手順をふんでいる。

　一方、残された者たちにとって死者との別れはつらいが、荒魂（あらみたま）としてこの世にとどまることがないよう、葬礼には多くの呪術的な作法が繰り返される。遺体の上に載せる刃物や箆などの魔除け、逆さ着物に逆さ屏風、仮門など非日常的な装置、逆さ水や茶碗割り、箒での掃き出しなど非日常的な行為を繰り返し、この世との結界を作って、霊魂が迷わずあの世へと旅立つことができるよう注意深く行われる。

（松田香代子）

3 祭礼

屏風祭り［ビョウブマツリ］

屏風祭りとは、祭りなどに各家に伝わる屏風や道具類、宝物などを、町屋の中に展示し、客や道行く人々に披露すること。古くから行われている京都の祇園祭のほか、近年、各地でも復活の動きがある。

祇園祭での屏風祭り

京都の祇園祭での楽しみのひとつは、山町・鉾町（山鉾町）の散策である。会所の前に山や鉾が組み立てられると、会所の中に山鉾の人形や装飾品が飾られる。会所も近年はビルになっている町もあるが、昔ながらの会所では、細長い路地を通って奥の部屋まで見物人たちが入っていくことができる。「鰻の寝床」と呼ばれるように、京都の町屋は間口が狭くて奥行が広いため、ふだんは家の奥をうかがい知ることはむずかしいが、このときだけは町屋の内部を見ることができる。

祭りの前日の宵山には、山鉾町と周辺の町の中には、家の玄関に幔幕を張り、通りに面した表の間の窓を開け、ふだんは蔵にしまわれている家宝の屏風や掛け軸、道具類や小袖などを室内に並べ、花などを生けて、町行く人々に格子窓越しに見せるならわしがあり、屏風祭りと呼ばれている。

江戸時代の屏風祭り

宝暦七（一七五七）年刊行の『祇園御霊会細記』の「宵夜飾の事」に、

祭礼の町々、前日より挑灯を夥敷ともし、幕をうち、金銀屏風、羅紗毛氈のたぐひ、他にをとらじと粧ひかざりて客をまふく。桙の町にはおのく桙の上に数多の挑灯を燈し、酉の刻より亥刻迄囃をなす。山の町にハ申ノ刻より人形宝物をかざり、諸人に拝せしむ。貴賤街に群をなせり。

と記されており、町屋の表に提灯をともし、家の中に金銀屏風や羅紗毛氈などを飾った様子が見える。

その前年に書かれた本居宣長(もとおりのりなが)の『在京日記』宝暦六年六月六日条にも、

よみやには、星のことくに、てふちん多くともし侍りて、かね太鼓笛にてはやし侍る、いとはなやかに、にきはしきことかきりなし、鉾町はさらにもいはす、祇園の産子たる町〳〵は、のこらす家ことにてふちんかけわたし、一町〳〵一様のてふちん也、家々思ひくに、幕うちすたれかけわたし、程〳〵につけつゝ、金屏風ひきまはし、毛氈しき、燭臺ともしなと、をのかしゝかさりたて、きよらをつくし、けふあすは、祭ならぬわたりの親類ちかつきよひまねきて、酒のみ物くひ遊ひ侍る、大かた夜みやの景氣は、いとよき物也

京都市祇園祭、宵山の屏風祭り

とある。文献資料に見える屏風祭りの様子を記録したものとしてはこれらが古い記事だが、絵画資料ではもう少し前にまでさかのぼることができる。元和(げんな)六(一六二〇)年六月の、徳川秀忠の息女・和子が後水尾(ごみずのお)天皇へ入内した際の行列を描いた『洛中洛外図屏風(らくちゅうらくがいずびょうぶ)』には、寺町通や四条通を進む祇園祭の山鉾を、通りに面した町屋の二階の部屋から見物する人々の姿が描かれている。その室内には、植物などを描いた金屏風などが見える。寛永(かんえい)年間(一六二四〜四四年)につくられたとされる島根県立美術館本の『洛中洛外図屏風』などにも同じような風景が描かれているため、祇園祭に屏風を飾って見物することは、江戸時代初期には行われていたようである。

現代の屏風祭り

屏風祭りは、明治の末から大正にかけては一五〇軒以上の家が参加していたが戦争のために中断した。戦後は徐々に回復し、伝統的な屏風祭りは毎年五〇〜六〇軒ほどの家で行われ、ミニチュアの鉾や提灯などを飾る家も増えている。

宵山の町を散策する見物人たちは、格子窓越しに町屋の表の間をのぞいてまわるが、襖(ふすま)も開け放されているため、

奥の間や中庭も見渡すことができる。奥の間にも屛風などが飾られ、そこで親しい人たちを招いて会食をしている様子もうかがえる。本居宣長も記しているように、本来の屛風祭りは、このような親しい人たちを招き、食事を出しながら秘蔵の宝物を見せて祭りを楽しむものだったが、次第に祭りの夜を楽しむ不特定多数の人々に披露するように変わっている。

これは祇園祭の中心的な神事である、本社から神輿を氏子区域内の御旅所へ迎えて悪疫などの除去を願う本来的な祭りの要素よりも、山鉾の巡行や宵山の夜の行事など、祭りを楽しむレクリエーション的な要素へ人々の関心が移るようになったからである。

（黒田一充）

お雛見［おヒナミ］

お雛見とは、三月節供に家の中に人々を招き入れて雛人形を見てもらう行事をいう。近年、雛(ひな)祭りの期間に、ふだんは一般公開されていない民家に雛人形を飾って公開する催しが行われるようになってきている。とくに、重要伝統的建造物群保存地区などでは、ふだんは非公開の民家の内部を見るひとつの機会にもなっている。たとえば、最上川(もがみがわ)の舟運で発展した町、山形県北村山郡大石田町(きたむらやまぐんおおいしだまち)では、古くから最上川に沿った大通りの商家でお雛見の行事が行われてきた。

お雛見（山形県大石田町）

雛人形を飾るのは、店ではなく、店から通り土間を入った「ナカマ」や「チャノマ」と呼ばれる部分である。財力を蓄えた商家では、京都から購入した雛人形や豪華な晴着を座敷に飾った。地域の子どもたちは、「お雛さん、見せてけらっしゃいす」と声をかけて家を訪ねて歩いた。商家では、くじら餅、甘酒、山菜の煮物などを用意して、見にきた子どもたちにご馳走したものだという。

このような習俗がさかんに行われていたのは、大正時代ごろまであった。戦後、一時復活する機運もあったが、なかなか実現にはいたらなかった。大石田町で商店街のイベントとして行われるようになったのは、平成六（一九九四）年からである。現在は、古い雛人形を所蔵している商家と地域のボランティアの人々によって、「大石田のおひなまつり」として行なわれている。月遅れの三月節供にあたる四月二日、三日の二日間、大石田駅前から最上川に沿った大通りが会場になる。このあたりは四月の初旬であっても日の当たらないところでは雪が残っていることも珍しくない。（山崎祐子）

4 来訪者

氏神［ウジガミ］

氏神は、本来同じ血縁集団が祀る祖先神をさしていたが、中世以降では同じ地域に住む人々（地縁集団）が、居住地にある神社の祭神を氏神と呼んで共同で祀るようになった。この土地の意識は、一二世紀ごろに成立した『今昔物語集』（巻三〇―六話）に、京の七条辺りに生まれた女が稲荷神を産土神と呼んで信仰していた記事が見える。土地の神を氏神と呼ぶのは、『臥雲日件録』文安四（一四四七）年八月十三日条に、泉州堺の南で生まれた著者の瑞渓周鳳が住吉神を自分の氏神だと記しているのが、古い事例である。

氏神を祀る御仮屋

近畿地方から西の各地では、交代で祭りを主宰する当番（頭屋、当屋、頭人などと呼ぶ）の家に氏神を祀る御仮屋をつくるところが多い。奈良盆地南部を流れる吉野川沿いの五條市や吉野郡下市町などの集落では、秋祭りの前には、頭屋宅の庭先や門口に、竹を柱にして屋根や壁を杉葉や檜葉で覆った御仮屋をつくり、神社で祀っておいた榊の枝を真夜中に神社から運んできて、屋根の中央から挿し込んで、神霊を迎える。神社建築をまねたものや箱形のほか、

御仮屋（奈良県下市町新住）

土や芝を積んで壇をつくって御幣を立てたものなど、その形態はさまざまであり、名称も御仮屋のほかに「オダン」や「オハケ」などその土地によって異なる。御仮屋がつくられて神霊が迎えられる期間は、三週間ほど前から前日の宵宮だけというところなどさまざまだが、いずれも供えものをして、近所の人々が参拝する。祭りの当日には神社へ御幣などを運ぶ行列が出て、行列の出発後や祭りが終わると御仮屋は壊され、氏神が神社へもどったと認識される。

史料に見える御仮屋

このような神霊を迎える施設を青葉の茂った草木でつくることは、『古事記』（垂仁記）に、出雲国の肥河（斐伊川）に黒木の橋を架け、中洲に仮宮と青葉の仮山をつくったことが見える。

祭りの際に仮設の施設をつくる事例は、天皇の即位儀礼の大嘗宮など平安時代以降の文献に見られるが、頭屋の家にこのような仮設の施設をつくって神霊を遷すことを具体的に記した史料は、江戸時代にならないと見当たらない。

奈良県天理市番条町に残る正徳元（一七一一）年の『番条村宮本神拝目録』には、「一、九月朔日、社僧両当御はけへ大明神御遷シ」とある。この大明神の神霊が遷されたオハケは、御幣だけだったのか、現在もつくられている家形で杉葉を葺いた御仮屋の形態だったのかは不明であるが、神霊を迎える施設があったことはうかがえる。

このような御仮屋も、近年は、材料が手に入りにくいことや後継者不足の問題で、毎年使える木製の祠になったり、外につくらず床の間に祭壇を設けて祀られたりするようになっている。祭りの時期にやってくる来訪神として氏神を迎える施設は、屋外から屋内へ、次第に変化するととらえることもできるが、そうとはいい切れないようである。

民俗資料としての御仮屋

これまで述べてきた事例は、祭りの前の一定期間だけ頭屋の家を訪れた氏神の神霊を祀る事例だが、祭りの前だけではなく、頭屋の引き継ぎ後、ほぼ一年間祀る事例もある。

滋賀県東近江市石塔の若宮神社では、当番を神主と呼び、毎年九月に交代する。新しい神主宅の床の間に、天井から祭壇を吊るして神霊を迎える。迎えた神霊はオワケサマと呼び、この部屋には神主の男性以外は入室することができない。また、縁側のところに青竹と藁で行場と呼ぶ広さ半畳ほどの部屋を仮設し、毎日未明に神主はここで水を浴びて身を清め、神社に参拝しなければならない。

奈良市針町の春日神社では、秋祭りの七日前になると、頭屋の家の庭先にある土壇の上に杉葉で円い屋根をつくり、

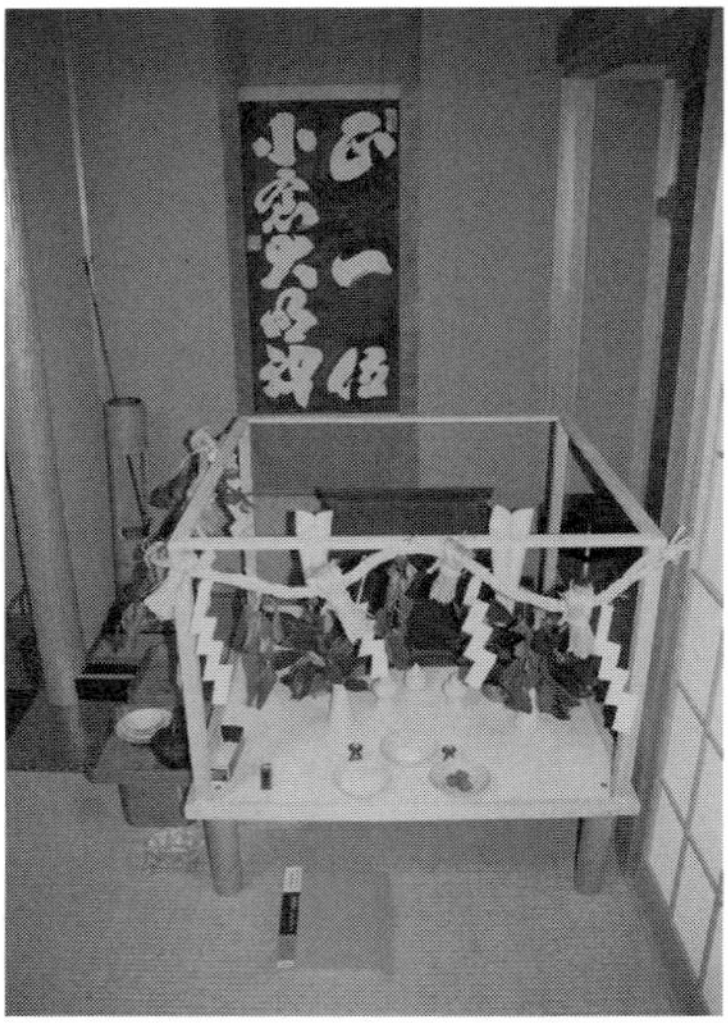

小倉神社の床の間の祭壇（京都府大山崎町）

氏神の御札を祀る。このとき神霊は、神社から迎えるのではなく床の間に祀った祭壇から遷される。祭り当日の早朝には、行列の出発とともに御仮屋を壊して神社へ運び、境内に廃棄される。神霊はこのとき神社へもどるが、翌日は次の頭屋への引き継ぎが行われ、神霊は床の間に新しく設けた祭壇に一年間祀られる。

　前任者から頭屋を引き継ぎ、ほぼ一年間床の間などに神霊を祀り、祭りが近づくと床の間の祭壇から庭先へ神霊が遷されるのは、京都府乙訓郡大山崎町円明寺の小倉神社の宮座でも見られ、頭屋の床の間に祭壇を設けて神号の掛け軸を祀り、春祭りの前になると門口にオダンをつくって芝の土壇に榊の枝を挿して祀る。

　これらの事例のように、ほぼ一年間頭屋の家に祭神を祀ることについては、原田敏明が、頭屋が一年間神霊を奉斎する形態が本来的なものであり、やがて奉斎の期間が短くなってきたのだと推定している。御仮屋がすぐに枯れていく植物を材料としているのも、祭りの前の一時期だけ庭先などで祀るためだけに作られるからだと考えられる。

（黒田一充）

門付け［カドヅけ］

▼小正月

　門付けとは、家々を一軒ずつ祝してまわる芸能者あるいは付随する芸能をさしていうのが一般的である。

　本来、門付けに訪れる遊芸者たちは、宗教的意味合いをもつことから決まった時期に訪れた。もっとも多いのは、年が新しくなった新春であった。万歳・春駒・獅子舞・鳥追い・夷廻し・女大夫・大黒舞などが来訪し、芸能を披露した。また、年末には節季候が、節分には厄払いや懸想文売りなどが来訪した。春や秋には猿回しが来訪したことが、史料からうかがえる。

歴史

平安時代後期に荘園体制の領地支配のなかで、散所民（荘園領主に隷属しながら、非農業的生産を行っていた人）たちが名主などの屋敷を訪れ、言祝ぎを述べたとする千秋万歳が古いものである。知恩院本『倭漢朗詠集上』には、正月七日までに、卯の杖もしくは子の日の小松を手に持ち、乞食法師の姿で来訪し、清めを行ったという。のちに鳥甲を被り仙人風の装束で連れの小鼓を伴奏にして、言祝ぎを述べたという。

このように、本来は特定の所縁のある場所をまわっていたと考えられるが、権門体制の弛緩によって荘園経営が困窮する室町時代末には、正月に家々の門口に立ち、万歳を遊芸する一団となっていったと考えられる。こうした情勢は、室町時代初期の『庭訓往来』に、都市の店棚の周辺を徘徊するものとして猿楽、田楽、獅子舞、琵琶法師、傀儡、県巫女、傾城、遊女、夜発などをあげている。遊芸民は、本来訪れるべき場所を離れ、不特定の都市住民を相手として活動するようになっていた。

近世に入るとこの様相は顕著となり、随筆などに多く著される。『百草』（成立年不祥）には、万歳のことを「貞丈雑記云、万歳とてえぼし素襖着て、年の初めに人の家に来りて祝事を歌ふは、古よりあり」と記し、注目される年中行事であった。

『莛響録』（一八三七年）では、獅子舞についてふれている。「伊勢国より出る獅子舞と申者、田舎徘徊いたし候。又田舎小祠の神事の時、土俗獅子を申候事有之候。此等の儀いかがいたしたる事に候哉」と記し、都市部以外に地方へと進出する獅子舞の様相が見てとれる。

『八十翁疇昔話』（一八三七年）は、太神楽を記している。「〔延宝の頃ヨリ以前〕七十年以前のむかしは、太神楽、御神楽太神楽とて、毎日江戸中徘徊しありく有様、先規式正しくて、まつ先へ、鼻高き面をかぶりたるもの、ひたたれを着、白袴着、御幣ささげて立ち（以下略）」と著し、近年江戸で流行している太神楽は、以前に比べると装束も厳かな立ち居振る舞いもなっていないと嘆いている。

来訪神

歴史研究としての門付けと並行しながら、民俗学では来訪神や「マレビト」などの調査・研究を進展させた折口信夫は、沖縄採訪によって楽土から訪れてくる神が存在することを文献によって知る。さらに八重山の「アンガマア」「マユンガナシ」「アカマタ・クロマタ」など目に見える神が盆や年越しの際に来訪し、人々に祝福と教訓などの言葉を与えて帰っていくことを発見したのである。折口は、マレビトとは、時を決めて海の彼方である常世から、人々へ幸福と豊穣を授けるために来訪する神と定義した。

さらに海の彼方に限らず、山の奥天空から訪れる神を念頭に、国内における来訪神の調査・研究が推し進められていった。

その結果、秋田県男鹿半島の「ナマハゲ」、岩手県・宮城県・山形県・福島県・茨城県あたりに分布する「カセドリ」、北関東から東北南部に分布する「タウナイ」、兵庫県・京都府・大阪府北部・福井県・鳥取県にかけて分布する「キツネガリ」、淡路島北部の「ヤマドッサン」、岡山県を中心に広がる「コトコト・ホトホト・トロヘイ」、九州一円に見られる「カセダウチ」、鹿児島県下甑島・種子島に分布する「トシドン」など、多様な展開をみせる来訪神が報告されるようになった。

ナマハゲ　男鹿半島で、大晦日か一月一五日の夜に行われる。村の若者が面を被り、藁の蓑をつけて素足に藁靴を履き、木製の出刃包丁をもって家々を来訪する。ナマハゲの語源は、囲炉裏で長く暖をとると火斑ができるが、これを「ナモミ」「ナゴミ」「アマミ」などと呼び、新しい年に古い火斑を剥ぎとるという意味と解されている。その対象は、子どもたち、初嫁、初婿とされた。類似行事として、秋田県能代市の「ナゴメハギ」、秋田市の「ヤマハゲ」、象潟町（現・にかほ市）の「アマギハギ」など秋田県の海岸部に分布し、岩手県や三陸地方に「ナモミハギ」と呼ばれる行事がある。

カセドリ　「カセギドリ」とも称され、子どもたちや大人が覆面をして鶏の鳴きまねをしながら家々を訪れ、ものをもらい歩く行事である。広範囲に分布するため、行事内容は多様である。

タウナイ　「タウネ」とも呼ばれ、厄年にあたった男女がグループをつくって村々をまわり、家々の門口で田を耕す行為をする。「ウナウ」とは「耕す」の方言である。手に枝でこしらえたカギをもつ。カギは鍬を模し、唱えごとを唱えながら田を耕

タウネ（福島県三春町、昭和40年代）

す真似をする。グループに参加する男女は、本人とわからないように、面を被り、ボロ着を着て変装し、家々を訪問する。

キツネガリ　小正月の前夜に害獣を村から追い出し、福を招く行事として行われる。「キツネガエリ」ともいわれ、キツネを代表とする害獣退散を願うとされる。御幣をさした藁狐を竹の先につけ、鉦や太鼓で囃しながら村中を走りまわったり、子どもたちが唱えごとをしながら家々をまわり、御幣でお祓いしたりする。

ヤマドッサン　一月九日夜に各家で祀る農耕神といわれている。祀る場所は家内のジノカミ（地の神）を祀る座敷や土間で、鍬に着せた蓑と笠饅頭などを神体とする。また、蓑と笠を着用し、臼と杵でシトギを搗き、年の数に丸め、三方に供えるなど、多様な行事内容を見せる。

ヤマドッサン（淡路島旧東浦町）

コトコト　小正月の前日に若者や子どもたちが藁蓑などで変装し、顔を隠して家々をまわり、藁馬などと交換に餅などをもらって帰る行事。対面しないように隠れたり、来訪者に水をかけたりするところもある。また小正月の飾りものをコトコトと呼ぶところもあり、多様な行事内容が認められる。

カセダウチ　小正月の夜に仮装した青年たちが新築した家々に来訪し、大黒や農具の模型などを土産として祝福する行事である。男が女装し、女が男装する例があり、多くは無言で来訪し、門口を出る際には水をかけられるという。

トシドン　大晦日の夕食がすむころに、突然馬のいななきが聞こえ、戸を叩く音がする。トシドンが雨戸を少し開けて「子どもぉおいか、おいか」と呼ぶ。ナマハゲと同様に、子どもたちの一年の行動を言って反省させ、良い行いをすることを誓わせ、トシダマと称する餅を与える。トシドンには青年たちが扮し、幼い子どもたちを一段高い年齢階梯へと導くものと理解されている。

（明珍健二）

行商人［ギョウショウニン］

商いの場と滞在時間

行商とは、販売者が需要者のもとをまわり歩いて品物を売ることをいう。扱う品物によって、販売者の居住地付近をまわる者と遠隔地まで出かける者とがあり、運搬手段や売り声、商売圏、決済方法などその特徴もさまざまである。

商品の運搬に用いるリヤカーや自転車、自動車などは、客のもとにたどり着くとそこ自体が商いの場となる。路地や空地で商いが繰り広げられるのである。家を個別に訪ねる場合は、門口や縁側も商いの場となる。縁側は冠婚葬祭におけるハレの空間であると同時に、日常的には接客の空間であって、品物のやりとりを終えるとお茶飲みの場ともなる。縁側をもたない家では、玄関または室内が利用される。一日がかりで商いをする行商人は、弁当を食べさせてもらう家が何軒か決まっており、時には味噌汁がふるまわれるという。

新潟県柏崎市では、荒浜（あらはま）や番神（ばんじん）など海辺の女性たちの多くが魚行商に従事した。茶飲み話や直接的な会話を手がかりに、客の個々の要望に応じるのも行商の魅力である。魚をさばく、刺身におろす、煮つけやフライ用にこしらえるなど、さまざまな注文に応じる。持参したまな板と包丁を

魚の行商（新潟県柏崎市、昭和30年代、写真提供：新潟県柏崎市立図書館）

青物小売り（福島県会津若松市、写真提供：佐治史氏）

用いて、リヤカーや自動車などの店先で作業をし、家人にすすめられれば台所にあがることもある。得意先の農家が農繁期であれば、留守の家にあがって魚をさばき、冷蔵庫に入れておく。交通の便がよくなかったころは得意先の家に泊まることも珍しくなく、家族同然に過ごした。また、興味深いことに、行商人も客も互いの名前を知らないケースが意外とある。「今日はいかがですか」と声をかける行商人は「いかがさん」と呼ばれた。一方、行商人の帳簿には客の名前の代わりに「坂の

上」「柿の木」と記され、それを目印に集金にまわったという。

　行商人を室内や台所に招き入れ、あるいは宿泊を許す客の気持ちは、長年のつきあいで築いた信頼から生ずる。それに応える行商人の気持ちも同じである。外から縁側、茶の間、台所へと家の奥に入るほど、そこでの滞在時間が長いほど、両者の関係は深いといえそうだ。訪れる家との関係で行商人をとらえたとき、商いの場所や滞在時間は両者の親密度を示しているように思われる。

行商人のもたらすモノ

　行商人は品物を手元まで届けてくれるが、果たす役割はそれだけではない。交通や運輸、情報伝達の手段が未発達な地域へさまざまな情報をも持ち込んだのであった。行商人のもたらすニュースや新しい知識は人々の知識欲を刺激し、また、女中や女工の斡旋（あっせん）、子守りや嫁の世話など、人と人との縁をとりもつものでもあった。古くは、外来者である行商人を特別な霊力の持ち主とも考えた。現在ではそうした観念は薄れたが、現代的な視点を加えると別の顔が見えてくる。

　常設店舗の増加や営業時間の延長、通信販売の普及など、近年の購入方法は非常に多様化している。また、高齢化や核家族化、女性の社会進出などによって人々の生活スタイルも変化した。これらの影響を受けて、行商人の得意先も高齢者が主となる傾向にある。外に買い物に出かけることが難しい高齢者にとって、品物を運んでくれる行商人はありがたい存在だ。移動スーパーのごとく、食料品から雑貨までさまざまな品物を自動車で販売する商い方法は、近年に特徴的な行商のスタイルといえるであろう。また、定期的に訪れる行商人との会話は高齢者にとってなによりの楽しみで、それが元気の源となっている。

　一方の行商人もまた変化している。生活のために始めた行商であったが、生活に余裕が出てくると商いの目的も変化してくる。客と接することや、客の喜ぶ顔を見ることが自身の生きがいとなってくるのだ。現在進行形の行商に注目する最近の研究のなかには、一人暮らしの高齢の客の家へ立ち寄って声をかけることが、元気にしているかどうかの確認の意味をもつという興味深い報告もある。簡単な家事を手伝ったり、おつかいをしたりもするという。

　個々の客を相手にする行商は、それぞれの暮らしぶりや嗜好をおのずと把握し、それに応じて商いを展開する。客の生活に密着してこそ成り立つ商いといえよう。扱う品物が魚や野菜など毎日の生活に欠かせない身近なものであれば、なおのことである。長年にわたってつきあってきた客と行商人のあいだには深い情が育まれ、家族や親戚同然の関係を見出すことができる。ものを売り買いするだけにとどまらない、心の触れ合いがそこにはある。（早川美奈子）

神楽・獅子舞［カグラ・シシマイ］

神楽は日本の代表的な神事芸能である。神座を設けて神を勧請し、鎮魂・清め・祓いなどの祭祀を執り行う。

　民間信仰における鎮魂の意味をもち、早くから行われていたと考えられるが、その起源は詳らかではない。中世以降には神仏が入り交じった形で行われ、修験者や巫女などによって各地に広められていった。大きく「巫女神楽」「採物神楽」「湯立神楽」「獅子神楽（獅子舞）」に分類することができるが、それらは複合的に重なりあって演じられることが多い。

　神楽は全国的に分布しており、春日大社、出雲大社をはじめとする諸大社の巫女神楽、宮崎県の高千穂や椎葉、島根県の石見、岩手県の早池峰などの採物神楽が伝わっている。また、一一月から二月ごろにかけて、愛知県・静岡県・長野県の県境の村々で行われる「霜月神楽」や「花祭」は湯立神楽のなかでも有名である。霜月神楽は、本来は旧暦の一一月に行われていた行事であったという。その時期は神や自然が衰弱する時期であるといい、それらが再生し新たな年を迎えるために、神楽が行われているという。

　滋賀県では、神社の例大祭に巫女によって神楽が舞われるところが多い。演目も「湯立て」「巫女舞」など様々な種類があり、必要に応じて舞われている。この神楽は誰にでも舞うことができるというわけではなく、「市さん」「そねったん」などと称される職能的な巫女が演じる。

　また獅子舞は、日本全国において多種多様に伝わっている民俗芸能である。獅子は霊獣と考えられており、獅子のもつ特別な力によって場を鎮めることができるとされ、行列の先頭で悪魔祓いや道を鎮めるという呪術的役割を担うことが多い。

　著名なものに、三重県桑名市に

カマド祓いをする伊勢太神楽（滋賀県愛荘町）

本拠地を置く「伊勢太神楽」（国指定重要無形民俗文化財）があげられる。伊勢太神楽は五つの社中があり、一年中全国を回檀している。そのほとんどが一年間のスケジュールが決まっており、一年の舞いはじめが滋賀県である社中が多い。一二月二四日には、本拠地である桑名市の増田神社に一堂に会し、総舞が行われる。現在でも各家々をまわり玄関口やカマド（台所）を祓い清め、一年の安全を願う祈禱がなされている。

（上田喜江）

置き薬売り［オキグスリウリ］

置き薬は、医薬品の販売方法のひとつで、先に医薬品を消費者にあずけ、あとで使用した分を集金するしくみである。「富山の薬売り」が有名であり、江戸時代から庶民に親しまれてきた。現在は「配置販売業」といい、薬事法で規定され、都道府県知事が証明する「配置従事者身分証明書」を携行している。

富山藩の薬売りが盛んになったのは、江戸時代、二代目藩主前田正甫の時代であった。正甫は富山藩の経済基盤を整えるにあたり、製薬を柱にしようと考え、漢方薬の研究開発を奨励した。富山の薬売りの販売方法である「先用後利」の考え方は、正甫の「用を先にし利を後にし、医療の仁恵に浴せざる寒村僻地にまで広く救療の志を貫通せよ」の訓によるものだと伝えられている。薬売りたちのモラルの高さは商売の信用につながり、富山の売薬業はますます盛んになった。

販売は、薬売り、つまり販売員が直接、消費者の家に出向き、医薬品の入った箱を置かせてもらうことから始まる。箱は「配置箱」「あずけ箱」などといい、半年に一度訪問し、使った分の代金を受けとって、医薬品の補充をする。医薬品の多くは、大人の一回の服用分ずつ小分けにされた配置箱専用の包装になっている。

富山の置き薬（富山県射水市、撮影：成瀬陽氏）

富山の薬売りは、正甫の訓のとおり、山奥の村々も訪問し、庶民の医療を支えた。宿屋のない地域では、懇意にしている家を宿にし、そこを拠点として家をまわった。柳行李を背負うのがトレードマークでもあったが、昭和に入ると自転車を使うようになった。現在では、社名の入った自動車で訪問することが多い。土産の紙風船がよく知られており、子どもたちは薬売りの訪問を楽しみにしていたという。

薬売りがまわる地域を「懸場」といい、顧客名簿を「懸場帳」という。懸場帳には顧客の家族構成が記され、訪問のたびに、売れた薬の種類や集金の状況などの情報を書き足していった。薬売りが職を退くときには、懸場帳を譲るのであるが、記された情報によって、ほぼ同じ売り上げを得ることができる。そのため、懸場帳は財産的な価値をもち、同業者のなかで売買されたりした。

なお、この置き薬のシステムは、近年、モンゴル、タイ、ミャンマーで、日本の助成を受けながら導入されている。

（山崎祐子）

鋳掛屋［イカケヤ］

梵鐘や鍋釜、仏具などの鋳物製品をつくるのが鋳物師であるとすると、それをなおすのが鋳掛屋である。金屋で仕事をする鋳物師に対して鋳掛屋の多くは旅稼ぎであり、おもに鍋釜などの生活用具を修理してまわった。新潟県を例に取ると、江戸時代から続いた鋳掛屋は、鋳物師と同様に免許を必要とした。寛政八（一七九六）年当時、新潟県刈羽郡大久保（現・柏崎市）の鋳物師五八人のうち二九人が鋳掛屋の免許をもっていた。鋳物師に弟子入りをし、師匠の許しを得て鋳掛屋となり、仕事の少ない時期に鋳掛仕事をして生計を立てる者もあった。

鋳掛屋は、代々受け継がれる得意先をもっていた。一か月ほどかけて近場をまわる者もあれば、遠方に出かけて盆と正月にしか家にもどらない者もあった。大久保の歌代家の場合、夏は古志、栃尾、東蒲原、南蒲原、冬は雪の少ない西蒲原方面を中心に吉田、弥彦、岩室、巻、和納、間瀬などをまわった。得意先の町や村には、寺や重立の家（旧家や地主）など定宿と称する家があった。そこは人々が集まりやすく、また仕事場とする空間があった。鋳掛屋来訪の知らせを受けると修繕が必要な鍋釜がそこに集ま

鋳掛屋の仕事場（写真提供：新潟県柏崎市立図書館）

り、鋳掛屋はその軒先や土間、庭の隅などを借りて仕事場とした。食事なども定宿が面倒を見てくれるが、宿賃や仕事場の借り賃は持参した土産や鍋釜の修理賃で決済したという。鋳掛箱と呼ばれる道具箱には、フイゴや火床（ひどこ）、坩堝（るつぼ）、湯汲み（ゆく）、火箸（ひばし）、炭、粘土、地金（じがね）、やすりなどが入っており、それを広げると、どこでも仕事場となり得た。その器用な仕事ぶりは子どもの目には手品か魔法のように映り、脇に座り込んで時を忘れて見入ったという。

夜になれば大人たちが定宿へ集まってくる。世間話をしながら鋳物製品の注文を受けることもあれば、嫁話がもち込まれることもあった。

江戸時代から続いた大久保の鋳掛屋は、昭和三〇年代後半には姿を消した。現在は良質な鍋釜が大量生産されるようになり、物資はあふれ、使い捨ての時代となった。ものを修理して使うことは以前に比べて減り、鋳掛という言葉自体を知る人も少なくなったであろう。鋳掛屋の存在はすでに過去のものとなってしまったが、ものを大切に使い続けた人々の心や暮らしぶりを映し出すものでもあった。

（早川美奈子）

火と女性

▼誕生・産小屋・産室、月小屋

女人禁制と不浄の思想

日本人の信仰生活のなかには、「不浄」とされる観念がある。この不浄観は、単に汚れた状態をさすのではなく、誕生、結婚、死という人の一生を通じて表出する観念である。そして、不浄には「血穢（月経による出血の穢れ）」「産穢（出産にともなう出血の穢れ）」「死穢（死の穢れ）」の三つがあり、それぞれ「赤不浄」「白不浄」「黒不浄」と称されてきた。

赤不浄と白不浄からは、火をとおして伝染するとされる「触穢」の思想が生まれ、そのために人びとは、不浄の際に、火を別にして煮炊きをする別火の慣行を考えだし、その施設として月小屋と産屋をつくり出した。

不浄の観念の生活への定着は、歴史的に見ると、血盆経が仏教の各宗派で受容され実際に各地でその経を唱えたり解説されたりしはじめた中世以降と考えられ、女性の出産にともなう出血が産穢として忌まれるようになり、それと共に女性の月経による出血も血穢として忌避されていった。

たとえば血穢があったとしても、それは七日間程度の一時的な不浄であり、永続性は認められないはずである。時代をさかのぼれば女性が祭りの主体であった。しかし、祭りや儀式においては、罪や穢れを払い去った。清浄な状態になって神を迎え祀ることができると考えるようになり、女性の参加や立ち入りが禁じられていった。

江戸幕府は、「服忌令（近親者の死に際して喪に服す期間を定めた法）」を制定したため、その影響は各方面に及んだ。特徴的なことは、死穢が一日だけの忌みとなって極端に軽減化されたのに対し、女性の産穢は死穢よりも重んじられ、肥大化・長期化したことであろう。その根底には男性優位思想があり、女性を劣位に見る女性蔑視や女性差別の思想があった。その考えは、近世を通じて一般化した。

明治政府は明治五（一八七二）年の太政官布告で産穢や血穢を公式に廃止したが、今日においても血穢や産穢の観念にもとづいた女人禁制の思想は、わずかながら残っている。たとえば大相撲では、土俵は聖域であるとして、伝統的に女性を土俵へはあがらせない。大相撲の土俵は、一五日間の興行に先立って神迎えの儀式を行い、土俵中央の穴に鎮めものと土を入れて御神酒を注ぐ。この鎮めものは、千秋楽まで埋められる。まさに土俵内を神聖な場として祀っているためである。もちろん、相撲が終われば神送りの儀式を行う。

京都の祇園祭では、山鉾に女性を乗せない慣行が残る。宵山の山鉾にも伝統により女性の入場を遠慮してもらう趣旨の札がかけられる。鎮守の祭礼を見ていくと、女性が一切関与しないという例は、各地に多数存在している。祭礼以外でも、トンネル工事の開通式に女性が参加することを拒否する慣例があったし、かつて多くの霊山は、女性の登山を禁止していた。

月小屋と産屋

先に述べたように、不浄を忌避する別離施設として月小屋と産屋がある。月小屋は、生理期間中の女性が家族から離れて生活するための小屋である。同じ竈で煮炊きした食物を家族と共に食べることが忌み嫌われ、月小屋で別火生活をする地方があった。愛知県知多郡南知多町篠島では、月小屋と産屋が別々に存在したが、明治後期に両者が合体し、食事だけはそこで摂り、夜は家に帰って寝たという。伊豆諸島の青ヶ島では、大正末期までは村共有であったが、のちに個人有に移って昭和二〇年代まで存在した。愛媛県西条市のヒマヤ（産屋の一種）は昭和一〇年代まで使われ、福井県敦賀市白木の月小屋は昭和三〇年代前半まで使われた。白木では、月小屋が使われなくなると、しばらくは母屋の軒先で過ごし、次第に屋内に入れるようになった。産屋における家族との別火は、集落の女性たちが食事を届ける慣行を生むなど、女性たちの共助として認識を新たにする方向が見られた。

民俗学者の牧田茂は、産屋と月小屋とが共用されたのはどちらも同じ血の忌だったからで、日本では血を見ることが穢れだったとし、出産とは逆の葬儀の場合にも忌小屋があったといい、女性が出産や月経で小屋にこもるのも、死者があって家族が喪屋にこもったのも、どちらも物忌みを要求されたという論を提出している。

血の忌みによる物忌みの必要性の強調が母屋以外の小屋をつくりだし、その延長線上に、祭りにのぞむ資格を得るための物忌みの生活が想定される。

（板橋春夫）

三　住まいの信仰

1　屋敷神

稲荷［イナリ］

伏見稲荷と地方の稲荷

稲荷は、五穀や食物全般を司る神で、稲の稔りを意味する「稲生り」からその名がきているという。稲荷の本源とされる京都の伏見稲荷大社は、帰化人の秦氏が創建した神社とされ、平安遷都後に東寺の鎮守神となり、真言密教と結びついたことで、治病・託宣など現世利益的な信仰への発展基盤をもった。さらに、商工業の発展にともなって、農業神にとどまらず多様な信仰的性格をもつようになっていった。仏教では稲荷を荼枳尼天として祀り、ときに独自の呪術的信仰を広めた。

一方、古来、民間では、狐の鳴き声で神意をうかがうなど、狐はさまざまな神の意思を伝える先触れ（使い）とされてきた。しかし近世以降、狐がもっぱら稲荷と関係づけられたことで、狐に関わる在来の信仰や俗信が稲荷と結びついて現れてきたと考えられる。つまり、稲荷信仰は、伏見稲荷を本源としながらも、呪術的な信仰や地域在来の信仰などを含み込んで、多様な展開をしてきたのである。

初午に油揚げや赤飯を供え、稲荷講と称して稲荷の祭りを行うところは多い。南関東では、初午に子どもたちが稲荷に御仮屋をかけてお籠りをする。しかし、地方の稲荷のなかには、春や秋、あるいはその両方に祭りをするなど、初午とは別の日を祭日とするものも多い。たとえば、群馬県吾妻郡中之条町反下には組や同族あるいは個人宅で祀るヤシキイナリが三〇近くあるが、初午は蚕の神であるキヌガ

石祠と藁製の祠の稲荷（群馬県みなかみ町）

ササンの祭日であり、むしろ九月九日のオクンチをヤシキイナリの祭日として、祠に赤飯を供えて祝っている。

屋敷神としての稲荷

立地条件によるものの、屋敷の西北あるいは東北など特定の方位を意識して祠が設けられる例が少なくない。祠は、木製のものも石製のものも見られ、小さな石祠から荘厳な社殿まで規模はさまざまである。藁や茅で毎年祠をつくりかえるものもある。また、他の祭神と並び祀られるものや、ひとつの祠に相殿とされるものもある。

稲荷には狐に乗った荼枳尼天の女神像や、本地仏の十一面観音、稲穂を担ぐ翁などの像もあるが、屋敷神としては単に幣束を置くものが多く、自然石や樹木を神体とするものも少なくない。

祠に納められた神体とオビャッコ（東京都立川市）

著名な稲荷の分社といい伝えるものも多い。実際に、京都の伏見稲荷から授与された「正一位稲荷大明神」と記した神璽（神体）や勧請（分社）の証書を伝えるものもある。

稲荷の祠には、「オビャッコ」などと呼ばれる陶製や素焼きの狐の置き物が置かれていることが多い。著名な稲荷で毎年これを引きかえるところや、これを稲荷から借りていって豊蚕などの願かけをするところもある。

稲荷が本家筋の家にあって、同族や地域の神として祀られる例は多い。稲荷は、家屋敷や同族、地域の守護神とされ、同族神などでは一族の先祖と結びつけられる傾向もある。また、農村では作神とされ、農業や養蚕の神であるが、祀り手のありように応じて商業、漁業などさまざまな生業・職能の神となっている。治病などの願かけのために近在の人が訪れる稲荷もある。

神道では、狐を稲荷の眷族（お使い）と説明するが、狐は稲荷神そのものと考えられることが多かった。祭りをおろそかにすれば祟りをなすとされ、人に憑いて託宣を下したという話も数多い。

地主が代わると新しい地主が稲荷を引き継ぐことが多いが、近隣の有志の家が引き継いだり、引きとり手がなくて神社に納められたりすることもある。一方で、災厄の原因を稲荷を放置したためとする話も聞かれる。地主が代わり、民家が近代的なビルに変わっても、屋上に祠を設けるなどして祀られ続ける稲荷は多い。

稲荷にとりこまれていく屋敷神

埼玉県では、屋敷神として南東部には稲荷が、北西部にはウジガミ（氏神）が多く分布している。稲荷が初午を祭日とするのに対して、ウジガミの多くは祭日をもたない。ウジガミとは屋敷神の総称でもあり、なかには稲荷を祭神とするものもあるが、やはり祭日はない。しかし、児玉（こだま）郡などで一一月に屋敷祭りと称して新藁でオカリヤ（御仮屋）をつくり変えてウジガミを祀ることから、その日こそが旧来のウジガミの祭日であったと推測される。ここには、秋の収穫後など時季を限って臨時の祠に祭られていた神霊が、常設の祠をもつ屋敷神となり、さらにそれが作神としての共通性から稲荷とみなされたという過程が想定される。稲荷が在来の信仰と結びついた例である。

（榎本直樹）

屋敷荒神［ヤシキコウジン］

屋敷荒神の呼称と地域

屋敷荒神とは屋敷神として祀られる荒神をいう。屋敷荒神の呼称はおおよそ千葉県から四国・九州地方にまで散見され、岡山、島根両県で多く見られる。

岡山県北部から島根県西部にかけての信仰では、屋敷荒神は牛馬の守護神としてとらえられ、「牛荒神（うしこうじん）」などとも呼ばれている。荒神を粗末にすると牛が病気になったり怪我をすると信じられ、仔牛の売買のときには供物を荒神に供えた。

荒神が牛馬の守護神として信仰される場合は、個々の家による屋敷荒神や村全体の地域神として祀られ、同族神としての荒神にはその性格は見られない。

祭祀形態

祭祀形態は、石の祠で祀られる場合もあれば、「荒神フロ」と称する田のなかの小さな森で祭祀している場合もある（岡山県阿哲（あてつ）郡〈現・新見市〉）。

宮崎県児湯郡西米良村（にしめらそん）周辺の山村では、屋敷の西側にある杉や檜林（ひのきばやし）を「荒神林」と称する。荒神林は神ではないが、神と同様に重視しており、木々も「モリキ」と呼んで手に触れないようにしている。また、島根県の簸川地方（出雲市）の散居村にある築地松をもつ屋敷では、「戌亥荒神」などと称して屋敷の西北角の松の木自体を土地の守り神として祀り、ふだんはこの周囲を汚してはならないとされている。京都府舞鶴市西方寺の大庄屋・上野家では、敷地東北に祠を設け、コウジンサンと称し、屋敷神として祀っている。ここでは、防火のカミだとされている。

ところで、屋敷神にどうして〝コウジン〟という神格が与えられたのであろうか。そこには多分に山伏などの職業的な民間宗教者の関与が想像できるが、いまだに明確ではない。しかし、コウジンの性格が祟りやすいなどと畏怖の面を強調して伝承されてきたのは、コウジン信仰により同族団の結びつきをより強固なものにするためであったと考えられる。屋敷荒神の場合も同様で、祟りやすいために熱心に祭祀を行うと強力に守ってくれると認識されたといえる。

（佐々木康人）

大庄屋・上野家の屋敷荒神（京都府舞鶴市西方寺）

屋敷墓［ヤシキバカ］

屋敷墓の特徴

入会形態に基準をおいて日本の墓の類型を示すと、個家単位の個家墓、近隣数戸が入会う組墓、同族共同の同族墓、一村単位にある村墓、さらに数か村が入会う郷墓があり、このうち個家墓で、屋敷ないしその近くにある墓が屋敷墓である。遺体を埋葬した上に石塔を建て、祭祀の対象とする単墓制であり、個家の専用墓地として設置され、日常的に香花を供えて供養することが多く、先祖信仰の場として仏壇と同様にもっとも身近な存在となっている。屋敷墓は共同体規制のない状況下で発生した墓で、家族に対する愛慕感にもとづくものといえる。遺体に対する忌穢感はほとんどなく、むしろ愛着感、あるいは遠い山中に埋葬すると野獣に掘り返されるという不安にもとづく保護感のほうが強く見られる。

墓と共同体規制

共同体の強力な組織が結成され、さまざまな共同慣行があり、したがって共同体規制が強く働くような地域では、死者は村にケガレをもたらすので、村外へ送り出して葬るという理念が見られ、村の外の共同墓地に埋葬する事例が多い。たとえば奈良県下において、とくに奈良盆地の農村地帯には、数か村が共同入会する郷墓があり、広大な墓域を形成している。

一方、屋敷墓は、これと対極をなす墓である。原始古代の住居址近くから発見される人骨を伴う墓は屋敷墓の存在を示すものであり、山村、散居村、新田開発村など、個々の家があちこちと散在するような地域で屋敷墓が見かけられるのは、共同体規制の少ない状況下で発生したことを示す。以下、屋敷墓の具体例を示す。

屋敷墓の事例

高知県長岡郡大豊町の四国山地周辺の村々には屋敷墓がある。昭和六四（一九八九）年一月の調査時点について記すと、同町八川の豊永重行家の母屋裏の屋根の高さくらいの崖上に同家の屋敷墓がある。埋葬上に平石を数枚重ねて置いた石積み墓であり、三基ある。誰が埋められたかわからないほど古い墓であり、盆や彼岸に祀る。

屋敷近くに墓を設けるのは、山犬が墓を掘るのを避けるためという古い伝承がある。八川は二三戸からなり、このうち一〇戸ほどが屋敷近くに墓がある。一戸に数か所の墓地をもつことが多い。屋敷墓は一人ずつの墓域が固定しており、そこを掘り返すことはなく、したがって時代がたつと手狭になるから、家の近くの持ち山などに次の新しい個家墓を造成することになる。

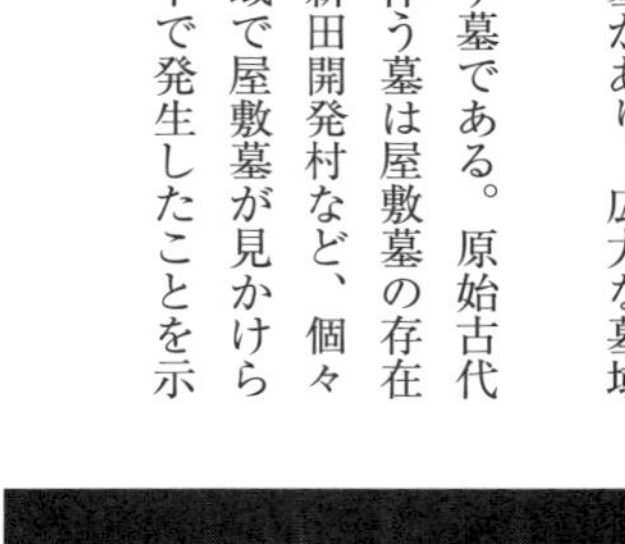

屋敷墓（高知県大豊町八川）

同じ八川の畑山正幸家の母屋の軒下には、間口三メートル、奥行一・五メートル、高さ五〇センチほどの石組みの土壇がある。土壇上には平石数枚を重ねた前記同様の石積み墓が二基あり、左端には八幡サンの小祠がある（写真）。同家は分家四代目といい、分家するときに建てた家の屋敷内に墓があり、この墓を改葬して石積み墓を設けたので、結果的には母屋と墓とが互接することになったという。

同町柚ノ木の上地利範家の北西七メートルあまりの屋敷続きの場所に、同家の墓地がある。石積み墓一二基、無紀年銘の台上丸彫地蔵碑一基、享保四、文化一〇、寛政一二、明治一二、明治二八年銘の位牌型碑各一基計五基、明治一八年銘の舟形光背浮彫地蔵碑計二基、昭和三、同一一、同四四、同四八年銘の純方柱型碑各一基計四基、以上総計二四基の墓がある。昭和五〇（一九七五）年ごろにもこの墓地に土葬して石積み墓を作った。同家にはこの墓地とは別の場所に三か所の墓地があり、あわせて一〇基の石積み墓がある。

当地では、土葬上に平石を積み重ねた石積み墓が古い型式で、石塔を建てることは明治以前には少なかった。村には共同墓地があるが、土地をもたない家がそこに埋葬している。古くからの家は自宅近くの所有地に土葬することが一般的である。

平成二四（二〇一二）年三月に同町西峰字久生野の屋敷墓を調査した。渡辺梅千代家では母屋と隠居が同じ屋敷に並存しており、嫁が来たときには老夫婦は隠居に移って生活するようになっていた。この隠居の裏手の屋根の高さの崖上や隠居の表から南西一〇メートルあまりの場所に、同家の墓があった。さらに、持ち山のあちこちにも同家の墓があった。死者はその年の恵方の方角に土葬したので、墓が散在することになった。

平成一〇（一九九八）年ごろ、「墓参りに行くのが不便だから」と屋敷から二〇メートルあまりの場所に納骨型式の累代墓を建て、散在していた墓を改葬して、ここに旧墓地の石塔、石、土、骨などを移した。当地では、近年、屋敷内や屋敷近くに納骨型式の累代墓を建て、火葬骨を納める状況が多く見られる。

（赤田光男）

2 屋内神

火の神［ヒのカミ］

火への畏怖

火は闇夜を照らし、暖をとり、煮炊きをするのになくてはならないものであり、幼いころに神社の燃えさかるかがり火、落ち葉を集めてあたった焚火、あるいはキャンプで大勢集まって調理した時のことが思い出されてくる。しかし、火はうまく制御できないと、身体を害したり大火災といった災いをもたらすものでもある。こうした火に対する畏れから火を神として祀るようになったのかもしれない。

民家の中には、高度経済成長期の一九六〇年代ころまでは竈が使われ、土間に薪を準備して火吹き竹で火をおこし、調理がなされるのを目にすることができた。台所の改良は生活改善運動の中心課題になっていて、竈は石油コンロやガスレンジに置き換えられて、最近では完全電化の住宅がつくられるようになり、調理する際に火を目にしないこともある。耐火建築になって大火災は少なくなったとはいえ、相変わらず消防の出番はなくならない。火に対する畏怖感は健在であるといえるだろう。

火に対する信仰

　記紀神話にイザナミノミコトをやけどさせて殺したカグツチの神が火の神として登場し、これを祀る京都市の愛宕（あたご）神社や静岡県の秋葉神社が火伏せの信仰の中心地となっている。近代になってからも、関東からの伊勢参りの道中には秋葉神社を経由することがあり、代参（だいさん）の人々が詰めかける人気のスポットになっていた。こうした中央神的な神々は各地に勧請（かんじょう）され、そこからお守り札が配られ、多くは座敷の神棚に納められる。各地にも火の神は祀られており、埼玉県の三峯（みつみね）神社も火難除けのご利益があると信じられ、江戸の大火で大儲けした材木商が信仰し、実は火災を望んではいないことを世間に知らしめようとしたといわれる。

オカマサマ（熊本県五木村高野（いつきむらたかの）、1978年）

　こうした家の表側に祀られる神々のほかに、台所に火難除けのお札が貼られていることはよくある。お札でなくとも、レンジなどの火を扱う場所の近くに竹の花瓶に榊（さかき）が挿してあったり、柱に幣束（へいそく）をかけていることもある。最近では博物館の展示物になっているが、陸前（りくぜん）地方では「火男」などという粘土や木でつくった醜い面を竈近くの柱にかけることもあった。このように家の裏側には神にはなっていない精霊的な存在が祀られる。正月になると台所に重ね餅を置くのは、普段は意識していない記憶がよみがえるためである。

沖縄の火の神信仰

　沖縄では台所に「ヒヌカン」などといわれる小さな石を三つ置いた火の神が祀られている。もとは鼎（かなえ）状に石を三つ置いて炉として用いられていたのが、ミニチュア化してレンジの後ろに置かれ、香炉、塩、水、花瓶とセットにしたもので、主婦が祀っている。男性が火の神を祀ることはない。女性が結婚するときには、母が祀るヒヌカンから夫方のヒヌカンに灰を移し、分家するときに新たにヒヌカンをつくるときにも灰を移している。こうした女系の継承線は、仏壇が男系で継承されることと対照的であり、家の中の祭祀が大きくふたつの流れに区分されることを示している。灰の分与には「ユタ」と呼ばれる霊的職能者が関与することが多く、近年では徐々に仏壇と同じ男系の継承線と対応するように変わってきている。主婦が亡くなると、香炉から灰を一部とりだし三つの石も捨て、嫁が新たに祀り始める。新しく石を採る場所は集落によって決まっており、後ろを振り返らずに持ち帰るなどの作法がある。

火の神という名の如く、炉を象徴する三つの石を置いているが、旧暦の毎月一日と一五日に主婦が供え物をして祀る時の唱えごとからは、家族の健康や他の霊的対象への働きかけがおもな機能であることがわかる。「ウトゥーシ（御通し）」といって火の神以外の神々に願いを通そうとしていることが注目される。火伏せの効能がとくに強いというわけではなく、この点で本土の火伏せを主とする信仰とは一線を画しており、むしろ火男などに見られる家の神としての性格をもつものと考えられよう。

旧暦一二月二四日の「ウガンブドゥチ（御願解き）」にヒヌカンが昇天し、一月四日の「ヒヌカヌウンケー（火の神迎え）」にもどってくるという言い伝えには、中国の竈神信仰との関連が見られ、琉球王国成立以前からの中国との文化的接触の長さがうかがえる。

（古家信平）

水の神 [ミズのカミ]

さまざまな水の神

水を司る神は「水神」「龍神」「川神」などと呼ばれ、石塔などを立てて各地で祀られている。稲作が行われているところでは洪水や干天に遭わず、稲の順調な生育を願って祀られ、しばしば田の神と区別がつかない場合がある。天候は人知の及ばないものであるために、神の力を期待し祀ったのである。水田の脇に「水神」と刻んだ石が置かれ、注連縄をしめているのを目にすることがある。

霞ヶ浦流域にはたくさんの水神が祀られており、そのいくつかは湖の側から拝む位置にある。それは水運の重要な交通路であった近世から近代にかけて、水上交通の安全を願うためであり船上から願うのに適した位置になっていて、付近の神社に奉納された絵馬にも、湖側に鳥居が、その後ろに社殿が描かれたものが見られる。

津軽地方には明治以降に信仰されるようになった「水虎」と呼ばれる神があり、数多く張り巡らされている水路に子どもが落ちる水難に遭わないようにと願っている。同様の祭りは川神祭などともいわれ、子どもを水難から守るために水遊びの時期に先立って行われる。水の事故は河童の仕業ともいわれる。確かに川の淵のような川の流れが大きく曲がっているところは水深があり、水温も低いので、おぼれそうになった時には、引きずり込まれるような感覚を覚えるかもしれない。川の近くの寺社には河童の手などと称して、毛のついた手が保管されていることがある。このように稲作が順調に進んでいくため、水上の安全な航行のため、水難を防ぐため、というようにそれぞれのご利益を求めて祈願の対象となる。

水の霊的な力

さらに、正月には「若水」と称して川や井戸から一年の最初の水を汲んで来て、家族が顔を洗ったりお茶を入れたりすることがある。若水というように新しい年を迎えて若返るという意味があり、水の神として意識はしないまでも水の霊的な力を感じてそうしていたのかもしれない。水道が家の中まで引かれておらず、井戸や川から水を汲んで来て土間の水がめにためておき、飲み水や調理に使っていたころには、水がめに正月の飾りをすることもあった。日常の用に使った水への感謝の気持ちの表れである。

水は浄化する作用もあると考えられ、霊的職能者が祭場を清めるために水を用いたり、妊娠したまま死亡すると「流れ灌頂」といって経文を書いた布に水をかけて、その字が消えると成仏できるとする。神を祀らないまでも水に込められた意味を読み解くことができる。

水を供給する井戸には井戸神を祀るところもある。死者が出ると井戸の中に向かって名前を呼ぶ「魂呼ばい」が行われた。これは水に対する信仰というよりも、竈、囲炉裏、便所などとともに、この世とあの世を結ぶ通路が開かれていたためといえる。

沖縄の水の信仰

沖縄の琉球王国時代にすでに存在していた集落では、現在でもいくつかの川や泉を聖なるものとして「カーメー」という巡拝が行われる。旧暦正月三日に女性神役が主導して火を点けない線香を捧げて、集落の先祖が飲料としたり、神ごとに用いたり、イノシシなどを解体するのに用いた水の恩に感謝する行事である。川泉の中には産湯、若水、

沖縄の拝川にある香炉（沖縄県名護市辺野古）

湯灌（ゆかん）に供するためにだけ使われるというように、用途が限られたものもある。巡拝する数か所の川や泉には石塔などはなく、一部には線香を捧げるための石の香炉が置かれている程度で、本土の「水神」のように、そこに何らかの神霊が存在するかのようなとらえかたはなされていない。巡拝する川や泉に洪水や水難予防といったご利益も認めていないので、むしろ若水に見られるような人が生きていくために必要な水に対する原初的な信仰ともいえよう。

水の神の使わしめ、あるいは零落（れいらく）したものとして河童のような妖怪も存在せず、水の神をめぐる要素が全体として本土とは違った構成となっている。

（古家信平）

縁起棚［エンギダナ］

縁起棚とは、商家や花柳界で伊勢神宮や氏神のお札を祀る神棚とは別に、商売繁盛・縁起を願い、縁起のよいものを飾って祝う棚のことである。

江戸時代後期の三都（江戸・京都・大坂）の風俗を書き記した喜田川守貞（きたがわもりさだ）の『守貞謾稿（もりさだまんこう）』（一八五三年ころ完成）には、「縁儀棚」として、関東地方では通常の神棚のほかにもう一か所に設ける神棚で、そこに恵比須・大黒のほか、その家の主人が信仰する神を安置した。そのかたわらに男根形の紙張や金銀小判、あるいは撫牛（なでうし）をふとんにのせたりする様子が詳しく記されている。これが江戸時代の関東地方に見られた縁起棚の概要である。

縁起棚に祀る信仰対象物

縁起棚には、『守貞謾稿』で見たように稲荷（狐）、恵比須、大黒、七福神、ダルマ、不動、観音、福助、お多福、猫、撫牛、男根、釜、打出小槌、熊手、小判など多岐にわたって祀られ、朝夕に火打ち石で切り火をして縁起がよいようにと拝むのが本式とされた。

縁起棚（福島県鮫川村、写真提供：森隆男氏）

商人にもっとも人気があるのは、稲荷神である。稲荷神は、五穀豊穣を司る農業神としての宇迦之御魂大神（うかのみたまのおおかみ）である。本来は農業神であるが、商いの「あき」は、農民のあいだで収穫物と織物などを交換する商いが秋に行われることから派生し、江戸時代中期に商人も崇めるようになったといわれている。

ご飯を炊いている最中に釜が威勢よく鳴るのを「釜鳴り」といい、大変縁起のよい前兆とされた。そこで商店では、台所に棚を設けて鳴り釜を祀った。一般の商家では、来客が増えるようにと招き猫や縁起ダルマを祀ったりした。日本一のダルマの生産県でもある群馬県内の商家では、ダルマを飾る縁起棚を設けて恵比寿といっしょに祀る例が多い。ダルマは毎年初市で買い求めるが、はじめは小さいのを購入し、毎年少しずつ大きくしていくと縁起がよいとされた。酒造業者が酒蔵に棚を設けて酒の神である松尾神を祀るのも、縁起棚の例である。

撫牛の縁起

撫牛信仰は、江戸時代に広く普及した信仰である。牛のよだれは長く続くので、それにちなんで祀ったものだが、とくに花街の遊女たちが信仰した。縁起棚に撫牛を座布団の上に据えて祀り、撫でて吉事を祈った。撫牛の額には大黒天の尊像が描かれており、商売がうまくいくと座布団を増やして酒餅あるいは小豆餅を供えた。

仙台四郎の写真額

宮城県仙台市では、「仙台四郎」と呼ばれる人物の写真を飾る商店がよくみられる。幕末に生まれた四郎は、生まれながらに知能が低く、一年中ドテラを着て過ごし、もらいものを入れる袋を胸から下げて市内を徘徊していたという。「シロバカ」などと蔑称された四郎であったが、彼が立ち寄った料理屋・旅館、水商売の店は、その日に必ず繁盛した。次第に縁起がよいと評判が立ち、彼が訪れると歓迎された。四郎は布袋のような容貌で、花柳界からも福者縁起の愛嬌者として特別待遇されていった。

四郎は明治三〇年代に亡くなったが、神格化された評判は現代も続き、置き物やストラップなどさまざまなグッズの「仙台四郎」が売り出され人気を集めている。仙台四郎は、写真であるためか縁起棚に飾られる例は少ないが、縁起棚の発生を考えるうえで参考になる。（板橋春夫）

仏壇［ブッダン］

仏壇の形態

仏壇は、住居内において先祖の位牌を納める祖先祭祀のための設備である。元々、寺院で仏像を安置するための壇（須弥壇）のことをさしたが、近世以降には庶民の住居内にあるものをさすようになった。厨子型のものが一般的で、現代でも多くの家庭に備わっている。

仏壇の内部の構成は、宗派によって若干異なる部分もあるが、基本的には上段には本尊となる仏像あるいは画像が置かれ、両脇に脇侍の仏像・画像が置かれる。その下の段には左右に位牌が置かれ、さらに本尊に供える香炉、仏飯器、茶湯器などが置かれる。ほかにも過去帳、花瓶、燭台などが適宜備えられて、祖先祭祀をする構造の設備となっている。ただし、浄土真宗に限って位牌は納めないことになっている。

仏壇の歴史

庶民が仏壇をもつ契機となったのは江戸時代初期、幕府が寺請制度を導入したことによる。すべての民衆が各地域の寺院の檀家となり、死者には僧侶から戒名が与えられることになった。その戒名を記したものが位牌であり、位牌を安置した仏壇で先祖の供養を行ったのである。

そもそも中世には、公家や上層の武家において、屋敷に持仏堂を設けて家の守護仏を安置し祀るようになった。のちに持仏堂が住居内にとり込まれるようになって縮小化したものが仏壇の起源で、上層民家に引き継がれて近世に広まったと考えられている。一方、盆に祖先祭祀施設として一時的につくられる盆棚（精霊棚）を仏壇の起源だとする説もあるが、来訪神である盆の祖霊を祀る盆棚と、常在する祖霊を祀る仏壇とでは性質が異なり、課題が残る。

居間に設けられた仏壇（静岡県富士市）

仏壇の配置と利用

住まいにおける仏壇は、客間にあたる座敷に安置されるのが一般的で、とくに近畿地方ではその傾向が顕著である。奈良市興ケ原の民家では、住居の表側で戸口からもっとも離れた場所に位置するオクノマ（座敷）に置かれる。オクノマの裏側にあるナンド（寝室）の中に埋め込むようにして表側を向かせて、空間的にはオクノマの領域内で祀られる。

人より神仏が上位にあるという観念をもつ民衆の意識が

色濃く反映されており、住まいの空間において最上の部屋である座敷に仏壇が配された。座敷はさまざまな行事を執り行う場であり、仏壇は多くの訪問者たちの目にふれ、公的な存在としての性格もあった。

また、厨子（ずし）型の仏壇は比較的広いスペースを必要とするため、座敷に設置することは都合がよかった。だが、座敷の広さを保てない場合もあるため、興ヶ原の事例のように、オクノマの裏側のナンド空間を削るようにして仏壇を埋め込んでオクノマの空間を確保するようなことが行われた。

一方、東日本の各地域では、近畿地方に比べると仏壇を客間に安置するより、家族の生活空間である居間に仏壇を置く事例が多く見られる。

静岡県富士市鵜無ケ淵（うないがふち）の民家では、仏壇が居間の中の最も奥に設置されていて、戸口の方を向いている。居間は家族が食事をとったり団欒のときを過ごしたりする住まいの中心的な部屋である。この地域の人々は、家族が集まるにぎやかな居間に仏壇を置くことで、先祖の霊が寂しくならないようにするためだと伝えている。

ここには家族と祖霊との距離が空間的にも精神的にも近い関係であることが示されており、居間に祀られる仏壇には私的な存在としての性格が表出している。

仏壇の祀り方

上層の民家においては、仏壇の大きさや意匠で家格を誇示しようとする風潮があり、次第に仏壇が大きく立派な造りになっていった。庶民の住居でも、仏壇は日常的な祖先祭祀の設備として重視され、家の守護仏として住まいのなかで特別な存在となっていった。

仏壇は、家族が日常的に祖霊の存在を意識させる機能を果たしている。仏壇に適宜花を供え、毎朝、ろうそくの灯をつけて線香を立て、茶湯と仏飯を供えて合掌あるいは読経をするのが基本的な祀り方となる。こうした毎日の習慣が、仏壇が家族と祖霊を身近な存在たらしめている所以である。

一方、盆には軒先や客間などに盆棚を設置して祖先の霊を迎える。仏壇から位牌と仏具などの仏壇設備を盆棚に移して、一時的に祖霊を祀る場所が仏壇から盆棚に移行する。この間仏壇の祖先祭祀の場としての機能が停止する。しかし、物理的に空間の確保が難しい住居では、仏壇の前の経机を盆棚にしたり、仏壇そのものに盆の飾りをとりつけたりして祖霊を迎える家も少なくない。

（秋山裕貴）

神棚［カミダナ］

▼恵比須・大黒、年棚・恵方棚

歴史

住居内の定められた場所で神を祀る棚。常設の棚と臨時に設けるものとがある。

一般の人々が住居に棚を設けてその上に神を祀るようになったのは、伊勢御師が祓の大麻を配符しはじめた室町時代からで、江戸時代には「大神宮の棚」とも呼ばれた。神棚を置く意味は判然とはしないが、『鈴屋答問録』によると、拝みたい神社が近隣にない場合などは、自家の床の間を清め、机などを設け神棚をしつらえ、神体に鏡や石、常磐木の枝、御札、祓の大麻などを崇めてもかまわないと、本居宣長は弟子に語っている。

国学者・城戸千楯が著した天保一一（一八四〇）年の『民家敬神録』には、民家で神を祀るあらましが記されている。城戸によれば、神棚は「民家にて神を祭る屋」のことをいい、「家の内にても清浄なる所、二階あらば、上を人の往来せぬところ」を見繕って設置するようにしている。さらに、伊勢両宮や竈神など必ず拝むべき神を列挙しており、家が手狭ならば天神地神八百万神をひとつにして祀り、二座とするときは伊勢両宮と八百万神とするようにと記している。

伊勢両宮が神棚に祀られる様子は、江戸時代の文献に散見できる。「百姓町人の家内に神棚を設て、大神宮を勧請し、朝夕に拝む」と『胡蝶庵随筆』（一七八七年）に見える。また、平田篤胤は、『玉手繦』のなかで「世人の家々に、一向宗日蓮宗の外は、誰が家にも神棚をおきて、まづ第一に伊勢両宮の御祓の玉串を申請て、そをやがて両宮の御神体として、齋い奉り」と著し、さらに「神の御霊代、この神の守符と、得るが、まにまに同じ神棚に齋いて、その祭日また式日などに御神酒洗米をも献る」と、当時の神の祀り方を記した。神棚は伊勢両宮の神を祀ることから始まり、のちにあらゆる神を招き崇める「御屋」であるとしている。

江戸時代以降に神棚がさらに普及したのは、明治政府が発した明治四（一八七一）年の太政官布告によって、戸長から渡された身分証を兼ねた守札を納める箱として神棚が使われたことが要因のひと

神棚（群馬県伊勢崎市、写真提供：森隆男氏）

つと考えられる。

神棚には伊勢両宮を祀るが、これとは別に恵比須や荒神、歳徳神を祀る神棚が設けられる。恵比須棚は、恵比須大黒の神影を安置するものをいう。「竈神」とも呼ばれる荒神棚は土間など竈の近くに置かれることが多く、松の枝や鶏の絵を供えることもある。歳徳棚は「恵方棚」とも呼ばれ、正月に、その年の吉兆の方角を恵方と称して各家でその方角に向かって高く棚を吊り、葦索（葦を綯って作った縄）を飾り、供物を献じることが、『諸国図会年中行事大成』や『俳諧歳時記栞草』に見える。また、『東都歳事記』正月元日の項には「屋中、歳徳棚を儲く」とあり、『水戸歳事記』正月六日の項にはこの日に門松や歳徳棚を片づけるとあるが、棚はそのままにしておくと記されている。

習俗

死者が出ると神棚の扉を閉め、半紙を貼り、満中陰（四十九日）が済むと神棚に貼っていた半紙をはがす。なお『大江俊矩記』文化二（一八〇五）年四月十五日の項に「神棚、大黒、荒神、悉く紙を以て、之を帳る。是より十三月之間、此ごとく閉め置く也」とあり、一三か月のあいだ屋内の神棚を紙で覆うことが記されている。

（藤森寛志）

恵比須・大黒［エビス・ダイコク］

住まいの中で、恵比須・大黒が主に祀られるのは台所である。民家では、台所に棚を吊って恵比須像や大黒像を祀る。恵比須像と大黒像が一組となって祀られることが多く、福神として信仰の対象となっている。

恵比須と大黒が民家で祀られる例は古くから見られ、黒川道祐は『雍州府志』（一六八四年）の京都の恵比須宮の項で、日本では、恵比須と大黒を一対とみなして各々の小像をつくり、棚に安置して祀ったと述べ、これを「恵比須棚」と呼んだとしている。また、外から家の内に入ってくる金銀絹帛や酒茶肴核の類は、真っ先に恵比須棚に供えたとも記している。

『民家敬神録』（一八四〇年）には、「大黒蛭子の二像を家毎に祭り来れる事、いと古き事と思わるゝなり」とあり、古くから民家で祀られていたことをうかがわせている。しかし、この二神が祀られるようになった経緯は詳しくはわからないとも記述している。

七福神に数えられる大黒と恵比須は、福神として広く知られている。両神は、大国主と事代主親子とみられ、城戸千楯は、伊勢両宮に次いで祀るべき大神であるとしている。『日次紀事』（一六八五年）には、福を祈る者は「宇賀神并恵美須及ビ虚空蔵、毘沙門天、弁財天、吉祥天、大黒天」を信じるとあり、福徳の神として恵比須と大黒が崇敬されていたことがわかる。

江戸時代以降、寺社奉行の申しわたしによって、神事舞太夫が大黒之像を、西宮夷願人が夷之像を配札するようになり、民家の台所などに護符を安置する小祠が置かれた。

恵比須

恵比須は、漁業・商業・農業などの生業守護の神として幅広く信仰される。『雍州府志』には「凡恵比須ト称ハ、是蛭児命也」とあり、『古事記』『日本書紀』に描かれる蛭児神と同一視される。蛭児神は『古事記』で伊弉那岐と伊弉那美の初子として誕生するが、手足に不具があったため、葦舟に入れて海に流されてしまい、その後記紀には描かれていない。しかし、流された蛭児神が漂着する話は各地で伝えられており、一説には、兵庫県の西宮に漂着して「夷三郎」と称し、海を司る神として祀られるようになったという話も伝わる。このようなことから恵比須には、漂着物や海中から拾いあげた石を神体としたり、鯨や鮫など大型の魚をエビスと呼んだり、水死体をエビスと呼んでこれを拾うと吉兆であるとするような漁業神としての性格が付与され、漁民に崇敬されたと考えられる。

桝に納められた恵比須・大黒（福島県鮫川村、写真提供：森隆男氏）

一方で、恵比須は、農家や商家では福徳の神として信仰された。年中行事の十日戎や誓文祓は夷祭りとして各地で行われたことが、多くの文献にも見える。

大黒

恵比須と対をなす大黒は、もとはヒンドゥー教のシヴァ神の化身マハーカーラで、破壊と戦闘を司る神であった。日本には密教の伝来とともに中国から伝わり、厨房・食堂の神として信仰された。時が経つにつれて、福神として広く信仰されるようになった。

京都では一一月の子の日子の刻に大黒を祀る商家が多く、「商売の利益が、鼠の子が繁殖する如く増えるように」と、子どもの食事に鼠が好む大豆を加え、二股大根を供えたと、

『日次紀事』には記されている。これによると、室町時代の茶人・武野紹鷗（たけのじょうおう）は、京都の恵比須宮の北隣に住んでいたといわれ、恵比須と大黒は一対のものであるとされていたことから、紹鷗の庵は大黒庵と呼ばれていたとある。

福の神である恵比須・大黒の二神を祀るエビス講が春と秋に行われる地域がある。おもに商家の商売繁盛を祈願して行うが、農家でも行う。このとき、台所から恵比須・大黒を座敷に移して供物をする。恵比須・大黒は、一月に稼ぎに出て十月に帰ってくるといわれている。

関西では、春のエビス講を十日戎と呼んでにぎわう。秋の方を誓文祓と言い、いずれも商家の講が発展したものであろう。

（藤森寛志）

年棚・恵方棚［トシダナ・エホウダナ］

新年を象徴する神の祭場

年棚・恵方棚は、正月に訪れる年神（としがみ）（歳神、歳徳神（としとくじん））を迎えて祀るために、通常の神棚とは別に正月の一定期間のみ設けられる棚である。「トシガミダナ（年神棚）」「トシトクダナ（歳徳棚）」「ショウガツダナ（正月棚）」あるいは単に「オタナ」などとも呼ばれる。棚そのものを「トシガミサマ」と呼ぶ例も多い。

年の暮れになると、それぞれ家ごとの方法で年棚を飾る。年棚は、「ザシキ」などと呼ばれる下手の表座敷の居間や、その上手の「デイ」などと呼ばれる客間など、神棚や床の間のある居室に飾るのが一般的であるが、台所や納戸（なんど）に飾る例もある。年神は、その年のエホウ（恵方）またはアキノホウ・アキノカタ（明きの方）からくるといって、年棚をその方角に向けて飾る場合が多い（恵方棚）。

棚の製作と飾りつけ

年棚は、木や竹などの素材を使って毎年つくるものと、つくりつけの棚を使って飾るものがある。関東の例では、山から切ってきたコナラやクヌギなどの雑木をオタナマキなどといい、鉈（なた）で割って四〇～五〇センチに切り、これを並べて藁（わら）で簀（す）の子（こ）状の棚に編み、神棚の隣に並べたり、床（とこ）の間（ま）の前にエホウに向けて天井から吊るしたりした。あるいは、数十センチに切りそろえたヨシ（葭）を並べて下に二本の竹をわたしたり、割り竹を並べて縛ったりして棚をつくり、天井から吊るす例もある。木材の豊かな群馬県北部では、松の一枚板を使って棚にするという。

それに対して、大工につくらせた木の枠組があって、毎年それを組み立てて天井から吊るす家も多い。この場合、天井から吊るされた棚は自由に回転でき、エホウに向けら

組立て式の年神棚（埼玉県川越市）

れるようになっている。このほか、神棚の脇に板を継いで年棚を飾るものや、神棚を年棚とするものもある。

年棚には、幣束を置き、注連飾りをし、松の枝、榊、ユズリハなどを飾り、オソナエ（鏡餅）を供える。神棚や荒神などと同様、神主などから受けた幣束を飾る例が多いが、それに加えて年神の図像や神名の札、意匠をこらした切紙など、地域によりさまざまな飾りつけがされる場合がある。また、ダイダイ、ミカン、柿、昆布、新巻鮭、スルメ、ゴマメなど、山海のさまざまな産物が供えられる。年棚の前に竹棹をわたして、これらを吊るして供える例も多い。

東日本では、ミタマサマを祀る家があり、年棚の中に年神とミタマサマを祀る例や、年棚のほかにミタマサマの棚を設ける例がある。

年神の祀り方

正月には、門松や家の各所の神々に供えものがされるが、年棚はその中心的な場所である。年棚には、灯明や神酒が上げられ、吸いものまたは雑煮など地域や家例によるさまざまな食物が供えられる。この際、年棚の供えものに限らず、「カミノハチ」とか「ザッキ」などと呼ばれる小さな曲物や鉢などの器が用いられる場合が多い。供えものをする期間は家によってまちまちであるが、元日あるいは三が日、七草、蔵開きなどにそのときどきの食物が供えられ、小正月には繭玉、削り掛け（木の枝や細い木の表面を削り、花のようにしたてたもの）などが供えられる例が多い。

年神棚と年神への供物（群馬県みなかみ町）

年棚の準備や飾りつけ、供えものの準備など、年神を祀るのは年男の役目であり、もっぱらその家の当主の男性がこれをつとめた。年棚を片づけるのは、四日、六日（七草の前）、小正月の後の一五日や二〇日、年神が帰るともいわれる初卯の日、二七日のタナオロシなど、地域とともに家によっても、かなりばらつきがある。

近畿・中国地方には、年棚をつくらず「トシダワラ」と称して俵を松や注連飾りで飾って年神の祭壇とする例や、臼を祭壇とする例もある。

近年では、年棚をつくっていた家でも神棚や床の間に飾りや供えものをするようになり、年棚を設けなくなっている。一方、近代の早い時期から神棚や床の間に幣束を置いて年神としているという例もあり、その区別は難しくなっている。

（榎本直樹）

カマ神［カマガミ］

カマ神とは、宮城県と岩手県の旧仙台領において、竈や囲炉裏の近くの柱や壁に竈神として祀る奇怪な顔の面のことである。「カマ神」「カマド神」「カマ男」「カマ別当」「カマ大黒」「カマオジ」「カマ大仏」「クド神」「お火神」などと呼ばれている。呼称で多いのは「カマ神」、次いで「カマド神」である。

カマ神には土製と木製があり、家を建てたときに、大工や左官などがその家の当主の顔に似せてつくるといい、なかには腕のたつ人に頼んでつくってもらう例もある。いずれもプロの仏師や面師がつくったわけではないので、ひとつひとつが個性的で、人間臭い顔をしている。

カマ神は、台所の竈のうしろの壁や柱、竈の横の「ウシモチ柱」「カマ柱」などと呼ばれる柱にかけて祀るのがふつうだが、宮城県北部の海岸地帯では、囲炉裏近くの柱にかけて、入口をにらむように祀ってある。入口に面を向けてかけるのは、泥棒や疫病などが入ってこないように家を守るためだという。

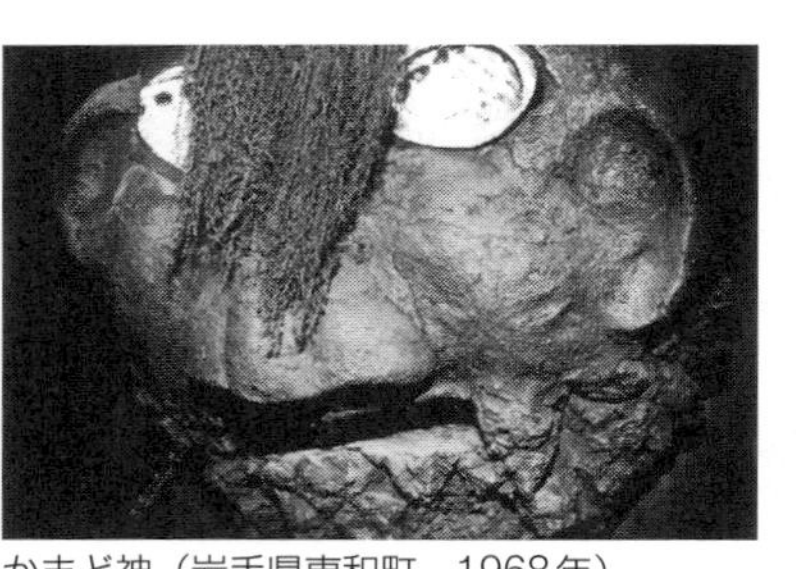

かまど神（岩手県東和町、1968年）

カマ神は火所に祀られる神なので、ほとんどの家で火防の神、火伏せの神、火の神とされている。火防の神以外にも、災難除け、魔除け、火難除けなど、盗難除けなど、家の神の性質を強くもっていることを示している。カマ神がこのほか、田植えのときに苗を供えて豊作を祈る、マユナラシにお神酒を供えて養蚕豊穣を祈る、馬を初めて使用する日に小豆御飯を供えるなど、カマ神は生業の神としても拝まれている。

カマ神の起源について、次のような話がある。

あるところに爺と婆がいた。爺は山に柴刈りに行き、大きな穴を見つける。塞ごうと思って柴を押し込み、次々と全部の柴を入れてしまう。穴の中から美しい女が出てきて、爺は穴の中にさそわれる。立派な座敷で白髪の翁にご馳走になり、帰りに醜い顔の童をもらう。その童は、ヘソばかりいじくっているので、ある日、爺が火箸で突くと、ヘソから金の粒が出て富貴長者になる。しかし、婆が欲ばって、金を多く出そうと火箸で強く突くと、童は死ぬ。爺の夢に童が出て、「童の顔に似た面をつくって竈前の柱にかけておけば、家が栄える」と告げる。童の名前は「ヒョウトク」といい、この醜い童の面を木や粘土でつくって竈前の柱にかけるようになった……。

これは佐々木喜善の『江刺郡昔話』に載る「ひょっとこの始まり」の要約だが、関敬吾『日本昔話大成』で「竜宮童子」型と分類されている昔話である。その内容は、山からとってきた柴や薪、門松などを川や海に投げ入れると、お礼に醜い童をもらうという話である。柳田國男は、このヒョウトクのカマ神起源譚について、爺が柴を投げ込む岩穴の中の水は、水の神の神座につながっており、岩穴が水界と考えてよいとしている。

一方、カマ神が火神的性格を示す起源譚もある。

たいへん怠け者の婿がおり、どんな仕事をしてもすぐあきるたちで、毎日怠けて過ごしていた。そこで家の人は婿を竈の火焚きにさせたが、火焚きさえもあきてしまったので、婿を家から追い出してしまった。婿は乞食になり、元の家にやってきた。その婿の嫁が哀れんで再び竈の火焚きにさせ、一生を終わらせた。婿の死後、家の人が火守り神として面を刻んで竈の上にかけて祀った。

これは岩手県東磐井郡東山町のカマ神起源譚だが、『神道集』に載る「釜神の事」を思わせる内容である。すなわち、「福持ちの女と貧運をもつ男が結婚して栄えたが、男が女房を離縁する。女は再婚して金持ちになるが、男は落ちぶれて箕売りになり、元の妻の家に売りにくる。箕を買ってもらい、酒や飯をあたえてもらうが、男は女が元の妻であることを知り、恥じて死んでしまう。その死体を釜屋のうしろに埋めて拝んだのが、釜神となった……」という話である。福田晃によると、この『神道集』のカマ神由来譚は、近江の甲賀に本拠地をもつ竈祓いの徒・甲賀の唱門師で、彼らが信仰した飯道権現は、鍛冶屋が斎く金属神だったという。水神型のカマ神起源譚で醜い童が金を出すヘソも金精錬臼が象徴される。

東北のカマ神が濃密に分布するのは、宮城県の牡鹿郡から登米郡（現・登米市）・本吉郡、宮城県の玉造郡（現・大崎市）から栗原郡（現・栗原市）、岩手県東磐井郡（現・一関市）から一関にかけてだが、これらの地帯は古くから金属鉱山地帯に隣接する。東磐井郡大籠で永禄年間（一五五八～七〇）に、本吉郡馬籠で慶長一〇（一六〇五）年に、中国山地から大型タタラが導入されて製鉄が行われている。

火はケガレに敏感で清浄を保つことが重視されたため、山伏、法印、巫女、竈祓い、陰陽師など、多様な民間宗教者が信仰に関与しており、さらにタタラ製鉄や山師や掘り子などの金属民の存在も見られる。カマ神には、その性格が何層にも複雑に重なりあっている。（内藤正敏）

カマ神様（新潟県）［カマガミサマ］

▼カマ神

カマ神様とは

家の煮焚きをする竈や囲炉裏など火所の安全と、家の繁栄などを祈願する火の神である。

信濃川上流域の秋山郷（新潟県中魚沼郡津南町・長野県下水内郡栄村など）では自然木のトチ、クルミなど、ナリモノの木（実のなる木）の皮を剥き、顔などを書いた男女神の双体像を注連縄で結束し、カマ神様として祀っている。神像をつくる樹種は、実の成る木ならばとくに限定はしないが、ナラの木は「何もナラン」木だとして嫌われた。

カマ神様の長さは、一尺五寸（約四五センチ）と一尺三寸（約三九センチ）を一対とするもの、双体が同寸のものなど、大きさや形態も地域や家ごとで異なる。

簡略化したカマ神様には、中央に「釜神三宝大荒神　諸道具沢山」と書き、その上に横に並べた三枚の蛙股状の御幣と、おのおのに「七五三」と書いた御札を貼る家も見られる。

双体のカマ神様（新潟県津南町見倉）

祭祀

一般的には、「ジュウイチンチ正月」（一月一一日）が若木迎えである。この朝は、正月最初の山入りにあたり、山神へ供物を供え、吉方に向って木の切り初めをする。若木迎えで切った木を使って、一三日ごろにカマ神様をつくり、一四日に古いカマ神様と交換する。ただし秋山郷では、正月二日に若木を迎え、一一日に古いカマ神様と交換する。津南町周辺では、「カマ神様の祭り」「カマ神様の年取り」などといって一月三日の昼食後に粟飯を炊いておにぎりを三個つくり、これに茅の穂茎の先を鉤形に折り曲げて立て、カマ神様の供物とした。

ほかに供物としては、秋に塩漬けした漬け菜と、大豆を入れた煮物がある。「豆はオチマメ（打豆）にすると作が落ちる」と伝えられている。また農具の全部を紙に書いて神棚に貼った。

カマ神様に供えたものは、七草正月（一月七日）のお昼にゾウセイ（雑炊）にして食べる。この七草ゾウセイまでは、お粥も青菜類も食べてはいけない。「作がアオゲェルから（稔実せず、青いままだから）」だとしている。

なお信州秋山郷（長野県栄村）では、一二月二八日が大事な日で、この日カマ神様が山へ上り、年が明けるともどってくると伝えている。

新潟県十日町市では一月三日をカマ神様の祭りとしている。「カマ神様は、六人もの子だくさんで貧乏だった」といい、粟飯の焼きおにぎりを人数分つくって茅の穂茎を鉤形に折り曲げた「ベロベロ」と呼ばれるものを挿し、これを裏返した鍋蓋にのせて供え、灯明をあげた。カマ神様に供えたものは、やはり七草正月の昼に下げて雑炊にして食べた。

カマ神様に供えるおにぎりの数は、ところによって三個、六個、七個、一二個、一六個などと異なる。また、おにぎりに挿す茅の穂茎の名称も本数も、さまざまである。

信州秋山郷では、鉤形に折り曲げた三本の茅の穂茎と折り曲げないもの三本を供え、これを「カマ神様の家」といった。茅の穂茎は、八月二八日（オバナマツリ）に山から採ってきて神棚に供えたものを使った。本来は、細い木の枝を使って鍬や鋤の形につくり、カマ神様に供えたものであろう。

カマ神様の神札（新潟県南魚沼市片田、1996年）

新潟県の魚沼地方では、火難除けのために山伏、法印、神主などに頼み、お日待ちの祈祷を行って神札を祀り、荒神祭りを行ってきた。「炉の神様はカギのハナにいる」といって炉を大切に扱った。また、炉の中にいるカマド虫、コゾ虫（湿気虫）も、神様の使いだとか金神様であるといって大切にされ、カマド虫が多いほど家運がいいとされた（新潟県南魚沼市、旧五十沢村など）。そして、正月年取りのご飯は囲炉裏の四隅に供え、家中で最も早く年を取らせるのがいいとされた。（池田　亨）

オカマ様と荒神［オカマサマとコウジン］

ふたつの神の祭場

オカマ様や荒神は、竈や炉など火所に祀られる神である。これら火所の神は、さまざまな要素を含んだ複雑な神格であり、家の神の古い伝統をひくものである。オカマ様も荒神も全国に広く見られるが、とりわけ関東に顕著である。茨城県北部、栃木県、群馬県、埼玉県中央部・北西部、東京都北東部・西部などではおもに「オカマ様」の名称が、茨城県西部、埼玉県南部、千葉県、東京都中央部、神奈川県などでは「荒神」の名称が用いられている。両者が並存する地域では、一軒でいずれか一方を祀る場合、両者を同じ神としてひとつに祀る場合、別の神として個別に祀る場合などがある。

オカマ様や荒神は、ダイドコロと呼ばれる土間か、それに接するオカッテと呼ばれる裏手の居室の壁や柱に祀られる例が多く、両者を並祀する家では、炉に荒神、竈にオカマ様を祀ったり、竈近くに両者を区別して祀ったりしている。

荒神は、本来は仏法僧を守護する「三宝荒神」という仏教の神であり、三面六臂の憤怒像の札を飾る場合もあるが、幣束や注連縄を依代とするのが一般的である。赤黄青または白色の三本の幣束で、「三本荒神」と呼ぶところも多い。一方、オカマ様は、幣束と注連縄を飾るのが一般的である。

ふたつの神の複雑な性格

オカマ様・荒神には、きちんと祀らないと子どもが火傷するというように、火の神の性格もあるが、むしろ作神の性格のほうが強い。田植え終わりの儀礼（サナブリ）の際、手元に残った苗を供える、あるいは刈り初めの稲穂や麦穂を供えるところもある。また、出産後すぐ白米飯や小豆飯などの「ウブタテメシ（産立て飯）」を炊いて供え、生後七日目のお七夜に参るなど、産神や子どもの神の性格もある。

オカマ様と竈、土間の炉（埼玉県坂戸市）

一〇月神無月には、オカマ様・荒神は出雲に出かけるとも、ほかの神様が出かけるため留守番をするともいい、一〇月末、一一月半ば、一一月末（本来は旧暦九月、一〇月）などに、「オタチ」「ナカガエリ」「オカエリ」あるいは「ルスイギョウ」と称して、三回（地域や家により二回または一回）、餅や団子や赤飯を供えて祀る。オカマ様・荒神は三六人の子だくさんなので三六個の団子を供えるとか、団子を供えると子どもが火傷せず丈夫に育つなどという。この時期に吹く北風を「オカマッカゼ」といい、この風に乗ってオカマ様が出雲へ行き来するという。

オカマ様・荒神は出雲に縁結びにいくので、これを祀ると良縁に恵まれるという一方、オカマ様・荒神への供えものは将来よそへ嫁に出る娘には食べさせない。また、嫁入りの際にはまずオカマ様・荒神を拝むという。千葉県館山市では、娘の初潮に際してオカマ様に小豆飯を供えたという。これらの伝承には、女性と縁深い家の神の性格が表れている。東京都大田区では、荒神は箒神（産神の一種）や便所神とともに出産に立ち会うというが、これは不浄を嫌い清浄な火の中にいるとされる荒神には本来なかった性格といえよう。

荒神単一の地域では、荒神の性格はオカマ様のそれと重なるが、両者が併存する地域では、荒神は火の神の性格を、オカマ様は作神・その他の雑多な性格をそれぞれ分けもつ。このことは、旧来オカマ様が祀られていたところに新たに荒神がそれに代わって定着していったためと考えられる。

家を象徴する神から多様に展開

家のほかの神の幣束が毎年正月前につけ替えられるのとちがって、オカマ様・荒神の注連縄ははずさずに年々重ね足していく。その本数がオカマ様・荒神やその家の年数だというのは、この神が家の盛衰に関わる存在であることを示す。

正月、小正月、秋の祭りや稲作儀礼など家の重要な祭りに際して、オカマ様・荒神のある火所が中心となることも多い。そもそも新年を迎えるに際して、年末に神主などから家の神々の幣束や注連縄を受けることを関東で「カマジメ」というのは、火所が家の祭りの中心であったことによるものとみられる。火所は、仏壇や神棚が設けられる前からあった古来の祭場であるが、一方でそれが家の盛衰と関わることから、はやくから竈祓いなど宗教者の関与を受け入れやすく、その際に荒神などの新たな神格を受け入れることとなったと考えられている。

東京都周辺の家々では、神無月に菊の花や荒神松と称する松を荒神に供え、荒神の乗り物と称して馬や鶏の絵馬を飾る例が多い。また、東京都周辺には、竈と台所の守護神として、品川区南品川の海雲寺境内の千躰荒神堂から荒神の木像を納めた宮を受け、三月と一一月の縁日に持参して祓いを受ける習俗が見られる。

なお、秩父や多摩、津久井など関東西部の丘陵や山地では、オカマ様は、神の名ではなくて炉の自在鉤（梁などから炉の上に吊るした、鍋や鉄瓶などをかける鉤。自在に上下させることができる）の呼称となっている。（榎本直樹）

便所の神様［ベンジョのカミサマ］

便所神の信仰

便所の神様とは、便所神、厠神ともいい、民間信仰の家の神の一人として各地で伝承が見られている。「妊婦がトイレ掃除をすると安産になる」という言い伝えは、現代では妊産婦の日ごろの運動不足のいましめとして解釈されているが、その由来となる「便所神」の信仰についてはあまり知られていない。

便所神は妊婦のお産に立ち会い、便所を清潔にしておくと難産のときに助けてくれる、あるいは美しい子どもが生まれるという伝承は、広く全国に見られる。出産後も、生児の初外出のときに「便所参り」「雪隠参り」といって産婆か姑が抱いて便所に詣でる風習も知られている。そのときに頭にオムツをかぶせたり、「アヤツコ」といって生児の額に鍋墨か紅で×印や犬の字を書いておくと、生児に魔がささないといわれている。魔の危険にさらされる女性の出産時や、不安定な生児の命を、便所神は見守っているのである。

その信仰は、産神としてだけではない。南西諸島では、重病人から抜けた魂を便所のそばで拾って魂つけ（体から離れた魂を体の中にもどすこと）を行っている。また、日常的な歯痛や眼病、口角炎などの疾病の予防や治癒を便所神に祈る地方も多い。このように人の生命を守護する神であるかと思えば、反面で人に祟る性格もあわせもっている。便所の中で病に倒れると、「便所神にいき逢った」「便所神に見込まれた」といい、長患いしたり、助からないともいわれている。

人間の生命活動に深く関与する便所神の信仰では、独特の儀礼も多く行われている。先に述べた人生儀礼のほかに、建築儀礼として、便所の新築時に便壺の中に人形や鏡、扇子、麻などを埋める、また土や紙でつくった人形やお札を便所に祀る地方もある。金沢市の商家では、新築時や便所改築時に便器の下に夫婦一対の泥人形を埋め、守り神として祀る伝承があり、現代でも神棚製造販売業者の商品として売られている。年中行事としては、正月や小正月に灯明や供えものをあげて歳神と並ぶ祀り方をする地方や、大晦日の晩に便所にお膳を供えて神と共食をする事例もある。その他にも、お盆のときに便所の前で松を焚いたり、毎月のモノ日（祝い事や祭りなどが行われる日）ごとに供えものや灯明をあげる地方もあった。

便所神（石川県金沢市、写真提供：山崎祐子氏）

便所神は、便所という空間をひとつの異界として意識されて祀られており、異界への畏怖が、命の守護もするが命を脅かす力にもなると、とらえられていたのである。

便所神の妖怪性

便所神は女神で、盲目で醜く、手足がないという伝承も多く聞かれる。盲目の神にいきあたらないように、便所に入るときには咳払いで合図をしなければならない、唾を吐いてはいけないともいう。また、便所が汲み取り式のころには、何者かが暗い穴から尻をなでにくるといわれ、その正体を、毛むくじゃらのカイナデ（夜中に厠に行くと尻をなでるといわれる滋賀県に伝わる妖怪）や入道、「カラサデ婆（夜に便所に行くと尻をなでるという島根地方に伝わる妖怪）」「閑所婆」などの妖怪が恐怖心を誘った。河童が尻をなでにくるという伝承もあり、その手を切りとって傷病の薬と交換したという河童伝説も広く語られている。

便所が水洗式になり、明るい環境になっても、便所にまつわる怪談話はつくられている。小学校のトイレから花子さんに追いかけられる話、トイレの中から「何色の紙がほしいか」と聞かれ、「赤い紙」と答えると血だらけになる話などがある。

トイレに滞る冷気、吸い込まれるような穴、そこに一人で用を足さざるをえない切迫感は、いつの時代も変わらない。便所に何者かが潜むという想像は、時代をとおして語られ続け、トイレ空間は怪異発生の絶好の場所として話題を提供し続けている。

糞便の魔力

清潔なトイレが当然のごとく思われ、排泄物を直後に流してしまう現代では信じがたいが、呪術としてその糞便を食べたり体に塗りつけるという行為が、かつてはあったようである。栃木県芳賀郡では、生児の便所参りで「オンコクエ」といって長い箸で糞を食べさせる真似をする習俗があり、京都府天田郡（現・福知山市）では、便所につけた箸でものを食べると、憑きものが離れるという。アイヌの風習では、腸チフスなど激しい下痢のときに古い人糞を濾して飲んだり、火傷のときに「便所の神さんにお知らせする」といって糞便を体になすりつけることもあった。沖縄で「クスクェー（糞食らえ）」といえば子どもの風邪を追い払う言葉になり、アイヌでも、赤ん坊がクシャミをすると「糞が赤ん坊についた」と叫ぶと悪魔は汚がって近づかないという。糞便の強烈な臭気や汚穢の力が邪悪を祓うと考えられ、人々はそこに病を癒し、新しい命を守護する力を信じていたとも考えられる。

便所神信仰の歴史は古く、平安時代後期の書（『類聚雑要抄巻二』）に、門、戸、井、竈、堂、庭などの諸神とともに厠神も祀られている。家の神の一人として便所という特殊な空間に祀られてきた神は、各地で長い歴史を重ね、さまざまに変化しながら今日まで残されてきたと考えられる。

（折橋豊子）

座敷童子 【ザシキワラシ】

▼オシラ様

ザシキワラシとはおもに旧家に住む妖怪で、岩手県を中心に東北地方に分布する。「ザシキボッコ」「クラワラシ」なども同じものをさす。ワラシ、ボッコはともに子どもの意味である。柳田國男の『遠野物語』では「旧家にはザシキワラシと云う神の住みたまう家少なからず。この神は多くは十二、三ばかりの童子なり」とあり、ザシキワラシを子どもの姿をした旧家の家の神としている。分類としては妖怪とすべきところだが、裕福な家に住みつき、また別の家に移動することもある。それが家の盛衰に関わることから、福の神と譬えられてきたのである。

また、佐々木喜善の『奥州のザシキワラシの話』では、その姿は「赤顔垂髪」の五、六歳の子どもであるという。『遠野物語』との年齢差は気になるが、赤い友禅を着た一七、八の娘であったという話もあり、さまざまな年齢のザシキワラシがいるということだろう。また、その姿から女児を連想するが、男女どちらも伝えられている。

ザシキワラシは名前のとおり座敷にいるとされ、多くは、物音や動きなど何らかの気配を感じたり、あるいは夜中の夢かうつつかという状態でいたずらされたりするのである。夜中に子どもの歩くような小さな足音がしたとか、寝ているときに顔をなでられたなどのいたずらが多い。それは座敷で寝てはいけないという禁忌があったからのようだ。遭遇した人にとっては、一晩中寝られず、困ったものであるが、退治をしたり、お祓いをするというようなものではない。また、オシラサマと違って、神さまとして祀ったりするものでもない。やはり、住みついた妖怪であり、また福の神なので、困ってもありがたいのである。「そのものがいるうちは家の富貴繁昌が続き、もしいなくなると家運が傾く前兆だ」ともいわれていたという。しばらく姿を見せないで、家人が何かの気配を感じた時は「あっ、まだいた」と安心するのだという。

寝ているとき以外にも姿を見ることもあり、それは家の座敷とは限らず、廊下であったり、学校あるいは屋外のこともある。顔を見た人は赤ら顔で猿のようだったともいうが、「よき娘」だったという話もある。ある時橋のほとりで見慣れない二人のきれいな娘にあい、不審に思った男が「どこから来たか」と尋ねると「山口の孫左衛門のところから来た」と答え、某家に行くという。やがて、孫左衛門の家は絶え、某家は栄えたという（『遠野物語』）。このような移動中に遭遇する話はほかにも聞く。

現代もザシキワラシは、いる。二戸市にあった旅館緑風荘はザシキワラシの宿として、全国からたくさんの人が訪れた人気の宿で、二〇〇九年に火災にあったが、二〇一六年に再建された。かつて、ザシキワラシの出るという座敷には多くの客が訪れ、人形など子どもが喜ぶ品物が供えられていた。ザシキワラシに会えるのは多くは女性で、なかにはザシキワラシをなで返したという強者もいるという。

（瀬川　修）

天井裏の藁人形

かつて天井裏の柱に藁人形を結び付けて建物の半永久化を図ろうとする信仰があった。

京都府久世郡久御山町の町史編纂事業が進行中の昭和五七（一九八二）年一〇月下旬に、同町中島の浄土宗華台寺庫裡天井裏に何か不思議なものがあるという情報を得て調査することになり、当時町史の監修の仕事を担当していた私は、編纂室の森一修室長や石田茂幸主事と共に華台寺を訪れ、天井裏に登った。真っ暗い中を懐中電灯で照らしてみたところ、黒く煤けた一七一センチの一体の藁人形が横たわっているのを発見し、一瞬一同アッと小声をあげて驚いた。さらによく調べてみると、この人形のすぐ上の棟木を支える柱には人形を結び付けていたと思われる藁縄の切れ端が残っており、人形はこの柱から落下したものとわかった。また落下した人形のそばには燭台が一個ころがっていた。あとでわかったことであるが、人形の背中の部分にも柱に結び付けられていたと思われる藁縄の切れ端があった。

この藁人形を住職の許しを得て町史編纂室に運び、写真撮影や実測、構造、材質などを調査した結果、次のようなことが判明した。すなわち藁人形は竹、藁、布で作製されており、三本の竹の頂上部分を針金で結んで固定し、そのうち二本の竹は左右に開いて足とし、他の一本の竹は真下におろし、股間にあたる部分に男根をイメージしたと思われる先の尖った小竹を結びつけて前方に出している。この真下におろした竹を棟木を支える柱にあてて縄で結び付け、人形を固定していたものと思われる。三本の竹は相互に動かないように横竹を添えて固定している。左右に開いた二本の足には藁をあてて縄を巻き、さらに胴、胸、背中の部分にも藁をつけており、肩から腰の部分に掛けられた上着は木綿の平織、藍染めで縞と絣の模様がある。また腰から下の下裳は白地木綿の平織である。頭部はネルで作られた枕状の大きさで、中には赤茶色に変色した籾殻が詰められ、閉じ口は黒糸で縫われている。それをさらに木の皮で締め付けて結び、この頭部を藁縄で頂上部分の竹三本に結び付けて固定している。目鼻口などは何も描かれていない。また肩の部分から藁棒状の手が左右に伸び、両手とも指は三本大きく開いており、異様な形で、この両手を動かしてみると、柔軟に動くようになっている。

はたしてこの藁人形はどういう目的で作製され、寺の庫裡の天井裏の棟木を支える柱に結び付けられたのであろうか。この疑問を解く鍵は三本指と男根、さらに庫裡の天井裏に設置されたという点である。

　庫裡すなわち寺の台所は毎日火を焚く所であり、火災になる危険性がたえずある。そこで火の魔神が荒れ狂うことを防ぎ、寺の半永久的存続を願った大工が、水神的性格をもった藁人形を作り、天井裏に設置したものではなかろうか。三本指は河童（かっぱ）をイメージしたものかもしれない。当地域一帯は昭和八（一九三三）年から一六（一九四一）年までの干拓事業のためになくなった巨椋池（おぐらいけ）の南部にあたり、干拓前には巨椋池や近くを流れる宇治川（うじがわ）、木津川（きづがわ）の大雨による氾濫でしばしば災害を受けた。火魔・水魔から寺を守るために、水神的性格の河童に模した藁人形を作って設置したのではないかと推考する。

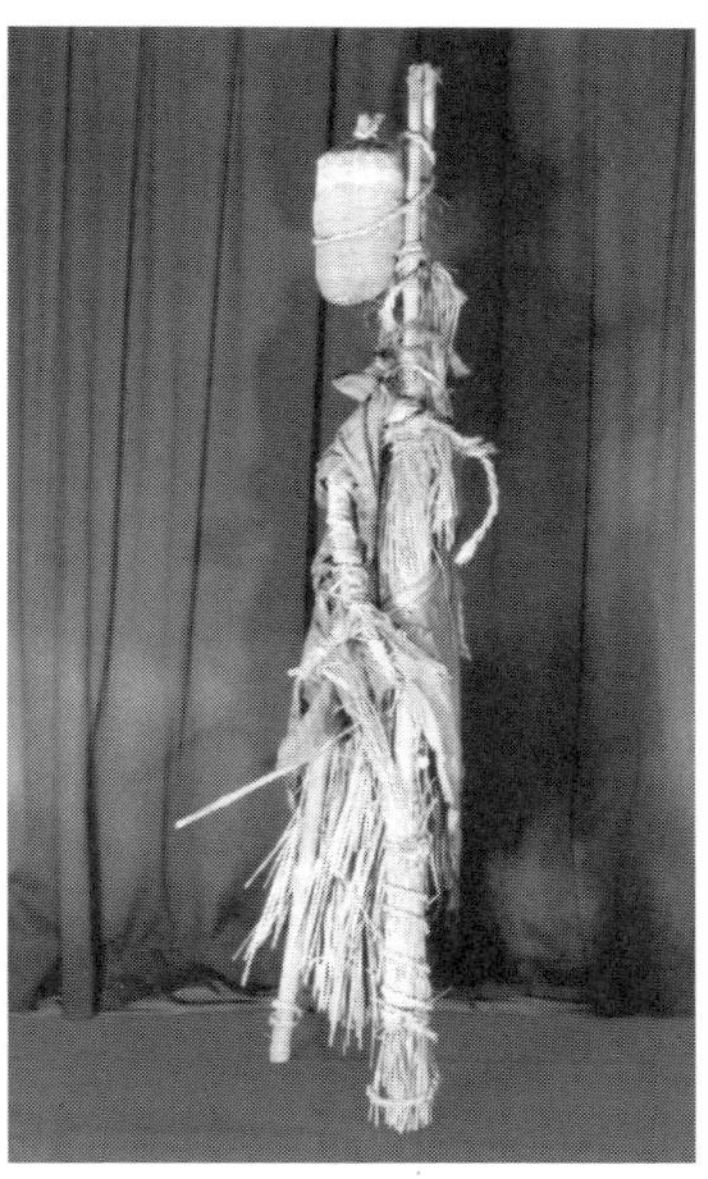
華台寺の藁人形

　右の私の説に対して神野善治は異論を述べる。すなわち股間から突き出た細竹を「十数センチ」、また三本竹のうち、中の竹を人形を立てるための「支脚」とし、この支脚が開かないようにするために「とめ」として「十数センチ」の細竹は使われたとし、細竹は男根ではないと指摘した。しかし前述したようにこの人形は棟木を支える柱に縛り付けられていたものであり、単独にどこかに立てるために作られたものではなく、また細竹は「十数センチ」ではなく四三センチもあり、しかも股間から突き出しており、決して支脚が開かないための「とめ」としてつけられたものでもないことは明瞭である。男根であればもっと具象的な表現があるはずとも指摘しているが、それは作り手のセンスの問題であろう。

　天井裏の藁人形は洋釘、針金、ネルの材料から見て明治以降の製作であるが、この人形に込められた宗教性はかなり古いものである。なおこの人形は二〇年前、庫裡の建て替えの際に「お焚き上げ」されたといい、今はない。

（赤田光男）

オシラ様［オシラサマ］

　オシラ様は、東北地方の青森、岩手、宮城、福島（「オシンメイ様」という）の各県で民間信仰の対象となっている家の神である。三〇センチから三五センチくらいの木の棒の、①頭部を布キレで包んだもの（包頭型）と②布キレの中央に穴をあけて頭部をつき出したもの（貫頭型）に分けることができ、包頭型のオシラ様のほうが多い。オシラ様は男神と女神一対で祀られることが多く、貫頭型オシラ様の場合、頭部に烏帽子をつけた男神の顔と女神の顔が彫られている人頭型と、馬頭と姫神を彫った馬姫型に分けることができる。馬姫型は養蚕の起源を物語る馬娘婚姻譚の影響でつくられ、人頭型が古いとみられる。

貫頭型のオシラ様（写真提供：岩手県遠野市立博物館）

　オシラ様の起源については、明治時代からアイヌ起源説が主張されてきたが、確証はない。また、江戸時代初期の慶長や寛永の紀年銘のあるオシラ様も発見されているが、歴史的にいつまでさかのぼれるかは不明である。起源が定かでないのは、オシラ様が教祖や経典をもとに成立した信仰ではなく、暮らしのなかで呪術的性格をもった現世利益の神として体験的に成立したことを示している。「昔から祀られてきた」という由来がいちばん多いのである。

　オシラ様は、「草分け」といわれる本家や旧家で所有することが多く、祀り主は本家や旧家の最年長の女性や主婦である。最初は、本・分家を中心とした同族的祭祀の性格をもっていたが、やがて同族のなかに地域の女性たちが加わって地縁的性格を帯び、さらに同族的性格がなくなって完全に地縁的になっていったと考えられる。この過程をとおして地域の女性たちで構成される「講」に似た集まりになり、最終的には個人でオシラ様を祀ることになった。このようにオシラ様を祀る集団は変化してきたが、変わらないのは男性が参加できないことである。

　オシラ様の祭日は、正月、三月、九月、一一月の一六日が多く、青森県の下北地方では五月、宮城県では三月と九月が中心になっている。祭りは「オメイニチ」や「オシラアソバセ（オシラ遊ばせ）」と呼ばれる。ふだんは神棚や

包頭型のオシラ様（写真提供：岩手県遠野市立博物館）

仏壇に置かれているオシラ様が箱から出されて布キレの着物が着せられ、机や箱の上に置かれる。そして餅、菓子、果物などが供えられ、家内安全、無病息災の祈りがあげられる。決まった唱え言はないが、イタコが参加する場合、オシラ様に神をよりつかせるカミオロシがあり、家や地域の年占いがある。ただし、イタコのカミオロシは、オシラ様の祭りに後からつけ加えられたものである。オシラ様は神棚の神々とは別個の独立した神性をもつ家の神である。

（野沢謙治）

屋敷守［ヤシキモリ］

家の守り神を一般的に屋敷守という。家の守り神として屋敷神を祀ることは全国に広く見られるが、特定の動物を家の守護神として重視する信仰も見られる。

たとえば、蛇は嫌われる動物で、小正月のトンド焼きの灰を家のまわりに撒けば蛇が入らないといった俗信が広く見られる一方で、蛇ことに青大将が家にいるのは縁起がいい、あるいは蛇は家の守り神だから殺してはいけないといった伝承もまた全国にみられ、両義性をもった存在である。

蛇のなかでもとくに白蛇は、それが屋敷にいると金持ちになるといったり、白蛇の夢を見ると縁起がいいといったりする。蛇のほか爬虫類では、愛媛県でヤモリにかまれると指が腐るなどと忌まれる一方で、同じ愛媛県でもヤモリがいると火の用心をしてくれるという地域もある。高知県でも、ヤモリは家を守ってくれるので殺してはいけないといわれていて、蛇同様に屋敷守としての性格をもっている。

鳥では、家に巣をつくることが多く身近な存在であるツバメが同様の性格をもち、ツバメが巣をつくると家が繁盛するとか、火事にあわないといった伝承が全国的に分布している。これらの俗信の背景には、動物自体を神聖視する考え方のほかに、亀は龍神の、蛇は毘沙門の使いだから殺

ツバメの巣（兵庫県豊岡市、写真提供：森隆男氏）

してはならないというように、動物を神仏の眷属として崇拝する考え方も見られる。

猫や犬など古くから飼われてきた身近な動物をいじめたり殺してはならないとするのは、仏教的な生命観に基づくものであろう。

また、ツバメがある年に巣をつくらないと悪いことが起こる、ネズミが急にいなくなると火事になるというように、動物のもつ本能的な周期性が途絶えたり、日常的とは異なった行動をとることを悪い出来事の前兆とする伝承もある。

（市川秀之）

犬神・トウビョウ［イヌガミ・トウビョウ］

▼座敷童子

ギャンブルで勝ちが続くと、「今日はついている」と口にする。この「つき」は、目に見えない霊的な存在が援護してくれているという意味である。この場合は個人であるが、このような霊的存在が家につくことがある。「犬神」や狐、トウビョウなどの〝憑きもの〟である。

住まいには、仏壇の祖先の霊や神棚の神、竈の神など家や家族を守護する神々が祀られている。憑きものは、家運を左右する点では家の神の一種といえるが、憑きものを駆使して他人に危害を加えることができると観念されており、他人に忌みきらわれる点で異質である。分布には地域的な濃淡があり、西日本では山陰地方や四国地方、九州地方の一部、中部地方に比較的濃厚に分布している。とくに狐憑きは、特定の家筋をもち、婚姻を通じて拡散するとされており、結婚の差別を生むこともあった。

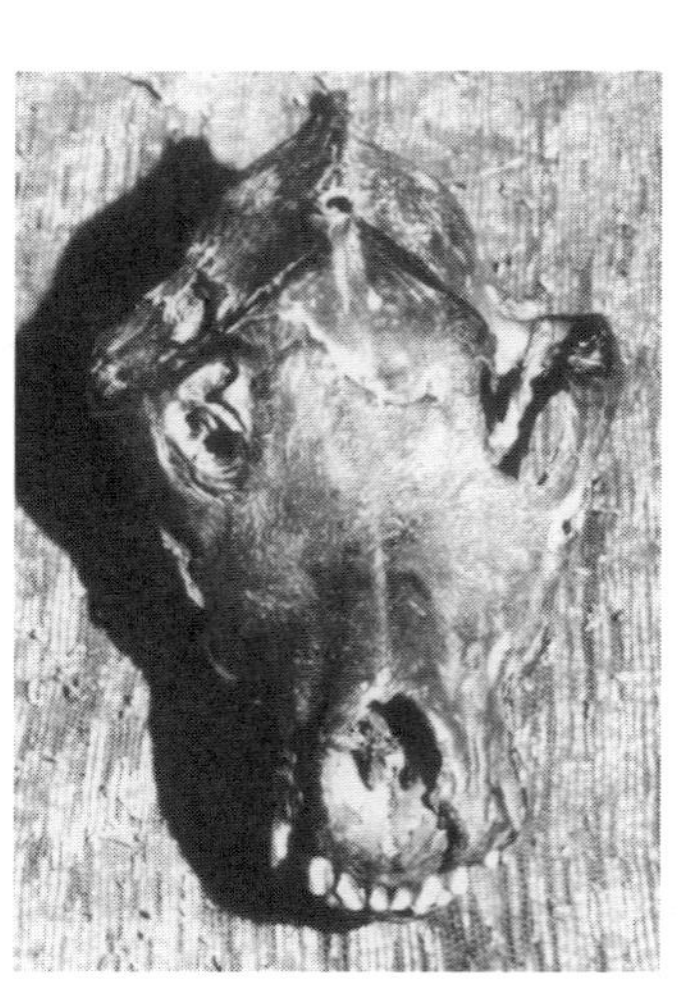

犬神の憑きものを落とす呪術で使用する犬の頭蓋骨（徳島県O家、1974年）

人に憑いた狐を落とす呪術もあり、かつて伏見稲荷大社にはその秘法を伝える史料が伝承されていた。また徳島県の〇家には犬神を落とす際に用いた犬の頭蓋骨が伝わっており、憑いた人にこれを持たせて日本刀をふりかざし、脅すことによって落としたという。

トウビョウは、『塩尻』や『茅窻漫録』など近世の随筆にも登場し、台所の床下で瓶に入れて飼っていたが、家人があやまって熱湯を注いで殺してしまうことで家運が傾いたという伝承をもつ。ちなみにトウビョウは、首の部分に白色の輪をもつ、長さ二〇センチ程度の小蛇だという。

これらの霊的動物のうちのひとつである狐については、『古今著聞集』巻第一七に興味深い話が収録されている。大納言藤原泰通は、自宅に棲みついた狐が化けるので狐狩りを企てるが、当日の明け方の夢に老狐が白髪の大童子（寺院に仕えた下部）の姿で現れ、「長年棲みついていて子孫も多く、今回の狐狩りを中止してほしい」と哀願した。朝になって泰通が目覚めると、大童子がいたところに老狐がいた。屋敷の縁の下に入っていったので不思議に思い、その日の狐狩りを中止した。以後、家に吉事があれば必ず狐が鳴いて知らせたという。これは、守宮神や座敷童子が家の吉凶を予告することと共通し、家の神の系譜につながるものであろう。

（森　隆男）

荒神の使い・ネズミ［コウジンのツカイ・ネズミ］

私たちはふつうに「ネズミ」と言い慣わしているが、厳密にいえば動物学上にネズミという名称の小動物は存在しない。住宅を活動の拠点とする「イエネズミ」「ドブネズミ」「シロネズミ」などが、私たちの生活に密接な小型ほ乳類であるため、これらを総称して単にネズミと呼んでいるだけである。記録された資料や伝承も厳密な区分をせずに、その多くはネズミの表記ですませている。

ネズミに関わる民間伝承は比較的豊富で、たとえば「ネズミの多い家は繁昌する」「小さいハツカネズミが入る家は繁昌する」「シロネズミが入ると縁起がよい」「ネズミが正月の餅をかじるとよい」「雨傘をかじるとよい」など、ネズミが家に存在しているか否か、あるいはネズミのいたずら云々などによって吉兆を招くという俗信が全国各地に伝承される。これはネズミが家からいなくなると家運が衰えるという伝承に対応している。

また、「ネズミのいる家は火事がない」といわれ、ネズミが天井裏で騒いだり屋外を走りまわるのは火災の前兆とされ、「野ネズミが騒ぐのは洪水の知らせ」などという伝承もあり、野ネズミが食糧を多く集める年は大雪になるなどの天候予知が伝承されてきた。私たちの日常生活にネズミと呼ばれる小動物がいかに親しまれていたかを示す伝承の数々である。

ネズミの忌み言葉「嫁が君」は、俳句における新年の季語にもなっている。群馬県など養蚕が盛んな地域では、養蚕飼育中はネズミのことを「嫁が君」のほかに「天井の人」「嫁御さん」「夜の者」など各種の忌み言葉が用いられていた。これは、蚕の天敵であるネズミをずばりネズミといってしまうと蚕の収穫が減ってしまうと考えたからであった。埼玉県秩父郡両神村（現・小鹿野町）では、昭和まで大麦の刈り初めの際に刈った大麦を半束ほど供えていたが、これを「荒神様（ネズミのこと）に供える」といってカマ神へ供えた。同県熊谷市でも麦刈り後はネズミに供えるといい、半束の大麦を二階へあげておいた。また、麦蒔きが終わるとネズミの穴を塞ぐといって畑に団子を転がしてきたという。このように、ネズミを荒神の使いとする伝承を残す地域もあったのである。

（板橋春夫）

3 魔除けの装置

鬼瓦［オニガワラ］

▼鍾馗像

屋根の棟の端を飾る瓦のこと。鬼板ともいう。厄除けあるいは魔除けのための飾り瓦。日本では、奈良時代以降、鬼面や獣面で飾ることが多いことから、鬼瓦と呼称される。角を生やした鬼の表現は四天王寺（大阪市）のものが初現であるという。

鬼瓦を棟の端に固定するには、漆喰などで固める、鳥衾瓦で鬼瓦の上部を押さえる、中央の孔をとおして釘打ちつける、裏面にある把手に紐などをつけて引っ張るなどの方法がある。

正徳二（一七一二）年に編纂された『和漢三才図会』の瓦の項に、鬼瓦は「方形にして裾の両端を蕨拳の如く巻き、面に鬼頭を作る。或は木板を以て亦之を作る故、鬼板と名く。未だ其拠を知らず」とある。

江戸時代後期に記された『守貞謾稿』には「棟ノ端ニ鬼板ト云ヲ用フ、京坂ニ云鬼瓦也、江戸モ百年前ハ鬼面を造レリ、今世ハ廃テ名ノミ鬼板ト云、此所ニ定紋ヲ画ク」と

旧柳川家住宅の鬼瓦（和歌山県、紀伊風土記の丘）

ある。鬼板は棟の端に置くもので、京坂地方で鬼瓦と呼ばれるものと同じもの。江戸では名称のみが残り、棟の端は家紋を入れるとしている。

天保一三（一八四二）年の序文をもつ『家屋雑考』では、鬼板を「棟の両端、鬼瓦のあるべき所へかくの如く、板にておほふなり」と記している。

享保二（一七一七）年に刊行された『書言字考節用集』では、鴟吻を「ヲニカハラ」と読ませている。これは、鬼瓦が鴟吻と同じく家屋を災いから守るためのものと考えられていたからであろう。鴟吻は、大棟の両端につけられる飾りであり、『和漢三才図会』では「頭面は龍の如く、身尾は魚に似て、鰭鱗あり」とあり、見た目は鯱のようであるが、鯱とは一線を画す表記がなされている。鴟吻は海獣で水の精とされ、火から屋敷を守るために置かれたとされる。

鬼瓦は、古くは型づくりでつくられていたが、中近世になると手づくりのものが一般的となった。とりわけ近世になると、瓦に紀年や作者の銘を入れたものまで登場する。

江戸時代以降、城郭や民家などの建築が発達してくると、鬼面だけではなく、州浜や陸、蓮の華をあらわしたもの、家紋を入れたものや防火のために「水」という文字を入れたもの、福槌や宝珠など富を願ったもの、縁起のよい動物などがデザインされた飾り瓦が現れるようになり、厄除けだけでなく、さまざまな祈願が付与されたものが登場する。

京都の町屋などでは、鬼瓦から睨まれることを忌み、通りに面した一階の小屋根の上に瓦製の鍾馗像を飾る。

（藤森寛志）

出入口の魔除け［デイリグチのマヨけ］

村落社会には、その共同体の外部から訪れると考えられてきた悪霊（厄神）や災厄に対して、幾重にも防御の装置が施されてきた。具体的な場所をあげると、村への入口であり、屋敷地の入口である門であり、そして、もっとも私的な空間である家の入口、戸口である。

人が、その身の安全を最終的に守るという点からもっとも重要なのは、家の戸口から悪霊や災厄が入らないように手立てを施すことであろう。家の出入口は、その家（家族）にとって他者との接触の場所であり、戸口の敷居が、象徴的にも実際的にもウチとソトとを隔てる境界になると考えられてきたのである。

出入口の魔除けの事例は、おおよそ次のように分類することができる。

①力があるとされる者から授かった品を貼るもの

事例１　米寿の祝いに、枡かけとともに手形（男は左手、女は右手）を配り、もらった家では入口に貼って護符とする（京都市高尾）。これは、長寿の者の生命力にあやかったり、その力を家の守りとする。

大戸の内側に張られた伊勢太神楽の護符（京都府亀岡市）

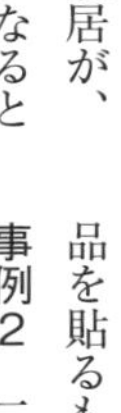

②巨大さを象徴するものや威力があると類推できるような品を貼るもの

事例２　二月の節分に、戸口にヒイラギの小枝にイワシの頭をつけたものを戸口に挿し、イワシの臭いやヒイラギの葉の棘によって鬼を追い払おうとする習俗は、日本各地に見られる。

事例３　沿海地方などでは、タカアシガニの甲羅に人の顔を描き、戸口に貼って魔除けとした。ほかにもサルノコシカケなどもその形状から魔除けとされる。

③社寺や宗教者の関与によってもたらされる護符など

事例４　毎年、伊勢の太神楽が訪れる家の多くは、配られる護符を入口の戸裏に貼って、災厄除けや福招きとしている。護符は、毎年新しいものと取り替える家もあれば、年々のものを並べて貼る家などもある。

事例５　元三大師（慈恵大師良源）を表したとされる「角大師」の画像の護符を戸口に貼り、魔除け、災厄除け、火難・盗賊除けとする。元三大師信仰は、古くは鎌倉時代の『元亨釈書』にも魔除けとして良源の像を家の戸口などに貼る風習が起こったことが記されている。いまでは日本各地に見られる信仰となったが、角大師の護符は、とくに関東に多く見られる信仰である。

事例６　江戸時代、赤とうもろこしを吊った家だけ落雷しなかったという伝説から、文化年間（一八〇四〜一八）ごろから江戸・浅草寺の七月一〇日の祭り「四万六千日」において、雷除けの赤とうもろこしが売られた。これを買って出入口に吊っておいた。ほかにも、京都などでは、アジサイを吊るして魔除けとすることもある。

④神話などに基づき、それを再現するもの

事例7　伊勢地方では、注連縄を一年中、戸口の上に張っている。注連縄には、「門」という文字のあいだに「蘇民将来子孫家門」や「笑門」と墨書した木札がとりつけられている。

（佐々木康人）

鍾馗像［ショウキゾウ］

鍾馗とは、おもに中国の民間伝承に伝わる道教系の神。鍾馗像は、一般に目が大きく、濃い顎鬚をはやし、緑色の衣装を着て黒い冠をかぶり、長い靴を履いて剣を抜いた姿として描かれることが多い。ルーツについては諸説があるが、もともと中国から日本へ伝わった魔除けの神であることはまちがいない。

鍾馗は、唐代に実在した人物だとする説が広く伝えられている。それは、およそ次のような内容である。

――病床にあった唐の六代皇帝・玄宗の夢の中に現れた小さな鬼を、大きな鬼が出てきて退治してしまった。その大きな鬼は、「私は鍾馗という名の者で、かつて官吏になるために科挙を受験したが落第し、そのことを恥じて宮中で自殺した者である。もし皇帝が私の菩提を弔ってくださるのなら、皇帝に降りかかるあらゆる災厄をとり除いてあげましょう」と語った。やがて皇帝が目を覚ますと、すっかり病気が治癒していた。そこで皇帝は、著名な画家である呉道玄に命じて、鍾馗の絵姿を描かせた。その絵は、皇帝が夢で見た大きな鬼の姿そのものであった。皇帝は、家臣たちに命じて鍾馗の絵を宮中の門に張り出し、厄除けの呪いにするとともに、鍾馗の逸話を世に広く普及させたという。

廂屋根の上の鍾馗像（京都市、写真提供：森隆男氏）

この話はやがて室町時代に日本にも伝わり、五月五日の端午の節供には鍾馗の絵を掲げる風習が広まった。また、江戸時代には狩野探幽らの著名な絵師たちによって多くの鍾馗像が描かれるようになった。本多忠勝や前田利家といった戦国武将のように、鍾馗像を旗印としたり、鍾馗像の陣羽織を用いるなど、鍾馗を軍神として崇めた者も多い。

京都では、江戸時代後期以降に鍾馗像が魔除けの目的で飾られるようになった。多くの町屋の屋根には鍾馗像が置かれ、周囲を睨みつけていたという。向かいの家の鍾馗像に毎日睨まれたことによって、やがて家運が傾き、没落していった家の話が、昔話の中でも語られている。鍾馗像を魔除けとする風習はやがて、関西一円から中部地方にまで広まっていったといわれている。

（八木　透）

屋根獅子［ヤネジシ］

屋根獅子とは、沖縄などに見られる魔除けのために屋根に設置される獅子のことである。「シーサー」または「シーシ（シーシー）」とも呼ばれる。現在は屋根獅子が一般的だが、王族の墓の石棺に刻まれた獅子のモチーフや、城の門前、集落の入口などに置かれたのが始まりとされる。

シーサーの原形はライオンで、古代オリエントやインドが発祥といわれる。中国を経由して朝鮮や日本に伝来した獅子像は、琉球には一四世紀ごろに中国から伝わり、魔除け、悪霊返し、火返しとして定着した。いわゆる狛犬とは似て非なるもので、朝鮮半島を経て伝わったものが狛犬、中国大陸から直接伝わったものが唐獅子であり、琉球では中国から伝わったものがシーサーとなった。

古い事例は、琉球の中心地であった首里近郊に集中する。現在、王族の墓の石棺に刻まれた事例として最古と考えられるものは、「浦添ようどれ」の英祖王陵にある輝緑岩製石厨子の彫刻である。その制作年代には諸説あるが、英祖王代（在位一二六〇～九九年）の製作であれば一三世紀に造られたことになる。なお、記録の上では、一四九八年に首里にある円覚寺の放生橋に彫刻されたものが最古である。

石垣市伊原間の山手にある悪石を睨む村獅子（アカフツ）

魔除けとしての獅子

シーサーには、一体の場合と対または群になっている場合がある。対になっている場合には、一体が開口し、一体が閉口しており、いわゆる阿吽を表現したものが多い。

一方、村単位の魔除けとして造られた村獅子は、一体のものが主流である。元来、石獅子であったものが陶器に生まれ変わった例もあるが、その性格は変わらない。口を開け、厄を跳ね返そうとする意識が感じられる。村獅子で最古の事例と考えられているのは、琉球の歴史書『球陽』に記された八重瀬町東風平の富盛の石獅子である。富盛村でたびたび火災が発生することから、蔡応瑞という風水師に見せたところ、八重瀬岳がフィーザン（火山）であると判断された。一六八九年、八重瀬岳に向けて獅子を安置すると、火災は起こらなくなったという。村獅子は沖縄本島南部を中心に分布し、宮古諸島では見られないが、八重山諸島では石垣島の伊原間に残る。

屋根獅子の登場

屋根獅子の登場は、瓦葺きの制限が解かれた明治二二（一八八九）年以降といわれる。当初、那覇の壺屋では荒焼のチブルシーサー（頭獅子）が焼かれていた。また、ムチゼーク（屋根左官）による漆喰シーサーもこのころに登場したとみられる。大正から昭和にかけて全身像のシーサーが焼かれるようになり、戦後は釉薬をかけた上焼のシーサーが主流になった。また、コンクリート造りの家屋が増え始めると、シーサーは、屋根から下りて、門柱の上などに配置されるようになっていった。

（島袋綾野）

4 風水・家相

風水［フウスイ］

▼家相

風水とは

風水とは、土地の気の流れと土地の相の陰と陽を判断することによって、そこに住む人々に降りかかる災禍を防ぎ、幸福を招こうとする考え方と、その実践のことをいう。「地理」「堪輿」ともいう。

東アジアでは、この世は全て陰と陽のバランスから構成されており、陰と陽は絶えることなく相互に活動していると考えられている。陰と陽を生み出すエネルギーのことを「気」という。気をコントロールする宇宙の一般的秩序・原理のことを「理」という。陰と陽がもっともよいバランスにある状態を「太極」といい、韓国の国旗である太極旗は陰と陽が調和している状態を象徴的に示したものである。

万物を生み出す「気」の源のことを「龍源」といい、

中国の崑崙山がその源と考えられている。気の流れを「地脈」といい、山の尾根を伝って流れていくとされる。気の流れは龍に象徴され、「龍脈」ともいう。そして、気が充満している風水理想の地を「穴」という。理想とされる風水の地とは図のように、北側に主山と呼ばれる高い山がある。そして東と西にも山脈が連なり、南側は開けて川が流れている地形である。東を青龍、西を白虎、南を朱雀、北を玄武といい、日本では一二世紀以降「四神相応の地」と呼ばれるようになった。この理想的風水は女性器を模している。

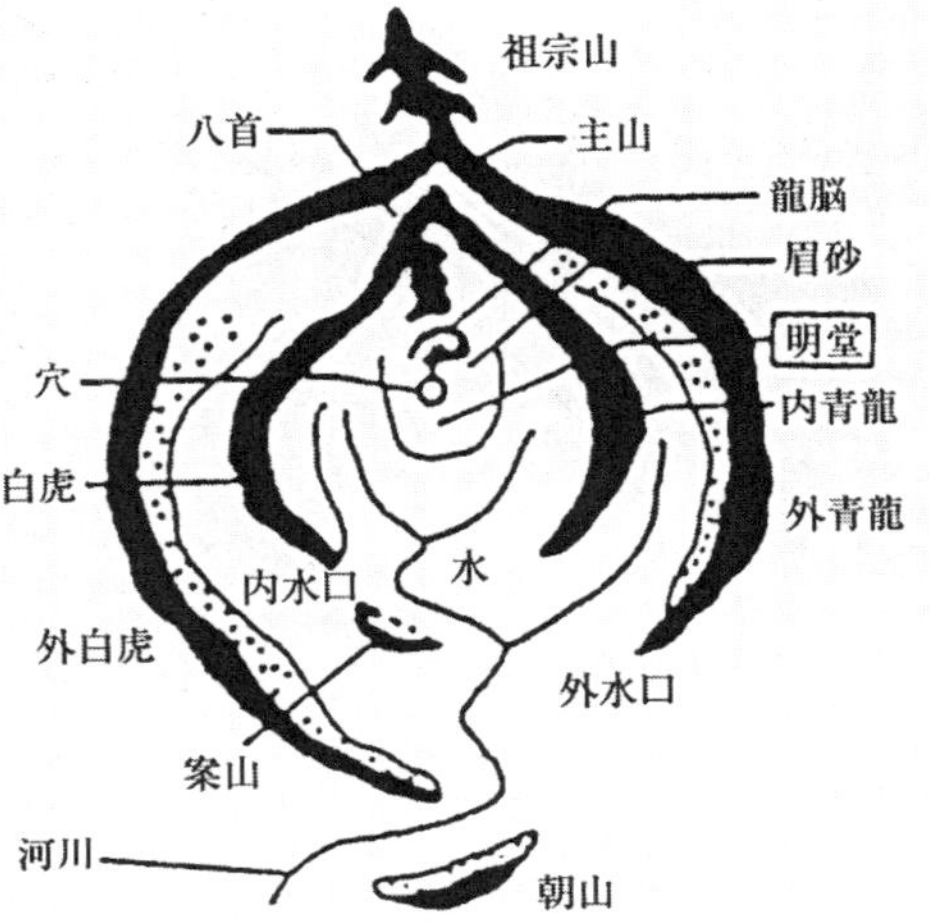

理想的風水の図（渡邊欣雄『風水思想と東アジア』人文書院より）

死んだ人間の場である墓を「陰宅」、都市・村落・住居・室内のインテリアといった生きている人間の活動の場を「陽宅」と呼ぶ。先述した理想の地にバランスよく「陽宅」と「陰宅」を建設することによって、そこに住まう人々の現在、そして未来の子孫の幸福を願い、災禍を避けるための思想である。風水は、中国、台湾、朝鮮半島など東アジア全域で、墓地の建設、都市計画や城郭あるいは村落の建設、住居とそれをとりまく環境の在り方に多大な影響を与えてきた。日本本土では、近世末期に風水のひとつである陽宅風水が、家屋の間取りの吉凶判断をする、「家相」という形で普及していった。中国、韓国、沖縄などでは家屋だけでなく墓の風水を重視するが、現代の日本本土では陰宅風水はほとんど問題にされない。

歴史

いつごろ日本に風水が受容されたのかは定かではない。古墳造営に風水術が用いられたとか、平安京造営など古代都市計画に風水が影響を与えたという説がある。その可能性は否定できないが、決定的な史料があるわけではなく学術的に立証することは困難である。

今日、風水によって建立したことが史料的に確実にいえるのは、神奈川県鎌倉市の円覚寺である。同寺は弘安五（一二八二）年、北条時宗が中国より無学祖元禅師を招いて創建された名刹である。室町時代、文和三（一三五四）年の円覚寺文書の中に次のような記事がある。

塔頭事　所望人雖帯御教書、於敷地者、寺家評定衆並官家奉行人相共見知其地形、為山門風水無相違者、就寺家注進、可有沙汰矣

すなわち、山門は風水に合っているという内容であり、これが日本本土における風水という言葉の初出である。

風水の普及

日本本土では一八世紀末から陽宅風水が家相として普及していったが、定着しなかったといわれている。風水という言葉が知られるようになったのは一九九〇年代末の風水ブームからである。しかし、多数の家相書を出版して一大流派を形成した松浦東鶏は『奥義免許　風水玄機録』（一八一〇年）、弟子の松浦国祐は『風水園筆草』（一八三一年）という本を出版している。また、東鶏と別派を形成し家相界に大きな影響を与えた松浦琴鶴は『地理風水　家相一覧』（一八三四年）、『家相風水伝』（刊年不詳）、『地理風水伝秘奥巻』（刊年不詳）を、弟子の松浦幸最も『家相深秘　地理風水』（一八四七年）を出版している。さらに東鶏は大坂の人名録『続浪華郷友録』（一八二三年）で、「地理風水方位　通称松浦長門掾　住瓦屋橋東」と紹介されており、ほかにも「風水」が専門とされた者が数人いる。これらのことから幕末の大坂では風水という言葉が流通していたことが確認される。

（宮内貴久）

家相［カソウ］

▼風水

家相とは、風水説の陽宅風水における住宅風水のことである。住宅風水は、大きく分けて「住宅：家相」と「宅地：地相」のふたつから構成される。風水説では宅地（地相）が非常に重視されるが、家相に関してはあまり重視されないのが一般的とされる。家相で判断対象となるのは、次の項目である。

地相　周囲の環境の吉凶と敷地の欠張
道路　方位
本宅　平面の欠張
付属屋　方位、規模、本宅の棟高との比較
茶室・隠居座敷　方位規模
屋内施設

玄関＝方位
台所・便所・浴室＝方位
竈・神棚・仏壇＝向き及び向い合い、方位
段・梯子＝向き
格子・窓・天窓＝位置
火燵・囲炉裏＝位置
畳数＝枚数、敷き方

屋外施設

門戸＝方位、母屋との位置関係
神祠＝方位、規模
井戸・手水鉢・水溜＝方位構造
池・泉・庭石・燈篭・飛石＝配置
樹木＝庭木の種類、植える位置

母屋は南向きに建てるのがよいとされ、便所は鬼門（北東）の方位に設けることが避けられた。

日本本土においては、庶民のあいだに家相判断が普及していったのは、近世末からである。家相書で、もっとも初期に出版されたのは、天明二（一七八二）年刊行の『家相口訣』である。著者は古易堂の大江桐陽で陰陽道書の『簠簋内伝』「造屋之篇」を参考にして著作を編み出した。彼がとくに主張したのは畳数と間数の吉凶である。翌年には、疋田慶明が『家相秘録』を出版した。同書は中国の『黄帝宅経』『三才發秘』を翻刻したものである。

家相諸派

江戸時代に出版された家相書は、一八世紀末から盛んに出版され、天明〜寛政年間に急増し、享和〜文化・文政期に最盛期を迎える。とくに著作が多いのは神谷古暦、松浦東鶏、松浦琴鶴である。いずれも関西が活動拠点だった。神谷古暦は明和〜安永のころの生まれで、摂州高槻藩の藩士で名を正晴といった。易学を学び、九星によって易断的に家相を占った。また屋敷地の形状の吉凶と畳数の吉凶を主張した点が特徴的である。松浦東鶏は商家の出身で陰陽道を学び定理的家相法と干支方鑑を併用することによ

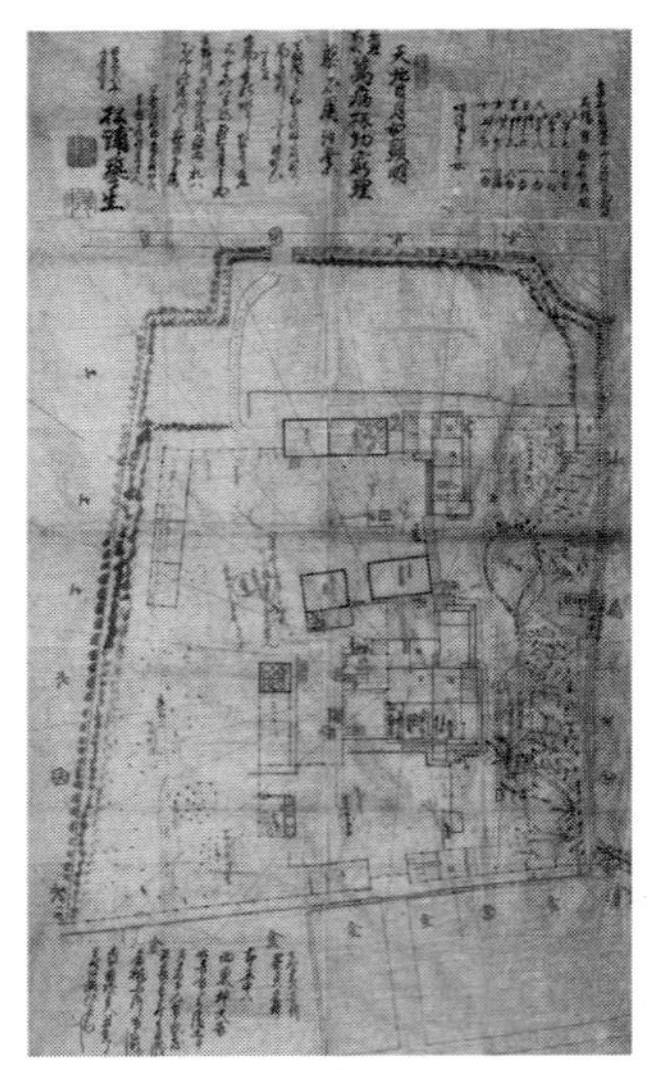
松浦琴生作成の家相図

って家相判断を行っていた。松浦琴鶴は、安永三（一七七四）年生まれで東鶏は叔父である。叔父の元で家相を学ぶが干支方鑒を否定し九星方鑒を重視するようになり叔父とは別の流派を形成した。

こうした家相見の流派が生み出された要因として、①家相判断の方法の相違、②住宅の中心の設定方法の相違、③住宅・宅地の張り欠けの処理の相違、④吉凶判断の相違の四つの要因が考えられる。

家相図

「家相図」とは家相判断をした際に、屋敷地、家屋、付属建物などを描いた平面図に、方位とその吉凶などが記された絵図面である。一辺が一メートルを超す大型のものも少なくなく、彩色が施された目を惹くものもある。家相図が民家調査報告書や各地の民俗調査報告書の中で、間取りの変遷を知るための資料として利用されてきた。化政期まで家相書の版元は大坂が中心で、家相見も大坂を拠点に活動していたことから、家相図の作成も関西の方が古いと考えられてきた。しかし、作成年代が明らかな家相図約三〇〇点を検討したところ、もっとも古いのは文化二（一八〇五）年の群馬県の家相図であり、化政期に作成された家相図一七点のうち東日本は一五点を数えた。

従来の考え方の元になっているのは「文化周圏論」という考え方である。つまり文化の中心地である大坂に近いほど新しい文化を受容されるのが早いという考え方である。文化周圏論という考え方の前提には、文化の伝達は人的交流、すなわち大坂在住の家相見たちとの直接的交流を想定したものであった。しかし、東日本で比較的早く家相図が作成されるのは大坂の家相見たちとの直接的人的交流ではなく、彼らが著した家相書という書物・モノが全国的に流通し全国各地に読者が形成されたからである。直接的交流ではなく、書物を通した間接的交流により普及したと考えられる。

（宮内貴久）

鬼門［キモン］

▼家相、方位・位置

鬼門と民家の家相

鬼が出入りをするといわれ、一般に好まれない方角を鬼門という。元々は、陰陽道の思想であり、庶民にまで普及するのは、江戸時代中期ころと考えられている。具体的な鬼門は丑寅（艮）の方角で、北東にあたる。そして、鬼門の反対にあたる未申（坤）の南西方向は、「裏鬼門」と呼ばれている。鬼門の方向に対しては、災難を避けるために鬼門除けを施すことがある。

民家に関する鬼門は、家相図に表される。家相図とは、民家の平面図あるいは屋敷図を描いて、さらに民家の中央を支点として周囲に「申」「未」などの方位を示すとともに、中央の支点と周囲の方位を直線で結んだものである。それによって、民家の内部や屋敷にある付属屋の位置が、どの方位の位置かがわかるようになり、鬼門の方位に存在するものもわかる。家相図は、江戸時代末期から明治時代を中心として、上層階級の家を家相師がまわって作成していたものである。

上棟式で鬼門に向けて放とうとする弓矢（新潟県南魚沼市）

民家の建築の際には、流しや竈などの方位をみてから建て始めることも行われている。また、屋敷の蔵などの付属屋の位置も、方位をみてから建てるようにしている家もある。さらに、屋敷の樹木にまで方位の吉凶が及ぶ。たとえば、ナンテンの木は、外便所の近くに鬼門除けとして植えるのが良いとされている。元々、ナンテンは、難を転ずるとして、立ちくらみをしたときに効くとされている。

上棟式と鬼門

上棟式のときには、棟梁が弓引きの儀式を行う地域がある。新潟県南魚沼市の例では、あらかじめ上棟式のためにつくっておいた弓を、鬼門の方角に向けて打つ仕草をするものである。このとき棟梁は「今日は棟上げの大吉日とあって鬼門に向かって弓を打つ」と言うと、参加者からは「ヤイヤー、ヨイヤサー」と声があがる。

全国各地の上棟式においても、新しい建物の棟木に弓矢を飾りつけて、この弓矢を「鬼門除け」と呼んでいるところがある。弓矢の矢羽には、兜や鶴、亀などの絵を板に描いたもので、弓は竹で作り、弦は縄をあてている。弓矢は、魔除けの意味を込めて、鬼門に向けて棟木にとりつけられている。

（津山正幹）

Ⅲ

建築と環境

住

解説

日本列島には多様な外観の住まいが分布しており、写真集に収録された美しさに心を奪われた人も多いはずである。しかしそれらは建築設計家の手によるものではなく、人が自然や生業との関わりの中で作り上げてきたものである。そこには美観よりも快適な暮らしを優先する意識が存在する。第Ⅲ章では、住まいと環境が深い関係にあることを理解するために、多様な項目をとりあげる。

石塀と屋敷林

かつて沖縄でサンゴ石を重ねた石塀（敷地を造成するために築かれた石垣と区別するために、ここでは「石塀」の用語を使用する）で囲まれた住まいを見て以来、私は石塀と屋敷林に関心をもってきた。概して南西諸島や西日本の太平洋岸を中心に石塀が分布しているのに対し、日本海側や東日本、東北地方には屋敷林が発達している。この理由については風速との関係が指摘されているように、石塀が台風の襲来にともなう強風に対応する設備であるとの説に基本的には同意する。しかし日本海側や北日本でも冬季に台風並みの風が吹くように、必ずしも風速などの自然環境だけで解釈することができないのではなかろうか。そこには屋敷林を選択した住人の住感覚が反映していると考える。

出雲平野では屋敷の北側と西側に松を植えた築地松（ついじまつ）が分布している。離れたところから見ると屋敷林が家をすっぽり覆った閉鎖的な住まいにみえるが、中に入ると築地松の厚さが意外に薄いことがわかる。真夏に訪れた時、築地松を通過して入ってくる風の涼しさに驚いた経験がある。砺波平野の散居集落にみられるカイニョと呼ばれる屋敷林についても、住人から夏の快適さを指摘された。群馬県伊勢崎市でも見事な屋敷林が発達しているが、風を通すために剪定が欠かせないという。長年、富山県で民俗調査を重ねてきた佐伯安一は、カイニョに包まれた暮らしについて安堵感をもたらす母の胎内にたとえている。石塀には自然との対立姿勢を見ることができるが、屋敷林にはあいまいな閉鎖を通して自然との調和を図ろうとする観念をうかがうことができる。

環境と調和した住まい

滋賀県の湖東地域では集落を貫く水路の水が美しく、清らかで冷たい水でのみ繁殖するバイカモが見られる。この地域の住まいには水路の水を屋内に取り込んで再び戻す

「川戸」が設けられている。川戸には鯉が数匹放たれており、調理の際に生じる食材の残りや食器に付着した食物の残りを餌にして浄化してくれるので、水路の水質は常に良好に保たれている。ちなみに成長した鯉は食材に利用される。

屋敷林の樹種は多様で、杉や松、檜は四〇年もたてば建築材料になる。コナラやクヌギは秋に大量の落葉をするので、堆肥に利用される。砺波平野のカイニョには実をつける時期が異なる柿の木が植えられており、収穫された実は秋から翌年春までの食材になる。また関東地方ではケヤキが植えられており、夏には茂った葉が強い日差しを遮り、冬には落葉して暖かい日差しを入れるという。長短のスパンで展開される自然のリズムに着目した人の知恵である。

良好な環境の中で暮らすために、環境に負荷をかけない生活が地域で共有されていることを評価したい。高度経済成長期の大量生産・大量消費からの脱却が求められている現在、参考にすべきだろう。

生業と住まい

住まいは生活の場であるとともに生業の場でもある。住まいの外観と構造にもっとも大きな影響を与えたのは養蚕であろう。世界遺産に登録された白川村や五箇山の合掌造り、群馬県の田島弥平旧宅はもちろん、ユニークな屋根をもつ大型の住まいの多くは養蚕民家である。蚕の飼育スペースの確保と、良好な飼育環境、作業環境を求めた結果が生み出した外観と構造である。

岩手県の南部地方に分布する曲屋（まがりや）は、生活の場である直屋（すごや）に馬屋が連結されたL字型の屋根を持つユニークな外観である。生活の場の屋根は寄棟であるが、馬屋の屋根は煙出しのある入母屋になっている。両者を連結した部分に囲炉裏が切られており、そこで発生した暖気は、生活の場ではなく馬屋に流れる構造である。人の生活より馬の飼育環境に配慮した構造といえる。曲屋の歴史は浅いが、家族のように飼育してきた馬への愛情が反映している。

全国的に農家では広い土間が確保され、夜間や冬季の屋内作業場に充てられてきた。土間は「三和土（たたき）」が一般的で、素足に伝わるひんやりとした感触が快い。三和土は急激な湿度の変化を防ぐ役割もあり、それを可能にしたのは凹凸のある表面であった。牛馬を飼育するマヤも土間に接しており、作業をしながら家畜の様子も観察できた。農業の機械化は牛馬を不要にし、マヤと土間は消滅していった。

個人が自由に住まいを設計し、空調設備の技術が発達した現代にあっても、自然環境との調和を図ってきた伝統的な住まいに学ぶべきところは多い。

（森　隆男）

一　建築と装飾

1　民家

民家［ミンカ］

民家と住宅

民家とは、農家や漁家、町屋などのような家人の居住空間と生業空間とを兼ね備えた建物をいう。農家では、土間で農作業を行い、厩をしつらえて家畜を飼育するとともに、居室や二階で養蚕を行っていた。漁家では漁具や漁船の収納を行うし、町屋では店や仕事場を備えているというように、生業空間たる生産活動の場をもちながら、家人が暮らすための居住空間を備えているものが民家である。したがって、生業空間をもたない単なる「住宅」とは区別される。

住宅とは、貴族住宅や武家住宅、現代の住宅をさす。貴族住宅や武家住宅には生業空間がないばかりか、庶民の住まいともいえないが、下級武士の住宅は農家の生活とはあまりかわらないので、民家に含めることもある。

民家には、地域の生業をはじめとして、自然条件や歴史背景、そして家族の生活によって、豊かな地方色が生み出される。とくに外観・構造・材料・間取り、居住習俗などに地方色があらわれて、地方性が浮かびあがってくる。そのため、民家は地方性が顕著に見られた近世までのものをさすとされることもあるが、近代にかけても伝統性を継承しているものが多いので、「伝統的な庶民の住まい」という意味が強い。

民家（右に厩と便所小屋が並ぶ。岩手県一関市）

民家の探究

民家には、地方色のちがいによる地域差ばかりではなく、時代差もある。時代差の手がかりとなる民家の建築年代は、棟札や墨書、文献資

民家の土間から居室を見る（茨城県古河市）

料からさぐることもできる。しかし、それらがすべての民家に備わっているわけではないので、民家の形式や様式で年代判定をしていくことになる。

ただし、形式や様式からは相対年代しか割り出すことができないため、絶対年代を知る手がかりとして復原的方法が使われるようになった。復原的方法とは、柱、梁（はり）、桁（けた）、土台、鴨居（かもい）、敷居（しきい）などの部材に残された痕跡を手がかりにして、元の形をさぐる方法である。民家は、地域や階層によって、それぞれの様式の入り込んだ時代がちがい、さらに改造を経て時代とともに変化していく。それを当初の姿に戻していくことによって、建築年代と様式がわかってくるのである。

民家を研究する学問としては、民俗建築学がある。民俗建築学は、石原憲治（一八九五～一九八四）が提唱し、必要性を説いたものである。それまでの建築史は、神社・仏閣、宮殿、城郭などの発達のあとを知ることはできたが、庶民がどのような民家に住んでいたのかということを知ることはできなかった。そのため、民家とそれをとりまく屋敷、集落、そして居住習俗を把握する必要性から、民俗建築学が生まれた。研究にあたっては、民俗学、建築学、地理学、家政学（住居学）、人類学、歴史学、考古学などの隣接諸科学との学際的協力が行われている。

民俗建築学の研究対象のなかでも、とりわけ居住習俗は、民家研究に欠かすことのできない内容である。具体的には屋敷や民家の利用、炉や竈（かまど）の火所、風呂と便所、屋内神、建築儀礼、屋根葺きなどがある。民家は単なる建築物ではなく、居住空間と生業空間を併せもつ建物なのであるから、暮らしがあらわれる居住習俗を知る必要がある。

それは、次のような民家研究の成立当初からの課題でもあった。

今和次郎（こんわじろう）の『日本の民家』（一九二二年）が発表されたのち、柳田國男は「民間些事（さじ）」のなかで次のようなことを書いている。

「今和次郎さんの『日本の民家』を読んで居ると、暫らく出て居た故郷の村へ、還（かえ）って行く時のような気持ちがする。（中略）その代わりにはあの藁家（わらや）の中に居て、笑つたり叱つたりする聲は聞えない。折角尋ねて見ても留守では無いかといふ様な気遣ひがある」

それに対して今和次郎は、自著『暮らしと民家』（一九四四年）の序文で「柳田國男先生から家の中に生活している人間をぬきにしているといわれた」と示し、生活のあらわれる民家を示すことは「仲々むづかしい」と記している。

つまり、民家やその一部の機能をとらえることができるかどうかだけではなく、暮らしのあらわれる民家をとらえることがいかに難しいか、そして重要なことなのかがわかる。

（津山正幹）

民家の構造［ミンカのコウゾウ］

日本の民家は、木造である。これは樹木が豊富に採れた国土の環境によるものである。木造民家は柱と横架材の組み合わせで構造が造られており、校倉構造など一部を除けば、日本全国の民家に共通する構造原理である。

軸組と小屋組

主要構造は大きく「軸組」と「小屋組」に分けられる。軸組は柱、桁よりなる箱状のフレームで、柱は一間間隔を基本にして建て、梁をかけ、桁でつないで造られる。一間の長さは地方や時代により変化があり、東日本は一間が六尺間（一八一八ミリ）、西日本は一間が六尺五寸間（一九七〇ミリ）が基本となるが、一般に時代が古いほど柱間は広い傾向がある。

柱を建てる構造には、柱の端を直接地中に埋め込んで立てる「掘立て」と礎石の上に柱を立てる「石場建て」のふたつがあった。掘立て柱は古代以来使われた構造であるが、近世初期には石場建てが一般的となった。しかし地方によっては掘立て構造が近世を通じて行われた。

軸組の上に載るのが、小屋組で、屋根を支えるフレームのことである。茅葺き屋根の場合は二本の丸太を棟で交差させて梁の上に突き立てた叉首構造が用いられた。梁を底辺として三角形に叉首を組んで頂点で棟木を支える。また叉首を用いず、梁の上に束踏を置いて棟束を立てて棟木を支える垂木構造もある。

瓦葺きや板葺き屋根は、和小屋構造が主となる。梁の上に半間（一間の半分）を基本に束を立てて、棟木と母屋を支えるもので、束の長さが大きくなる場合は、貫を入れたり二重梁にしたりして補強される。

このように日本の民家は軸組の上に小屋組が載っているのが基本的な構造原理で、軸と小屋が分離できると言い換えることもできる。

ところが一部の農家や町家では、軸組と小屋組が一体的に造られる例がある。棟持柱に代表される構造で、「通し柱構造」とも呼ばれる。この場合の通し柱とは、一階と二階を通す柱のことではなく、柱がそのまま屋根を支える構造のことである。京都や大阪に代表される近畿圏の町家には、この通し柱構造がよく見られる。

いずれにしても軸組と小屋組の組み合わせで建築の構造が造られる。多雨の気候である日本の場合は、いかに建築に合理的、経済的に屋根をかけるかが大きな課題であり、民家の構造的発展の要であった。また棟木は建築の象徴的な部材となり、上棟式をする習慣もこれによるものである。

軸組は四角形を基本にしたものであるので、地震や風圧による変形に弱い。このため横方向の力に抵抗するため、貫を柱に抜き通し、楔で固めた。また貫は土壁や板壁の下地にもなった。この貫という構造材は古代の日本にはなく、柱に差す横材は柱の中で止まり、貫通させなかった。その代わり変形に対応する部材として長押があり、柱の側面に打ち付けて柱間をつなげていた。これが中世になり、大仏様などの新様式が渡来し、その影響により従来の長押に加えて、横材を貫通させ構造を固める貫が使われるようになった歴史がある。

上屋柱を抜くため巧みに組まれた梁組（神奈川県横浜市）

長押は貫の発達により次第に構造材としての役割を失い、近世にはむしろ格式的な意匠の造作として使われるようになっていった。しかしながら神奈川県域の民家では、土間に長押を打つ例が多数あり、構造的に効かせる意識も残った地方もあった。

現在の在来工法で見られる、斜材の筋交を使った軸組の変形を抑制する構造は、一般的には大正時代以降のことであった。

構造の発展

民家は社会環境や生業環境の発展により、耐久性を備え、また規模も大きくなっていく指向があった。耐久性を増すには、掘立て構造から石場建て構造への転換が大きな役割を果たした。いっぽう規模を大きくするには、「上屋」と呼ぶ本体部分の構造の周囲に「下屋」を取り付け、規模を拡大したのである。この上屋と下屋の関係は、民家の構造の発展に大きな影響を与えた。

江戸時代は幕府によって梁間（はりま）規制があり、新築の場合は三間梁が標準であった。梁間三間というと、梁間方向は一部屋をとるのがやっとである。規制はあくまで上屋の梁間であったから、そこで下屋を取り付け三間以上に規模を拡大していったのである。

しかし、上屋と下屋の境には柱が建ち並ぶ。部屋として使うには使い勝手が悪い。そこで、小屋梁の下に下屋までかかる梁をさらに入れ、上屋下屋境の柱を抜いた。また、部屋境となるところには、出入りに不自由なく、かつ一体的に部屋列の空間をとれるよう、構造材としての差鴨居が発達した。その差鴨居を四方から受ける建物の中心部の柱は太くする必要があり、大黒柱の誕生につながっていったのである。

（御船達雄）

庄屋・名主の住まい［ショウヤ・ナヌシのスまい］

庄屋・名主

庄屋は主に関西で用い、関東では名主、東北地方では肝煎（きもいり）とも呼ぶが、これらは江戸時代の村や町役人の長の名称である。中世以来の土豪（どごう）や格式のある有力農民が任ぜられる場合が多く、藩主など支配層の命令を伝え、年貢徴収・道橋普請をはじめ村政全般を取り仕切る役目を負った。

庄屋・名主の家の特徴

庄屋・名主などには、村長（むらおさ）としての屋敷構えをはじめ、母屋の規模や間取り、内部意匠などに一般の農家との違いが見られる。

屋敷構えの特徴としては、他の農家に比較して全体的に広大であることのほか、門や蔵などの付属屋の有無や意匠、その数が多いことなど豪壮さを醸し出し、格式を象徴し、かつ遠くからでも家の位置がわかるように屋敷林を大きくしつらえたり、樅（もみ）や檜（ひのき）などの大木を植栽している。

旧外島家住宅。江戸時代の上層農民の民家（18世紀後半、福島県喜多方市）

農家の住まいは

生活の場であると同時に、籾摺り、藁打ち、縄ないなどの生産活動の場でもあったが、同じ農家でも地域や経営作物や経営規模の違いにより、母屋の面積や仕様には大きな違いが見られる。また、一八世紀後半以降は、生産性の向上や多様化が進んだことで全体的に家作規模が拡大したが、とくに格式や種々の既得権・特権をもちながら醸造業や金融業などの多角経営によって土地や収益を集中して資産増強を図った庄屋・名主などの住居は、ますます大型化していった。

また、ふつうの農家が三間取りや四間取りなどの部屋数であれば、玄関構えや居間と座敷のあいだに部屋を設けるなど部屋数が多いのが特徴である。さらに、ふつうの農家では来客は土間や縁側から座敷にあがったが、座敷の正面や居間と座敷の中間に式台玄関（出入口部分に、床上にあがるために設けられた低い板敷き部分）を設け、屋根は母屋とは別屋根にするなどの施設仕様や、軒の豪壮さを表現するために「せがい造り」にしたり、奢侈として禁じられた床の間・付け書院・欄間・長押・釘隠しの使用なども、庄屋・名主など村長の住まいの特徴である。（小澤弘道）

母屋の規模［オモヤのキボ］

母屋の発展

現存する民家には数例を除き中世にさかのぼるものは少ない。近世期に入り、他の付属屋とともに母屋も発達し、次第に規模が増大していった。この理由として、第一に建築技術が発達、向上したこと、第二に庶民生活が富裕化したことがあげられる。

民家建築の技術は、近世初期に著しい発展を遂げた。具体的には、掘立て柱から柱を礎石の上に建てる石場建てへの変化により耐久性が著しく向上し、また、柱の省略などの工法が発展して上屋と下屋による家屋構造が確立し、大型化を助長することとなった。

現存する中世民家は一六世紀後半と推定される箱木千年家（兵庫県）・古井千年家（兵庫県）・堀家住宅（奈良県）の三棟であるが、いずれも富裕層の民家で、石場建て、上屋と下屋による構造からなる。近年の発掘調査や文書調査の進展により中世の豪族居館の住居遺構のほとんどが掘立て柱であり、一七世紀前半までの民家の多くは掘立て柱であったことが判明している。一七世紀後半からは石場建てが一般化し、一八世紀後半には土台の上に柱を立てる工法に移り、民家の大型化が一層進展した。

一八世紀後半までの民家の大型化は、主に母屋の平面的な拡大、とくに土間面積の拡大であったが、一八世紀後半以降になると、農家では養蚕の作業空間として二階を設け、宿場などでは居室利用のための二階建ての町屋も多く建てられるようになり、垂直方向への拡大が見られるようになる。また、母屋以外の充実した蔵や門といった付属屋が数多く見られるようなり、屋敷景観全体の規模も拡大し、屋敷構えが整えられていった。

近世民家の母屋のもつ特色のひとつに、農家では土間で農作業を行い、町屋では店や仕事場を設けるなど、生活の場と生業の場を内部に兼ねていることがあげられる。

民家が大型化した時期は、庶民生活の富裕化と重なる。その理由として、第一に農村部においては稲作技術の進歩や新田開発が進行した時期が一七世紀後半からで、生産力が向上し農業経営規模の拡大とともに、年貢貢納後の余剰部分が手元に蓄積されたことによる。

また、都市部近郊での畑地作物の生産が拡大して商品流通経済の浸透が進むとともに、一部の有力な農民層ではさらに富裕化が進展した。村落内部でもっとも大規模化したのは、既得権・特権をもちながら醸造業や金融業などの多角経営によって土地や収益を集中させた庄屋・名主といった村役人層であった。

住居記載史料による各時期の母屋規模

	0期（17世紀）	Ⅰ期（18世紀前半）	Ⅱ期（18世紀後半）	Ⅲ期（19世紀前半）	Ⅳ期（19世紀後半）	備考
普農層	26〜32坪	27〜33	22〜37	24〜51	27〜57	
	7.5×3.8間	7.7×3.8	7.7×3.9	8.4×4.2	8.6×4.8	
村役層	32〜56坪	32〜56	40〜63	38〜70	46〜75	
	9.4×4.4間	9.7×4.7	10.9×4.8	11.0×5.0	11.4×5.2	
特権層	55〜64坪	?	76〜103	81	90	鈴木家・旧有路家を含む
	11.0×5.5間		14.4×6.0	14.3×6.0	16.6×6.0	
名子層	6〜18坪	6〜18	?	14	?	
	5.0×3.0間	5.0×3.0		5.5×2.5		

注：上段は範囲。下段は平均（桁行×梁間、下屋を含む）　（草野和夫『東北民家史研究』中央公論美術出版より）

母屋の規模

現在、東北地方において、一七世紀後半から一八世紀前半の農民家屋の数は多くはないが、これらから推定される規模はおおむね桁行(けたゆき)七・五間前後、梁行(はりゆき)三・八間前後、平面積二六〜三二坪（平均二八坪）である。会津地方の山間地域に残る同時代の住居記載史料でも平均値は桁行七・五間、梁行四間、平面積三〇坪であり、同地方の平均的な母屋の規模であったと推察される。

東北地方の各地の住居記載史料から平均的な農家母屋の規模をみると、一九世紀前半以降の拡大傾向が著しい。

一七世紀後半から一八世紀前半にかけて幾度となく数多く発せられている禁令が、現存する民家や関係する記録・文書にどのように影響したのであろうか。地域によって民家造作に個性・特色があって一概に談ずることはできない。江戸時代後半には全体的に家作規模が増大し、規制が働いたが、農家経営規模によって大きな差はなく、庄屋・名主などの村役人層をはじめ、資産や家格のある家を除けば、ほぼ一定の規模であった。言い換えれば、禁令により制限したところの家の規模が、一七世紀後半からのそれぞれの地域における標準的な、最小限に必要な家の規模であったといえる。

（小澤弘道）

大工と伝承［ダイクとデンショウ］

▼上棟式・建前

大工修業と伝承

大工は、一般に棟梁(とうりょう)のところで五年ほど弟子入り修業をして、その後さらに一年の御礼奉公を経て一人前の大工となる場合が多い。一人前の大工となり、棟梁となると上棟式(じょうとうしき)（棟上げ、建前）をとり仕切ることにもなるので、棟梁からは上棟式のやり方や式で読みあげる祝詞(のりと)についても教えを受け、それは棟梁から弟子へと連綿と受け継がれてきた。

上棟式とは棟木(むなぎ)が上がったことを祝って行われる建築儀

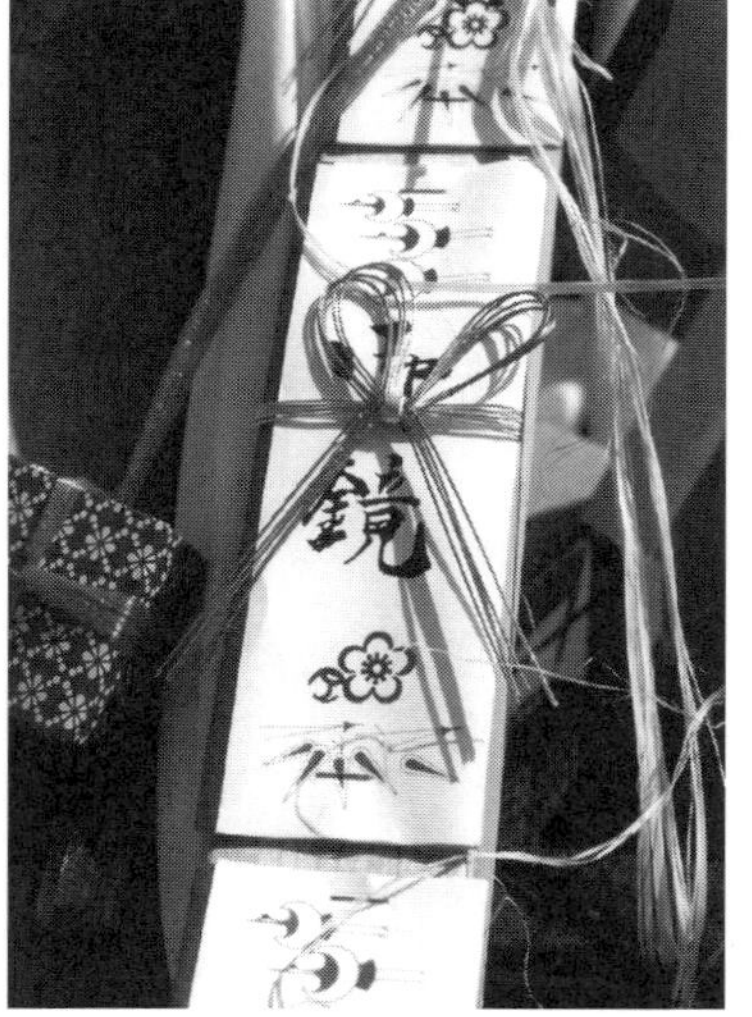

上棟式で飾られる鏡などの女性の道具（新潟県南魚沼市）

礼のひとつで、祝詞は棟梁が直筆で墨書したものが使われるのが習わしである。

また、上棟式では、大工の棟梁が「しが柱、氷の梁の雪の桁、雨の垂木、露の葺き草」などという呪文を読みあげることも多いが、これも大工代々の伝承といえる。同じような呪文は、屋根葺き職人にも伝わっており、東北地方の屋根職人のなかには、この呪文の入った屋根葺きの伝書が伝わっている。

このように、大工の仕事は棟梁から弟子に伝承されてきたが、近世に入ると、その技術が「木割書」として出版されるほか、屋敷の形状や棟の方向、竈の位置などによって家の吉凶を示した「家相書」の出版も多く出されるようになっていった。

上棟式の女人犠牲譚

上棟式では、供物として女性の道具が供えられることが多い。供物に用いられる女性の道具には口紅・白粉・鏡・櫛・かもじ・こうがい・針などがあり、実際の女性の髪の毛も供えられる。それを箱に入れたり袋に入れたりして、ヘイグシ（角材の幣束）や、弓矢の弓（細角材）にくくりつけ、さらにそれらの頂部に扇子などを組み合わせて顔に見立て、上から晒や麻を数本垂らして髪の毛に見立て、全体に女性をかたどった飾り物に仕立て上げて棟木の近くに供える。

この女性の道具を飾るのは女人犠牲譚に由来するのであるが、地域によって内容が変化しながら、大工のあいだに次のような伝承が伝わっている。

福島県喜多方市　左甚五郎が行った大きな普請は、相棟梁といって二人の棟梁が置かれ、仕事を分担して行われた。ある時、相手の棟梁に柱を短く切られてしまった。このままでは仕事が仕上がらず、自分の恥となるため、いっそノミで死のうかと考えた。そうすると妻が、升の上に箸で交互に升をかけて装飾を施すようにしながら短い柱を補ったらどうかと言った。言われたとおりにすると、相手の棟梁よりもうまく仕上がった。それからこれを升組と呼ぶようになった。しかし、日本一の棟梁は、嬶からやり方を聞いたことを隠すため、嬶の首を切ってしまう。すると鬼門に首が飛んでしまった。そのため恨んで首が化けて出ないようにと、矢羽を鬼門に向けている。そして、嬶をなぐさめる意味で、化粧道具を上げるようになったという。

神奈川県藤沢市　ある大工の棟梁が、夕方すっかりふさぎ込んで帰ってきた。その様子を見たかみさんが夫に尋ねると、柱の一本を少し短く切ってしまい、明日にせまった建前にも差しつかえ、困ったという。それを聞いたかみさんは、ほかの柱も短い柱の寸法に合わせて切り、櫛形を柱の上につけて桁を載せたらどうかと助言した。棟梁は、はたと膝を叩いてにっこり、翌日、そのようにして無事建前を済ませることができた。そればかりか、櫛形を柱の上につけたため、家が立派に見えると施主からもたいへん喜ばれたという。

だが、棟梁は、女の知恵でこの難局を切り抜けたことが他人に知れると、男としての立場がないと思い、帰宅すると、かみさんをひと思いに口封じのために殺してしまった。その供養のために、今も女の道具を飾って建前をするのだという。

岡山県美作市　家を建てるときに、棟梁が柱を切り損ねてしまった。そこで、女性の髪の毛をつなぎ合わせて、柱を継ぎ合わせ、完成にこぎつけた。

このように、名のない大工棟梁の場合もあれば、地域によっては左甚五郎や竹田番匠の名棟梁に代わることもある。また、妻を殺すのではなく、娘を殺すとする地域もある。

（津山正幹）

2　民家の形態

寄棟造り（ヨセムネヅクリ）

建築物の屋根形式のひとつ。棟（ふたつの傾斜した屋根面が交わって稜線をなす部分）をもち、雨水がスムーズに落ちるよう、四方に傾斜のある屋根面が設けられている。四注造りともいわれるこの屋根の形は世界各地に存在し、日本でも全国的に分布する。

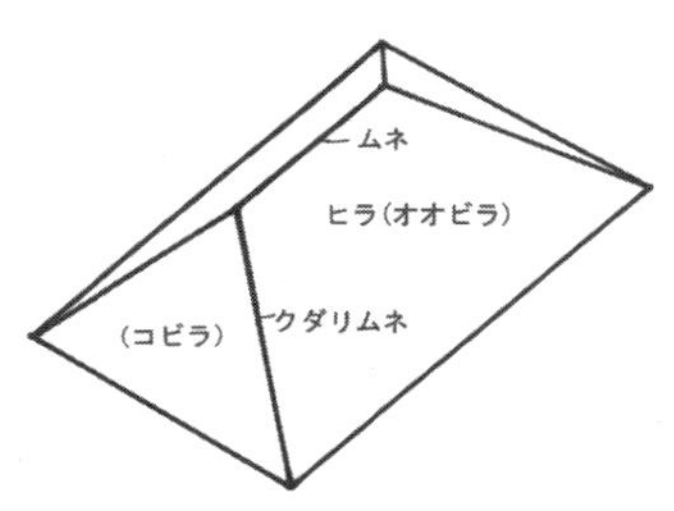

寄棟屋根の形と各部名称

草葺寄棟屋根（千葉県丸山町）

一般には「ヨセムネ」「ヨセムネヅクリ」と呼ばれているが、「アズマ」「アズマヅクリ」「アズマブキ」「アズマヤネ」「アズマヤヅクリ」などとも呼ばれている。また、「ヨツムネ」「ヨツヤ」「ヨツヤネ」などと呼ぶ地域もある。アズマ系統の多くは西のほうに聞かれるが、アズマヤヅクリは全国に存在するようである。関東以北に多く存在するこの形が全国に広まる過程でアズマ（東）の呼称がついたとも考えられ、興味深い。ヨツヤ系統の呼称は、四方に屋根面を設けた形からきているかも知れない。なお、香川県の一部には「ツクダリヅクリ」「ツキダレヅクリ」の呼称も存在する。

風をまともに受ける壁面が小さくなり、風雨に対して有利のようであるが、屋内の換気に関しては良好とはいえない。このためか、排気用のコシヤネ、ヤグラ、ハッポウなどの換気窓が設けられることが多い。

天然材料であるカヤは、身のまわりにある材料（葦、ススキ、笹、稲藁、麦藁など）である。そのほかに人工材料（粘土焼成、セメント成型、金属成型、鉄板など）も使われる。

茅葺き屋根の場合はヒラとクダリムネが同一の材料（草）で仕上げられるが、それ以外の屋根葺き材料を用いる場合には、材質は同じであるが形の異なった材料を用いて、雨漏りのないように工夫する。たとえば、粘土瓦を例にとると、棟や降り棟に熨斗瓦（のしがわら）や丸瓦（雁振瓦（がんぶりがわら））を使い、棟端部は鬼瓦や三つ又瓦を使うなど、ヒラの部分とは異なった形の瓦を使って仕上げる。

いずれの場合も、棟の仕上げだけはいろいろな形をつくり、特徴を出している。

（宮﨑勝弘）

切妻造り［キリヅマヅクリ］

切妻造りの形態

屋根型においてふたつの傾斜面のみからなる型を、「切妻造り」または「切妻屋根」、もしくは単に「切妻」という。本を開いてから伏せたような形をした屋根型ともいえる。したがって、棟木（むなぎ）を頂部として、両方向に雨水を流すことができる。ふたつの面にあたる棟木に平行した部分は、「平（ひら）」と呼ばれる平側の面である。一方、棟木の両端の面は、「妻」と呼ばれる妻側の面である。

切妻造りの場合は、妻側のふたつの面に屋根が葺かれていないため、そこを壁とすることもできる。一方、開口部にすると、換気を良くすることができるため、二階で養蚕（ようさん）を行う場合には適した屋根型であった。養蚕は、明治時代に推奨される温暖育によって広がりをみせて別棟の蚕室が普及するが、その形態は総二階建ての切妻造りの屋根型であった。

切妻の屋根（愛媛県西予市）

各地の切妻造り

町屋は、宿場町や城下町などにある庶民の民家で、瓦葺きの切妻造りが多い。町屋は、道に町屋の棟が平行していて出入口が棟に直交してつく平入りの町屋と、道に棟木の端を向けて妻側に出入口をつける妻入りの町屋があるが、ともに切妻造りの形態になる場合が多い。

茅葺き屋根の切妻造りとしては、合掌造りがあげられる。中部山岳地帯から日本海に向かって流れる庄川上流の岐阜県白川郷と富山県五箇山にかけて見られるもので、棟が高く勾配の急な切妻造りである。断面は、五〇～六〇度の正三角形に近い形態をしている。

山梨県の甲府盆地には、「櫓造り」と呼ばれる茅葺きの切妻造りの民家が見られる。屋根の中央部を突き上げて、そこに小屋根をとりつけている。

奈良盆地を中心に河内・南山城にかけて見られる「大和棟」は、地元では「タカヘ造り」と呼ばれているもので、急勾配の茅葺き切妻造りである。妻側は、白壁で塗り込められる。屋根の両端には、「タカヘ」または「クダリ」と呼ばれる瓦をとりつけている。片方の妻側の面には、竈をしつらえた土間のある落ち棟が一段低く接続している。

板葺きの切妻造りとしては、「本棟造り」が長野県の中部から南部一帯にかけて分布する。地元では、「ハフヤ」などとも呼ばれているもので、庄屋などの上層民家に見られた。本棟造りは、屋根の勾配は緩く、平面が大型の正方形に近い妻入りの民家になっている。

（津山正幹）

入母屋造り ［イリモヤヅクリ］

日本の民家の主たる屋根型は、「切妻」「寄棟」「入母屋」の三形態で、草葺き・瓦葺きのいずれの場合にも、この三つのうちのひとつが用いられている。

入母屋型は屋根棟の妻側に「破風」と呼ばれる三角形の部分をもつ形態である。これは「切妻」と「寄棟」の結合形であり、切妻の両妻側に下屋をつけた形、あるいは寄棟

写真１　入母屋造り（京都府美山町、小林家）

写真２　オダチ柱

の棟の両側を少し延ばして三角形の空気抜きをつくった姿、さらには玉虫厨子や四天王寺の錣葺き屋根にその原型が偲ばれる。

この入母屋造りは、京都を中心とする近畿地方一円の一般的な民家の屋根型であり、西は中国地方から四国・北九州の一部に、東は東海西部から北陸・能登、関東西部に及び、東北の一部に分布している。

入母屋造りは、古くは妻入りであった可能性がある。たとえば、京都丹波系の北山型民家で有名な北桑田郡美山町（現・南丹市）樫原の石田家は、慶安三（一六五〇）年に建築されたもので、その最古の例である。同町下平屋の小林家（写真１）は文化一三（一八一六）年に棟上され、出入口が平入りに転じたころの様式といわれている。

また北山型は、茅葺き屋根の小屋組みとしてオダチ柱（棟束）（写真２）が使用されており、棟を支える垂木構造としても特色がある。全国的に分布する叉首構造（合掌造り）に対して、近畿周辺にだけ垂木構造（オダチ組）が残っているのは、近畿農家の祖形ではないかとも考えられている。

（早瀬哲恒）

南部曲屋［ナンブマガリヤ］

かつて、岩手県盛岡市付近にはL字型に曲がった民家が多数見られた。これを「南部曲屋」と呼んだのは、おそらく今和次郎が最初であろう。著書『日本の民家』のなかで、「南部の曲家」として、また車窓から見える奇観として紹介している。曲屋は江戸時代の古文書にも記録が見えるが、

「曲」あるいは「曲がり」とだけ記されている。また、南部とは岩手県の南という意味ではなく、この地方を治めた南部家のことである。江戸時代には、岩手県は大きく二分され、北は南部、南は伊達の領地であった。その旧南部領にのみ見られるので、この名前がある。

右曲がりと左曲がり

南部曲屋は、母屋と馬屋に分かれる。母屋に対して左右のどちらかに馬屋がつく。これを「曲がり」と呼んでいる。左右のどちらかを決めるのは、母屋の土間の位置である。馬屋は土間とひと続きになっているからである。盛岡市周辺には向かって右に馬屋のある曲屋が多く、遠野市周辺ではその逆が多いといえる。

曲屋（岩手県みちのく民俗村、写真提供：森隆男氏）

盛岡市の南に位置する紫波郡紫波町では、中心を流れる北上川によって分布がはっきりと分かれている。北上川の西側（右岸）では向かって右に、東側（左岸）では向かって左に馬屋がある。その理由はよくわからないが、北上川の西側は冬に北西の風が卓越し、土地も西の奥羽山脈から北上川に向かって東に低くなっている。

岩手県の県南では、この地形を利用した「三つ屋」という形態が生まれた。三つ屋とは、母屋、馬屋、納屋が連続する民家をいう。このような自然の特性を考えれば、西に上手をとるのがふつうで、右曲がりの曲屋が生まれるのは当然のことである。

曲がりの特徴

母屋の入口は馬屋との接合部にあり、この部分を「ホラマエ」と呼んでいる。通用口なのでごく小さい。馬屋には馬用の入口があって、大きくとられている。曲がりは馬屋としてのみ使われるのが大きな特徴で、日本海側に見られる中門造りとは大きく異なる。

馬屋は大きく、母屋と同じ規模のものもある。屋根は母屋よりやや下げるのが一般的である。通風のため、入母屋屋根にして、破風に煙出しを設けていることがある。入母屋屋根は目立ち、破風飾りなどもつくとこちらのほうが立派に見えることがある。

曲屋の起源

曲屋の起源は明らかではない。馬と同じ屋根の下で暮らすのは、寒さから馬を守るためである。だが、なぜ馬屋を曲げなければならないかということとは別である。馬屋を曲げないで、そのまま伸ばした住宅もある。

旧南部地域の南部の曲屋の分布には濃淡があって、まったく分布しないところもある。したがって、南部の曲屋にはなんらかの意味があったと考えられる。

江戸時代の建築記録は多くないが、意外にも火災記録のなかに曲屋を見いだすことができる。久慈地方の火災記録では住宅規模のほかに、家族、蔵・家畜の有無などが記されていて、ある程度の経済状況がわかる。こうした記録から、曲屋はほかの住宅より暮らしが裕福であったことが推測される。

また、南部地方は古くからの馬産地であった。この傾向は近代になっても変わらず、岩手県は大正時代に馬の生産高日本一となった。したがって、曲屋の建設もこのころにピークを迎えたと考えられる。江戸時代の曲屋は、数としてはあまり多くなかったであろう。明治時代になって、家作規制がなくなり、馬の飼育を請け負う里馬制度によって曲屋が増加していったと思われる。したがって、今和次郎が見た曲屋の「奇観」は、当時の最先端の流行であったのであろう。

（瀬川　修）

中門造り［チュウモンヅクリ］

雪国の民家

雪国を代表する民家形式で、母屋の棟方向に対して直角に棟をとりつけた家屋をいう。この突き出し部分を中門と呼ぶ。平安時代の寝殿造りの中門廊に形状が類似することから、その名称が民家に転用されたと考えられている。

カギマヤの民家（新潟県柏崎市高柳）

玄関中門の民家（新潟県柏崎市鵜川）

こうした中門造り民家は、秋田県、山形県、福島県会津地方、佐渡を除く新潟県を中心に分布し、長野県北部や中国地方山間部などにもおよんでいる。新潟県においては、一七世紀にすでに現れ、江戸時代から明治時代にかけて著しく発達したという（『越後の民家―中越編』）。

中門の位置や形状、機能や呼称には地域差があって、必ずしも一様でないが、おおむね日本海側の積雪稲作地帯の民家の特徴を示す。一般的な中門民家は、母屋の土間側から表に向けた棟をもつ平面が鍵型（L字型）の住居で、中門の位置が母屋の前面にあることから「前中門」や「表中門」と呼ぶ。中門の内部に厩や便所、出入口の土間通路を設けることから「厩中門」とも称する。新潟県柏崎市高柳にはこの形状の民家が多く、地元では「カギマヤ」「曲屋」と呼んだ。日常の出入りは中門先端のトマグチを用い、ハレの日には母屋側の座敷口を使った。

厩中門は、牛馬の飼育管理を屋内で可能にするとともに、無雪空間を外に向けて延長することで除雪の労力を軽減し、冬期間の出入りを容易にした。

旧南部藩（青森県・岩手県）領に分布する曲屋と厩中門は外観が似ているが、出入口の位置と突出部の規模がちがっており、中門造りとは別系統と考えられている。

同じ前中門であっても、厩など生産機能をもたない「玄関中門」（T字型）と呼ばれる民家がある。玄関が母屋のほぼ中央部から一間ほど前に張り出した形状の住居で、内部にはあがり框がある程度で、ほかに何も間取りをしないのが特徴である。この傾向は一階の土間部分に指摘され、機能的には、冬季に風雪が屋内に吹き込むことを防ぐ緩衝空間としての役割が強いと思われる。中門部の切妻屋根には、落雪を左右に分けて人の出入りを安全にする目的があった。したがって、厩中門に比べると小規模でも目的を果たし、仮設の雪棚が常設化した構えと推測される。

中門の上部は玄関二階と称し、若夫婦の寝室や子ども部屋、手仕事の場など小部屋とすることが多く、藁や焚物などの収納空間とする厩中門の二階とは、やや使用の趣を異にする。

中門の地域差

同じ雪国であっても、L字型が内陸の豪雪地で普遍的に見られるのに対して、T字型は積雪地ではあるものの降雪量が比較的少ない平野部の水田地帯に分布する。柏崎市鵜川および同市周辺の海岸近くの地域では玄関中門がごく一般的で、厩中門を見ることは少ない。豪雪地と積雪地、山と海、降雪量と地形にもとづく環境が、民家のありかたに影響を与えたと考えられる。

また、出入口が正面両側の二か所に凹状に突出する「両中門」の民家が、山形県から秋田県にかけて分布する（上手側からは座敷へ、下手側からは厩へ出入りする）。こうした両中門は地域性を反映した実用的構えであるが、一方で家の格式を表示した。

地域色ある表中門とは反対に、母屋の裏側が張出した造りを「後中門」や「裏中門」と呼ぶ。後中門の位置は、内部の機能や、そこに何を置くかによって変化した。

寝室や居室などを設ける「寝間中門」は、母屋の背面中央部あるいはやや上手寄りに設けるのがふつうで、ニワに隣接することは少ない。一方、台所や風呂場、食料品を貯蔵する味噌部屋などを置く「水屋中門」は、ニワに接続する母屋の裏側であったり、下の側面につくこともあった。したがって、後中門は表中門ほど位置が固定化されず、個々の実用性に主眼を据えた構えであった。

中門の屋根の形状と屋根葺きの材料は、中門の種類によってちがってくる。前中門でもL字型の屋根形式は、茅葺きの寄棟造りと入母屋造りが一般的で、少数の切妻造りが混在する。一方、T字型中門では、板や鉄板屋根の切妻造りが大部分で、寄棟の茅葺きは稀である。この傾向は後中門にも共通し、板葺き切妻二階建てがふつうである。これらは茅葺きの直屋に別棟がとりつき、機能分化した様子がうかがえる。母屋との一体感が薄く、厩中門に比べると普及の時期が下がると思われる。

（三井田忠明）

合掌造り［ガッショウヅクリ］

屋根の妻面を垂直に切って障子を入れた民家で、日本海へ注ぐ庄川上流の富山県五箇山と岐阜県白川郷に分布する。断面は正三角形六〇度の急勾配で、合掌したように見えるので合掌造りと呼ばれている。正三角形のサス組みは全国で富山県と石川県だけである。屋根裏で蚕を飼い、床下で塩硝をつくり、広い土間では紙漉きや糸繰りをした。

村上忠森家（富山県南砺市上梨）

オエ（うしろはチョンダの入口）

間取りは梁行三間程度の小規模な家では広間型であるが、四間以上になると広間を二分して田の字型（整形間取り）になる。最大の西赤尾（富山県南砺市）の岩瀬家は梁行七間に桁行一四間（もと一六間）もある。入口は妻入りと平入りが混在し、地域差もあるが妻入りのほうが古いようである。

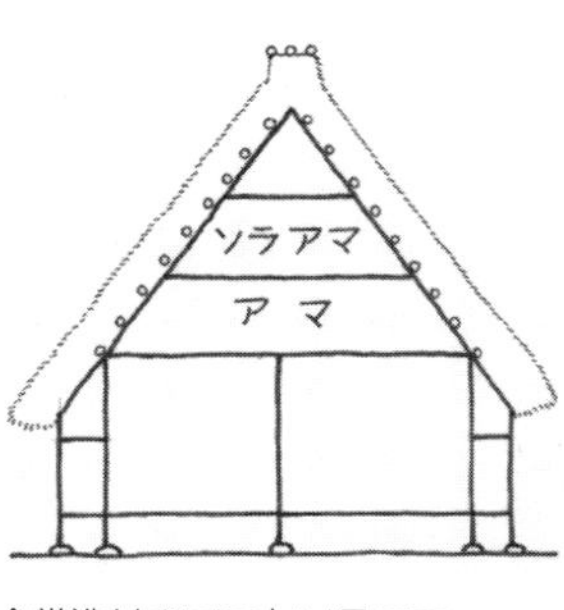

合掌造りのアマとソラアマ

住まい方

国の重要文化財（重文）指定民家のうち、標準的な間取りをもつ上梨（南砺市）の村上家を例に住まい方をみる。この家は東向きの妻入りで、間口五間半に奥行一二間、整形間取りである。向かって左列は日当たりのいい南側で、オート（入口）、マヤ（馬屋）、デエ、ナカノデエ、オクノデエと続く接客部分、右列はニワ（ミージャ）、オエ、チヨンダ、カネンテ（一部ネマ）と続く内向きの生活部分である。

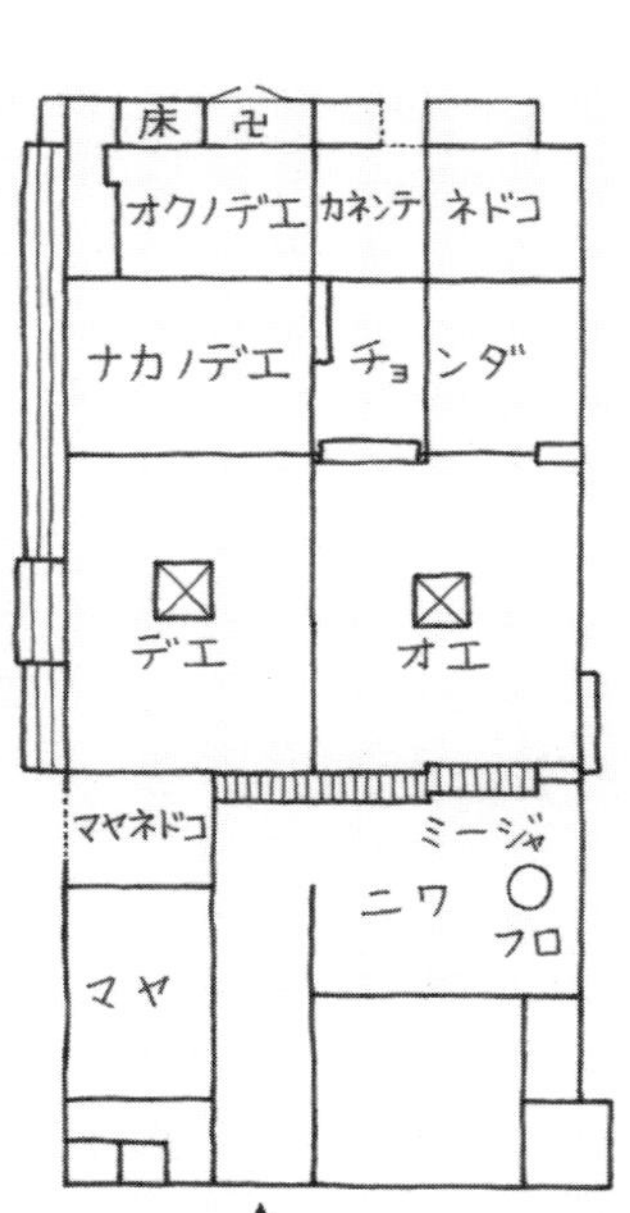

村上家住宅平面図（原図・宮澤智士編『日本の民家・第二集　農家II』学習研究社より作図）

妻側の入口を入ると、左脇にマヤがある。五箇山は峠越えに馬は不向きで牛を飼ったので、ウシマヤという。便所は現在は入口の左脇にあるが、もとは小便所だけが屋内で、大便所は屋外に建てた小屋であった。

床張り部分へ上がるとデエである。デエは、ナカノデエ、オクノデエとともに祭りや仏事のときの宴会場であるが、ふだんは作業空間であった。養蚕期にはシチョウ（紙製の蚊帳のようなもの）を吊るして稚蚕を暖めたし、成蚕期には桑の葉の置き場になった。室の手前左隅には、アマ（屋根裏）へ上がる階段がある。ナカノデエの奥はオクノデエで、割床にして仏壇と床の間になっている。五箇山・白川ともに浄土真宗篤信の地なので、どの家も仏壇の規模が大きい。仏間の右は曲の手に曲がる（直角に曲がる）ので「カネンテ」といい、僧侶の控室（一部はネドコ）になっている。

右列を見る。ニワ（土間）の右半分は作業空間で、紙漉きの楮を煮る窯やスキブネ、繭から糸を採る窯が置かれ、江戸時代には塩硝を煮詰める作業もここで行われた。オエに接した隅にはミージャ（水屋）と風呂があり、奥には冬のクキオケ（漬物桶）が何本も置かれた。このためにニワは広い。ニワからあがるとオエである。真ん中にイレ（炉）があり、上からカギヅリ（自在鉤）が下がっている。イレの上のヒアマ（火棚）は、火の粉が上がるのを防ぐとともに、ものを乾かす場所である。オエは煮炊き、暖房、食事、身近な接客など日常生活の中心的な部屋であるが、楮のカワタクリ（茎から皮を剝ぐ）や紙干板を並べる作業場でもあった。一般にこの床下は、江戸時代には火薬の原料の塩硝土をつくる場所であった（この家には、別にニワにもエンショウツボがある）。イレのまわりに六尺ほどの穴を掘り、蚕糞を混ぜた土と夏草を刻んだものを交互に詰め、夏に一回切り返すと四、五年で塩硝土ができる。これを冬期ニワで大きな桶に入れて上から水を注ぎ、浸み出る水を鍋で煮つめ、結晶を採る。これを灰汁塩硝という。上煮屋がこれを集めて精製し、加賀藩へ納めた。

オエの後ろはチョンダである。寝室であるとともに、たんすや米櫃など貴重品の収納場所でもあった。その境は左半分が押板形式の床になっており、右半分は片引きの板戸が入る。その敷居は五寸ほど高く、いわゆる帳台構えである。帳台構えは中世の寝所の形式であるが、この地方では江戸時代末に建てられた家でもこの形になっている。三方は板壁で、外に接する側の上方に小さい天窓がひとつだけ開いている。

アマは二層または三層になっていて、養蚕の場所であった。竹簀の子天井に筵を敷く。ソラアマ（アマが二層になった場合、上のアマをいう）は板簀の子である。イレの暖気がアマに充満して蚕の暖房になる。切妻の妻面には障子戸が入れられ、採光、通風の役目を果たす。もとは一部の穴を除いて開口部に茅簀をあてただけであったが、明治末ごろから障子を入れるようになったという。

合掌小屋造りの家

家を建てる場合、軀体部分は大工の手になるが、屋根の小屋組から茅葺きまでは地元の人たちの「結」(共同労働)で行った。昔は柱のない屋根だけの「合掌小屋造り」の家がかなりあって、それは大工の手によらず村人だけで建てることができた。富山県の東礪波郡上平村(現・南砺市)役場蔵に収蔵されている明治二二(一八八九)年「家屋取調綴帳」によると、三〇八戸のうち合掌造り二四九に対し合掌小屋造り五九で、約二割は小屋造りであった。そのうちの細島集落の場合は、文化一一(一八一四)年の史料では約半数が合掌小屋造りであったから、時代がさかのぼるほどその比率は大きかったと思われる。

ただし、柱立ては中世末からあった。東礪波郡利賀村(現・南砺市)矢張下島遺跡の一六世紀と一七世紀の二棟の出土例では、掘立てながら柱立てであった。ついで正保五(一六四八)年の羽馬家文書の伐木願いによると、柱は礎石立てになっている。柱立ての家と屋根だけの家は併存しながら推移し、次第に柱立ての家が多くなってきたのであろう。なお、「がっしょう」の語の初見はこの文書である。

合掌造りの家が大きいのは、三角の断面を利用するためには梁間を大きくする必要があったことと、豪雪の下の冬籠り生活では、少しでも広い空間を希求した結果であろう。

合掌造りが成立した背景を全国の民家分布の中からみると、次の二点が指摘できる。

前記したが、サス組が六〇度の正三角形のところは石川県の加賀と富山県西部だけであるから、合掌造りはこの地帯の中で生まれたことになる。また、五箇山の庄川主流域の合掌造りが妻入りなのは、滋賀県の湖北地方から福井・石川へ続く妻入り地帯の延長線上に位置しているからである。

(佐伯安一)

かぶと造り [かぶとヅクリ]

分布・呼称

屋根の妻側に小屋根をつけ、その下に大きな開口部をもつ屋根形式を「かぶと造り」という。この呼び方が一般的であるが、「ハカマゴシ」(山形県最上郡)、「半切妻かぶと」や「アズマ(ヤ)」(茨城県相馬地方)などというところもある。かぶと造りの呼び方は、妻側が眉庇と吹返をもつ兜のかたちにたいへんよく似ているところに由来しているという。かぶと造りは東日本に多いが、集中して分布するのは山梨県南部から東部(郡内)に接する東京都および神奈川県の山間部にかけてである。この背景には、蚕種の取り引きのあった地方間への伝播が要因のひとつとしてあげられる。

外観

この屋根形式には平側（平かぶと）もあるが、妻側のものは養蚕のために取り付けるようになった開口部にだんだんと装飾を加えて、屋根形式の中でも整った美しさをみせる（写真）。かぶと造りの特色のひとつである。

なかでも景観と調和して固有の美しさを見せているのが、富士五湖周辺のかぶと造りである。茅を分厚く葺き込み、棟には見ることがまれな水平の切り口をした合掌を置いて、その間に隙間なく岩松を植えつける。たいへん風趣に富んだ屋根のしつらえである。この地域の人々の信仰を集めている神社の祭神は女神（木花開耶姫命）である。水平の切り口は「女神の象形」といわれているが、合掌の切り口には女神に対する崇敬の念が込められているという。

鍵広間型の民家（山梨県上野原市）

構造

農家経済に大きな影響を与えたのは養蚕であった。明治のなかごろに温暖育が普及するまでは天然育であり、蚕育には屋根裏が利用されている。よい繭をつくるには換気をきちんと行い、明かりをとり入れることが効果的であることから、妻側などに開口部が設けられるようになった。やがて住居の規模を大きくしたり、屋根裏を二層や三層にして飼育空間を拡げる方向にも発展している（断面図）。この変化は近世中期に始まるが、かぶと造りに限らず、養蚕型民家に共通している。なお、前掲の県境付近の場合、かぶと造りが一般化するのは、幕末から明治に入ってからである。

間取りと住まいかた

かぶと造りの間取りは、鍵広間型（土間の後ろの部分に張り出した板間が発達して、広間と鍵型に連なる間取形式）（間取図）に代表される。県境付近の場合、一八世紀から幕末にかけて普及している。温暖育が広まるようになると、部屋を建具で仕切って蚕の飼育が行われるようにな

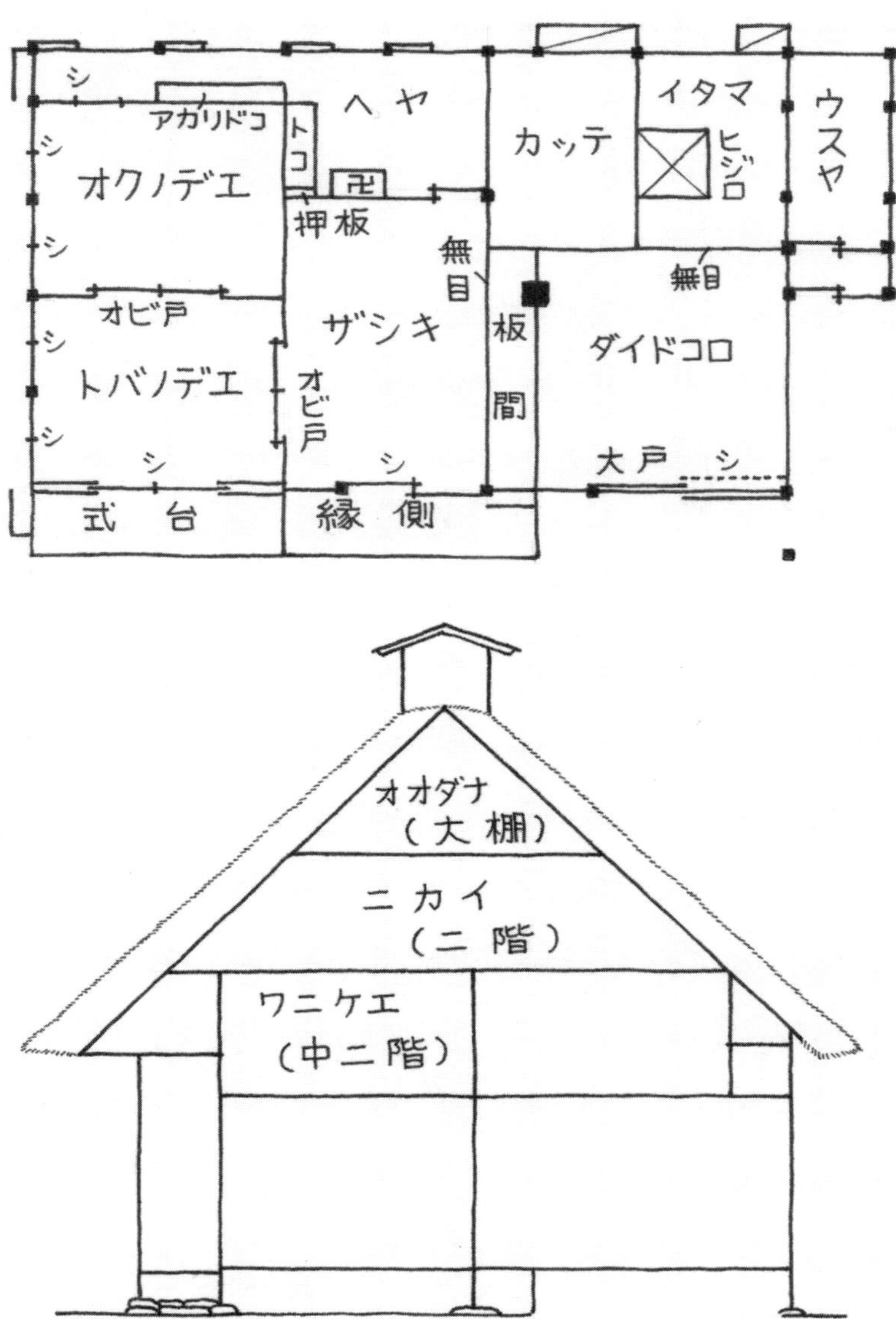

鍵広間型の一例。山梨県小菅村MK宅。明治20～21（1887～88）年の建築（原図・関口欣也『山梨県の民家』より作図）

るので、間取りは四間型へと変化している。

ダイドコロと呼ばれる土間の奥に張り出しているカッテは、鍵広間型の特色のひとつである。そこには必ず炉があり、炊事、食事の場として、また接客を兼ねた日常生活が営まれている。上層の前広間型（土間寄り付きの表側に座敷としての広間をとる間取形式）の影響を受けて、オクノデエ（正座敷）を設けるようになると、ヘヤ（寝間）がザシキ（広間）に押し出され、ザシキの一部がダイドコロに張り出した。このように発達した結果がカッテである。以前はザシキが日常生活の中心の部屋であったが、炊事の機能に始まって、食事そして居間の機能がザシキから移され、カッテの形成にいたっている。鍵広間型を標準形式とするところでは、農業生産性が低く、はやくから養蚕と機織りを生業としてきており、大きな土間を使用する農作業の重要性は低く、生活上の要求から成立した間取り形式といえる。

人々の信仰生活を反映したものとして神棚、仏壇がある。鍵広間型には、さらに床の間の前身と考えられている押板がある。多くはヘヤ境にザシキに向けて設けられる。押板と仏壇が並んで置かれ、その上に神棚が設けられている。ザシキはデイに次ぐ接客の間であり、それらの意匠は効果的な部屋飾りとなっている。押板はトコノマに次いでテッポウドコ、ブッツケなどと呼んでいるが、オシイタという呼び方は県境付近の一部の地域に限られている。

寝間である「ヘヤ」「ヘンヤ」は県境付近の共通した呼び方であるが、甲府盆地とその周辺では「ナンド」であり、著しい地域差がある。富士山麓周辺の例であるが、ヘヤは大正以降になると産屋としても利用されるようになった。それ以前は、どこの家でもダイドコロの一隅に「オカマヤ」と呼んだ産屋があり、明治の末ころには別棟のつき小屋の機能を兼ねるようになったという。オカマヤは三方を板壁で囲み、出入口を開放のままにし、板床に藁を敷いた程度の粗末なつくりであった。産褥は古布を敷き、うずくまって出産した。ヘヤでは布団を力台にするようになった。産院の利用は、昭和四〇（一九六五）年ごろになる。

かぶと造りは母屋一棟の中に、生活空間と生産（生業）の場を組み合わせた住居様式の一例である。（坂本高雄）

本棟造り［ホンムネヅクリ］

本棟造りの分布と形態

本棟造りとは、長野県の大町市から松本平、諏訪盆地、伊那谷、飯田市、木曽谷、開田高原などに分布する妻入りで切妻屋根の民家形態のことである。地元では、「ホンムネ」とか「ホンミネ」と呼ばれるほか、木曽谷では「ムネヅクリ」、伊那谷南部・飯田市では「ハフヤ」や「ハフオモテ」と呼ばれている。本棟造りは、かつて庄屋や組頭・地主層などの家に見られた。この「本棟」は、これらの地域に残る別の民家形態である「横屋」（平入り横長の民家）に対する呼称でもある。

本棟造りの形態とは先に述べたように切妻屋根を持ち、棟と同じ妻方向に出入口がつく妻入りの形式を持った民家形態のことで、棟の妻側端部には、スズメオドリ（スズメオドシ）の飾りがつき、懸魚（げぎょ）が下がる。屋根は勾配が緩く、軒の出は三尺から一間程度である。かつての本棟造りの屋根は、板葺きで上に石が載った石置屋根であった。後にトタン葺きの屋根に切り換わっている。

本棟造り（長野県塩尻市、重要文化財堀内家）

そして妻側には、屋根端の棟から軒端（のきば）まで、「セキ板」と呼ばれる板がつく。正面には太い梁（はり）（虹梁（こうりょう））を架けてどっしりと構える。また、本棟造りには、二階がしつらえられており、妻側には格子窓をとりつけていることが多い。

出入口は、大戸口（おおとぐち）として妻側にあるものの、裏口は平側（棟方向に直交する部分）にある。また、本棟造りは、かつての上層階層の民家形態でもあったので、家人や近所の人の出入する大戸口のほかに、隣接して式台付き玄関を設けている場合が多かった。

本棟造りの規模と内部

本棟造りの規模は、八間四方を標準とするような大きなものである。内部は土間と床上部からなる。土間には、かつては厩（うまや）がある内厩形式であった。さらに土間の裏手には、「カッテ」と呼ばれる板張りの居室があり、炉が切られていた。

床上部分の中央の土間側には、ほかの居室より一まわり大きな「オエ」（松本平）や「ダイドコ・ナカノマ」（伊那谷）などと呼ばれる居室があり、炉が切られて天井を張らずに吹き抜けにしている場合が多い。座敷は、オモテ側に面して二～三室配置されている。その外側には、縁側が通

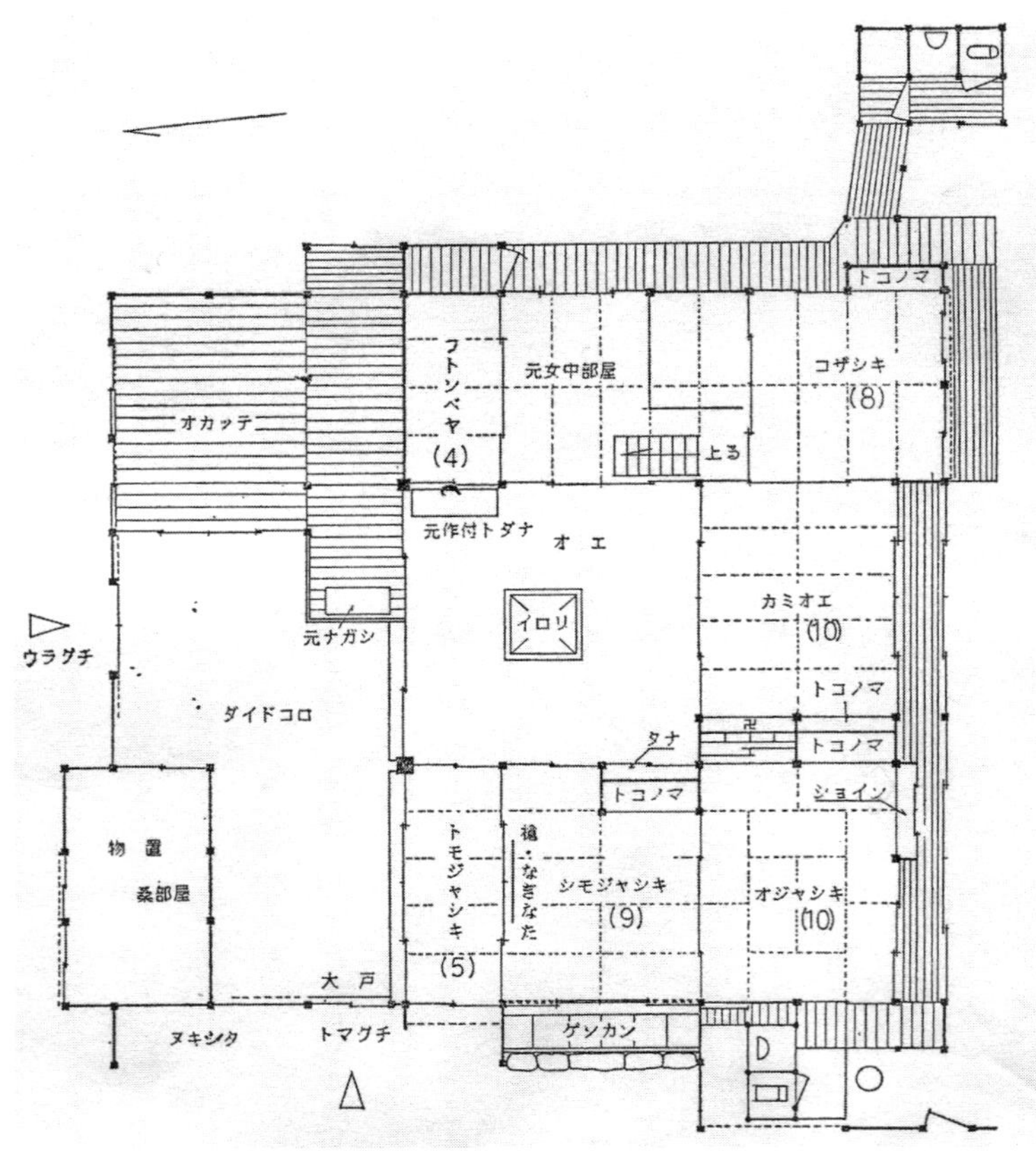

本棟造りの平面図（長野県塩尻市、『民家と風土』岩崎美術社より）

っている。一方、寝室や納戸は、ウラ側に配置される。

本棟造りの構造は、梁を一間間隔で縦と横に格子状に架け渡し、その交点に小屋束を立てた小屋組となっている。梁間が大きく、平面全体が正方形に近い。

近年の新しい住宅でも、本棟造りの民家に似せた住宅を建てる場合がある。この背景には、本棟造りが地域に根付いた民家形態であるばかりではなく、元々庄屋などの上級層の民家にしか見られない富や地位の象徴でもあったためと考えられる。（津山正幹）

クド造り・漏斗造り［クドヅクリ・ジョウゴヅクリ］

クド造りとは、草葺きの屋根を上から見た形（棟の形）が竈のようにコの字形をした民家であり、竈のことをクドということから、「クド造り」と呼ばれている。漏斗造りとは、草葺き屋根を上から見たときロの字形をしたほぼ正方形の民家で、漏斗のような造りになっていることから、「漏斗造り」と呼ばれている。

クド造りは佐賀平野に多く、福岡県・熊本県・大分県に分布し、地元では「カギイエ」「曲屋」などと呼ばれている。母屋・鍵屋ともに寄棟で、両鍵の谷を裏側に向け、玄関は表側で平入りとなっている。谷は北向き、玄関は南向きが多い。

クド造りの家外観

漏斗造りは佐賀県東南部と福岡県西南部の筑後川河口地域に集中して分布している。クド造りの変形で、基本は寄棟である。地元では「タニイエ」「四方タニのイエ」「ジョウゴタニ」などと呼ばれている。勾配の急な屋根が四方から集まっている。四本の小屋梁がお互いに支え合い、梁を底辺としての叉首を上げた三角形が、それぞれ特殊な形で組み合い、丈夫な構造である。

佐賀平野のクド造りや漏斗造りは、棟が大瓦により保護され、端に「耳」をつけている。馬の耳に似ていることから「ウマンミミ」「ミンノス」といわれている。棟の端を強固にするために針金で縛る。草葺きの屋根にトタンをかぶせても、棟の端に「ミンノス」の形状を残すしつらえがみられる。

漏斗造りのくらし

この地方にこのような形態がなぜ発生したかであるが、文政年間（一八一八～三〇）の藩令により、梁の長さが身分によって厳しく制限されたことが背景に考えられる。漏斗造りにすると梁が短くても相当大きな家ができ、室内を広くとれる。しかし、室内が暗くなってしまう欠点もある。また、発生の要因に、強風、高潮に耐える構造が求められたことも考えられる。低地で干拓地であるこの地方は、有明海からの潮風が強い。台風時には四方から強風が吹きつける。干満の差が激しい有明海の高潮におそわれることも多い。雨水による腐朽を除けば構造的にはもっとも強固である。

山口家住宅間取り図

上から見た漏斗造りの家（佐賀県川副町、山口家住宅）

中央の谷に集まる雨水は瓦製の「テェー」と呼ばれる雨樋によって室内上部を通り、外壁から排水処理される。外壁土はノロといい屋根材と同じ葺で保護されている。テェーの位置は土間上部だけでなく、土間と居室の境目上部であったり、まれに居室上部の場合もある。外壁からの排水先が、家の裏側空間に向けられるからである。裏側空間の設定には、物的環境や本家分家関係という社会的関係性も影響している。土間方向に本家があった場合、自邸より本家に対する配慮を優先させ、分家は排水先を土間側に設けず、居室側に設けた例がある。

大雨のときには、漏斗部からテェーに落ちる水の音が土間に響く。「テェーゴシ（樋越し）の水」といって、漏斗部の底にたまった落ち葉などが雨水との重みで、突然、テェーから一気に溢れ出ることがあったそうである。いわゆる漏斗の底が抜けた状態である。そうなると内部は泥水をかぶる。梅雨時期に多く発生し、畳や土間にはカビが生えることとなった。屋根の漏斗部で集められた水は、飲料水には適さなかった。

漏斗になった屋根の形状が、命拾いに役立った例が伝わっている。『川副町史』に「大潮や大水で屋根に乗って難を逃れた者は多い。柱はスケイシ（敷石）にのっているだけで、屋根の部分は浮く構造になっている。コンミャーダケ（ヨシ押えの竹）にすがりついて助かった人もいる。流された家は、コロ（引き家、調度品の運搬に使われる堅木の棒）を使ってもとの位置に戻す」と記されている。

間取りは、ニワナカと呼ばれる土間と、部屋が並列に表から奥に向かい、ザシキ／アガイハナ・ナカンネドコ／イタノマと並ぶ。夜間の照明や採暖にこの間取りは都合がよい。ニワナカには、落し板をはめたセコと呼ばれる籾殻入れが置かれ、籾殻を薪のかわりとした。木材に恵まれないからである。奥の方にカマヤがあり、この地方に多い日蓮宗では、必ず荒神さんが祀ってある。「ウーガマ、ナカガマ、コベッチィ」と呼ばれる三つの竈近くの柱を荒神柱としている。荒神さんは土間や暗いところに祀られた家の中で一番大事な神で、たたりも一番ひどいといわれている。しかし、かわいがってはいけない、いつも怒らせておかないといけないともいわれている。

（磯部淳子）

分棟型（別棟造り）［ブントウガタ（ベツムネヅクリ）］

分棟型は、居室部（母屋）と炊事・土間部（釜屋（かまや））の棟を分けて各々に屋根を架ける民家の様式で、「別棟造り」ともいわれ、南西諸島から九州中南部、東海地方、房総半島、茨城県北部までを中心に、主に黒潮沿いの地域に分布する。南方系の民家形態と考えられるが、分布域が広く、飛び地のように存在するため、各地域の形式や呼称も多様である。南方ほど母屋と釜屋の分離性が強く、北方ほど一体性が強い傾向がある。元来、農家では母屋のほかに付属屋として厩（うまや）や納屋（なや）、便所、風呂場などを別棟にすることが多いが、分棟型という場合は、母屋の棟自体を土間のない床上座敷部と炊事や作業をする土間部に分ける形式をさす。

土間部を別棟にする理由には、一棟の大屋根を架ける建築材料上の制約、建築技術の問題、火を使う釜屋から母屋を守る防火や防災、熱や湿気および煙や臭気の遮断、母屋と釜屋を各々改修できる利便性などさまざまな要因が想定される。おそらく、それらが複合しているのだろう。母屋と釜屋の建設年がちがう事例も散見され、釜屋の建て替えが多い。

九州南部の事例

各地域に見られる代表的な例から、九州南部を中心におおよその特徴をまとめてみよう。

南西諸島で代表されるのは、母屋（「フウヤ」「ウイヤ」などの呼称）と釜屋（「トングァ」「トウグラ」などの呼称）が完全に切り離された別棟建てで、母屋に比べると釜屋は小型で、付属屋的である。

九州本土では旧薩摩領が分棟型の広域分布地域で、その

写真1　旧黒木家住宅（天保5年）
「ナカエ」（妻入棟）と「オモテ」（平入棟）が「テノマ」で連結されて建つ、雨樋は共通。（宮崎県高原町、宮崎県総合博物館）

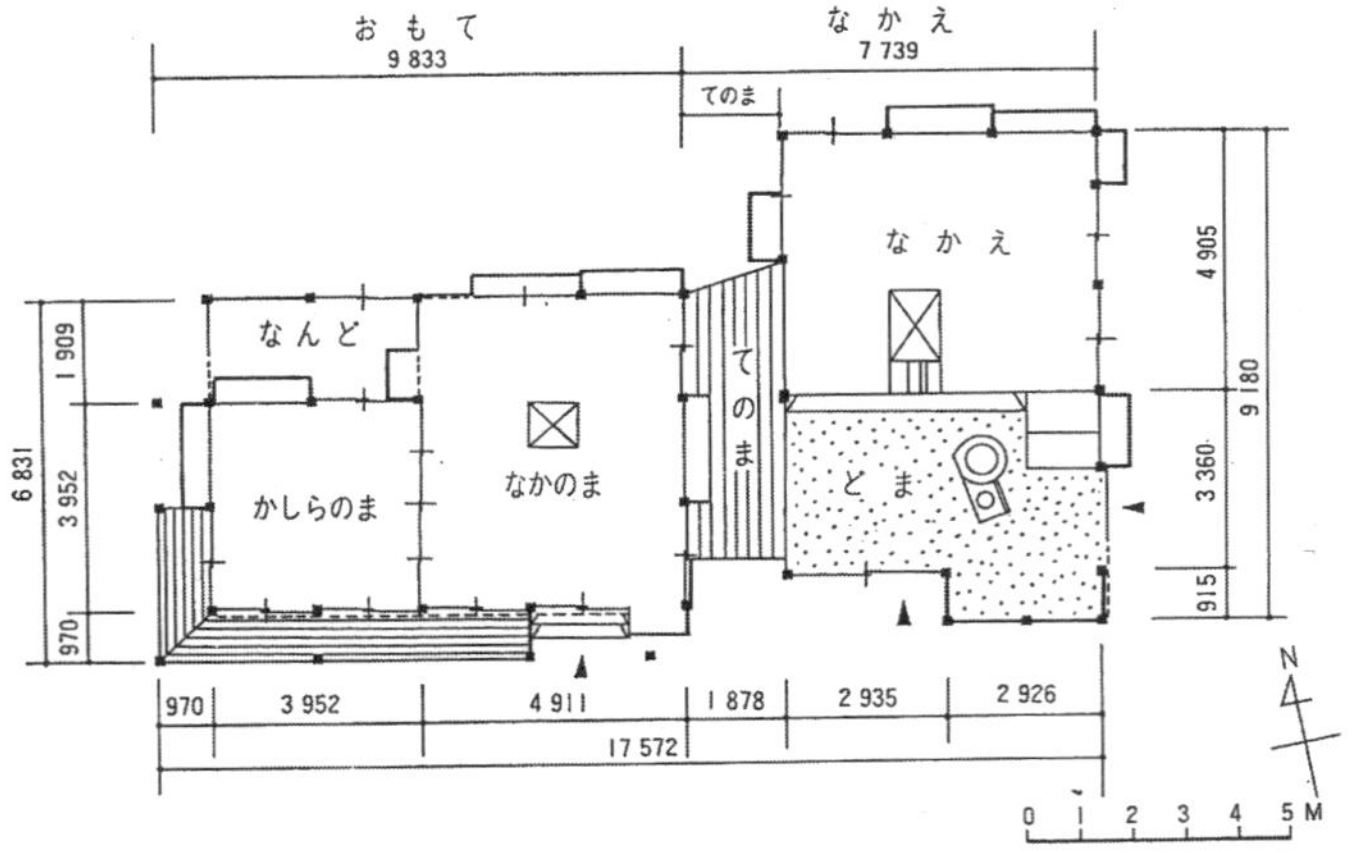

図1　旧黒木家住宅平面図（『宮崎県史資料編』より）

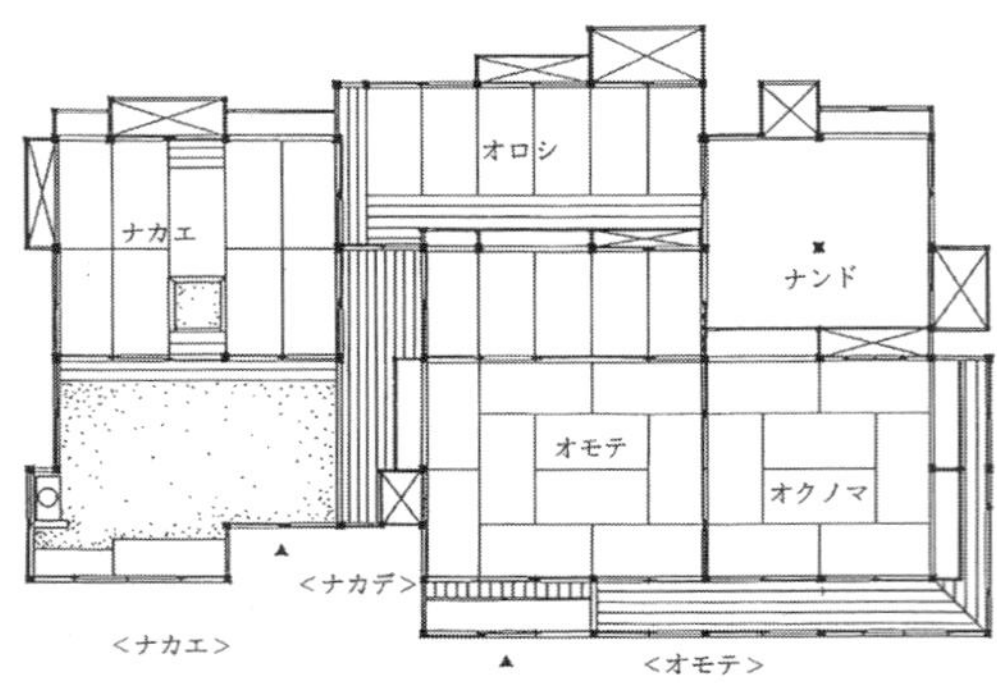

図2　N家住宅平面図（明治中期、宮崎県須木村〈現・小林市〉、『宮崎県の過疎農山漁村の高齢者の住生活と住生活文化に関する研究』より）

棟形式は、座敷部の「オモテ」の棟（寄棟平入）とイロリが切られた床張り部分と土間部分をもつ「ナカエ」の棟（寄棟妻入）、その両棟を共通の樋をかけてつなぐ板間の通路「テノマ」からなる。表向きのオモテと裏向きの日常生活を行うナカエは、テノマで分離・接続されている。オモテの床高はテノマ・ナカエより敷居分高く、格式を示す。別棟の区分には、差異の意味あいも含まれている（写真1、図1）。

この薩摩型分棟型にいまも日常生活が営まれている例（旧薩摩領、宮崎県西諸県郡須木村〈現・小林市〉所在）を図2に示した。本家は西南の役（一八七七年）のときに周囲一面が炎上したあとに建て替えられた建物で、ナカエ棟が妻入、オモテ棟が平入の寄棟茅葺分棟型であった。ナカエ棟はイロリを切ったナカエと土間、オモテ棟はオクノマとオモテとナンドからなり、両棟を「ナカデ」（本家の呼称）でつなぐ。オモテ棟の床面は、敷居分高い。二棟が別の時期に建つことも珍しくない。その場合は、日常生活を行うナカエから建てられ、オモテを建てることが目標になるという。昭和四〇年代に茅葺きから瓦葺きにし、ナカエ棟も平入になった。昭和五〇年代にオロシとナンドを拡張している。

東海・関東東部の事例

東海地方にも、座敷部の寄棟平入母屋と土間の寄棟妻入釜屋が別棟で建ち、両棟に共通の雨樋をかけて前方に雨水を流す民家形式があり、「釜屋建」あるいは平入棟と妻入棟が直交する形態から「撞木造り」などの呼称がある。この地の分棟型と一棟の直屋民家とのあいだには、南方系の分棟型ほど平面的に大きなちがいはない。

写真2　旧作田家住宅（17世紀、日本民家園）

房総半島や茨城県にも分棟型の分布域があり、両地域の代表的な民家として、いずれも川崎市の日本民家園に移築された、旧作田家（旧所在＝千葉県山武郡九十九里町、写真2）、旧太田家（旧所在＝茨城県笠間市）がある。両家とも堂々たる大型の民家で、別棟の土間と床上部は軒を接して建ち、共通の雨樋をもつ。東海地方の例と同様に、平面上は一棟直屋と大差なく、旧作田家では移築前は直屋に改造されていた。

様式の広がりと変容

母屋と釜屋を別棟とする民家形態は、東北地方などでも確認され、近世期にはより広範に存したとも推察されるが、なぜ飛び地のように分布するのか、黒潮との関連性を含めて定説は確立していない。また、大和地方の大和棟やその他鍵屋造りなども分棟型の発展形、変形とも解釈されるなど、本様式の研究的興味はつきない。しかし、当時は必要があって別棟となった造りもしだいに合理性を失い、本様式は減少と変容をたどっている。元来別棟であったのが一棟の直屋に改造されて、原型が判別しにくい場合も多い。

（米村敦子）

高塀造り（大和棟）［タカヘイヅクリ（ヤマトムネ）］

高塀造りの概要

高塀造りとは、奈良盆地（大和）や奈良県の東山中（大和高原）地域及び河内、摂津、南山城などの地域で見られる切妻型の特異な屋根型のひとつである。奈良盆地では一般的に「タカヘ造り」（高塀造り）と呼ばれ、「大和棟」とも呼ばれる。

その形態の特色は、茅葺き切妻の大屋根（本屋根）の両端に平瓦二、三列幅で丸瓦と組んで葺き下ろした「クダリ」（タカヘ）が設けられていることである。この大屋根の下は床張り部分であり、クドのあるニワ（土間）部分の屋根は、大屋根より低い瓦葺き落棟となり、瓦葺き小屋根の「櫓煙出し」を載せている。そしてこれらの屋根裾には瓦葺きの下屋がついている（写真1）。

写真1　高塀造りの外観（京都府京田辺市）

タカへの棟には鳩衾（とまっている鳩の姿を模した装飾）が載り、その下の妻壁は両側とも白漆喰塗で仕上げられ、三角形の頂点近くには空気抜きの〝鳩穴〟がふたつ開けられている場合が多い。

このタカへが母屋の棟より高く抜き出ている場合をいわゆる「タカへ」、棟より低いか茅屋根の下に一部入り込んだものを「ヒズミタカへ」と呼んでいる。なかでも「タカヘ」の形をとり、母屋の棟が瓦の箱棟になったものを「ハコムネ（箱棟）」といい、もっとも形の整った優れた大和棟とされている。

大和と河内の大きな相違点は、大和の場合のクダリの幅が平瓦三～四列であるのに対し、河内の場合は四列ないしそれ以上の五、六列の幅をもち、極端な場合はクダリに直接、櫓煙出しを載せているものさえ見られることである。また茅屋根の棟仕舞は針目覆いが一般的であるが、河内の場合、大雁振瓦で覆うものが見られることがある。

主要形態と分布

大和棟の主要形態を分布地域ごとに見ると次のようになる。

東山中（大和高原）では茅葺きの大屋根の棟が、瓦葺きの置棟になったために、クダリは「ヒズミタカヘ」となり、そのクダリも板やトタン葺きに簡素化されて〝東山中型〟というべき形態が顕著になる。またこの地域は伊賀から入ってきた箱棟型寄棟と混交した「箱棟たかへ」や「箱棟片たかへ片寄棟」、あるいは「瓦置棟片たかへ片入母屋」といったように周辺屋根型との移行混交型が数多く入り交ざっている地域である。

次いで特徴的なのは奈良県西北部に当る生駒谷である。近鉄生駒駅より以北の生駒谷は、行政的には天野川（竜田川）を境に生駒市と大阪府四条畷市が隣合うどちらも田原地区である。この地域を軸に母屋の茅屋根の棟が瓦の台棟となり、その両端がタカヘの頂上を切り取った形となった〝生駒型〟となる。これを妻側から見たとき「稲妻型（写真2）」（ヒズミタカヘ系）と「腰折型（写真3）」（タカヘ・ナカタカヘ系）の二形式となる。

写真2　稲妻型（奈良県生駒市）

写真3　腰折型（京都府京田辺市）

この〝生駒型〟は北接の大阪府交野市や枚方市、北東の生駒市高山町から京都府京田辺市などの古い集落に残っており、木津川右岸まで達している。

大和棟の成立については、江戸中期以後と考えられており、公事家や庄屋などの富農層で入母屋などから改良整備されたようである。京都府木津川市上狛の小林家（一六六五年建）は落棟も煙出しもない中高塀であり、奈良県橿原市新賀町の森村家（一七七三年建）は落棟をもたないが、箱棟端近くに煙出しを載せた形態である（写真4）。

（早瀬哲恒）

写真4　森村家（奈良県橿原市）

チセ

アイヌの住居。残念ながら現在我々が実際に見ることのできるアイヌの人々の住まい（チセ）は、観光や研究用として新築再現されたもので、アイヌの人々自らの住まいとして建て、居住した履歴を持つ住居は現存していない。ここでは、新築再現された「現代」の住居（チセ）を前提とした解説ではなく、アイヌ文化の成立期（十三世紀ころと

館内に新築再現されたチセの外観（北海道博物館）

考えられている）から近代までのアイヌの住まい（チセ）の成り立ちと変遷について解説する。

アイヌの住居（チセ）の研究史

チセについての建築学の立場からの系統的な視点を持った研究の先駆けは、一九三〇年代の棚橋諒と鷹部屋福平である。両者の研究は、当時、現存していたチセの調査を基本とした実証的で重要な業績であるが、チセの成立・変遷過程の歴史的考察は深められていない。以後、言語学・文化人類学研究者による論考が見られるが、主に鷹部屋の研究に依拠したものが大半である。

近世絵画（アイヌ絵）に描かれたアイヌ住居（チセ）

アイヌを主題とする近世絵画（「アイヌ絵」と呼ばれる）に描かれるチセは、必ずしも現代の再現されたチセと同一ではない。チセの小屋組の特徴とされているケトゥンニ（三脚サス）は明確には確認できず、二本のサス材を合掌状に組み合わせ、桁の上に平行に配置し、寄棟屋根の軒先に隅合掌を架ける構造がより多く確認できる。母屋はワンルームで矩形平面、入口は短辺のほぼ中央に設け、入口の対辺に神窓（アイヌの神と交流する神聖な窓）がある。前室（セム）は母屋の入口を覆うように設置する。

発掘資料から見たアイヌの住居（チセ）

アイヌ文化期の平地住居跡の発掘調査からは以下の点が確認できる。規模は二〇平方メートル前後がもっとも多く、五〇平方メートル前後のものもある。平面形は前室（セム）を持たない母屋単独型が多く、セムを持つ住居も一定程度存在した。柱穴間隔を詳細に検討すると、人体寸法を基準にして建てられていた可能性が高いと考えられる。

絵画・発掘資料から見た近世の飼育檻と高倉

近世の絵画（アイヌ絵）には、複数の住居に

18世紀末ころのアイヌ住居の一例（小林豊章作『蝦夷カラフトサンタン打込図』のうち「西蝦夷地ソウヤ夷家」、早稲田大学図書館蔵）

近接する複数の高倉（宝物、食料の貯蔵庫）、集落の中心にひとつの飼育檻（クマ、鷹などを飼育する檻）を描く事例が確認できる。住居と高倉との強い関係性、集落における飼育檻の重要性がうかがえる。

住居の特徴

発掘された住居跡を検討すると、基本的に矩形の柱穴列で、柱穴は細く、柱間は一・二〜一・四メートル程度で現在の再現されたチセに比べて細い材料を細かく組み合わせた構造であったことが推定される。チセの大きな特徴とされるケトゥンニ（三脚サス）による小屋組構造についても唯一の小屋組構造ではなく、アイヌ絵や既往研究を合わせて考察すると、近代までは九種類程度のさまざまな小屋組構造が存在したと考えられる。

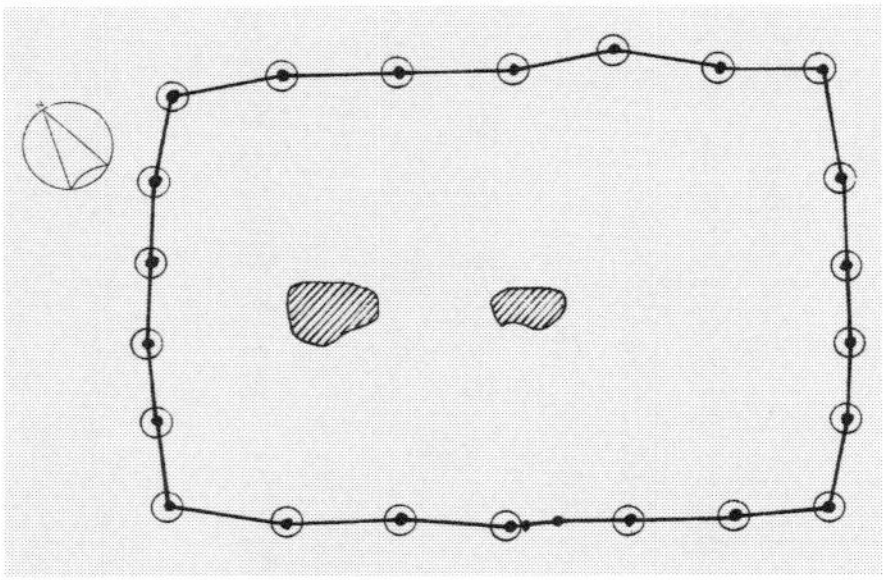

アイヌ文化期の発掘住居の一例。カリンバ1遺跡・AH-5（小林孝二『アイヌの建築文化再考』北海道出版企画センターより）

アイヌ住居（チセ）の成立と変遷

アイヌの人々の住まいは、はじめに擦文（さつもん）文化（先史文化における北海道独特の時代区分で、縄文文化以降、本州における弥生文化以降を続縄文文化、その後をアイヌ文化に先立つ先史文化として擦文文化と呼ぶ。住居から見ると本州文化の影響を強く受けた隅丸方形の竪穴住居で、四本の大径主柱、竪穴側面の割板土留、などが特徴）を母体として、大径材や割板材を使用する技術体系が廃れ、単室形平地住居を構築し、その後、前室を付設する平面形の平地住居が出現し、近世期の絵画（アイヌ絵）に描かれるような小径広葉樹を主体とする建築形式が主流となり、このような住居形式が変容しつつ近代に受け継がれてきたものと考えられる。

いずれにせよ、アイヌの人々の住まい（チセ）は、一三世紀ごろといわれるアイヌ文化の成立期に突如として現代の再現されているチセや近世の絵画（アイヌ絵）に描かれるような形態が成立したものではない。アイヌの建築文化には未解明な点が多く、アイヌ文化を次代に継承するためにも、伝承や精神文化を尊重しつつ、今後とも研究の積み重ねが必要である。

（小林孝二）

3 屋根と壁

茅葺き屋根［カヤブキヤネ］

▼茅手

茅葺きの材料

〝茅葺き〟はイネ科植物の葉や茎で葺いた屋根の総称であり、「茅」という植物はない。古くは「草葺き」「藁葺き」「クズヤ（葛屋）」などと呼ばれていた。世界各地で見られる原初的な屋根とされ、日本でも縄文時代や弥生時代には茅を用いた屋根だけの住居がつくられていたと考えられて、各地に復元住居が建てられている。

日本では、茅の材料としてススキ（山茅）、ヨシ（葭）が代表的で、以前は麦藁や稲藁も各地で使用された。また、それ以外にチガヤやカリヤスなどでも葺かれていた。山茅は共同管理の茅場で採取され、葺替えの家を決めて共同体の「結い」で葺いていた。屋根を葺くには、茅以外にも大量の縄や雑木（粗朶）、竹などの資材も必要で、これらも結いで提供された。

茅葺きの環境

山形県置賜地方は、最上川上流に開けた散居村の形態をもつ農村地帯である。冬季の〝飯豊下ろし〟（季節風）から住居を守るために、屋敷の西側は杉などの高木で囲まれている。しかし、東側には樹木がなく、茅葺きの母屋と土蔵、納屋などが見えてくる。このような茅葺き民家の風景が以前は各地に見られた。

茅葺き屋根の現状

かつて茅葺き屋根は、日本全土にわたって農村部に広く分布していた。現在では、文化財として保存されているのをわずかに見るだけとなったが、それでも茅葺きの上にトタンなど金属板で覆った古い民家はまだ数多く残っていて、これらを含めると茅葺き民家の数は全国に数万棟あるとみられる。

茅葺き屋根の民家は、現在の建築基準法に合致しない既存不適格建物として、また防火対策上からも問題視され、行政的にはとり壊すよう指導を受けて急速に減ってきた。これに対し、茅葺きなど伝統民家の美しさや暮らし方、エコロジーなつくり方などが見直され、さまざまなかたちで茅葺きの見直し運動も行われている。伝統的建造物群として茅葺き集落が保存され、その一部は世界遺産に登録された。近年では登録文化財制度や茅葺き特区指定、景観法の制定などで、茅葺きの建物や集落が保護される道が開けた。

茅葺きの方法

茅葺きは、親方のもと、多くの職人（茅手）や手伝い（地走り）で行われた。手伝いには結いの労働提供や親戚・縁者があたったが、単なる手伝いではなく半職人化した人たちで、職人を手助けした。葺き替えに要する期間は、全面葺き替えで二〇日間程度。農閑期に行われた。

茅葺き作業は、茅の下拵えから始まる。搬入された茅材を軒付や平葺き、延茅など用途に応じた種類に分類し、それぞれ切断したり葉をすぐったりして束ね直す。軒付は茅を三～五層程度重ねて外方へ迫り出して葺き込み、軒の厚さを四〇～五〇センチほどにする。軒下端は種々工夫されて化粧される

葺き替え（房総風土記の丘）

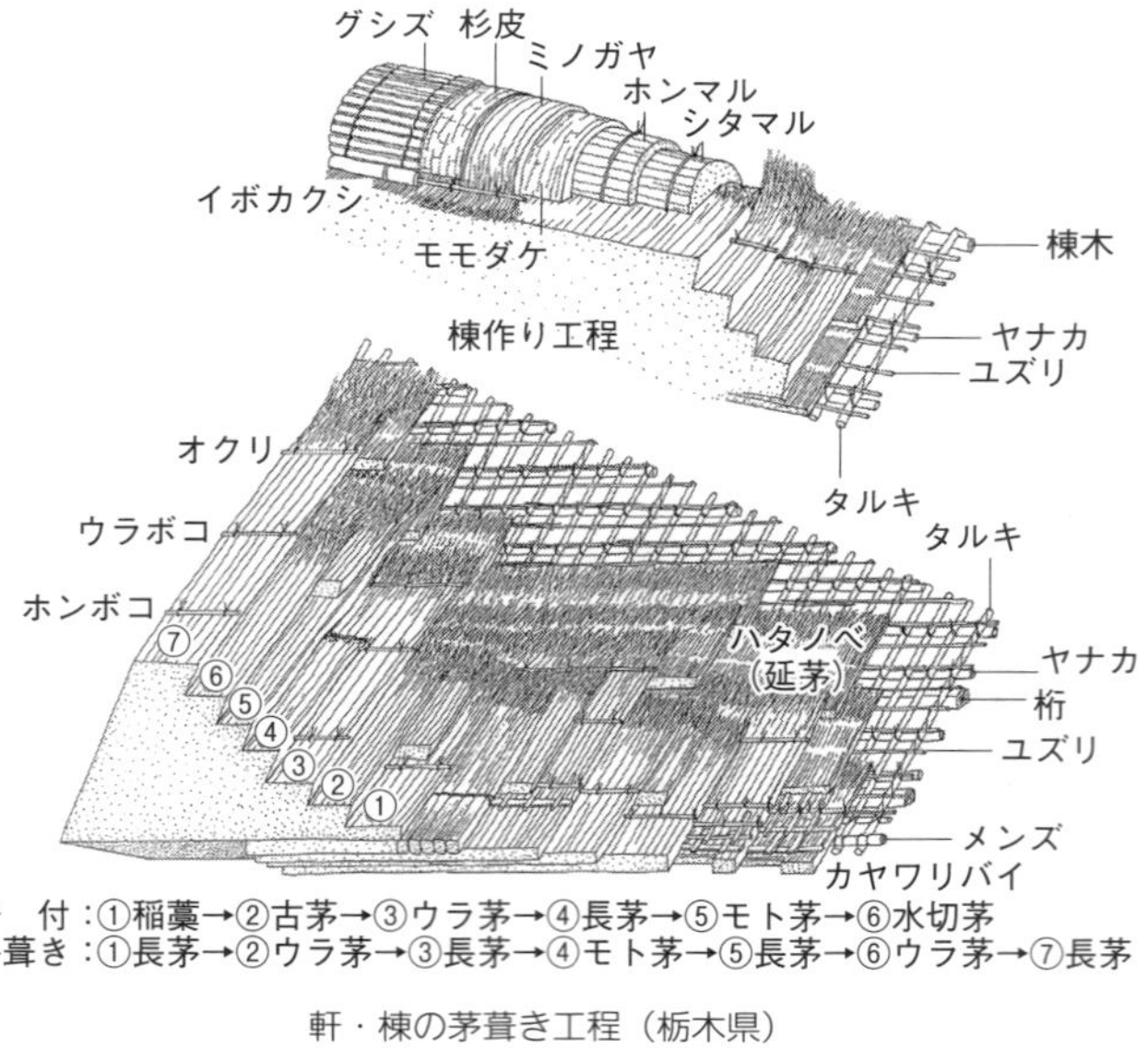

軒　付：①稲藁→②古茅→③ウラ茅→④長茅→⑤モト茅→⑥水切茅
平葺き：①長茅→②ウラ茅→③長茅→④モト茅→⑤長茅→⑥ウラ茅→⑦長茅

軒・棟の茅葺き工程（栃木県）

屋根屋（山形県、長井散居村）

場所でもある。最後に水切茅を並べて平葺きに移る。平葺きで重要なのは隅部分で、ここの葺き方で屋根の形が決まるため、隅葺きは親方が担当する。

屋根の耐久性は茅材の勾配で左右され、最下層に延茅を入れて勾配を調節しながら葺く。葺いた茅は根元近くを約四五センチごとに押鉾（竹や雑木）で押さえて、野地と縄でくくって縛りあげる。棟は地方色が豊富で、さまざまな種類がある。棟仕舞が終わるとグシ（棟）祭りを行い、茅手や手伝い、近所の人々に餅を撒いてご馳走をふるまう。グシ祭りが終わると、棟から下方に向けて屋根面を屋根鋏で刈り込み、最後に軒付の下面を仕上げて屋根葺きが終了する。

屋根の維持管理と耐用年数

茅葺き屋根は日常的な維持管理が欠かせない。主要な作業は腐朽箇所に新しい茅を補給する「差茅」で、雪国では毎年春先に行うのが習慣となっている。このような維持管理のもとでは、屋根の葺き替えは一代に一回（約三〇年ごと）行えばよかった。しかし現在では、近くに職人がいないために差茅ができなくなったことや、茅場の廃絶によって良質な茅材が入手できなくなったことなどが原因で、葺き替えの周期は一五年程度と短くなっている。

（日塔和彦）

瓦屋根［カワラヤネ］

瓦屋根とは、粘土を焼成した瓦で葺いた屋根のことである。「甍の波」が家並みの景色としてイメージされ、現代でこそ建物の一般的な屋根材として認識されているが、瓦屋根が庶民の住宅にまで普及するには長い時間を要している。

瓦屋根は、仏教の伝来とともに大陸から日本に伝えられ、崇峻天皇元（五八八）年に百済から僧、寺工、画工とともに四人の瓦博士が渡来したと、『日本書紀』に記されている。まず大和国において、飛鳥寺建立の際の瓦の製作にかかわったものと見られる。当時、瓦は貴重な建築材料であったため、寺院を中心に屋根葺き材として使われた。大和中心であった寺院建築が地方へと広がりを見せるとともに、瓦葺きも地方へと広まっていった。

竹野集落の「甍の波」の景観（京都府丹後町〈現・京丹後市〉）

戦乱の世の中になると、城郭建築において、不燃性の高い屋根葺き材料が不可欠となり、瓦が広く使用されるようになった。

江戸時代、財力のある有力者や商家の出現によって屋根に瓦が用いられるようになると、江戸幕府は贅沢の禁止として屋根瓦の禁止令を出している。しかし、度重なる大火から町屋を守るために、八代将軍徳川吉宗が瓦葺き屋根を奨励した。これを機に、しだいに庶民の住宅にまで瓦葺きが広まり、現代にいたっている。一方、地方においては近在で手に入れやすい屋根葺き材である茅（かや）、藁（わら）、樹皮、苫板（とまいた）（檜や杉を薄く剝いだ板）や石板を利用する時代が長く続いた。

瓦の形式と地域性

当初日本に伝来したのは、丸瓦と平瓦を組み合わせて葺いた本瓦葺き（ほんがわらぶき）で、寺院や城郭の瓦の大部分はこの形式になっている。瓦屋根が広まるなかで、近江大津（おうみおおつ）の瓦工・西村半兵衛（にしむらはんべえ）によって、本瓦に比べると軽くて施工しやすく経済的な桟瓦（さんがわら）が創案された。それが瓦屋根の普及に拍車をかけることになる。

日本の地形は南北に長く、寒暖の差が非常に大きい。また、積雪量、台風の来襲頻度といった自然環境のちがいがあるほか、世界有数の地震国でもある。このようなさまざまな環境に対応するかたちで、瓦屋根はそれぞれの土地に合った材料の選定や製造技術、葺き方の工夫をしながら広まっていき、それに合わせて全国に瓦の産地が分散していった。

東北地方の日本海側から北陸、山陰地方にかけての多雪地帯で使われる瓦は、凍害防止の目的で高温焼成したものを使用し、含水率の少ない釉薬瓦か、塩焼瓦（しおやきがわら）がほとんどである。また、太平洋側の台風の影響が大きい地方では、棟を低くおさえ、瓦を野地に緊結（きんけつ）し、漆喰で補強するなどして強風に備えている。地域性をもった焼き方や葺き方によって、土地ごとの個性的な家並みの景観をつくりあげている。

瓦は非常に重い。そのため、強力な輸送手段を持たない時代にあっては、需要のある土地に近く、瓦材料としての粘土を産出できる場所で焼かれていた。室町時代から江戸時代にかけては、三州（愛知県三河地方）、淡路（兵庫県）、石州（島根県石見地方）が瓦の主産地となっている。これらの産地は、需要のある土地に近いということだけでなく、粘土の質も良く、できあがった製品の瓦を江戸や京・大坂、その他の地方都市などに向け、水路を利用して運搬するのに便利な地であったことや、近代になり製造過程の機械化の導入等により、大量生産が可能となり、瓦の三大産地を形成するようになった。

屋根瓦への想い

屋根の機能としていちばんの役割は、まず雨が漏らないことである。また、周囲の自然環境や社会環境から住んでいる人の生活を長く守り続けるものとして、耐久性の高さも求められる。さらに建物のなかで目立つところであり、見た目がよくなければならない。瓦の材料は、その土地の土であり、色合いなどにおいても地域性を表し、自然の材料で時代が経つとともに周辺の景色に溶け込んでいる。

屋根には、鬼瓦をはじめ装飾的な瓦が載せられることが多い。それらには屋根職人や施主の思いが込められている。たとえば、鬼瓦の鬼面には禍から家や家族を守護する思いが、宝珠や七福神、打ち出の小槌には家が代々栄えるようにとの思いが、「水」の文字や雲や波の模様、水に関わりのある動物などには建物がいちばん恐れる火事に対する忌避の思いが、それぞれ強く表れている。

昭和四〇年代の高度成長期に入ると瓦の需要が急増し、大量生産の時代となった。早く安く安定的に瓦が供給されるようになると、しだいに地域の独特の表情をなくしていく。さらに、西洋瓦やその他のルーフィング材の屋根材としての浸透、地震時の備えとして重い瓦を屋根に置くことの心配などから、近年は瓦屋根の占める割合は減る傾向にある。

しかし、それは本質的に屋根材として瓦が否定されているものではない。奈良の元興寺極楽坊に見られる、一〇〇〇年以上もの星霜を経ていまなお屋根の役目を果たしているまだら模様の瓦屋根は、屋根材としての性能の高さを示している。

（小花　宰）

荒神部屋——住まいの奥にひそむ神

兵庫県の但馬地方の山深い村で育った私は、幼い頃にいたずらをしてはしばしば土蔵の中に閉じ込められた。土蔵は、廊下を進み、二つの納戸を過ぎて渡り廊下を突き当たったところにある。暗い闇と、誰もいないはずの蔵のどこかから時々聞こえる物音が怖かった。一通り泣いた後、暗闇に慣れた目で窓から差し込むわずかな光に浮かび上がった大きな蛇の抜け殻を見つけたことがある。

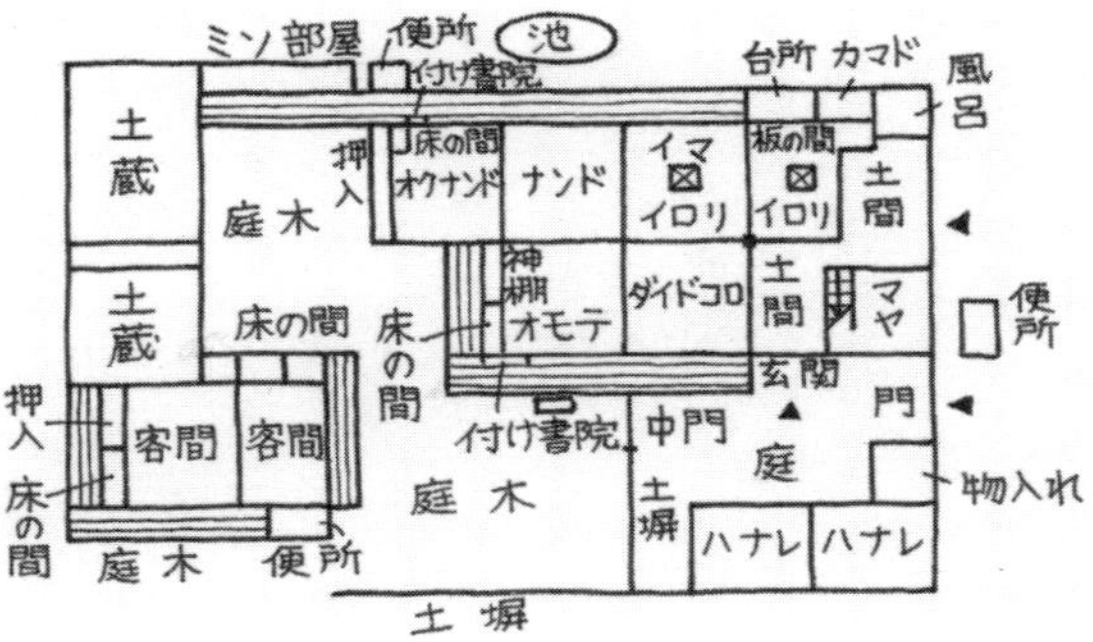

雨の日は物置になっている母屋の二階やソラと呼ばれた三階を探検した。そこに裏の池に棲んでいたヒキガエルの干からびた死骸を発見したこともある。物音の原因が住まいに棲む動物であることを確かめても、人の目が届かない住まいの奥深い場所に何かがひそんでいるという感覚を、私はその後も長く持ち続けることになった。

長野県の木曽地方に「荒神部屋」と呼ばれる、ふだんは立ち入らない部屋があることを知って、平成一八（二〇〇六）年と一九（二〇〇七）年の夏に上松町と大桑村を訪れた。上松町吉野のY家では寝室の奥にその部屋があった。二畳程度の広さで、当主が拝むとき以外は襖が閉じられた閉鎖的な空間である。女性の立ち入りは厳しくとがめられ、寝室で寝起きする奥さんも内部の様子はほとんど知らないという。同行した妻も遠ざけて、当主に見せていただいた。荒神部屋の上部にある棚の上に一本の御幣が立てられ、背後と側面の板壁に数十枚の神仏の御札が貼られていた。荒神部屋の神は、家内安全と豊作を約束してくれる家の神である。かつて養蚕が盛んな時代は、蚕の無事な成長を見守る神でもあった。この村に古くからある家には、その多くに荒神部屋があったという。荒神部屋は本来寝室に祀られていた神々が、さらにその奥に与えられた専用の祀りの場と考えるべきであろう。大桑村のT家では、荒神部屋が奥座敷の二階に設けられている。薄暗いその部屋は夏でもひんやりしていた。多くの御札が板壁に貼られている様子や神の祀り方はY家と同じである。

昭和三二(一九五八)年に当地方を訪れた直江廣治(なおえひろじ)は、家や親類に何かあるときは荒神部屋で聞きなれぬ音がして事前に知らせてくれるという興味深い伝承を聞いている。家の危機に際して、警告を発する家の神の役割を読み取ることができる貴重な情報である。岩手県を中心に分布する座敷童子(ざしきわらし)の伝承によると、枕返しなどのいたずらをするが、火事の予告もする。また座敷童子が棲んでいる間その家は繁盛するが、破産すると泣きながら出て行くといわれる。座敷童子が姿を現すのは客間である座敷であるが、寝ている人の枕を返す行為からみて寝室もまた活動の場であった。中世に書かれた『続古事談(ぞくこじだん)』巻第五に、「守宮神(しゅくうしん)」と呼ばれるよく似た神が登場する。典薬頭丹波雅忠(てんやくのかみたんばまさただ)の寝殿に棲み、雅忠の夢の中に七、八歳の小童の姿で現れて火事の予告をしたというのである。守宮神は座敷童子の原型といわれているが、直江の報告から荒神部屋の神にもつながる系譜を認めることができるのではなかろうか。寝室に代表される住まいの奥に家の守護を担う神が存在するとする信仰は、居間に神棚が設けられるよりずっと前から時代を超えて伝承されてきたといえよう。

上は荒神部屋の入口。下は板壁の御札(長野県大桑村)

寝室である納戸には女神が棲むというところがある。昔話の「鶴の恩返し」で、女房が高価な反物(たんもの)を織ったのも納戸であった。荒神部屋に男性によって神が祀られる歴史は比較的浅く、それ以前に女性による女神の祭祀が行われた時代があったのではなかろうか。住まいの奥に豊穣を司り、何か危機があれば救いの手を差しのべてくれる神の存在を求めてきたのである。それは母性を持つ女神だった。

二〇〇八年に刊行された荻原浩の小説『愛しの座敷わらし』(朝日新聞出版)には、いつの間にか現れて消えるかわいい座敷童子が登場し、私はその健在を喜んだ。

身近な空間である住まいの奥に神秘的な部分を持ち続けてきた感覚が、今、失われつつある。

(森 隆男)

板葺き屋根［イタブキヤネ］

板材を用いて葺いた屋根のことで、「イタヤネ」「コバヤネ」「ササヤネ」などと呼ばれていた。ササヤネは屋根に葺く板のことをササイタと呼んだためである。著名な寺社の屋根にいまでも見られる「こけら葺き」は、厚さ二、三ミリの薄いヒノキやサワラで葺いたものである。板葺き屋根の一種であるが、庶民の住居に使われることはほとんどなかったので、本項では省略する。

瓦屋根が普及するまで、民家の屋根は草葺きか板葺きが一般的であった。その土地で入手しやすい材を利用したため、平野部では草葺き、山間部では板葺きが多かった。町場では板葺きが多く、中世の京の都を描いた『洛中洛外図屛風』では、町屋の多くが板葺きになっている。江戸でも板葺きの家が数多く見られたが、火災の延焼を防ぐため、江戸中期に瓦葺きを奨励する政令が出されている。

屋根型と葺き方

草葺き屋根との大きなちがいは、屋根の形と勾配にある。草葺き屋根の形は、合掌造りなどの特殊な民家をのぞき、一般的には寄棟造りか入母屋造りが多いが、板葺き屋根の場合は、大半が切妻造りとなっている。屋根勾配は草葺き屋根が四五度前後なのに比べて、板葺き屋根は二〇～三〇度と緩い。そのため、瓦葺きやトタン葺きに変更するにあたっては、草葺き屋根では屋根構造そのものをつくり替えなければならないが、板葺き屋根では下地にほとんど手を加えることなく変更することが可能であった。

板葺き屋根は、薄く割った板を軒先から棟に向かって少しずつずらしながら並べていく。材料になる板は、割りやすいサワラや耐久性のあるクリが用いられている。板の大きさや厚さは一律でなく、板を割るにも屋根に並べるにも技術が必要なため、それぞれの作業は専業化（職人化）されていた。この点でも、共同労働で行われることの多い草葺き屋根とは異なっている。

並べた板の押さえ方によって、板葺き屋根には何種類かの方法があった。竹釘を打って押さえるのがトントン葺き。口にふくんだ竹釘を一本ずつとりだしながら玄能でリズミカ

板屋根（飛騨民俗村、飛騨の里）

ルに打つ音から名づけられたもので、この名称は全国的である。江戸時代に描かれた職人絵にもしばしば登場し、江戸市中では身近な職人だったことがわかる。

石置き屋根

釘の代わりに石をのせて板を押さえるのが、石置き屋根。直径二〇センチ前後の自然石を一定の間隔で並べたものである。山間部では形の整った川原石が入手しにくいため、山から採取してきた不規則な形の石が使われていた。石の置き方には、板の上に直に置く方法と、適当な間隔で竹や角材を水平にあてた上に並べる方法とがあり、鈴木牧之の『北越雪譜』には後者の様子が挿絵で掲載されている。軒先には厚い板を打ちつけ、石が転がってもこの板で止まるよう工夫がなされていた。

旧黒澤家の石置き屋根（群馬県上野村）

石があたっている部分の板は腐りやすいため、数年おきに石の位置を変える作業が必要だった。板の寿命を延ばすためで、これは職人の手を借りることなく行うことができた。板の腐朽が進むと、数キロもの重さの石がいきなり頭上から落ちてくる危険さえあり、火事で屋根に火がまわったら絶対に屋内に入ってはならないといわれていた。

明治時代になって針金が入手しやすくなると、針金で板をとめる方法も見られるようになった。並べた板の上に適当な間隔で水平に割竹をあて、この割竹と下地の垂木に針金をまわして固定したものである。鉄釘を打ってとめるトントン葺きもあったが、竹釘に比べて高価なため、どの程度普及していたかは不明である。

（大久根　茂）

トタン屋根【トタンヤネ】

トタンとは亜鉛めっき鋼板のことである。一般に薄鋼板（厚さ〇・一九八～一・三八ミリ）に亜鉛をめっきしたもので、ポルトガル語の「tutanaga」（亜鉛と銅の合金の意）から転化したといわれる。トタン屋根は、「亜鉛鍍鉄板」や「亜鉛引鉄板」で葺く屋根のことで、一文字葺きや菱葺きなどにすることが多い。昭和期の住宅では、瓦棒葺きも使用された。瓦棒は必ずしも垂木の上にある必要はなく、金属板の無駄が出ないように、鉄板の大きさにしたがってとりつけた。

亜鉛板は、西欧では古くから鉛板と並んで教会堂、宮殿などの屋根葺き材として使用されてきた。亜鉛鉄板もしくは亜鉛鍍鉄板は亜鉛板の代用品で、鉄板に亜鉛を鍍金することは、フランスの科学者ポール・ジャック・マルーインが一七四二年に発明したといわれる。

亜鉛板工業は、英独両国で発展をとげたが、とくに亜鉛鉄板の需要の増大は一九一三年（第一次大戦直前）ごろからといわれる。

亜鉛鉄板の国産化と「屋上制限令」

日本では、明治期のなかごろまで亜鉛鉄板を輸入していたが、明治三九（一九〇六）年に官営八幡製鉄所が初めて本格的な薄板製造工場を建設。ここで生産された薄板を材料として、同年、日本初の亜鉛鉄板四〇トンが生産された。その後、民間にも亜鉛鉄板国産化への機運が胎動し始め、明治四四（一九一一）年には民間最初の亜鉛鉄板メーカーとして大阪市桜島に亜鉛鍍（一九一六年に大阪鉄板製造、一九五三年に日本鉄板に商号変更）が創設され、ついで一九一二年に東京府下砂町に東京トタン製造所（東京亜鉛の前身）が誕生、一九一五、六年ころには、横浜亜鉛鍍、東京の東亜鍍金、帝国鍍金、隅田鍍金、柏鍍金などの諸工場が設立された。

亜鉛鉄板がわが国で広範に使用されるようになったのは、ひとつには鉄道の普及が関係しているといわれる。

大正初頭に施行された「屋上制限令」によって、鉄道沿線の家屋の火災を防止するために沿線両側二〇〇メートル以内の建物はすべて不燃性の屋根材で葺くことが規定された。これにともない、屋根改造用に亜鉛鉄板に対する画期的な需要が起こったのだという。

これが刺激となって、鉄道沿線外でも亜鉛鉄板での改修機運が生まれ、その需要は地方にも拡がった（『日本鐵板株式會社社史』）。北海道では、明治三七（一九〇四）年六月に北海道庁令七七号・八四号で、小樽、札幌、函館の三区に施行され、「新築家屋は屋根を亜鉛瓦其他不燃物質で覆い、在来家屋は五年以内に不燃物質で葺き替える」ことが指導された。ただしこれは、その後一五年間に延期されたものの、最終的に実績をあげることはできなかった。

また、大正一二（一九二三）年九月の関東大震災後の復興資材には亜鉛鉄板が必要とされ、東京、横浜の焼け野原にトタン屋根のバラックが建ち並んだ。これが復興に大きな役割を果たしたといわれる。震災後の二、三年間は復興用として需要が旺盛であったが、復興が一段落するにつれ

トタンで覆われた茅葺き屋根（豊田市民俗資料館）

てその需要も逐次退潮に向かった。

　昭和に入ると、それまで輸入に頼っていた原板の量産が国内でも始まり、再び亜鉛鉄板の生産量は飛躍的に増加した。品質の向上を図るため、昭和一一（一九三六）年に「亜鉛鉄板単純化規格」が制定され、これがのちにＪＥＳ（日本標準規格）となり、さらに昭和二六（一九五一）年からＪＩＳ（日本工業規格）となった。当時の製品としては、月星印が最高水準品として内外市場に声価をうたわれたという。

北海道で普及した屋根葺き材

　武田五一『住宅建築要義』に、「色彩及體裁に於いて住宅等の屋根葺き材料としては大いなる欠点を持つため普通に物置或は附属小屋、仮屋等の屋根葺に其用途を限られるが用法簡単価格低廉なる為め割合に用ひられて居る」とあるように、本州ではバラックのイメージや安普請の代名詞ともいえるが、北海道では大正年代から一般家屋で広く使用された。火事の延焼防止のため、当初は柾葺き（針葉樹の薄い板材を釘で打ち付けた葺き方）の上に被覆して使うことが多く、その仕様は戦後、一九五〇年代くらいまで続いた。比較的安価で屋上積雪が落下しやすいため都市部の建築を中心に普及し、昭和戦前期には唯一の屋根葺き材の状況を示すようになった。さらに、昭和二八（一九五三）年に長尺鉄板が、翌年カラー鉄板が出現してイメージを一新させ、北海道以外でもシェアを延ばすことになった。

　また茅葺き民家でも、茅葺き技能者の不足や材料入手の困難などから、茅葺き屋根をトタンで包む事例も見られ、かつての景観を様変わりさせている。　（角　幸博）

土壁と板壁［ツチカベとイタカベ］

土壁・板壁の定義

　土壁とは、割り竹や木でできた小舞を格子状に掻き、粘土を基材として何層かにわたって塗り重ねた壁をいう。板壁とは、広義には板を縦や横に張った壁をさすが、厚板で構成した壁を特定する場合もある。

　古墳時代前期の「家屋文鏡」には、高床板壁の住居が描かれている。このころには板壁が登場し、壁をつくることで室内空間を豊かにしようとした建築技術の画期的な進化が起きる。飛鳥時代（七世紀）には法隆寺の五重塔や金堂に土壁が使われる。平安時代末の『信貴山縁起絵巻』で農家の土壁（荒壁）が描かれることから、このころには住居にも使われ始めていることがわかる。

板壁と土壁の地域性

一般に、板壁は山間部に多いといわれている。宮崎県の椎葉地区、京都府の美山地区、岐阜県の白川郷、東京都檜原村など山間地の住居の壁は板壁である。

谷卓郎は「木舞下地土壁構法の地域性」のなかで、愛媛県・高知県では外壁は平野部が土壁、山間部が板壁であると述べている。山間地の雨風による環境が土壁には過酷なこと、良質な粘土より木材のほうが手に入れやすかったことがあげられる。

雪や雨から外壁を保護するために、土壁の外側下部に木板パネルを取り付ける事例が多い（兵庫県香美町、写真提供：森隆男氏）

気候風土からみた土壁・板壁

新潟県の十日町、柏崎、長岡地区のような豪雪地では、壁心部に土を六〇～九〇ミリほど塗り、その外側を板張で保護している。土を使わない厚板壁の例はほとんど見ることができない。積雪は少ないが寒冷地の岩手県遠野地区の曲屋は、外壁の柱を土で塗り込み、外側の土を厚くしている。

全国的には板壁より土壁のほうが多く見られるが、その理由を気候風土とのかかわりからみると、木造の防火性能を向上させ、夏の高温多湿、冬の低温低湿を快適環境にかえるためには土壁のほうが勝っていたと考えられる。土壁の夏の除湿、冬の加湿といった調湿特性はすでに確認されている。夏は夜間の冷熱を土壁が蓄え、日中の暑い時間帯に冷放射させ、冬は日中の熱を蓄え、夜間の冷え込む時間帯に放射させる熱の有効利用、蓄熱性能を活かした西日遮熱が実測によって明らかになっている。土壁を厚くすることで向上する断熱性能、貫と小舞土壁の粘りを活かした耐震性も特性で、ひとつの構法で六つの効果をもつことから、多くの民家で使われてきた理由が読みとれる。

土壁の造り方

材料は粘性が必要なので粘土質の土を使う。工程は割り竹を縦横格子状に組んだところに下塗り（荒壁）、中塗り、上塗りの工程を経て仕上げられる。上塗りは色土や漆喰等の化粧材を塗る。下塗りは粘土に藁を混ぜ、中塗りは割れを少なくするために砂も混ぜる。

（金田正夫）

なまこ壁［なまこカベ］

▼コラム　こて絵

なまこ壁は、民家や土蔵の外壁を補強するために、壁の全面や一部に平瓦（ひらがわら）を張り、継ぎ目に漆喰（しっくい）を筋状に盛り上げる工法である。盛り上がった漆喰が「なまこ」に似ていることから、このように呼ばれる。

瀬戸内海や主要な街道筋の宿場町、伊豆半島の港町の古い街並みなどを歩くと、商家やその蔵になまこ壁を見ることができる。また、伊那谷（いなだに）（長野県）などの山間の農村地域を歩いても、農家の土蔵などになまこ壁を見ることができる。外壁に施されたなまこ壁の景観が、重厚感のある街並みをつくっている。

建物の壁は、屋根とともに常に風雨にさらされ、とくに海岸地域では潮風や台風などの暴風雨から、また山間の地域でも厳しい自然環境から、人や財産を守る役目を担っている。さらに街なかにあっては、大火時の延焼を恐れて、財産庫としての蔵や、人が生活を営む民家の耐火性能が強く求められ、江戸時代以降全国いたるところで板壁や土壁に代わって外壁になまこ壁が使われている。一般の商家や民家の建物に屋根瓦が使われたり、土蔵造りが普及していくのと時期を同じくして、外壁になまこ壁が広まっている。

なまこ壁の形状は、正方形の平瓦を水平に張り並べた「いも張り」が古くからの張り方であったが、全国的には平瓦を斜めに張る「四半張り」が一般的になっている。その他、いも張りをずらして張った「馬乗り張り」「青海波（せいかいは）型」「亀甲（きっこう）型」「七宝（しっぽう）型」などがあり、張り方にも職人の技術に対するこだわりが見られる。ただし、とくに地域による張り型の傾向は見られない。

なまこ壁の施工は漆喰を乾かしながらの作業となり、手間とその技術ができ映えに影響することから、漆喰職人の腕の見せどころになっている。「ゑぶり」と呼ばれる塀や庇の出し桁の端などを覆う化粧板に、漆喰細工を施すものも見られる。また、型によっては高度な技術を要するため、漆喰職人の技術力や施主の財力を象徴するものになっている。一般に、商家や豪農の民家や土蔵の壁に施工されることが多く、家の格式を表すものでもあり、土地ごとの個性的な家並み景観を形成している。

なまこ壁と「ゑぶり」（静岡県松崎町）

漆喰の白さがまぶしい新しいなまこ壁は町並み景観のなかで趣のある景色をつくりあげているが、長い年月を経たなまこ壁にも、古びて見苦しくならず逆に趣が出てくるところがある。自然にある材料を利用して職人がつくりあげた技のすばらしさが、そこに表れている。

（小花　宰）

茅手【カヤデ】

▼茅葺き屋根

茅手の誕生と結い

「茅手」とは茅葺き屋根を葺く職人のことで、「屋根屋」「葺き師」など地方によって呼び方が異なる。茅手と呼ぶのは関東地方や東北地方で、出稼ぎの多かった福島県南会津地方の職人は「会津茅手」と呼ばれた。

古くは屋根葺きが職業化されておらず、村人の共同作業として葺かれていたことは容易に想像できる。沖縄では実際に近年までこのような形態で茅葺きが行われてきた。

共同作業の村人のなかから器用な人が次第に専門的に屋根を葺くグループを形成するようになった。そこからリーダーとして茅葺き作業をまとめる役目の人が出てきた。これが親方であり、親方のもとで四～五人程度の職人集団が屋根を葺いた。他の村人は手伝いとして茅の運搬や地面廻りの片付け清掃にあたったが、茅の知識や葺く手順も熟知した半職人として茅葺き作業にあたった。茅葺きの〝結い〟は、このシステムが共同作業として習慣化したものと考えられる。

しかし、職業化したとはいえ、茅葺き職人の場合はあくまで農民の副業であった。会津茅手は遠く関東まで出稼ぎに行っても、田植えや収穫時には田舎に帰って農業に従事した。

茅葺きの地方色

職業化した茅葺き職人の技は次第に高度化し、その地方に適した特色ある葺き方や形状（地方色）、棟の形式など

棟飾りを施す（千葉県芝山町）

が成立していった。それはその地方にとって耐用年数が長く強い屋根でかつ安価なものを目指したもので、身近に豊富にとれる材料（ススキ＝山茅、ヨシ、オギなど）を用い、雪国や風が強い土地、多雨な土地など風土に合った葺き方が工夫された。また、葺くときだけでなく茅場の管理や差茅などの維持管理を含んだシステムの構築、優美さや権威をあらわす形状なども加味されたものである。

　各地に成立したさまざまな茅葺きは、長い歳月をかけて熟成した技術の賜物であり、知恵の塊ともいえる。しかし、この伝統を担ってきた各地の親方が高齢となり、若い職人も育っていないのが現状である。

茅葺き技術の課題

　茅葺きは、葺き方が一見すると簡単そうに見えるが、じつは非常にむずかしい技術である。大工のような曲尺（物差し）や水平を示すための水糸など、測ったり基準とする道具はもたず、目と感覚だけに頼って優雅な形をつくりあげるのは容易ではない。

　茅葺きの親方には誰でもなれるわけではなかった。技量が優れているのはもちろんであるが、リーダーとしての指導力、統率力、何よりも人間性をもっていることが条件となる。親方に世襲が多かったのは、その素質のほかに職人としての厳しい訓練に耐えうるプライドが備わっていたからであろう。

　近年、地方色は単に仕上がりの形だけとなってしまい、無理な刈り込み（今は機械での刈り込みが多いので、簡単に行える）を行って、各地の屋根形状に合わせたものが多くなっている。しかし、刈り込みを深く行うことによって、屋根自体が弱くなっている。

　これからの茅葺きは、真に伝統を踏まえた実用的なものはもはや望めず、いわば形骸化した形だけの屋根に移行してしまうのは大変残念なことといわざるを得ない。

（日塔和彦）

こて絵

こて絵といえば、伊豆の長八を思い浮かべる。こて絵を全国に広める基となった入江長八は、西伊豆の松崎に生まれて江戸で活躍し、こて絵を芸術にまで高めた人物である。彼は、こて絵職人であるだけでなく狩野派の絵画から新内、俳句など多芸を極めていたが、父の死を境に自暴自棄の生活に入り、一時期こて絵から遠ざかっていた。その後、同郷の知人に諭されて再び江戸に帰り、こて絵に打ち込んでいる。

▼なまこ壁

伊豆の長八の手による、龍のこて絵（静岡県三島市・龍澤寺）

彼は、江戸や三島、郷里の松崎などに多くの作品を残している。江戸における作品の多くは関東大震災や戦災によって失われたが、品川宿の寄木神社の扉絵や善福寺の壁面に見ることができる。郷里松崎では、菩提寺浄感寺の再建にあたってこて絵などを奉納しており、現在は「長八記念館」として公開され、本堂の天井の龍や内壁の天女のこて絵が、微妙な陰影の変化によって見る人の心をつかんでいる。また、松崎町の「伊豆の長八美術館」には多くの長八作品が展示されている。同町の「重要文化財岩科学校」は、なまこ壁の木造校舎であるが、二階の内壁の欄間をいまにも抜け出してきそうに舞う鶴などを見ることができる。その芸術性の高さには、目を見張るものがある。一時期逗留していた三島市の龍澤寺には庫裏の玄関上に龍のこて絵があり、別の隠寮内の壁にもこて絵が残されていて、すでに東京が生活の中心になっていても松崎や三島に多くの作品を残した長八の、故郷や参禅の師を思う気持ちがよく表れている。

漆喰職人の技として、こて絵というものは古くからあったと思われるが、伊豆の長八によって系統的な技の伝播があったとみられる。それが全国へ広まり、現在では外壁の妻側部分の軒下や戸袋、扉などを飾る絵として、九州北部、中国、四国、関東、甲信越地方、富山、静岡県などで多く見ることができる。

これらのこて絵は、漆喰職人が施主へ仕事を請けた喜びとお礼の気持ちを込めて描いたもので、その絵柄は家の繁栄と安全を願うものが一般である。物語性が高く、招福や魔除け、火事に対する防火への思い、そして装飾性をもたせたものを描いている。

漆喰職人の腕の見せどころであるため、競ってでき栄えのいいものを目指したが、長八のこて絵の目指すところとは一線を画しており、ただ芸術性のみを追求するだけでなく、純粋に家の繁栄や安全を思う気持ちのほかに、職人の気質によってはときにコミカルな思いも表現されていて、見る目を楽しませてくれている。

職人芸としてさりげなく建物の側面に描かれたこて絵であったが、それが一般に広く関心をもたれるようになったのは、やはり松崎に長八美術館ができ、さらに全国でこて絵のおもしろさに魅かれて収集や研究を行う人が活動を始めたことによると思われる。

こて絵は一般に土蔵や民家の壁面に残されていて、放っておくと建物本体の老朽化とともに解体されたり、剝がれ落ちていくのを修復できずにいるものもあり、いずれ消滅してしまう運命にある。建物の解体時に貴重なこて絵の部分を切りとって保存するケースも見られるが、多くのこて絵が建物とともに消滅している。

このような中で、大分県宇佐(うさ)市の安心院(あじむ)地区では、街中の民家の壁面に残されたこて絵を案内するとともに、こて絵の技術が今後も伝承していく価値があるものとして、新たにこて絵が描かれ、民家の外壁を飾っている。

しかし、現在の建築において材料として漆喰を使うことが激減していることから、すでにその技を継承する場は非常に狭まっており、実質的な技術の継承については困難な状況になってきている。高い技術を有した職人の想いを表現する場のない、単なる消耗品としての趣のない建物ばかりになってきているのが現実である。

（小花　宰）

民家の戸袋に描かれたこて絵（大分県宇佐市安心院地区）

結［ユイ］

ユイとは、短期間に多くの労働力を確保しなければできない作業のために行う互助・共同労働の一形態。一般にユイは労働力の等量交換が特徴である

共同労働の形態には、比較的対等な家関係におけるユイや「モヤイ」「テマ」「カタリ」のほか、本家・分家間の給付関係などにおいて下の者から上の者へ提供される片務的労働力としての「スケ」「テツダイ」などがある。ユイが労力の交換であり労力の賃借の意識が強いのに対して、モヤイは賃借の意識はなく単なる共同労働である。モヤイは漁業関係、ユイは農業関係の共同労働をさす場合が多い。

住まいにかかわるユイは、家屋の新築・屋根葺きである。ただし、田植えなど農業関係のユイガエシはその年のうちにできるが、屋根葺きの場合は三〇年後などとなる。このような長期間で決済が完了する労力交換はユイとはいわずタノモシやテツダイの一種ともみなせるが、いずれ自家の屋根葺きがまわってきて今まで提供した労力の同量がもどってくるという点でみると労働力の交換である。

ユイの仲間は、古くは血縁・姻戚間が中心と考えられている。現在も、親類間のユイがもっとも多く、近所同士や組や講の仲間、年齢集団や親しい者、力量や仕事の似た者、社会的階層の同じ者同士でユイ仲間をつくることも多い。

屋根葺きと結

草屋根は周期的に葺き替える必要があり、共同で行われるのが一般的であった。屋根葺きには、資材の入手と労力の調達というふたつの合力が必要であり、さまざまなかたちの相互扶助が見られる。

福井県大野郡五箇村（現・大野市）では、屋根の葺き替えを「フシン」または「ヤヅクリ」といい、それぞれのカイチ（部落）が一単位となって行う。ふつうの屋根替えでは一戸あたり一人出るが、人手を多く要するときにはカイチ内の一五歳以上の男子全員が参加する。瓦や杉皮葺きにした家も、カイチのフシンには必ず参加しなければならない。岩手県九戸郡山形村（現・久慈市山形町）では、造作が終わるまで部落一同がクガイ（共同作業）に行く。また、各戸茅二駄（約二七〇キロ）のほか、縄一〇〇尋（約一五〇〜一八〇メートル）、ホケ（竿）二本を持ち寄り、スケゴメ（稗、豆、蕎麦などの穀物）をそれぞれ若干贈る。それは、同じもので返しをする。

また、「母屋の屋根は村の共同財産であるから、粗末にすると憎まれる」（千葉県君津郡亀山村＝現・君津市）、「（古茅は肥料として貴重であるため、茅葺き屋根を解体し

たときには）組内の人々が茅を等分して持ち帰る」（高知県高岡郡檮原町）という例からは、住宅が私有財であると同時に社会財であるという認識が見出せる。

屋根葺き組などをつくって共同で屋根葺きを行うときには、都合のいい家同士で組織をつくる場合と、組織をつくらず個々の家で任意に契約を結ぶ場合とがある。組織をつくる場合は、固定的なものと、組内の葺き替えを一巡すると解散する一回限りのものの二通りがある。これらは比較的労働交換の意識が強い。資材（茅）の相互提供をともなって「茅講」「茅頼母子」などと呼ばれ、金融無尽と同形式で運営されるものもある。労力は男同士一対一の交換が一般的で、賃借の人数は比較的厳密であった。屋根葺きはユイだから、先方で屋根葺きのときにはユイガエシをする（富山県東礪波郡上平村＝現・南砺市、岐阜県大野郡白川村ほか）などといわれる。

結による屋根葺き（宮城県気仙沼市、1966年、写真提供：佐々木徳朗氏）

近隣組の共同労働や個々の家同士の労力提供などの場合、「見舞い」「手伝い」などと呼ばれ、家ごとに「屋根葺き見舞帳」などに記帳し、贈与分にひきあう返しを義理として固く行うところも多い。この場合、結果的に長期間にわたって贈与した資材・労力は決済されるが、厳密な労力計算はせず、村づきあいのひとつとして単なる「手伝い」「加勢」程度にしか考えないところも多い。

実際の屋根葺きにおいては、より多くの労働力を確保する必要があったり、各家の大きさのちがいに対処するため、これらの相互扶助が併用されるかたちで労力が集められることが多い。

相互扶助が成立しなくなってからは、賃金で清算する方法も見られる。たとえば青森県西津軽郡赤石村（現・鰺ヶ沢町）では、茅は自家で用意して人夫はユヒコにする、または各戸で茅を刈って毎年家を定めてそれを無償でとり、屋根葺きの際には各戸が三日間手弁当で縄五把ずつを持って参加し、工賃として支払われた。この場合、村仕事と労力交換と賃金雇用の三つが併用されている。

農業技術の進展や雇用労働形態の普及、草屋根の減少などにより、こうした相互扶助も急速に消滅している。

（神かほり）

茅山［カヤヤマ］

茅山・茅場

屋根葺きの材料とする植物の総称を茅という。草屋根葺きには大量の茅を必要としたため、毎年茅を採集するために確保された「茅山」「茅場」などと呼ばれる専用の土地があった。多くの場合、それはススキの原であったが、海茅とも呼ばれて屋根材に用いられるアシ（ヨシ）などの採草地を茅場と呼ぶ地方もある。茅山の多くは集落や組の共有地・入会地のなかで、茅専用の土地として共同利用されていた。また、各戸が個別に所有する場合もあり、東京都八王子市鑓水には、斜面地のコサガリ分（木障）を茅場とした例があった。茅を生やすことで樹木の生長を防ぎ、隣接する田畑の日照を妨げないようにする管理の一環でもあった。

茅山の利用形態

茅山は、晩秋から初春にかけての茅刈りの後、春先に火入れを行い、夏場には草刈りをするなどの手入れをしながら維持・再生産される。東京都と神奈川県の県境に位置する陣馬山は、麓集落の上案下（現・東京都八王子市）と和田（現・神奈川県相模原市緑区）入会の茅山で、茅は屋根葺き材のほか、炭俵の材料として利用されていた。良質な茅を採取するため、昭和戦前期まで毎年四月一日に山焼きが行われた。その際には、上案下側と和田側で同時に点火し、峠に向かって焼き進めていったという。山焼き後に芽吹く蕨も山の幸として珍重された。

茅が耐久性を獲得するためには、十分に枯れている必要がある。このため、北日本では一〇～一一月、関東以西では一一～一二月ごろに茅刈りをする。なかには雪解け後に茅刈りを行う地方もある。岡山県美作市後山地区には、平成二一（二〇〇九）年現在も共有山があり、茅場が維持されている。秋は一一月二一日が茅の刈り始めで、この日を茅の口開けといい、村総出で二日間茅刈りをした。口開けの日以降は自由に茅刈りができた。茅場の下は堆肥の原料となる夏草の採草地とな

馬車に積まれた茅（宮城県気仙沼市、1960年、写真提供：佐々木徳朗氏）

っていた。

刈りとった茅は、屋根葺きまでのあいだ貯蔵しておく必要がある。屋内の場合は屋根裏に貯蔵することが多く、屋外の場合は「ニュウ」「茅ニウ」などと呼ばれる円錐状に茅を積み重ねたものをつくる。

明治以後は、戸数も増え、開墾、植林が進んだため、茅山を全面的に失う集落が相次いだ。また、屋根瓦などの普及で草葺屋根の家が減って茅山を維持する必要性も少なくなり、各地の茅山は姿を消していった。（神かほり）

4 装飾

棟仕舞と棟飾り［ムネジマイとムネカザリ］

▼芝棟

「棟仕舞」とは棟部分の処理のことで、「棟納まり」ともいい、まず雨が漏らないようにする雨仕舞が求められる。ここに火災除けや厄除けなどの意味を込めた造形が見られる。また、目立つ部分であるだけに装飾としての要素が大きくなり、家の格を示したり、職人の腕の見せ場になったりする。これが「棟飾り」で、棟仕舞は同時に棟飾りでもある。また、雨漏りを防ぐために重要な棟の端部は、下からよく見えることもあり、とくに象徴的な装飾が施される。

日本の伝統建築には、乾燥地域に見られるような陸屋根（ろくやね）（平らな屋根）は見られない。勾配屋根には必ず頂部があり、この部分を「棟（むね）」と呼ぶ。寄棟（よせむね）や入母屋（いりもや）であれば、屋根面と屋根面が接する斜めの稜線も棟と呼ぶが、これを「隅棟（すみむね）」と呼び、一般の頂部の棟を「大棟（おおむね）」と呼ぶこともある。大棟に水平にある構造材を「棟木（むなぎ）」と呼ぶ。新築時に、棟木が上がったときを「上棟（じょうとう）」と呼び、上棟式は着工時の地鎮祭とならぶ重要な儀礼である。「建前（たてまえ）」とも呼ばれ、竣工時よりも盛大な儀礼が行われてきた。また棟は家を数える単位としても用いられる。日本の家にとって、棟は特別な存在である。

草葺き屋根の棟飾り

草葺き屋根の場合、屋根葺き材の頂部での接合と、風で屋根が飛ばないようにする固定が主な目的になり、重さによる固定と縫いつけることによる固定がある。

重さによる固定としては、土を載せて草を生やし、その根で棟を補強する「芝棟（しばむね）」と、交差した木を載せる「置千木（おきちぎ）」がある。芝棟は主に東北地方で見られ、置千木は山地で多く見られる。置千木は元来、垂木（たるき）（屋根の下地などを張るための材料）を延長していたものが変化し、伊勢神宮などで見られるように破風（はふ）（切妻屋根の妻面、またはそこに張る板）を延長する装飾に変化し、それが棟に置かれるようになったと考えられているが、重さより、格式の表現としての要素が強くなってくる。「瓦巻き（かわらまき）」は瓦の重さで棟を押さえる方法で、瓦が普及してからの比較的新しい納め方である。

縫いつけによる固定としては、竹が採れる地方に竹を編んで棟にかぶせる「竹簀巻き（たけすまき）」が見られる。近畿地方に多い「針目覆い（はりめおおい）」は、茅を竹で押さえて茅束で覆うという茅葺きのなかではもっとも純粋な茅による造形であるが、縫いつけるためには高度な技術が要求される。また、雨仕舞のためでありながら他の方法に比べてあえて傷みやすい仕上げになっているのは、髷や髪飾りのように身だしなみの一種として絶えず手をかけて美しく維持していることが家の格につながるからという見方もできる。もっとも古い形式と考えられている「笄棟（こうがいむね）」は能登半島から白川郷（しらかわごう）周辺と鹿児島、沖縄で見られる方法で、水平材にとめた縄で棟を縛って棟を押さえている。神社で見られる「鰹木（かつおぎ）」は、笄棟が象徴的なものに変化したものと考えられる。

置千木（山梨県身延町）

竹簀巻き（茨城県稲敷市）

笄棟（富山県南砺市）

すずめ踊り（長野県塩尻市）

板葺き屋根の棟飾り

板葺き屋根の棟飾りの筆頭は、長野県の一部で見られる「すずめ踊り」（スズメオドシともいう）である。これは、破風板を延長したものが変化し、屋根上に置かれるようになったものと考えられるが、雨仕舞の機能とは関係なく、本棟造りとともに富の象徴として受け継がれている装飾である。

瓦葺き屋根の棟飾り

瓦は六世紀に百済からもたらされるが、民家までおよぶのは安土桃山時代以降で、町屋などに普及するのは江戸時代になってからである。

瓦葺き屋根の棟端部を隠し、雨仕舞と同時に魔よけのための装飾をもった瓦が、鬼瓦である。鬼瓦は、鬼の面をかたどってつくられた瓦で、鬼の形でなくても鬼瓦と呼ばれ、広義の鬼瓦には、鴟尾、鯱なども含まれる。このうち五角形の瓦を中心に数枚の瓦で構成され、経の巻という円筒形の装飾を載せるものを「獅子口」と呼ぶ。

破風飾りと煙出し

切妻屋根の三角形の切り口を螻羽といい、そこに現れる棟木や母屋の木口を保護のために隠すのが破風板で、ここにつく装飾が破風飾りである。入母屋の場合は三角形の穴の部分を破風口といい、換気や煙出しの機能をもつが、ここに水や龍などの文字や模様が火災除けとして描かれるなど、装飾が集中する。

室内で直火を使う日本では煙出しは不可欠であるが、とくに養蚕が普及してからは換気のための煙出しが棟に増設され、民家の屋根形状に大きな変化をもたらした。

棟飾り、棟仕舞は、その土地独自の材料や習慣によって地域差が出やすい部分である。火災除けや厄除けなどの意味とともに身分や格を象徴する機能があったことで、その一部はステータスシンボルとして現代の住宅にも受け継がれている。

（岸本　章）

芝棟［シバムネ］

▼棟仕舞と棟飾り

芝棟とは、茅葺き屋根の棟仕舞のひとつで、茅屋根の棟を押さえるために野芝を植えた棟のことである。

棟仕舞というのは、屋根を葺いたときに棟を処理する方法のことで、この処理が悪いと雨漏りや屋根葺き材が安定しない原因となり、住まいの耐久性に直結する。したがって、棟仕舞はそれぞれの地方に適した方法で発達した。

安藤邦廣は、『茅葺きの民俗学』のなかで棟仕舞を「押さえる」「縫う」のふたつの方法に分類している。芝棟は、土と野芝によって屋根を押さえる、もっとも原初的な方法といえる。

安藤によると、芝棟の分布は東日本に偏っている。およそ中部地方の山間部と東北地方の太平洋側である。中部から東北地方の日本海側には、X字形の木材を置いた置千木（おきちぎ）の屋根が分布している。一方、西日本には芝棟は見られず、「針目覆い（はりめおおい）」が代わって現れる。てっぺんのみの茅を竹で押さえ、下地に縄で縫いつけ、縫い目を茅束などで覆うという方法である。台風が多い地方では、しっかりと固定する方法がとられている。

芝棟は非常に簡単で、芝の根あるいは種子を入れた土の塊を棟に固定することで完成する。固定といっても縄で縛ったりすることはなく、土の自重と野芝の根によって安定が保たれる。野芝は自然に生長し、やがて青々とした姿を見せるようになる。茅屋根が茶褐色であるのに対して棟は鮮やかな緑色をしていて、対照的である。

岩手県の一部の地域では、この芝棟に花の咲く植物を植える。七月中旬ごろになるとオレンジ色のユリのような花を咲かせる。地元では「かっこ草」と呼ぶが、ヤブカンゾウのことである。ユリやニラの仲間が多いようである。

旧佐々木家住宅の芝棟（岩手県立博物館）

旧佐々木家住宅のかっこ草（ヤブカンゾウ）（岩手県立博物館）

このきわめて原初的な棟仕舞は、あまり持ちがよくない。風雨による劣化のほかに、ほかの植物の侵入がある。屋根に松の木が生えている民家を見たことがあるが、鳥が種子などを運んできたのであろう。茅はただでさえ内部で腐食化し、ますます植物が生長しやすくなる。

このような植物で棟を覆うのでは、雨漏りなどは避けられない。そこで、棟を板で覆う簡便な方法が始まったと思われる。

（瀬川　修）

懸魚［ゲギョ］

神社仏閣などの破風板の下にとりつけた妻飾り。その由来は火伏せと招福の呪術であるらしい。

切妻や入母屋屋根では、側面に「螻羽」と呼ぶ傍軒の木口が見える。この屋根の棟木などの木口に板を貼りつけて覆い、腐朽を防ぐ。これが懸魚の発生と考えられ、装飾的に発達したものであると考えられている。

元来は社寺建築の意匠として発達したが、しだいに民家にも用いられるようになっていった。はじめは一般的な民家ではなく、庄屋・地主といった上層の家屋であったようであり、これら格式のある家の切妻や入母屋の玄関造りの装飾にもなった。

懸魚にはもっとも単純な梅鉢型から唐花あるいは三つ花懸魚、その他多くの意匠があり（写真1）、懸魚本体の両側に彫刻のついた鰭付懸魚が上部の尾根と一体化している。

信州の本棟造りの民家は格式があり、懸魚も立派である（写真2）。一般的な茅葺き入母屋造りの破風口は単純な猪の目型（写真3）などが多いようである。京都府の丹波地方では、破風口を白漆喰で塗り込み、そこに懸魚をつけ、火除けの菱井桁の煙出しの穴を開けているものがよく見かけられた。

（早瀬哲恒）

写真1　小林家の懸魚と家紋（京都府南丹市）

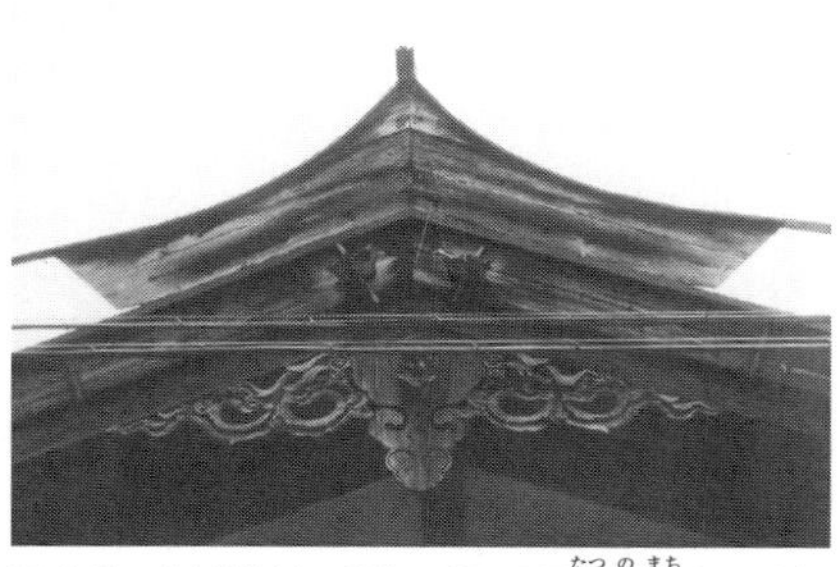

写真2　本棟造りの懸魚（長野県辰野町小野宿）

写真3　猪の目型の懸魚（京都府亀岡市）

住まいとことわざ

▼うだつ

ことわざや慣用句は古くからの言い習わしであり、短くて語調がよく、短い表現の中に教訓や風刺を含んで先人の知恵を今に伝えている。その中には建築用語がそのまま転用されたものも少なくない。

建築用語の転用

・大黒柱

「大黒柱」は、民家の土間と床上部の境界にある太い柱をいう。家にとって象徴的な柱の名称が、転じて家族など集団の中心になる人を表している。

・子はかすがい

「かすがい」は、材木と材木を合わせるときにつなぎ止める大きな釘であり、ふたつの材木をつなぐために釘の両端を折り曲げたものをいう。また、扉のかけがねのこともそのようにいう。いずれにしても、ふたつのものを離れないように合わせる役割のものであり、転じて「子はかすがい」のように、夫婦をつなぐ大切なものをいう。

・うだつが上がらない

「うだつ」は、建物の妻側に作られた袖壁をさすことが多いが、もともとは、梁の上に棟を支えるために建てた棟束をさした。また、町屋では屋根よりも突き出た壁が東側にあり、これもうだつと呼んだ。

袖壁は、隣家との境界に、防火のために作られたものである。町の商家などでは、意匠を凝らして家の力を誇示するようなうだつもあり、うだつを上げることは家が栄えていること、成功を意味する。

また、うだつを上げることは、柱、梁、棟木が上がった状態まで家ができたことをいい、転じて志を遂げたことを意味するともされる。

「うだつが上がらない」は、このようなうだつ本来の意味を踏まえながら、上から押さえつけられて出世できないことをいう。

・起きて半畳、寝て一畳

「起きて半畳、寝て一畳」ということわざがある。これは、人間が起きているときには半畳、寝ているときには一畳あれば足りるという意味で、必要以上に富貴を望まず、満足を知ることが大切であるという教えである。

この後に「天下取っても二合半」がつくこともある。天下を取ったとしても一食で食べられる量は米二合半が限界だという意味である。同じように「千畳敷に寝ても畳一枚」ということわざもある。

畳の大きさは、西日本で多く用いられている京間では六尺三寸×三尺一寸五分、関東地方で用いられている江戸間では五尺八寸×二尺九寸である。地域によって違いはあるとはいえ、「寝て一畳」は、縦が一八〇センチメートルの長さになる。慣用句で「身の丈六尺」があるが、かつての日本人の身長で六尺というのは、ごく希なことである。六尺の長さがあれば、寝るのにふつうの男性は余裕のある広さということになる。

「起きて半畳」は、あぐらをかいたり正座をしたりするときの幅からすると、半畳では大きい。しかし、座った状態から立ち上がるためには、両手を前につき、上半身を前に傾けるので、半畳というのは立ち上がるのに余裕をもった大きさということができる。

このことわざは、贅沢を慎み、清貧な生活をよしとする教えであるが、身体尺の視点からみると、最低限の大きさというだけではなく、余裕をもった立ち居振る舞いの大きさだともいえよう。

行儀作法のことわざ

襖や障子の開け閉めで「上そろり中ぱったりの下三寸」ということわざがある。上品な人は静かに閉めるがほどほどの人は音を立てて閉める。下品な人は勢いよく閉めるため、反動で三寸ほど隙間が開いてしまうことをいう。ここに「下々の下等は後を構わず」がつくこともあり、開けたままにしておくことを戒めた。

「敷居は親父の頭」ということわざがある。つまり、父親の頭と同じくらい大事なので踏んではいけないという意味である。畳の縁や囲炉裏の炉縁も踏んではいけないといわれる。これらの場所は、わずかであるが段差があり気をつけるべき場所でもある。

そのような注意をうながす意図もあるが、民俗学では、敷居などは、空間の中での境界のひとつだと考える。境界という不安定な場所を越える行為には具体的な装置の有無にかかわらず不安感が潜在している。敷居や畳の縁、炉縁などを特別視する感覚が「踏んではいけない」というタブーを生んだ要因でもあると考えられる。

（山崎祐子）

切り文字【キリモジ】

切り文字とは妻に彫られた文字をいう。

入母屋造りの破風口には、通常、木連格子がはめ込まれるが（写真1）、この下部の前包みを腰板にしたり、あるいは全体を板で覆ったりしている。この破風口を板にすると換気口の役目を果たさなくなるので、単に丸い穴を開けたり、家紋などの透かし彫りの文様を配したものなどがある。

これら意匠と共に多くの例として見られるのが、「火伏せ」の文字として一般的な「水」（写真2）で、井桁に川や龍、ときには海や波模様、吉祥文字として寿などの文字が切り込まれていることもある。

この破風口の三角形の頂点の上は、棟の葺き納め、即ち棟の小口で、この部分にやはり破風口と同じように火伏せや吉祥文字・家紋や屋号などを刻み込んだり書き込まれたりしている場合がある。関東の寄棟などの棟仕舞、なかでも筑波地方のキリトビ（写真3）は、まさに芸術品そのものである。鋏ひとつで切り込む手法から立派な切り文字といえるのではないだろうか。

（早瀬哲恒）

写真１　木連格子（京都府京田辺市）

写真２「水」文字（京都府木津川市）

写真３「龍」文字（茨城県石岡市）

▼コラム　住まいとことわざ

うだつ

うだつとは、町屋の妻側の壁を屋根より一段高く伸ばし、小屋根をかけた設備をいう。「うだち」ともいい、「梲」、「卯建」の字をあてる。また建物の両側に張り出した袖壁を「袖うだつ」ともいう。なお梁の上に建てて棟木を支える束をさすことばでもある。

『洛中洛外図屏風』に描かれた住まいに見られることから、室町時代末期にはつくられるようになったといわれている。その後全国に普及し、とくに近代に入って厚い塗り壁に白漆喰で仕上げた袖卯建がつくられるようになった。

うだつ（名古屋市有松、写真提供：津山正幹氏）

機能

防火を目的に設置されたといわれているが、『洛中洛外図屏風』のうち上杉本など室町時代末期に描かれたうだつは草葺きや、板葺きと思われる描写が見られ、防火の機能を認めることは困難である。板屋根の保護を目的につくられたとする説もある。また、うだつが登場した時期は、京都で町衆が経済力を背景に台頭してきた時期であり、その地位の象徴とする説もある。なお、江戸時代前期に描かれた『洛中洛外図屏風』歴博D本には瓦葺きの屋根に瓦葺きの小屋根を置いたうだつが描かれ、白壁造りになっている。

江戸時代後期から明治時代にかけて、徳島県美馬市脇町や岐阜県美濃加茂市などの町屋で白漆喰を使用した重厚な袖うだつがつくられるようになった。脇町では藍の製造や生糸の取引で繁栄した家に見られる。これらは経済力とともに家格を示す象徴である。そして防火壁としての機能も期待されていると思われる。

「うだつがあがらない」

うだつは家格とともに経済力をもつ家で見られ、立身出世と深くかかわっている。これらをかなえられなかった場合に使用される慣用句である。また、棟木を支える束をさすことばであり、棟木に抑えつけられているイメージから生まれたともいわれている。本来の意味が忘れられても、「うだつ」の語彙が生き続けているといえる。（森　隆男）

欄間［ランマ］

欄間とは家の接客座敷空間などで、鴨居（かもい）の上部と天井とのあいだの小壁内に建て込まれた建具、またはその開口部のことである。建具であるので、多くの場合は取り外しのできるようになっており、開閉可能な機能をもつ。採光や通風のために設けられているのが特徴で、室内の光熱環境作りに大きな役割を果たす装置である。

一方で欄間は、室内の格式的な空間意匠を整える点で大きな役割ももってきた。意匠によって「障子（しょうじ）欄間」「筬（おさ）欄間」「板欄間」「彫刻欄間」などの種類がある。

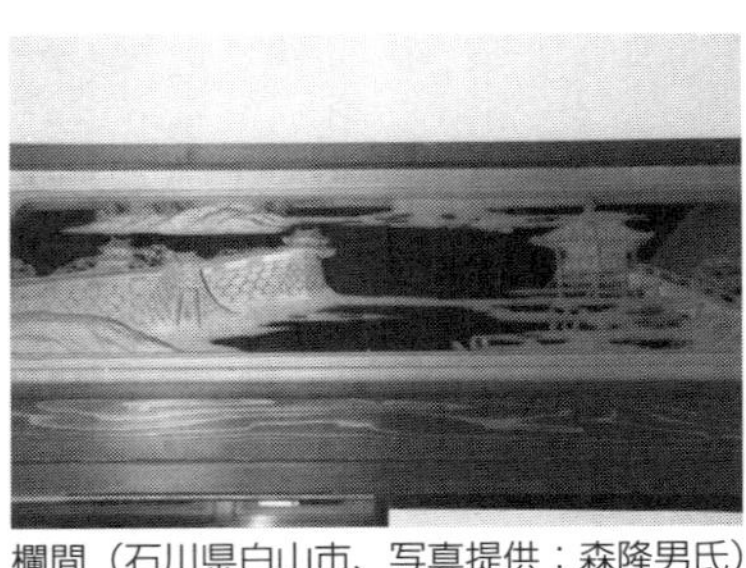
欄間（石川県白山市、写真提供：森隆男氏）

障子欄間は明（あかり）障子を片引きや引き違いなどで建て込んだもので、通常は障子戸と同じ割り付けの組子で作られる。建具を閉めた状態であっても障子紙を通して光が入るため、雪国の民家では居間や台所にも障子欄間を多用し、雪囲いのために暗い住まいの内部は欄間で採光していた。

筬欄間は細い組子を縦方向に繁（しげ）く並べたものである。格子状になった組子の向こう側は透けて見える造りで、障子紙は貼らない。中世末期の武家書院造りでよく使われた形式で、民家で用いられる場合は厳格な書院座敷に限られた。組子欄間は組子を幾何学模様や伝統模様、あるいは具象画に組み合わせたもので、繊細な意匠により格式性をもたせたものである。

板欄間は板を打ち抜いて（切り抜いて）意匠性をもたせたもので、彫刻欄間は厚板に花鳥風月や中国故事にまつわる画題などを彫刻したものである。共に意匠性に富むため、家の格式を表したりする役割も果たした。富山県南砺（なんと）市（旧・井波町（いなみまち））は彫刻欄間の産地として有名である。

また、公家住宅の冷泉家（れいぜいけ）住宅（京都市）では、欄間部分を開放し建具を設けない。建具を廃することで、続き間座敷でありながら一体的な空間をつくり出しているのである。

現在も欄間は和室には欠くことのできないものであるが、庶民住宅に欄間が設けられるようになるのは、近世に入ってからのことで、大庄屋や地侍家など上層の家の接客座敷から床（とこ）の間（ま）、違い棚などと併せて使われるようになった。庶民まで欄間が用いられるようになるのは地域差もあるが、接客座敷が普及する近世後期から末期であった。

（御船達雄）

天井［テンジョウ］

天井は部屋の上辺を画する建築部位で、部屋の様式、格式、使い方が現れる。床（ゆか）と対置して構成され、床のつくりと関連することも多い。

歴史

歴史的に見ると庶民の住まいには、元来天井はなかった。江戸時代までは草葺きや板葺き屋根の裏面がそのまま見えるのがふつうであった。日本における天井は古代寺院の仏堂にまでさかのぼるが、住宅の範疇に用いられるのは、室町時代に武家住宅として造られるようになった書院造りの住宅からである。ここで畳の敷き詰めと化粧天井の組み合わせが完成し、江戸時代にかけて庶民住宅へ普及するようになる。

天井は格式を表現するものでもあったから、しばしば幕府や諸般の家作禁令の対象ともなった。

種類

住まいで一般的に見られる天井には「竿縁（さおぶち）天井」と「根太（ねだ）天井」があり、そのほかに屋根裏を化粧仕上げにした「化粧屋根裏」がある。

竿縁天井は天井の代表格で、接客用の座敷から、居間や寝室にいたるまで用いられる。三センチ角ほどの竿縁を四五センチ間隔ほどに配置し、この上に板を張ったものである。竿縁は細いものであるので、そのままでは垂れ下がるため、要所を釣り木を用いて小屋梁などから釣り上げてつくる。このため釣り天井と呼ぶ場合もある。竿縁を水平に掛け渡すと、垂れて見えるため、大工の知恵として少し中央部を持ち上げて張る。竿縁は太さや縦横比、面の取り方に時代性や格式が現れ、竿のふたつの角を大きく削り落とし、猿の頬のように面取りした竿縁天井は「猿頬天井」とも呼ぶ。

竿縁天井

竿縁天井の天井板は通常は節のない良材を選んで張られ、上等なものでは柾目（まさめ）の板が用いられ、板目の板はやや格が下がる。床の間（とこのま）に向けて竿縁を配置するのは、「トコザシ」として禁忌の対象となるが、これには地域差も見られた。釣り天井のため天井裏は通常全く

根太天井（兵庫県豊岡市、写真提供：森隆男氏）

目にすることのない空間となり、ネズミなどの害獣の活動の場である。ネズミを防止するため、栗のイガを入れる地方もある。また天井裏の概念は、しばしば住まいにまつわる怪異の場ともなった。

根太天井は上階の床を化粧仕上げして天井としたもので、床組構造の下面がそのまま現れた極めて実用的な造りである。そのため座敷など格の高い部屋では上階があっても根太天井にはせず、床の下に竿縁天井を張るのが通例である。上等な根太天井は床組材がていねいに鉋（かんな）で仕上げられ、板の隙間から埃や光が漏れないよう、目板（めいた）が板の継ぎ目に入れられる。

（御船達雄）

二 住まいの環境

1 屋敷

▼町屋の変容

坪庭［ツボニワ］

主に京都などにおいて、町屋建築の発達にともなってつくられた一、二坪ほどの小さな庭をさす。「坪庭」という名称は、平安時代の貴族の寝殿造り（しんでん）に見られた壺に由来するといわれる。この建築様式においては、対屋（たいのや）や廓（くるわ）に囲まれた前庭のことを「壺」と称した。『枕草子』にも「まへは壺（つぼ）なれば、前栽（ぜんざい）うへ籬（ませ）ゆひていとおかし」（新日本古典文学大系本・二二七段）とあるように、前栽として草木が植えられ、その草木の名をとって「萩壺」などと呼ばれた。

京の町屋の変遷と坪庭の出現

京都の町屋建築は一般に「鰻（うなぎ）の寝床」といわれる。表通りに面して見世（店）がつくられ、その店の入口から建物奥へと「通り庭」と称する通路が延びる。間口に対して奥行が深いゆえに、通り庭にそって部屋や台所が、最奥部にある土蔵前の庭まで続く。奥行が深くて建坪も大きいほど部屋数も増え、しかも敷地両脇には隣家との塀が迫っているために、部屋の採光や通風、換気の問題が生じる。これらを解決するために建物をえぐるようにつくられたのが、坪庭である。

京都でこのような町屋建築が完成するのは、近世前期ごろであった。室町末期ごろまでの京都の町屋は、平安京造営以来の町割りとして一町四方、天正地割（てんしょうじわり）以後の南北一町、東西半町の街区を囲む表通りに面して平入り（ひらい）の店が並んだ。表通りに面して建てられた見世に対して、敷地奥となる内側の敷地は共有の裏庭（広場）となり、共同の井戸などが設けられた。この共有の裏庭がしだいに塀などで仕切られ、各戸の専有化がすすむことになった。町田家本『洛中洛外図屏風（らくちゅうらくがいずびょうぶ）』には、共同の裏庭の一角が塀で囲われ、そこに松などが植えられている光景が描かれている。これは一五二〇年代から三〇年代ころの景観であり、このころから徐々に裏庭における家ごとの境界設定がなされ始めたと考えられる。

坪庭のしつらえ

坪庭には、飛石、灯籠(とうろう)、蹲踞(つくばい)が配されることが多い。これらはいずれも茶庭に見られるものである。このことは、坪庭の採光、通風、換気といった本来の機能性とは別次元で、茶庭の造形美をとり入れたからとも考えられる。また、茶庭と同様に町屋の坪庭は、従来の庭園とは大きくちがって借景(しゃっけい)の造園思想をほとんど採用しなかった。坪庭がつくられる場所が、一方は隣家とのあいだの塀によって視界を遮断され、残る三方は部屋でとり囲まれているという状態では、借景は望むべくもなかったからであろう。それだけで完結した庭とならざるをえなかったのである。

坪庭（奈良市、写真提供：森隆男氏）

坪庭のデザインには、庭を囲む三方の部屋から観賞されることを考慮に入れたり、果ては二階からの視線も考慮されるように造園することが求められる。しかし、従来の庭園のような形式性は強く求められることはなく、市井の自由さも見られる。

現代の住居と坪庭

現代の庶民住居においては、敷地面積が狭いことが多く、本格的な庭園を造営することができない。その欠点を補うためにも、小規模でも趣を出せる坪庭が見直されている。小規模ゆえに、住人自らが趣味を兼ねて作庭しやすいことも、人気の理由であろう。浴室の窓から見える坪庭、いわゆる「バスコート」などがつくられる例もあり、町屋では、採光、換気など建築機能を第一義とした場所であったものが、現代住居においては、「癒し」などの心理的機能を重視したものに変わってきたともいえよう。（佐々木康人）

▼ウチとソト

庭［ニワ］

本項では、屋外にあるニワについて述べる。ニワとは、今日一般的には母屋の前の空間をさすが、東北地方や西日本では、屋内に土間があったころには、屋内の土間をさすことばとしても広く使われてきた。そのため、屋外のニワは「ソトニワ」「マエ」「カド」「ニワバ」などと呼称されて区別されてきた。

従来、農家にとって屋外のニワは脱穀や収穫物の乾燥などの農作業を行う実用的な空間であり、ここでの作業を「庭仕事」などといった。そのため、「ニワブシン（庭普請）」と称して、雨上がりなどに地面を叩いて平らにし、作業がしやすいように整えることも行われた。

ニワでの民俗儀礼

屋外のニワは、信仰の場として民俗儀礼が行われる重要な祭場でもあった。

兵庫県北部では、春先に「コト」と称する行事が行われる。頭屋の家で、大きな足半草履や箸のつくりものを庭木に提げる。悪霊を追い払う行事と認識されることも多いが、村の入口などではなく祝儀のあった家を頭屋としてそのニワで行われることなどから、年頭のオコナイ的な性格の行事だとも考えられる。

初夏になると、近畿地方では、長い竹竿の先にツヅジや藤などをつけたテントウバナ（天道花）を高く掲げる「ウヅキヨウカ（卯月八日）」という行事がある。兵庫県の丹波地方では、新仏のある家はこの日、天道花の竿の近くに台を置き、その上に水とツヅジの小枝、洗米を並べる。親類や近所の者が、天道花に参拝する。

作業用のニワと中門奥の庭園（京都府舞鶴市）

先祖祭祀としては、各地の盆行事に屋外のニワでの儀礼が見られる。愛知県北設楽郡設楽町田峰の「念仏踊り」は、盆の期間中、菩提寺のほかに新盆の家のニワにおいても行われる。このとき、訪れた家のニワを〝東西南北どこをとってもすばらしいニワであること〟を歌詞に詠み込み（ニワホメ）ながら念仏踊りをする。

神奈川県の秦野近辺では、盆の期間中、「辻」と称して、細い女竹で四角錘の枠組みをつくり、中に川砂を盛って、先祖を迎える祭壇とした。

長野県の一部では、稲の収穫後の旧暦一〇月一〇日に、田中にあった案山子を家に連れ帰り、屋外のニワで供物をして祀り、収穫を感謝する、「案山子上げ」と称する儀礼が行われた。この日の晩、子どもたちは藁テッポウをつくって集団で村内の家々を訪れ、ニワ先で独特の歌を唄いながら地面をテッポウで叩く「十日夜」と称する行事が行われた（西日本では、旧暦一〇月の亥の日に「亥の子」という行事が行われる）。宮城県石巻市では、この行事を「ニワガタメ」と称した。

次に、ニワでの葬送儀礼を見る。

埼玉県川越市では、座敷から出棺後、「ニワトモライ」と称して、血縁の者が棺を担いでニワを三度まわる儀礼が行われた。血縁の者が棺を担ぐのは、ニワでのこの儀式のときだけという。同様に島根県仁多郡八川村（現・奥出雲町）でも、「ニワソウレイ」と称して家の前をひとまわりするという。

このように、ニワについて民俗信仰の祭場という観点をとり入れると、家や家族という基礎的で最小限の集団におけるウチ（家）とソト（村）との境界としての性格が見えてくる。つまり、「私」の居場所としての家は、明らかな外部である他者（他家）と相対するわけであるが、ニワに関しては、「私」に属する私的な空間でありながらも、屋内の部屋のように他人から完全に覆い隠されるより私的な場所にはなりきらない空間である。いい換えるなら、内と外との両義的な空間といえよう。前述した盆行事についていえば、まだ家の代々の先祖、祖霊になりきらない新仏という不安定な性格をもつ霊魂を、両義的な意味合いのあるニワにおいて祭祀すると考えられる。

（佐々木康人）

前栽・庭木 ［ゼンザイ・ニワキ］

前栽とは、元来、家屋の前にある草花を中心に植えた観賞用の屋外空間のことである。現在では家屋の前に限らず坪庭などの部屋に面する屋外空間もさし、また草花だけでなくツバキやナンテンなどの中低木も多く植えられている。庭木は家の屋敷地に植えられる樹木であるが、生活の傍らにあるからこそさまざまないわれもある。

庭木の禁忌

樹木のいわれには、「サルスベリはすべるから縁起が悪い」「ビワは病人が絶えない」「イチジクは子なしで家が絶える」「フジはなり下がる」「ツバキは首から落ちる」など、日本各地に存在する。なかでも「サクラを植えるな」「キョウチクトウを植えるな」といったものは、サクラは花を楽しむ期間が短いうえにケムシやシロアリがつきやすく、キョウチクトウは三、四年で大きくなり株が広がるため庭には向かないといった理由があり、樹木の性質として屋敷地内の植栽に向かず、理に適っているものもある。ただし、実際には庭木としてウメやカキ、ミカンなどの果実のなる木やシュロなど生活に有用な樹木が植えられている場合が多い。

観賞の対象としての庭木

一方で、庭木は実用以外に観賞の対象としても植えられ、その流行も存在する。年代を追って大まかに見ていくと以下のとおりである。

奈良時代の『万葉集』には、庭木に欠かせないマツ、サクラ、カエデがすでに登場している。その他、ハギ、ウメ、タチバナ、ナシ、シダレヤナギ、モモ、フジ、ヤマブキ、草花ではナデシコ、ユリ、ケイトウ、ススキ、チガヤなどが登場しており、観賞の対象としての植物が和歌に詠まれてきた。造園に関しては平安末期に成立した『作庭記(さくていき)』が最古の史料である。『作庭記』の庭木に関する「樹事」の項目だけでも、ヤナギ、キササゲ、カツラ、ヒノキ、モミジ、マツ、カエデ、エンジュ、サカキが登場している。室町時代には、庭木の種類も増え、サクラ、ツバキ、モモ、ツツジなどの品種改良も行われた。さらに安土桃山時代の茶の流行によって、露地に山の雰囲気を出すためにカシ、カナメモチ、ヒサカキなどが植えられるようになり、一方で人里の植物である果実のなる木が嫌悪される。そして、江戸時代には、園芸書『花壇綱目(かだんこうもく)』をはじめ多くの園芸書が出版されるなど広く園芸文化が浸透していく。明治時代になると建築と共に西洋の影響を受けた庭木も登場し始める。西洋風住宅が現れると、それに雰囲気が合うヒマラヤスギなどの庭木が好まれ、また一方で自然主義からくる自然風といった好みも生まれる。つまり基本的な観賞の対象として好まれる庭木は奈良時代には登場していたが、それぞれの時代により庭木にもその時代の流行があることがわかる。

現代でも見られる庭木の流行

庭木の流行の事例としてシュロをあげてみる。東京都世田谷区の海軍の家が多く建ち並んだ地域には、シュロの庭木が多く見られる。大正時代に海軍が南進したのをきっかけに南国を思わせるシュロを好んで屋敷地に植えたためという説がある。また、昭和三〇年から昭和四〇年ごろに建てられた団地や洋風の住宅などでシュロが好んで植えられた。その理由は、当時宮崎県への新婚旅行が流行するなどいわゆる南国ブームがあったことや、当時は東京や大阪などの都市部に四国や九州、沖縄などから出てきた就職者が多く、その人々が安心して暮らせるような配慮であったと

シュロのある家（東京都世田谷区）

いう説もある。南国のイメージを映し込んだシュロの流行は大正時代から昭和四〇年ごろまでと考えられ、その名残は現在でも見ることができる。

庭木は生活に適った多様な樹種が植えられ、その時代の趣向も表れる。庭木とは私たちの生活文化を反映するものであると言えよう。

（堤　涼子）

屋敷畑【ヤシキバタ】

自家消費用の野菜を栽培するための畑をいう。地域によって、「センザイバタ」「サエンバ」「カイドバタ」「カドノハタケ」などと呼ぶ地域は多い。薩隅（さつぐう）地方では「ソノ」「ソン」、岩手県九戸（くのへ）郡では「ツボ」、壱岐（いき）では「デナブタケ」、讃岐（さぬき）では「ナジリ」、千葉県・上総富津（かずさふっつ）付近では「ヤシ（リ）」などさまざまな呼び名がある。

屋敷地内（庭先や屋敷の裏手）や屋敷と地続きの土地の片隅に設ける場合もあれば、商品作物を栽培している田畑の片隅や河川敷など、屋敷とは離れた場所に独立して設ける場合もある。これらの複数の場所に畑をもち、葉ものは庭先で、根菜類は少し離れた畑でと、用途に応じて使いわける家庭も多い。

屋敷畑（福井県越前町、1994年）

屋敷畑で収穫された野菜は、味噌汁の実や漬けもの、野菜の煮つけなど、日常食の〝中核〟を占めているにもかかわらず、それを栽培する畑は、空間的にはどちらかというと屋敷や畑の片隅や川べりなどの〝周縁部〟に配置されている。農家では、商品作物用の田畑が最優先され、屋敷畑は格下であった。

耕地面積が限られた漁村などでは、険しい崖の中腹に開かれていることもある。日本海側のある漁村では、急な斜面のなかほどで、「ここが畑だ」という草むらのなかに、たくさんの実をつけたカボチャやナスを発見した。夏の超多忙な漁期、漁や仕分け・加工作業の合間に行う畑仕事で、野菜はなるにまかせていた。しかし、それでも自家用に十分なだけの収穫物は得られていた。

屋敷畑の起源は古く、弥生時代にまでさかのぼる。当時の畑では、ササゲ、ソラマメ、エンドウ、トウガン、マクワウリ、キュウリなどの豆類やウリ類を中心に栽培していた。『古事記』の仁徳天皇の歌には、あお菜（現在のカラシナ）や大根が登場する。柳田國男は「カイトの話」のなかで、屋敷畑を家屋に付随したもっとも原初的なかたちの耕地（田畑）として紹介している。一方、宮本常一は、水田が個人所有であっても、日本人にとってそれは年貢として納めるべき米を栽培する「公的な感じ」をもつのに対して、屋敷畑（前栽畑）はより「個人的な所有観念」が強いことを指摘している。

屋敷畑を所有していたのは農民ばかりでない。江戸時代の武士も屋敷地内に畑をもち、芋、菜っ葉類、豆類、ナス、トウモロコシなどを自家用に栽培していた。（古家晴美）

垣根［カキネ］

▼屋敷林、石垣、防風林、間垣

垣根と屋敷

屋敷の周りを区切る構築物を垣根あるいは垣という。樹木などを植林した生垣は「クネ」「クネギ」ともいわれ、一般に屋敷林よりも低木のものをいう。そのほか石を積んだ石垣、竹などを編んだ竹垣・マガキ（間垣・籬）などもある。塀と称するものも、垣根に近い意味がある。

サワラの生垣（青森県弘前市）

垣とは、聖域の囲みを意味しており、そこから屋敷をとり囲む垣根に通じたと考えられる。垣根には、外部からの視線を遮る効果をもたせているが、それほど頑丈な垣根は存在しておらず、中のようすをうかがうこともできて、屋敷の外と家との関係は隔絶したものになっていない。

一般に屋敷まわりに垣根をしつらえている地域は多いが、市街地や漁村などには垣根は少ない。また、北海道などでは元々塀の存在が少なく、総じて垣根も多くはない。このように、垣根の存在には地域性も見られる。

生垣としては、イチイ、ヒバ、シラカシ（カシ）、サワラ、イヌツゲ、マキ、茶などが植えられている。したがって、樹種と、垣根を意味するクネとが組み合わさって、マキグネとかカシグネなどともいわれている。

石垣

垣根としての石垣は、隣家との境界に石積みした垣根や塀をいう。山間部では、山から流れてくる水や土砂、流木を防ぐ役目をしているような石垣もある。広く石垣を見ると、傾斜地に石を積みあげてつくった土止めや、波除けとしてつくった石垣もある。それらの石垣をつくるときには、石工を中心にして作業を進めるものの、ムラの人の相互扶助を得て行われる場合が多い。

埼玉県秩父（ちちぶ）地方の山間部に見られる石垣は、屋敷のみならず、畑の傾斜部分に石積みとして土砂の流失を防ぐ土止めともされた。この石垣は、「ツウジ」または「ツイジ」と呼ばれており、土塀に瓦屋根をかけた築地塀と同じ語源ともいえる。直径二〇～三〇センチ程度の丸石を中心に据えて、その周囲に五～七個の「ガラ」と呼ばれるやや小さい丸石を配していく。こうした五～七個のまとまりをいくつも組み合わせて石積みをつくりあげていった。

（津山正幹）

屋敷の塀 ［ヤシキのヘイ］

▼垣根

屋敷地の周囲に巡らして他家などとの境界を明確にするものが、「垣根」であり「塀」である。一般的に、垣根は竹や柴などを編んで組み、境界に立てるが、材料やデザイン上、外からの視線を完全に遮断するようにはつくられない。一方、塀は垣根と比べると材料や製法の点で耐久性があり、外部との遮断性も強い。

塀は、城郭や武家屋敷では敵の侵入を防ぐ軍事的な目的をもってつくられ、民家建築においても泥棒などの侵入を困難にするといった防犯上の目的をもっている。その目的を達成するためには、板塀、石塀、土塀などの材料による名称でもわかるとおり、堅牢さが要求される。製法には、横木に縦板を張り合わせた簡単な板塀から、土や石を積み上げたり土と瓦などを組み合わせて積み上げる石塀や土塀、

屋敷地周囲に巡らされた塀（京都府舞鶴市）

大谷石でつくられた石塀（栃木市）

土を搗き固めて屋根を設けた築地塀などがある。

塀は、元来は外敵などの侵入を防御するためにつくられたものであるが、一方で、内と外を隔て、塀より内部の神聖性を高める〝結界〟としての役割も果たす。

ヒンプン

沖縄など南西諸島の民家には、ヒンプンといわれる屏風のような塀がみられる。これは、屋敷地の入口と母屋のあいだに石積みや生垣などで設けられたものである。目的は、防風や外からの目隠しのほかに、魔物の進入を防ぐためだとされる。

（佐々木康人）

屋敷林［ヤシキリン］

▼垣根、築地松、防風林

民家をとり囲む屋敷林

屋敷の中や周囲に民家をとり囲むように植えられている樹木を、屋敷林または屋敷森という。民家の場合、「ニワ」というと農作業などを行う空間をいい、庭木はないのがふつうである。また、屋敷の周囲に境界の意味をもたせて植える垣根とも異なるが、樹木の垣根は、屋敷林の一部ともいえる。屋敷林は、「クネ」とか「クネギ」と呼ばれることが多いものの、狭義の意味としての「クネ・クネギ」は垣根の意味のほうが強い。

屋敷林は、防風や防火、防水、防雪、防暑などのために植えられている。また、樹木から出る落葉を燃料にもしていた。

新潟県南魚沼市には、寛永二（一六二五）年に領主松平光長が領内に布達した文書が残る。そこには、ツバキなどの常緑樹と笹木を民家の南側に植え、屋敷の周りにはスギを植えるようにすることとし、エノキ、モミ、クヌギは植えてはいけないとされていた。このように、かつては屋敷林の樹種に対する上からの達しもあったのである。

カシの屋敷林（東京都八王子市）

屋敷林の役割

防風のための屋敷林は、たとえば関東地方の屋敷では、民家の裏側にあたる北側から北西側にかけて、スギを主としてケヤキ、ヒノキ、カシなどの常緑樹を植えて、冬から春先にかけて吹く冷たく強い空っ風から民家を守っている。

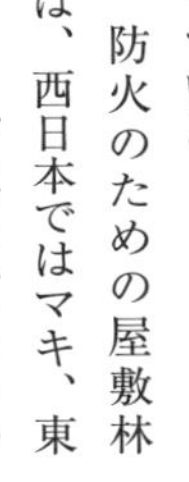

防火のための屋敷林は、西日本ではマキ、東日本などではシラカシ（カシ）やイチイが火に強いといわれ、屋敷や民家への延焼を防ぐために屋敷の表側などに植えられていることがある。シラカシは、ブナ科の常緑高木で、七メートルほどの高さにそろえて列状をなした高垣になる。また、沖縄県の屋敷に植えられているフクギ（福木、オトギリソウ科の常緑で約九メートルほどの高木）なども、燃えにくく延焼を防ぐ目的がある。

防水用の屋敷林には、竹が植えられて、屋敷内に竹林や竹山を設けているところがある。川の流路の近くにある民家では、竹は根を張るため、河川が氾濫した洪水時に屋敷の土壌の流出を防ぐことができたのである。竹はモウソウ竹や真竹を植えていた。また、モウソウ竹を竹山にしておくと、タケノコも採ることができたし、伐った竹は稲の掛け干しの骨組み材としても使われていた。なお、地震のときも、竹は根がしっかりと張るので、安全といわれている。また、同じく水害にさらされることが多い低湿地に立地する屋敷では、ハンノキが水に強いとされて植えられることがあった。

一方、屋敷林は、防暑効果をもたせて日射を遮るようにしているところが多い。沖縄県の屋敷林は、フクギやチャーギ（イヌマキ）などを屋敷の周囲に植えて、夏の日射しを遮る効果をもたせていた。それとともにフクギは、台風などの防風対策にあてられている。また、関東地方などでは、ケヤキなどの落葉樹を屋敷の東から南や西側などに植えて、夏には日射しを遮るようにするが、逆に冬には落葉して日射しを入り込ませるようにしている。

生活にかかわる屋敷林

屋敷林のなかでも、とくにマツやスギの小枝や落葉は、竈の燃料にしてご飯などの煮炊きに利用された。また、コナラやクヌギなどの落葉は堆肥に利用された。

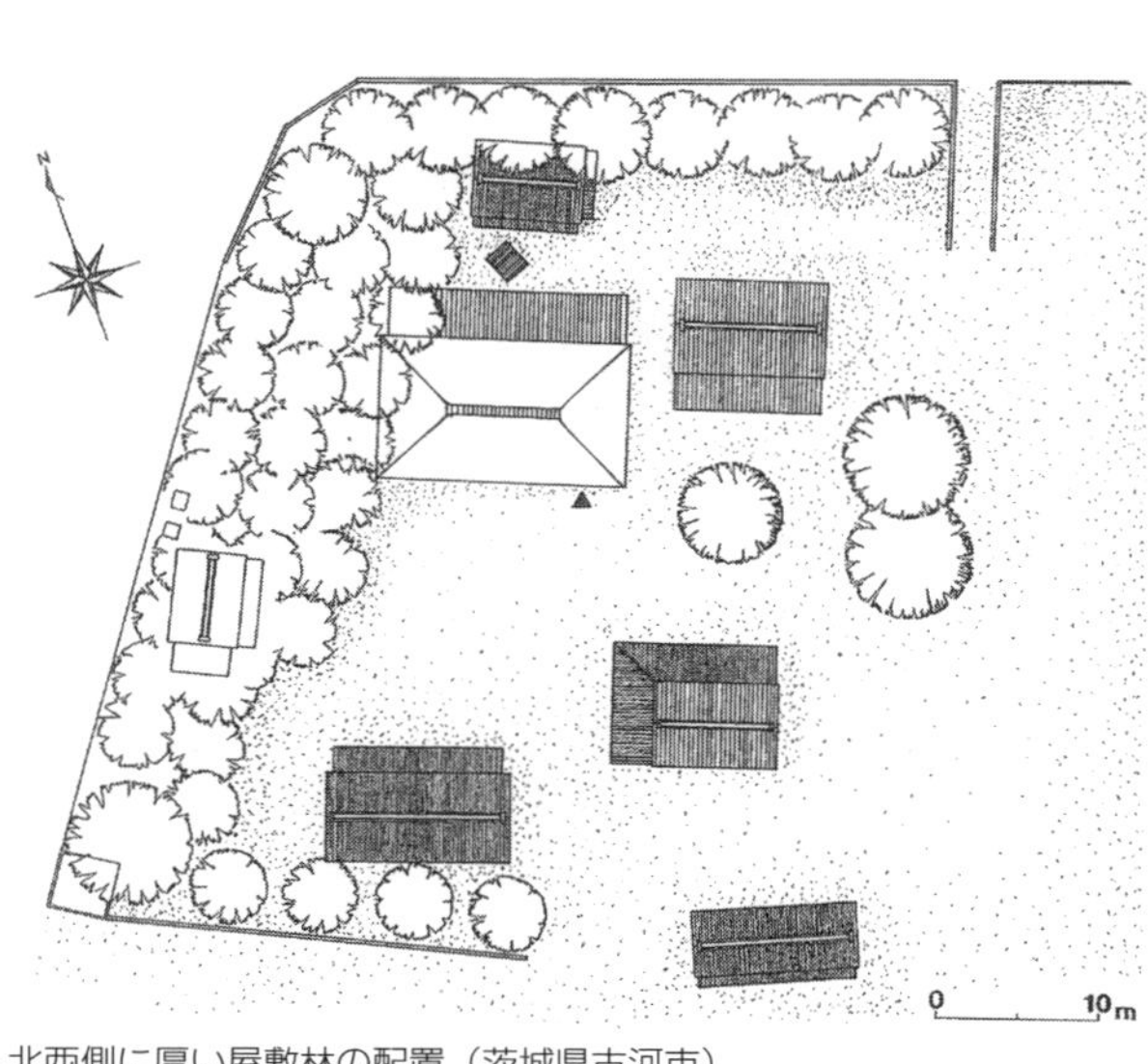

北西側に厚い屋敷林の配置（茨城県古河市）

キリ（桐）は、女子が誕生するときに植えられて、その子が嫁ぐときにそのキリを伐って桐箪笥や桐下駄をつくって嫁入り道具としてもたせるようにしている地域もある。さらに、スギ、マツ、ヒノキなどの大木は、家造りのための用材として利用されることもある。

屋敷林のなかには、好まれる木とそうでない木がある。ナンテンの木は、外便所の近くに鬼門除けとして植え、難を転ずる、立ちくらみをしたときに効くとされている。ヒイラギは、魔除けになるので入口あたりに植えるとし泥棒除けになるとされる。逆に好まれない木もあり、ビワは楽器の琵琶を連想させて唸（うな）るので病人が出るとされ、ブドウは実のつけ方から成り下がるということで嫌がられることもある。

実のつく柿や栗、梅などを屋敷に植えることもあり、その実を食材にも利用していた。

屋敷林保護の意義

屋敷林は、住宅地化のために伐り倒されてきた。また、屋敷林の枝や落葉が燃料や堆肥にされてきたものの、ガスや石油、電気、化学肥料が普及していった高度経済成長以降にはそれらの役目も終わりになってきた。

しかし、緑の保全や、住まいの環境の保護、さらには屋敷林としての文化的景観の保持の観点からも、屋敷林の重要性が見直されつつある。屋敷林は、単に屋敷内に植えられている樹木というだけではなく、生活のすべてに深くかかわりをもつ屋敷の重要な資源であり、環境なのである。

（津山正幹）

住まいの禁制

江戸時代の家作規制・禁令

幕府及び諸藩は、支配体制の整備や維持のためにさまざまな法度・布令を発したが、一七世紀中ごろになると、生産技術や道具が発達し、経済活動も活発化して、町方や村方でも身分不相応、格式を揺るがす生活・文化面での変化や影響が表れてきたことから、衣食住や風俗習慣などの諸般を取り締まり、規制を反覆して発した。

そのうち、農家の家作規制に関するものとしては、早くは寛永一九（一六四二）年に幕府が全国の幕領・私領宛てに発した「一、百姓家作、不応其身儀仕間敷事」とする農民の生活を取り締まる「覚」で、以後、各藩でも幕府に準じて同様の布令を発している。

布令の表題や形式は「触」「申渡」「仰出」「定」などさまざまであるが、家作規制の数は寛文年間以降（一六六〇年～）から急激に増加する。

いずれも倹約を求めることでは同じであるが、内容から「分相応の家作」「伐採する樹種の制限や届出の義務」「分家禁止」「家作規模の制限」「奢侈（贅沢）造作の禁止」のおよそ五つに分類される。

「分相応の家作」は前述の寛永一九年、幕府「覚」で、抽象的規制であったが、元禄二（一六八九）年の弘前藩「仰出」に檜・杉の使用制限や大木伐採制限、正徳元（一七一一）年の会津藩『家世実紀』に記す伐採というように、用材の制限などでは「伐採する樹種の制限や届出の義務」というように、具体的な規制へと内容が強化された。

享保年間（一七二五年ころ）の盛岡藩『新家分家取締規定』では、耕地を屋敷に転じることが年貢の減少に結びつき、かつ家作用材の伐採増加につながることから「分家禁止」を、正徳元年の会津藩『家世実紀』に記す「百姓家作之規被相定候次第ハ、高壱石ヨリ五石迄、弐間梁或ハ弐間半梁、行間六間限り、下屋並弐間ニ弐間之厩中門、但山郷ハ行間七間迄限之……」や享保五（一七二〇）年の三春藩「覚」の「家作の儀可応分限三間梁外称之外以無用之事」、元文元（一七三六）年の磐城平藩『郷村掟』の「弐間梁又ハ身上応弐間梁までハ可致普請候」と家格に応じた「家作規模の制限」を命じている。

天保五（一八三四）年の相馬藩『百姓家作之定』では「一、遣扉無用　一、裏板無用　一、離座敷無用　一、木垂木無用……」や天保一四（一八四三）年の会津藩木曽組郷頭宮城八郎右衛門『家作取壊方被仰聞之御紙面写』には塗床・塗障子・角長押・門・玄関・違棚などの「奢侈（贅沢）造作の禁止」がある。

内容的には複数の禁止事項が発せられることが多かったが、発せられた時期からみると一七世紀から一八世紀中ごろまでは「分相応の家作」「伐採する樹種の制限や届出の義務」など一般的あるいは抽象的な規制や、伐木や用材を制限する内容が主で、一七世紀後半から一八世紀中ごろは「伐採する樹種の制限や届出の義務」「分家禁止」「家作規模の制限」に、一八世紀後半から一九世紀後半にかけては「家作規模の制限」「奢侈（贅沢）造作の禁止」が多数を占めてくる。

農民の家作普請への意欲が増加し、家作普請が大規模、奢侈（贅沢）になってきたことから、質素倹約に努めさせることを徹底させるための禁制であった。

家作規制と家作規模

このように、一七世紀後半から一八世紀前半にかけて数多く発せられた規制が、現存する民家や関係する記録・文書でどのように影響したかは、民家造作は地域によって特色があり一概に断ずることはできない。しかし、江戸時代後半には全体的に家作規模が増大し、規制が働いたとして生ずるべき差が農家経営規模によって大きな差はなく、庄屋・名主などの村役人層をはじめ、資産や家格のある家を除けば、ほぼ一定の規模であったといえる。言い換えれば、規制により制限したところの家の規模が、一七世紀後半のそれぞれの地域における標準的な、また、最小限に必要な家の規模であったといえる。

宿場や都市の家作規制

経済生産活動が発達すると、城下町や門前町、宿場などでも地域の建設活動が無秩序に行われようになり、幕府および諸藩は、農家と同様に建築に対しても統制や規制を行った。

はじめは棟高や梁間、庇幅、さらには三階以上の大規模な建物の家作を制限し、瓦葺きや土蔵造りの禁止など奢侈（贅沢）仕様の禁止であったが、法令の主眼が統制や規制から町並み整備の誘導へと変化し、享保年間（一七一六〜三六年）以降からは、防災上の観点から瓦葺きや土蔵造りが推奨されるようになった。ただし、土蔵造りが全国的に普及するのは幕末、明治以降のことである。

（小澤弘道）

▼屋敷林

築地松［ツイジマツ］

築地松とは、島根県東部、出雲平野の山居村で見られる特有の屋敷林のことである。

屋敷林

屋敷林に囲まれた屋敷構えは全国各地に見られるが、とりわけ関東平野や仙台平野、砺波平野、濃尾平野などの平地農村で発達してきた。

築地松をもつ屋敷構えは、出雲平野を中心に宍道湖をはさんで東は松江市から安来市付近まで、西は出雲市大社町、北は松江市秋鹿町付近にまで分布している。とりわけ宍道湖の南西部に多く見られ、斐伊川の下流平野部に集中している。

築地松の起こり

築地松には、冬の寒冷な季節風がもたらす風や砂粒、横殴りに吹きつける雨や雪、夏の西日を防ぐ役割があるが、本来の機能は屋敷の周囲にめぐらされた土居（土を積み上げて造った土塁）の強化にあった。

斐伊川は、近世初期まで著しく氾濫したため、流域に開墾された新田に屋敷を設ける場合には、数メートルの土盛りをしたうえ、屋敷の周囲に築地という土居を築いた。その土居の地盤強化を図るために植栽したのが、築地松の始まりである。

植栽された樹木の種類は、松、マテバシイ、モチノキなどの常緑樹や、真竹であった。それらの樹木のなかでも、痩せた、塩分を含んだ土でも育ち、根を張る黒松が主体になっていく。

築地松は、かつて屋敷の周囲にめぐらされ、屋敷をとり囲む森のようにうっそうと繁っていた。

瓦葺き二階屋の近代的な母屋と築地松（島根県斐川町）

出雲では敷地北西には屋敷の守護神である荒神を祀り、南西には亡くなってからも家族の近くにいられるように墓を設けた。そのために、築地松と神仏に守られるように屋敷が構成されていた。

築地松の変遷

治水策が充実して洪水が減少するにつれて、採光上の理由から南側が撤去されるようになる。さらに、東側は納屋や蔵の設置のために伐採され、北側、西側の樹木が残された鉤型(かぎ)に変化していく。

一方、自然のまま繁っていた木立も、明治末期から、剪定が行われるようになる。当初は、新田小作人の小規模な農耕地から少しでも日陰をとりのぞいて生産性を高めるために、あるいは地盤が弱いので高く育つと強風で樹木が倒壊するおそれがあるために行われた策であったが、燃料の取得にもつながった。この剪定を「陰手刈り(のうてご)」といい、だいたい四年ごとに行われる。屋敷内の建物より高い八メートルから一二メートルほどの一定の高さに揃えながら、隅部分は上部を張り出した形状に整然と刈り込む特徴をもつ。

レース状に陰手刈りされた築地松（島根県斐川町）

近年は、陰手刈りの方法が変化している。まず以前に比べると高さが低くなり、八メートルほどになってきている。さらに、屋敷の内側の枝葉を払い、外側にのみ葉を茂らせるかたちに変化している。厚みも薄くなり、レース状になっている。これは、家屋の屋根材が藁(わら)から瓦に変化し、外部開口部の建具がアルミサッシ戸に入れ替えられるにつれて、風に備える必要性が低下したためである。また、落ち葉の始末のしやすさや、剪定の手間を省くことができるため経費軽減の効果もある。

既存の築地松も、防風の役割低下、松食い虫による被害、陰手刈りの職人不足などによって減少している。また、分家した場合には築地松をつくらなくなり、さらに市街化の進行によって地域構造も変化している。そのために、特有の村落景観をつくりだしてきた築地松は、平成一一（一九九九）年の実態調査では三三八〇戸あったが、年々減少し、平成二四年には一五一六戸と半数以下になっている。

他方、田園のなかの〝緑の屏風〟ともいえる世界的にも珍しい農村景観の文化的価値が広く認識されるようになり、保全への兆しが見られるようになっている。（千森督子）

2　村と生業

方位・位置［ホウイ・イチ］

住居の方位や位置を考えるには、周辺環境である屋敷やその集合体である集落について、配置や形態といった空間的な広がりをとらえることが必要である。集落は、屋敷が集まったかたちの集村（しゅうそん）と、屋敷が点在するかたちの散村（さんそん）に大別することができる。集村であっても散村であっても、その場所に集落ができた理由から、その方位と位置について説明することが可能である。

快適な住生活の条件

人々が快適な住生活をおくるためには、太陽光線が十分に差し込み、雨露を凌げ、風通しのいい住居がもっとも基本的な条件となる。雨露を凌ぐことができ、風通しのいい住居の方位は、モンスーンなど季節的要因によって変化するが、北半球で生活をする場合、太陽光線をもっとも効果的にとり入れるためには、南向きの住居を建てることが必須条件となる。また、農耕を主としてきた人々にとっても、栽培植物が効率的に太陽光線をとり入れるために、南側が開けた土地がもっとも利用しやすいことになる。よって、住居やその周辺環境である屋敷、耕地を含む集落の立地について、もっとも基本的かつ最良の条件は、南側に遮蔽物がなく、北高南低の均平な南向きの土地ということになる。

しかし、日本は山がちな国土であるため、最適な条件の場所のみに集落が立地しているわけではない。いくつかの条件を解決したうえで、集落の位置は人々の叡智のもとに決められた。

昭和初期の開拓集落の立地

愛知県田原（たはら）市六連町（むつれちょう）にある弥栄（やさか）集落は、昭和六（一九三一）年に県の施策によって誕生した開拓集落である。ここでは一戸あたり一町七反（一・七ヘクタール）弱の土地を開墾し、開拓農家八戸がそれぞれ所有する畑とするものであった。当初の予定の開墾にはおよそ四年かかったが、開墾とあわせて住居の建設が進められ、集落ができた。

弥栄集落は洪積（こうせき）台地上にあるため水の便が非常に悪く、地下水面も帯水層までは約八〇メートルと深かった。しかし、侵食によって形成された開析谷（かいせきこく）の谷頭（谷の最上流部）に宙水（ちゅうみず）を汲み上げることができる共同井戸が掘削され、ここが集落の唯一の水源となる。そのため、共同井戸

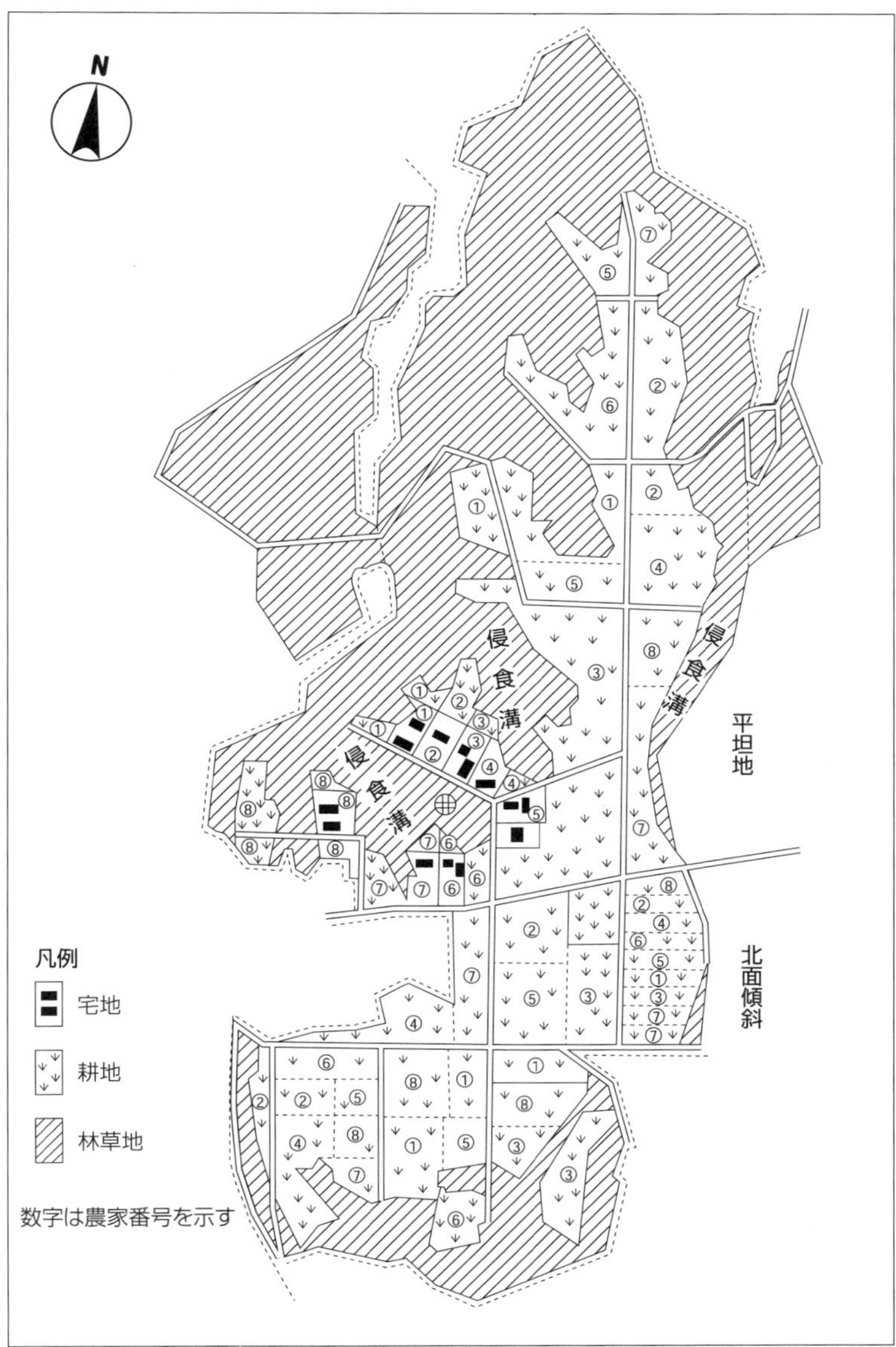

弥栄集落における宅地と農地の分配図（林哲志「田原市六連町の「第一弥栄」における開拓の状況と集落景観」から一部改変して掲載）

を中心に馬蹄形の集村形態をとることになった。そもそも、当初の県の指導では、各農家を耕地の中心付近に配置する散村形態を理想として計画を進めたようであったが、生活用水の確保のために集村となったのである。そして、八戸の屋敷がすべて南向きに配置されることも、共同井戸を囲んだためにできなかった。

共同井戸を中心に考えたために、集落の方位と位置が理想型にはならなかった例である。

明治末期の移転集落の立地

愛知県田原市伊良湖町(いらごちょう)にある伊良湖集落は、明治三八(一九〇五)年から翌年にかけて全戸をあげて集落移転した村である。大砲の実射施設である「陸軍技術研究所伊良湖試験場」が拡張して砲弾の着弾地となったため、土地の買上代金と建物などの移転料を代償に、およそ一・五キロ東にあたる内陸へ移った。

移転前の集落は、西に伊勢湾を臨む海岸の段丘上に位置し、北東から南西方向にかけて海岸線と平行の塊村(かいそん)(住居や屋敷が不規則に集まった塊状の集落形態)であった。細い道路が網目状に通っており、集落内の屋敷の配置はそれに区画されて規則性がなく、形も一様ではなかった。また、一定の方位を向いているものでもなかった。

伊良湖の新旧集落(ベースの空中写真は米軍撮影、伊良湖自治会所蔵)

移転後の集落は買収地の外側の伊良湖村地内につくられたため、東に傾いたL字形を呈している。また、山麓であるため地下水の便もよく、急な傾斜もない平坦地で、従前の地目は畑であった。東側には田もあるが、比較的田の少ない伊良湖村において田の面積を減らすことを避けたため、このようなかたちで、新しい集落をつくることになった。集落内は、牛車や大八車が通行可能な幅員の道路で、整然とした区画整理がなされた。屋敷の形はほとんど方形であったが、方位は南北方向にはならず、すべてが理想的な南を向いた住居や屋敷の配置とはならなかった。

よって、伊良湖の場合は、規則性のない塊状の集落が、整然とした区画整理による新しい集落となったが、移転先の位置の都合から方位については理想型とはならなかった。

（林　哲志）

日向・日陰集落［ヒナタ・ヒガケシュウラク］

日向集落と日陰集落

山地では、谷を形成する斜面の方向が人々の生活に影響を与える。北半球では、東西方向に走る谷の南向き斜面において日当たりがよい。そこは作物栽培や居住環境に恵まれ、農業集落が発達しやすい。農業を担う農民は日向斜面に好んで居住し、集落を形成してきた。このように、日当たりがよい斜面に形成された集落は日向集落と呼ばれる。それに対し、日照時間の少ない北向き斜面は日陰集落と称され、作物栽培に不向きで、居住環境としても恵まれない。

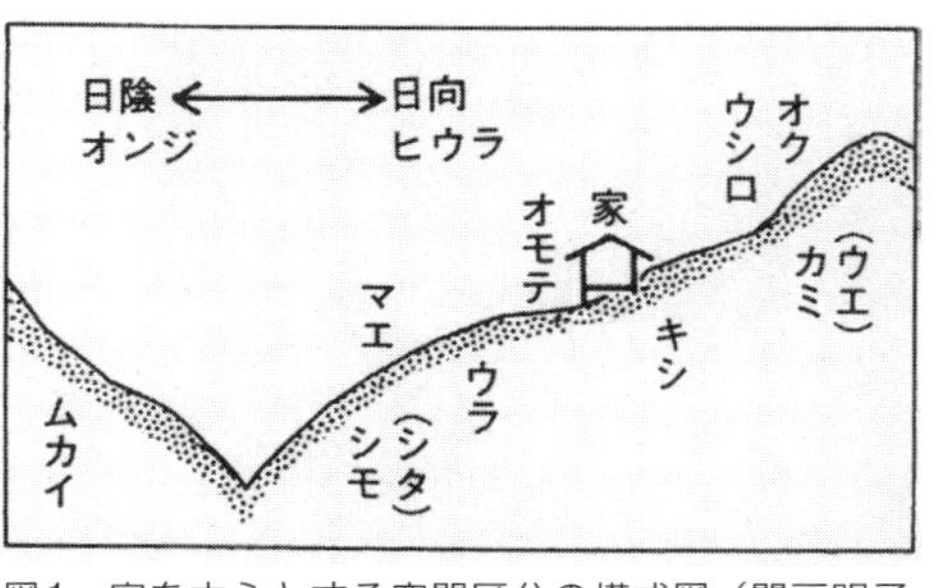

図1　家を中心とする空間区分の模式図（関戸明子『村落社会の空間構成と地域変容』大明堂より）

奈良県における日向・日陰集落の土地認識

日本では、伝統的に米作を中心とする耕種農業への依存が強い。そのため日向斜面が好まれ、日向集落が形成されてきた。ここには「日向」「日向沢」「日南」など、日照と関連する地名をもつものが多い。一方、北向き斜面に立地する日陰集落は半日村などと呼ばれることもあった。このような集落では日向集落より標高が低く、谷底近くに立地する傾向がみられる。

奈良県西吉野村平雄と勢井（現・五條市）

は、吉野川の支流である丹生川からさらに分かれた宗川の流域にある。南方の山々は、吉野川水系と十津川水系との分水嶺で、河川はV字谷を形成し、起伏が大きい。集落は山地斜面にしがみつくように立地しており、勢井は宗川の源流部、平雄はそのやや下流に位置する。明治初期には出作による焼畑が盛んで、第二次世界大戦後には林業が生業の中心になっていたものの、現在では放棄された農地も多い。

地籍資料からは小字地名が確認でき、住民、とくに古老からの聞き書きより、方位や方向を表す地名が採集される。ふたつの集落において、「ヒウラ」という小字名は日向、「オンジ」は日陰を意味し、前者は南向き斜面、後者は北向き斜面に見られる。深い谷が刻まれた地域であるだけに、両者の区分は日照条件の重要性をうかがわせる。この分布は、本家の系統になる古いイエほど、日照のよい山腹に立地している。

方向を表す地名の接尾辞は、一軒の家を中心とする狭小な範囲の区分を示している。さらに、日照条件を加えた関係を模式化したのが、図1である。家屋の立地で南向き斜面が選ばれるため、日向—日陰の区分がなされている。そして、家屋の対岸が「ムカイ」と識別され、さらに「上—下」「前—後」「山側—谷側」など、垂直的な関係によって土地が分類されているのである。

日陰集落とスキー集落

日向・日陰集落の立地展開は、農業とのかかわりだけではない。日照は生物の生育だけでなく、降雪と融雪にも密接に関係する。高度経済成長期におけるスキー観光業の発展によって、日向—日陰集落の有利性が逆転した例も散見する。スキーやスノーボードを楽しむ人々が滑走するゲレンデ（スキーコース）の多くには、茅場や草地などの共有地が充てられる。これを中心とするスキー場の立地要因としてゲレンデの斜度、そして斜面の向きが重要である。日本では日照方向と風向きから、北東向き斜面が最良となり、北向き斜面がこれに次ぐ。東南から北西斜面は、日照時間と風向きの関係からゲレンデの条件として好ましくない。とくに、日射のある斜面は融雪によるゲレンデの不良のため、スキー場の立地や発展が望めない。つまり、日陰側にゲレンデに適した共有地を有する集落では、宿泊施設などスキー観光を主な生業とするいわゆる「スキー集落」として発展するケースもある。

（河原典史）

農村［ノウソン］

農村の土地利用と農村家屋

農村とは、主に農業を生業とする集落である。それは田畑を中心とする耕地、家屋、水路や道路などから構成される。近代以降における農村の変化について、明治期に作成され、その後に加筆・修正された地籍図をみると、興味深い諸相が理解できる。およそ六〇〇分の一の縮尺で作成される地籍図には、一筆（一区画）ごとに土地が区分されて描写されている。地籍図には小字名のほか一筆単位で地番、地目、等級や所有者などとその変化が記されているからである。また、家屋台帳やそれに類する資料からは農村家屋の用途、規模、構造や所有者がわかる。

大阪府泉佐野市土丸の場合、現在の休耕田は明治中期では一一等以下の下田が連なっていた場所にある。一方、一等の上田が集積していたところでは、現在でも水田が営まれている。このような農業的土地利用の差異とその要因について、農民は正確に認識している。たとえば、「小字TやRでは日当たりがよく、上質の米が取れる」「小字Kは日陰の湿田なので、かつては牛を使って耕すことができず、現在でもトラクターが沈むことがある」などの伝承が確認できる。転作地についても、明治中期に六～一〇等の下田が多く占めていた小字では、現在ではサトイモの栽培が顕著である。一筆の面積が狭小のため、トラクターや田植え機などの農機を利用する稲作経営には不都合なことが多いからである。

農村家屋は母屋と呼ばれる居住専用住宅のほかに、ハナレ、蔵や納屋などの付属建物からなる。建築技術の進展にともなって、母屋の屋根材料は茅や藁などの草葺きから瓦葺きへと変化する。ただし草葺き屋根の場合、大量の材料だけでなく、屋根を葺く職人が必要である。また、円滑な共同作業を行う村落組織の運営も見逃せない。土丸では、屋根材料になる茅は、農閑期に個人所有の山林から少しずつ採取され、屋根裏に保管された。「屋根葺き屋さん」と呼ばれた屋根葺き職人は、近隣からやってきた。屋根葺きをする世帯だけでなく、その親類も手伝ったという。

納屋や物置などには、農具や農作物が収納される。いわゆる農業用付属建物は、農業にかかわる重要な機能を果たしており、一世帯あたりの所有棟数は農家の経営形態や時代的変化によっても異なる。昭和一一（一九三六）年に調査された『家屋賃貸価格調査票』を見ると、約八割の世帯は納屋や物置などの付属建物を有していた。また、二五坪以上の大規模な母屋をもつ上層農家では、三～五坪の蔵を有することが多かった。

『調査票』に物置と記された付属建物は納屋よりやや小さく、五坪程度からなる。一部に亜鉛板の屋根が利用されるこれらの付属建物は、昭和一〇年代前半ごろから土丸で建てられはじめたタマネギ小屋である。タマネギは母屋の軒先や納屋に吊るされていたが、生産が増加するにともない新たに農地に建てられたタマネギ小屋が活用されるようになった。ネギ師（青田師）と呼ばれる仲買商人は、そこに吊るされたタマネギを買い付けに来たのである。

昭和四〇年代まで、タマネギ小屋は盛んに利用されていた。現在では、小屋にタマネギを吊るすには手間がかかるため、それらは直接市場へ出荷される。したがって、現在のタマネギ小屋は本来の機能を果たしているわけではない。母屋から離れた小屋にはトラクターや肥料など、比較的大型で重量のあるものが収納されているのである。

タマネギ小屋（大阪府泉佐野市）

手工業の展開

明治～大正期、大阪府南部は全国で最大規模の綿織物産地であった。明治期に工場制生産を導入した当地方は、その地位を確保したのである。泉南郡長滝村（ながたき）（現・泉佐野市長滝）では、明治三五（一九〇二）年ころから有力商人が綿糸を天秤棒で担ぎ、各農家へ綿布織りの委託をしていたという。それを請けた農家では、女性の内職として織物業が始まったのである。やがて焼玉エンジンの普及や、大正期になり電気が通じるようになると、大量生産が可能な工場経営が開始された。ただし、騒音の問題で、集落から離れた田畑が工場用地として選ばれた。大阪府内務部『大阪府下商工業者一覧』（一九一二年）によれば、当時の長滝には綿織物工場が六事業所あり、もっとも古いものは明治三九（一九〇六）年に創業されたようである。

第二次大戦後には、井戸端に置かれた二台の織機を利用した農家の主婦が内職として綿布を織った。その夫は、ヘム掛け（シーツの両端の縫合）をはじめとする内職業者への運搬を担う場合もあった。幼児や老人のいる家庭では、時間的な拘束が多いので、時給制での内職が行われた。時間的な余裕が生じると、主婦たちは近隣の工場へ勤務するようになるのである。

昭和二五（一九五〇）年ころ、主力製品が綿布からシーツへ移ると、より多くの労働力が必要になった。そのため、周辺地域だけでなく四国・九州地方からも女子従業者が雇用されるようになった。Y社では昭和三二（一九五七）年から四一（一九七六）年まで、鹿児島県揖宿郡山川町（現・指宿市）から女子従業員を雇用していた。手配師と呼ばれた仲介人を経て、Y社は中学校を卒業したばかりの女子を鹿児島まで引き取りに行った。西鹿児島駅（現・鹿児島中央駅）で列車が動き始めてもホームの家族と手を離さず、その後も座席で泣き続ける彼女たちを目の当たりにすることがつらかったという。T社では、昭和三七（一九六二）年の設立時、香川県伊吹島からの中学校卒業生を雇用していた。当時、同島から近隣の佐野浦へ多くの漁民が巾着網漁業へ出稼ぎに来ていることを知った同社が、同郷者の就職を依頼したのである。

やがて、主力製品がタオルになると、機械の能力が向上したため、他地域からの大量の女子従業者の雇用は終焉を迎え、女子労働に依存することの多かった農村工業もその姿を変えたのである。

（河原典史）

農家［ノウカ］

稲作や畑作など農業を主たる生業とする人々が家族を構成し、日常の衣食住を営む家屋を農家という。

地域性

農家建築は各地の気候風土のみならず、歴史性や生業とのかかわりを色濃く反映するゆえに、日本各地には多様な農家建築を見ることができる。

奈良県の「囲い造り」は、母屋の南側に広い中庭をとり、周囲に長屋門や納屋などの付属屋を配置したつくりである。敷地のまわりは土塀で囲われる。これは、積雪の少ない西日本の気候を反映しているためである。一方、積雪の多い気候条件を受けて建てられたものに、岩手県南部地方の「曲屋」や秋田県の「中門造り」がある。山形県の「高はっぽう造り」、群馬県赤城地方の「切り落とし造り」、山梨県南部の「かぶと（甲）造り」、岐阜県飛騨地方の「合掌造り」といった建築は、生業、とくに養蚕の普及により発展したものである。つまり、養蚕の拡大にともなって小屋裏が蚕室として利用されるようになり、屋根や妻の形状が採光や通風を考慮したものに変化したものである。いずれにせよ、農家建築において間取りや構造、意匠などは、気候風土、家族構成、生業形態などによって決定づけられ、各地方の民家の特徴となっている。

農家の前に広がる水田（島根県邑南町、写真提供：森隆男氏）

特徴

　このような明確な地域差は、地方的な特色が少ない商家建築とは対照的である。

　農村では、生業の中心地である田畑と屋敷の距離が、現代社会の住居と職場の距離に比べると圧倒的に近い。ただしそれは、商家のように同一家屋内に店が置かれるというような密接性ではない。農家の場合、主たる生業の場はノラ（野良）にあり、屋敷から文字どおり「ノラ仕事」に出かけるという立地条件をもつ事例が多い。

　この屋敷と田畑の位置関係は、田畑のみで作業を完結させず、屋敷内での作業を日常化させることになる。たとえば、収穫後の脱穀などが屋敷内のソトニワで行われる。ソトニワばかりでなく、夜なべの縄仕事など家屋内にまでも及ぶ。

農耕儀礼

　農家は農耕儀礼の場になる。小正月に繭形の団子をつくり、木の枝に刺して座敷などで祀る「モチバナ」「マユダマ」と称する豊作の予祝儀礼が、とくに東日本で多く見られる。また兵庫県美嚢郡（現・三木市）では、田植え後に稲苗三株と川から拾ってきた石三個を竈に祀る「コウジンナエ」と称する儀礼が行われる。信州地方では、秋の収穫後に田の案山子を持ち帰ってソトニワに立ててお供えをする「案山子上げ」という行事が行われた。山梨県北都留郡では、一二月三〇日または三一日に土間の臼の上に新しい筵を敷き、その上に鍬や他の農具を置いて前に餅などを供える「農具の年取り」「鍬神様」などと称する儀礼が行われた。また奥能登地方のアエノコトでは、田から家へと田の神を迎えて饗応し、来年の春先まで家の中で越年させる儀礼が行われた。

（佐々木康人）

出小屋［デゴヤ］

　一般的には、出小屋とは居住地から離れた耕作地で仕事をするために設けられた小屋をいう。とくに山間の焼畑地帯では、日帰りが不可能な遠隔地で出作りをすることから出作り小屋ともいう。「小屋」という語感からは小さな仮設の建物が連想されるが、構造材や屋根材を自家調達した居住性の高い民家である。

また、焼畑地帯の出作り小屋とは別に、木地師が山中で作業をする小屋をデゴヤ（出小屋）と呼ぶことがある。木地師は、山中で木を伐り轆轤など特別な道具を使って椀や盆などの日常生活用品を製作する。原木を求めて山中を移動し、木地製品を製作するために設ける小屋を新潟県糸魚川市ではデゴヤといい、群馬県吾妻郡六合村（現・中之条町）ではヤマゴヤ（山小屋）、同県多野郡上野村ではコヤ（小屋）などともいう。

ここでは、焼畑の出作り小屋に限って出小屋を詳述していく。

中部日本の焼畑

中部日本の焼畑の典型例として早くから注目されていた白山麓の焼畑は、山地斜面の草木を薙ぎ払って火入れをすることから、「ナギハタ」と呼ばれている。ナギハタの目的は、ヒエやアワのような主食穀物を栽培することにある。ナギハタは、一年目にはヒエ、二年目にアワ、三年目にマメ（大豆）、四年目に二度目のヒエかアワ、五年目に小豆やソバ、あるいはエゴマやシコクビエを作る。五年間耕作をした後、二〇年から三〇年間、畑地を休閑して地力が回復するのを待ち、再び火入れをして利用する。

佐々木高明は『日本の焼畑』の中で、このような白山麓の焼畑輪作経営を「ナギハタ型」と命名した。その特徴として、飛濃越山地（飛騨山脈）・赤石山麓を中心とする中部日本に広範に行われ、ヒエ・アワの栽培を主体にソバ・大豆・小豆という焼畑基幹作物のすべてを輪作体系に組み込んでいることをあげている。「ナギハタ型」の焼畑経営には広大な林野を必要とすることが多く、出作り小屋はナギハタとセットで発達した民家であった。

出作り小屋の構造と土地利用

橘礼吉によれば、白山麓の出作り小屋は、出作りの期間や海抜高度によって構造・規模に差があるという。分家して間もない出作り小屋には、間口二間に奥行き五間ほどの小型で間仕切りがない一部屋の住まいや、竪穴式

イゴヤ（居小屋）とカイト（静岡市葵区田代）

住居のように屋根を直接地面に置いた土間住まいのものがある。それに対して、幾世代も続けて出作りをしている家では、間口四間、奥行き八間の二階建てで、一階には座敷・仏間などの部屋を備え、二階を養蚕空間として利用している。白山麓では、焼畑作物の栽培期間のみ山地で生活する場合を「季節出作り」、一年を通して生活し続ける場合を「永住出作り」などと区分している。

出作りとは、本村（母村）に居住する家があり、そこから離れた耕作地（焼畑地）へと出向いて耕作することである。出作り小屋の周囲には、「キャーチ」や「カイト」と呼ばれる常畑があり、そこでは野菜や穀類を作って日常の食材をまかなうことができる。このことは白山麓に限らず、奥会津のデゴヤ（出小屋）でも同様であった。つまり、出作り地は定住、あるいは半定住を目的に切り開かれた場所であり、焼畑はそこから奥の山間地で行われてきたのである。

広義の出作り小屋

ところが、焼畑にはこのような長期の居住をともなわないものも多くある。つまり、定住を目的としない小屋を建てて行う焼畑である。この場合、輪作の栽培期間が過ぎれば小屋は放置され、次の耕作に際して再び建て直され利用される。たとえば、白根山（南アルプス）南麓の山梨県南巨摩郡早川町奈良田では、ヤブヤキ（藪焼き）直後の五月下旬から六月上旬にかけて小屋造りをする。この山小屋は、斜面を少し削ってわずかな平地を造り、ハンノキなどの丸太を四隅に建てて柱とし、壁はサワグルミの樹皮で覆い、屋根はカラマツの樹皮で葺く。三畳間くらいの大きさで、山側の一角にヒジロ（囲炉裏）を切った。

こうした山小屋は、白山麓の出作り小屋より小規模ではあるが、寝泊まりして耕作地の管理をすることを目的としている。日本の焼畑地帯の多くは、このような小屋が当初からあり、しだいに定住性を強めていったと考えられている。たとえば、赤石山麓の静岡市田代では、母村にホンヤ（本屋）があり、出作り地に本建築のイゴヤ（居小屋）がある。そして、ヤボヤキ（藪焼き）はさらにその奥で行われ、そこには害鳥・害獣を見張るための「タオイゴヤ」や「ヤスミゴヤ」を造った。タオイゴヤは簡単な宿泊ができるもの、ヤスミゴヤは休憩する程度の小屋である。このようなことは九州日向山地の焼畑でも行われ、母村に本屋を構え、遠方の焼畑地に作小屋（山小屋ともいう）を建てた。作小屋は仮小屋であるが、やがて家族が生活できるほどの建物となり、今日では本屋と見劣りしないほどの作小屋もあるという。

出小屋は、焼畑の立地条件や経営規模の拡大にともなって仮小屋的なものから定住性のある建築物へと発達していったと考えられる。しかし、全国的には一九六〇年代を境に多くの焼畑農耕が終焉を迎え、出小屋も放置され忘れ去られていく運命をたどっている。

（松田香代子）

養蚕民家［ヨウサンミンカ］

養蚕民家の特色

養蚕民家とは、蚕を飼育して収穫した繭を出荷販売して生計を維持する農家のことである。繭を生産するのが一般的であるが、蚕の卵を専門に生産し、養蚕農家に供給する蚕種業を営む場合もある。養蚕民家においては養蚕飼育のために母屋を改造する場合と、専用蚕室を建築する場合があり、経営規模が小さい場合には物置やバラックなどを利用した。蚕種業の場合は規模の大きな空間が必要になるので、建物は巨大化していった。いずれの場合も、建物は養蚕に適するように太陽光と風をうまく採り入れられるように大きな窓が設けられ、空気の流れと温度・湿度を調節・管理できる構造である。

群馬県特有の赤城型民家

全国トップの養蚕県である群馬県には、赤城型民家（切り上げ屋根・赤城山西南麓に分布）、榛名型民家（突き上げ屋根・榛名山南麓に分布）、前兜型民家（県北西部に分布）など、養蚕業に適した屋根形式をもった民家が存在していた。

なかでも赤城山の西南麓に分布する「赤城型」と呼ばれる独特の草葺き民家は、群馬県だけに見られる民家建築である。これは寄棟造り、草葺き屋根の正面中央部を軒から切り上げて、大きな窓を設けた屋根形式の民家である。命名は考現学の今和次郎で、昭和三（一九二八）年に、群馬県の赤城山西南麓に広く分布する特色ある民家を調査した際に「赤城型」と名付けた。

赤城型民家（群馬県伊勢崎市、写真提供：森隆男氏）

切り上げ屋根は、在来家屋の中二階部

分を蚕室として利用し、屋根裏への明かり採りと通風換気の役割を果たすためのものであるが、切り上げ屋根の普及は養蚕飼育法としての天然育から温暖育への変化と対応している。そのため以前は養蚕業が急速に発展した明治以後に流行した屋根形式と考えられていた。

しかし、この屋根形式が明治以後に流行したというのは必ずしも正確ではない。近年の建築史研究によると、群馬県内における赤城型の古い遺構は、一八世紀中頃からすでに見られることがわかっているからである。その時代の遺構は、下屋と上屋のあいだの三尺（約九〇センチ）ほどの上下差を利用して、上屋柱の桁下に開口部を設けたもので、間口は一間（約一・八メートル）程度である。なお、赤城型の屋根形式は、冬季に赤城山から吹く北西の季節風「からっ風」を防ぐのに都合がよい防風施設としても機能している。

蚕種製造工場としての瓦葺き二階櫓付き建物

江戸時代から続く民家を改良したのが赤城型民家だとすると、群馬県伊勢崎市境島村や藤岡市高山の高山社の養蚕民家は、近代の新しい養蚕飼育法に合致した建物といえよう。田島弥平が著した『続養蚕新論』によると茅葺き民家が何度か火災に遭って瓦葺き民家を構想したが、空気が逃げない構造で何度か失敗を繰り返して、文久二（一八六二）年八月から瓦葺き民家で養蚕飼育を実行したという。その飼育法は「清涼育」と呼ばれる飼育法で、通風換気に気をつけ、火力使用の場合も密閉ではなく常に換気をする方法を提唱した。

現存する田島弥平旧宅（国指定重要文化財）は、近年の建築調査の結果、文久三（一八六三）年の棟札が発見され、著書に書かれていることが実証された。その規模は、桁行一三・五間×奥行五間という大規模な瓦葺き二階櫓付き建物である。境島村には、田島弥平家を参考にした瓦葺き二階櫓付き建物が、平成一九（二〇〇七）年時点で、七〇棟以上所在していた。境島村で注目すべきは、集落内の「カシグネ」と呼ばれる屋敷林である。これらは冬季に吹く北西からの季節風対策とするだけでなく、温暖育と清涼育の折衷的飼育法が普及した明治中期以降の植樹で、養蚕飼育のための工夫であると推測される。

なお、山形県鶴岡市松ヶ岡開墾場の蚕室は、田島家で養蚕法を伝授された結果、田島家の建物を模倣して明治八（一八七五）年に建造されたものである。（板橋春夫）

山村［サンソン］

ヤマと山村

ヤマの自然環境に適応した暮らしを営む村落を山村という。山がちな地形によるだけではなく、山地特有の生業や信仰、民俗を保持する村落をいう。

ヤマとはサト（里）と対をなす概念で認識されている領域である。たとえば、山梨県の甲府盆地では、甲府やその他の町場と水田稲作や畑作を中心とした平地の集落が広がる領域をサトといい、その周囲の山地と山間にある領域をヤマと認識している。

秘境にある山村

山村の中でも秘境と呼ばれ隔絶されたところには、落人伝説を伴うものがある。平家の落人伝説は、西日本の五家荘（現・熊本県八代市）・寺川郷（現・高知県吾川郡いの町）、信越の秋山郷（現・新潟県中魚沼郡津南町・長野県下水内郡栄村）などに伝承されている。外部のものには僻遠の地で、しかも伝統的な山地の生活様式や民俗のちがいが落人村とみなされてきた。「川下に椀のかけ流れ出しをみつけて」「山の奥に人家のあることを知った」というものがある（『肥後国五家荘図志全』）。

東日本の山村のひとつ山梨県南都留郡道志村は、『甲斐の落葉』に、県北西部の北巨摩郡増富村（現・山梨県北杜市）とともに「人跡希ナル地」として、「郡内の道志村も人の行く希なる地にて東西七里道志という地なり、豆腐を買いに舟にて三里下るとかいえり」とあり、明治一九（一八八六）年当時にあっても、実際とは異なる隔絶された山村の風評が記されている。

サトとの交流

しかし山村は、平地社会と孤立していたのではなく、山越、峠越えによって外の世界と交流し存続してきた。道志の神地には山で働く人をさす「ヤモード（山人）」という言葉があり、サトの谷村（現・山梨県都留市）に行く人のことを「ヤムロード（谷村人）」といった。また西八代郡上九一色村（現・甲府市）の古関では、それを「サトウド（里人）」と呼んでいた。南巨摩郡早川町奈良田では、盆と正月の前に餅にする糯米を求めて甲府盆地に下ることを、それぞれ「ボンザト（盆里）」「シマイザト（仕舞里）」と呼んでいた。

焼畑の村

山村では、山の斜面や頂近くの日照がよく水も得やすい地に集落を構えて日常生活を営む。そこでは、周辺の林野における焼畑や狩猟、山菜・木の実・薪などの採集のほか、山の産物を平地に送り出して現金収入を上げるなど、多様な仕事を組み合わせて暮らしを立ててきた。

白山（はくさん）麓の石川県石川郡白峰村（しらみねむら）（現・白山市）では、ヤマの出作り（でづく）小屋で構成される集落がある。麓の同じ集落の人が一緒のヤマへ入るのではなく、別々の集落から家々が寄り合って集落を形成している。ここでの出作り小屋は季節的に居住する仮のものではなく、本格的な住宅であって、通年で居住し冬になっても里に下りなかった。

奈良田の焼畑耕作

山梨県の奈良田（ならだ）は、赤石山東麓にある焼畑を生業とする集落である。現在の集落は早川左岸の居平にあるが、かつては対岸の塩島に先祖が住んでいたと伝えている。そのため、氏神の若宮八幡社と虚空蔵社は現在も塩島に祀られている。また、奈良王社は居平より数段上の河岸段丘である王平に祀られ、三社を総称して三神社という。

奈良田では焼畑を行う畑を山畑といい、常畑をカイトと呼ぶ。早川右岸の奈良田第二発電所付近を平といい、発電所が完成するまでは大麦などを作るカイトがあった。また、三神社もカイトと山畑の際に位置していた。

『甲斐の落葉』では、明治二〇年代の奈良田の焼畑を山畑と呼び以下のように書かれている。奈良田は平地がないので山畑のみで、山の雑木を切り倒して火をかけて灰となし、その上に蕎麦、朝鮮稗、ジャガイモを蒔く。七年目にはほかの山を焼いて山畑となし、これまで耕作してきた畑跡には椚（くぬぎ）を植え付け、順々に移動して山畑にかえて作る。平地より見上げると、山の上に小屋掛がある。長木を合掌に組み合わせて小屋掛したもので、山畑の所々にある。

『甲斐の落葉』から六七年後の昭和二八（一九五三）年に最後の山焼きをして、奈良田の焼畑は終了した。この段階の焼畑は、村落の周囲にある一五か所の区画を一五年周期で焼いていく形態だった。初年の畑をアラクといい、粟を蒔き、二年目をクナといい、大豆か小豆を蒔き、三年目をフルクナといい、再び粟を蒔いた後、四年目から耕作をしないで「ヤマに返し」、一六年目にまた同じ畑を焼いた。

ヤマの小屋

奈良田の集落内にある住居は、入口を設けた土間と、中央にヒジロ（囲炉裏のこと）のあるイドコと呼ぶ広間、出しの間、奥の間をもっていた（『西山村総合調査報告書』）。一方、焼畑での三年間の耕作のために、アラクを切ったヤマにも小屋掛けした。これをヒラゴヤ（平小屋）といい、

ヒラゴヤ（復原、山梨県早川町奈良田）

奈良田の移築された住居

入口にヒジロを切った、奥を寝間とする仮小屋であった。小屋の前面にはウドバというわずかな平地を設け、ここで収穫物の脱穀調整、乾燥を行った。春の火入れ後に集落から移り住み、収穫までの期間泊まり込んでヤマ（出作り）をした。老人や子どもだけを下の集落に残し、下とは異なるヤマでの小屋付き合いなどがあった。

赤石山西麓の大井川上流の井川（現・静岡市）では、焼畑の出作り小屋のことをイゴヤ（居小屋）という。働き手は春から冬の到来前までイゴヤに詰め、物日のつど集落に下ってきた。イゴヤは一間造りの家屋で、床を張り、ザシキと呼ぶ広間の中央にヒジロを設けた（『静岡県史』）。井川の焼畑も、流域にダムが建設され昭和四〇年頃に終焉を迎えた。

柳田國男がめざした山村調査

昭和九（一九三四）年から一一年にかけて、柳田國男が全国的な山村調査を指導したときには、予想に反して山村に特有な独自の文化を確認することはできなかった。五二か所の山村を調査したものの「四十何箇所まではただ奥まった農村といふに過ぎなかった」（『山村生活の研究法』）と嘆いた。昭和恐慌期を経て疲弊した全国山村の実情を知ろうとする取り組みであったとされ、この時期の山村民俗の全国的収集をめざしたものであった。

柳田の思い描いた山村ではなくても、今日の日本で焼畑農耕を行う山村はほんの一部であり、ヒラゴヤやイゴヤのような出作り小屋も貴重な民俗文化財となっている。

（堀内　眞）

谷口集落［タニグチシュウラク］

谷口集落とは、河川が山地から平地に流れ出す谷口（渓口）に立地し、山間部と平野部の両方から人々が訪れる物資の交易の場所として発達した集落のことである。「渓口（けいこう）

集落」ともいわれるこの集落では、多くの場合に、山地の反対斜面にある谷口集落とのあいだで峠越えの交流が密接であった。たとえば、関東では、関東平野の西縁から北縁に位置する八王子、飯能、渋川や沼田などが谷口集落としてよく知られている。これらの地域では日常必需品のほか、生糸や絹織物などの特産品も取引された。しかし、近代以降に輸送手段が鉄道や自動車に代わると、衰退したところも多い。

谷口集落は交通の要衝であるとともに、河川を利用した産業が発達することも少なくない。それは関西においても同様である。大阪府と奈良県との境界をなす生駒山地の西側斜面には、近世当初から多くの水車が存在し、精米・製粉などに使われていた。集水面積が大きく流水量の多い渓谷に設置された水車は、やがて製造業用にも利用されるようになった。急峻な山地に沿った谷口集落では、河川の流水を利用した水車と、その動力を活かした精粉・精米業が起こることも多い。そのひとつである豊浦谷では、寛永年間（一六二四～四四年）から薬種や胡粉の粉末加工に水車が利用され、綿繰や綿実油・菜種油絞りにも用いられていた。天保年間（一八三〇～四四年）には、車屋利兵衛なる人物が水車を利用して、簪の足の製造を始めた。そのためか、その後の水車はもっぱら伸線に利用されるようになった。豊浦谷に沿って大坂（大阪）と奈良とを結ぶ暗越奈良街道と、京都から高野山へ続く東高野街道とが交差する枚岡は谷口集落でもあり、水車を利用した伸線業の発展に適した条件を備えていたのである。なお、元禄七（一六九四）年に松尾芭蕉が詠んだ「菊の香にくらがり登る節句かな」は、この豊浦谷を秋に通ったときのものである。

明治四〇（一九〇七）年ころに吸入ガス発動機の利用、さらに大正三（一九一四）年の大阪電気軌道（現在の近鉄奈良線）の開通に関連して前年から電力が供給されると、伸線業者は電動機を導入するようになった。大正八（一九一九）年には一〇事業所が水車、五一事業所が水車と電動機との併用であるのに対し、五事業所が電動機のみを利用するようになった。そして、伸線業者はより広い工場用地を求めて低地部へ移動したのである。

第二次世界大戦後における伸線工場の立地展開には、一定の場所に集積する傾向が見られた。伸線工程で洗浄用水を必要とするため、低地部においても河川沿いに工場が立地した。とりわけ、江戸期より墓地が置かれ、周辺には田畑が残存していた地区には大規模な伸線工場が集積した。それに対し、旧来からの豊浦谷上流部には、電力を用いた小規模な工場がわずかに存在するにすぎない。

昭和四五（一九七〇）年ころに最盛期を迎えた枚岡の伸

線業では、その後に建築用材の変化やオイルショックなどによる不景気によって、多くの関連工場が閉鎖した。大手鉄鋼資本の系列に組み込まれた大規模工場の跡地には住宅、とりわけマンションが建設されたのである。東方に見あげる生駒山に親しみを感じてきた住民には、マンション建設に対して「生駒山が隠れる」、あるいは逆に「大阪平野の夜景が見えない」といった軋轢が起こった。一方、「百万ドルの夜景を満喫できるマンション」というキャッチフレーズが好評なマンションもある。このような問題が引き起こされるのは、枚岡が生駒山地山麓に位置する谷口集落であるからといえよう。その地理的な立地条件から、谷口集落の特徴は時代に応じて変化しているのである。

（河原典史）

炭焼き小屋［スミヤキゴヤ］

炭焼き小屋とは、炭焼き作業を行う小屋である。山中で炭焼きを行う人やその家族が住まう仮設住居をさす場合と、炭窯をおおう小屋をさす場合とがある。

前者の、炭焼きを行う人やその家族が住まう仮設住居は、自家から離れた山中で炭を焼いていた時代に用いられたものであり、農業の出作り小屋のようなものである。たとえば、江戸時代から備長炭が生産されてきた熊野地域（和歌山県）では、茶粥を炊く炊事場と暖をとる炉があるだけの簡素な小屋であったという。こうした炭焼き小屋を建てるのは大工ではなく、杉皮を屋根や壁の材料として自作するものであった。

後者の、炭窯をおおう小屋の第一の目的は、窯を風雨から守ることにある。炭窯のドーム状の天井は土を搗き固めてつくるため、大量の水を含むと容易に落ちてしまう。また、煙道から浸水すると、炭焼き作業に支障をきたすだけでなく、窯内の状態によっては水蒸気爆発を起こす危険さえある。炭焼きには数日から一週間を要し、山中の天気は変わりやすいものであるから、炭窯に屋根は不可欠なのである。

炭焼き小屋の大きさは、炭窯の大きさに規定される。前述の熊野地域では、昭和前期までの備長炭用窯の規模はたいてい二〇俵窯（一俵は一二〜一五キロ）であった。そのため、小屋は間口幅二間程度、奥行は窯口前の作業スペースが三間程度の大きさであり、窯の天井の上に別棟の屋根がかけられていた。

当時は、原木のウバメガシやカシ類を伐採する山のふもとに窯をつくった。そして、対象となる山で炭に焼ける木がなくなると、別の山の木を買ってそこに新たに窯を築く。

こうして山から山へ移動しながら炭を焼くことを、「渡り焼き」と称した。小屋は仮設のものであり、間伐材などを利用して立てた掘立て柱に杉皮で屋根を葺くといったつくりであった。

炭焼き小屋は、風雨から窯を守るだけのものではない。炭焼きにかかわるさまざまな作業を行う空間の確保も、炭焼き小屋の重要な機能であった。炭焼きには、原木を窯に詰める前に、太いものを割ったり、三尺ほどの長さに切りそろえたり、曲がった幹の部分に楔を打ち込んで真っすぐにしたりと、下ごしらえが必要である。このために広いスペースが必要となる。窯の炭を焼きながら、次に入れる原木の準備をするのである。また、焼きあがった炭を均等な長さに折ったり、「ダツ」と呼ばれるススキの茎製の炭俵に炭を詰めたりする作業も必要である。

土佐備長炭の炭焼き小屋（高知県室戸市）

炭焼き小屋は、原木の準備、原木の窯入れ、炭焼き、窯出し、出荷の準備という製炭工程すべての仕事場である。現在は、山中のあちこちに窯跡の石積みが見られるが、小屋は朽ちて残っていることはほとんどない。

昭和後期、山中に林道が整備されて原木の運搬のために軽トラックなどが導入されると、炭焼きは山村の自宅近くで行われるようになった。熊野地域ではこれを、「渡り焼き」に対して「里焼き」と称した。窯は従来の二倍の四〇俵窯と大型化し、一度に大量の炭を焼くことができるようになった。複数の窯を並べて、ひと窯ごとに時間差で炭を焼くことで、備長炭を量産できる体制をとっている場合もある。そうした窯の炭焼き小屋は、鉄骨を用いた常設の建築である。原木や炭の運搬用のフォークリフトが行き来できるほど大型化しており、炭焼き〝小屋〟という素朴さがただよう語感とはかなり趣を異にしたものとなっている。

こうした窯の常設化は、全国的に共通した動向であった。なかでも土佐備長炭は、一五〇俵窯という巨大な窯を用いている。こうした窯では、原木置き場や、窯出しした炭を切ったり箱に詰めたりする広い空間が必要である。また、備長炭を焼く過程では、煙をパイプに通して冷却して蒸留すると木酢液を得ることができる。この副産物もまた重要な生産物であり、昭和初期にはむしろ木酢液の製造を主目的としていたほどである。炭窯の天井をおおう小屋裏（屋根裏）には、木酢液をつくるための器具が設置されているため、炭窯をおおう目的以上に頑丈で大型の小屋がかけられている。

ちなみに、『日本山海名物図会』巻之二の「九六　炭焼図」挿絵には、炭窯を風雨から守るための小屋と、炭焼きを行う人やその家族が住まう仮設住居の両方が描かれている。男たちが窯に原木を入れているのを別棟の小屋から母子が見ているような構図であり、往時の様子をうかがい知ることができる。

（加藤幸治）

木地屋［キジヤ］

陶磁器が普及するまでは木製の椀、鉢や盆を用いてきた。このような「丸物」と呼ばれた木工品は、木地屋と称する職能集団が轆轤を用いて成型したものである。

木地屋は、轆轤工、轆轤師、木地師などと呼ばれ、轆轤挽き、挽き物師ともいう。古代には轆轤工として宮廷や大寺院の調度品や仏具の製作に従事していたが、律令制の崩壊とともに荘園領主や地方豪族に雇われ、材料の原木を求めて山奥に入り、尾根筋を移動するようになったとされている。山中で小屋掛け（雨露をしのぐ程度の仮住まい）をして木器を製造し、原木がなくなると集団で移住する。近世以降は次第に移動が困難になり、定住して木地屋集落を形成していった。その後も、拠点を中心に二、三年単位で用材を求めて出小屋（限られた期間使用する簡素な住居）したともいわれている。木地屋の研究者である橋本鉄男は、そのような彼らの生態から「漂泊生業者」と呼んでいる。

轆轤は、古くから使用されてきた工具で、メソポタミアの紀元前三〇〇〇年ごろとされる土器には轆轤を使用した証跡があるとされ、紀元前二〇〇〇年ごろのエジプト中期王朝時代のレリーフに轆轤が浮き彫りされており、その広がりは中国から中央アジア・ヨーロッパにまたがる。我が国へは古代に伝来し、天平六（七六二）年の正倉院文書に見える。

手引き轆轤は、一人が引き綱で横軸を回転させ、もう一人が軸端につけた木地にカンナ（一種の鑓鉋）をあて、軸木の回転を利用して木地を円形に削る道具である。軸木が重要な働きをするので、木地屋のことを「軸さん」ともいう。

木地屋の伝承ではこの轆轤を用いて椀づくりを教えたのが小野宮惟喬親王であるという。皇位継承争いに敗れた親王は、悲運のうちに潜幸して鈴鹿山中の蛭谷と君ケ畑（ともに滋賀県東近江市）にいたった。ここで隠棲生活をおくるうちに、巻子の軸木を見て轆轤を発明し、椀づくりを教えたという。蛭谷の帰雲庵や君ヶ畑の金龍寺は親王の御所の跡とし、親王の墓も残る。筒井神社や大皇器地祖神社（ともに現在の社名）は惟喬親王を祭神とする。

蛭谷と君ヶ畑は、この地が木地屋の祖先の地として、全国の木地屋に対し、江戸時代から明治にかけて「氏子狩り」（「氏子駈け」）を行った。氏子狩りとは、蛭谷または君ヶ畑から全国に散在する木地屋のもとを訪れ、蛭谷は筒井八幡社、君ヶ畑は大皇大明神社の氏子であるとして初穂料や烏帽子料を徴し、その見返りに朱雀天皇や正親町天皇の偽倫旨、または織田信長や豊臣秀吉の発給にみせかけた免状の写し、いわゆる木地屋文書とされるものを与えることであった。この文書を所持していればどこの山の木でも伐採することのできる根拠となった。

現存する氏子狩帳を見ると、蛭谷は正保四（一六四七）年から明治二六（一八九三）年まで、君ヶ畑では元禄七（一六九四）年から明治六（一八七三）年まで社寺の修復などの際に、それぞれで二十数回にわたって氏子狩りが繰り返されている。蛭谷ではこれより早く、天正一四（一五八六）年の筒井八幡宮修復のため大岩助左衛門が願人となって回国したのが氏子狩りの始めと伝承し、以後、文禄三（一五九四）年、慶長八（一六〇三）年、元和六（一六二〇）年と続けたとする。まず最初に訪れるのは琵琶湖の対岸、麻生山（高島市）の木地師で、これを帳始めといい蛭谷の慣例とする。氏子狩りは山中ばかりでなく、京都・夷川、大阪・日本橋などの市中にも及んだ。現在、蛭谷には三五簿冊、君ヶ畑には五三簿冊の氏子狩帳が保存されており、滋賀県指定有形民俗文化財に指定されている。

木地屋の根源地は、俗に小椋谷とも呼ばれることから、その地の出とする木地屋は小椋姓を名乗ることが少なくない。また、惟喬親王の随臣である小椋大臣の末裔であると伝説し、字は異なるが音が共通する、小倉、大蔵なども同じであるとする。

技術的には劣るが、轆轤を用いずにナイフなどで杓子などを削り出す杓子木地屋などもいて、安芸の宮島（広島県）や滋賀県の多賀大社など杓子を参拝土産とする神社は少なくない。また、カエデ科の木を加工して木籠を編む木地屋もいた。

（長谷川嘉和）

漁村［ギョソン］

漁村を定義すると、沿岸部に定住し、その目前に開けた海を漁場として、漁撈生活を営む人々の住む集落ということになる。そして、その集落の立地的条件によって生活環境に大きな変化をきたすのも、漁村の大きな特徴である。

立地環境によるライフスタイル

紀伊半島の南部、和歌山県南紀地方は、山脈が海岸線へと落ち込む特異的な地質であり、山裾に港を構築し、集落は山腹に形成するものが多い。

また、河口付近に堆積平野が存在する付近に住む人々は、前面に開けた海に従事する漁民と、背後に開けた平野を開墾して農耕に従事する農民の、二者が存在する場合もあった。

さらに、半農半漁の人々もいた。和歌山県御坊市名田などでは、農繁期には農耕に従事し、農閑期になると漁撈に携わる。また同県日高郡印南町印南では、家の中で主人が漁撈に従事し、主婦もしくは両親が農耕に携わる。同郡日高町産湯は目前に砂浜が存在する集落で、ふだんは農耕や他の家業に徹し、魚群が海岸に接近したときにだけ、集団で地曳網などの網漁に従事する。

和歌山県日高地方では、漁撈にのみ従事する人々を「本漁師」、農耕などに従事しながら漁撈を行う漁師を「地下足袋漁師」といいわけた。

専業と兼業では漁業権にも差が生じた。とくに網の権利などは村内の旧家及び本家筋などの株（構成員資格）持ちの家筋に限定され、南紀地方においては、その権利は絶対的な存在であった。権利数は固定され、乱獲が懸念される「エビ網」などは、専業漁師にしか与えられなかった特権である。ただし、村持ちの地曳網などは、共同で作業した人々に漁獲物を平等に分配する。

漁法による地域性

立地と生活環境によって、従事する漁撈内容に変化が見られる。以下にその内容を記してみよう。

漁村の風景（和歌山県日高町阿尾）

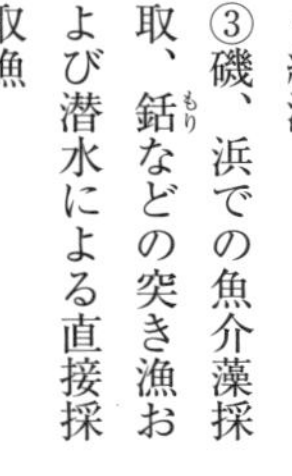

①小規模な一本釣りから規模の大きい延縄にいたるまでの釣り漁

②陸から引く地曳網および単船、複数船で行う網漁

③磯、浜での魚介藻採取、銛などの突き漁および潜水による直接採取漁

以上、三種の漁撈活動をあげたが、釣り漁、網漁、潜水、直接採取

漁などの類型が指摘できる。これらの漁撈活動は、実質的にはその環境下における魚種の多様性とともに大きく変動を示す傾向にある。ブリ漁を例にすると、太平洋沿岸部では、延縄や一本釣りなどの釣り漁に代表されるが、日本海沿岸部では、大規模な定置網など集団での網漁が多い。それは、魚種の豊富さのために漁法の多様性をもって発展した結果である。

特徴を決める立地環境

漁村の特徴は、その立地的環境が内容を決める。多くは沿岸部に集落をかまえるが、その場所が砂浜なのか、湾内なのか、傾斜地であるのかによって、大きくちがってくる。

そこが砂浜であった場合は、漁船は砂浜に揚げ、漁法は網漁であることが多い。湾内の場合は、港を構築して漁船の停泊が可能となる。廻船業などの商業が発展し、町の様相を呈する場合もある。傾斜地など平地が狭小な立地条件では、港の構築が容易ではない。従来は小規模な釣り漁に依存していた場合もあるが、その条件によっては大規模な集団を組み、村をあげての網漁に徹した地域も存在する。

漁村は、村境が地先権によって決定しており、従来は一浦一村であった。時代の移り変わりとともに人口が増加し、近世の村切りによって数か村に分村した事例も存在する。

和歌山県日高郡日高町比井地区は、天然の優良な湾によって早くから栄えた地域であった。比井浦、唐子浦という二か村の存在が確認でき、それぞれ唐子浦は漁村、比井浦は廻船業で盛況を見せた特殊な地域であった。

河口部に立地する集落では、平地利用が比較的容易で、人口の増加が目立つ。しかし、その内部構造は複雑であり、一村の景観をもちながら数か村に分村している場合もある。和歌山県日高郡印南町印南がそれであり、中世までは「中村」という広大な村落を形成していたが、近世の村切りによって地方、浜方に分村し、印南川対岸には本郷、宇杉、光川などの数か村を有する複雑な形態をなすにいたった。

農村の共同体としての「組」や地縁的組織とは異なり、漁村は生業スタイルによる同業種内の諸集団が顕著である。また、同族集団としての本家・分家のつきあいが濃厚であり、「オモヤ」「シンヤ」の呼称で呼ばれ、多くは漁撈集団としての関係を築く。たとえば、和歌山県日高郡由良町白崎などでは、網元は中世から続く本家筋に限られ、近年まで「網子」と呼ばれる主従関係が存在した。網子は世襲で同じ網元に帰属し、その関係は絶対的であった。ただし、一方では開放的な面もあり、網元と網子の契約的主従関係は正月に網元宅で開かれる酒宴に参加することで新規契約が結ばれるといった場合もあった。従来は世襲の網子制度が普遍的に存在したのだろうが、時代の変遷とともに開放的な結果に落ち着いたと考えられる。

一方、地縁組織としての相互扶助の精神は強く、和歌山県日高郡日高町阿尾（あお）では、葬式の場合は「ニンゴ米」と称して全戸からそれぞれ米二合を喪家に持ち寄り、葬式一切の采配は「小寄講（およりこう）」という地縁組織によって行われていた。

こういった漁村の特徴は、タテ組織としての網元・網子、本家・分家の主従関係、ヨコ組織としての講組のような相互扶助組織の両面をあわせもつ。それは、「板子一枚下は地獄」といわれた漁民生活の厳しさを示すものであり、いい漁場を求めて外洋に繰り出した、漁民の精神文化によって形成されたからであろう。

（裏　直記）

漁家【ギョカ】

「漁家」とは、漁村に暮らし、漁業で生計をたてている家をさす。

漁家には、漁撈に従事するためのさまざまな特徴があげられる。また、その漁家で構成される集落にも、特徴的な事例を示すものがある。

漁家の立地

漁家が立地する場所は潮風が強く、波風との戦いであった。住居を守る防壁としての石垣は屋根に届くほどの規模があり、石垣の入口には台風に備えて板戸がはめ込まれるように工夫されていた。

和歌山県日高郡美浜町三尾（みお）地区では、城郭を思わせる規模の石垣が組まれている。当地では屋敷の棟（むね）が低く、瓦屋根の普及は農村より早かったといわれている。屋根を重くすることで風雨に強い住居とするためである。屋根はキョウモンブキという本瓦葺きであり、暴風雨によって瓦が飛ばされないように、漆喰（しっくい）で塗り固めてある。この漆喰は、現地で採取できるフノリを原材料としている。また、外壁は板壁がほとんどであり、塩害による腐食を避けるために焼き板を使用し、近代に入ってからはコールタールを塗っ

浪害に備えた漁家（和歌山県美浜町三尾）

て防腐剤として活用する傾向が強い。

一般的には漁村の住居は切妻型の屋根が多く、京都府京丹後市丹後町間人地区は家々が直列に同じ方向を向いた切妻が特徴的であった。和歌山県南紀地方では、一般的には切妻も存在するが、多くが入母屋形式である。

漁家の間取り

漁家の特徴は、その間取りにある。平地が少なく、敷地面積が限られる漁村においては、屋敷地は非常に縮小されたかたちとなり、必要最低限のものが多い。

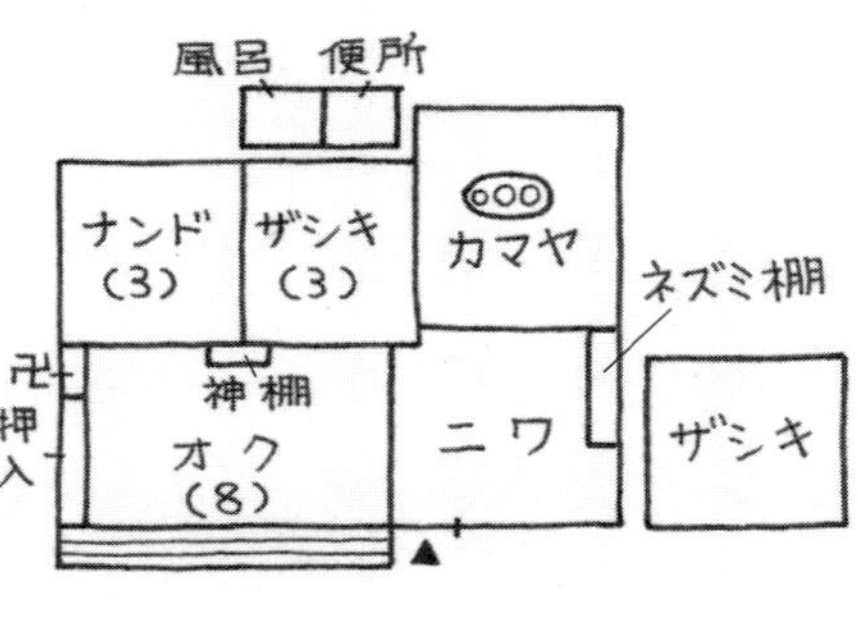

漁家の間取り（和歌山県日高町比井）

和歌山県南紀地方では、間取りは通り土間に面して「デ（ツギノマ）」と「ナンド」と呼ばれる二間が基本的な形式となり、家族の増加や経済的地位の向上に応じて部屋を増築している。この土間を「ニワ」と呼ぶが、農村のように作業ができるような広さはない。ニワの部分に増築して畳敷きの部屋を設けている場合は「ヘヤ」と呼ばれ、老夫婦の寝室となる場合が多かった。家人が寝起きする母屋のことを当地では「ホンヤ」といい、「オモヤ」という呼称は、通常本家筋をさす。

三間取りの屋敷は稀少な存在となってきているが、昭和初期までは一般的にみられた間取りである。「オク」「オクザ」などと呼ばれる畳敷きの部屋は、通常八畳以上であるが、その家の規模によって縮小、拡大されている場合がある。その奥の土間に面している板間は「ダイドコ」で、食事や常の居間として四畳半ほどの広さがある。「ナンド」「ネマ」と呼ばれる四畳の奥まった部屋は、寝室である。三間取りの特徴は、多くの客を招く必要に応じてザシキを広くとったところにある。「エン」まで含めると一〇畳以上の広さに拡大でき、最大限に敷地を利用する工夫がなされていた。

四間取りの屋敷も存在する。三間取りの「オクザ」を二分割した形式で、三畳の広さの「デ」「ツギノマ」が設けられた。ただし、土地に余裕のある地域か、よほどの有力者でなければ建てるのはむずかしかった。

二間から三間そして四間へと住居の間取りは拡大し、その変遷経緯が確認できるが、三類型の間取りは現在でも混在している。

屋敷の規模を示すことばに「十振り（じゅうぶ）」「片十（かたじゅう）」がある。前者は、四間取りの場合、片面二間ずつ合わせて一〇畳、四間合わせて二〇畳の規模をさすものであり、後者は、片面二間だけが一〇畳で、もう片面は一〇畳に満たないくいちがい住居をさすものである。

漁家と信仰

カマヤには、火の神としてコウジンさんを祀る。また、母屋のオクザには神棚を設置して、氏神とエビスを祀るのが、漁家の特徴である。エビスには「懸けの魚」を供えることもある。エベッサンの呼称で親しみをもつエビス信仰は、各家だけではなく地域の信仰として、エビス神を祀る地域が多い。

また、家の玄関にトゲのある貝殻を吊るしたり、屋根にアワビの貝殻を吊るすことも行われる。トゲやアワビの光沢ある表面は魔除けの装置となる。

（裏　直記）

浜小屋・番屋［ハマゴヤ・バンヤ］

漁家の付属建物。海岸に所在し、漁期に限って使用するが、常設化している。浜小屋は、一般に漁具や漁に用いる物品の置き場であり、網仕事や漁獲物の仕分けなどを行う作業場でもある。作業の合い間には休憩したり、まれに寝泊まりもする。幅広い用途に利用され、汎用性の高い小屋である。

一方、番屋は、定置網漁や刺網（さしあみ）漁に使用される。網元が乗組員を雇って操業する定置網漁では、多人数が番屋で共同生活をして漁期を過ごす。そのため、屋内には集団生活に必要な備品類が揃い、宿泊施設といった性格が強い。サケ・マス漁の番屋やニシン漁の鯡（にしん）小屋などが知られる。

漁業に従事する人々の住居は漁家といい、農家のように屋内に広い生産作業の空間をもたない。漁家は食事や起居する生活の場であり、生産の場は海岸に設けられて、屋外であったり住居とは別棟の建物であることが多い。そのうえ漁業は漁法によって専用の漁具が必要であり、漁獲物の種類が多ければ多種多量になる。出漁のたびに住居と往復して持ち運ぶより、舟の近隣に陽射しや風雨を遮る施設を設けて収納すれば、漁の準備や後片づけもできて合理的である。また、定置網漁のように多人数による長期間の宿泊がともなう漁法に住居を用いては、漁も家族との暮らしも成り立たない。浜小屋と番屋はともに、日常的に定型化した作業の利便性や漁法上の特性に応じて、生産作業を目的とした建物といえよう。

収納型と休息型の浜小屋

浜小屋は収納型と休息型に、番屋は小屋型と住居型に、大別することができる。

収納型の浜小屋は漁具などの置き場に簡単な作業の場がともなうもので、屋内には間仕切りがなく簡易的な小屋である。所有する漁具を収納できる規模であれば十分で、むしろ単一の空間が使いやすい。なかには護岸や漁港整備で役割を失った舟小屋や廃車トラックのアルミコンテナなどを転用したものもあり、収納機能が重視されている。

休息型の浜小屋（新潟県胎内市）

休息型とは、床や間仕切りによって屋内に休憩する場を設けた浜小屋である。作業場としての用途を増した浜小屋に多く、滞在時間が長くなれば軽食や仮眠をとるようにもなるため、椅子やテーブルといった小型の家具や食器などの生活用具も揃う。建物は簡易的だが休憩に適した構造や設備をもち、収納型に比べて規模も大きい。素潜り漁の海女（あま）小屋も、機能的には休息型に含めていいだろう。

また、刺網漁などでは集落が海岸から離れる場合、休息型の浜小屋をまれに寝泊まりに用いることがある。漁師はこの浜小屋を「番屋」と呼び、同規模であっても宿泊機能の有無で区別する。屋内空間は床や壁、下屋でより明確に区分されて用途別に使い分けられ、単なる休息型よりも恒久的な建物で設備も充実する。電気・水道・ガスに加えて便所や冷暖房器具なども備え、善寳寺（ぜんぽうじ）（山形県）などが発行した大漁や海上安全を祈願する札を納めた棚を設けるところもある。

小屋型と住居型の番屋

休息型のうち宿泊機能で差別化された浜小屋は、小屋型の番屋ともとらえられる。機能的には定置網漁の番屋に類似するが、使用するのが漁師個人で、宿泊もまれなうえに規模も小さいなど差異もある。浜小屋と番屋の中間的な存

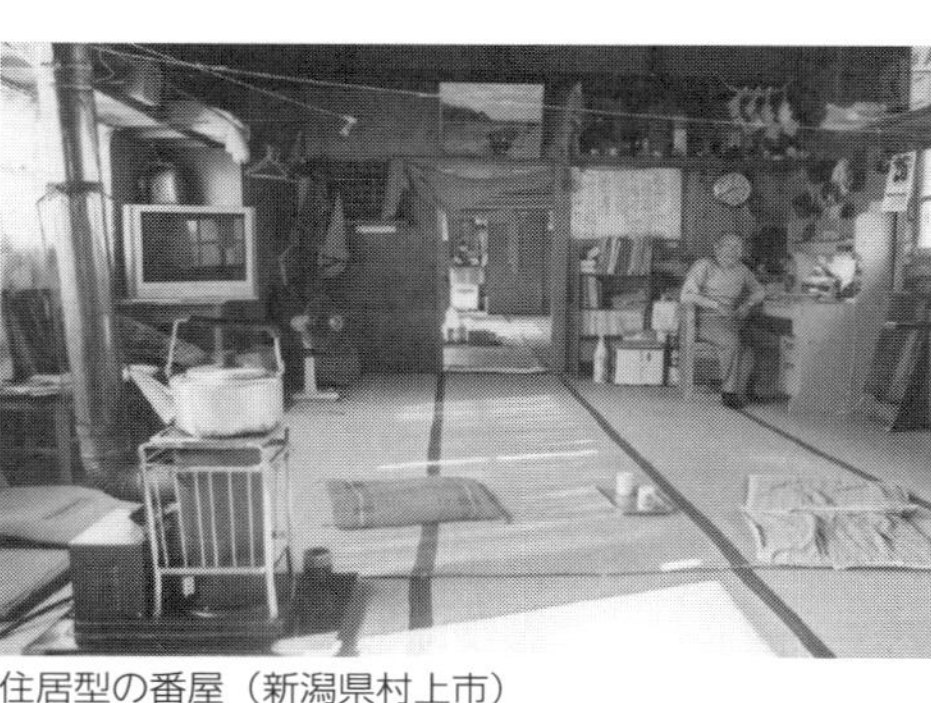

住居型の番屋（新潟県村上市）

在ともいえる。

　住居型の番屋は定置網漁に用いられ、長期間の集団生活に適した大型で恒久化した建物をいう。屋内には居間や寝室など用途別の部屋があり、備品や設備も整い、住居と遜色ない日常生活ができる。かつては照明や暖房、簡単な調理に用いる炉があり、その座には秩序があった。ヨコザに相当する座は海の状態がよく見える位置で、漁の指揮をとる船頭らが座った。乗組員を雇う集団漁業の定置網漁では、座の秩序が作業の統率に作用したと考えられる。また、生活空間も網元と乗組員では明確に区別され、設備にも優劣があった。番屋には、雇用関係や集団作業という漁法の特性が反映した秩序を見いだすことができる。

浜小屋と番屋の居住性

　浜小屋および番屋のあり方は用途によって異なり、差異が見られる。休憩や寝泊まりする浜小屋や番屋では居住性が高くなる。休息型や住居型が示すように、居住性に比例して建物の規模や構造は発達し、設備も充実する傾向にある。とくに床や間仕切り、恒久的といった建物の状態と相関関係にあることは注意される。

　居住性をもたらす休憩や寝泊まりの用途は、漁法によるとともに、集落と海岸の地理的状況にも関連する。距離の遠近によっても浜小屋のあり方は異なり、集落から離れた海岸では休息型が所在する。住居が遠ければ頻繁に往復することは難しく、滞在したまま休憩や食事に利用すれば浜小屋で過ごす時間も長くなる。付属建物であっても、そのあり方は使用者の生活環境を示している。

（池田孝博）

舟屋［フナヤ］

伊根の舟屋

　舟屋とは、海に面する一階部分を漁船の格納庫に、二階部分を居室につくった民家のことで、京都府与謝(よさ)郡伊根(いね)町(ちょう)の伝統建築である。いまでも若狭(わかさ)湾の北西隅、丹後半島の東端の伊根浦に沿って数キロにわたって見事な漁村景観を見ることができ（写真1）、平成一七（二〇〇五）年、漁村として初めて重要伝統的建造物群保存地区（重伝建地区）に選定されている。

山からすぐ海のわずかな波打際の平地に、道をはさんで山側に平入りの母屋、海側に妻入りの舟屋が、将棋の駒を並べたようにギッシリと水際ぎりぎりに建てられている。

伊根浦は、東・西・北の三方を山に囲まれ、南は防波堤ともいえる青島が浮かぶ。干満の差が三〇センチ程度といわれるほど小さく、波が穏やかで、海はすぐに深くなる。そのような自然地理的条件に恵まれ、まるで海の中に建てられているように見える。

写真1　伊根の集落

舟屋の構造と変容

舟屋は、「舟小屋」「舟倉」などとも呼ばれ、主に木造舟を海から引き揚げて収納する納屋（小屋）である。海に向けて少し傾斜し、海水が二メートル程度まで入り込んで、舟を引き揚げやすいように工夫された構造になっている。

舟屋は、舟の格納庫であるとともに、漁具・漁網の整備・出漁準備の作業場であり、干場（ほしば）でもある。構造的には切妻（きりづま）・妻入りで、干場はかつては茅葺き（かや）であったが、いまは瓦葺きである。二階も、古くは足場板を並べた程度だったがだんだんと改善され、現在では二階に居室をつくって若夫婦の住居あるいは隠居部屋としたり、客室・民宿に活

写真2　2階が居住空間になった舟屋

用されるようになった。そして、階下には便所や風呂場がつくられている。

　昭和三〇（一九五五）年ごろに化学繊維の漁網が導入され、網干しの機能がなくなった。また、昭和五〇年代に入ると小型木造船がＦＲＰ（繊維強化プラスチック）船となり、舟屋内の保留の必要性もなくなった。したがって舟屋の一階舟揚場は、原型を留める型、一トン未満の舟を保留する空間だけ残し二階に居住空間を拡大した型（写真２）、舟揚場をコンクリートで岸壁状に改築した型、さらに舟屋の舟揚げ間口全体を塞いでしまった型の四類型に変化した。

（早瀬哲恒）

3　町と生業

城下町［ジョウカマチ］

　城下町とは城館を中心に非農業的性格をもつ武士、商工業者、そして寺社などで構成された集落から発展した都市のこと。戦国時代から江戸時代初期に形成されたが、五つに類型化できる。

城下町の類型

①**戦国期型**　最初の城下町。戦国期の山城の城下町をそのまま受け継いだもので、山腹や山麓（山下）に重臣の家臣屋敷があり、山麓の街道沿いに商人町と職人町があったが、武家屋敷と町屋あるいは農家が混在していた（二本松、高取など）。

②**総郭型**　安土桃山時代を特徴づける城下町。外郭が城下町を囲み、武家屋敷と町屋が近接あるいは近在する城下町である（高崎、三次など）。

③**内町・外町型**　内町と外町の区部があり、主要な町屋だけを重臣クラスの武家屋敷とともに外郭内＝内町に配置し、主要でない町屋を外郭の外側に置く城下町である（彦根など）。

④**郭内専士型**　もっとも完成された近世城下町のプランで、外郭内には武家屋敷しかとどめず、町屋はすべて郭外にある（会津若松など）。

郭内（武家屋敷）と郭外（町屋敷）をわける郭門跡（福島県会津若松市）

⑤**開放型**　江戸時代の中期以降に出現した、武家屋敷を郭で囲むことをやめた城下町である（鯖江など）。

城下町と身分秩序

④郭内専士型が城下町の典型といわれるのは、城下町の理念である兵農分離、商農分離が徹底的に行われ、士農工商の身分秩序が城下町の平面上に表現されていたからである。

郭内専士型の会津若松は、文禄元（一五九二）年から二年の歳月をかけて町割りが行われた。郭内の武家屋敷は身分の高い侍にあてられ、足軽や徒士など身分の低い侍は郭外の町屋敷の周辺に置かれた。郭外の町屋敷には商工業者が住み、飴屋町、紺屋町、大工町などの町があった。さらにその周辺には寺院、旅宿、遊女屋が置かれた。そして城下町のはずれには穢多、非人の居住地が置かれた。

築城伝承

会津若松では城を中心とした政治権力機能が集中する郭内空間に稲荷神社と諏訪神社が鎮座していた。稲荷神社は本丸の北土居に祀られているが、元は郭外の北小路町に祀られていた田中稲荷神社であった。この稲荷神社には、中世の築城伝説がともなっていた。至徳元（一三八四）年に芦名氏が城を築く際、縄張りがうまくいかず困っていると、夜にキツネが現れて薄雪の上に足跡をつけた。これをたよりに縄張りをして、無事に城ができたというのである。縄張りは、いい換えれば自然の大地の囲い込み、秩序化を意味する。その秩序化が稲荷の使わしめのキツネに因っていたのである。

また、稲荷神社の前には「根入石」という、根の先を確かめることができないほど大地の奥深く突きささった不思議な石があった。この根入石も、城下町がつくられる自然の大地を安定化させる象徴的意味がある。

城下町には築城にまつわって、よく〝人柱〟伝承が見られるが（甲府城、和歌山城、松山城など）、これは実際に人柱があったということではなく、人柱によって城の建つ大地を象徴的に鎮めるという意味があったのである。

城下町の祭り

諏訪神社は、中世、芦名氏によって勧請されたが、城下町会津若松の成立にともなって城下町の総鎮守としての性格を帯びることになる。諏訪神社には、七月下旬の三済山祭りと八月上旬の授光祭（藩主の在藩時に実施）がある。三済山祭りが「家中の祭り」といわれるように武家の祭りであるのに対して、授光祭は「町屋の祭り」といわれるように町人の祭りである。

授光祭は、元禄一五（一七〇二）年に諏訪神社が正一位の神階（神に授けられた位のこと、正大位から正一位まで一五階がある）を授けられたことを祝うことから始まった。そのとき、町々から社前に「飾灯籠」が供えられたが、時が経つにつれて祝祭化し、江戸時代後期には神輿、山車、戯台などが出た。神輿の渡御行列は郭内のメインストリートである本一之丁を通り、郭外に出て町中を東から西に一周する。このとき、一時的にではあるが身分秩序の住み分けである郭内と郭外が、そのへだたりを解消する。

このような祭りは城下町から発展した現代の都市に伝統的な祭りとして引き継がれている。

化物屋敷

ところで、城下町には化物屋敷の伝承がよく見られる。会津若松でも、郭内の武家屋敷に大振袖の女、大山伏などが出現したり、夜中に大勢の声と木刀の音が聞こえ、石が飛んでくるなど怪異な話があった。城下町の秩序の中心空間である郭内の武家屋敷における化物の出現には、秩序を無秩序にしてしまう心意が感じられる。

（野沢謙治）

門前町［モンゼンマチ］

門前町の諸形態

門前町は中世以降に寺院の門前や神社の鳥居前に発達した集落で、北海道を除く日本各地に分布している。また、学術的には寺社奉仕者が集住した町を含むこともある。寺社奉仕者が集住した町とは、御師町、社家町、寺内町がその代表であり、寺院の里坊が連なって形成された町もこの範疇に入る。

御師（伊勢では「おんし」、他の地域では「おし」）とは信者にお札を配りつつ参詣を勧誘し、参詣の案内をする人々である。御師が集まって門前町を形成した典型的事例が伊勢神宮門前の宇治・山田（三重県伊勢市）である。社家とは神職にある人たちで、神職を中心に町が形成された典型例が京都市の上賀茂神社前に広がる社家町である。さらに寺院の里坊が連なってできた町の例として、比叡山延暦寺の麓に形成された坂本（滋賀県大津市）をあげることができる。

門前町の構成

門前町というと、現在では寺院や神社への参詣者を顧客とする旅館・飲食店・土産物店・娯楽施設などが寺社門前の道路の両側に建ち並ぶにぎやかな町としてイメージされることが多い。しかし、寺社奉仕者が集住した町の多くは一般に想起される都市的なにぎわいを欠いている場合が多く、門前町の都市的にぎわいをつくりだしている旅館・飲食店・土産物店・娯楽施設なども中世・近世から必ず門前町の主要な景観要素、あるいは機能要素であったわけではない。たとえば、近世の寺社参詣では「講」を組み、集団で参詣することがしばしばあったが、高野山や善光寺、北野天満宮のように寺社に宿坊やそれに類する宿泊施設が備えられている場合も多く、土産物屋も徒歩交通中心の時代には決して重要な要素ではなかった。信仰圏の大きさや交通条件など門前町をめぐる諸条件の違いによって門前町の形態はさまざまであったと考えるほうが適当であろう。

たとえば、江戸時代にすでに旅籠に加え茶屋・芝居小屋などの娯楽・遊興施設が建ち並んでいた金毘羅宮門前の琴平（香川県仲多度郡琴平町）や、多数の煮売屋と旅籠を兼業した門前町人が集まっていた新勝寺門前の成田（千葉県成田市）のような門前町があった一方で、能登国総持寺門前町（石川県輪島市）では酒屋・油屋などの諸商売、大工・紺屋（藍染めの職人。染色にたずさわる職人一般をさすこともある）・木挽きなどの諸職人が集住しただけで、旅籠屋・煮売屋などはなかった。一般にイメージされる旅館・飲食店・土産物店を中心とする門前町の景観・にぎわいは鉄道を中心とした近代交通網の発達とともに形成されたものであり、近代以降の観光化した新しい門前町の姿なのである。

参道を軸にして山腹に広がる金毘羅宮の門前町（香川県琴平町、昭和初期の絵葉書）

門前町の本質

江戸時代の門前町は職業構成的に宿場町に類似し、観光化した現代の門前町は観光都市的であるが、それらと門前町が大きく異なっているのは門前町の核となっている寺社と門前町住民との宗教的・経済的・社会的な関係の強さである。とくに、寺社支配の門前地に発達した町の場合、寺社は信仰の場であると同時に領主でもあり、祭礼などの寺社の行事に対する奉仕等を通じて門前町と寺社とが強く結びついていた。天正一九（一五九一）年に建設された西本願寺、慶長七（一六〇二）年に建設された東本願寺は、それぞれの寺内町の領主であると同時に寺内町住民にとっては信仰の中心であり、寺院の運営・維持のために経済的にも社会的にも密接に結びついていた。そうした関係は町が境内外となった近代以降も維持され、現代まで続いている。こうした寺社と門前町の関係は清水寺などにも見られるが、現在ではかつての門前地支配の有無とは無関係に各地に見られるようになっている。

（渡邊秀一）

宿場［シュクバ］

▼街道

街道の要所にあって旅人の宿泊・休息や人馬を継ぎ立てる（人馬を乗り替える）施設がある所が宿場である。

バードの大内

イギリス人の女性旅行家イザベラ・バードは、著書『日本奥地紀行』のなかで「私は大内村の農家に泊まった。この家は蚕部屋と郵便局、運送所と大名の宿所を一緒にした屋敷であった。村は山にかこまれ美しい谷間の中にあった」と記している。明治一一（一八七八）年五月のことであった。奥羽山脈山中の盆地に位置する大内宿（福島県南会津郡）は会津若松から下野国今市に通じる会津西街道の宿場のひとつで、昭和五六（一九八一）年に、宿場町としては妻籠宿、奈良井宿に次いで三番目に重要伝統的建造物群保存地区に選定されている。文中の農家は戊辰戦争時、大内村の名主を務めた、屋号を「美濃屋」という阿部大五郎家のことである。宿の町並みの最奥ちかくの美濃屋は当時の様相をよく伝えている。明治初（一八六八）年の郵便局・陸運事務所の看板が、いまも当家に残されている。

宿場の機能

宿場は公用旅行者に便宜を図るために設けられたもので、古代の律令制とともに始まり、江戸時代には幕府の制度となった。その役割は、幕府が定めた多くの特権的な通行を保障することであった。すなわち、公用の旅行者やその荷物を運搬し、あるいは幕府公用の書状を運ぶために、人馬を用意して宿場間を継ぎ立てするとともに、宿泊や休憩のための旅籠や茶屋を提供することであった。

宿場は古くからの交通の要所だったところが多く、城下町や門前町の一部が宿場になるところや新たに住民をあつ

大内宿の町並み（福島県下郷町）

大内宿の民家

めて宿場を開いたところもあった。街道をはさんで両側に旅籠や町屋をずらりと並べ、中央あたりに問屋場や本陣をおくというように、宿場の多くは一本の街道に沿う街村状の形態をとっている。また、宿場の入口には動線を曲の手（直角）に折り曲げた溜まり（枡形）が設けられることが多かった。

　五街道の宿場は、幕府の道中奉行の統括のもとにありながら、行政上は藩など領主の支配を受けるという二重の支配の構造であった。宿の業務を運営するのが問屋・年寄など宿役人であり、道中奉行の指示は宿役人を通じて行われた。一方、領主の指示は名主など村役人を通じて実行された。もっとも問屋は名主や本陣を兼務していることが多く、年寄も村役人としての組頭を兼務している場合が多かった。問屋場は人馬の継ぎ立てや継ぎ飛脚などが主な仕事である。

　本陣は、主に参勤交代の大名が休泊する施設をいうが、大名だけでなく、将軍、勅使、宮家、公家、幕府役人などのための休泊施設でもある。脇本陣は本陣の補助的役割を果たすものである。本陣・脇本陣は、特権というべき門、玄関、書院造りの座敷を設けることができた。一般の旅籠にそれが許されたのは、明治以降のことである。

　イザベラ・バードが泊まった大内宿をとりあげて、具体的に宿場の様子をみてみよう。

大内宿の様子

　会津西街道は「下野街道」とも呼ばれ、諸国の米の輸送や会津藩主の参勤交代でにぎわった。大内宿がもっとも栄えた時期は江戸中期である。戊辰戦争では、会津藩と新政府軍の激戦地となり、焼き払われる危機に立たされたが、名主阿部大五郎の死を決した嘆願で兵火を免れたと伝えられる。

　大内宿の特色は、南北にはしる街道の両脇にやや街道から隔たって四十数棟の寄棟造り茅葺き民家が妻側を見せて建ち並んでいる点にある。建物は、平入りで街道から遠い側に土間を配して入口をつけ、街道に面する妻側を上手(かみて)にして座敷が配され、街道に面して広く開口部を設けている。こうしたなかにあって、本陣だけは街道から奥まった位置に入口を東に向けて建っており、単調な景観にアクセントを与えている。かつては街道の中央に水路が流れていたというが、現在街道両側を流れる水路も、この宿場の景観を引き立てている。この水路の水は村人の飲料水となり、炊事の水ともなった。また、旅人の喉をうるおし、手足をきよめ、馬の飲み水ともなったのである。

（津田良樹）

街道［カイドウ］

▼宿場

中央と地方、また町と町とを結ぶ主要道路が街道である。街道といえば、『東海道中膝栗毛』の弥次さん・喜多さんの珍道中や、歌川広重(うたがわひろしげ)の『東海道五十三次』『木曾街道六十九次』の浮世絵などから江戸時代の様相が思い浮かぶ。とはいえ、大和(やまと)朝廷の成立後にはすでに、大和を中心に山陽(さんよう)道、東海(とうかい)道、南海(なんかい)道が開かれたとされている。

古代・中世の街道

古代の律令制の下では、畿内を中心に山陽道、東山(とうさん)道、東海道、北陸道、山陰道、南海道、西海(さいかい)道の七道(しちどう)が通され、交通体系の中核を形成していたという。七道の制については、唐の十道制を模倣したものとも考えられており、単に交通路というだけでなく、行政区画としての認識も強かった。

街道は、直線道路につくる、あるいは一定の道幅にするというようなこともなかったようで、地形に応じて、曲折も多いものであった。ヨーロッパや中国のように、車が使用されることもなかったので、道路は人か馬が通れればそれでよく、きわめて幅の狭いものであったと思われる。それでも、七道の駅には交通・情報伝達のために人馬が常備された。

大宝令(たいほうりょう)によれば、七道を大路(たいろ)・中路(ちゅうろ)・小路(しょうろ)に分け、京と大宰府とを結ぶ山陽道と、それにつながる西海道の一部がもっとも重視され、これを大路とし、次ぐ東山道、東海道を中路、それ以外の北陸道以下の四道および伊勢路、大和路などの各路を小路とした。

これらの七道やその支線には、原則として三〇里（約二〇キロ）ごとに駅を設け、大路の駅には二〇匹、中路の駅には一〇匹、小路の駅には五匹の駅馬を常備し、支線となる国衙(こくが)（国府）と郡衙(ぐんが)を結ぶ道には郡ごとに五匹の伝馬をおいた。なお、駅馬や伝馬を使用できるのは公用の旅行者に限られていた。

古代末期には、東海道を中心に「宿」と呼ばれる営業目的の旅舎を中心とした交通集落が生まれ、中世をとおして発展していった。宿は地域の中核の場所となり、江戸時代の城下町・宿場町として発展した例も多い。庶民も宿を利用して社寺へ参詣するものもあらわれ、参詣という信仰を目的とした旅は、領主からの規制や日常生活からの解放の手段として、江戸時代にかけて拡大しつつ継承されることとなった。

近世の街道

江戸幕府の交通政策は、古代の駅馬・伝馬制度を受け継いだ。江戸時代の街道は、幹線である五街道とその支線である脇街道（脇往還）などからなっていた。種々の見解があるが、五街道は通例では東海道、中山道、奥州道、日光道、甲州道をさしており、ときにその付属街道を含めている。東海道は江戸と京都を結ぶ表通りでもっとも重要視され、その裏通りとなる中山道は次いで重視された。東海道は古代の東海道の国々を通り、江戸・京都間に五三宿を置く。なお、大津から伏見など四宿を経て大坂に至る道も東海道の延長とみなせる。中山道は古代の東山道の国々を通り、近江の守山から東海道草津宿に連絡する。中山道は板橋から守山まで六七宿で、草津、大津を加えると、六九宿となる。日光道は千住から栗橋、古河、宇都宮を経て、徳次郎、今市を通り、日光鉢石から日光坊中へと至る。その間、二一宿である（徳次郎を三宿に数えれば二三宿）。奥州道中は宇都宮までは日光道と重なるが、それから分かれて白沢、喜連川、大田原を経て白河まで一〇宿である。白河から先は奥州路で、郡山、福島、仙台、盛岡を経て三厩に達する。甲州道中は下諏訪で中山道につながるので、内藤新宿から上諏訪までの四四宿であるが、この道中にはいくつかの宿が連合して一宿分の負担を負う場合などがあり、数え方によって宿の数が一定しない。

五街道付属の街道としては、東海道には本坂通り（姫街道）、佐屋路（岩塚から佐屋まで）があり、東海道と中山道を結ぶものに美濃路があった。また、日光道中には日光御成道、壬生通り、水戸佐倉道、例幣使街道があった。以上の五街道とその付属の街道は、道中奉行すなわち幕府の支配下に置かれていた。

一方、前記以外の脇往還は、勘定奉行の取り扱いであったが、所在地の藩などが原則として支配し、勘定奉行の取り扱いは間接的なものであった。それでも道路の付け替えや人馬賃銭などの許認可権は勘定奉行がもっており、諸藩も幕府の交通政策と無関係に実施されたわけではない。

写真1　品濃一里塚（神奈川県横浜市戸塚区）

写真2　甲州街道下蔦木宿の道祖神（長野県富士見町）

　主要な脇往還としては、伊勢路、中国路、佐渡路、長崎路、北国路、松前道、羽州街道などがある。これらは交通量も比較的多かったが、これ以外の脇往還は宿場も小規模で、人馬継ぎ立てや休泊施設なども不十分なものも少なくなかった。

　街道を特徴づけるものに一里塚や並木がある。一里塚はおよそ一里おきに土を盛り、里程の目標とした塚で、榎が植えられることが多かった。並木は夏には暑さを避け冬には寒風を防ぎ、休息の場ともなった。日光や箱根の杉並木が名高く、広重が描く松並木も一里塚同様に街道の道しるべともなっていた。品濃一里塚は旧東海道保土ヶ谷宿と戸塚宿のあいだに位置し、街道をはさんで東西ふたつの塚が残っている。写真1は東の塚で、左後方のこんもりとした木立の場所が西の塚である。また、街道脇や境界地には道祖神（写真2）が祀られることもある。旅の神、足の神として信仰される。

（津田良樹）

商家［ショウカ］

　商品を売買することによって利益を得ることを職業とする家を商家という。商いということばが、秋に収穫物の交換が行われたことを語源とするように、市による商品の流通が商業の始まりだといえよう。商品の売買の方法は、市による商い、行商による商い、店舗による商いがある。商家は、おおむね店舗による商いをする家をさし、恒常的な消費地である都市に商家が集中した。

ミセ

　住まいにつくられた店舗営業の場は「ミセ（店・見世）」、「ミセノマ」などと呼び、家族の居住する場はミセに対して「オク」と呼ぶことが多い。ミセは街路に面し、オクはその呼称が示すように、家屋の奥の部分があてられている。

中世のミセは、室町時代の『洛中洛外図屏風』に描かれているように、床几に品物を置いて商売をしていた。床几は、町屋の正面に軸吊りされている縁台をいい、「アゲダナ（揚げ棚・揚げ店）」「ウワミセ（上店）」などの呼称がある。

家屋の街路側の部屋を店舗として用いる形式が広まるのは近世になってからのことで、ミセは商品の陳列ばかりでなく、接客や事務を行う帳場として用いられた。

オク

家族の生活の場であるオクは、ミセと同じ家屋の中にある。町屋によく見られる間口が狭く奥行きの長い家屋では、家屋の表口から裏口まで「通り土間」が通っている。通り土間のミセとオクは、格子戸や暖簾などで仕切られており、オクは見せないようになっている。近世後期には、家族の生活の場であるオクを切り離した表屋造りの店舗も見られるようになった。

店舗の規模にもよるが、大勢の使用人を雇っているところでは、ミセとオクの役割分担ははっきりと分かれており、ミセで働くのは主人をはじめとして男性たちであって、主婦をはじめとしてオクで働く女性たちは、ミセへは顔を出さないものであった。

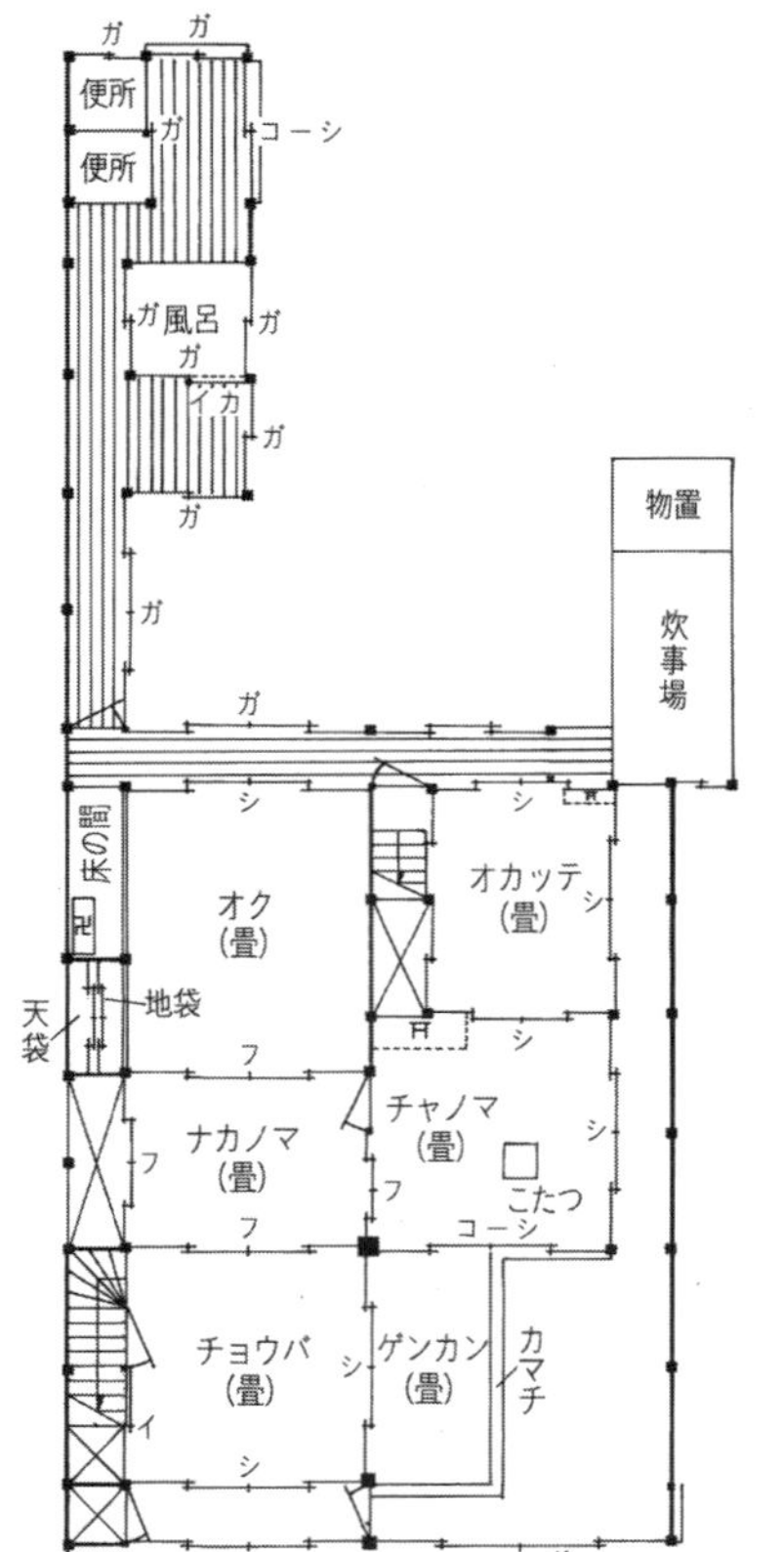

通り土間のある織物問屋（『西桂町誌』資料編3、山梨県南都留郡西桂町より）

陳列販売とショーウィンドウ

商家において商品の陳列販売が始まったのは、東京の三井呉服店（現・

三越）で、明治二八（一八九五）年のことであった。地方都市では、明治末から大正にかけてのことである。それまでは、主人や番頭の指図で、小僧と呼ばれるもっとも下位の店員が店舗に隣接した蔵に品物をとりに行き、それを客に見せる仕組みであった。

日本で最初にショーウィンドウを設置したのは、明治二九（一八九六）年の高島屋京都店であり、東京では明治三六（一九〇三）年の白木屋（後の東急百貨店日本橋店。現在は閉店）がもっとも古いとされている。これらは百貨店であるが、まもなく地方都市の商家にも広まっていった。福島県いわき市の呉服店では、明治四〇（一九〇七）年ごろに土蔵造りの店舗の壁をとりはらってショーウィンドウを設置した。売りものではない蓄音機なども並べたという。

ショーウィンドウのある商家（福島県いわき市、1907年ごろ）

とくに地方都市では、その店舗が販売しているものを陳列するだけではなく、東京の情報を発信するような場所でもあった。

商家を支える人々

年中行事や冠婚葬祭のときに裏方を支えるのは、出入りの職人であった。出入りの職人とは、仕事師、大工、左官などがであり、そのほかに商家の職種によってかかわりのある職人も含まれることがある。出入りの職人は、正月の門松立て、餅つき、雛祭りの雛段づくり、鯉幟の幟立てというように、行事の準備をした。力仕事ばかりではなく、冠婚葬祭などでは、仕事の差配、屋敷周辺の安全確認など大きな役割を担うこともあった。

このような出入りの職人は、年末には商家の名入れの半纏を「お仕着せ」として受けとり、新年の挨拶に行くときに羽織っていった。出入り先が何軒もある親方は、もらった半纏を何枚も重ねて着るのが誇りであり、挨拶に行く商家のものをいちばん上に羽織った。

商家の年中行事で大きなものは、一月二日の初荷・初売りであり、その年の商売繁盛を願ってにぎやかに行われた。『東京年中行事』の「買初」に、飾りを凝らして楽隊や蓄音機で囃し立てて売ることが記されている。定価以上の品物を入れた福袋を出したり、買い物をした客に景品を出したりした。客のほうからいえば買い初めであり、この日に金銭を使うことが招福に結びつくと考えられた。

初売りの後の恵比須講（旧暦一月二〇日）は、出入りの職人や暖簾分けをした商家なども呼んで、初売りの慰労を兼ねた宴会の機会でもあった。このような饗応を通じて、個々の商家が抱えている傘下の職人、商人の確認をしたのである。

（山崎祐子）

酒屋・酢屋［サカヤ・スヤ］

酒屋は、米などの穀物を醸造し酒を造る事業者であり、酢屋は、同じく米などの穀物を醸造し酢を作る事業者である。酒の醸造の起源は古く、古代までさかのぼることができるが、いわゆる日本酒（清酒）の醸造技術が確立したのは江戸時代になってからである。また、酢の醸造も古代から行われていた記録があるが、現在のようにアルコールと酢酸菌（さくさんきん）の作用から米酢をつくる技術が確立したのは江戸時代である。

酢の製造工程は、米を蒸して酵素と水、そして酵母を加えて酒を造り、それに酢酸菌を加えることで酢酸に変化させる（酢酸発酵）。そのため、酒屋は「一夜にして酒が酢に変わる」ことがないように、酢酸菌の飛沫（ひまつ）に対して細心の注意を払っている。

愛知県半田市の酒と酢

平成二四（二〇一二）年に実施された「経済センサス―活動調査」の集計結果（都道府県別）では、清酒（濁酒（にごりざけ）を含む）の出荷数量が第五位、食酢の出荷数量が第一位の愛知県において、半田（はんだ）市がその生産地としてあげられる。清酒については「國盛（くにざかり）」のブランドの中埜（なかの）酒造があり、食酢については、中埜酢店が前身となるミツカンホールディングスの本社がある。

この地に酒屋が立地した背景には、原料の酒造米が確保できたこと、井戸と水道（木製の樋（とい））によって用水が確保できたこと、醪（もろみ）の発酵に適した気温であったこと、運河と港が整備され、搬出が容易であったことがある。中埜酢店も当初は酒屋であり、酒造業者から原料の酒粕（さけかす）を調達することが容易なことから、酢造業も盛んになった。そして、酒と酢の一大産地として発達した。

半田での酒造は江戸時代初期（元禄（げんろく）年間）に始まり、江戸と上方の中間地点の酒として「中国酒」とか「中国銘酒」と称された。そして、江戸に移入される酒の約一〇～一五％が、半田を含む伊勢湾周辺で造られた時代もあった。

しかし、交通機関の変化、酒造税の厳格化、醸造方法や経

半田運河沿いにあるミツカンの工場群（愛知県半田市）

営方法の遅れなどにより、半田を中心とする知多半島での酒造業は衰退していった。

中埜酢店は、江戸時代後期（文化年間）から酢造業を始め、明治二〇（一八八七）年に「ミツカン」マークを採用した。その後、事業の全国展開を進め、海外へも進出していった。そして、平成二七（二〇一六）年一一月には「ミツカンミュージアム」と称する体験型の企業博物館を本社に隣接する半田運河沿いにオープンさせた。

近年、これらの酒屋と酢屋の工場が建ち並ぶ半田運河周辺地区は「半田市ふるさと景観計画」に基づいて、景観形成重点地区となった。ここでの建築物は「まちなみの連続性の確保に努めること」を基準に、形態・意匠や材料、色彩など詳細な項目を遵守した上で、移転・変更・除去の場合には届出が必要となっている。黒い外装の工場や蔵の町並みは「地区内に残る醸造蔵などの歴史的建造物を活かした景観形成」の核となっている。

酒屋・酢屋の蔵

酒屋や酢屋などを経営する醸造家は、その地域の徳望家であり裕福な人々であった。そのため、酒屋や酢屋の工場が展開する屋敷地は、他に比べ広大な面積となっていた。その敷地内には、一般的に、道路（街道）に面した所に母屋や事務所が建ち、その背後に奥座敷、その後に酒蔵などの「蔵」と称する工場群が建てられた。よって、道路からは建物の配置などの全貌をうかがうことは容易ではない。

平成七（一九九五）年の阪神淡路大震災では多くの酒蔵が被災し、伝統的な建物が失われた。しかし、その報道の中で、兵庫県神戸市灘区の酒造会社では、工場としての酒蔵ではなく、貯蔵庫や倉庫などの用途に利用されていたことがわかった。これは、蔵のもつ本来の機能が変わったことを意味している。元々、灘地域では「重ね蔵」といわれる酒蔵配置が採られ、南北に並んだ蔵の相乗効果によって気候的な環境が整えられた。そして、優れた酒造技術と相まって高品質の清酒が醸造されていた。

現在では、酒蔵という建物だけでなく酒造所や醸造所全体が、有形文化財として指定や登録される事例も多く見られる。広大な敷地やランドマークとなる煙突などが、街づくりの一翼を担っている場所もある。

情報伝達としての杉玉

　野本寛一は『軒端の民俗学』のなかで、酒屋の杉玉について「情報伝達」という項で扱っている。そこでは、杉玉は「酒林（さかばやし）」などともいわれ「杉玉が酒造家のシンボルであることは広く知られるところである」と述べている。また「春に酒を仕込むときに青葉の杉玉を飾り、新酒ができあがるころその葉が枯れるので酒造の目じるしにしたとも、新酒ができたしるしに杉玉を吊したなどとも言われている」とある。

花の舞酒造の杉玉（静岡県浜松市）

　平成二七（二〇一六）年一二月に花の舞酒造（静岡県浜松市浜北区）で採集した話では、杉玉は二〜三週間で緑色から茶色に変色する。新酒ができた印として一〇月二三日に玄関の軒下に掛けたようであり、後者の意味合いが強い。そして、杉玉を掛けたことをメディアに発表し、いかに取材に対応して記事やニュースになるかが担当者の大切な仕事であるとのことであった。

　杉玉は今も昔も、ある意味で新酒の販売促進を期待した情報伝達の手段であることに間違いない。

　なお、花の舞酒造の立地因子は、良質の醸造用「仕込水（しこみみず）」が確保できることである。ここは、天竜川によって形成された扇状地の扇頂（せんちょう）部に位置し、更新世に隆起してできた三方原（みかたがはら）台地の地下一〇〇メートルから、伏流水をポンプアップしている。

（林　哲志）

醤油屋［ショウユヤ］

　醤油の産地は全国に点在するが、いまなお手づくり醤油を家業として受け継いでいる、「醤油屋」と呼ぶべき醸造家は数少ない。和歌山県有田（ありだ）郡湯浅町（ゆあさちょう）の「角長（かどちょう）」は、そのひとつである。天保（てんぽう）一二（一八四一）年に創業された老舗である。

　湯浅町は、近世には紀州藩の手厚い保護のもとに町が醤油醸造業で繁栄し、「醤油の町」として名をはせていた。しかし、近代以降は大半が工場生産化せずに伝統的な製造方法を守り続けてきたために醸造家は減少し、現在は数軒である。

角長は、湯浅の町でも古い建造物が残された北町（重要伝統的建造物群保存地区に選定されている）の北西に位置している。屋敷地は約八五〇坪あり、三区画からなる。北側敷地は奥行が浅く、横長の形状である。敷地後方は、海上移送をしていた海につながる大仙堀に面している。

醤油醸造家の屋敷構成は、店と事務所、住まいを兼ねた職住一体の主屋を核として、蔵や作業場の醸造関係の付属屋が敷地形状に即して配置されている。屋敷地が角地に立地したり、裏通りにいたる場合が多く、蔵の町並み景観がつくりだされる。当家では、表通りと大仙堀沿いに、蔵の

『有田郡名勝豪商案内記』にみる醤油製造所加納長兵衛（明治18〈1885〉年）

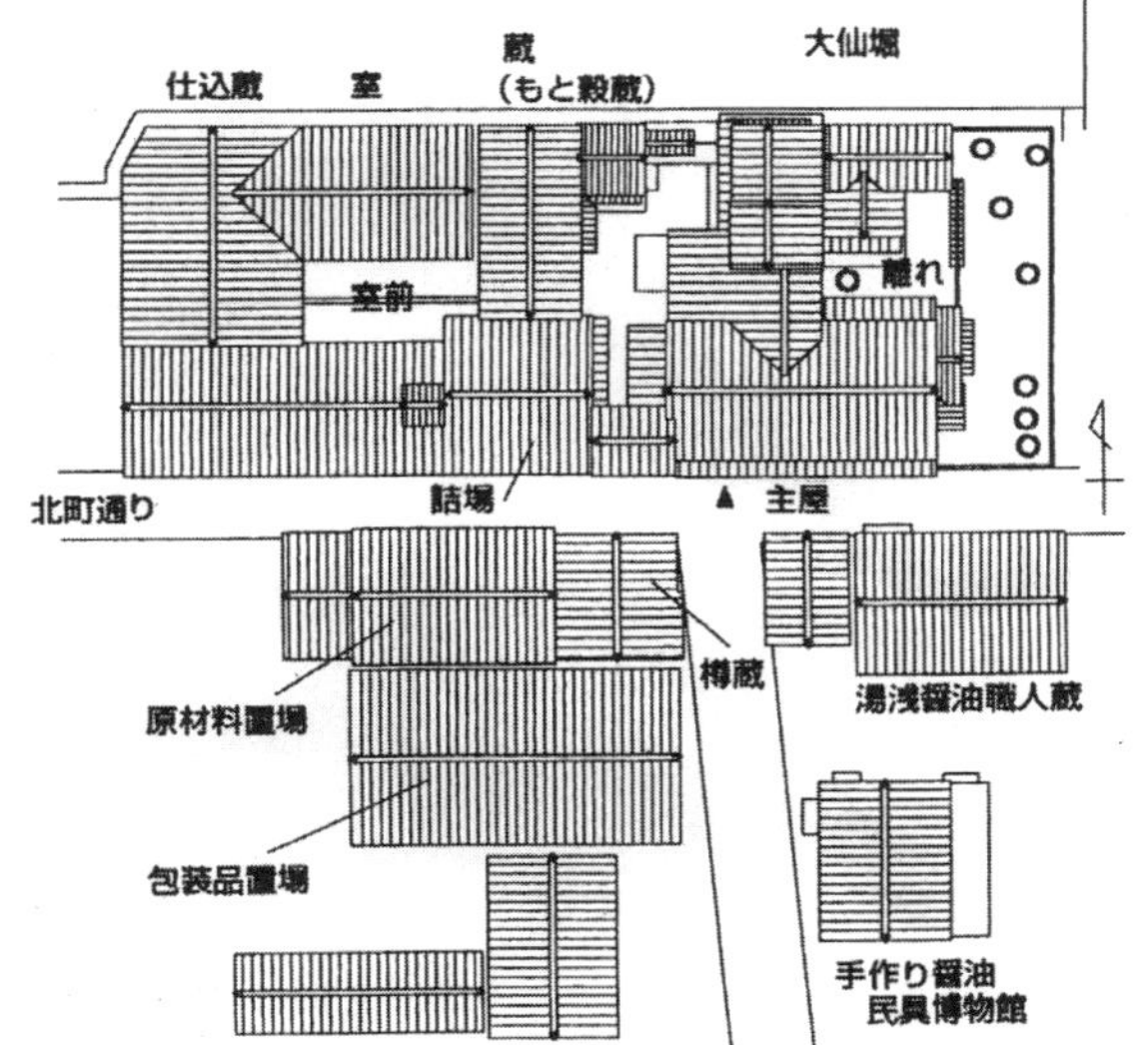

角長屋敷構成（『紀州湯浅の町並み　伝統的建造物群保存対策調査報告書』湯浅町教育委員会発行、平成13〈2001〉年より）

角長大仙堀沿いの蔵（和歌山県湯浅町）

家並み景観が現れている。

仕込み蔵には、直径二メートルの木桶が三〇本並ぶ。昔ながらの製造方法で、桶に醤油が仕込まれている。蔵は創業当時の建物で、柱や梁には蔵酵母菌がつき、醤油の旨味と〝角長の味〟をつくりだしている。

（千森督子）

町屋［マチヤ］

町屋と町並み

町屋とは、町に建つ民家のことである。町は、都のおかれた政治都市に始まり、近世には江戸・京都・大坂の三都のほか、城下町、宿場町、門前町、港町、在郷町などが各地に形成された。これらの町には武家屋敷なども建つが、町屋は庶民の住宅であり、支配階層の住まいは含まれない。さまざま品物を売る商店や職人の住まいなどが町屋である。なお、建築史的には、街路に面して建つ独立住宅が町屋であり、町屋の裏手に建つ集合住宅である長屋とは区別されることもある。

町屋の屋根の形式は切妻屋根で、平入りに建てるのが基本であった。街路には、よく似た形式の町屋が隣家に接して建つ。整然と軒を連ねた町屋が並ぶことにより、美しい町並みが形成された。

トオリニワ

町屋を考えるうえで標準となるのは、京都の町屋である。京都の町屋の平均規模は、間口三間あまり、奥行一五間と、間口が狭く奥行が深い短冊形をしており、俗に「鰻の寝床」と呼ばれる。

正面の端のほうに寄った入口を入ると「ミセニワ」と呼ばれる土間があり、そのまま進むと、竈や流しのある「ダイドコロニワ」と呼ばれる土間を通り抜けて、裏側に設置される便所や風呂場、さらに屋敷地の奥にまで行くことができる。この住まいの片端に長くのびる土間部分は「トオリニワ」と呼ばれ、これに沿った片側に部屋が並ぶ。トオリニワは、通路の役割を果たすと同時に、炊事などの作業場としても機能している。

間取り

表通りに面したヘヤは、「ミセノマ」や「ミセ」などと呼ばれる。商店の場合は、商品を陳列し、客を招き入れて商売をする場となり、職人の場合は、作業場である。

町屋は隣家に接するため、横からの採光は望めない。そのため、ミセノマの表側を出格子として室内に光が差しこむようにしている。また、揚げみせ（ばったり床几）をとりつけて街路に店を開げるのも、京都の町屋の特徴である。

ミセノマに続く中間の部屋は「ダイドコロ」や「チャノマ」などと呼ばれる食事室兼居間であり、いちばん奥の部屋は「ザシキ」や「ブツマ」と呼ばれ、家族の主寝室や商売用ではない内向きの客室として使われた。ザシキの奥には空き地があり、家の奥まった部分への採光や風通しの役割を果たした。また、裕福な町屋では、屋敷地の奥に蔵を建て、離れ座敷を設けて、ザシキから見える空き地を観賞用の中庭にした。表側の街路に面した部分は生業を営む公的な空間であり、街路から奥まった部分は居住のためのプライベートな空間となっている。

京都の町屋は、間口が広くなると、居室が二列型、三列型と規模が大きくなるが、表側の街路に面した部分がミセであることに変わりはない。「ミセニワ」と「ダイドコロニワ」は中戸で仕切られており、ミセノマと中間の部屋とも襖（ふすま）戸などで間仕切られる。町屋は仕事場兼住宅の併用住宅であるが、生業の場と生活の場は明確に区別されていた。

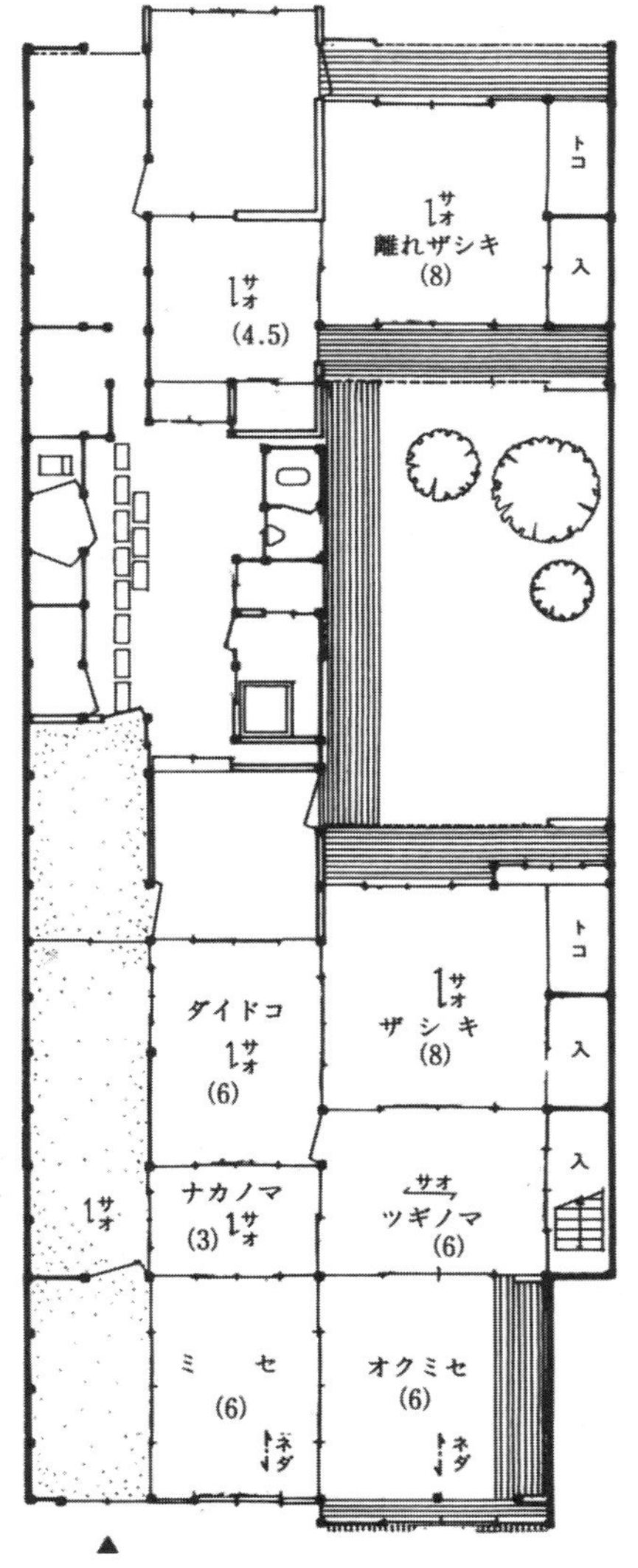

旧枚方宿の二列六間取りの町家（『旧枚方宿の町家と町並』枚方市教育委員会、1989年より）

町屋のバリエーション

京都と同じ形式の町屋は関東より西に広く見られるが、なかには異なったものもあった。大阪府枚方市の旧枚方宿の船宿型と名づけられた形式は、その一例である。これは、淀川を行き来する船を待つ旅人のための宿で、街路に面する板戸の全部を摺りあげ戸にして、板戸をあげると街路側を遮断するものは暖簾だけになるという開放的な形式である。竈も街路側に設けられ、煮炊きものを提供する様子がうかがえる。

また、江戸の町屋の平均規模は、間口五間あるいは一〇間、奥行二〇間と、京都の町屋に対して大きい。入口を入ると前面が土間になり、その向こうに広いミセを設ける大店を構える商家が見られた。一方、奥行の浅い町屋の裏手には裏長屋が発達した点も、江戸の特徴である。

仕舞屋

仕舞屋とは、店を「しもうた（終えた、片づけた）」町屋のことである。江戸時代にも、財産を築くと店をたたんで仕舞屋となり、家賃や金利などの収入によって裕福な暮らしをする家があったが、近代には、勤め人の増加により仕舞屋が増加した。

仕舞屋になると、町屋は専用住宅となる。生業のために使う必要がなくなったミセ部分は、洋風の応接間に改造された例が多い。同時に、土間が消えて、「ミセドマ」は床のある玄関となり、ダイドコロニワも床のあるキッチンに変化した。表側は伝統的な町屋であるが中は近代的な住宅になっている町屋が、よく見られる。

アパートやマンションといった集合住宅が増えるなか、町に独立住宅として残された町屋は贅沢な屋敷である。

（吉田晶子）

蔵造り［クラヅクリ］

「蔵造り」は「見世蔵」とも呼ばれ、都市部に建てられた、防火の配慮がなされた商家をさす。江戸で考案され、関東、東北に広がったもので、大半がこの地域の都市部に建つ。つくられたのは江戸時代後期から大正末期のあいだとみられ、最盛期は明治時代。大正一二（一九二三）年の関東大震災以後は、新規にはほとんどつくられていない。

蔵造りは町屋のひとつ

「町屋」は、都市部における商人の商家と、職人の住まいをさす。商店建築は、厚塗りの土で塗りまわして防火構造とした「蔵造り」と、土を塗りまわさない「出し桁建築」

に大別される。出し桁とちがって、蔵造りは外部の木部を土で覆うために莫大な費用が必要で、経済的に裕福な商人でなければ建築することができなかった。

最盛期は明治時代

蔵造りがつくられはじめるのは、明暦三（一六五七）年の江戸大火のあとからである。江戸中期の享保五（一七二〇）年に瓦屋根が許され、蔵造りや塗家造りが奨励されてからとみられるが、盛んになるのは商業隆盛期の明治期になる。寛政四（一七九二）年に建てられた川越（埼玉県）の大澤家は、確認される最古の蔵造りになる（写真1）。東京においては、明治一〇年代の後半に数多くの蔵造り商家が建設されている。それは、明治一四（一八八一）年に布達された火災予防事業「甲第七」で、防火のため線路に面する家屋に煉瓦石造、土蔵造のいずれかで建てるか建て直すことが義務づけられた。川越の例では、明治二〇年代になると織物の隆盛期を迎え、商人の富が一層大きくなるなかで、明治二六（一八九三）年に大火にあう。このときに蔵造りの建物が焼け残った教訓から、経済力のある商家が競って蔵造りで再建し、建ち並ぶことになる。しかし、大正三～七（一九一四～一八）年の第一次世界大戦のあとに訪れる不況は、商業形態を座売りから正札陳列方式への変更や倒産廃業を招き、蔵造りはとり壊しへと追い込まれていった。所沢（埼玉県）においても明治中期が織物の集散地としての活況期で、このころに多くの蔵造りが建てられている。

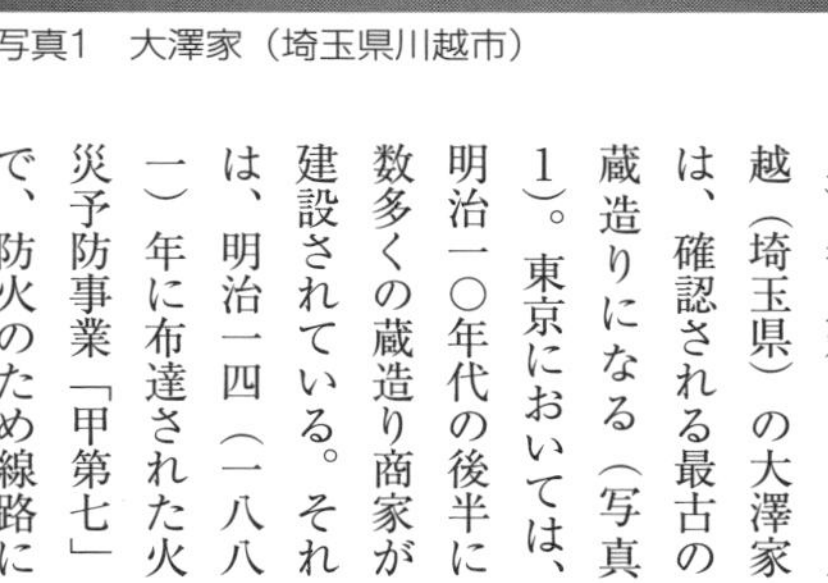
写真1　大澤家（埼玉県川越市）

蔵造りは防火構造

蔵造りは大火が発端になる場合が多く、防火構造で造られるが、土の塗り厚をみると四～六寸（一二〇～一八〇ミリ）程度で土蔵の七～九寸（二一〇～二七〇ミリ）より薄いので、土蔵ほどの防火性はない。火災時は土戸を戸袋から出して閉め、用心土と呼ばれる目塗り用の土で戸の隙間を埋めて避難した。大火のあとに建てられる例が多いのは、大火で焼け残った蔵造りの耐火性が見直されたことによる。地元に目立った大火はないなかで蔵造りが多く建てられた宮城県の村田は異色になる。

蔵造りは商店建築

蔵造りは、農家でも武士の家でもなく、商家に見られる。江戸時代の課税は敷地の面積ではなく間口によって決まったので、商家の敷地は、間口が狭く奥行きの長いものが多い。商家の敷地には、道路側に見世蔵と呼ばれる蔵造りの店舗棟が、その奥に住居棟、さらに土蔵が建ち並ぶ。

見世蔵は二階建てで、一階は店、二階は主人家族の居室や客用座敷となる（図1）。一階は道路側が奥行き三尺（九〇九ミリ）ほどの土間、奥が板の間になる。呉服商の例では、見世に入った客は馴染みの番頭を指名して応対し、番頭は小僧に指示して奥の土蔵から商品を運ばせていた。このような座売り商法も明治の末ごろから陳列方式に変わりはじめていく。川越では明治四四（一九一一）年に足立屋・亀屋呉服店に陳列方式が登場している。見世蔵の奥は平屋の住まいが続き、台所・茶の間・風呂・使用人の居室となる。

（金田正夫）

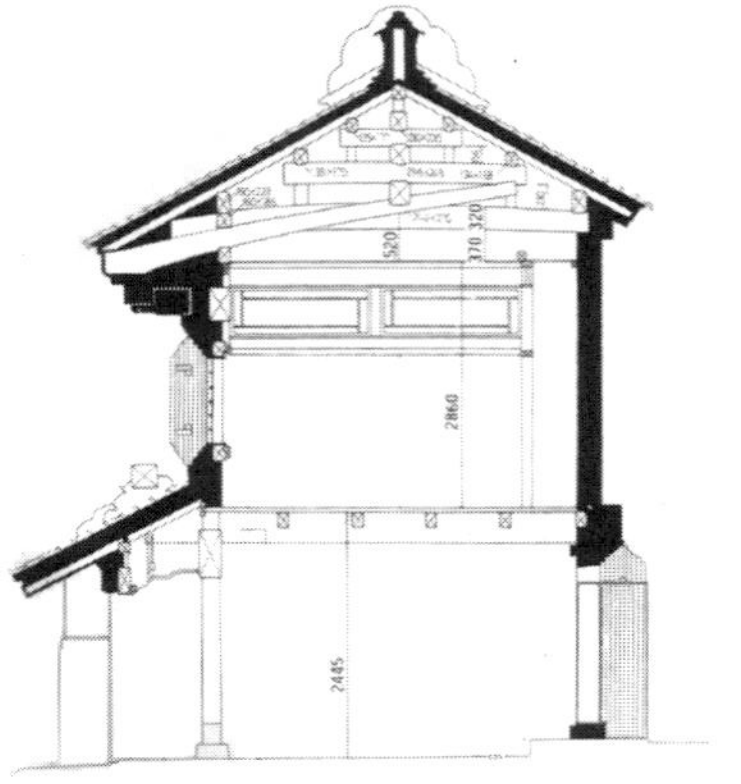

図1　川越亀屋（山崎嘉彦家）断面図　明治27（1894）年築（『川越の蔵造り—川越市指定文化財調査報告書』川越市教育委員会発行より）

旅館 ［リョカン］

旅館の意味

「旅館」という用語が法律で使用され、その意味が明確に規定されたのは、昭和二三（一九四八）年に施行された旅館業法が最初である。それによれば、旅館とは「一日を単位とする宿泊料または室料を受けて人を宿泊させる施設で、都道府県知事の定める旅館としての基準に合うもの」（旅館業法第二条）である。旅館という語は、明治時代から使用されていた。しかし、明治・大正期には旅人宿あるいは宿屋（旅人宿、下宿、木賃宿の総称でもあった）などと併用されており、旅館という語が民間で広く使用されるようになったのは、昭和期のことである。

旅館の始まり

　一定の料金を受け取って旅行者を宿泊させる専用施設の発生時期は、はっきりしない。しかし、そうした施設が広く普及していったのは、全国的に交通制度の整備が進んだ江戸時代のことである。江戸時代の短期宿泊専用施設は当初は木賃宿が中心であったが、一七世紀後半から食事の提供が始まり、元禄時代（一七世紀末）になって旅行者に風呂を提供するようになり、旅籠が成立したといわれている。この旅籠が現在の旅館に相当する宿泊施設の始まりである。

　旅籠は、一般住宅とは違って二階建てが一般的であったが、施設的には多人数が食事をとり、休息・睡眠をとる数部屋が準備されていたにすぎず、施設の面では一般住宅と大差はなかった。これに対して、湯宿に代表される滞在型の宿泊施設は、江戸時代を通じて木賃宿形式を維持し、摂津国有馬のように構造的には三層の建物なども数多く見られた。

近代旅館の成立

　個室化を含めて現在の旅館の館内、客室の型ができあがっていったのは明治期からである。明治期は、関所や手形の携行義務といった移動制限のための近世的な施設・制度が廃止され、全国的に鉄道網・航路網の整備が進むとともに、内国勧業博覧会といった国家的なイベントの挙行、さらに明治中期以降から昭和期にかけてさまざまなメディアによって各地の名所・景勝地が喧伝されたことなどもあって、近代ツーリズムが普及しつつあった時代であった。それにともなって、旅館もまた変貌したのである。たとえば、明治三六（一九〇三）年に大阪で開催された第五回内国勧業博覧会に向けてその前年に発行された『旅館要書』によれば、旅館に必要な施設は客室、洗面所、便所、浴場で、団体客のある地域では大広間（宴会場）を備えるほか、小説・雑誌や碁盤などを置くことを推奨している。また、客室内には軸物、額、花瓶、帽子掛け、安楽椅子、机、そして机の上には呼鈴、硯、紙、電報用紙、算盤を備えておくように記述されている。さらに大正期に入ると、室内電話やラジオが備えられるようになった。

　こうした都市型の旅館に対して、温泉地に代表される滞在型（保養地型）の旅館のなかには敷地・建物ともに大規模化し、「離れ」式の客室やさまざまな娯楽施設を準備するなど、館内施設の充実を図るものが出現した。大広間や大浴場はもちろんのこと、明治期には庭園や玉突場（ビリヤード場）をもった旅館が多く見られ、なかには室内射的場や楊弓・半弓場を備えた旅館もあった。大正期になると撞球（ビリヤード）場や写真暗室・温室、ピアノ・オル

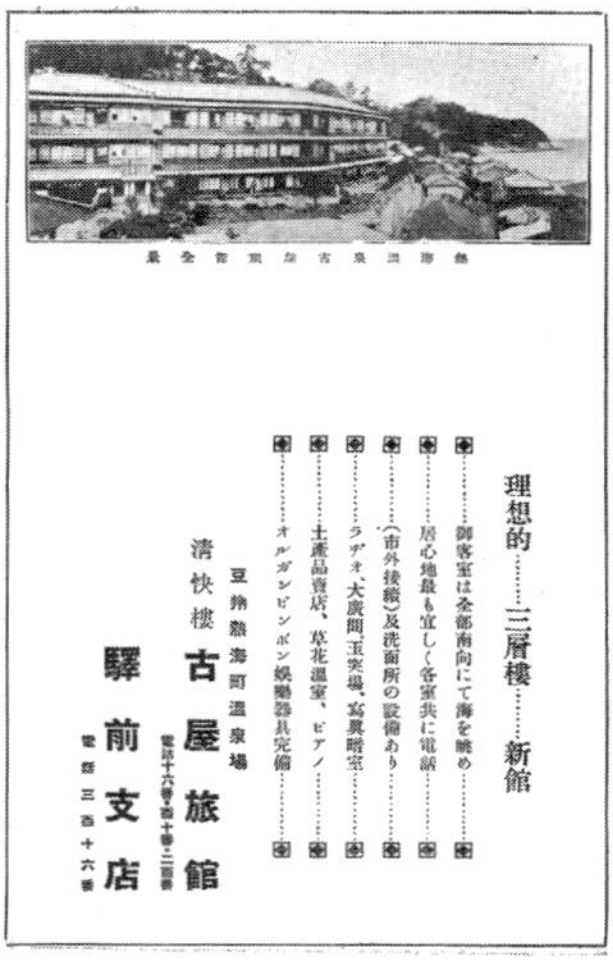

「保養地型旅館の広告」（全国同盟旅館協会編『全国旅館名簿』神田屋商店出版部、大正15（1926）年より）

ガン、そして土産物販売店などが登場してきた。こうした館内娯楽施設の拡充は、保養地に建設が進んだホテルの館内施設の影響を受けたものと考えられる。

（渡邊秀一）

港町［ミナトマチ］

港町は、船舶によって人や物資を運搬し、それを陸揚げする水際に発達した町である。規模の大きな場所や近代的な機能を備えた場所を「港湾都市」と呼ぶこともあるが、港町はその初期的なもの、伝統的な町並みが現在でも残る場所など、水陸交通の結節点として発達した町をさすことが多い。また、海に面した臨海部だけでなく、河川を遡上した河岸に港町が形成される事例も多く見られる。本来、港は河口や入江など船を停泊しておくのに適した、自然の地形を利用しやすい場所に発生した船溜りから発達したものである。

港町の発達

歴史的に港（湊）町の発達過程を見ると、古代においては都への租庸調といった貢納物を搬出するために港が形成され、その後背地に初期の港町が発達した。中世になり、全国各地に荘園が置かれるとそこに設けられた港からの物流が盛んになり、領主のもとへ貢納物が運ばれる要地となった。

近世になると、城下町の発達とともに、比較的規模の大きな港町や城下町のなかに港湾の機能を併設する町（都市）が展開した。とくにこの時期には沿岸航路が発達した。江戸と上方（大坂）を結ぶ菱垣廻船や樽廻船、日本海沿岸の港町と津軽海峡経由で江戸を結ぶ東廻り航路、同じく関門海峡経由で上方や江戸を結ぶ西廻り航路を北前船や千石船と呼ばれた大型の廻船が往復した。

廻船の運行に携わった廻船問屋のなかには莫大な富を築いた者もあったが、反面、海難事故による損害などリスクの高い仕事でもあった。

近世から近代になると、日米・日蘭・日露・日英・日仏修好通商条約が安政五（一八五八）年に次々と調印された。文久二（一八六二）年のロンドン覚書によって開港が延期された場所もあったが、箱館（函館）、新潟、神奈川（横浜）、兵庫（神戸）、長崎の五か所は、外交上重要な港となった。これらは港町から港湾都市として発達し、現在でもその機能は卓越している。

港町の町並み

平成二九（二〇一七）年一一月二八日現在、重要伝統的建造物群保存地区が一一七地区選定されている。そのうち種別が港町となっているものは、北海道函館市元町末広町、新潟県佐渡市宿根木、兵庫県神戸市北野町山本通、島根県大田市温泉津、広島県呉市豊町御手洗、広島県福山市鞆町、山口県萩市浜崎、香川県丸亀市塩飽本島町笠島、佐賀県鹿島市浜庄津町浜金屋町、長崎県長崎市東山手、長崎市南山手、長崎県平戸市大島村神浦、宮崎県日向市美々津の一三地区である。これらの地区には港町に依拠した伝統的建造物が残り、周囲の環境との調和や意匠そのものやその地割から、とくに秀でた歴史的景観や歴史的風致を呈している。

鞆の浦の常夜灯とガンギ（広島県福山市、写真提供：森隆男氏）

鞆の浦の事例

重要伝統的建造物群保存地区に選定された鞆の浦（広島県福山市）は、開発か保存かの是非が裁判で係争された場所である。平成一九（二〇〇七）年四月に提起された訴えは、港町の景観を守るべきか、地域の活性化と生活環境の整備のために埋め立てを行うべきかで、十年近く争われてきた。結果は、鞆の浦の景観が「文化的、歴史的価値を有する景観として、いわば国民の財産ともいうべき公益である」として埋立免許差止、その後、事業主体の広島県が埋立免許の交付申請を取り下げて訴訟は終結した。

三河湾の事例

大規模な港湾都市や、町並み保存の賛否が問われる港町のほかにも、規模の小さな自然発生的な港町は全国各地に多くあった。近代において三河湾（愛知県）には大小の港が数多く機能していた。その港の一例として、湾の南部に位置する福江港は、肥料・飼料、飲食物などの移入港として大きな後背地をもっていた。そのため、港町としての都市的な機能が充実し、より高次での商圏や経済圏の中心地であった。しかし、道路の整備にともなう自動車交通の発達によって、船で人や荷物を運ぶことが徐々に減少し、舟運が衰退する。そして、海に向かって展開していた町は、道路や内陸に向かって発達し始め、港町の機能がなくなるとともに、商圏や経済圏の中心地の機能もなくなった。

（林　哲志）

武家屋敷町［ブケヤシキマチ］

武家屋敷とは、藩主から家臣に給された屋敷地および住居をいう。ここでは、「家中屋敷」と称していた新発田藩（現・新潟県）の事例で見ていく。

溝口氏の城下町新発田

越後国蒲原郡新発田は、溝口氏一二代の城下町であった。戦国期の国人領主新発田重家の城館跡に、慶長三（一五九八）年に初代溝口秀勝が豊臣秀吉から六万石を給せられて入封し、築城した。寛永五（一六二八）年に分家を出して五万石となり、万延元（一八六〇）年に一〇万石に高直りして明治を迎えた。

『正保城絵図（越後国新発田之城絵図）』（国立公文書館所蔵）は、正保年間の状況を記したものといわれている。絵図に記された地名は、家中屋敷町の「本丸、二之丸（侍町）・三之丸（侍町）、侍町・歩侍町・足軽町・中間町」、町人町の「町屋、鍛冶町」、それから「寺町」と三区分されている。

家臣団は、給人と無足人に分けられる。給人は、知行地を与えられる上級家臣である。寛永のころ以降、蔵米知行制となり、家禄何石と支給されたが、家格を示す名称だけは残った。延宝年間（一六七三～八一年）のころには一〇〇人くらい、宝永年間（一七〇四～一一年）以降幕末まで一五〇人くらいであった。

無足人は、俸禄として、知行地ではなく「何石何人扶持」というかたちで配当米と扶持米を与えられる、下級家臣である。徒歩、長柄、中間、足軽、小姓、蔵番・勘定方・代官などの下級役人、料理人・屋根葺・大工・壁塗などの藩お抱えの諸職人などがこれにあたる。宝暦年間（一七五一～六四年）には一二〇〇人くらいであったが、幕末には一〇万石高直しと軍制改革によって急増し、明治二

（一八六九）年には二九五〇人であった。

最新の居住状況の把握

『元禄十三年屋敷割帳』は、藩の人事異動などにともなう居住屋敷地の現況を示す帳面である。町ごとに家並みの順で区画が角筆（かくひつ）で記され、そこにこの帳面を作成した元禄一三（一七〇〇）年時点での居住者名が書き込まれている。また『新発田城下家中屋敷割図』も同様に、絵図の上に貼紙をつけたものである。これらの帳面と絵図によって、藩は最新の居住状況を把握していた。

屋敷地の植生

『新発田城真景（しんけい）』を見ると、二ノ丸の上級武士の家並みには松・杉・落葉広葉樹の植生が見られる。秋田県角館（かくのだて）の青柳家住宅内の木々は火災の類焼から免れる役割も果たしていたという。中級の武士の屋敷は短冊型の地割となっており、裏は自家菜園にでもなっていたのであろう。

米沢藩が、クネ（生垣）にウコギを植えて、かてめしの素材として奨励したことは有名である。新発田藩では、家中屋敷の空間を利用しての漆木の植付けが奨励された。藩の政務日誌である『月番日記』の享和（きょうわ）元（一八〇一）年の記事には、家中の屋敷まわりなどへ、漆木植付けを奨励することが見え、文政（ぶんせい）二（一八一九）年の記事には、家中屋敷などに漆木植付け箇所を決め、蝋の増産を図るようにいいわたされたことが見えている。

『新発田城下家中屋敷割図』左から右にかけて本丸・二ノ丸・三ノ丸の重臣の家中屋敷が並ぶ

屋敷地の管理

正徳（しょうとく）六（一七一六）年に示された『御家中欽之覚』には、家作は簡素であるよう、敷地および屋敷まわりの管理として、竹木は屋敷の中が見透けてはいけないので伐って

はならないが掃除は入念にしなければならないといったような規制が見られる。

城下の入口には上鉄炮町、下鉄炮町が配されていた。その外側には杉原、下杉縄手があり、有事の場合には杉並木を倒して城下への侵入を防ぐためのものともいわれていた。


「本丸御殿端午の節供飾り図」（新発田市立歴史図書館蔵）

城下町の祭礼と行事

諏訪神社（新発田市）の例祭は享保一一（一七二六）年以来、城下町挙げての藩祭となり、風流の笠鉾・伊達道具・豪華な台輪（山車）の曳き出し行事に発展した。

一九世紀に藩の御抱え絵師によって描かれたとみられる「本丸御殿端午の節供飾り図」には本丸御殿の式台に甲冑・太刀が飾られ、藩士の家族にも参観させた。


（鈴木秋彦）

鉱山町［コウザンマチ］

近世鉱山町の構成

鉱山町とは、鉱物資源の採掘場や選鉱・精錬などの生産施設を中心とする坑場と、鉱石の生産・加工に必要な物資、鉱山労働者に対する日用消費財の供給、娯楽の提供を目的とする人々が集まって形成した町場のふたつの要素が結合した集落である。そのなかで、とくに都市的に発展したものを鉱山都市と呼ぶことがある。

前近代の日本における鉱産資源の採掘は主に貨幣の鋳造を目的とした金鉱・銀鉱・銅鉱が中心で、それらを採掘したり精錬したりする人たちの集住は中世から確認できる。しかし、鉱山周辺に形成された中世の集落が商業的集落を伴っていたかどうかは、現段階では不明である。したがって、史料的に確認でき、確実に鉱山町と呼べるものが存在したのは近世以降のことになる。

江戸時代の坑場に備えるべき施設について佐藤信淵は『坑場法律』（一八二七年）のなかで町と隔てるための柵と門番所からなる総構、政事所、勘定所、作事所、鑿方会所（鉱夫たちを管理・指揮する部署）、薪炭会所、鞴鼓会所といった生産を支える管理・補給施設、雑穀会所、造醸会所、雑品会所、呉服所、薬種所（医療、砂糖・煙草・菓子・茶売買）、料理所（料理屋・揚屋）、歓楽所（歌妓・舞妓養成所）、日和所（博奕所）、典管所（質・両替所）などの生活関連施設をあげ、山師と山師が組織した金名子衆（鉱石の採掘に従事する鉱夫）の生産活動と娯楽を含めた日常生活を支える仕組みを述べている。

　また、坑場に隣接する町場も門番所などで周囲から隔てられ、坑場に供給する物資などを売買していた。『日本山海名物図絵』（一七五四年）では冒頭の二二項目が鉱業で、「銅山諸色渡方の図」では鉱山町の町場について以下のように記述している。

　山口より屋をかまへ、金銀米炭薪味噌塩醤油一さい所帯方の入用物をと、のへ置、山のはたらき人に割賦しわたす也、東国にてハそれを台所といひ、西国にてハ勘場といふ、銅山一切の入用物此所よりわたすなり、これによつて諸商人おほく入来り、そのにぎハひ市のごとし

近代鉱山都市の成立と変化

　近代になって日本の重工業化が進むと、非鉄金属だけでなく、鉄鉱石や石炭に代表される近代工業用の原燃料の需要が高まり、鉱山町が北海道を含めて日本各地に成立した。近代の鉱山は財閥系企業による運営が中心で、採鉱・製錬などに近代技術を導入することでより大規模化したため、多数の鉱山労働者の日常生活を支える必要から、経営企業は社員住宅のほか、学校、病院、日用品を販売する店舗、映画館や演劇場などの娯楽施設を合わせて設置している。こうした近代以降の鉱山町の構造をコンパクトに高密度な空間利用を実現したものが長崎県の高島である。

　鉱山町は資源依存型の集落（都市）である。そのため、既存の都市から離れて立地することが多く、近代の鉱山町といっても、基本的な構造は江戸時代の鉱山町と大きな違いはない。また、歴史的に見れば鉱産資源の枯渇あるいは生産量の減少、安価な資源との競合などから採算が悪化し鉱山が閉山すると、鉱山町も衰退してきた。しかし、近代以降の鉱山町のなかには企業が社員のために建設した病院などの諸施設が地域に欠かせない機能を果たし、それらが地域社会を形成する核となって、なお都市的な様相を保ち続けているものも多い。

（渡邊秀一）

駄菓子屋 ［ダガシヤ］

　主に子どもを対象とした、駄菓子・玩具の小売販売店。駄菓子屋の原型は、江戸時代に木戸番小屋で行われていた小商いだとされる。防災・防犯のために町境ごとに設け

られていた木戸には、住み込みの木戸番（番太郎）がいた。収入が少ない彼らが副業として開いていた店は、「番屋」「番太郎の一文菓子屋」などと呼ばれた。江戸後期の風俗を記した『守貞謾稿』（喜多川守貞）には、駄菓子以外にも草履や草鞋、箒、鼻紙などの日用品、冬は焼き芋、夏は金魚など、さまざまな品物を番小屋で売っていたとある。

このような商いのありようは、近年まで下町に多く見られた駄菓子屋にほとんど変わることなく継承されてきた。漁師町として栄えた千葉県浦安市の元町には、銭湯や船着場のそば、三軒長屋の一角など、随所に駄菓子屋があった。子どもが小遣いで買える程度の安価なくじつき菓子や遊び道具を扱っているので、「一文商い」「一銭店」などと呼ばれた。老人や寡婦がひとりで営んでいることが多く、始めるのもやめるのも簡単な商いと見なされていた。漁の行き帰りに若い衆が集まったり、奥の座敷で日がな老人たちがおしゃべりに興じていたりする溜まり場のような駄菓子屋も少なくなかった。また、針や糸、石鹸などのこまごました日用品を扱ったり、煙草屋を兼ねたりする店は、近所にあると重宝な存在だった。

駄菓子屋の店先（鳥取県倉吉市、写真提供：森隆男氏）

季節に応じてかき氷やおでん、ふかし芋など、おやつになるようなものを売る店も多かった。店の一角に鉄板を据えてボッタラ焼き（もんじゃ焼き）を焼かせてくれるところは、小遣い銭を握りしめた子どもたちで大いににぎわった。浦安では、母親たちも貝剥きや行商など外で働いていたので、子どもたちのおやつはもっぱら駄菓子屋でまかなわれたのである。

店先には、つねに菓子を食べながらメンコ遊びなどに興じる子どもたちがたむろしていた。こうした光景は浦安に限ったことではなく、都市部の下町ではごくありふれたものであった。

昭和五〇年代に入ると、塾通いの増加やテレビゲーム機の普及など、子どもたちの生活や遊びも大きく変化した。また、道路拡張や区画整理といった都市整備事業が盛んに行われるようになると、立ち退きや建て替えを契機にやめてしまう駄菓子屋も多く、その数はいっきに減少していった。現在では、昭和の暮らしをテーマにした博物館の企画展などで、かつての駄菓子屋の姿が復元展示されることが多い。

（粂　智子）

鍛冶屋［カジヤ］

鍛冶屋は鉄を熱して打ち鍛えて、刃物などの道具を製造、あるいは修理する職人の総称である。鍛冶は古代から存在し、『続日本紀』文武四（七〇〇）年六月甲午の条に「追大壱鍛造大角」の記述が見られる。中世以後は権力者や地方豪族などの庇護のもと、武器などの製造にたずさわる多くの鍛冶職人が各地に輩出した。

鍬を修理する野鍛冶（新潟県長岡市）

江戸幕府成立後は経済活動が活発になり、鍛冶屋は刀剣等の武器製造から、生活用の金物類の製造へと変化することになる。一方、農村地域では稲作を中心とする生産力向上が求められ、新田開発で荒地を開拓し耕作する農具の需要が高まり、鍬などの農具を製造・修理を業とする野鍛冶が各地の農村地帯に出現した。

町鍛冶と村の鍛冶屋

町鍛冶は町の裏通りや横町などに住まいと一体の仕事場をもつが、何軒もの鍛冶屋が軒を連ねて鍛冶町を形成し、それぞれが一種類の品を専門的に製造する例もある。そこに製品を流通させる金物商人が介在し、各鍛冶屋の作った物を全国に販売し、町の産業へと発展することになる。その一例を新潟県三条市で見てみよう。

三条は近世初期の慶安二（一六四九）年、村上藩支配の町となるが、そのころすでに鍛冶町が形成されていて、万治元（一六五八）年の検地には二九人の名前がある。幕末の慶応四（一八六八）年の「鍛冶町人別改帳」によると、鍛冶屋は四九軒で、ほかに鉄物商（金物商）六、炭屋二、吹子（鞴）職、桶屋、畳屋、飛脚、酒屋、古着屋、仕立職、髪結、医者などが一軒ずつあり、別町だが近くに銭湯もあった。また江戸時代からすでに町近郊の農村では、和釘・太鼓鋲などの鍛冶屋があり、また、鍬・鋤などの農具や、木を伐る斧（ヨキともいう）・鉈などの厚刃物を作る野鍛冶もいた。

野鍛冶は村の鍛冶屋と呼ばれ、村落のなかで村人たちが立ち寄りやすい場所に居住し、店先を仕事場にして、村内や近郷の農家を相手にして、主として農具を製造・修理していた。

野鍛冶がもっとも多く手掛けたのは水田用の鍬である。鍬には平鍬・股鍬（三本鍬・備中鍬ともいう）などの種類があるが、春耕の季節に集中して使用するので損耗も大きく、毎年修理しなければならない。新潟県内には野鍛冶と農家による「貸鍬」という慣行があった。鍛冶屋が鍬を農家に貸出し、秋に損耗した鍬を回収して修理し、春に再び貸出すという方法で、代金は秋に収穫した米が充てられた。

鍛冶屋の習俗

軒を連ねる鍛冶町でもっとも心配なのが火災である。天保七（一八三六）年「町々火消人足書」（三条市立図書館蔵）によると、鍛冶町七七軒から七五人の人足を出す取り決めになっていた。

一方、火は神聖なものとして、正月二日の仕事始めの行事では、朝早く新しい火を火床におこすが、マッチなどは使用せず、金床（鉄の台）の上で鉄片を繰り返し叩いて熱し、付木を口にくわえて熱した鉄に接触して発火させ、その火を火床に移した。そして新しい火によって、仕事始めに金山様に供える剣を作った。金山様は仕事場の一隅に神棚を設けて祀っている。

金山様の祭りは、鞴祭りともいい、一一月か一二月

仕事場にある金山様と奉納の剣（新潟県燕市）

金山講の掛け軸（新潟県燕市）

の八日に行う。三条の鍛冶屋は金山講といって一一月八日の夜に親方が弟子たちを賓客として招待した。村の鍛冶屋は仕事を休み、床の間に金山様の掛け軸を飾り、家族でご馳走を食べて祝いをした。掛け軸の図は、中央に金山昆古命が立ち、両脇に天之目一之命と女神の伊斯許理度売命が立つというのがよく見られる構図である。なかには写真のような変わった図柄のものもある。画面中央の注連縄上に三宝荒神と見られる三面六臂の神が六本の手に二本の剣、蔵鍵、鉾、鍬、鉞をもち、足で鬼を踏みつけている。後背には三か所火が燃えていて、両脇に幣が立ててある。下には男女の神が赤い敷物の上に座り、男神は金床に熱した鉄を置き、赤鬼・青鬼に大槌を振らせて鍛えている。女神は後ろで鞴を動かし風を送り火を燃やしている。さらに鬼たちは刃物を研ぐなど仕上げをしているという構図である。

（五十嵐 稔）

紺屋【コウヤ】

紺屋は「こんや」ともいい、紺掻屋を略した語とされる。藍染を専門に行う業種で、糸染めを専門にする「糸紺屋」と、布染めを専門とする「布紺屋」に分かれる。「紺掻」の名は、甕に溶かした藍の染め液を適度に発酵させながら染めムラがないように掻き回す藍染の技法に由来する。

室町時代以降、京都などの都市では商品経済の発達とともに紺染が商業として発展した。一六〜一七世紀になると木綿栽培が飛躍的に発展し、庶民の日常着に木綿が普及する。そのころになると藍染も、藍甕が適温となる夏場しか染色できなかったものが、地中に埋めた標準四個一組にした一石五斗の藍甕の真ん中に火穴を設け、籾殻や鉋屑を燃やして加熱保温することで年中染めることが可能になった。

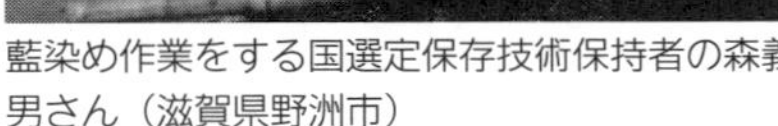

藍染め作業をする国選定保存技術保持者の森義男さん（滋賀県野洲市）

その結果、藍染の需要は一気に高まり、その技術を背景に、藍染は紺屋の手に任されることが多くなって専門化していった。さらに、阿波など藍生産の産地が誕生し、藍の葉を発酵させて作る染料の「すくも」や、それを丸めた「藍玉」を作る専門の職人である藍師（藍屋）も誕生した。

専業の紺屋が増加するにしたがって、町では紺屋が集められた紺屋町が多く形成され、近代に入ると、村落にも紺屋の定住が増えた。

現在では、紺屋の数は減少したものの、藍染製品は衣類はもとより雑貨、インテリア用品にいたるまで、使用用途の幅が広まっている。

藍染は、効能として布繊維を丈夫にし、その匂いを蝮や毒虫が嫌うため、手甲（てっこう）、脚絆（きゃはん）、足袋、手拭いなど仕事着として身につけるものを藍で染めることが、従来より行われてきた。また、咬まれても毒が回らない、毒蛇が咬むと歯が折れるともいわれた。

紺屋は、「藍染」が「愛染」に通じることから、愛染明王を「アイカミサマ」「アイゼンサマ」と呼んで信仰した。京都では、一一月二六日にお火焚き行事のひとつとして、藍染屋の主人が愛染に参詣し、釜の藍に神酒を供えて釜の火を焚き、愛染明王に今年もよい藍の色であることを祈願し、「お火焚ノーイ、蜜柑饅頭、ほしやノーイ」とはやした。

（藤井裕之）

下駄屋［ゲタヤ］

かつて宿場町や城下町には必ず店を構えていたと思われる下駄屋も、現在の都市部やその近郊ではほとんどその姿を消してしまったが、栃木県日光市や福島県会津若松市などには伝統工芸としていまなおその技術と文化が伝承されている。

中世の庶民の生活を描いた絵巻などには、下駄を履く人々の姿が描かれている。しかしそれは、水まわりで仕事や家事をする女性や、修行をする僧・山伏など特殊な人々の姿ばかりであり、一般的な履物というよりは専用の道具としての意味合いが強い。

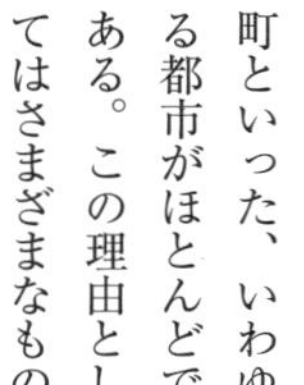
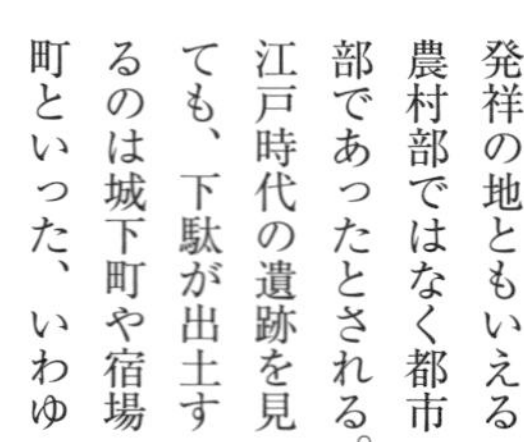

下駄職人（群馬県利根郡新治村たくみの里、写真提供：森隆男氏）

庶民の履物として下駄が一般化するのは、近世に入ってからだといわれている。さらにそれは、発祥の地ともいえる農村部ではなく都市部であったとされる。江戸時代の遺跡を見ても、下駄が出土するのは城下町や宿場町といった、いわゆる都市がほとんどである。この理由としてはさまざまなものがあるが、もっとも有力なものとして、庶民生活の相違があげられるだろう。まず、農村では雨の日にはたいてい家の中で作業をして外出はしないが、都市では天候にかかわらず仕事で外出しなければならないことが多い。そのために着物の裾が汚れないような下駄が重宝された。また、農家のように家の外と内にいる時間がはっきりと区別された生活に対して、都市の、とくに商家などでは家の内外を頻繁に出入りしなければならない。そのため足が汚れずなおかつ脱ぎ履きのしやすい下駄が多く利用されたのであろう。

元々、道具として山仕事をする人や大工職人によってつくられていた下駄であるが、中世のころから専門につくる職人の姿が描かれ始めている。

近世になり、その需要の高まりと鋸などの専用の道具の発達により、下駄職人の分業化が進んだ。江戸時代の下駄屋の様子を示すものとして『江戸名所図会』に描かれた「神田下駄新道（現在の東京都千代田区神田鍛冶町一・二丁目）」があるが、そこには、原木から下駄の台木を挽く職人、錐で下駄に鼻緒の穴を開ける職人、下駄に漆を塗って仕上げをする職人、完成した下駄を束ねて運ぶ職人といった人々の姿が、店ごとに別々に描かれている。

（田中　斉）

畳屋［タタミヤ］

▼畳

古くは「折り返して重ねる」ことを意味する畳は、敷物の総称として『古事記』や『万葉集』にも記されている。人々の生活のなかに畳が登場するのは中世のころからで、平安時代には部屋の一部にのみ敷かれていたものが、鎌倉時代になると部屋全体に敷かれるようになったことが、当時の絵画などに表されている。室町時代以降、茶の湯の隆盛によって一般化した畳は、やがて町屋へ、江戸時代のなかごろには庶民の住まいへと普及していった。それに対して農村部では、畳の普及は明治時代以降と遅い。畳は、都市型の住まいとともに発達したものであるといえる。

畳の表替えをする畳職人。「小包丁」という道具で畳床に合わせて畳表の端を切っているところ（1990年ごろに撮影）

畳は、稲藁を何層にも束ねてつくる畳床と、藺草で織られた畳表と、畳の周囲を飾る縁とからなっている。畳表や縁の製作は、古くからの藺草の産地である岡山県や広島県などで行われているが、それ以外の製作作業は畳屋が行う。

畳をつくる職人の姿は、中世以降さまざまな絵画に描かれている。その名称も時代によってさまざまで、中世には「畳差（刺）」、近世には「畳師」、近代には「畳職」、現在では「畳屋」「畳工」と呼ばれることが多い。

明治時代の末に機械化されるまでは、すべての作業が手仕事であった。とくに畳床は、縦横何層にも重ねられた厚さ四〇センチほどの藁束を麻糸で縛りながら圧縮していき、最終的に六～七センチの厚さに仕上げるため、技術と力の必要な作業であった。機械化によって、畳床を専門につくる職人と畳表と縁を縫いつける職人とに分業され、現在は後者を一般に畳屋と呼んでいる。

畳表を縫いつける際、針の縫い目を細かくすればするほど畳がより平らに仕上がる。縫う糸は麻糸で、とおりをよくするために使用する前に油が塗り込まれる。縁は、畳を敷き詰めたときにその文様がつながって見えるように、敷く位置や順序を計算してつけていかなければならない。

現在では、組合で設立した畳屋の専門学校もあり、三年の修業の後に国や自治体の試験に合格すれば独立することができるが、かつては親方のもとで何年も修業を積み、畳を手縫いで仕上げることができるようになって初めて一人前であった。

親方になると、製作ばかりでなく、請け負った仕事全体の日程や職人の差配も行う。白い鼻緒の草履は、親方のみが履くことを許された、権威の象徴であったという。

（田中　斉）

散髪屋【サンパツヤ】

「散髪屋」とは、明治維新とともに日本にもたらされた西洋技術「理容技術」を提供する、それまでの「髪結い業」とは一線を画す業である。明治四（一八七一）年、政府によって出された太政官布告の「散髪脱刀令」によって、それまで男性の頭に載っていた髷を切り、髪を散らすことが許されることとなった。これが「散髪」のことばの所以であるが、もちろんその前身は、江戸時代に始まる、男性の髪結いを手がける「髪結い床」であり、「床屋」と呼ばれた。

宮本常一『町のなりたち』の「町の自治」のくだりで、京都の自治組織についての記述がある。京都では、ひとつの坊ごとに村でいう庄屋の役割を果たす年寄を一人おい

京都市中京区の風呂屋の一角にあった理髪店

ていた。年寄を中心として町民が会議をする場所として、坊ごとに会所があった。会所の留守番役である会所守を髪結い人にあたらせ、常時は会所で髪結い床を経営していた。大阪でも同様に髪結い人が店を経営しながら会所守をかねていたが、こちらは後に専任の会所守をおき、月給を出すことにしたとある。髪結い床は、町にとってなくてはならない基本的な利便施設であったとともに、その場所が地域自治の中心で、かつ地域の見守り機能も有していたことがわかる。

まちなかの散髪屋は、銭湯に隣接して立地することが多かった。これは、もともと銭湯に理容技術をもつ職人がいたためといわれている。また、風呂屋と並んで地域の情報集積地であり、発信地であった。

昭和三七（一九六二）年にまちびらきをした日本で最初のニュータウン（住宅団地）「千里（せんり）ニュータウン」（大阪府豊中市・吹田市）は、住区ごとに「近隣センター」と呼ばれる商業施設群をもっていた。一センターには一業種一店舗という原則のもと、店舗が計画的に誘致された。もちろん理髪店も、一三の近隣センターのすべてに配置された。その後、時代とともに多くの店舗は入れ替わりを見せたが、理髪店は一二の近隣センターでそのまま営業している。現在でも、地域の基本的な利便施設であるとともに、地域の見守り機能や、地域情報交換の場としての役割も果たしている。

（岡　絵理子）

長屋［ナガヤ］

長屋とは

一棟の建物に複数の世帯がそれぞれ個別の玄関をもって住む、賃貸集合住宅の形式である。それぞれの家が直接街路と接しており、住宅そのものは完全に独立している。集合住宅でありながら、共用の空間がないのが特徴である。

歴史

元来、長屋は町屋のうしろの空き地に建てられることが多かった。町屋は、戸建ての持ち家である。京都や江戸の町に見られるような町屋に囲まれた大きな街区の内部の空き地を活用して、長屋経営が行われた。その家賃は町屋に住む隠居の小遣いとなり、隠居の文化的な生活を間接的に支えていた。長屋には、表の町屋の売り物をつくる職人などが住んでいた。裏長屋である。これに対して、表長屋もあった。表通りに店舗併用の長屋を建設し、借家として経営するのである。

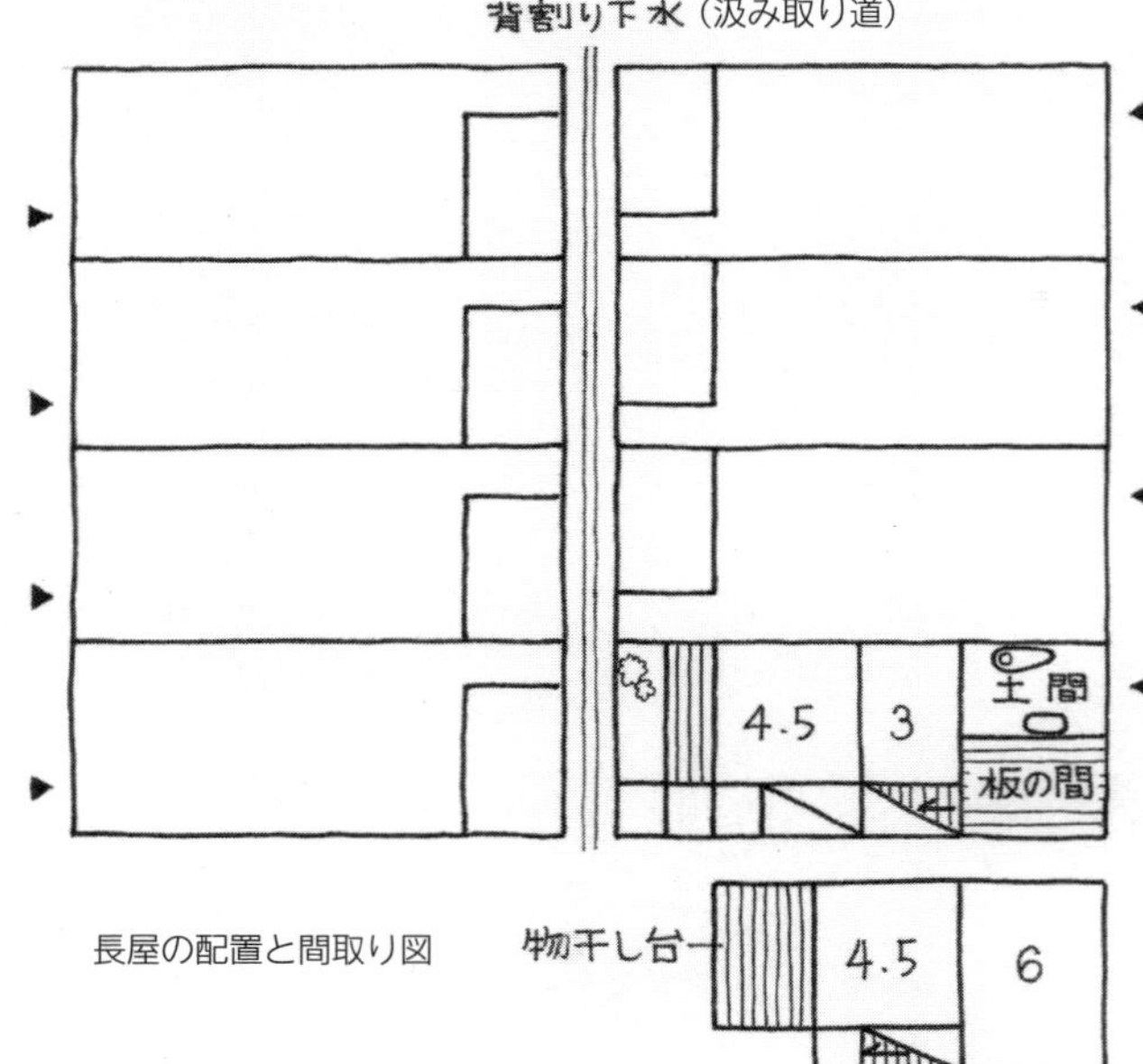

長屋経営の単位。裏木戸から背割り下水に出ることができる。裏側で、物干し台が向かい合う

長屋の配置と間取り図

明治維新後、大阪は工業の町として急成長した。西日本から多くの労働者が移り住み、三〇〇万人を超える大都市となった。この人口を受け入れたのが、大量の長屋である。第二次世界大戦の戦災で市域が焼け野原になるまでは、大阪はまさに長屋の町だった。そのことは、アメリカ軍が戦時中に撮影した航空写真を見るとよくわかる。市域一面が縦横の糸で織られた布のようになっており、長屋が広がっている。このような面的に広がる長屋の町は、土地を田畑にするために水路を整備し、区画を整えた耕地整理事業や、土地区画整理事業が施されたところに形成された。瞬く間に地主や土地会社により長屋経営が始められたのである。

大正時代に建てられた長屋には、土間に〝へっついさん（竈）〟がある家もあった。玄関を入ると土間、板の間、三畳の間、床の間のついた六畳の間、縁側があり、庭があった。猫の額ほどの庭であった。その横には便所があった。三畳の間の押入を開けると、そこには二階へ上がる階段があり、二階には四畳半と六畳の間、四畳半の窓からは物干し台に出ることができる。これが一般的な間取りであるが、平屋建てのさらに間口の狭い長屋、前栽や洋間の応接室のついた高級な長屋もあった。狭いながらも、日本の住まいの基本的な空間はすべてつくられていた。このような長屋が細い通路をはさんで背中合わせに並ぶのが、大阪の長屋の供給のされ方である。

長屋の一部が切り取られてできた空き地（大阪市大正区泉尾）

　裏庭の木戸を開けると水路が流れる狭い通路に出る。背割り下水である。この下をトイレなどからの汚水が流れていく。下水道が整備される以前は、これが汲み取り用の通路となっていた。一般に長屋の台所は玄関のある街路側にあり、台所の雑排水は、家の前の溝を流れていた。

　さて、戦後、賃貸住宅であった長屋の買い取りが多く見られるようになった。地主が長屋を手放したのである。いまでは多くの持ち家長屋が見られるようになった。たとえば、戦前の大阪市大正区の長屋は、ほぼ一社の土地会社がもっていたが、現在ではその多くが個別の個人所有となっている。そうなると、新しい町並みが生まれてくる。長屋の一部が切り取られ、建て替えられたり三階部分を増築したりする。建築家安藤忠雄の出世作、日本建築学会賞に輝いた「住吉の長屋」は、実は長屋ではない。長屋のうちの一軒を建て替えた、戸建て住宅である。

長屋の暮らし

　長屋の暮らしは落語にもよく登場し、人情味あるご近所づきあいの典型のようにいわれる。夏になると家の前に縁台を出し、近所で語らいながら涼む。醤油や塩などの調味料の貸し借りから、子どもの面倒まで、濃厚なつきあいがあった。良好な町の暮らしの例として語られることが多い。

　しかし、その居住性はあまりいいものではなかった。間口の狭い表と裏の二面にしか開口部のない住まいは、夏は蒸し暑く、風通しも悪い。家の中にいられないものだから、家の前に縁台をおいて、座らずにはいられない。植木鉢も、裏庭では育たないので、玄関に並べる。だからこそ生活感豊かな玄関周りができるのである。背中合わせに二列につくられた長屋の場合、物干し台は必ず裏側にある。これが、狭小な住まいといえども暮らしの作法なのであった。壁一枚を隔てた住まいはプライバシーも低く、隣近所の暮らしぶりを感じながら慮(おもんばか)って暮らすのであった。

（岡　絵理子）

郊外住宅地［コウガイジュウタクチ］

歴史

明治中期から盛んになった近代産業は、都市へ人口を集中させる一方で、都市の環境を急激に悪化させた。富裕層は都市から比較的離れたところに別荘を所有するようになるが、一般の人々は劣悪の住環境のなかで生活せざるをえなかった。

明治四三（一九一〇）年に箕面(みのお)有馬電気軌道株式会社（現・阪急電鉄）は、小林一三(こばやしいちぞう)の主導で大阪府池田市の室町(むろまち)において日本で最初の住宅地の分譲を開始した。購買組合の店舗や住民の集会所である倶楽部が建設された。そして、分割払いの制度を採用したため、中産階級のサラリーマンが持ち家を所有することができたことは画期的であった。翌年には箕面市の桜井住宅地を開発している。また、同社は月刊誌『山容水態』を発行し、郊外の自然に恵まれた環境での健康的な生活を勧めた。以後、私鉄沿線の開発が、乗客の増加をめざして各地で進められることになった。

大正時代になると、東京でも開発が進んでいく。そして、東京や大阪で住宅改善運動が進められるなかで、しばしば住宅博覧会が開催された。そこには、伝統的な住まいとは明らかに異なる、都市の家族を前提にした和洋折衷の住まいが展示された。郊外住宅地の開発を進めるうえで、住宅博覧会が果たした役割は大きい。

以後、豊かな緑の環境に住まいを建築するという郊外住宅地の開発は、現在まで続くことになる。

田園都市

イギリスの都市設計家E・ハワードが提唱した「田園都市論」が日本流に解釈されて、緑の環境に恵まれた郊外都市として展開した。大正一一（一九二二）年に分譲が始まった東京の洗足(せんぞく)住宅地は、購入希望者が殺到する状況であった。「田園都市」の名称が中産階級の人々の心をとらえたのであろう。翌年には田園調布（開発当時の名称は「多摩川住宅地」）の分譲が始まり、さらに、常盤台(ときわだい)住宅地や国立(くにたち)住宅地が続く。田園調布は宅地の開発が先行したが、小林一三の助言によって鉄道と首都を結ぶことで販売を促進した。ドイツ風の駅舎に加え、半円形のロータリーとそこから延びる五本の放射状街路、さらにテニスコートも設けられ、西洋風の景観をもつ街が登場した。

同じころ関西では、大阪府吹田市で千里山住宅地が売り出された。田園調布と同様しゃれた駅舎とロータリーから延びる放射状の街路は、イギリスのレッチワースを意識した設計といわれ、関西初の田園都市として分譲が始まった。昭和に入ると堺市に大美野住宅地が開発され、田園都市の名称で売り出された。

このように、首都圏や関西圏を中心に大正から昭和初期にかけて開発された田園都市は、理想的な街と暮らしをめざした新しい動きであったが、その後も発展して街づくりの主流になったわけではない。戦争や戦後の経済的な混乱、高度経済成長を経て当初の理想を維持できたのは田園調布ぐらいであろう。田園調布では早い段階で住民組織をつくり、景観の維持につとめてきたことが特筆される。

大正時代の住宅博覧会の作品が残る街（大阪府箕面市）

田園調布の象徴のひとつである駅舎（東京都大田区）

間取りから見た暮らし

明治になって洋風住宅が移入されたが、それがそのまま日本の住宅として受け入れられることはなかった。接客空間に洋間がとり入れられることは多かったものの、家族が日常の生活をおくる空間は、依然として伝統的な和風の部屋であった。

大正以後に郊外住宅地で販売された住まいの間取りには、重要な共通点が見られる。玄関付近に洋風の応接間と便所を設け、家族が食事や団欒の時間を過ごす部屋を住まいの奥に配置する間取りである。そして、年中行事や通過儀礼などを行う座敷の喪失である。ここには、家族のプライバシーの保護など、家族の日常生活を優先する価値観が認められる。冠婚葬祭に際しても専用の施設を利用することが一般的になり、住まいが地域に開放されることもなくなった。郊外住宅地に住まいを求める人たちが、農村や都市部の住人とは異なり、核家族のかたちをとるサラリーマン世帯であることを反映したものであろう。

しかし、神棚や仏壇を設置している家はかなり多く、住まいが精神的にも安穏の場である点は変わることがないといえよう。

（森　隆男）

文化住宅［ブンカジュウタク］

関東の文化住宅

文化住宅は、その名のとおり「文化的な住宅」なのであるが、関東と関西ではその〝文化〟の意味が大きくちがっている。

関東では、明治維新以降、鹿鳴館（ろくめいかん）に象徴される生活の西洋化は、大正時代には庶民の住宅にまで及んできた。大正九（一九二〇）年、東京の上野公園で「平和記念東京博覧会」が開催された。会場の一角につくられた「文化村」には赤煉瓦の洋風小住宅が多数展示され、「文化住宅」として人々の目をひいたという。従来どおりの黒い瓦屋根の戸建て住宅の玄関横に赤や緑のスペイン瓦やフランス瓦が載った洋室の応接間をつけた「和洋折衷住宅」として、中流層に広まった。応接間には丸いテーブルとゆったりとしたイスが置かれ、客は紅茶でもてなされた。日本の住宅に、畳と板の間、座卓とテーブルと

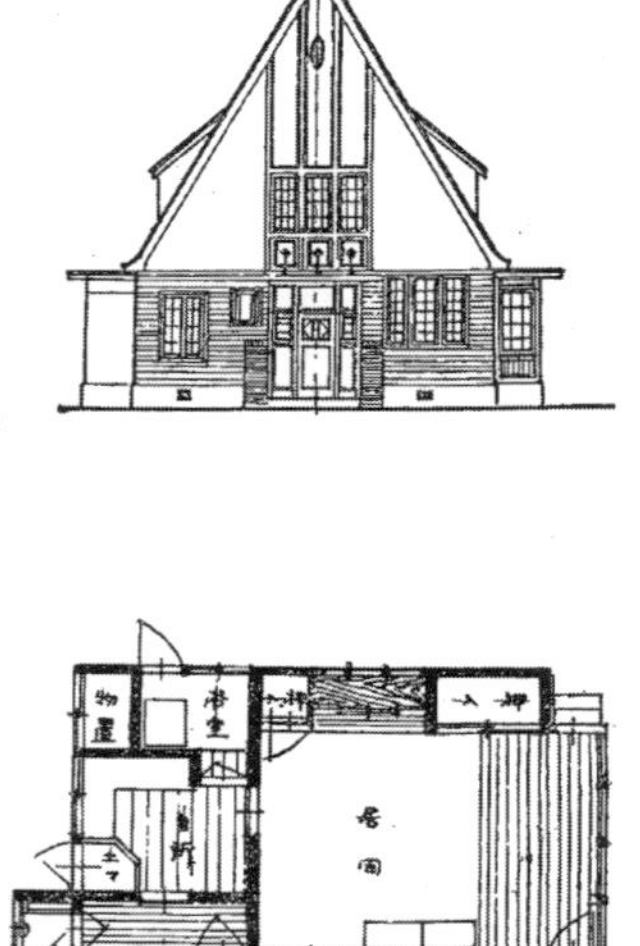

関東の文化住宅。文化村に出展された14の住宅のうちのひとつ、建築興行株式会社出品作品。椅子式の応接間兼書斎と畳敷きの居間が見られる（高橋仁編『文化村住宅設計図説：平和記念東京博覧会出品』より）

いう、和と洋の二重生活の混在が始まった。

関西の文化住宅

関西の「文化住宅」は戦後に登場する。関西では、それは、もっぱら木造二階建ての賃貸集合住宅（木賃）を意味する。戦後の高度成長期、人口がふくれあがった関西では、多くの賃貸集合住宅が建設された。木造の賃貸集合住宅のかたちには、「アパート」と「文化住宅」の二種類があった。アパートは、入口がひとつでそこで靴を脱ぎ、部屋を借りるタイプ。風呂はなく、トイレ、台所、物干し場は共用であった。それに対して「文化住宅」は、それぞれの住戸が玄関をもち、専用のトイレ、台所がついた、独立性の高い集合住宅であった。これが〝文化〟の所以である。「文化住宅」には風呂はなかったが、板の間に台所、四畳半の間、六畳間に、広縁か物干しベランダがついていたので、小さな子どものいる四人家族が文化的に生活できた。

私有地に面した文化住宅（大阪府豊中市庄内）

第二次世界大戦前から、大阪では私鉄の敷設にともなって郊外住宅地が形成されていたが、都心から郊外住宅地に向かうその車窓には、延々と広がる農地があった。戦後の高度成長期、大都市に集中した人口を受けとめるため、この都心から電車で数十分の農地に「アパート」や「文化住宅」が建設されたのである。

たとえば、関西の郊外住宅地開発をともなった私鉄として有名な阪急電鉄宝塚線の、梅田から一五分の豊中市庄内の農地には、家電などの大規模工場の立地とともにすさまじい数の文化住宅が建設された。文化住宅は、短冊形の農地にわずかの間隔を空けて次々と建てられたため、日当たりが悪い。一日中部屋の電灯をつけっぱなしということも多く、とくに一階の部屋は穴蔵のような暗さであった。便所は汲み取り式で、二階の便所からは太い土管が地面にまで延びていた。

急ごしらえで経営重視の文化住宅は、一般の住宅に用いられる木材より粗末な材が用いられていた。天井、壁、床などの遮断性能は極めて悪く、隣室や階上、階下の音、振動は筒抜けで、プライバシーなどほど遠いものであった。

一九九〇年代には文化住宅にも風呂が増設され、もっぱら単身者用の住宅となった。とくに大学生によく住まわれるようになったが、それもつかの間、建物の老朽化とともに居住者が離れ、多くが建て替え時期となっている。しかし、道路に面していない文化住宅の一棟ごとの建て替えは難しく、地域としても道路整備などの基盤整備がなされていないところが多いため、空き家のまま放置されている文化住宅も少なくない。

（岡　絵理子）

マンション

大型集合住宅の展開

大型の集合住宅のことを「マンション」というが、米国などではかなりの広さの敷地に建つ豪邸のことであり、英語ではむしろ「コンドミニアム」がこれに近いが、これも低層の場合に限られ、高層になると「アパートメント」が多用される。

集合住宅はかなり古くから存在し、江戸時代の長屋暮らしは落語のネタにも使われ、庶民の生活を活写している。マンションは一九五〇年代に高級な仕様の住宅として登場し、昭和三七（一九六二）年に区分所有法が制定されて大衆化が進み、一九八〇年代には住宅ローンが整備され、高層化とともに居住性の質の向上が図られた。平成七（一九九五）年には長寿社会に対応した住宅設計の指針が、当時の建設省住宅局長から通達され、バリアフリー化などが推進されている。これは平面の段差をなくすばかりでなく、照明を均一にして暗がりをなくすことや、室内の温度を均一に保つことも含まれている。

集合住宅の人間関係

戦前に建設され賃貸であった同潤会（どうじゅんかい）アパートは、東京都内に建てられていたものについては戦後、大半が住民に払い下げられている。これが持ち家の共同住宅の先駆的なものになっている。江東区にあった同潤会アパートでは、一九七五年ころには葬儀があると集会所に住民のほとんどが集まって死者を悼んでいた。さらに、葬儀の席である老人が戦災の傷跡が残ったままの汚い住宅から冥途（めいど）に行くのは悲しい、とつぶやいたことから、外壁の修繕、受水槽、水道管の取り換え、階段、廊下の補修が行われたという。高齢者の感情が人々の心に訴えかけ、それが受け入れられて大規模修繕が行われたのである。これが資産価値を高めるため、という目的であったならば話は簡単にはまとまらなかったであろう。この事例から、第一に死後の世界を認め、やがて赴く彼の地へ恥ずかしくないように旅立ちたい、という思いが受け入れられた民俗的想像力の豊かさを知ることができる。第二に全員総出で死者を見送るという充実したコミュニティが形成されていることが指摘できる。

新しくマンションが建設される時に、予定地の周辺住民が建設中の騒音、振動、完成後の景観、日照、ビル風などを問題として反対する例が見られるが、そうしたハード面の問題ばかりでなく、各地から個々に住戸をもとめて集住する場合に見られる人間関係に注目する必要性をこの事例は明らかにしている。

マンションが立地するところに町内会（自治会）があるならば、その一員として立地地域の文化に接しなければならないし、マンションの住民のあいだでも個々ばらばらに子育てするわけではなく、老人を助けあうことも必要になるはずである。確かにそうしたことを煩わしいと感じ、管理費を負担することによって他人任せにすることもできる。しかし、マンションの住人がコミュニティ意識を欠くならば、共有のスペースを清潔にしたり、環境衛生に配慮しないことになり、災害への備えも手薄になる。同潤会アパートの事例は「終の住処」へのこだわりが現代においても見られることを示している。

マンションに残る唯一の段差

仮住まいから終の住処へ

マンションは「仮の住まい」かというと一概にそうとはいえず、団地の高齢化が問題となっているように、そこで最期を迎えることが多くなっていくものと考えられる。明治二〇（一八八七）年から三〇（一八九七）年ころの東京では、借家人は死者があっても家で湯灌することはできず、寺に送ってからしていた。そのため「すまぬこと母の湯灌は寺でする」という川柳もあり、自宅で湯灌ができた者は葬送の際に盥を棺の前に捧げていったのである。人生の最期を自宅で完結させるという願望は根強いものだった。東京のように人口の流動性が高いところでは、引っ越しが頻繁に行われていたが、村落生活と同様に向こう三軒両隣との付き合いは欠かせないもので、引っ越しの際には礼物を贈るのが、世間並みの暮らしをするのに必要なことであった。「終の住処」と思うならば、住み始めにコミュニティへ参入するという心構えから始めるのが当然なのである。コミュニティの維持、運営には、民俗の知恵が寄与すると考えられる。

（古家信平）

医院［イイン］

広義の医院という語は、規模の大きな病院や後述する診療所をも含むものであるが、本項では狭義の医院（医療法における診療所）についてとりあげる。

歴史的に見ると、近代以前は町医者による診療を中心とした医療形態である。病院は明治政府の西洋医学採用によって登場したため、後発のものとなる。第二次世界大戦後の医療法（一九四八年）第一条において、病院は医師および歯科医師が公衆または特定多数人に対して医業をなす場であり、「二十人以上の患者を入院させるための施設を有する」ことを条件としている一方、診療所は「患者を入院させるための施設を有しないもの又は十九人以下の患者を入院させるための施設を有するもの」と明記され、両者は明確に区分されている。そのため、病床数が一九人以下の医療施設が「病院」と名乗ることは法律上禁止されている。一般的な理解としては、大学病院・総合病院など規模が大きいものが病院であり、当該施設で診療にあたる医師を「勤務医」と呼ぶ一方、個人経営で規模が小さいものが

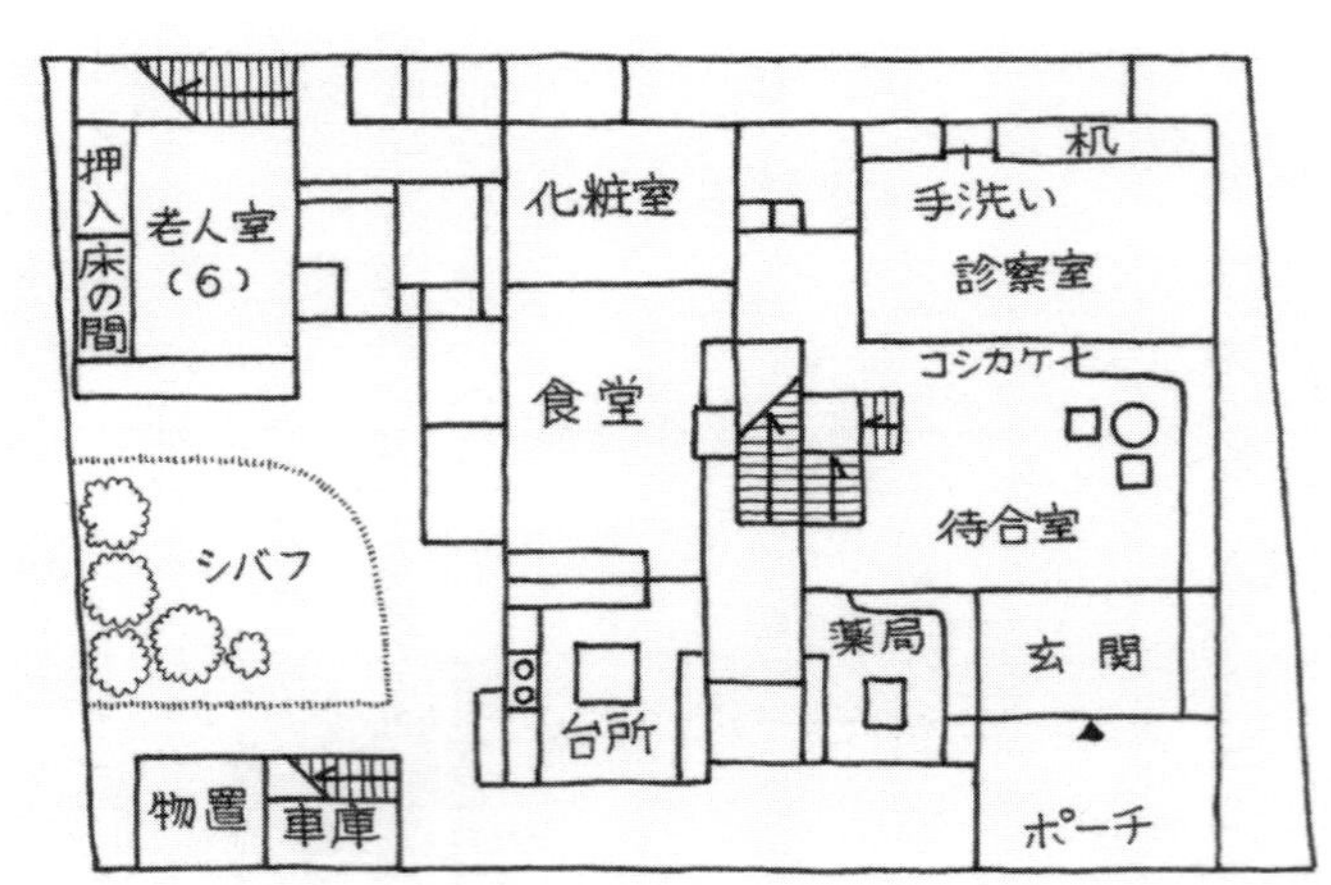

医院の間取り。居住部分のほかに、待合室、診察室、薬局が確認できる（原図・大澤源之助『病院醫院の建築と其の設備』より作図）

診療所（医院）であり、当該施設で診療にあたる医師・歯科医師を「開業医」と呼んでいる。

病院は、医師、看護師、薬剤師といった医療従事者のほとんどが通勤者であるため、彼らにとってそこは勤務地である。一方、診療所では開業医の勤務地と居住地が同一敷地内にある、あるいは近接しており、職住一致の傾向が強いといえよう。また、診療所は基本的に個人単位の経営であるため、診療分野も内科、眼科、耳鼻咽喉科などに細分化されていることがほとんどである。

病床数に制限があり、入院設備をもたないものも少なくない医院ではあるが、愛知県の知多（ちた）半島における筆者の民俗調査において、当地の医院が利用者（主に高齢者）同士のコミュニケーションの場としても機能していたように、医療空間のみならず社会的なつながりの場として用いられることは、見逃すことができないだろう。ただし、このような機能は病院の待合室などにおいても見られるため、診療所のみに特殊な現象ではない。

調剤室は衛生管理の面から待合室と明確に区画されるべきとの考えもあるが、規模の小さな診療所はその限りではない。しかし、医薬分業が進んだ九〇年代以降は、院内処方から調剤薬局による院外処方が増加しており、診療所における調剤室の重要性そのものが揺らいできている。

また、診療室はいうまでもないが、利用者の集まる待合室も衛生面での配慮がなされている。かつては、畳は衛生面で待合室の床材としてふさわしくないとされたため、縁甲板、リノリウム、コルク、塩ビタイルなどが多く使用された。他にも空気清浄機や加湿器が使用され、一般の住居よりも常に衛生管理が徹底されている。

（今野大輔）

助産院［ジョサンイン］

医療法により、助産婦（二〇〇二年から助産師）が九床以下の入院施設を有するものが「有床助産所」であり、通称「助産院」である。都道府県知事への開設届出も構造設備の検査・許可も、保健所が窓口である。「お産」のための入院室・分娩室・新生児の沐浴設備に加えて、妊産婦と新生児の宿泊・給食の設備が要求される。

ベビーブーム期（一九四七〜四九年）には、年間出生数二八〇万の九割余りは、五万余人の助産師が出張介助する「自宅出産」であった。電話のない家が多かったから、呼びに来た妊婦の家族は、助産師の家の戸を叩いた。「ドンドンドン！」と夜中に戸が叩かれる音は、助産師の子どもとして育った人々の耳に今も残っている。

ベビーブームが過ぎ、少なくなった妊婦が、医師のいる施設（病院・診療所）へ流れるのを引き留めようと、一九五〇年代半ばから、助産師は、助産院を設けて入院サービスを提供するようになった。自宅を増改築して住宅併設とするものも多かった。昼夜を問わない「お産」の後も、一週間程度の入院中、産婦と新生児双方のケアと食事を「家庭的雰囲気」で提供するので、職住分離が難しい。人の出入りも多く、助産師の家族のプライバシーは保ちにくかった。

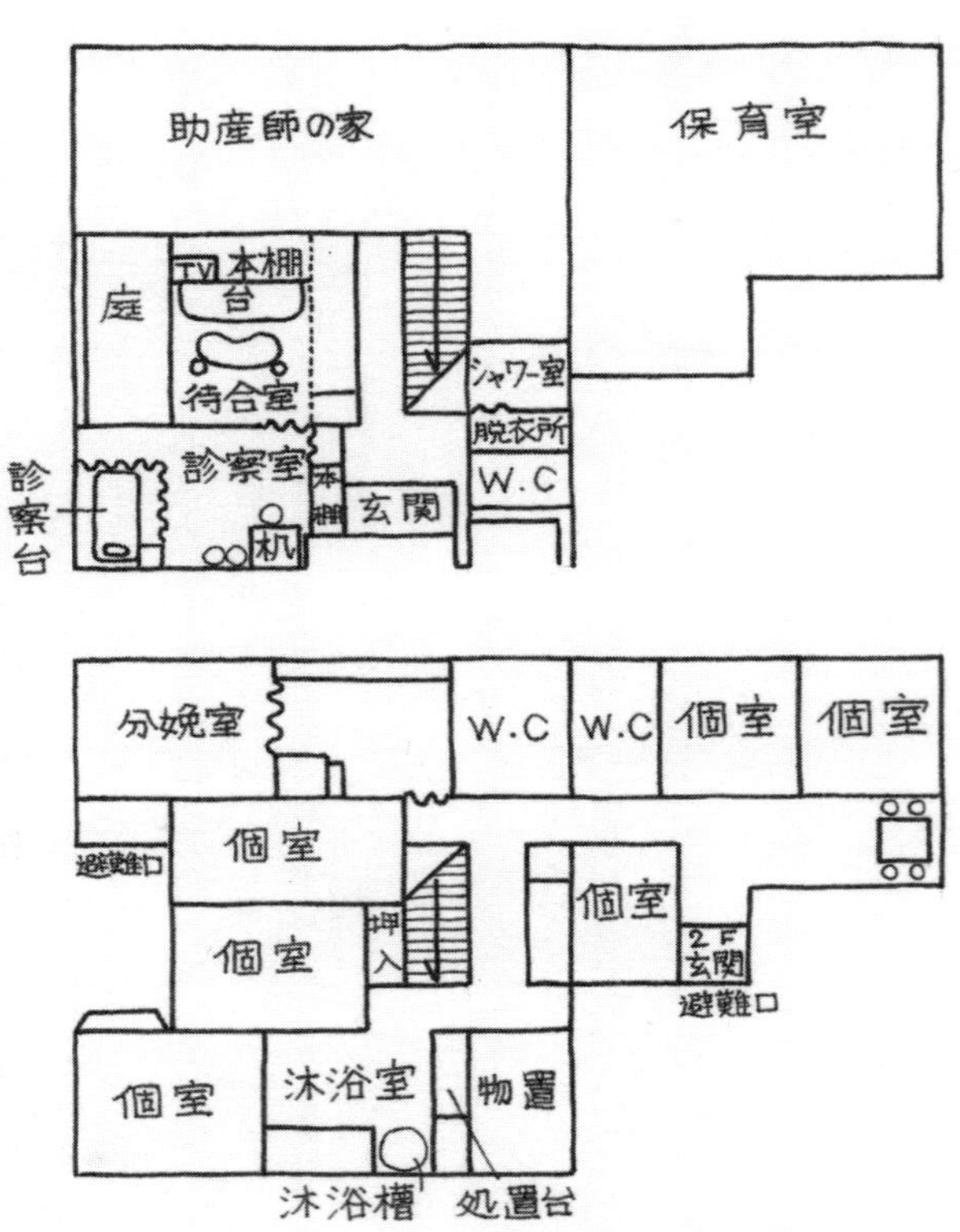

助産院の構造（平面図）（青柳助産院、東京都大田区、2001年）

分娩の施設化を進める厚生省（現・厚生労働省）の方針もあり、助産院は大都市周辺から農山村へ普及して、七〇年には年間出生数の一割を担った。九〇年以降は、病院出産が一般化して、年間出生数一二〇万から一〇〇万のほぼ一％を扱っている。二〇一五年現在、日本助産師会によれば、入院分娩を扱う助産院は二三七カ所である。機械に囲まれた病院の管理出産に対して、「自然なお産」を求める妊婦が喜ぶ畳敷きの分娩入院室にホテル並みの備品を備え、浴室・教室用の部屋・駐車場を設けるものが多い。

（むらき数子）

三 自然に対する備え

1 防火・防水

防火用水［ボウカヨウスイ］

防火用水とは、火災発生に備えて貯水された火消し用の水のことをいう。火災が起こると、そこから水をくみ上げて消火活動にあたった。

江戸時代の代表的な貯水装置に、「天水桶」がある。これは雨水をためる容器のことで、主に都市部の防火用水として利用された。「火事と喧嘩は江戸の華」といわれるように、江戸の町では頻繁に火災が起こった。木造家屋が密集する市街地では、大火によって街が焼きつくされることもたびたびあった。

このような背景から、軒先や屋根の上、辻角など町の要所に天水桶が設置された。軒先に置かれたものは、雨水が雨樋からつたってたまるような仕組みであった。

火災が発生すると、まずは「玄蕃桶」といわれる大きな桶を使って天水桶から水をくみとる。その後、「竜吐水」と呼ばれる木製ポンプに給水し、消火活動を行った。竜吐水の消化能力は低く、延焼を防ぐ程度であったといわれている。

天水桶の素材や形は、じつにさまざまである。桶のほかに、石製の容器や陶器製の容器、ときには鉄の大釜を用いることもあった。表面には、「水」「用水」の文字や町名が刻まれることが多い。

酒造業が盛んな京都市伏見区では、ユニークな天水桶を見ることができる。同地区の氏神である御香宮神社の拝殿軒下には、大きな酒樽を利用した天水桶が設置されている。この大桶には、約二〇〇〇リットルもの雨水をためることができる。

民家の防火用水（京都市伏見区）

明治以降、消防設備の近代化が進むにつれて、天水桶は次第に廃れていった。

太平洋戦争が始まると、空襲に備えてコンクリート製の防火水槽が町内に設置され、日常的にバケツリレーによる消火訓練が行われた。

島根県鹿足郡津和野町では、町のいたるところに張りめぐらされた水路が、趣ある町並みをつくりだしている。これらの水路は貯水ではないが、津和野城主であった坂崎直盛によって「防火用水」として築かれたものである。虫除けに放たれた鯉は、現在も津和野のシンボルとして親しまれている。防火用水は、美しい景観を生み出す要素としても重要な役割を果たしている。

（渡会奈央）

水屋・水塚［ミズヤ・ミヅカ］

水害常習地帯の避難所

水屋とは、水害の常習地帯において洪水に備えて屋敷の一角を土盛りして高くし、その上に建てられた蔵などの建物のことである。木曽川水系では「ミズヤ（水屋）」といい、利根川・荒川水系では建物と土盛りの双方を「ミツカ・ミヅカ・ミズツカ（水塚）」という。

ミズヤは、木曽川・長良川・揖斐川の木曽三川下流の輪中地帯に多く見られたが、現在は主に岐阜県海津市から大垣市付近までに残っている。屋敷全体を三メートルほど高くし、さらに母屋よりも二メートル近く土盛りをして、ミズヤを建てている家もある。洪水が引くまでの期間、その中で日常生活ができるもの、穀物や家財などを保管しておくもの、通常の土蔵として利用しているもの、という三類型、そしてその混合型がある。

ミヅカは、利根川中・下流域の低湿地に多く分布する。とくに群馬県邑楽郡板倉町、埼玉県北埼玉郡北川辺町（現・加須市）、千葉県印旛郡栄町などが密集地域である。ミヅカをミズヤという地域もあり、両者に違いはない。土盛りは一メートルから五メートルほどの高さにし、三方を屋敷林で囲う。土盛りの土は屋敷周りから採り、その跡を堀にして水流のエネルギーを分散させている。建物は二階建てが多く、一階には米や味噌などの食糧、二階には寝具や衣類、ちゃぶ台などを備えている。場合によっては、母屋の仏壇などを滑車で引き上げる工夫もした。

木曽川水系に分布するミズヤは、静岡県内の天竜川・大井川水系にも見られ、天竜川中・下流域ではこれをツカヤ（塚屋）といい、屋敷の北西隅に土盛りをして蔵を建てている。また、建物を建てずに二メートルほどの土盛りだけがある家や、共同体で小丘をもつ地域もある。これは「ツカヤマ（塚山）」「ツキヤマ（築山）」「イノチヤマ（命山）」などといい、頂上には地の神や稲荷などを祀って緊急の避

天竜川水系のツカヤ（静岡県磐田市）

難所としている。ここでのツカヤマは、河川の氾濫よりも海からの高潮や津波に備えた避難施設である。

　大井川下流域では、屋敷全体が舟型あるいは三角型をしているため「舟型屋敷」「三角屋敷」と呼び、舟型の舳先(へさき)付近に土盛りをして樹木を植え、地の神や屋敷墓を配している。さらに、その内側に一メートルほどの石垣を積んで蔵を建て、これをミズヤと称している。舟型屋敷の周囲は、利根川流域に見られるような堀が掘られ、水流が舳先を境に二分してエネルギーを分散するように工夫されている。

　このほか、信濃川下流域にはミズクラ（水倉）がある。いずれにしても洪水時の水深によって土盛りの高さが高くなり、避難所生活期間が長い常習地帯では建物に備える生活物資はより万全なものとなる。

水塚を築くということ

　近世初期の農書である『百姓伝記』は、尾張(おわり)・三河・遠江国(とおとうみのくに)についての記述が詳しい。そこには屋敷構の留意点として、「大きい川の近くで洪水の常習地帯では、屋敷のそばに『水塚』といって土を盛りあげて、竹や木を植え、洪水のさいの避難所とすること」とある。水防の知恵は、屋敷構の段階で行うべきものであり、このような知識は広範囲に伝播したものといえよう。

　ところで、水塚は文字通り土盛りをして水害に備えるための構築物である。前述したように、土盛りの上に何も建てず、神仏を祀っているだけのものも見られる。三河から遠江、駿河地方にかけて、屋敷神として地の神を祀ることが盛んに行われている。地の神の多くは、屋敷のイヌイヅマ（乾隅、北西隅）に母屋よりも高く土盛りをして祀ることがよいとされており、これらの地方の水塚には屋敷神の祭祀から発展したものと推測される特徴が見られる。同様に、埼玉県幸手(さって)市のミツカにも、屋敷神の稲荷を高く祀っている家がある。水害から人命と財産を守るという実用性と、屋敷神信仰による精神性を兼ね備えたものが、これらの水塚であるといえよう。

現在、近代的工法による大河川の治水事業が進み、かつてのような大水害の危険性はほとんどなくなったと信じられている。道路網の整備や宅地開発も進み、無用の長物と思われている各地の水屋・水塚ではあるが、近年の記録的な大災害が繰り返されている今日こそ、自己防衛手段として先祖の知恵を残す工夫が必要であろう。（松田香代子）

天井舟［テンジョウブネ］

▼水屋・水塚

天井舟とは、水害常習地帯において水害に備えて物置や納屋、水塚の天井や庇などに吊るされた緊急避難用の舟をいう。この舟を、群馬県邑楽郡板倉町では「アゲフネ（揚げ舟）」と呼び、天竜川下流域では「カワブネ（川舟）」という。低湿地の水田地帯では、日常に使われている田舟を緊急用に利用することも多い。

水塚での避難生活

埼玉県春日部市水角（旧・庄和町）は、低湿地であり有数の穀倉地帯である。ここの舟は、水塚の倉の軒下に船底を下にして吊るしてある。これは、緊急時に水にそのまま下ろして使うことができるからである。この舟は、利根川が久喜市栗橋で決壊したときに米三〇俵（約二トン）を運んだという大型のものである。また加須市北川辺町には、全長六メートルの三〇人ほど収容できる揚げ舟をもつ家もある。

川が増水してくると、人間よりもまず牛馬など家畜を避難させる。場所は地域によって異なるが、比較的高い堤防や高台に連れていく。次に屋内の畳や建具をはずして、縁台などの台の上に重ねて載せる。同時に、ご飯の炊き出しをして握り飯などを用意する。このような作業を男女の役割分担で行いながら、まず子どもたちを水塚に避難させる。

船底を下にした天井舟（埼玉県春日部市水角）

こうすることで、たとえ堤防が決壊して洪水被害にあったとしても、水が引くまで水塚で何日も暮らすことが可能となる。なかには、水塚の倉に一年分の米を貯蔵している家もある。

しかし、飲料水や洗濯水などを供給する井戸と、煮炊きをする竈や風呂などの設備が整っている水塚はまれである。そのような時に、揚げ舟で往き来をして親戚の井戸や竈、風呂などを借りるのが常であった。水塚での避難生活は一か月以上に及ぶこともあり、学校への通学にも揚げ舟を利用したという経験者もいる。また、水塚が必ずしもあるとは限らず、兄弟、親戚などが避難してきて、何組かの家族がひとつの水塚で共同生活を送ることもあった。そのようなときにも、揚げ舟は洪水時の交通手段として欠かせないものであった。

（松田香代子）

ウチオロシ

ウチオロシとは、横殴りに降りつける雨風から家屋を守るための雨除け板のことである。板を打ち下ろして囲う外部装置であるために、ウチオロシと呼ばれ、とりわけ紀伊山地に顕著に分布する。

これらの地域には年間降水量が二〇〇〇ミリを超える豪雨地域があり、さらに季節風や台風など雨混じりの風から家屋を守るための工夫が必要とされる。

家屋の外壁は雨に強い板壁で構成され、屋根は風に備え棟を低く抑えた簡潔な切妻屋根が多い。切妻屋根では、外壁や開口部を守るために平側（大棟に平行な側面）のみならず妻側（大棟と直角をなす側面）にも板囲いが必要である。平側軒先には軒垂れ、妻側螻羽（切妻屋根の妻側先端部）には妻垂れを下げる。その丈は、平側は三〇センチほどであるが、妻側では長いものは二メートルに及ぶものもあった。

平側は、枯木灘から熊野灘沿岸では「マエイタ」や「アマヨケイタ」、十津川では「ウチオロシ」、妻側は、熊野川や北山川流域では「ガンギ」、十津川では「スバルイタ」や「スバルノウチオロシ」とも呼ばれ、地域によって呼称が異なる。

付属屋の四方を囲むウチオロシ（和歌山県北山村）

母屋以外に納屋や蔵、便所などの付属屋にもつけられる。

ウチオロシには板材が用いられ、竪板張りで構成されてきた。しかし、第二次世界大戦以降、屋根材が杉皮から波板鉄板に変化するにつれてウチオロシも板材から耐久性の高い波板鉄板に変化し、さらに近年は、開口部のある平側は透光性のあるポリカーボネート素材に移り変わっている。

他方、外部開口部の建具が障子からガラス戸、アルミサッシ戸へと変化するにつれてウチオロシは撤去されていき、新築住宅では設けられなくなっている。（千森督子）

2 防風・防雪

石垣［イシガキ］

石垣は敷地の周辺に石を積んでつくった屋敷囲いのことをいうが、それとは別に、城の石垣や宅地造成に積んだものもこう呼ばれる。屋敷囲いの石垣は、風の強い地域や離島の集落に多い。

石垣の目的

石垣をつくるのは、強風から家屋を守るためだが、海岸に面したところでは、個々の家だけでなく集落全体を守る防風防潮のための高く長い石垣が存在する。たとえば、四国の佐田岬（愛媛県）先端にある正野集落には、城壁のように集落全体を石積みで囲った波除け石垣がある。長崎県・対馬の下県郡厳原町（現・対馬市）では、防風ばかりでなく防火の目的で築いた石垣が見られる。

宅地造成の石垣は傾斜地の下側に土留めの石を積んでつくった擁壁で、山間に開かれた集落に多い。急傾斜の地に石垣でつくられたひな壇の宅地が並ぶ独特の景観を示している。また、城の石垣は防衛のための高台を築くものであるが、これと共通する目的で民家につくられた石垣といえば、水害時の避難場所である水屋や水塚の基壇がある。これはかつて水害が多く発生した岐阜県西濃地方や埼玉県の利根川流域に見られるもので、民家の屋敷内に石を積んで二メートルくらいの高台を築き、そこに倉庫や土蔵を置いて、生命や財産を水害から守る。石は、昔から住生活の安全を図るために欠かせない自然の恵みの優れた建築材であった。

石垣の構造

海岸や河原に転がっている丸みのある石を「呉呂太」といい、角張ったものを「野角」という。これらのなかから枕の形をしたほぼ同じ大きさの呉呂太石を集め、各段に据えて積んでいく。石の隙間には「ガンザ」と呼ばれる雑石を詰め込んで固定する。この積み方を「整層野石積み」と

乱層野石積みの石垣（沖縄県竹富島）

いう。これに対して大小さまざまな石を積んでいくのを「乱層野石積み」という。岩塊を大割り、小割りにして成形した石を樵石といい、形から間知石と切石（布石）に分けられる。これらは形や大きさが統一されているので石積みも容易で、上層下層の石を品の字形に据えていく。この石積みを「整層樵石積み」といい、石の形から切石積みや布積みがある。さらにこの変形として、「入れ子積み」や「亀甲積み」などがある。沖縄や九州などでは石工の技術の優れた樵石積みが見られる。大きさを揃えない樵石を積んだものは「乱層樵石積み」といい、これには「谷積み」「呂の目積み」「矢筈積み」などがある。石垣に使われる石は硬く耐久性がある安山岩、玄武岩、花崗岩などの火成岩が多いが、軟質のものでは凝灰岩の大谷石（宇都宮）や沖縄の珊瑚石などその土地の特産が多く使われている。

石垣にある魔除け

日本人は稲藁に霊力があると考え、注連縄や藁の造形物をつくって厄除けとすることが多い。また、一方で硬くて重い石には永久に朽ちない霊力があると考え、石神や石仏をつくって魔除けとする。石像のような形にしなくても、石に安全や健康を願う信仰が多く見られる。たとえば、石垣の角が鬼門にあたる場合は曲形にして災いを避ける風習がある。また、T字路の突きあたりから魔物が入るという考えは多くの地に存在しており、石垣がT字路に面している場合、そこに特別大きな石をはめ込んで魔除けとする。その魔除けの石で代表的なのは、沖縄でよく見られる「石敢当」である。石垣に組み込まれたものもあれば、石柱として道路に立てられたものもあり、文字が刻まれてないものもある。石の霊力を信じる石敢当のような風習は、青森県の弘前市まで北上して見られるものである。

石垣の生態環境

自然石の石垣は隙間だらけで、長い間に土が内部に入り、水も浸み込んで土溜りや水溜りが生じる。そこは小動物の棲家になり、植物も芽を出して石垣の表面を覆う。石垣は生命を育む母体となる。石そのものは生垣や屋敷林に比べて蓄熱作用が大きく、夏季の日射しを受けると相当熱くなる。しかし、石垣の土溜りや水溜りが蓄熱を抑え、石垣の表面を覆った植物が日射を遮蔽するため、石垣の温度は上がらない。石垣をコンクリート塀に変えると、土や水の溜まる隙間はなく、植物も生えず、夏季のコンクリート表面の温度は六〇度近くになる。しかも、昼間の蓄熱は夜には放熱し、周辺の気温を上げることになる。河川の護岸をコンクリートにした場合も同様で、動植物の棲家は失われ、蓄熱による温熱環境の悪化をもたらし、自然景観も失われる。石垣は、人と自然の共生を図るもっとも素朴で有効な建造物である。

（古川修文）

防風林［ボウフウリン］

▼垣根、屋敷林、築地松、間垣

防風林の種類

住まいを強い風から守る屋敷林を防風林という。さらに住まいだけではなく、耕地や鉄道・道路などを風害から守る防風林もある。防風林は、垣根の意味の「クネ」や「クネギ」などともいわれるが、山梨県などでは風除けの木をとくに「シケキ」などと呼んでいる。防風林は、屋敷林や垣根のように屋敷境を表しているというよりは、強い風や土埃・砂塵を防ぐ意味の方が強い。

一般に防風林は、北からの季節風を防ぐために、屋敷の裏側にあたる北から西にかけて植えられている。常緑樹のスギなどが多い。しかし、地域によって樹種のちがいや、風の方向のちがいから、植えられている位置が異なっている様子が見られる。たとえば、越後平野では、信濃川や阿賀野川などの大きな河川から吹いてくる風が強いので、とくにその方角に向けて風除けの木を植えている場合がある。

なお、強風にさらに対処するためには、北側の木と木とを結んで、三段か四段に竹棹を渡し、そこに束ねた稲藁を吊るしたしつらえをしていることもある。

地域によって異なる防風林

島根県の出雲平野に見られる築地松は、冬の強い西風を防ぐために植えられた黒松である。この地は、宍道湖に注ぐ斐伊川の土砂の堆積によってできており、ひとつの屋敷が離れて立地する散村（散居村）の集落である。そして、塩性の強い土壌の土地に適している黒松を防風林として植えてきた。築地松は、「陰手刈り」と呼ばれる剪定をしながら、屋敷を強風から守っている。

富山県の砺波平野は、庄川流域の平野である。ここも散村の集落で、屋敷はほぼ二〇〇メートル間隔にある。この地方の屋敷林は「カイニョ」と呼ばれ、南西にそびえる山岳からの強風を防ぐために、その部分を厚くした防風林となっている。樹種には、スギを主としてアテ（アスナロ）、ケヤキ、モミなどが見られる。カイニョは、夏の暑さを和らげる効果もある。

北海道には、民家を強い風から守る屋敷林があるとともに、トドマツなどを利用して防雪林の効果をもたせている屋敷林もある。また、鉄道線路や道路の脇に造られた防雪林、耕地全体を強い風から守るために植えられた巨大な耕地防風林も見られる。

沖縄などの南西諸島では、樹木のフクギ（福木、オトギリソウ科の約九メートルに及ぶ高木）と珊瑚石を組み合わせたものを屋敷周りに配している。沖縄は台風が常に襲う地域であるので、フクギと珊瑚石は屋敷の周囲を巡らすようにしている。フクギは、台風の強風をしのぐとともに夏の日射しを遮る効果もある。そして、珊瑚石を積み重ねた石の隙間は、心地よい風に変えて屋敷の中へ風を通す効果もある。フクギは、建物の完成祝いのときには、二本の枝

築地松（島根県出雲市）

北側に並ぶカシ・モチ・サンゴジュなどの防風林（埼玉県吉見町）

ノロシとよばれる風除け（茨城県古河市）

を伐って柱に供えることなども行われているように、生活に密着した重要な木である。なお、かつては、南西諸島ではガジュマルやアコウも植えられていた。

防風のための設備

このような樹木の防風林のほかに、樹木ではないが防風のための設備も各地に見られる。

漁村などに見られるマガキ（間垣・籬）は、海からの風や飛砂を防ぐために、板や竹、茅などを用いた囲いである。そこを風が通るとおだやかな風に変わっていく。

関東地方などでは、分家として出たり、新田村に入居したりした屋敷には、ほとんど樹木のない屋敷もあった。茨城県古河市に残る天保七（一八三六）年の史料には、「古百姓は屋敷内ニ立木等之風除御座候（中略）、新百姓は右様風除無之候」と示されており、防風のための屋敷林をもてない民家があったことをうかがうことができる。こうした屋敷では、冬になると、屋敷の北から西側にかけて竹などで骨組みを作って、そこに藁や莚などを掛け、北西からの強い風を除ける「ノロシ」などと呼ばれる風除けを設えていた。

（津山正幹）

雪囲い［ユキガコい］

▼雁木

「雪垣」ともいう。降雪・積雪地帯で、主として母屋や付属舎を風雪から守るための囲いや垣をさすが、雪囲いは、庭木の保護装置や、屋根からの落雪から玄関その他を守るための囲いをさすこともある。防風・防雪・防吹雪の対応は重層的に行われる場合がある。

防雪の重層的対応

屋敷林のことを、宮城県では「イグネ」と呼ぶ。同県大崎市大崎伏見本屋敷では、一〇月末から四月にかけて吹く北西・西の風を「ナリ風」と呼ぶ。北西に樹木を密にしたイグネは冬季のナリ風に乗った吹雪から母屋を守ってくれるのであるが、イグネに加えて「ヤドツ（宿簀）」で母屋を守ることもあった。ヤドツは萱（薄）または藁で簀を編み、支柱を立ててこれに固定するのである。イグネのないイエでは、簀を厚くして専らヤドツに頼ったのである。

富山県の砺波平野では屋敷林のことを「カイニョ」と呼ぶ。ニョはニオで、稲ムラのことを意味する。カイは「垣」で、屋敷林に囲まれた屋敷の形状をニオに見たてたものと思われる。

南砺市井波軸屋の稲垣博（昭和九年生まれ）家のカイニョは杉、欅、高野槇などからなり、南からの台風や井波風から、そして冬季の吹雪からも母屋を守る。しかし、母屋の東正面はカイニョの樹木が疎らなので、冬季は雪除けとしてクサマキ（高野槇で作った大型の板戸）を使っている。カイニョに加えて、萱や藁の雪囲いで母屋を囲む例もある。

屋根萱（薄）の有効利用

富山県南砺市利賀村阿別当の野原ことさん（大正四年生まれ）は次のように語る。野原家が萱屋根の合掌造りを廃して現在のトタン屋根の家を建てたのは、昭和三七（一九六二）年のことだった。合掌造りの時代は、雪囲いのために萱場で刈った萱を乾燥させ、一〇月中旬に山から萱を運んで一一月中にその萱で母屋の周囲に雪囲いをめぐらした。四月中旬に雪囲いをとりはずし、その萱を貯蔵しておいてこれを屋根萱にしたのである。萱屋根がなくなってから、雪囲いは板材に変わった。

岐阜県大野郡白川村御母衣の遠山家は大家族で、明治末年まで三六人の家族だった。合掌屋根の片屋根は七間に一三間で、厖大な萱を要した。それをまかなうための萱場が五町歩（約四万九五〇〇平方メートル）あった。屋根替えは一代に一度といわれるが、合掌の頂の部分に水平に並べる押さえの部分に使う、「棟萱」の葺き替えは二年に一度行った。その棟萱の扱いに、注目すべき点がある。雪の降る前に萱刈りをして、四把ずつ立てて乾燥させ、その一部を降雪前に背負いおろし、他はニュにしておいた。雪の前に担ぎおろした萱で、母屋、ハサ（稲架）小屋（五間×二間）、糸引き小屋（五間×四間）などの雪垣をつくって降雪に対応したうえで、その萱を春、棟萱にしたのである。

いったん雪囲いをした萱を屋根萱に利用するというかたちは、秋田県大仙市でも見られた。

諸国の雪囲いとその変容

雪国の雪囲いは、萱のみではない。北海道の浜頓別から斜内へかけての民家や、稚内郊外、襟裳などの民家では、多くの板垣を見かけた。青森県北津軽郡中泊町小泊下前の、日本海に面した崖状地の民家の周囲には厚板が立て並べられ、海から吹きつける強い吹雪を除けていた。つがる市木造町では、かつては、日本海側の北浮田・越水・菰槌方面の湿地帯で量産される葭で風雪垣を編んだ。当地では、葭のことを「アシガヤ」と呼ぶ。しかし、現今ではアシガヤの刈りとりから乾燥・簀編みに手数がかかるので、風雪垣の主流は板になってきている。横手盆地では、「ネッコ」と呼ばれる草炭を採掘して、燃料として利用した。

秋田県横手市大雄潤井谷地の佐々木倉太さん（昭和二年生まれ）は、原野のネッコ採掘権を毎年三畝以上借り、それを一〇戸で均等に地割りしてネッコを掘った。原野は萱（薄）原なので、その薄を刈ってそれで簀を編みためて、冬季の雪囲いにした。

萱屋根がなくなり、ネッコ掘りも終わり、各地では萱を編んだ簀の代わりに厚板の落とし戸式の雪囲いや、プラスチックの波板を以て雪囲いとする家が多くなった。家屋の周囲に支柱や横木を組んでそこに馬料の葛葉や萩を干していた。その木組みは雪囲いの支柱にもなっていた。ところが、家から馬が消え、馬料の必要もなくなって木組みも消えた。それに連動して木組みに葭簀や萱簀を固定する型の雪囲いも消え、落とし板式雪囲いやプラスチック波板の雪囲いが増えた。

雪囲い（秋田県横手市大雄）

雪国の民家を訪ねると、玄関の前にはもうひとつの雪除け空間がつくられている。これをガンギと呼ぶ地もある。形式はさまざまだが、現今は、簡易ガレージと同様の金属柱と透明度のある厚手のプラスチック板を組み合わせた瀟洒なものもある。雪や汚れを正式な玄関に持ち込まないように工夫されているのである。

（野本寛一）

間垣［マガキ］

▼防風林

冬の強い風や吹きつける雪の害から家を守るために、周囲につくった垣根をいう。主として日本海地方に見られ、材料には竹や板などが使われる。住人は、秋仕事が終わると年中行事のごとく防風雪用の囲い、風除けをつくった。

風除けは「カッチョ」（青森県津軽地方）、「ショガキ」（秋田県男鹿地方）、「ソガキ」（山形県庄内地方）、「マガキ」（石川県能登地方、新潟県佐渡市）、「タカガキ」（新潟市岩室周辺）、「カザテ」（新潟県柏崎市）などと呼ばれて地域差がある。材料には、比較的安価で、地元で入手が容易なものを使うのが一般的である。伝統的なのは、板や竹、茅だが、近年ではビニールネットや鋼板などの工業製品も目立つようになった。

板の場合は杉が一般的で、平板と丸太を製材した際の蒲鉾状の板とがある。新潟県柏崎市では、どちらもセイタと呼び、これを支柱と横木に間隔をあけて荒縄で固定し、北西風に対抗して押え木を斜めに設けた。青森県津軽地方では、地吹雪や西風に対してヒバのカッチョ板をめぐらし、板と地面のあいだには藁(わら)を敷き込んだ。能登地方では、アテ(アスナロの一種)を支柱や竹の固定に使った。ヒバやアテは、杉に比べて硬質で長持ちしたという。竹は、里山に自生するものを秋に伐採し、比較的径の太い孟宗竹(もうそうちく)は並列に、細いハチクやヤダケは枝葉のついた状態で一定の厚さに組み込んだ。

能登の間垣(石川県輪島市大沢)

マガキは、春になっても解体せず、劣化した竹を抜きとり、新竹を差し込んで補修した。カッチョは、カザテに比べると板の間隔が狭く、能登のマガキは佐渡より組みかたが厚いと指摘されている。

風除けは各家で設けるのが基本だが、柏崎市西山では、「隣につなぐは地域の絆」「風除け仕事はお互いさま」といい、境界を越えて隣家と接続して強度を高めた。共同作業は、ムラの連帯感を育むことにもつながっていった。

簡略な構造だが、微妙な隙間が重要で、通過した荒風は穏やかになった。地域の環境と暮らしを凝縮した冬の風物詩であった。

(三井田忠明)

融雪池・冬水 [ユウセツイケ・フユミズ]

積雪量の多い地域では、母屋の周囲に池を掘って、そこへ屋根の雪下ろしをした雪や敷地に積もった雪を入れて融かしている。この池のことを融雪池といい、信越地方では「タナ」「タネ」と呼んでいる。融雪池は、降雪量が多すぎて雪を融かしきれないような地域や、池の水が凍ってしまうほどの寒冷地には適さない。水源となる湧水や流水の温度が気温に比べて高く、かつ寒冷すぎない多雪地域でこそ、有効に利用できる設備である。一年をとおして、融雪のほかに野菜・道具・身体の洗浄、養魚、防火用水などの多目的に使うものと、冬季にのみ水を張って融雪に使うものがある。池の数や大きさは、母屋の大きさや敷地の関係などによって変わってくる。家の裏側につくられることが多く、屋根の雪を直接落とすことができる位置にあるものと、いったん下ろした雪を運び入れるものとがある。

新潟県魚沼市葎沢（旧・湯之谷村）の関昇一家は、建て替え前はマガリヤで、家の周囲に融雪用の池が五つあった。タナと呼んでいるのは家のうしろの池で、一年中、川から水を引いて、鯉を飼っている。この地区では、池に面した屋根の雪は直接池に落とし、脇の屋根の雪は屋根からトイでおくって下に落としてからタナに入れる。

雪下ろしとタナ（新潟県魚沼市葎沢）

新潟県十日町市のふたつのタナがある家では、上手のタナでは人の口に入るものを洗い、下手のタナでは汚れものを洗った。近くの川などから屋敷内に水を引いて母屋のまわりの雪を消すことを、「フユミズをかける」といっている。

新潟県新発田市滝谷新田の佐久間新家では、玄関の下手に面したところに池がふたつつくられている。広さは八坪と五坪まわりに石組みが施され、深さは五〇センチほどである。脇には松が植えられ、石灯篭も据えられており、春から秋にかけては庭の景観の一部となって清涼感を出している。家の脇を流れる常磐用水の水を家の中に引き込んで池に溜め、また排出することができるのは、佐久間家が旧家だからである。

積雪期には、引き込んで池のようになっている水路に庭や屋根に積もった雪が一メートルくらいになると落として融かす。母屋のまわりは家の中に光を通す半透明の波板で覆う。それをフユガコイ（冬囲い）またはユキガコイ（雪囲い）という。雪を融かすことによって、雪が積みあがってフユガコイを押しつけることがないように考えられている。

池には一年をとおして食用鯉が飼われており、鑑賞用にもなっている。屋根から落とした雪が池の全面を埋めてしまうと鯉が死んでしまうので、イケの一部をダイドコロの中に引き込むことで、鯉の逃げ場を確保している。春には、池にスズ（種籾）を浸けていた。

隣の集落である滝谷の阿部庄三家では「ヨウジンイケ」といい、防火用水の用もなしている。このように、融雪池は複合的に用いられている。

（鈴木秋彦）

雁木［ガンギ］

町屋の道路側に葺きおろした個人所有の下屋。個々の家の雁木が連続していて、だれでもが自由に行き来することができる。冬季には通路となり、また風雨や強い日射しを遮る日除けとなって通行人と荷物を守る。新潟県上越市高田大町や長岡市内・栃尾表町などでいうガンギを、青森県黒石市中町などでは「コミセ（小店）」、鳥取県八頭郡若桜町では「カリヤ（仮屋）」という。坂道のあるところでは各家ごとに路面に段差を生じており、屋根の高さも家ごとに異なっている。

▼雪囲い

ガンギ（長岡市栃尾表町）

カリヤ（鳥取県八頭郡若桜町）

農家の玄関先に冬季にのみ仮設の小屋掛けをして風雪を防ぐものもガンギということがある。「ガンギ」と同音で、ぎざぎざの形や模様、船着場の石段、茅屋根葺きの工具を意味する場合もある。

史料上の初見は、長岡では寛永一九（一六四二）年の「八町家の記録」に見える「雁木通り」、高田では正徳年間（一七一一～一六年）の「正徳年間高田町各町記録」の「雁木」であるという。

氏家武は、雁木が連続する通りを雁木通りとすると、形式から見て長岡は妻側式雁木通りで、高田は平側式雁木通りであると二区分する。

鈴木牧之の『北越雪譜』初編巻之上に、雁木のことが記され、通りに積もった雪にトンネルを掘って雁木と雁木のあいだを行き来できるようにしたものを、「胎内潜り」「間夫」といっていた。道路面を超えるために、上り下りする階段を掘りあげる場合もある。

雁木の下の土地の所有関係は、高田・栃尾では私有地、長岡では官有地（県有地）、黒石のコミセは私有地、若桜のカリヤは私有地となっている。

上越市高田の場合、ミセ・チャノマ・ザシキと続く標準的な町家の片側住居の表に付随している。雁木の軒下の土地は、各家の私有の土地を屋根つきの通路として公共用に提供したものである。総延長は高田が全国一で、一六キロあるといわれている。

　雁木の天井部分に雪下ろしに使われるトヨ（すべり台のように断面が凵字状になった木樋）や梯子などの個人所有の道具が収納されているのを目にすることがある。また、秋から冬にかけては柿や大根を下げて干している。栃尾表町では雁木に注連縄を張っている家を見かけた。雁木の下は私有地であり、通りとの境界になっていることを表象している。

雁木の構造

　雁木はその構造から二種類に分けられる。「造り込み雁木」は、道路に面した表に対して、切妻平入りの大屋根を延ばしたもので、通路部分の上部は表二階（ツシ二階）となる。通路は二〜三尺（約六〇〜九〇センチ）の狭い通路となる。この形式は天保年間（一八三〇〜四四年）には見られたという。明治時代になると、「落し雁木」という切妻平入りの母屋から下屋を下げたものがつくられた。通路は六尺（約一八〇センチ）くらいになった。高田の例では、「造り込み式」のみが建蔽率に組み込まれ、天井の高さが一・五メートルを超えると固定資産税の課税対象になるという。

　長岡市においては、昭和二六（一九五一）年に除雪機械である雪上車が、昭和三六（一九六一）年には汲みあげた地下水を散水して融雪を図る消雪パイプが実用化された。これによって道路を埋めた雪が排除されて、自動車が通れるようになった。車社会になると、住宅の前方がとり壊されたり改造されたりして駐車スペースに変えられるようになった。これにともない、雁木がとりはずされることもあった。戦後になると、アメリカ式のアーケードが商店街によってつくられ、市などに寄附された後に管理を商店街が行うということも出始め、雁木がとって代わられた場合も少なくなく、伝統的な雁木通りも変容していった。

町並み復活への取り組み

　長岡市栃尾表町では、平成九（一九九七）年から住民・新潟大学工学部建設学科・長岡市役所栃尾支所建設課の協働によって、昔ながらの雁木が連なる美しい町並みを活かした町づくりが行われている。学生と町の人たちが共同してデザインコンペを行い、制作までのすべてを自分たちの手で行っている。雁木のなくなった家、空き地、駐車スペースなどの前に雁木を新設することにより、不連続性が解消され、雁木の中を通ることができるようになった。まちの一体感も醸成されているようである。

（鈴木秋彦）

雪下ろし［ユキオろし］

越後のユキホリ

雪下ろし（雪降ろし）とは、屋根に積もった雪を取り除くことをいい、「雪払い」「雪掃き」「雪除け」「雪すけ」「雪掻き」など、積雪の多少や地域で呼び名も異なる。新潟県南部の魚沼地方では「ユキホリ（雪掘り）」という。『北越雪譜』を著した鈴木牧之は、「雪を掃ふ」の項で、「落花をはらふに対して風雅の一ツとし、和漢の吟詠あまた見えたれども、かかる大雪をはらふは風雅の状にあらず。初雪の積もりたるをそのままにおけば、再び下る雪を添えて一丈にあまる事もあれば、一度降れば一度掃ふ、雪浅ければのちふるをまつ。これを里言に雪掘りといふ。（中略）掘りたる雪は空地の、人に妨げなき処へ山のごとく積上げる、これを里言に掘揚げといふ。（中略）大抵雪降るごとに掘るゆえに、里言に一番掘り二番掘りといふ」と紹介している。魚沼地方の平地部では、「一二月に一掘りすると正月三掘り」の大雪になると伝えられている。

イッタンブリ（一旦降り、ドカユキ）というときには、一夜にして一メートル以上の降雪量になるのも珍しくない。雪下ろしは、ひと冬に五、六回から、ていねいな雪下ろしをする家や地区では十数回にもおよぶため、「雪をためてはいけない」と戒めている。

雪下ろしの知識

急勾配の茅葺き屋根は、棟の部分から下ろし始めて（「グシワリ」「ムネワリ」という）地上へ投げ落とし、次第に軒先へと屋根の平を均等に回りながら行う。「ガワメグリ」（新潟県中魚沼郡津南町上野）とか「ダイロマワリ」（南魚沼市大月）ともいう。軒先から下ろし始めると、上から雪が崩れてくるからである。雪下ろしのときにはカンジキを履き、雪を踏み落とさない注意と、板製のコスキで屋根茅を傷めないように注意した。大正から昭和の初め（一九一八〜三一年）に、鉄道や水力発電工事で使われた「シャベル」（十能型のスコップ）は、茅を切断するから使わないようにと注意された。

茅葺き屋根の雪下ろしは、棟から下ろし始める（新潟県十日町市、昭和50年代）

背丈を超える屋根の雪下ろしは、軒先から下ろし始める（新潟県南魚沼市）

また、寄棟の妻側は、切上げと空気抜きの破風造りが多く、屋根平は勾配がきついので、長い柄をつけたコスキで突き落とした。

中門造りの家は、母屋と中門との接合部（「ダキ（谷）」）に多くの雪がたまる。しかも雪を母屋と中門の両側から一か所に向かって投げ落とすために、たちまち軒先が埋まってしまう。したがって、軒先に積まれた雪を排除して、明かり窓の掘り出しをしなければならない。

コバヤネ（板屋根）など平屋根の雪下ろしは、軒先から下ろし始めて両側を平均するように棟へと下ろしていく。これは、屋根庇までの距離があり、棟から下ろし始めると、投げ落とした雪の重量で、家が倒壊する危険があるからだ。

長い屋根の平から、雪をいかに苦労しないで地上に投げ落とすかを考えて昭和一〇（一九三六）年ごろに考案された雪樋（滑り台）は町場で使われた。また、昭和五〇（一九七五）年ごろには、コスキやスコップに替わるスノーダンプ（スノーカート、スノーブル、スノーパーなどの商品名）が、雪下ろしに普及した。

軒の低い家では、投げ下ろした雪の量は一掘りでもコツラ（軒下）、とくに屋根庇が雪で塞がれてしまう。雪が「シタダマル」（絞まる、沈下する）ときに、屋根が傷むことがある。この状態を防ぐために屋根庇を離す雪下ろしを「ケラバを切る」という。富山県五箇山地方では「きりかえあけ」という。

軒先から雪下ろしを始める。スノーダンプと雪樋が見られる（新潟県南魚沼市）

近年、高床式家屋が増加し、自然落下式や屋根融雪（地熱式、地下水の散水式、電熱・灯油ボイラーによる温風式、不凍液循環式）システムが普及して、雪下ろしの様相は一変した。

（池田　亨）

二重窓【ニジュウマド】

単板ガラスまたは複層ガラス入り建具を外戸と内戸で二重にした窓で、防寒、保温、防音などの目的で設けられた。二重窓は、ひとつの建具枠に二重に戸を設けたものや、ふたつの建具を二重に重ねたものがあり、外窓上げ下げ・内側内開き、外窓外開き・内窓上げ下げ、外窓外開き・内窓内開きなどのほか、いずれも引き戸にする手法も見られた。

上藻別駅逓所の外側ガラス窓・内側障子（北海道紋別市、1926年）

北海道では単板ガラスの一重構造が多かったが、昭和二〇（一九四五）年以後、防寒構造が普及するにつれて、単板ガラス入り建具の二重構造窓が採用されるようになったといわれる。ただし二重窓の早い例としては、大正七（一九一八）年に開催された「開道五十年記念北海道博覧会」に北海道庁が出展した木造二階建て柾葺き腰折れ屋根（切妻屋根の勾配を途中から急にした駒形屋根）の「農家住宅模範家屋」があげられる。一階上げ下げ窓、二階引き違い窓で、内側に障子をはめて二重とする防寒意識が見られる。また、昭和八（一九三三）年出版の『建築構造1　一般構造　防火構造　高等建築学7』（常盤書房）には、「寒国にて防寒の目的の為、または市街地の騒音を隔てる目的の為に屢々二重窓が用ひられる」との紹介が見られる。

北海道では、窓ガラスは市場寸法のまま使用された。市場品の最小規格寸法は、半紙判という一四×一〇インチ（三五×二五センチ程度）、一箱一〇三枚入りであった。メーカーや卸元が、中央で需要のない半紙判を北海道へ押しつけたともいわれるが、半紙判サイズの単一化は需給両面でメリットが大きく、安価で補修できるという点も歓迎された。また、半紙判は六尺、三尺の柱間に具合よく納まるため、半紙判六枚（縦長に三枚二段）、または九枚（同前、三段）を入れた建具の定型ができあがり、この定型の既製品建具が市販されるようになったことは、板ガラスの普及にも一役買うこととなった。

さらに北海道では、外回りの建具の板ガラスを留めるのに高価な輸入品でもあるガラスパテの代用品として、民間建築では戸外側から一辺六ミリほどの等辺三角形（または不等辺三角形）の木製の四分一（押縁）をガラス釘で枠と桟に打ちつける独特の手法が普及していた。戦後一九五〇年代にもよく使用され、素人でもガラスの補修は容易であった。

（角　幸博）

3　防獣

シシ垣［シシガキ］

シシとは肉を意味し、また、けもの、とくに猪・鹿を意味する。猪・鹿は焼畑・定畑・山田などに栽培される畑作作物や稲を喰い荒らす害獣的側面を顕著に示す。猪や鹿の食害から作物を守るための垣をシシ垣という。

山地や山つきの農民は獣害対策に心を砕き、さまざまな対策を講じ続けてきた。その防除法のひとつに「垣」がある。それも獣種によって異なり、また素材や形式も多岐に及ぶ。

柳田國男の『後狩詞記』のなかに、「宍垣の法」として、「鹿は上をしげく。猪は下をしげく。……」とある。跳躍力のある鹿に対応するためには一・五～二メートルの高さが必要であり、鼻・牙・前足などを使っての掘削力をもつ猪に対しては垣の低部を堅固にしなければならない。長く猪に対するものが主流をなしてきたが、ここ一五年ほどの間、鹿の増殖拡散が著しいので、山村を歩くと猪・鹿両用の垣が多く見られる。

たとえば、京都府相楽郡南山城村を歩くと、鹿除けのために高さ二メートルほどに寒冷紗を張りめぐらせ、低部には猪除けのために波トタンを張りめぐらす、といった二重構造のシシ垣が見られる。

寒冷紗と波トタンのシシ垣（京都府和束町）

木柵

木柵には次の二種がある。

1　造材利用

①焼畑地周辺の尾根に地上四尺、地下二尺の栗の割り木をびっしりと打ちめぐらした（岐阜県本巣市根尾越波）。猪に対してはいいが、

鹿に対しては高さが低い。

②焼畑・定畑・山田などに栗の割り木を打ち並べ、藤蔓で結束して猪除けにし、これを「シシワチ」と呼んだ（静岡県浜松市北区引佐町寺野）。

③一間間隔に栗の杭を打ち込み、それに、焼畑休閑地に移植生長させた榛の木の二〇年ものを斜めに結びつけて猪除けにした（静岡市葵区大間）。

①②③ともに栗材を使っているが、栗材は水に強く、腐らないからである。

④焼畑の休閑期間を一五年にした。一五年経つと、再生した椎の木を使って猪垣をつくることができたからである（鹿児島県大島郡大和村大棚）。

2　自然利用

①焼畑地周囲の立木を利用し、焼畑地から伐り出した木を藤蔓で結束してシシ垣をつくった（徳島県三好市東祖谷）。

②焼畑地の焼境の立木の間に焼畑地から伐り出した大枝を積んで囲み、これを「ワチ」と称した（愛知県北設楽郡設楽町）。

「ワチ」とは輪地の意と思われるが、奥三河では、猪込めの罠や落とし穴を併設した囲みのことをもワチと称した。右のようなワチの木柵の一部、傾斜地で猪が飛び込んで来そうなところの畑側に「ヤトウ」と称する竹槍を立て並べたり、木柵の外側に空堀を設けるといった複合的な対策も見られた。

石垣

①沖縄県の石垣島では、猪除けの石垣のことを「イノガキ」「フッパライシ」と呼んだ。石垣市川平のイノガキは川平湾から山川原を経てアザナ湾にいたる長大なもので、集落および畑地を囲み込むものだった。山川原を境として東西に分け、各々に「イシブサ」（石垣補佐＝石垣の責任者）を一人ずつ置いた。旧暦一月の吉日、「イシハライ」と称してシシ垣の清掃・修理をした。イノガキには五か所の出入口があり、「ゾー」と呼ばれる頑丈な門扉がつけられていた。イシハライの日、各ゾーで、神酒、芭蕉葉に盛った米などを供え、線香を立て、猪が、「プカヂ（外地）」から「ウチバリ（内原＝垣の中）」に侵入しないように祈った。一月二月、山に食うものがなくなると、猪は群れをなしてウチバリに侵入した。それを確認したイシブサは村役と相談のうえ、「カル（ムラの共同狩猟）」を行った。垣の周囲に見張りを置き、銅鑼を叩いて猪が垣の外へ逃れるのを防いだ。もとは槍で、後に銃で猪を捕獲した。カルで獲った猪は、ヨモギとアオサを入れ、味噌味をつけて大釜で煮てムラ中で共食した。

②沖縄県国頭郡国頭村奥では、定畑と焼畑を囲む東垣と西垣をつくっていた。ここでは「カキアタイ」と称する垣番が管理にあたった。垣全体を一番から六五七番までに分け、各区間をイエごとに割り当てて清掃・補修する方法をとっていた。

③和歌山県新宮市相賀は熊野川右岸に位置する。当地では、天水田や畑地の作物を猪から守るために、集落や耕地の背後の山中を大きく囲繞する形で総延長約一五キロに及ぶ石垣を設けていた。シシ垣は幅一メートル前後、高さ一・五～二メートル。稔りに先立つ八月、日を定め、ムラ中総出で垣まわりをした。ふつうは一日で終わるのだが、地震のあった年には三、四日を要した。垣まわりは昭和四〇（一九六五）年まで行われた。

電柵と金網

現在、猪・鹿対策の中心になっているのは、電柵と金網である。ムラに近いところは電柵、山中の植林を鹿から守るためには鉄骨と金網が用いられる。ヘリコプターで運ばれる場合もある。北海道では、畑地や水田に侵入するエゾシカを防ぐために、山境に金網をめぐらすというかたちをとっている。

（野本寛一）

しし窓［シシマド］

窓の一形式で、関東地方に多く見られる特色のひとつである。平入りの母屋、土間に隣接する上手の部屋に、縦格子のついた窓（床から四〇～五〇センチほどの腰壁のついた窓）の内側に引違いの板戸、さらにその内側に明り障子の一本引を設けたものなどをこのように呼んでいる。

近世には、農家の開口部は少なかった。農民は、明りとりの少ない建物を強いられたとも考えられる。しかし、まったくの窓なしでは生活できないため、土壁の土を落として下地の竹格子（小舞）のみにした小さい「シタジマド（下地窓）」などを設けていた。その後、より明るさを求めて開口部を大きくし、外部から他人や猪、狼、鹿などの動物が侵入してくるのを防止するための格子をとりつけた。この形を、各地で「シシマド」「シシヨケマド」「コーシマド」「サマ」「ハンド」など呼んでいる。地方によって、当て字のちがいや方言によるちがいはあるが、意味の相違は少ない。

一七世紀から一八世紀ごろに設けられたといわれ、時代推定の目安のひとつになっている。多くの改造がなされるため、現在では復元保存民家以外で眼にすることはほとんどないが、痕跡が発見されて建築年代の判定に役立つこと

椎名家住宅のシシマド（茨城県かすみがうら市）

旧伊藤家住宅のシシマド外観（日本民家園）

がある。

復元されている事例のひとつは、神奈川県川崎市にある日本民家園の神奈川県の民家で、およそ四センチ角の格子材が使われている。間隔は一三センチほどである。また、茨城県にある国の重要文化財・椎名家（一七世紀後半）のものは竹格子で、間隔は一五センチほどである。復元ではほかの部屋に大きな開口部を設けているが、この格子窓（シシマド）が有効であった時代はもっと開口部の少ない閉鎖的な住まいであったろうと思われる。

（宮崎勝弘）

家船

かつて、瀬戸内海一帯には、家族ぐるみで漁をしながら木造船「家船」と呼ばれる船に住まう漁民たちがいた。船には一家の生活道具、食料品や水、燃料などが積みこまれ、瀬戸内、九州、対馬などに出漁する。彼らは一年のほとんどを船で暮らし、年に数回根拠地に戻る漁師の集団である。

写真1　吉和の「家船」昭和30年代『船に住む漁民たち』より（上）
写真2「家船」の寝室にある神棚（下）

この家船は、能地（広島県三原市幸崎）が発祥の地といわれている。漁業権をもたない家船は、沖合で漁をし、その付近で売って、生計をたてていた。

「家船」の収獲物は、出漁先での農民との物々交換や他の漁業従事者の餌として活用された。また、家船における分家は、陸地のように土地や資本の必要がなく容易であり、漁業権の保障はないが封建的負担はなかったことで、長期の出漁が可能であったことが考えられる。しかし、出漁先での交流は経済的関係に留まり、家船は閉鎖的な集団であったようである。

尾道市吉和地区の家船

広島県東部にある尾道市は、古くから海運業や漁業が盛んな町である。市の西端に位置する吉和は家船の漁業者が多い地区で、港には何十隻も停泊している。吉和の漁業は、沖合の各地に滞在して行う「一本釣」である。「一本釣」は、網や延縄を引き上げる体力を必要としないので、女性や子どもにも漁ができる。ほとんどの船には、夫婦と子ども（四～五人）で乗りこんでいた。子どもたちは、父母から漁や商いの技術を習い、五歳前後で魚を釣れるようになったという。そして、一五歳くらいになると、漁師として自立していた（写真1）。

尾道市東元町の花本義三さん（昭和六年生まれ）は、一四歳のとき（昭和二二年）から両親とともに家船で生活した。二〇歳で結婚したあとは妻子とともに別船をもち、三九歳で「陸あがり」をするまで、家船漁業に従事していた。

家船の大きさは、長さ一〇メートル、幅二メートル、重量は二トン前後である。三角形の天幕を張り、通称「チャッカ船」と呼ばれていた。前部分の四分の一に甲板があり、その下は神棚や板敷の寝室や物入れで、家具類は一切置かれていない。この二トン前後の小さな家船の住まいに通常は一家族（五～七人）が住むため、無駄が排除された合理的な生活形態であったことが想像される。

船は、船首である「水押」に向かって右舷側を「面舵」、左舷側を「取舵」と呼ぶ。寝室部分（水平長さ一・八メートル）は、夫婦のための寝室であり、男性の就寝場所は取舵側であり、上方には神棚が祀られている（写真2）。貴重品は、神棚にある小さな引き出しに保管していたそうである。洗濯物を干すのは面舵側である。船の中央部分には、「イケマ」（生け簀）があり、漁獲した魚や生き餌の保管用に使用される。

船首から寝室の部分は「甲板（カンパ）」と呼ばれ、船尾に向かって「コマ（小間）」「イケマ」などと呼ばれる空間に区別されていた。ただし、その名称と位置には地方性が見える。吉和の家船は、家船発祥の地である能地のものとは多少異なり、水押に近い場所に神棚を祀って寝室とし、神聖な場所としている。反対に船尾の「艫」に近いほうを炊事や用便の場所として区別されていたことは、どの地方でも共通する。

子どもたちの就寝場所は「コマ」であり、就寝具を片づけると釣り場として使用される。中央部分は食事の場所、船尾の空間である「トモノマ（艫の間）」は、釜場や炊事場として使用される場所であったことがわかる（写真3）。食事の時間も一定ではなく、漁の合間にすませていた。船尾の艫には、生活道具、食糧（米、芋、大根など）、水、燃料が収納されていた。

写真3　トモノマは炊事場であり、用便の場所でもあった

寄港先に銭湯があれば利用し、ない場合は親しくなった家庭の風呂を借りていたようであるが、入浴はおおよそ週に一回程度だったという。排泄場所にはとくに仕切りはなく、面舵側の「トモノマ」の端で行い、女性の場合は、帆布などで自身の体を囲って行っていた。

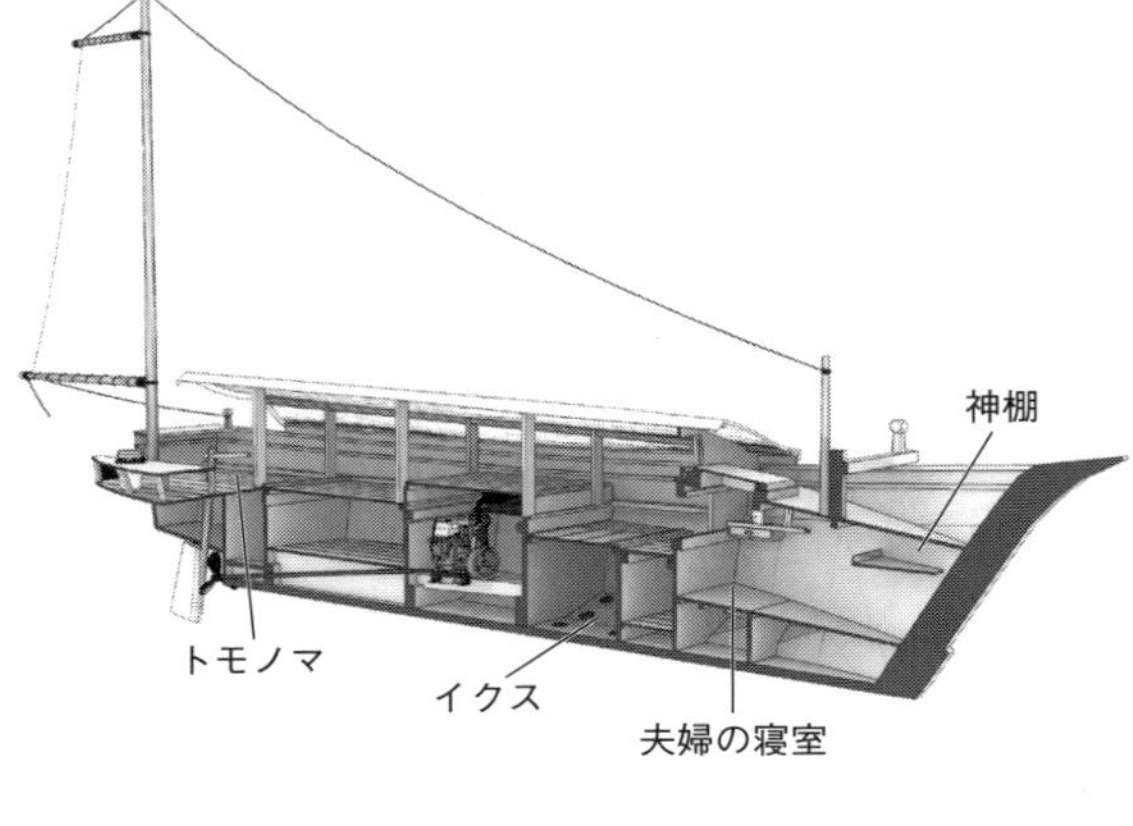

尾道市吉和の家船、推定内観復元図（筆者作図）

カマドでの煮炊き、排泄場所などの場所を決定づけている理由は、取り舵側を神聖な場所として清浄に保っていたからである。船内外は常に清掃され、整理整頓が基本であったという。

潮行きをよむのは男性の役割であり、それ以外は「男女共漁」であった。陸に上がって魚を売るのは女性の役割である。また、遠方へ漁に出て、寄港した先で陸あがりをし、そのまま定住する者もいたという。

船体の主要材料は、杉材である。天井（甲板）のハッチは、寝室のあかりとりと換気の役目をもつ。

モンビ（紋日）の期間には、遠方に出漁した家船も吉和に戻ってくる習慣があった。紋日とは、旧正月、三月と五月の節句、旧盆、秋祭りをいう。年に数回、吉和港に帰港すると、女性と子どもは着飾って陸に上がり、男性は歓楽街へ出かける。親戚が集まって宴会が開かれるのもこの期間である。

一家をあげての海上の生活が中心となるが故に、子どもたちが学校へ通えないという問題があった。その結果、漁民の子どもたちに就学の機会をあたえるために多方面の尽力によって「学寮」制度が誕生した。また、不就学や長期欠席の子どもたちには、紋日のときだけ教室が開かれる、全国でも珍しい「紋日学級」があった。

（藤原美樹）

Ⅳ 設備と道具

住

解　説

住まいには家族の生活に直接関わる設備が設けられ、あわせて多様な道具がそこに配置されてきた。生活水準が向上するなかで、設備と道具は増加していく。

接客の場である座敷が整備されると、その象徴として床の間が設置された。掛軸や客用の火鉢なども購入され、使用しない時は、蔵に収納された。第Ⅳ章では設備と、そこで使用された道具をとりあげる。

設備の変容・消滅

外観に古風を残す住まいでも生活が営まれている内部は、台所や風呂、便所などがしばしば改築され、現在では竈や囲炉裏を見ることはほとんどない。

先年訪れた岩手県気仙沼市の某家は入母屋の茅葺き民家であったが、土間には床が張られてモダンなダイニングキッチンに改築されていた。ところが食器棚の裏に真っ黒な柱が一本残り、そこにカマガミの面が掛かってアワビの貝殻で作られた目が照明の光を反射していた。ここはかつて竈が設けられていた場所の背面に当たり、竈神は同じ場所に祀られ続けているという。竈神には、現在でも正月に注連縄（しめなわ）を張り餅などを供えており、民俗信仰の生命力をあらためて確認する機会になった。

韓国の済州島の東海岸にある城邑民俗村を訪れたことがある。村全体がかつての暮らしを伝えるエコ・ミュージアムである。住まいの一部に強烈なにおいを発する石組みの枠があった。そこは豚便所で、村人でもある学芸員が用便の所作をしながら構造の解説をしてくれた。徳之島では屋敷の入口付近に便所が設けられている。その理由は、屋外で悪霊に取りつかれた時急いで家に戻り、少しでも早く便所に飛び込んで、その強烈なにおいで悪霊を退散させるためであるという。かつては身近に存在した糞便や家畜のにおいが悪臭として遠ざけられ、便所神の信仰も消滅することになったといえる。

囲炉裏も日本の住まいで、暖房や調理の場として重要な役割を果たしてきた設備である。囲炉裏の座は、家族の中で自分の立場を知る場であった。民家博物館を訪ねた時は、囲炉裏を前にして学生たちに客としてどこに座るべきかを尋ねることにしている。家族や客が座る場所が決まっていたということさえ知らない人が多いからである。私の幼少期に普及したテレビが置かれていたのは横座の後ろで、父は横座の反対側のキジリに座っていたと記憶している。半世紀以上前のことで、囲炉裏が消えて横座が死語になる時代である。

姿を消した道具

本書では読者に体系的な理解をしていただくために、すでに消滅した道具も紹介している。そのひとつが寝具としてとりあげた「叺（かます）」である。幕末に秋山郷を訪れた鈴木牧之が『北越雪譜』の中で紹介し、挿絵にも描いている。藁莚を袋状に縫ったもので、夜はそこに入って寝た。一人用と夫婦用があったのも面白く、現在の寝袋につながる道具といえる。ほぼ同じ形状のものが、各地に穀物を入れる容器として残っており、これが寝具に転用されたと考えられる。もし現在秋山郷でこのような叺を見ても、穀物の容器としか見ることができないだろう。鈴木牧之の報告は貴重である。

近年まで使用された道具でも有効な写真の入手が困難なものがあった。その中のひとつが蚊帳である。蚊帳を吊り外に蚊取り線香をつけて、中で浴衣姿の人が団扇であおぐ夏の夜の典型的な情景も、エアコンが普及して以後すっかり姿を消した。雷の音を聞いて慌てて蚊帳を張り、その中にもぐりこんだ時の安堵感も、遠い昔の出来事である。

収納の場だけではない蔵

日常的に使用しない家財や米を収納する蔵は、家格と富を象徴するものである。漆喰を塗り、破風部分や入口付近には豪華な装飾が施され、重厚な扉がとりつけられている。複数の蔵をもち、収納物を区別している家もある。

蔵は家財の収納という機能に加えて、社会的な機能ももっている。かつて『子供のころ戦争があった』という映画（一九八一年公開　斉藤貞郎監督）を見たことがある。アジア・太平洋戦争中に旧家の娘がアメリカ人と結婚して子どもを産み、混血児のその子が娘の実家の蔵で育てられるというストーリーであったと記憶している。この映画では廃業した酒蔵であったが、都合の悪いものを世間の目から遮断できる場が蔵だったのである。

屋敷の奥の目立たない場所に、豪華な蔵を建てている事例がある。能登半島の山中に位置する豪農の中谷家には、内部の床や天井、階段の手すりまで赤漆を塗った豪華な蔵が建てられている。この蔵は日常の動線上に位置していたにもかかわらず、この家の当主以外は入れなかったという。私は、この漆蔵は家長に家格の自覚を促す装置ではなかったかと考えている。

私たちの周りには多くの設備と道具が現われ、姿を消していった。運良く残ったものが博物館の収蔵資料になっている。近年、これらを認知障害の治療に利用する回想法が注目されている。

（森　隆男）

一　住まいの設備

1　床の間・柱、建具

床の間［トコのマ］

▼押板

　書画をかけたり置きものなどを飾ったりするために、和室の床を一段高くした部分。床の間の起源は、押板や上段の間とされている。庄屋などの上層では近世初期に接客の場に登場したが、軸物の絵画をかける装飾的な設備として庶民の住まいに普及するのは、近代に入ってからである。

　床の間は、カミ―シモの秩序のなかでカミの序列を視覚的に決定する重要な役割を果たす。その象徴が、床柱である。住まいの座敷で行われる婚礼では、床の間を背にして新郎新婦が並び、以下、婿方と嫁方に分かれて親族が血縁の関係に応じて着座する。床の間を背にする者が儀礼の主役であった。また、頭屋儀礼においても、床の間に氏神を勧請して祀り、左右に分かれて一老以下が順に並んだ。

　一方、神を祀る場としての機能をもっていたことに留意したい。床の間に小祠を置いた事例をしばしば見ることができるからである。この背景には、神を祀る場を一段高くするという意識があるからであろう。

　岡山県和気郡和気町などでは、盆に祖先を祀る場になる。仏壇に安置していた位牌を床の間に置き、その前に供物を並べる。岡山市東区乙子では八月一五日に祖先の霊を送るが、供物を縁から持ち出し、その際に屋内に残った人が箒で掃き出す所作をする。葬送儀礼と同様であり、床の間が盆に来訪する祖先の霊を祀る臨時の祭場であることを示している。対馬（長崎県）でも、床の間に「ミタナ」と呼ぶ盆棚が設置される。三段ないし四段の棚に錦の布をかけ、漆塗りの食器に供物が盛られる。

　南西諸島では、床の間に「福禄寿」の掛け軸を飾り、「家の神」を祀っているところが多い。鹿児島県与論島では床の間を「大床」と呼び、土地の神と家の守護神を祀って、これらの神々の存在を象徴する香炉に、毎月一日と一五日に水と茶を供える。沖永良部島では、盆に位牌を先祖棚から床の間に移し、魚や肉などの供物を供える。ただし、古くは縁で盆に来訪する祖先の霊を祀っていたようであり、床の間が設置されるようになって祭場が移動したと考えられる。

南西諸島では、一番座（一般的にオモテ側の東側の部屋で最高の客室）に家の神を祀る床の間、二番座（一番座に続く家族の団欒の部屋）に祖先の霊を祀る仏壇、三番座（一般的にオモテ側の西側の部屋）の裏に火の神を祀る竈（かまど）が設置されている。床の間が最上の部屋であることを示す重要な設備になっているといえる。

（森　隆男）

「大床」に祀られた土地の神と家の守護神（鹿児島県与論島）

押板［オシイタ］

▼床の間

座敷飾りのひとつで、壁下につくりつけた奥行きの浅い厚板。現在の床（とこ）の間（ま）の前身ともいわれる。地方によって呼び方が異なり、オシイタのほかに「オシイタドコ」「オシドコ」「テッポウドコ」「ヨロイダナ」などとも呼ばれる。

今日、民家建築でオシイタと呼ばれるものは、関東から中部にかけて見られる。地方や間取りによってちがいがあるが、土間に接した部屋の上手にあり、隣室境の板壁の一部が柱の太さ分ほど引っ込んだ部分を呼ぶことが多い。

オシイタ（千葉県茂原市）

基本的には、間口が半間（約九〇センチ）から一間（約一八〇センチ）くらい、床から二五センチ前後かそれ以上高いところに、厚さ四、五センチほどの地板（じいた）を設ける。地板の幅は、柱の太さよりやや広い程度で、床と地板の間は壁になっていることが多い。上部は鴨居（かもい）までで、床の間の落し掛のように鴨居より高いことはない。背壁は原則的に板の縦張りである。ここに軸物をかけたり祈禱札を貼ったりしている。

民家建築のオシイタの起源については定かでない。先学の研究では、一五世紀の文献にはあったという。ただし、これらは貴族・支配者層の住まいか僧侶に関わる建物の記録であり、オシイタも床の間も突然出現したものではなく徐々に普及していることを考えると、民家建築に今日現認できるオシイタと共通するものであるかどうかは不明である。

しかし、写真で見るように仏壇、神棚に接しており、神社の軸をかけ、祈禱札を貼り、稲穂を下げたりしているのを見ると、中世のオシイタの用途の影響が考えられる。藩政時代には多くの禁令が出されているので、床の間をもつことができなかった農民が、ささやかな願望としてオシイタを設けたとも考えられる。今日保存復元を行う過程で、痕跡によって得られた形式からオシイタと呼ばれることもある。

現存するオシイタの多くは、その本来の用途が忘れられ、単なる物置としての棚となっていることが多い。

（宮崎勝弘）

大黒柱 ［ダイコクバシラ］

大黒天が宿る、家の中心となる柱

昔の民家では、玄関を入ると土間があり、その奥には座敷が続く。この土間と居室（床張部分）との境の中央に立てる柱を、大黒柱といった。太い柱で、なかには一尺角を超えるものもあり、欅（けやき）などの堅い木が用いられる。よく見える位置にあるので、見栄えも重要視される。幕末期の民家では、一七～一八世紀の民家に比べ目立って太い大黒柱を誇る傾向も見られる。大極柱とも書く。

大黒柱が用いられるようになったのは桃山時代から近世初期といわれる。このころ大黒信仰が民間に広まった。神はその柱を伝って訪れるという発想から、福の神である大黒天が宿るとされた。

大黒天は日本の代表的な福神の一人である。もともとインドでは天界に住む怒りの形相をした戦闘神であった。ところが中国では食堂を守護する神となり、柔和な形相に変化し、日本には護法善神として伝えられた。さらに出雲（いずも）の大国主命（おおくにぬしのみこと）とも結びついて、円満福徳の姿をそなえていった。元来の大黒柱は、そうした大黒の札や像を祀った柱をさす。

全国的には大黒柱の名が広く用いられるが、地域によって呼称は数々ある。中国地方には「ロックウ（土公、どくう）柱」の名称がある。「ロックウサン（土公神）」の小さいお宮を作って祀るためである。「テイシュ柱」や「ナカ柱」などの呼び名もある。

大黒柱に関連する柱に、「小黒柱」「エビス柱」などの名称もある。「ワキ大黒」「向う大黒」「上大黒」「下大黒」「ニワ大黒」なども同様で、大黒柱は一本とは限らない。「サンボンダイコク（三本大黒）」の呼称が存在する地域（神奈川県下）もある。いずれの柱も太く、重視されている。

大黒柱に飾る、祈る

正月には大黒柱に注連縄（しめなわ）や松飾り、みかんや樫（かし）の小枝などを飾ったり、鏡餅を供えるところも多い。マユダマを飾る地域もある。木の枝（柳・クヌギ・梅など）に米の粉でつくった繭（まゆ）状のものや丸い団子状のものを刺して飾りつけて、ほの暗い家の中を明るく華やいだ雰囲気にする。その年の農作物などの豊かな実りを祈願する行事のひとつである。

山梨県南都留郡（みなみつる）では、柱に粥をかける習俗も見られた。民家の完成後の祝いの際、大黒柱に木でつくった鰹節を吊るす。蓑笠を着た人が四斗樽に入れた粥を、その大黒柱から主要な柱にかけて歩く。このような柱誉めや柱祝い、柱祭りの対象となる柱は、大黒柱や四隅の柱が多い。

能登時国家の大黒柱（石川県輪島市、写真提供：森隆男氏）

大黒柱の飾りものとしては、上棟式のときに蓑笠を結びつけたり（神奈川県相模原（さがみはら）市緑区）、薦被りの酒樽に材木を削って作ったそろばんや鰹節、大福帳などをとりつけて吊るす例もある（静岡県裾野（すその）市）。初めて織り上げた布を大黒柱にかけるようにして感謝する風習もある（香川県さぬき市）。

このように、大黒柱は住む人の心のよりどころとして特別な役割を果たしてきた。大黒柱を中心に他の柱や梁が、長押（なげし）、敷居によって組まれるので、構造的にももっとも頼られる存在といえる。そこから、家族の中心になる人や、働き者を「大黒柱」と呼ぶようになった。しかし、近年の住宅工法は変化を重ね、マンションはもちろん一戸建てでも、大黒柱のない構造の住まいが珍しくない。家長の比喩として実感を持って受け止められる層も少なくなりつつある。

（山城　統）

荒神柱［コウジンバシラ］

母屋の土間にあって、竈付近に立つ柱を荒神柱という。竈神・火伏せの神としての荒神を祀るところからの呼称である。

荒神の信仰は多様で、屋敷神・同族神として屋外に祀られる地荒神、牛馬の守護神、そして火伏せの神としての性格をもつ三宝荒神の三つに大きく分けられる。この火伏せ・火の神は内荒神として、竈や囲炉裏など、家の中で火を焚く場所に祀られる。

一般に竈近くの柱に御幣や神札を飾る。京都の愛宕神社をはじめ火伏せの神として知られる神社の神札が信仰の対象になっている。榊を供えたり注連縄を張ったりするところもある。静岡県伊豆の国市（旧田方郡韮山町）などで柱に御幣と榊を供える例が、九州の筑後地方などで柱に棚を掛けて祀る例が見られる。

荒神柱（宮城県気仙沼市、写真提供：森隆男氏）

竈神は家や家族の守護神ともされてきた。旅に出るときには灰を携えて安全を祈り、生まれた子どもの初外出には、その子の額に墨を塗って魔除けとする習俗もある。また豊作を願って、小正月には家中でもっとも立派なマユダマが飾られ、田植え時には稲苗、収穫時には初穂が供えられた。すべての神が出雲に行く神無月にも、竈神は留守神として家に留まり家族を見守るとされる。

（山城　統）

コジキ柱・ホイト柱［コジキバシラ・ホイトバシラ］

「コジキ柱」「ホイト柱」とは、限られた地域で使われた独立柱の名称のひとつである。

民家の土間には、壁と接合せずに立っている柱がある。これを独立柱という。もとは側柱であって、外壁と接合し、桁や梁を受けていたものである。民家の発展過程で側柱の外にさらに柱を立てて下屋をかけ、屋内の拡張を図っていくと、もとの側柱は独立柱として土間にとり残された

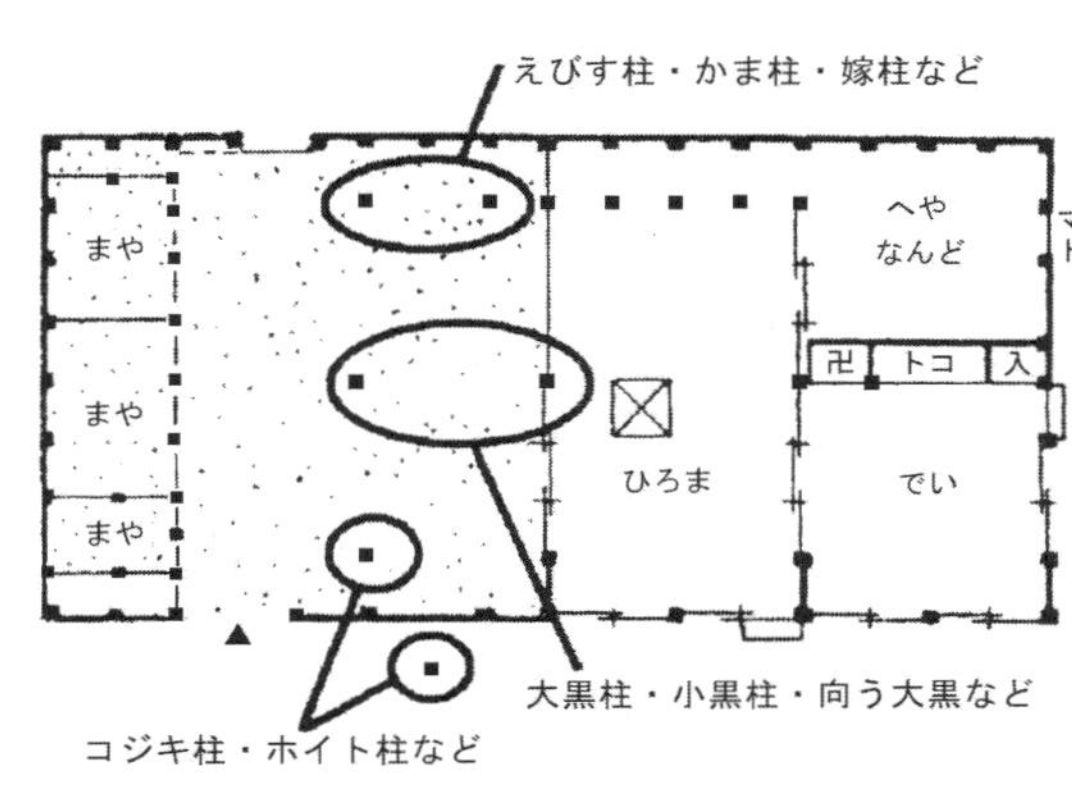

土間の独立柱の名称と位置（高野菜緒・古川修文・朴賛弼「民家における特殊用語の研究―コジキ柱の考察を中心にして―」『民俗建築』第125号より）

かたちになる。梁の架構技術が進んで梁間を大きくとることができるようになってからは、土間の独立柱は存在しなくなった。家にはたくさんの柱があるが、名前のついた柱は少ない。ところが、土間の独立柱にはえびす・大黒のような福の神の名がつく柱がある。一方で「コジキ」「ホイト」のようなもの乞(ご)いの名がつく柱がある。このほかにも、地方によってさまざまな名前の柱があり、また同じ名前でも地域によって柱の位置や構造的役割が異なったものもある。

この項目のコジキ柱・ホイト柱も、地域によって多少のちがいがあるが、平入り民家の土間入口手前や入口を入った近くに立つ柱をいうことが多い。コジキ柱は近畿、北陸にあり、ホイト柱は中国、北陸、東北にある名前で、同じ柱でも群馬地方では「ソデスリ柱」というからさまざまである。

コジキは「この柱から中へは入らない」という意味をもつというが定かでなく、さらにコジキ、ホイトという語は、いまは差別語として一般には使われない。したがって、コジキ柱、ホイト柱に関しても消滅している。

しかし、古い民家や民俗を学術的に知るうえでは欠かすことはできない。

そもそもコジキは「乞食」と書き、本来のコツジキが転じたもので僧侶の托鉢の意味である。また、ホイトは「陪堂(ほいとう)」と書き、僧堂の外で貴人の相伴を受けること、すなわちご馳走になることである。どちらも仏教用語であり、本来は差別的な意味はまったくない。コジキ・ホイトがもの乞いの意味に変わったのは中世末のころからで、僧形(そうぎょう)で門に立ち、ものを乞う流浪の民が増えてからである。しかし、これが民家の柱の名と結びつくのは近世に入ってからである。民家が発展して上屋（じょうや）と下屋の分離が明確になり、独立柱や土間境の大柱が発生していくが、折りよく庶民の中に恵比寿大黒や竈神の信仰が流布して、独立柱と結びついていったのである。

（古川修文）

大戸・くぐり戸［オオド・くぐりド］

▼しとみ戸

古民家では、正面土間出入口に頑丈な板戸がはめられている場合がある。この建具（たてぐ）を「大戸」といい、出入口を「大戸口」という。農家においても町屋でも、表構えとして重要な要素を占める。

大戸の一般的な形式は、引き込む形式である。内側には、古くは下半部が板張りで上部が障子の腰高障子がはめられており、日中は大戸を引き込んで腰高障子を立てる。近代以降はガラス戸となる。

引き込む形式では、戸車で片側に引き込んで収納するために、正面の間口は大戸の倍以上を要することになる。

間口が狭い町屋で生み出されたのが、大戸を内側上部に吊り上げる「吊り上げ大戸」である。吊り上げ式では、床梁などにつけたL字型金具や釣り木で建具下端を固定するが、大戸一枚をここまで持ち上げるのにはかなりの力が必要とされる。

そこで、板戸の上框（うわがまち）（建具の枠を構成する材のうち、上辺の材）を金物で鴨居に取りつけ、水平に跳ね上げて吊り金物で固定する「跳ね上げ大戸」が生み出される。また、柱に彫られた縦の溝に沿わせ、大戸を上部の戸袋に摺（す）りあげる「摺りあげ大戸」もつくられていく。

一方、大戸の隅には小さな引き戸や開き戸が組み込まれている。これが「くぐり戸」である。大戸が閉鎖されているときに人が出入りするためのもので、高さの関係から頭を下げながらくぐることになる。

（千森督子）

高橋家の吊り上げ大戸とくぐり戸（青森県黒石市）

引き込み大戸とくぐり戸（和歌山県海南市）

しとみ戸［しとみド］

▼大戸・くぐり戸

しとみ戸（蔀戸）とは、窓などの部分にとりつけられて、昼間は上に跳ねあげて開け広げたり、戸板をはずしたりし、夜間は締め切ってしまうことができる戸のことである。跳ねあげ式のしとみ戸は、戸板の上端に蝶番がとりつけられており、めくりあげて戸を開き、戸の下端を天井からさがる吊り金具に引っかけて留める。このようなしとみ戸を「揚げしとみ」ともいう。

しとみ戸（右）と格子戸（福岡県北九州市）

また、戸板をはずす場合は、揚げしとみ戸に似た機能をもつ「摺りあげ戸」がある。これは、数枚にわかれた戸板を左右の柱につけられた溝に沿ってシャッター扉のように上下移動できるようにしたもので、昼間は戸板を上部の懐に納めて、梁にとりつけられた留め金で留める構造になっている。民家の場合、こうした摺りあげ戸も、しとみ戸または単に「シトミ」や「アゲド」と呼んでいる地域が多い。

また、重さを軽減するために、下半分をつくりつけて固定し、上半分だけをしとみ戸とした「半しとみ」もある。さらに下戸のみを落としこみ、上戸は外側または内側に吊りあげたり、下から棒で支えたりしている場合もある。

しとみ戸は、「引き違い戸」よりも戸締りが強固になることもあり、とくに町屋の道に面した正面の窓や、場合によっては出入口の戸に利用された。北海道や東北の民家においても、しとみ戸は強固な建具になることから、冬の風雪の防御のために使用されているところがある。

なお、町屋では、しとみ戸や摺りあげ戸に代わって、格子戸がとりつけられていくようになる。

（津山正幹）

新住宅の地域性

気象が多様で海と陸の文化が入り交じる日本の生活には多くの地域性が見られる。そして民家をはじめとする生活の風景は気候や産業など、その土地特有の物事によってさまざまな姿を見せていた。それは現代にいたっても同様であり、地域を巡ってみると、現代なりの地域性が存在していることに気づかされる。それらの景観から新住宅の地域性をいくつかあげてみる。

価値観・趣向による地域性

長野県北部の大町市近辺から伊那郡阿南町付近に分布する「本棟造り」は、切妻造り妻入りで緩い勾配の屋根をもち、妻の部分には大きな破風とその頂部に「スズメオドリ」と呼ばれる棟飾りをそなえている。成立は元禄期（一六八八〜一七〇三）前後とされており、なかでも松本平や木曽谷の一部、伊那谷北部の地域での本棟造りは、旧庄屋階層の住居として地位と財力の象徴として建てられている。

現代でも、この地域には本棟造りの外観を似せてつくられる住宅が多く見られる。一見安易な模倣にも見えるが、この地域に存在する本棟造りに対する憧れ、「ホンムネ志向」を受け継いでいるのである。

島根県の出雲地方に広がる出雲平野には、築地松を敷地北西に植え、家屋の棟を曲線的につくる「反り棟造り」の民家がある。この反りは、母屋だけでなく門や納屋などの付属屋や生垣の上部にまで施されており、特徴的な外観の意匠となっている。近世末期の成立といわれており、出雲地方の農村の経済力が次第に増した時期の財力の象徴、豊かさの表現であったと考えられている。この地域では、現代でも棟を反らせた住宅や上部を反らせて剪定された築地松が見られる。

気候による地域性

新潟県十日町市の周辺地域は日本有数の豪雪地帯である。ここには「中門造り」の民家が多くつくられていた。積雪に備え、二階建てで階高が高く背が高いといった特徴がある。L字型平面などの間取りは受け継がれなかったが、階高やさらには基礎部分も高くつくる住宅は現代でも見られる。背の高い住宅が並ぶ姿は、この地域の特徴的な景観となっている。

和歌山県御坊市から志摩半島にかけての沿岸部や山中の地域は、台風時の海岸からの風がとくに強い。これらの地域の民家には、「マエダレイタ」と呼ばれる軒先に設置する雨よけ板が存在する。また、日高平野から日ノ御埼（ひのみさき）までの沿岸部や紀州灘沿岸部では、マエダレイタのほかに「セキイタ」と呼ばれる板を支柱や柱の間に入れて風雨除けとする装置も見られる。その成立は大正から昭和前期と考えられており、昭和三〇年代に一時衰退するが、昭和三四（一九五九）年の伊勢湾台風を代表する災害体験後に再び設置されるようになったという。マエダレイタは木板からトタン板へ素材の変化が、セキイタは家屋から分離していたものが直付け（じかづ）けになるなどの位置の変化があるものの、現代にも受け継がれ、この地域の住宅の特徴となっている。

上：本棟造りの外観に似せてつくられた住宅（長野県塩尻市）
左：背の高い住宅（新潟県十日町市）

産業による地域性

海岸沿いや漁業を主な産業としている地域では、外壁面を青、緑、桃色など鮮やかな色彩で塗装している住宅が多い。潮風による住宅の劣化を防ぐために船用の塗料を塗ったことが始まりと考えられる。カラフルに塗装された住宅が並ぶ景観は、現代の漁村の特徴となりつつある。

畜産が盛んな地域である北海道十勝・釧路・根室地方や栃木県の北部から福島県、宮城県、岩手県にかけて、切妻屋根の勾配を途中から急にした腰折れ（こしお）れ屋根の小屋や住宅が見られる。腰折れ屋根は屋根裏の空間が広くとれるため、屋根裏に飼い葉を積み、一階に牛や馬を飼う家畜小屋として、畜産の技術とともに伝わった可能性が考えられる。

いわゆる伝統的な民家は減少傾向にあり、その町並みや景観が失われつつある。新素材の登場や経済や交通、情報伝達の発展などによって住宅が土地の条件に縛られることは少なくなり、その自由度は増している。しかし、現代の住宅もかつての民家と同様に、その地域における現代なりの最良の方法で形や材を選んでつくられている。それらが、現代における地域の特徴を表す景観、現代の地域性となっているのである。

（堤　涼子）

襖と障子［フスマとショウジ］

衝立障子から明かり障子へ

現代にみる紙障子は近世になってからで、それ以前の障子は、衝立、板戸、襖を広くさしていた。古くは、木格子に紙をはった衝立障子が、奈良時代の『法隆寺伽藍縁起并流記資財帳』などに登場する。平安時代になると木のパネルに紙を下張りして絹布で仕上げた板障子が、末期になると現代の障子にあたる明かり障子が、建物の外まわりに登場する。室町時代の長享三（一四八九）年上棟の銀閣寺東求堂では、外まわり建具は三本溝に板戸二本、明かり障子一本が組まれ、明かりをとり入れた部屋がつくられている。

しかし、農家に明かり障子が登場するのは遅く、江戸前期の延宝二（一六七四）年に建てられた茨城県袖ケ浦市の椎名家では、まだ板戸で障子はなく、大きさも小さくて閉鎖的であった（写真1）。

江戸時代中期の一八世紀前半になって、ようやく明かり障子が登場する（写真2）。三本溝に板戸二本と明かり障子一本が納まり、日中は障子一本、板戸一本を使い、夜間は板戸二本を使った。板戸が半分残るとはいえ、床からの大きな障子は冬場の採光上、画期的であった。

その後、障子の外側に一本溝を設けて戸袋に引き込む雨戸が考案されると、一気に開放的で明るい部屋がつくられるようになる。雨戸が縁の外側に設けられるのは、さらにあとの明治時代に入ってからになる。

写真1　椎名家の板戸（茨城県袖ケ浦市）

写真2　旧高橋マツ家の三本溝（埼玉県朝霞市、18世紀前半築）

障子が外部まわりに明かりとりとして使われるのに対して、襖は部屋境に使われた。ここでも民家に襖が使われるようになるのは遅く、明治時代になってから。それも接客部屋境に限られ、もっぱら板戸が主流であった。宮崎県東臼杵郡椎葉村の民家では、現在でもコザと呼ばれる部屋のみが襖で、ほかの部屋は板戸（舞良戸）で仕切られている。

障子や襖の登場が民家において遅かったのは、紙が貴重で高価だったからとみられる。

紙の調湿効果

障子や襖の歴史は民家では浅いが、建物の歴史からみれば平安時代から一二〇〇年の長きにわたって使われてきた。その理由のひとつに、調湿効果をあげることができる。紙は、空気中の湿度があがると中に吸い、空気が乾いてくると外へ吐き出している。日本の気候が生み出した暮らしの知恵であった。

障子と板戸のあいだに空気層をはさむと断熱になる

障子の外に雨戸を設けるのは、夜間の防犯だけと思われがちだが、それだけではない。雨戸はすぐれた断熱効果を発揮するのだ。現代の二重サッシは同じ効果をねらったものだが、はるか昔から暮らしのなかで巧みにこの効果を応用してきたことになる。

商家に使われた障子、大阪格子戸

商家では、店と茶の間境に大阪格子戸がつく例が多く見られる。大阪格子戸は、縦格子（縦格子は戸の店側に各段ごとに細幅の木が間をとって縦に平行に固定されている）がはまった戸の裏側にけんどん状（戸車や丁番を使わず、上下の溝にはめ込む開閉方法）に、とりはずしのできる障子が四～五段組まれた戸で、一段だけにガラスがはめこまれているものもある。茶の間と店とは隣りあう関係にある。客がいないときは茶の間で食事をしたり帳簿をつけたり家事をしたりしているが、そこから店のようすを知る必要がある。両者の境にあるこの建具は、一本の建具で、夏は茶の間側の障子をはずすと風がとおり、格子が細かく入っているので店から茶の間は見えないが逆は見える。冬には障子をはめて風を遮断し、一段ガラスの入ったところから店のようすが見えるようになっている（写真3）。

写真3　灰屋呉服店の大阪格子戸（埼玉県所沢市、明治10〈1877〉年築）

障子の張替え

障子紙は和紙が基本なので耐久性はあるが黄ばんでくるので、大みそかの大掃除で新しい紙に張り替え、新年を迎えた。

襖の下張

襖は骨組みと紙が一体になった建具で、相互の強度が合体することで強さが生み出される。本来八枚の紙が貼り重ねられる。下から骨しばり、打ち付け張り、蓑張り二枚、べた張り、袋張り二枚、上張りの順に張られ、強度が求められるので繊維の長い手漉き和紙が適している。昔は和紙の手紙を襖の蓑張りに再利用していた。

（金田正夫）

屏風［ビョウブ］

▼屏風飾り

屏風は風を屏ぐという意味を持ち、室内に立て風の流入を防いだり、部屋を仕切ったり、装飾に用いたりする調度品である。桟が入った長方形の木枠に二枚・四枚・六枚・八枚などにつなぎ合わせ、折りたためるようになっている。多くの屏風は表面を絵画や書画で飾る。屏風を折りたたんだ時の面を数える単位が曲、屏風を数える単位を隻、二隻一組の対になった屏風を数える単位を双と呼ぶ。六枚に折りたたむことのできる屏風一組を六曲一隻、二組は六曲一双などという。正倉院御物「鳥毛立女屏風」は、もっとも古い例として知られている。

歴史

屏風は、七世紀末の朱鳥元（六八七）年に新羅からわが国へ伝えられたとされ、当時の屏風は六扇を用いた六枚折が主流であった。この六扇をたたむことから「接扇」とも呼ばれ、革や紐によって連結されるものであった。

平安時代になると紐で連結した接扇から、蝶番様のものが使用されるようになる。鎌倉時代以後には、この屏風を「銭形屏風」と呼ぶようになった。さらに安土桃山時代には、高さ六尺（約一八〇センチ）の本軒屏風（高さが鴨居に届くような背の高い屏風）も製作されるようになった。

室町時代末に茶室の発展が見られるが、茶室では、室内の一部を結界するための「風呂先屏風」なども使用されるようになった。茶室は、近世的な建具意匠の多様な展開を生み出す要因となった。草庵風茶室に限らず、書院風茶室もその発展の担い手となっていったのである。この流れは、近世を通して武家住宅や数寄屋風住宅に影響を与え、ひいては庶民の住宅である町屋にまで連綿と受け継がれていった。

『和漢三才図会』巻三二「家飾具」には屏風の解説があり、「屏とは蔽うということである。画屏・繍屏・金屏・石屏・格子屏などのつくりがある。△思うに、屏風は大抵高さ六尺以下で六曲である。矮小なものを枕屏風という。闊くて二曲のものを俗に簾手屏風と称する。その矮いものを茶炉前と称する。いずれも両面に紙を貼る。その法には、骨格縛・蓑張・蓑縛・□張・表張がある」という内容の記述が見られる。現代につながる形状と製作方法が江戸時代に確立したことがわかる。

現代の京都・祇園祭では、鉾町の商家で「屏風飾り」が行われる。商家がもつ屏風を街路に面する部屋に飾るもので、本祭りまでの期間に見物人を魅了するものとなっている。もともとは、祇園祭礼を見物するために町屋屋内の街路に面した部屋に屏風で飾り立て、客や親族などを接待していた名残である。屏風は、見物をするという特別の場所の「結界」の印として用いていたと考えられよう。

経済基盤の発達を背景として成熟した都市部は、屏風を「結界」を標示するための調度として、その使用形態を「屏風を見せる」ものまで進化させていったと見ることもできよう。

習俗

気密性の低い日本家屋は、風除けの工夫がなされていた。隙間風を防ぐ方法として背の低い屏風を枕元へ立てるのは飾るだけではない日常の調度品である。一方、婚礼や祭礼が行われる際に金屏風が用いられるのは、ハレの状態を示すためと考えられる。絢爛さと無地で慎ましさを備えた物として結婚式などに用いられる。また京都・祇園祭や大阪・天神祭では、各家が家宝の屏風飾りを行う。

夏の暑さに悩まされる都市部では、疱瘡の流行がたびたび起こり市民を悩ませ、その疱瘡から身を守るために画面が赤一色の屏風が立てられる。赤色のもつ呪術性が疱瘡除けとして祭礼に登場する。

屏風はまた人の死に際しても用いられた。逆さ屏風がそれである。こうした報告は全国的に確認されている。家長の死とともに遺体は仏間で北枕に安置される。この時遺体を隠すように普段遣いの屏風の天地を逆にして遺体を囲うのである。伊豆諸島八丈島樫立ではこのように遺体を囲い、家長権を継ぐ男が通夜にこの逆さ屏風の中に入り、ひと晩を明かしたという（執筆者が昭和五五〈一九八〇〉年に調査）。この事例は、逆さ屏風の中で家長権が父親から息子へ移譲する際の儀礼と見ることができよう。結界用として用いられた屏風を逆さに立てることは、日常とは違う空間を創出し、日常とは異なる空間で権限の移譲が行われたと考えられよう。

（明珍健二）

衝立［ツイタテ］

衝立は障屏具（間を置いて仕切るもの）の一種で、屏風、障子などと同じく可動式間仕切りをするための調度品である。わが国の古代住宅は一棟一室が基本となっており、固定的な間仕切りが用いられたのは、寝室などのごく限られた部分に過ぎなかった。寝殿造りでは、東西に「妻戸」を設ける以外、室内を仕切るのは衝立・屏風などである。間仕切りとしての「遣戸」を用いることは少なく、母屋と廂の間には簾を掛けたり几帳をたてて間仕切るようにしていた。

江戸時代後期の有職家、松岡行義の『後松日記』では、「障子といふは、いまのよにふすまと云もののことなり。紙もてあつうはりて絵を書なり。紫宸殿御さうじは、聖賢の像をかきたる故、賢聖の障子といふ。又清涼殿の北の方に立たるあら海のさうじは、布もてはりたれば布さうじといふ。又衝立障子をも唯さうじとのみいふ。年中行事、昆明池、はね馬などみな突立さうじなり。」と記され、「衝立障子は、台に木をたてはさみて立る様にしたるが古例なり」と解説している。

平安時代の障子といえば一般的に衝立障子をさしており、内裏清涼殿に用いられた「昆明池障子」や「年中行事障子」などはその好例といえよう。つまり障子とは、本来の目的として風を防ぎ、視線を遮る機能をもった衝立のことであったが、時代が進むにつれ次第に柱間に固定されるようになり、間仕切壁となっていったことが、内裏紫宸殿の「賢聖障子」のあり方から知られている。つまり、衝立は衝立障子の略称である。さらに衝立障子は、明障子と衝立障子に大別される。

今日の唐紙・襖・明障子は、江戸時代に入って一般化した。衝立障子は絹などの布や紙を張ったものに絵を描き、台をつけて廊下や座敷に置いて、部屋の間仕切りとしたものをさすようになった。

使用法

伝統的に座敷や土間などで使用するものであったが、現代の住戸では使いにくくなっている。それでも玄関口や台所などに置かれるほか、飲食店の間仕切りとして利用されている。客数人が囲む卓を仕切るように背中側に衝立が置かれ、喧騒のなかでもそれぞれの場的空間が確保されている。屏風や襖などの大きな仕掛けとは違い、衝立を置くと

衝立（兵庫県豊岡市、写真提供：森隆男氏）

いう簡易な方法で空間秩序を保持する。さらに衝立を移動させれば自由に空間を創り出すことができ、取り払えば直ちに元の空間に戻せる利点がある。

衝立の使い方には伝統的な手法が残されている。伝統芸能である落語は、大きく分けて江戸落語と上方落語として今に伝わるが、江戸落語は辻芸として発展したといわれ、話し手は身のままで高座に上がるか見台を前に座る。一方、上方落語はもともと大阪商人などの富裕層が話し手を自家に呼び寄せ、座敷で芸を披露させたといわれる。話し手は座敷で見苦しい膝元や小拍子などを見せないようにと見台の前に膝隠しと呼ぶ長さ三尺、高さ七寸ほどの衝立を立てる。この膝隠しによって、話し手と旦那集の場的空間を維持しているのである。地域性の違いはあるが、伝統芸能のなかにも衝立を見つけることができる。

（明珍健二）

窓［マド］

採光や換気、眺望のための開口部をいう。形状としては角窓、丸窓、花頭窓、猪目窓などがあり、構造形式では網窓、縁なし窓、格子窓、無双窓、連子窓などの別がある。位置については掃き出し窓、天窓、出窓などの種類がある。また、茶室には窓が多く、突上窓、墨蹟窓、花明窓などが存在する。

近畿地方の伝統的な民家には窓が少ない。奈良県生駒市に現存する大和棟や茅葺き入母屋平入りの民家にあるのは、母屋のナガシの無双窓、ウマヤの格子窓、また外便所の下地窓か突き上げ式の窓などであった。下地窓は土壁を塗り残して自然に生じる窓であり、突き上げ式の窓は上端を鴨居に蝶番でとりつけて棒で突き上げて差し出す窓である。いずれの窓も『信貴山縁起絵巻』に描かれており、中世の民家にすでに用いられていたことがわかる。

窓は外部との境界であり、災いが屋内に侵入してくることを防ぐ場所でもある。奈良県生駒市小明町には毎年一二月一二日に半紙を短冊状に切り、墨で「十二月十二日」と書いて、玄関、裏口、各窓に逆さまに貼って盗難除けとする習俗が残っている。この日は石川五右衛門が処刑された日なので、この札を見るとどんな大泥棒も恐れて逃げる

窓に貼った札（奈良県生駒市）

という。

京都府京丹後市網野町下切畑では節分に、ジャコを柊につけた鬼の目つきを門口、裏口、窓、便所など家中の開口部に刺して、家にこもっていた。節分にはヒャッカゲという妖怪が屋外に捨てた古いナベワ、ナベツカミを拾って帰るという。昔、チョウスという怠け者が冬場の仕事である藁仕事を怠り、節分にナベワやナベツカミを新調せず、古いものを捨てずにいた。するとヒャッカゲが、「チョウス～ナベワ～」と脅しながら屋敷のまわりを歩いた。しかし、鬼の目つきのおかげで家には入ることができずに、そのままひと晩歩き続けたという伝承がある。

京都府相楽郡南山城村北河原では節分に、豆木にイワシの頭を刺したものを柊とともに門口、戸袋などに刺す。さらに、豆木と柊のあいだには表面に「タテタテヨコヨコ、真中サンカク」、裏面に「子孫繁栄之門也」と書いた薄いヘギ板をはさむ。これは鬼を追うまじないであるとされている。このような窓における除災行事があり、地域によっては窓ふさぎ、戸窓ふさぎなどと称する。（高田照世）

天窓［テンマド］

採光、通気のために屋根や壁の上部に開けた窓のことをいう。

京都の町屋は「鰻の寝床」といわれるように間口が狭く、奥行が深い。京都市中京区二条油小路町の「源水」は文政年間に創業された京菓子の老舗である。この町屋には、入口からハナレまで、一間の幅でトオリニワが直線的に通っている。トオリニワは、潜り戸をつけた片引戸によって表ニワの商売空間と奥ニワの私的空間に区切られていたが、各空間の上部は吹き抜けになっており、そこに天窓がつくられている。表ニワはミセノマで、以前は壁にはね上がる床几が設置されていた。また、奥ニワにはミズヤ、釜口が二口のクド、ナガシ、井戸が側壁に接して一列に配置されていた。ふたつの天窓が、接客と家事のための明りとりであったことが察せられる。これらふたつの天

京町屋の天窓（京都市中京区）

窓は、屋根瓦をはずして板枠をつけ、そこに横五〇センチ、縦六〇センチほどのガラス板を差し込んだものである。この形状は京町屋に多く見られる。

奈良県橿原市今井町の高木家は、国の重要文化財に指定されている幕末期の商家である。カマドの上方の壁に天窓があり、引綱によって障子を上下して開閉するようになっている。引窓とも呼ばれ、煙出しや温度調整に使われた。

奈良県生駒市高山町の尾山一洋さん宅は、慶應三（一八六七）年の棟札を伝える茅葺き入母屋平入りの民家である。昭和五〇年代に改築する以前は、母屋には四間取りの部屋、トコ、ウマヤ、ニワがあった。ニワは表口から裏口まで土間になっており、奥のニワには釜口が四口のカマド、ナガシ、唐臼があった。奥ニワに天窓がある。茅屋根と接する瓦屋根の一部の瓦をはずして格子状の木組を置き、その上に半透明のプラスチック製波板をかぶせるようにして茅屋根に差し込んである。ニワは日々の炊事場であり、穀物や豆の臼挽き、味噌づくり、漬けもの漬けなど労働の場でもあった。この天窓が建築当初からのものであるかは判然としないが、当主が生まれたとき（昭和六〈一九三一〉年）にはすでにあったとのことで、八〇年以上農家の奥ニワの明りとりとして機能してきたことが確実である。

（高田照世）

虫籠窓［ムシコマド］

家の中二階やツシにつくられた格子窓のことで、その形状が虫籠を連想させるところからついた名称であるといわれている。採光、通風、温度調整の機能を果たす。

虫籠窓は、木材の縦格子を組んで縄巻きをし、藁苆混じりの荒壁を塗り、さらに漆喰で塗り込むという製作工程をとる。一方、文政一三（一八三〇）年編の『嬉遊笑覧』には「虫籠窓――（前略）細かに打ちたる窓なるべし、今も窓の出格子を虫籠と呼ものあり。（後略）」とあることから、もとは木格子のことをさし、耐火建築が普及したことによって土塗りの格子窓を称するようになったとする説がある。

奈良県橿原市今井町は、近世には「大和の金は今井に七分」といわれるほどに大商人が軒を連ねた町である。民家の八割近くが江戸時代の様式を保ち、重要伝統的建造物群保存地区に選定されている。この地域には一七世紀中ごろから一九世紀なかごろまでの虫籠窓が散見される。初期のものは壁面一面を縦格子状にした飾り気の少ないものであるが、時代が下るにつれて、細長い瓜型、丸型など意匠を凝らしたものが多くなる。奈良県下ではほかに、御所市、五條市などの町並みに近世の虫籠窓が見られる。

京町屋の虫籠窓（京都市中京区）

また、京の町屋の虫籠窓をもつたたずまいは、京都を代表する風景のひとつである。中京区二条油小路町の「源水」は文政年間に創業され、現在の当主井上清文さんが七代目となる京菓子の老舗である。元治元（一八六四）年の「どんどん焼」は、北は中立売りから南は七条までを焼土とした大火であり、「源水」の現家屋は罹災後に建てられた。ミセノマの部分に中二階があり、油小路通りに面して虫籠窓がつくられている。虫籠窓に障子やガラスを入れることはなく、採光と通気のための窓となっている。現在、中二階は物置きとして使用されている。一方、住み込みの使用人が中二階を使用していたという伝承があり、その折には、板などで窓の開閉ができるようにしていたのであろうということであった。時の移り変わりに適応しつつ、町屋の虫籠窓が継承されてきたことが知れる。

（高田照世）

2 台所・水屋

台所・勝手［ダイドコロ・カッテ］

▼流し

台所・勝手とは

食物を調理加工する場所を台所という。近年は外来語による厨房（漢語）、キッチンも好んで使われる。

台所は、食関係以外の部分を示す場合もある。旧武蔵国（東京都、埼玉県）周辺では土間を「ダイドコロ」と呼び、新築農家の玄関の三和土もダイドコロで、調理部分はお勝手である。また長野県南部の上層階級では、寄り合い（会議）に用いる部屋を「上台所」と称している。

寺院では庫裏（近代では作業場として炊事場、賄い所、調理場、庖厨、板場など）と呼び、庶民の場合は「カマド」「カマドマエ」「イロリ」「イロリバタ」「カマヤ」、また水を扱う部分の名称（「流し」の項参照）などがそのまま使われる。勝手は、生計・家計を示すとともに裏方や内情を意味し、現代では台所と並んで調理場の名称に広く使われている。また、勝手は裏側の土間に接する部屋をさす地域もあり、食事や家族の団欒の場になる。

歴史

中世貴族・武士の暮らしでは、接客の場や主人の居間など男性中心の表方を重んじ、女性は裏方として台盤所（配膳室）を居間としていた。ここから、夫人を御台所と呼ぶ。このような暮らしでの調理は、使用人が炊ぎ殿で行った。

台所が一般庶民の調理場として使われるようになったのは、さほど古くはない。明治以後、都市では役所・企業に勤める人々の住居として、縮小された台所をもつ武家住居型となった。

台所の設備

世界的に、北部では鍋を自在鉤に吊るして使い、南部では竈、カナワなどに置いて使った。この北と南の境は北緯四〇度前後で、日本は南に属するが、大陸の東側は冬のみ寒さが厳しくなるため、日本は最東端のシベリアの影響を受けて、火は暖房兼用として囲炉裏に鍋を吊って使った。鍋吊り型は、本州・四国・九州まで分布している。

五世紀に竈が大陸から朝鮮半島を経て伝来し、近畿圏まで、また海岸沿いに広まった。過渡期の山地では、鍋吊り・鍋置き併用も多い。

台所は、作業効率をあげるため、いつの時代も最新の文

昭和初期の都会の台所

明機器を導入してきた。このため、時代による変化も著しい。一方、伝統と地域性を色濃く残している部分でもある。

ヨーロッパの寒い地域では、火のある部屋をキッチンと呼び、ひとつの火を囲んで寝食・団欒・屋内作業など家族の生活のすべてが行われた。日本でも、北部では囲炉裏のある部屋が暮らしの中心であった。しかし、家族の序列が厳しく、食事をするにあたっては、ひとつの食卓を囲むのではなく、全国的に家族銘々が箱膳を用いた。一家で卓袱台を囲む習慣は、明治期以後になってからである。

昭和三〇年代から、ステンレス製の流し、ガス台、調理台のキャビネット等のデザインを統一した三点セットが普及するようになった。当初の扉は白色焼き付け鋼板であったが、錆びやすかった。時代とともに、木質特殊加工、琺瑯、硬質樹脂など堅牢な材質となり、また色彩にも富んで、台所は美しくなった。ワークトップにはステンレスあるいは人工大理石が使用され、近年はシステム化されたパーツで一体となった器具も好まれている。

昭和二五（一九五〇）年ごろから農村の生活改善運動が盛んになった。当初の目的は室内で焚く煙の排除であったが、人々は新しい流し台に目が向き、囲炉裏をそのままに、近代的な流しが置かれた。熱源が、自然から得られる薪や木炭から近代的燃料の石油、プロパンガス、電気に変わり、竈、囲炉裏の姿は消えていった。しかし、日本の家庭料理にはオーブンつきの多口レンジの必要は薄く、適当な台に置いたコンロでも十分であった。

公団住宅の狭さを解消する工夫として採用されたダイニングキッチン（公団用和製英語）は、主婦の社会進出が増大するなかで新しいライフスタイルを生んだ。一般都市住宅ではヨーロッパ風に台所で食事をとるようになり、「男子厨房に入らず」であったこの場への男性参加も馴染んでいる。

（宮崎玲子）

流し［ナガし］

▼台所・勝手

台所や洗濯場などの、ものを洗ったり水を流したりするところ。「ナガシダイ」「ナガシモト」「ハシリモト」「タナモト」「タナマエ」「ミズヤ」「ミンジャ」などさまざまな呼び名がある。

水仕事を行うときには水源に出向いたり、水場に小屋を設置することもあるが、井戸や天然の水場、共同水道などの水源から運んだり筧で引くなどして屋内の水甕に蓄えることが多かった。水甕は、台所の必需品であった。熱源と並んだ位置に水道給水による流しが置かれた現代風台所が全国的に普及したのは、二〇世紀中ごろである。水道完備後にも水甕にこだわる地域や人々もあり、水槽つきの流しも考案されている。

流しは、土間に置く場合には主に立ち流しで、昭和中期までは、都会の住宅でも同様であった。関西の町屋では、流し前は奥への通路をかねていた。

床上に置く場合は座り流しであったが、昭和初期から近代的な設備として立ち流しに代わる。

天保期の住まいを復元した深川江戸資料館（東京・江東区）の流しには排水口がないように、流しに置いた桶で使用した水は飲食以外に再使用された。流しの一部分を屋外に突出させて排水溝や川に直接排出させる工夫も見られる。また、排水を貯め枡に導き、畑の肥料にすることも一般的であった。青森県では、冬期は雪などの影響で排水が困難になることから、台所の排水（食物残渣、洗浄水など）を

水辺で使う

タイル張り水槽付き流し

竹簀の子の流し（宮崎県椎葉村）

人研流し

土間に据えた大鍋に集め、これを温めて馬の飼料の一部とした。九州の宮崎県東臼杵郡椎葉村では、床上の一部を竹簀の子として床下に水を流した。

流しの材質は、ほとんどが木製であった。大正時代に入って表面に銅板や亜鉛鉄板を張ったものが使われるようになり、これを「文化流し」と呼んだ。その後、腐食しやすい木製に代わってタイル張り、またジントギ（人造研ぎ出し＝小石をモルタルで固めて成形したもの。安価で堅牢だった）が広く愛用されたが、硬質なため、食器が傷つきやすいという欠点があった。

第二次世界大戦直後のアメリカ駐留軍の宿舎には、ステンレスの流しが使われていた。当時はステンレスの溶接が困難であったが、昭和二〇年代後半になるとプレスによる継ぎ目のないステンレス流しが生産されるようになった。

ステンレス流しは、昭和三一（一九五六）年に公団の共同住宅に採用され、その後は一般家庭にも急速に広まった。一九八〇年代には八〇%、現在は、ごく一部の琺瑯製・陶製を除けばほぼ一〇〇%の普及である。

日本人は世界でもっとも大きな流しを好むといわれているが、これは、流しに容器を置いて使う習慣があるからである。

（宮崎玲子）

井戸・つるべ［イド・つるべ］

通常、地下水源から水を得る装置を井戸という。つるべは、狭義には水くみ用の桶をさすが、広義には桶で水をくむ装置も含まれる。

山の側面をくりぬいて滴り落ちる水を集めた場合を「横井戸」、地下深くの被圧地下水が自然に噴出する場合を「掘り抜き井戸」と呼ぶ。井戸掘り技術が未熟な地方では、地下水位まで螺旋状に道をつけ、徒歩で往復して水をくんだ。これを「マイマイズ井戸」という。

浅井戸では、長柄の柄杓で汲める範囲を越した場合、つるべを使用した。竹つるべは、竹竿の先に桶をつけてくむ。跳ねつるべは、支柱の上部に跳ね木をのせ、片方に重りを置いてバランスをとることで、労力を軽減した。跳ね木と竹竿の届く範囲で使用する。さらに深い場合は、縄を使って桶を水面まで下ろし、手繰ってあげた。この場合、上部の滑車に縄をかけて労力を軽減した。これを車井戸と呼ぶ。

揚水モーターが使用されるようになる前は井戸ポンプが使われたが、圧力の関係で深さが一〇メートルを越す場合にはポンプ揚水が不可能となるため、つるべに頼った。

江戸時代の江戸町内の井戸は、地下水ではない。江戸の

取水法

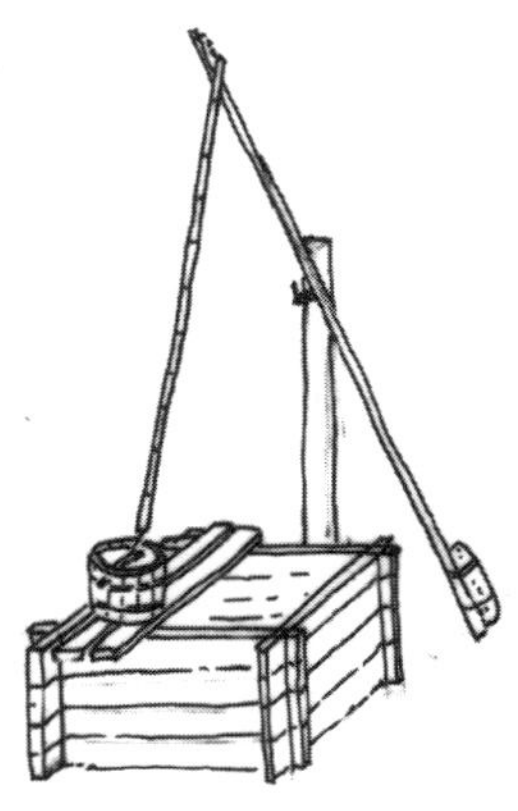

跳ねつるべ

竹つるべ

手繰りのつるべ

下町の水は潮を含んでおり、良質の上水は不足しがちであった。このため、一七世紀半ばに玉川上水が引かれた。これは多摩川中流域の羽村（現・羽村市）から四谷（現・新宿区）あたりまでの水路で、江戸城内をはじめ市内の地下に木管をめぐらせて各所につくられた上水溜め枡にみちびいた。この水を井戸としてくみあげて使ったのである。ちなみに、大坂（大阪）の町でも地下水は潮を含むために井戸の使用は不可能で、日々水売りから購入した。

井戸や取水場には水神を祀り、水が涸れないように願う。土地の再利用等で井戸が不要になる場合、撤去には祟りが生ずるという俗信がある。また長期間地下に停留していたガス排出の必要もある。そこで撤去する際に乾いた砂で埋めたり、「息つぎ竹」と呼ばれる節をくり貫いた竹筒を差し込むことが多い。

（宮﨑玲子）

井戸掘りの技術［イドホリのギジュツ］

井戸は垂直に掘った竪井戸が中心であるが、山に向けて水平方向に掘った横井戸もある。竪井戸には、大きな穴を掘って地下水を釣瓶などで汲みあげる掘り井戸と、地中深く小さな穴をうがち帯水層から吹きあげる水を得る掘り抜き井戸がある。掘り抜き井戸の多くは、帯水層にかかる地圧によって自然に水が噴き出す自噴井戸である。

掘り井戸

掘り井戸は人が穴の中に入って掘削(くっさく)するもので、井戸のなかでも歴史的にもっとも古く、縄文時代後期には見られる。この時期のものは井戸の側面を保護する「井戸側(がわ)」を持たず、深さにも限界があった。弥生時代から見られるようになる井戸側は、現在ではコンクリートの円筒を重ねていくのが一般的であるが、歴史的には石垣を組んだもののほか、四隅に柱を建てて板を垂直方向、あるいは水平方向に並べたもの、曲げ物桶、結桶などを用いたもの、焼き物の甕や壺の底を抜いたもの、瓦質の円筒を重ねたものなどさまざまなものがある。いずれも掘削した後に井戸側を設置するものである。

　掘り井戸の掘削は、土砂の崩落はもちろん、メタンガスの発生や酸欠などのため非常に危険な作業で、とくに帯水層が地中深くにあり、地盤が崩れやすい場合には垂直に掘るのは困難であった。火山灰層が厚い武蔵野台地では、ロート状に土を掘り、深い湧水点まで渦巻き状に道を設け汲みに行くものがいくつかあり「マイマイズ井戸」と呼ばれていた。土の掘削は鶴嘴(つるはし)と鋤を用いて土を砕き、もっこや籠で土を引き揚げながら進めていく。鎌倉時代に成立した『当麻曼荼羅縁起(たいままんだらえんぎ)』には井戸掘りの様子が描かれているが、一七人が鋤と鶴嘴を用いて土を掘削し、もっこや板に土を載せ、綱で引き揚げて土を排出している。中世から井戸掘りについては専門性を持った職人が存在したと思われるが、近世には職人集団が成立する。

掘り抜き井戸

掘り抜き井戸は、鉄棒などを地中に打ち込んで深く穴をうがち掘削していくが、その技術がいつ開発されたのかは、はっきりとしない。岐阜県大垣(おおがき)市には天明(てんめい)年間（一七八一～八九）に、こんにゃく屋文七という人が水門(すいもん)川の横で地面に材木を打ち込み、それを抜いた後に節を抜いた竹を打ち込んで掘削した「これはの井」があり、掘り抜き井戸発祥の地といわれている。

　また愛媛県西条(さいじょう)市では、やぐらを組んで丸太の先端に金棒をつけたものを、一〇人前後で吊りあげこれを落として地面を突いて穴を開けていく方法が近世後期に行われていた。深度が深くなると金棒を連結し、また粘土を注入して側面を保護しながら掘り進め、帯水層にいたると金棒を抜いて、節を抜いた竹を差し込んで井戸とした。同種の方法は、近世後期には関西でも相当普及していたが、本格的に普及したのは明治以後のことである。

滋賀県高島市新旭町針江の各家には「カバタ（川端）」と呼ばれる洗い場があり、そこには掘り抜き井戸が設けられている。掘り抜き井戸から自噴した水は壺池という円筒に注がれ、主として飲料水に利用される。そこから溢れた水は外側の水槽に落ち、野菜洗いなどに利用される。カバタから溢れた水は水路へと入り、集落の周りに広がる水田で利用され、最後は琵琶湖へと注がれる。このカバタを中心とした水の景観は二〇一〇年に国の重要文化的景観に指定されているが、住民によるとこの地に掘り抜き井戸が普及したのは明治のことだという。

カバタ（滋賀県高島市新旭町）

上総掘り

明治中期に、千葉県君津市周辺で完成した「上総掘り」の技術は、より深い掘り抜き井戸の掘削を可能にした。鉄棒で地面を突く場合には連結する鉄棒の重さが掘削作業上の大きな障害となったが、上総掘りは竹製のヒゴの先に鉄管をつなぎ、装置自体の重量を抑えたものである。深くなるとヒゴを連結していく。鉄管の先には弁がつけられ、掘削した土は鉄管内に入っていく。また「スイコ」というブリキ筒も附属しており、鉄管の中が土でいっぱいになると鉄管を上げて、スイコにつけ替えて穴内の土を掃除する。地上部には掘削を助けるためにヒゴクルマという水車状の設備を設け、これを回すことによってヒゴの上げ下げを容易にした。

このように上総掘りはそれまでの鉄棒で突く方法を大きく改善したもので、掘削深度も二〇〇メートル以上可能になったために、掘削深度が深い関東地方をはじめ全国に普及した。しかし戦後は動力を用いた鑿泉技術が導入され、人力による井戸の掘削は見られなくなった。（市川秀之）

洗い場［アライバ］

洗い場とは、食材・食器などを洗う食生活に欠くことのできない水が流れている場所をいう。

現在の台所は、食材を保管する場所、調理場所、後片づけを行う場所がひとつにまとまっており、小さな範囲で食器や食べものを移動することができる。しかし、このような間取りになったのは昭和三〇年代以降のことである。それ以前は、玄関を入ってすぐの「ニワ」を通りぬけた先にある、調理場所と味噌桶や漬物樽が置かれた「ミズヤ」と呼ばれるスペースがそれであった。食器や食材を洗う場所はミズヤにあった。

滋賀県では、洗い場を「カワト（川戸）」や「カバタ」と呼んでいる。カワトは川の流れを屋内に引き込んだもので、東近江市伊庭、同市杠葉尾や彦根市本庄、長浜市高月町雨森などの琵琶湖周辺で見ることができた。きれいな水が流れ続けているため、夏は涼しく、食料の保存にも適している。カワトには水神さんも祀ってあり、水を大切にしてきた人々の信仰もうかがえる。このカワトに鯉を放しておくと、調理やあとかたづけで出た残飯を処理してくれた。また、この鯉は必要に応じて食べることもあった。カワトは、屋内に引き込まれるほか、家の軒先などにも設置され、洗濯場としても利用されたこともあったが、現在、そのようすを見ることができる地域は少なくなっている。

滋賀県高島市の針江集落には「カバタ」が残っており、現在も利用されている。このため、地域では集落総出で川掃除を行ったりするなど、その維持に努めている。

（上田喜江）

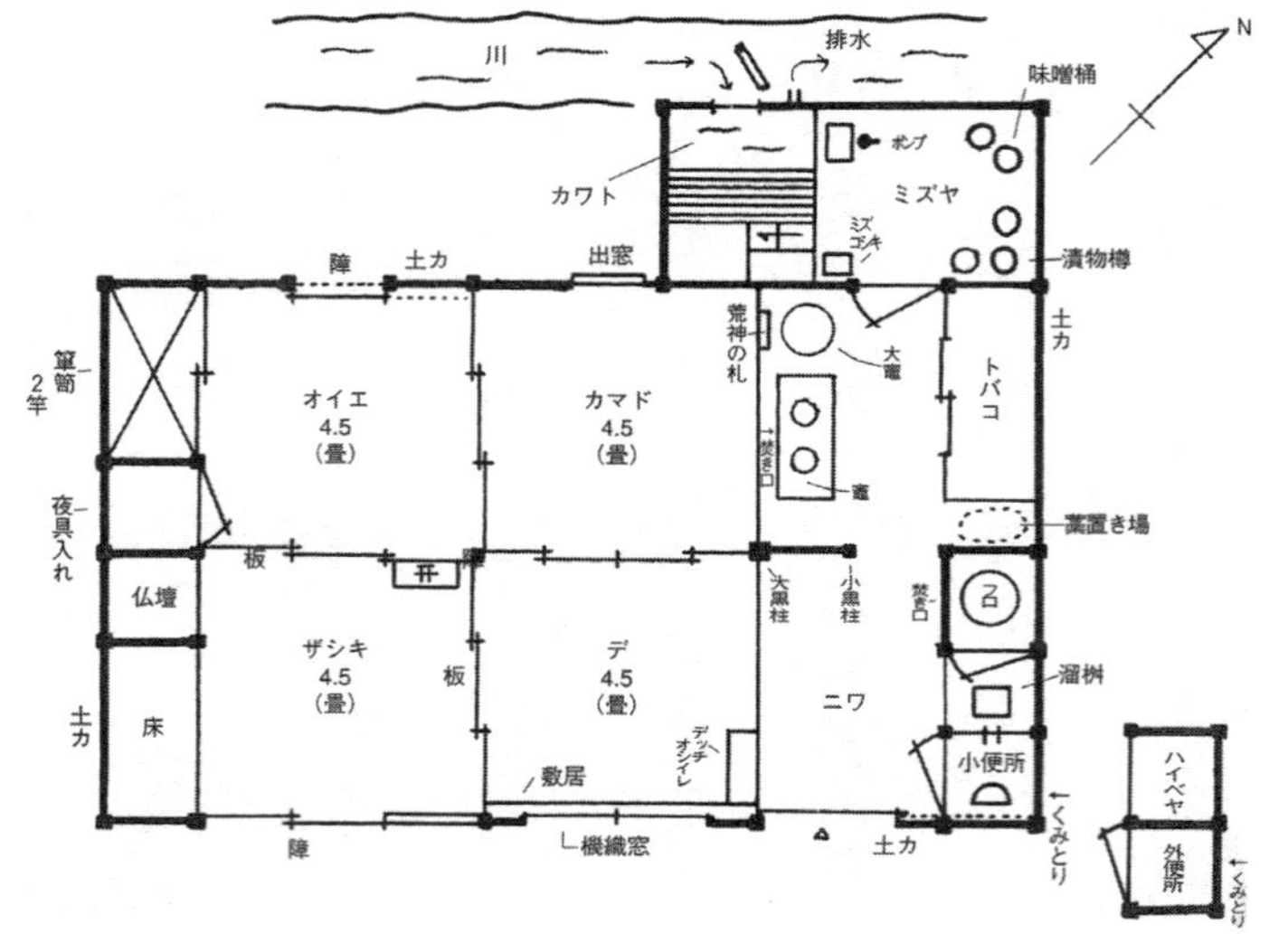

屋内に川を引き込んだカワト（『近江 愛知川町の歴史　第3巻　民俗・文献史料編』愛荘町立歴史文化博物館より）

3 煮炊き

囲炉裏［イロリ］

▼囲炉裏の座、自在鈎・五徳、火おこし・火の保存、火棚

囲炉裏とは、住まいの中とくに床上に設けられた常設の火所(ひどころ)をいう。暖房や調理、照明などの機能をもち、囲炉裏の設けられた部屋は生活の中心であった。大規模な住まいでは家族用のほか客用の囲炉裏を設けた事例もある。また白川村(しらかわむら)や五箇山(ごかやま)の合掌造りの住まいでは、囲炉裏の火を焚くことで二階や三階の蚕室を暖めることも行われた。

囲炉裏は日本列島の全域に分布し、寒冷地にはガスや電気の暖房具が普及するまで残存した。一方、南西諸島にも囲炉裏が分布し、冬季だけ使用されたほか、出産の際は夏季でも火が焚かれた。

囲炉裏の呼称は多様で、「ゆるり」「ゆるい」が比較的広範囲に用いられている。「じろ」と呼ばれているところもある。

大きさは畳半畳ほどの正方形が多く、周囲に木枠を組む。内側には灰を敷きつめ、そこで薪や炭を燃やす。炉の周囲には座る人の座が決められた。

囲炉裏のある部屋は天井がないか天井部分を竹の簀子(すのこ)にして、煙の通りをよくする工夫がなされている。また炉の上に火の粉の舞いあがりを防ぐ「火蓋(ひぶた)」を張るなどの工夫も見られる。これが発達したものには、太い縄で格子を吊り下げた「火棚(ひだな)」がある。その上に濡れた衣類や履物をのせて乾燥させた。食料の保存にも使われた。

火棚から下げられた「自在鈎(じざいかぎ)」は、鍋や鉄瓶など吊り下げるものによって高さの調整ができる。地域によって材料が異なり、なかには意匠をこらしたものもみられる。自在鈎ではなく「五徳(ごとく)」を置く地域もある。

生活に直結した重要な機能をもつ囲炉裏の火は、家の永続の象徴と考えられてきた。そのため火種の保管が重視され、その役割は嫁が担うものとされた。また

囲炉裏のある茶の間（土座ざしき。山形県上山市下住居の旧尾形家）

大晦日から元旦にかけて囲炉裏の火を焚く習俗も、家の存続を願ったものといわれる。

囲炉裏は神聖な場所と意識されており、この周囲で爪を切るなど火を汚す行為は、厳しく禁じられてきた。

（秋山晴子）

釜屋［カマヤ］

▼分棟型

母屋とは別の建物に炊事用の竈（かまど）を設けた場合、この建物を「釜屋」と総称する。近世中期以降の日本の民家では、竈を母屋の土間部分に据える「直屋（すごや）」が主流であったが、太平洋側など積雪の少ない暖地の一部に、母屋と釜屋を分けた「分棟型民家」が見られる。釜屋の呼称は、たとえば沖縄のウフヤ（母屋）に対する「トングヮ」、九州南部のオモテ（母屋）に対する「ナカエ」、東海地方の「カマヤ」、安房（あわ）地方（房総半島南部）の「ダイドコロ」や「タキバ」などさまざまである。釜屋の母屋との付属関係も多様で、南西諸島などでは完全に分離独立したタイプ、九州

熊本の平行二棟造り民家（手前が釜屋）（旧所在地：熊本県玉東町・旧境家。撮影：原田聰明氏）

東海地方の釜屋建て民家（右側が釜屋）（愛知県新城市・望月家）

安房地方の分棟型民家（右側が釜屋）（千葉県南房総市・川名家。撮影：日塔和彦氏）

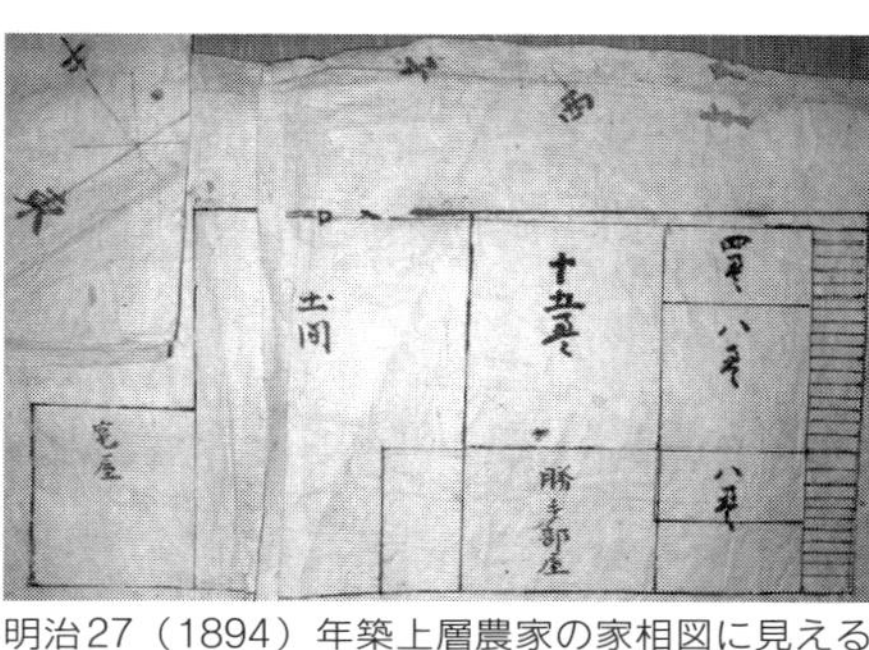

明治27（1894）年築上層農家の家相図に見える「竈屋」の配置（千葉県我孫子市）

南部や安房地方では近接して間を廊下でつなぐタイプ、九州北部や東海・関東地方では軒を接して接合部を谷樋で受けるタイプ、その他略式に母屋に下屋をさしかけて釜屋を設ける場合などがある。その形式や分布から、分離独立した釜屋が次第に母屋と一体化し、直屋へと変化していった流れが考えられている。

こうしたいわば自然発生的な系統とは別に、政治的指導の結果として発生した釜屋も存在する。福島県の旧相馬藩領では、正徳期（一七一一～一六年）から数次にわたって発せられた「家作之定」などによって母屋の規模抑制の思想が浸透していたが、一九世紀前半（在郷給人層ではさらに早い時期）になって、狭さを補うためにトージ（母屋）に並行してナヤ、カマヤ、ウマヤなどの別棟付属屋が増築されていったと考えられている。

ただし、近代まで日常の煮炊きを囲炉裏で行うことが多かった東北地方においては、竈は主に飼葉や味噌豆を煮るために利用されていた。

また、千葉県北部や茨城県南部では、「昔は、農家でも上流の家はカマヤを別に建てるものだった」との伝承もあり、ステイタスとして釜屋をとらえる向きもあった。

なお、大正から昭和初期には、火災防止や衛生面からの理由で「竈を母屋から離すべし」との〝近代的〟潮流もあった。このため、安房地方のように釜屋が母屋と隣接している場合はその土間を作業場とし、別に竈を据えた「タキバ」を設けるような例も見られた。

（榎　美香）

竈・大竈 [カマド・オオガマ]

呼称

土間や台所の隅や軒下、あるいは別棟の釜屋（炊事小屋）、囲炉裏の近くなどに設けられた、火を焚き加熱調理するための施設。「クド」「フド」「ホド」「ヘッツイ」などと呼ぶ地域が多い。竈は石組みに粘土を塗り固めたものが一般的であったが、強度を高めるために瓦のかけらを入れたり漆喰を塗ることもあった。

火を入れた竈（茨城県つくば市）

用途と形態

近畿地方の上層農家では、汁もの・煮もの用、炊飯用、味噌炊き・餅搗き用、家畜の飼料用など、用途に合わせて小から大へと数個の竈を半円形に並べて漆喰で連結させ、焚き口を内側に向けてひとりで火の管理ができる「五つ竈」「七つ竈」などが流行した。これらの竈は、調理施設であるとともに、家の格式や経済力を誇示する意味ももっていた。また、その煙がカヤや藁で葺いた屋根の耐久性を高める役目も果たした。

「関東の二つベッツイ、関西の五つベッツイ」といわれるように、主に火口がふたつの竈を使用している地域では、味噌をつくるための大豆を数軒共同で煮たり（味噌炊き）、家畜用の餌や繭を煮る場合に使用する。また人寄せで餅搗き用のもち米を蒸す、飯炊きやそばを茹でる場合など、大きな竈が臨時で必要になると、屋外に穴を掘り、石を組んで、仮設の竈を築くこともあった。屋内の土間に築かれた大ぶりの竈は、元来、祭祀用に用いられたものが常設化されたものである。調理に使用しない時は、上に荒神棚を設けたり松や榊を飾っている。これらを「大竈」あるいは「カマクド」「オカマサン」（中国地方）、「トナガマ」（青森）などと呼んだ。

竈と炊き干し法

甕型土器（機能的には現代の「甕」よりも「鍋」や「釜」に近い）に鍔をつけた羽釜が考案されると、竈は羽釜と組み合わせて使用することにより全国的に普及した。現在の炊飯法と同じ「炊き干し法」で飯を炊く場合、自在鉤で上から鍋を吊るして加熱する囲炉裏に比べ、竈は火を管理しやすい閉鎖状態が保たれて熱効率がいいことから、燃料としての薪をより一層効率的に利用することができた。また、燃料の調達がむずかしい平野部や町場の場合は、竈ならば藁や落ち葉を燃料として使うことも可能であった。

炉と湯取り法

一方、稗や粟などの雑穀を主食とする地域では、「炊き干し法」ではなく「湯取り法」で炊くことが一般的であったため、竈と釜を必要としなかった。竈での「炊き干し法」は、水量を厳密に量り、水を入れてから飯が炊きあがり蒸らすまで蓋を開けず、水をすべて炊きあげてしまう。これに対して「湯取り法」は、沸騰した湯に穀物を入れ、ほぼ煮えたあと、その湯汁（ねば）をとり去り、蓋をしてさらに蒸らし仕上げる。そのため、水加減も火加減も「炊き干し法」ほど気を遣う必要はない。このような地域では、炉と鍋があれば飯が炊けるので、竈の普及は遅かった。また、炉が暖房として重要な役割を果たした。

改良竈

側面や中央部に湯沸かし器として銅壺（どうこ）をとりつけた竈も登場した。銅壺に水を入れておくと、常に湯が沸いている状態で、飲用や洗いものなどに重宝した。昭和二〇年代以降は生活改善諸活動の一環として、レンガや金属を用いたり煙突をつけたタイル貼りの改良竈も出現した。しかし、昭和三〇年代後半に入ると、プロパンガスや都市ガスが普及しはじめ、竈を使う機会が減少するようになる。

分家することを「竈を分ける」ともいい、本家を「ホンケカマド」と呼ぶなど、竈は家を象徴する存在として位置づけられた。荒神、火の神などの竈神は、家や家族の守護神とされた。

火吹き竹

炊飯の際に活躍したのが、「火吹き竹」である。端に小穴をあけた節をひとつ残して切った竹筒で、火種に息を吹きかけ火をおこす際に使う道具である。節の部分に小さな穴をあけただけのシンプルな構造であるが、火吹き竹は神聖なものであり、病や災いを除けてくれるものとされた。関東地方では、七七歳の喜寿の七月七日に火吹き竹をつくり、風除け・火事除けのまじないとしていたところもある。

火と穢れ

穢れ（けが）は火を介して感染するとも考えられた。とくに穢れを忌み嫌う漁村などでは、出産の穢れ（赤不浄）が、同じ火で煮炊きしたものを食べた家族に感染するとされた。それを避けるために、妊婦は産前に「産小屋（うぶごや）」へ移り住み、家族が使う竈とは別に独立した火所をその小屋の中に設けて食事を煮炊きして、忌みが明けるまでの期間を過ごした。また、葬儀の際も、死の穢れ（黒不浄）が感染するのを避けるため、喪家の竈を使わず庭に「大竈」を設置して煮炊きをした。

（古家晴美）

枕石の謎

昭和三一（一九五六）年に日本民家集落博物館に移築された飛騨白川の民家の居間にある囲炉裏の片隅に、表面が平らな石が埋め込まれている。約一三〇ミリ四方の炉縁の中で、その石は本体の三分の二ほどの深さまで囲炉裏の灰に埋め込まれている。最長二三センチ、最大幅一九センチ、灰から上に見える部分の高さは一一センチである。大きな囲炉裏の真ん中に五徳を置いて鍋を温めるのが、岐阜県大野郡白川村での昔からの調理法である。あつあつの大鍋から雑炊や汁を家族全員に分けるために膝をつくための石、また熱くなった鍋を置くための置き石とされていたと思われる。白川の民家の旧所有者・大井さん一家に聞き取りを行った際も、鍋を置いたり、昭和初期ごろまで日ごろよく食べられていた栃の実の皮を剝くときの台としても用いられていたという。

石の名称は、当館職員の間では移築当時から「枕石」と伝承されてきた。「枕」という言葉が含まれているということは、その形状が枕のように平たいからと考えられる。しかし、調理をしたり暖をとる場として利用された囲炉裏端に寝具に関係する単語が使われるのは不自然である。何かいわれがあるのか。またほかに「枕石」と呼ばれるものがあるのか。『改訂綜合日本民俗語彙』「マクライシ」の項目には以下のとおり書かれている。

「死人が出るとすぐに家人が浜に行って（中略）小石を一つ持ち帰って死人の枕のかたわらに置く（後略）。墓の上に置く石（後略）」

葬式や通夜の際に用いられる石、海辺や川原などから拾ってきて棺の中に入れる石。人の死にまつわるものと同じ名称が、調理の場、暮らしの場に使われるものだろうか？ただでさえ、囲炉裏は昔の人々から神聖なものと考えられてきた。お産をひかえた女性など「穢れた存在」と考えられる人は、調理や暖をとるのも通常用いる囲炉裏とは別にされた。お産のための小屋を建て、妊婦の「穢れ」がとれるまで小屋内の囲炉裏だけを用いて生活させる「別火」と呼ばれる慣行が、かつては各地で見られた。福井県敦賀市では一九七〇年代まで実際に産小屋が使用されていた。

また、囲炉裏の灰はきれいに手入れされ、家によってはまるで石庭の砂のように灰に美しく筋目をつけられるなど、大切にされていたものである。さらに調べると「枕石」ではなく、「石枕」という呼称で、古墳時代、石室に遺体を安置する際、遺体の頭を石製の枕に載せた事例が報告されていた。また、枕石については、愛知県の海岸部に見られる大岩が「加藤清正の枕石」と呼ばれ、福岡県、大分県などの地域で、大岩が「蛇の枕石」と、宮城県では「竜の枕石」と、群馬県の浄土真宗の寺院では、寺の庭にある平石が「親鸞上人の枕石」と呼ばれており、いずれも伝説にちなんだ事例ばかりであった。ちなみに、人類の草創期には、寝るときに少しでも頭を高く置き、外敵から身を守るため見晴らしをよくし、安全な状態で休むために、実際に平石の上に頭を載せて眠ったこともあったと推測される。歴史時代以降は、寝るときに実際に石製の枕を用いた例はないそうである。磁器製の陶枕ならば、主に中国南部で夏に頭部を冷やし、快眠するために用いられたそうだが、日本では「茶碗枕」と呼ばれ、有田焼の工芸品として鑑賞される枕が江戸期に流通していたそうである。

白川の民家の囲炉裏と「枕石」

　いずれにしても、囲炉裏の場に「枕石」なるものが存在した例は見つけられなかった。白川村の人々は囲炉裏端の平石を「枕石」と呼んでいたのか、再度確認してみた。白川村荻町在住の元白川村教育委員会職員・宇田章二さんと、大井さん一家に尋ねてみた。宇田氏は、村内の古老の方々に尋ねてくださったが、皆が「囲炉裏端に石が埋められているのは憶えているが、その石自体の呼び方はとくになかった」とのこと。大井さん一家からも、八六歳の女性を筆頭に同じ回答が返ってきた。

　では、民家の移築調査時に、館の職員や研究者が「枕石」という呼び名を、半世紀以上前の古老から聞いたのだろうか。真相は謎のベールに包まれたまま、博物館にはただ一枚の調査カードが残るのみであった。そこには万年筆でこう記されている。

「主婦権　カカ（主婦）は台所の一切をきりもりする。食事の時の杓子はカカが年老いて台所の仕事を嫁に譲るのは、年の暮の食事の時で嫁にこの杓子を渡す。俗に之を杓子渡しといい、これで主婦権は嫁に渡るわけである。囲炉裏の中の『まくら石』もカカが鍋を取る時に足をかけるもので、嫁に一度この石を踏ますと、離婚の時に財産を半分わけなければならなかったといわれる」

（小島久美）

自在鉤・五徳［ジザイカギ・ゴトク］

▼囲炉裏

自在鉤

囲炉裏の上に下げて、鍋などを吊る道具。古くは、台所設備はこの鍋吊り具のみであって、「オカギサマ」「カギ」「カギツルシ」「カギナワ」などと呼ばれた。火の神の依代（よりしろ）として、信仰の対象にもなっている。

日本に限らず、冬期の寒さが厳しい地域では、囲炉裏で煮焚きをする場合、採暖と明かりをかねた火を一定に保つために、調理の鍋は火から離して上部から吊って使った。鍋や湯わかしを上下させて火加減の調節を行うために、高さを自由に動かす自在鉤が発達した。ヨーロッパでは、刻みや鎖の目にかけ替えて上下の調節を行い、日本でも北海道アイヌ、東北地方北部ではこの法式が使われた。

一般には、縦軸と留木（とめぎ）の摩擦を利用して固定する。全国的に見ると、筒の中に入れた棒状の軸に鍋を吊るして上下させるものが多いが、日本海側では軸と筒の部分に縄を用いる。留め具は、火伏（ひぶ）せを願って水にちなむ魚の形にしたり、縁起物として凝ったつくりにする場合が多い。

作業場などでは、近年まで、吊り具として鉤状の木の枝を縄で縛って使っていた。簡素ながらも針金に金魚のような留め具のついた自在鉤が見られる。

竹の自在鉤

縄の自在鉤

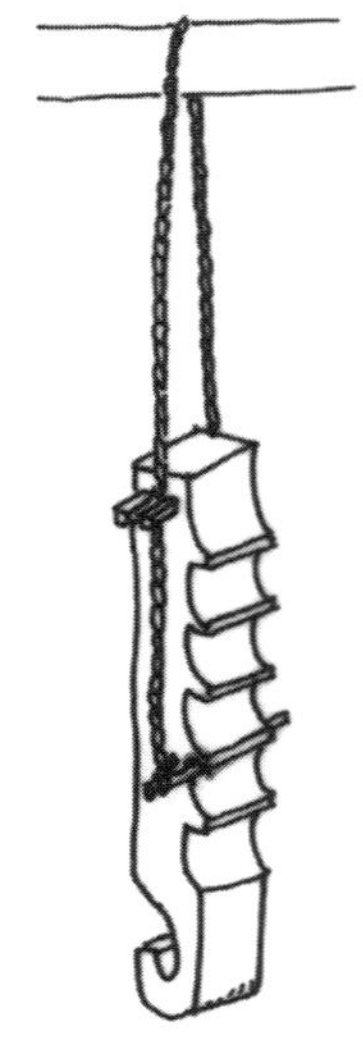
東北のガッタン鉤

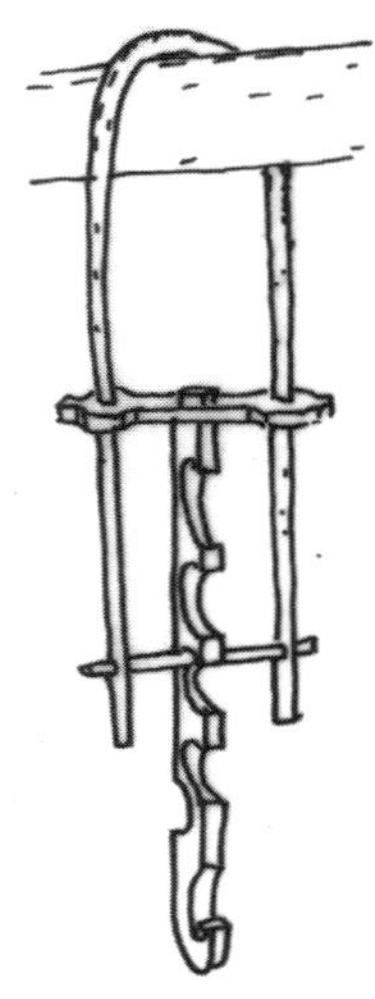
アイヌの自在鉤

五徳

火鉢や炉などで、炭火の上に立ててその上に鉄瓶ややかんなどを置くための道具。一般に、輪に三本または四本の脚のついた鉄製・陶製のものが使われる。五徳とは「温良恭倹譲」（論語）あるいは「智信仁勇厳」（孫子）を表すなど諸説あるが、「近代に商品名とされた」という説に信憑性がある。

一四世紀に描かれた絵巻『慕帰絵詞』に、囲炉裏で煮炊きをするとき、鉄の輪に三本の足がついた架台を据えて鍋を使う様子描かれている。貴族や僧侶の台所で使われたと推測されている。

カナワ（滋賀県マキノ町〈現・高島市〉）

延宝元（一六七三）年に水没し、近年発掘復原された草戸千軒集落（広島県福山市）では、囲炉裏にカナワが使用されていた。

最近まで使用していたカナワの分布は、主に京都府北部、福井県西部（旧若狭）、石川県、滋賀県、岐阜県北部。重要な器具であったため台所の象徴とされ、「カナグサマ」と呼んだ。自在鉤、竈、火鉢使用の地域でも、小型化されて補助具となっている。

（宮崎玲子）

七輪［シチリン］

木炭や豆炭を燃料に使用する、軽量かつコンパクトで移動が容易な調理用の炉。火皿と風穴が設けられており、全国的に「シチリン」、京阪地方では「カンテキ」と呼ぶ。「コンロ」ともいう。古くは角形、円筒型が多いが、直火焼き用に上部を広く改良したものもあり、囲炉裏や竈の補助として全国で使われている。

通常、竈は家屋建造時に築くが、鍋・釜の一個使用を前提とした移動可能な小型炉は、舟用あるいは小鍋を使っての少人数の調理用、または仏事用に使用されたという説がある。埼玉県川越市にある川越大師喜多院の五百羅漢（一七九〇～一八三〇年ごろにつくられた）にこの炉で湯を沸かす像があり、この時代にすでに用いられていたことがわかる。江戸の裏長屋では移動可能な小型炉を路地に出して炊飯したとされる。

シチリンの呼び名の有無は定かでない。シチリンには、「七厘」または「七輪」の文字があてられる。燃料効率がよく、炭価わずか七厘（一厘は一〇〇〇分の一円）で足りたところからこの名が出たとされる。七輪の呼び名は日本人にとってなじみ深く、昭和初期にはガスコンロも「ガスシチリン」と呼んだ。

ノビル石製

陶製（外側釉かけ）

現代の七輪の多くは珪藻土（生物の遺骸石化）製である。多くは能登産の土を使い、これを三河地方で加工した。珪藻土以前は、硬度の低い凝灰岩（大谷石、鎌倉石など）、また須恵器のような素焼きが使われ、東京下町では浅草周辺産の今土焼き（素焼きで素朴な器具。土人形も製造された）が用いられていた。宮城県の仙台湾周辺に産するノビル石も、同様の素材である。

江戸の七輪（深川江戸博物館復元）

珪藻土製（金属補強）

珪藻土でつくられた七輪は軽くて保温性に優れているが、壊れやすいという欠点もある。このため、通常は帯状の金属で補強する。

現代では卓上使用が好まれ、主に硬質陶器、鋳物製で、一人用小型のものでは固形アルコールを燃料とする。

（宮﨑玲子）

4 燃料

柴［シバ］

▼薪

柴とは、火所の燃料に用いる細めの雑木をいう。「シバッキ」（杪木）の呼称は、おなじ地区内でも異なる呼称が多い。飛騨地方（岐阜県北部）では「シバボネ」「ホイ」「ソダ」とも呼ばれ、鳥取県では「ホタ」「コンタ」「トネ」などともいう。燃やすから「モシッキ」、火に焚くから「ヒボイ」「ボイ」「ホダ」「ボヨ」「ボヤ」などの呼び名が多い。シバは、おおむね鉈で切れる拳大の太さならばシバキに分類され、それより太くて鋸で切るようなものはコロ（木呂、薪）やホタ（ホダギ）になる。

柴を刈ることを「ボイ切り」「ボヤ切り」「ハルキ山」「シバッキ切り」（越後魚沼地区）などという。シバキ切りには、春山と秋山の二季があり、秋切りの柴には火勢があるが、大量に燃料を必要とした豪雪地では、柴を一年に二〇〇把から四〇〇把準備しても足りず、春にも残雪のころにハルッキヤマ（春木山）で切る地区や家が多かった。また、夏焚き用の多くは、山仕事の帰り荷として林の枯木や、桑の枝や根を運んで来て燃料とした。

ボイ山の制度

今も残る集落の共有地（入会地）には、厳しい掟も決められ自由に柴を刈り取ることができなかった。ボイ山を持たない地区では「山手代」を払って他村のボイ山で切らせてもらったり、地主のボイ切りを頼まれて、自分用を切らせてもらう家もあった。

「ナタガマ（鉈鎌）」で刈れるような木の若芽、細い柴などを「ホトラ刈り」「ヤタ刈り」「カッチキ（刈敷）刈り」ともいい、ボイ山のない者は、それらを刈り干しにして焚くところもあった（新潟県十日町市五箇など）。ホトラは燃やすと家中に灰が舞って大変だったという。なお、ホトラは田畑の緑肥や堆肥にも使われた。

早春のシバッキ出し（新潟県津南町）

柴のなかでは、ヌルデの格が高く、最高の燃料だという（新潟県魚沼市宇津野）。また、「柴木のオラ（枝先）一尺（三〇センチ）

よりも根元の一寸（三センチ）」が大事だという。一方、「ジシャガラ、ツバキなどは油ッ木で燃えはいいが、素性が悪くて仕事に手間取る」「ドウハン（河胡桃）は灰がたって火持ちが悪い」「ネコノクソギは死人の臭いがするから焚いてはならない」「作物のシバグネに使ったものは地炉で焚くな」「カキやグミの枝も炊くな、荒神様が嫌うから」などと戒められた。シバッキなら何でもよいものではなかったのである。

ボイ切りの作業では、柴を鉈で長さ六尺（約一八二センチ）ほどに切り揃え、元を揃えて直径七、八寸（約二一〜二四センチ）のタバボイ（束）にする。この束を縛る柴を「ネジッキ」と呼び、もっとも適した樹種がマンサクである。

柴木は、山でニオ（ニュウ・鳰）の状態に積み（ニオは長い細木の柱を四点に立てて、柴木を左右交互に積み重ね、高さは二、三メートルにも及ぶ）、ニオの上には、雨や雪から保護をするために「ニュー笠」（萱、ドーノゲ〈カリヤス〉）で屋根を葺いた。

翌年の春か秋の農閑期に「シバッキ取り」や「ボイ出し」といって、家の近くに運び、また「ニオ」にして積んだ。ニオ場は、大きめの石を土台として二、三列並べた占有地が、家の周辺（メグラ）に常設されている。福島県南会津郡只見町では、ニオに積むことを「キンギョに積む」という。

その後、ニオ場から一、二把、あるいは一週間分を抜いてきて、ニワ（母屋）の隅にしつらえたキジリ（キジリ箱）または「木床」に運ん

雪消え時の柴木のニオと藁製品の雪晒し（新潟県南魚沼市、1982年）

柴木のニオ。右は消火栓の雪囲いの茅小屋（新潟県南魚沼市、1976年）

ホエとコロが積まれた家外玄関のキョオキバ

できた。香川県安原では「キノザ」といっている。

煮焚のときには、シバキの元の方から囲炉裏にくべる。このとき枝先のほうが向く側を「シモザ」とか「キジリザシキ」（新潟県南魚沼市城内地区）などという。

（池田　亨）

薪［マキ］

▼柴

マキとは

薪は柴よりも太い燃料で、主に竈や「ジロ」（囲炉裏）あるいは風呂釜の燃料に使用されたものである。一般にマキのほか、タキギ（薪、焚木）、タキモノ（焚物）、ワリキ（割木）、コロ（木呂）などと呼ばれている。また薪の熾は炬燵の燃料に使われた。囲炉裏の隅に消壺が用意してあり、ケシゴ（消し炭）もつくられた。

薪に割りやすい樹木は、ブナやセン・ケヤキなどである。一方、火勢と長持ちする樹種はナラ材やモミジ・カエデなどで、割り難いために大変な労力が必要である。とくに豪雪地域では、ミズナラなどは雪に圧し拉がれた木が多く、割り木にするのが大変だった。薪は、マキ（薪）・マルタ（丸太）・シバッキ（柴）など、形状の違いがある。共にマキ（薪）として一括されているが、シバ（柴）が細めの雑木であるのに対して、大きなものを「薪」という。マルタは割り木にする前のもので、コロ、ベェータ、ブンナギ、ブンナグリなどと、新潟県内だけでも呼称に地域差がある。群馬県利根郡みなかみ町藤原では、割れにくい太い根っ子（切り株）を「ホダギ」という。「ホタ（ホダ）」の呼称は広く用いられて、木の切り株（榾）である。新潟県南魚沼市城内地区ではこれを「モッカリ」などという。

また、海岸に流れつく「ヨリキ」（寄木）や、川の沿岸集落では、上流からの流木を「ヨロッキ」と呼び、先に見つけた人が石などを載せておくと所有権が認められた。貴重な薪の入手源であった。

山で積まれた薪鳰ワッツァバ（新潟県津南町、2005年）

ちなみに新潟県には、薪を①「コロ」と呼ぶ南魚沼市の魚野川流域では、コロ流しで長岡市などの消費地へ運ばれ、割木にしてもコロといい、販売された。

「上田コロ」と呼ばれて売り買いされるので「カナコロ」とも呼ばれた。②信濃川上流から、長野県境地域を西へ東頚城郡、さらに一部の佐渡にも「ワッツァバ」（割り木）と呼称する地域がある。③新潟県北（下越地方）から日本海沿岸などで、塩焚きの燃料にした地域では、「ショッキ」（塩木）と呼ばれる文化圏が特徴として区分される。コロ切りは、大半が国有林からの払い下げによったが、自家の所有する林野から切り出せる地域や、山林を所有する個人などとは地域差がある。したがって、薪も柴もニオ（「柴」の項参照）の状態がその家の富裕の度合いを示す証とされた。

薪のニオ（里ニオ）（新潟県津南町）

コロ切りの長さは、六尺（一八二センチ）、四尺、三尺など、搬出方法によって切り分ける。その後、焚物用として二尺、一尺五寸などに切った。

割り木は、幅六尺×高さ六尺の「ニオ」「キニョ」（木鳰）の状態に積んだ。それを一棚とか一坪という。豪雪地で冬の長い新潟県魚沼地方では、家族数にもよるが、シバッキ（「柴」の項参照）のほかに薪が二棚（二坪）から三棚（三坪）が必要であった。山林所有者や山林の共有地を持つ村々でなければ、割り薪は購入する以外になく、貴重な燃料であった。

新潟県魚沼市増沢の井上市郎左衛門家は享保二（一七一七）年の建築で、山形県湯殿山から迎えたと伝える火を「ヒナタ」（ジロ）に絶やさずに守り続けてきたが、平成一〇（一九九八）年ごろ、家屋倒壊とともに終わった。なお、大晦日の夜に焚く太い薪を「歳夜の二年焚き」と呼び、特別な太い丸太を用意したという。兵庫県では「ヨツギホダ」などと呼び、火を絶やさないようにした。

ふだんでも、「囲炉裏のホドに火を休める」（火ヤスメ）といって、熾に灰を被せ翌朝の火種とした。これは、主婦、嫁の炊事の務めであった。魚沼地方には「ある家の嫁が、火種を消してしまった。困ってしまった嫁が、通りかかった鬼から、火をもらう代わりに死人の入った長持を預かることになった。しかし、翌朝になっても鬼は長持を受け取りに来なかった。そこで、長持の蓋を開けてみると死人ではなく、金瓶が入っていた」という昔語りがある。

（池田　亨）

麦藁・稲藁［ムギワラ・イナワラ］

麦・米作りが終わり収穫の時期を迎えると、食べることのできない藁が多く残る。藁は現在では、需要が少なくなり、粉々に粉砕されることが多くなったが、かつては燃料・肥料・飼料・資材として多く用いられた。燃料としては、風呂の湯を沸かすため、薪に火をつけるための着火材として、新聞紙と同じ用途で利用された。また、風呂の追い炊きにも利用された。畑の肥料として用いられたほか、農家が家族同様に飼育していた牛の食料にもなった。このように藁は生活に欠かすことのできないものであり、また土に戻せば肥料になるため広範囲に利用できる。このことから一本でも無駄にすることはなかったという。藁は家の「ツシ」と呼ばれる所に収納されることが多かった。ツシに収納された藁は、煙にいぶされ乾燥して長持ちする。

電気製品やプラスチック製品の需要が高まる前には、生活必需品の多くが藁製で、そのほとんどが各家庭で作られていた。そのため、各家庭では藁打ち台や麦の脱粒用具、横槌などの農具があった。藁で製作されたものとしては、モッコなどの運搬道具、保温用具などに使用されるフゴや、草履（ぞうり）・草鞋（わらじ）などの履物、筵（むしろ）や薦（こも）などの敷物類など多岐にわたっている。また、藁縄、桟俵（さんだわら）（米俵の両端に当てる藁で編んだ丸い蓋）なども製作された。桟俵は、「疱瘡（ほうそう）送り」「麻疹（はしか）送り」といった疫神を送る民俗行事にも利用された。

藁は生活全般で利用されたが、麦藁は屋根葺きに利用された。屋根には小麦藁を用いることが多かった。小麦藁が足りない時は、大麦藁も併用したという。小麦藁は大麦藁よりも長く、重さがあったためだ。小麦藁を用いた屋根の耐久年数はおおよそ一五～二〇年に対し、大麦藁の場合は一〇年ほどであったという。

（上田喜江）

5　収納

箱階段［ハコカイダン］

箱階段は、「箪笥（たんす）階段」「階段箪笥」「箱段」「箱梯子（ばしご）」などとも呼ばれる。その名が示すように、高さのちがうところを上り下りするための階段と、モノを収納するための箪笥や箱という異なったふたつの機能を合わせもつ家具である。

民家では、いわゆる二階建てと呼ばれる住宅が広まる以前から、天井と屋根とのあいだの空間を物置に利用してきた。この屋根裏は、西日本では「ツシ」、東日本では「タナ」と呼ばれることが多い。ツシには日常的に使うものを収納することはないので、農家では土間の天井に開口部を設けておき、ここに梯子をかけてツシにあがった。

一方、町屋のツシも元々は低くつくられていたので物置にされていたが、江戸時代の中ごろからは、とくに表通りから見えない裏手側のツシを本二階にして、座敷を設けることが多くなる。この場合、土間ではなく床のある部屋、あるいは押入の天井などに開口部を設けて、二階の出入口とした。二階は日常的に利用されるので、梯子ではなく階段が設置され、それを箱階段にするところが多かった。

箱階段（秋田県横手市、写真提供：森隆男氏）

箱階段は、表通りから少し奥まった部屋の中に見えるように置く場合も多いが、押入の中に納められる場合も少なくない。押入に収納されている場合は、襖や板戸を開けるまで箱階段があることに気づかないので、二階の存在を隠すことになる。

また、農家も町屋も、蔵に箱階段を置いて収納用具兼二階への移動手段とする例が、よく見られる。

箱階段がいつごろからつくられるようになったのかは不詳だが、京都島原の著名な揚屋である角屋の箱階段は、天明期（一七八一～八九年）ごろには設けられていたという。箪笥の登場は江戸時代になってからで、普及するのは正徳年間（一七一一～一六年）とされるので、それ以降に考え出されたものであろう。形状には、箪笥や戸棚といった箱状の収納用具を組み合わせた移動可能なものと、建物の壁や柱に造りつけたものとがある。

箱階段は多機能であるだけでなく、デザイン的にも優れている。現在も古民具として人気が高く、箱階段を小型化したような小物入れや飾棚も製造販売されている。

（吉田晶子）

押入・戸棚［オシイレ・トダナ］

押入とは主に寝具を収納する設備、戸棚とは主に食器などを収納する設備をいう。

多数の生活用具を保管するには、床面に並置するよりも、立体的な棚を使うほうが少ない面積に効率よく配架することができる。しかも、置いたものを一覧することができ、使うときにとり出しやすい。だが、棚を覆うものがなければ埃がついてしまう。そこで、四方を囲み、正面に開け閉めのできる扉をつけた戸棚がつくられた。

江戸時代初期の戸棚は、引違戸を開けると中は棚だけというシンプルなものであった。最初に棚から戸棚に変わったのは台所用で、埃を避けたい食器類が入れられた。

次いで、部屋戸棚、押込みと呼ばれる居間用の戸棚が普及した。これは、高さと幅が一八〇センチほど、奥行が六〇～九〇センチほどの大型で、上下二段に分かれていた。

布団戸棚（大阪府枚方市立旧田中家鋳物民俗資料館、枚方市教育委員会蔵）

上に襖戸、下に横に桟（さん）のある板戸である舞良戸（まいらど）がつく。中には布団や衣類、小型の箪笥などが収納され、次第に造りつけのものが多くなった。

戸棚が一般化すると、布団を収納するための押入が出現した。布団が普及し始めるのは江戸時代で、敷布団は長方形であったが、掛蒲団は、襟と袖のある夜着と呼ばれる着物の形をしたものであった。上方では元禄ごろに現在と同じ長方形の掛布団が広まっていくが、江戸では明治を迎えるまで夜着が主流であった。いずれにしても、布団は敷きっぱなしのものであり、庶民が布団を押入に収納することが一般化するのは明治期以降のことである。

押入も、最初は移動可能な置押入で、のちに現在のように一間幅や半間幅の押入を造りつけるようになった。

大正期になると、長持（ながもち）を改良した布団戸棚が出現する。それまでの嫁入り道具といえば長持であったが、長持は上蓋式なので上下に重ねて使用することはできない。そこで、長側面に引違戸を設けて二段に積み重ねたのが、布団戸棚のはじまりである。側面に担い棒を通すための把手がつき、長持に代わる嫁入り道具として普及した。上段は布団収納用に引違戸だが、下段は大小の引出しがついた箪笥になったものもある。

（吉田晶子）

長持［ナガモチ］

身のまわりのものを収納する長方形の箱。現在でも長持を蔵に置く家もあり、中には布団や座布団、蚊帳などを収納する。江戸時代中期ごろから広く普及し、昭和初期まで使われていた。側面に把手があり、これが持ち運びのときに棹通しとなる。

長持のような収納家具が普及するのは、江戸時代以降である。とくに衣類を収納するものとして広まったのが、持ち運びに便利な葛籠や行李、そして据え置き型の長持や箪笥である。長持には、漆を塗ったものや、桐や杉で作られた木地長持、底部に車輪がついた車長持などがある。

車長持。底部に車輪がついており、有事の際に動かすことができた（紀伊風土記の丘所蔵）

また、軍用の長持もあったようで伊勢貞丈は『安齋随筆』のなかで伝聞として、軍用の長持は、底部の周囲と合わせ目に黒漆を塗って水が入らないようにしておき、川などで舟として用いることがあったと記す。中の道具を捨てて空長持にすれば、人がふたりほど乗ることができたとも記述している。

塗長持や木地長持には衣類や布団を収納した。木地長持は「雑長持」ともいわれ、蚊帳や膳椀なども入れることがあった。塗長持、木地長持ともに嫁入り道具として用いられた。『世間胸算用』には、縁組に際して、娘をもつ親は、塗長持に丁銀、雑長持に銭を入れて娘を嫁に出したとある。

車長持は、底部に車輪がついた大型のもので、非常に頑丈につくられている。江戸時代初期に、家財や商品などを入れておき、有事の際に持ち出せるようにと、主に江戸・大坂・京都で用いられた。

『雍州府志』（一六八四年）によると、京都では西堀川三条近辺で長櫃や唐櫃、戸棚が造られていた。とくに大きい長櫃には底の二か所に小さな車輪を施した。縄をつけて引けば便利で、これを車長持と呼んだという。

しかし、明暦三（一六五七）年に起きた江戸の大火のとき、火から逃れようとした人々が車長持に家財を入れて引き出したことで交通渋滞が起き、大惨事を引き起こしたことから、以後、三都では車長持が禁止された。その様子が『むさしあぶみ』（一六六二年）に記されている。

人のなく声や車長持の軸音と焼け崩れる音が重なり、幾千百の雷が落ちる音のように夥しいとあり、車長持を引きながら逃げまどう人々を挿絵で描いている。

山崎美成は、『麓の花』（一八一九年）の車戸棚の項で「天正より以来明暦のころまで、都鄙ともに車長持と云へるものを、家々に備て非常の具になしたり」と書いている。ここでも「明暦のころまで」と明記していることから、明暦の大火以後は車長持を目にする機会が減っていたと考えられる。

天和三（一六八三）年の正月には、触として「車長持、向後、弥停止之事」と出され、以後、正徳元（一七一一）年の高札（火付札）には、「車長持停止す。たとへあつらへ候ものありとも造るべからず。一切に商売すべからざる事」あるいは他所の高札には「火事の節 地車だいはち車にて荷物をつみのくべからず」と掲げられた。

昭和初期、和歌山県日高郡日高町のある地域では、婚礼に際し、嫁の持参する荷物が婚家に荷入れされる。この時に屈強な荷持ちたちが「めでためでたのこの長持は行ったら来やせぬ　戻りゃせぬ　つまをからげて　母さまさらば　永のお世話のいとまごい　今度来るとき孫つれて」と長持唄を歌い、出発し、道中も歌いながら婚家へ向かった。嫁入り道具として長持が用いられたことを表す歌であろう。

（藤森寛志）

蝿帳［ハイチョウ／ハエチョウ］

食べものを一時的に保存するための民具で、食べ残したものを食器ごと収納することができる。「蝿不入」とも呼ぶ。家具として台所に置かれた蝿帳は、前方や左右を薄い布や網で覆った戸棚となっている。蝿などが入ってこないようにするとともに、風通しをよくすることで、食べものをより長い期間保存することができる。

寛政二（一七九〇）年に刊行された『栄増眼鏡徳』に描かれた竈の横に置かれた戸棚が、蝿張であると思われる。文化四（一八〇七）年に刊行された盛田小塩の『窃潜妻』にも、「蝿いらず」とあり、そこから食べものを出す記述が見られる。同様に、天保七（一八三六）年の素行堂松鱸撰による『梅柳』には「蝿入らず蝿ひな鳥の身振なり」という句が納められ、江戸時代には蝿帳が存在したことをうかがわせている。このような戸棚状の蝿帳は昭和中期ごろまでよく家庭で見かけられたが、冷蔵庫の登場によって徐々にその姿を消していった。

蝿帳（紀伊風土記の丘所蔵）

また、食卓に直接かぶせる傘状のカバーをさして蝿帳と呼ぶ。両者を区別して、こちらの蝿帳を蝿不入と呼ぶことも多かった。金属製の骨組で、折りたたむことができるものもあり、傘のように蝿よけのネットが四方に開き、食卓にかぶせる。

（藤森寛志）

茶箪笥［チャダンス］

茶箪笥は、二枚の棚板を左右に食い違いにとりつけた違い棚や引違戸（袋戸）がつけられた袋棚などが組み合わせられている箪笥のことで、『和漢三才図会』には「茶廚」とある。挿絵から、茶の間に置かれた箪笥と考えられ、江戸時代には存在していたことがわかる。

箪笥は衣類や道具を収納する抽斗のついた収納具である。箪笥が衣類を入れる収納具として普及したのは元禄時代以降のことで、抽斗による出し入れが便利なことから、和櫃や唐櫃に代わって使用されるようになったという。

抽斗しかなかった箪笥に戸棚が組み合わさることで、さまざまな用途の箪笥が登場する。代表的なものは衣装箪笥であるが、ほかにも茶箪笥や水屋箪笥、薬箪笥に帳場箪笥、船箪笥など枚挙にいとまがない。さらに、明治時代以降は、ガラス戸をつけたものなどが登場し、多様化が進んだ。

茶箪笥（紀伊風土記の丘所蔵）

茶箪笥は、本来は茶道具を入れる移動用の提手がついた小型の箪笥である。上から蓋や扉をはめ込む倹飩蓋（慳貪蓋）になっており、中は棚か抽斗となっている。

また、戸棚と抽斗を組み合わせた茶の間箪笥も、茶箪笥と呼ばれている。茶の間など人目につく場所に置くため、金具などの意匠が凝ったものになっている。これは、戸棚の一種とみられ、茶の間などにおいて、湯呑茶碗や急須、菓子鉢など日常に使用する道具を収納するものである。

（藤森寛志）

6 風呂

五右衛門風呂［ゴエモンブロ］

五右衛門風呂は、風呂桶に合わせて土竈を築き、上に平たい鉄製の平釜を据え、その上に底のない桶をかぶせて、合わせ目を漆喰などで塗り固めて水が漏れないようにした桶風呂である。稲藁、籾殻、豆殻、葭、柴、山でとってきた松葉など何でも燃料になり、これらを竈で燃やして湯を沸かした。夏は、燃料を節約するため、バケツや盥に水をくんで屋外におき、「日向水」をして水を温めてから用いた。

盗賊の石川五右衛門が釜ゆでの刑にされたというのが名の由来とされるが、滋賀県では桶風呂以外に樽状になった側面に出入口がある風呂も五右衛門風呂と称している。なお、桶を用いず浴槽すべてが鉄でできた釜は、長州風呂と呼んでいる。

五右衛門風呂を世に紹介したひとつに、十返舎一九の『東海道中膝栗毛』がある。小田原の宿で弥次喜多は風呂の入り方がわからず、浮いていた底板をとり除いて下駄を履いて入り、ついには釜の底を踏み抜いてしまう滑稽を演じる。鉄底が焼けているので、浮いている底板を沈め、これを敷いて入浴するのを知らなかったのである。底板は、人が風呂からあがると浮き

五右衛門風呂（島根県邑南町、写真提供：森隆男氏）

あがって中蓋となり、湯の冷めるのを防ぐ。『膝栗毛』には「上方にはやる五右衛門風呂」「草津、大津あたりより皆この風呂なり」とあり、五右衛門風呂は関西で一般的な風呂であった。

底板は、「げす板」とか「浮き蓋」などと称するが、げす板の本来の意味は、下水の蓋にするどぶ板のことである。浮き蓋というように、風呂に水を入れて下から熱すると、これが蓋の役をして効率的に湯を沸かすことができる。体重の軽い子どもなどが端にのると強い浮力がはたらいて底板が浮き上がることがあり、これを防ぐため、底近くに木片などをとりつけてこれに底板を挟んで浮きあがらないようにした。

（長谷川嘉和）

▼五右衛門風呂

菰かぶり風呂［コモかぶりブロ］

農家の蒸し風呂

湯風呂と蒸し風呂を折衷した風呂である。風呂釜の構造は、基本的に五右衛門風呂と同じ固定式であるが、湯は少量（膝のあたりまで）しか入れず、全身を湯につけることはできない。このため、蓋をかぶせて蒸し風呂状態にし、身体を温めるとともに発汗させて老廃物を洗い流す（暑い時期は蓋を用いない）。

蓋は、藁を編んだ畚（竹や藁で編み、物を盛って運搬する民具）状のもので、三重県ではこれを「ふご風呂」と呼んでいる。竹を隙間なく編んだものもあり、気密性を高めるために竹籠の上に渋紙を張り合わせたものまである。

天井にとりつけた滑車と長い縄を使用して蓋の頂部を吊り下げ、他方の端に風呂の蓋と同じ重さの石などをつけておく。入浴している人がそれを引くと蓋が上がり、重石を上げると蓋がかぶさる。重さのバランスがとれているので、どの位置にでも止めることができる。石がないときは、縄の端を近くの柱などに結んで止める。

風呂の水くみや風呂焚きは外で働く両親に代わって子ど

竹編みの蓋がついた風呂（滋賀県東近江市）

もの役割であり、また重労働のできない年寄りの仕事であった。少ない湯は、水くみの労力の軽減と湯を沸かす燃料の節約にもなった。

滋賀県では、湖東地域でも鈴鹿山地に近い地域で蓋を被る風呂が見られた。琵琶湖岸に近いあたりでは、樽風呂になっていて、最初から上部に蓋がしてあり、側面から出入りする。湯が少なく蒸し風呂にして入浴する方法は同じである。さらにこれを折衷したタイプの風呂もあるという。つまり、樽形式で側面に扉があるにもかかわらず、上部が開放的で竹で編んだ笠をかぶせるものである。また冬季降雪の多い湖北地域へ行くと、側面も上部の一部も開く形式の桶風呂が広がっている。上からも横からも蓋をするので「地獄風呂」と呼ばれた。いずれも、その地域の気候風土を反映して生み出されたものである。

なお、半蒸し半温浴の風呂として、新潟県佐渡地方の「オロケ」がある。これは、沸かした湯を桶に入れて笠をかぶり、温浴と蒸気浴を行うもので、釜で直接湯を沸かさない点が異なる。桶の中で蒸されて気持ちよくなり、昼の疲れも手伝って眠り込んでしまうこともあったという。

かつての農家には浴室がなく、入口を入ったところの土間にほとんど囲いもなく風呂桶だけを据えた風呂場があった。一方が焚き口で、その反対側から風呂に入る。このため、風呂桶の表面が煤けて黒く光っている。風呂の周囲には衣服の脱衣場も洗い場もなく、浴槽の中へ糠袋などを持ち込んで身体を洗ったので、何人もが入浴すると底のほうに垢の層ができたという。しかし、風呂に入って上から蓋をかぶると中は真っ暗となり、何も見えない。

側面に扉のある風呂は、扉の下に台を設けて、そこへカンテラかろうそくを置くと明かりがとれた。それで扉に小窓がついているのもある。

風呂の湯は家の外側にある小便所の便槽に排水され、肥料として利用する糞尿を薄めるのに用いられる。

風呂は、釜の大きさによって風呂桶の大きさが決まる。釜は鋳物である。自家で釜を買って竈をつくり、その竈に合う桶を注文することもあるが、多くは竈を左官屋がつくり、桶屋が鋳物問屋から平釜を仕入れて風呂桶とともに注文主の家に持ち込んで組み立てる。これにかぶせる蓋は竹屋に籠を編んでもらうか竹で骨組みを編み、これに藁で縄をなってとりつけた。

こうした形式の桶風呂が新しい形式の風呂に変遷していくのには地域差があるが、老文子の調査によると、滋賀県の彦根市や近江八幡市の市街地では昭和初期、湖東地域の農村部では昭和二〇年代、湖北地域の農村部では昭和三〇年代だという。

（長谷川嘉和）

ドヤ

岡林信康が歌ったフォークソング「山谷ブルース」が流行ったあの時代（一九六〇年代後半）、日本はビルや道路の建設ラッシュに沸いた。それを支えた日雇い労働者は危険で過酷な作業を強いられ、「ドヤ」と呼ばれる安宿を寝場所としていた。東京の山谷（旧地名で、現在は通称名。東京都台東区）のほか横浜の寿町、大阪の釜が崎（現在の愛隣地区＝大阪市西成区）がドヤ街として知られている。「ヤド（宿）」をひっくり返したドヤの語彙には自嘲的な悲哀感が漂うが、それを寝場所に定めた安堵感もうかがえる。

ドヤの正式な名称は簡易宿泊所で、近世に盛んに利用された木賃宿の系譜につながる。すなわち、「主に旅人が利用した、自炊ができる宿」ということになる。

明治のなかごろから地方出身の単身出稼ぎ労働者が大都市に集まるようになり、彼らが一時的に滞在する木賃宿と飲食店が並ぶ街が発達した。戦後は、古紙などを集めるヨセヤや質屋なども加わって営業するようになった。ドヤ街がもっとも活気があった時代が、「山谷ブルース」の流れたころである。この時代にしばしば起こった〝騒乱〟も、ドヤ街の存在を全国に知らせることになった。

ドヤとはどのような部屋をもつ宿だったのだろうか。

古くは、船倉のように多人数が雑居する大部屋式であったと思われる。高度経済成長期の一九六〇年ごろには、大部屋式に加えて三畳の部屋に二人が合宿する小部屋式や、蚕棚のような二段ベッド式があったという。さらに一九八〇年代の写真集には、二段ベッド式が発展したカプセルタイプの宿が見られる。現在のカプセルホテル同様、天井の低い閉鎖的な部屋である（ただし、壁と天井はベニヤ板で、小さな窓が開けられている）。狭い部屋に横になり、微笑む男の枕元には茶碗とカップ酒が写っている。

一方、このころからバブルの時代にかけて、急速にドヤの建て替えが進められた。二畳に半畳程度の広さの板の間がついた部屋に小型のテレビが備えられた宿である。この宿は「ビジネスホテル」と称し、蚕棚式が一泊五〇〇円程度であったのに対して一五〇〇円から一七〇〇円の宿泊料が必要になった。

過日、山谷を訪れたが、かつてのようなにぎわいはなく、ドヤも「全室冷暖房設備・カラーテレビ完備」などの看板が目につくホテルに変わっていた。一畳程度の個室からドミトリー形式の相部屋まで、多様なタイプがあるという。それらのほとんどは素泊まり専門で、食事が提供されることはない。共同のかんたんな調理設備を備えている施設もあるが、まさに「寝場所」である。宿泊代も一般的なビジネスホテルの四分の一から三分の一程度であった。窓の外に洗濯ものが干してある宿もあり、長期の滞在者も多いようである。通りを歩くと、年配の男性に加えて、若い男女や外国人とすれちがうことが多かった。

一九六〇年ごろの釜が崎では、三〇代から五〇代の働き盛りの人が六割を占め、外国人が二パーセントであった。また、男性は女性の三倍で、男性の二割、女性の七割が世帯もちであったという。

かつての利用者は日雇い労働者が大半であったが、私が目にしたように、利用者層にはかなりの変化が生じている。もっとも、ドヤ街が発達した地域は交通の便がよく、近くに歓楽街がある。そして何よりも、飲食店などの物価がたいへん安い。これらの条件に加えて治安がよくなったことで、近年は地方から出てきた若者や、外国人のバックパッカーが増加しているのも理解できよう。「山谷ブルース」に歌われたドヤ街の景観は、ほとんど過去のものになりつつある。

私は、ひとりでフィールドワークに出かけるとき、宿を予約することが少ない。調査の過程で遭遇する予想外の展開を期待するからだ。しかし、夕方近くになると何となく心が落ち着かなくなる。寝場所が決まらないからである。それゆえ、暮れゆく空を見ながらやっと見つけた宿の一室に入ったときには、何ともいえず幸福な気持ちに包まれる。前述の写真集に収録された、ドヤの狭い部屋で微笑む男性の気持ちに通じるものであろう。住まいの本質的な要素が寝場所であることを実感するときである。

（森　隆男）

かつてのドヤ街の雰囲気をわずかに残す山谷
（東京都台東区）

蒸し風呂［ムしブロ］

「フロ」と「ユ」

日本の気候は、夏は高温多湿で冬は寒冷である。国土は水や森林、温泉などの自然資源に恵まれ、入浴文化が発達する条件が揃っていた。古代から、禊などの儀礼や治療・療養に入浴が利用されていた。蒸し風呂は、熱気浴と蒸気浴に、半蒸気・半湯浴で湯浴とも重なり、共同浴から個人浴まで多種多様だった（表）。

日本で入浴を意味する言葉に「フロ」と「ユ」があり、もとは異なる入浴施設をさしていた。フロは熱気浴と蒸気浴で、気密性が高い施設内を高温にして身体を温め、発汗をうながした。ユは水浴（海水浴）・温浴・湯浴（温泉浴）で、開放的な施設で身体を洗い流した。

柳田國男は、フロはムロ（室）を利用した入浴施設で、ムロからフロに転化したあと風呂の字をあてたとする。岩窟や石積の室を利用した石風呂はムロの語源にいちばん近い熱気浴だという。

熱気浴

石風呂は、室中で松葉やシダを焚いて浴室全体を温め、海藻や石菖、あるいは潮水で濡らした筵などを床に敷いた上で暖まった。記録としては一六〇〇年には石風呂の存在が確認できる。西日本に分布し、西部瀬戸内海沿岸部に集中する。温泉のない地域と重なり、温泉と同じ治療や療養を目的に入った。農村の石風呂は農閑期や農繁期前に有志が焚き、一日に数回繰り返して入った。沿岸部には内陸から、湯治に来る客のために宿泊場所を設けた石風呂もあった。客は新鮮な魚介類を食べるのも楽しみだった。北方の民族は熱気浴が盛んで、朝鮮半島には「ハンジン」と呼ぶ類似施設があり、石風呂は朝鮮半島を経由して伝わったと考えられる。

蒸気浴

簀の子のあいだから気密性の高い浴室内に蒸気を送る蒸気浴もあった。奈良や京都の大寺院には「温室」と呼ぶ儀礼用の浴舎があり、仏像を洗い清める浴仏、法会前の僧侶を清める洗浴に使われた。現在も、京都市内の東福寺や妙心寺、京田辺市の酬恩庵一休寺などに蒸気浴の温室が残っている。蒸気浴は、仏教とともにインド・中国から日本に伝わったと考えられる。

寺院の温室と原理は同じだが、瀬戸内沿岸部に「ウムシ」という民間の蒸気浴があった。ちがうのは、海水を沸かすのと、簀の子の上にヨモギや菖蒲を敷くことである。

石風呂と同じ治療や療養に利用し、石風呂といっしょに営業するところもあった。

高温の温泉蒸気を浴室内に引き込んだ入浴施設もある。大分県別府鉄輪温泉の蒸し湯は、鎌倉時代に一遍上人が経石を埋めた上につくったという。石風呂と同じ石組みの密室中を温泉蒸気で温め、床に石菖を敷いて入る。温泉蒸気を利用した蒸気浴は、群馬県の伊香保温泉や四万温泉などにもあった。

半蒸気・半湯浴

日本の共同入浴施設は、蒸気浴から湯浴へと次第に変化していった。その過渡期に湯槽を気密性の高い浴室で囲った半蒸気・半湯浴の戸棚風呂があった。銭湯は人の出入りが激しいため、入口の上の壁が下におりて熱気が外に逃げにくい柘榴口が工夫された。フロとユの入浴施設の融合により、呼び名も混同されるようになった。柘榴口がとり払われていまのように湯浴だけになるのは、近代になってからである。

個人浴

エンシキは、石風呂とよく似た熱気浴で、分布も瀬戸内海で重なる。個人が治療や療養のために砂浜を掘って薪を

フロとユの種類とその地域

フロ・ユ	身体作用	共同浴（地域）	個人浴（地域）
↑	熱気浴	サウナ（全国） 石風呂（近畿・瀬戸内・九州） 砂風呂（九州沿岸）	エンシキ（瀬戸内沿岸）
フロ	蒸気浴	温室（近畿大寺院） 板風呂（近畿） ウムシ（瀬戸内） 蒸し湯（九州・関東・東北の温泉）	オロケ（佐渡）
↓ ↑	半蒸気浴	戸棚風呂（都市） 柘榴風呂（都市）	籠風呂（四国・近畿・中部）
ユ	湯浴	改良風呂（都市） 潮湯（日本沿岸） 温泉（全国）	へそ風呂（東日本） 鉄砲風呂（都市） 子持ち風呂（都市） 五右衛門風呂（近畿・中部の農村） 長州風呂（全国）
	温浴		行水（全国）
↓	水浴	川（湖・池） 海 シャワー	

燃やし、砂を温めたあとに海藻を敷いて患部をあてた。

個人浴槽を使った蒸気浴に、佐渡の「オロケ」があった。燃焼施設がない浴槽に熱い湯を入れ、中で椅子に腰かけたあと蓋をして温まった。近畿の一部とその周辺では、下から火を焚いて沸かす五右衛門風呂に入ったあと、冬のあいだだけオロケと同じように蓋をかぶせた。

尾張平野では、竹や藁で編んだ蓋の形から「籠風呂」と呼んだ。民家に浴室ができるのは新しく、冬にニワにすえた浴槽に入るのは寒いので、蓋をした。

滋賀県では、湖西を除く湖岸地域に蓋のある五右衛門風呂が広く分布していた。さらに、湖東には上面は板蓋があり側面の片開きの戸から出入りする、湖北には上面の板蓋が開き、側面にも片開きの戸があって出入りしやすくした五右衛門風呂もあった。半蒸気・半湯浴の施設は、水運びや燃料調達に苦労した過渡期の工夫だった。共同浴の銭湯にくらべ、個人浴の普及は近代以降と新しい。（印南敏秀）

貰い風呂【モラいブロ】

風呂が沸いている他家へ入りに行くことを貰い風呂という。

散居村の富山県砺波平野の昭和四〇（一九六五）年ころの例である。家が離れて建っているので、夕方近所のどこかの家で煙が上がっていると風呂を沸かしているとわかるので、案内がなくても押しかける。夕飯を食べてから家族みんなで出かける。「お仕舞いあすばいたか」と、声をかけて入る。前後して隣近所のみんなが集まってくる。

来た者順に入るのだが、大勢（たとえば五人ずつ五軒あれば二五人になる）だから時間がかかる。そのあいだにエンナカ（炉）の周りで漬け物をかみながら、コリモチ（干餅）や銀杏でも焼いて食べながら、田のでき具合や世間話に花が咲く。先に上がった人も、みんなが入り終わるまで帰らない。桶風呂で掛け湯もないから、最後に家人が入るころはドロドロになっているのだが、カクト（四面が落としガラスの箱に石油ランプが入ったもの）のほの暗い明りだからそんなに気にならない。

「ごっつぉさまでございました」と挨拶をして一斉に帰る。寒い冬の晩なら、赤ん坊が湯ざめしないようにベッチョボンボをした。肌と着物のあいだへ赤ん坊をおんぶするのである。おんぶした感触、された感触、ある年配以上の人なら決して忘れないはずである。

昔は、風呂を沸かすといってもたいへんであった。川や池からバケツで水を汲んで、藁やスンバ（杉の落ち葉）で焚いた。冷めればしょっちゅう追い焚きして、というあんばいだから、毎日というわけにはいかない。それで隣近所お互いに貰い風呂をしたのである。一軒が月二回沸かすと五軒で一〇回、三日に一度は入浴できる勘定になる。

こういったつきあいの仕方は、風呂だけではない。田植えや屋根葺きの結（労力交換）、冠婚葬祭のヨビカイ、おすそ分けの贈答、不時の助け合いなど、「遠のエッケ（親類）より近くの他人」といって近所づきあいを大事にしてきた。

貰い風呂は昭和四〇（一九六五）年ごろまでの話である。その後、水道と電気やガスで簡単に風呂が沸かせるようになると、次第にこの風習はなくなった。日常があくせくと忙しくなったこともある。（佐伯安一）

共同風呂［キョウドウブロ］

▼貰い風呂

共同風呂とは、銭湯などがない地域で、集落の風呂として共同で利用された浴場をいう。戦後まで存在した地域もあるが、家庭において風呂場が設けられると姿を消していった。

また、温泉地には地元の人々が管理する共同浴場があり、清掃協力金などの名目で料金を徴収している場合もある。

瀬戸内海地域には石風呂が広く分布している。これは岩窟や石積みの構築物からなる密閉性のある浴室で、松枝やシダ・雑木などを燃やして高温とする、サウナに近いものである。床にモ（アマモ）や石菖、塩水で濡らしたムシロなどを敷き、その上に座り温まる。この石風呂は、様式は異にしながらも、瀬戸内地方を中心に京都、三重、大分、熊本などにも分布が見られる。石風呂の燃料は自然素材であるため、自然や社会環境の変化で維持することが難しい。

各家庭に風呂のある地域においても、日々その準備をするのには時間を要した。そのため、風呂桶に水をためるのは学校から帰宅した子どもの仕事であった時代もあった。また、「もらい風呂」といって、風呂を準備しない日は、近所の家で風呂に入り、互いに風呂の準備の労働軽減を図っていたという。（上田喜江）

住まいと療養

どれほど健康であっても、生まれてから一度も医者の世話になったことがない、あるいは体調を崩したことがないという人はいないだろう。病気や怪我は、その頻度は別として誰しもが直面するものであり、人はその都度、健康のありがたみに思いをはせる。健康は、その対極に病気や怪我があってこそ、意識されるものであるといえよう。

現在の私は、少しでも体調がおかしいと思ったら、可能な限り医者に診てもらうようにしている。だがそれは、医療は黙って専門家に任せていればいいという意識と大差ない。

昭和三六（一九六一）年に国民皆保険制度がスタートし、〝一応〟はすべての国民が医療にアクセスすることが可能となった。ただし、病院医療の発達は、私のように何かあればすぐに病院や診療所に頼るという傾向に拍車をかけたといえる。それは、国民医療費の増大だけでなく、家族や地域の看護力の希薄化という結果もともなった。

家庭での療養

そもそも、日本における病院自体の登場は近代以降の医療近代化の産物であり、さらに誰もが手軽に病院を利用できるようになったのは、第二次世界大戦後のことにすぎない。もちろん医師や薬は近代以前から存在していたのだが、かつての療養の現場は病院ではなく、それぞれの家庭が中心であった。現在では病院中心となった出産の場もまた、かつては家庭だったのである。

家庭中心の療養は、「医師がいなかったから」というわけではない。現在では、治療にしても出産にしても、当事者が医療従事者のところで治療を受けるということ、つまり入院と外来がほとんどであるが、かつては医療従事者側による往診が多く、医療の担い手は専門家であっても、治療・療養の現場は各家庭だったのである。

一年に一度くらいの割合で病気をするといった最晩年の夏目漱石は、いわゆる「修善寺の大患」のあとで『硝子戸の中』という随筆を『朝日新聞』に連載した。この作品は、体調を崩した漱石が病気療養中に執筆したものであり、そこでは「病気と戦争をしている」彼の過去や心情が吐露されている。そして、同作品執筆中の漱石が療養していたのも、彼の自宅にほかならなかったのである。生死の境をさまよった「修善寺の大患」前後は入院もしているが、そこまで深刻でない病気であれば、漱石ほどの有名人でも自宅において病気と向かい合っていたのである。

ただし、自宅で療養するとはいっても、それは無為にすごすことではない。病院ではなくても、積極的に病気を治療しようということである。

道具と知識の普及

大正末期から昭和初期にかけて、家庭での医療にも積極的に西洋医学が取り入れられ、自宅での療養・看護の方法も変化した。伝統的な民間療法や、漢方薬など近代以前から用いられていたものに加え、家庭向けの医療器具が使用されるようになったのである。家庭用の吸入器、体温計、浣腸器、氷枕・氷嚢（ひょうのう）、湯たんぽなどがそれにあたる。いずれも病気を根本的に治療するための器具ではないが、これらの登場によって自宅での療養や看護の効率性は上がったといえる。とくに体温計の登場は、体の不調をいちはやく発見するために必要性が認められていた。体温計、氷枕・氷嚢、湯たんぽなどは、かたちを変え、そして進歩しながら現在でも家庭で用いられている。

また、自宅療養には病気の発見や対処法などの医学的な知識が不可欠だった。明治末期以降には家庭向けの医学書がさかんに出版され、それらが衛生や看護関係の雑誌記事とともに知識の普及に貢献したことは疑いはない。なかんずく、「赤本」と称された『家庭に於ける実際的看護の秘訣』（一九二五年）は一大ベストセラーになった。家庭向けの医学書は現在も出版し続けられており、さらにインターネットのポータルサイトのなかには「〇〇ヘルスケア」といったコンテンツを用意しているところもあり、〝WEB版家庭向け医学書〟の様相を呈している。

家庭療養の再評価

高度先進医療を受けるのであれば、専門の病院にまさるものはない。しかし、終末期に濃厚な医療が行われがちな病院では、医療費もふくらむことは避けられない。また、病院への過度の依存は、医療機関や医療従事者に対するモラルの欠けた「モンスターペイシェント（過度な要求をする患者）」の増加を招き、医療崩壊につながることもある。

このような状況下、現在ではコンビニでも申し込めることから「コンビニ検診」とも呼ばれる在宅健康診断や、終末期ケアや慢性疾患の療養に対して二四時間体制での往診や訪問看護を実施する在宅療養支援診療所のように、一定の医療水準は保ちながらも治療・療養の現場を患者の住まいに移すという取り組みも見られるようになってきている。

（今野大輔）

7 便所

外便所と内便所［ソトベンジョとウチベンジョ］

▼コラム　住まいは肥料工場

大小便の排泄のための設備を備えている場所。便所には、「カワヤ」「雪隠」「後架」「閑所」「ハバカリ」「御不浄」「手洗い」「トイレ」「化粧室」などきわめて多くの呼称が見られる。これは、古くから忌み言葉や隠語、異称がつくられ、それが卑俗化するとさらに新しい言葉がつくられたことによる。

たとえば、「カワヤ」は溝流の上につくった〝川屋〟のこととされる。こうした川や水上で用便する習俗は、広く東南アジアに見られる。他方、「母家の側（カワ）に付設した建物」の意だとする説もある。

「雪隠」については、雪竇禅師が霊隠寺の浄頭を務めたことに由来するなどのほかいろいろな語源説があり、近世の茶室建築では、植え込みの陰などに独立させた厠を称している。また、『貞丈雑記』にはヒバコを供えた「セッイン」の図が見える。雪隠が訛ったセンチ系統の呼称は全国的に分布が見られ、「センヤ」「セッケ」などの語は背屋（屋後）を意味している。

外便所（滋賀県彦根市）

外便所

農村では人糞は「下肥」といって、自家分だけでは足りず、町屋からも買い入れ、野壺に溜めて元肥や追肥として利用した。外便所はもとは肥料の糞溜めから独自の建物に分化したと考えられる。この屋外の便所はふつう大便所と小便所を備えており、便臭を遠ざけるために敷地の中では母家から離して建てた。近畿地方のように家が固まって集落を形成しているところでは、便所を母家から離すと必然的に隣家に接することになり、たがいに自家の便所を隣家の側に設置した。

しかし、極寒期は用便のために外へ出ることは大変で、寒さは痔などの病因にもなった。外便所に電気を引くまで、夜は提灯などの灯りを携えて便所へ行かねばならず、滋賀県では便所に「ガイナデ」という化け物がいるなどという俗信があり、子どもに夜の便所を怖がらせた。

これとは別に、家の出入口に小便だけをする便所が設けられていた。便器と飛び散らないよう横に囲い板がある程度の開放的な便所で、家へ入ろうとすると常に臭気が感じられた。ふつう男性が利用したが、女性も上半身を前に倒し、二つ折れになって尻を便器に向けて立ち小便をした。この小便所の内側には風呂を据えていることが多く、風呂の湯の排水が便槽に流れ込む仕組みになっている。

内便所

これに対して内便所は、どこの家にもあるというものではなかった。かつての農村で内便所をもつ家は庄屋を務めたような有力農民に限られていた。平生は使用せず、ふつうは来客用として座敷の続きなどにあり、上便所(かみべんじょ)などと称した。

農家に内便所の家が増えてくるのは、一九六〇年代以降の高度経済成長により農村地域に工場や住宅団地が造成され、田畑を売却した農家にもまとまった資金ができ、また兼業農家のサラリーマンも所得の増加で家の改築が可能になってからである。

(長谷川嘉和)

便所小屋と便器 [ベンジョゴヤとベンキ]

▼外便所と内便所

便所は屋内に設ける場合と野外に設ける場合があり、野外の場合には便所小屋が必要となる。便所小屋は臭いが屋内にこもることを避け、大小便を汲み取りして農業利用するために設けられたと思われるが、都市部の長屋などでは共同利用のための便所小屋も見られた。

便所小屋は大便所のみのものと、小便所を併設したものとがあり、大便所には扉が設けられる。大便所は便槽の上に設けられ、便槽は糞尿が地面にしみ込むのを防ぐために大きな壺や漆喰(しっくい)による槽が用いられたが、近代以降はコンクリート製のものが一般的になった。上層階層では大便所に木製の金かくしなどを設けたものもあり、近世後期には陶製の金かくしもできた。しかし農村住居では便槽の上に板を渡しただけのものや、板を張りその一部に穴を開けたものがふつうであった。

便所小屋の背後には便槽からの汲み取り口が設けられた。糞尿は昭和三〇年代までは、肥料として盛んに利用されたため、汲み取りは農作業の一環としての意味をもっていた。滋賀県の湖畔部では集落内に濠(ほり)がめぐらされ田舟(たぶね)で農作業を行うのがふつうであったため、汲み取り口は濠に面して設けられることが多かった。

便所小屋を設ける場合にも、臭いや蛆（うじ）の問題が少ない小便所だけは屋内に設けられることがあった。ことに寒冷地ではその傾向が強い。小便所は家の入口付近に設けられ、便槽には壺などを用いた。便所小屋に小便所がある場合には、尿は大便所の便槽に落ちる場合と、独自の便槽をもつ場合がある。また便所と風呂を同じ小屋に隣接して設けることもあり、この場合には風呂の水も便槽に落ちるので大きな便槽が必要となる。小便所の便器は現在は陶製になっているが、かつては木製の箱状のものが普通であった。

便所小屋は内部が暗く、穴をもつこともあって、どこか不気味な非日常的な空間とされ、便所神の伝承も残る。便所神の信仰には出産と結びついたものが多く、妊婦が便所の掃除をきれいにすると美しい子どもが生まれるという伝承はほぼ全国的にみられる。また東日本では子どもが生まれて七日目に産婆が子どもを抱いて便所に参るセッチンマイリの行事が広く伝承されている。これらの伝承から、便所は他界に通じ、人の生命に深くかかわる空間であったことがわかる。

（市川秀之）

尻拭い［シリヌグイ］

尻拭いの歴史

排泄の歴史を知る史料として、一二世紀に描かれた絵巻物『餓鬼草子（がきそうし）』の「伺便餓鬼（しべんがき）」がある。当時は決められた便所のような施設はなく、道端で人々が思い思いに用を足しており、その背後には人糞を食らう餓鬼たちが群がっている様子が描かれている。

このなかで、排泄する人々の手には一本の棒状のものが握られているのが確認できるが、これで残便を拭っていたとみられる。トイレットペーパーを常用する現代日本人にとっては見慣れない光景かもしれない。しかし、トイレットペーパーが定着したのは水洗トイレが普及した高度経済成長期のころで、長い歴史のなかでわずかな時間しか経過していない。

籌木

『餓鬼草子』にあるような棒を一般的に「籌木（ちゅうぎ）」という。「籌」とは、古代中国の数学で数をかぞえる道具で、算木（さんぎ）・算籌などと呼ばれた細長い木の棒を意味し、同様の木棒で尻を拭ったことから籌木と呼んだ。籌木は、木や竹、その他植物の茎などを素材としており、地域や形質によっ

籌木。昭和30年代（青森県南部、佐々木直亮氏撮影、写真提供：青森県立郷土館）

て「捨木（すてぎ）」「掻木（かきぎ）」「糞箆（くそべら）」「竹箆（たけべら）」などとも呼ばれた。

藤原京（六九四〜七一〇年）の遺構からは細長い木の棒が幾本も出土したが、これらは当時の籌木と考えられており、古代から用いられていたことがわかる。

江戸時代後期の民俗学者・菅江真澄（すがえますみ）は、巡行記『しののはぐさ』（一八一一年）で籌木を使用したときのことについて述べている。菅江が東北の民家で便所を借りた際、便所にそれぞれ「用」「捨」と書かれた箱がふたつ置いてあり、「用」の箱には未使用の籌木が、「捨」の箱には糞に塗（まみ）れた籌木が入っていたという。近世農村では使用済みの籌木は畑の肥しとしての価値があったため、このように回収していたのである。

さまざまな拭う道具

籌木は尻拭い道具の主流ではあったが、籌木以外のもので拭くことも非常に多かった。そもそも尻拭いに用いられる道具の素材は入手が安易でなければならない。尻拭いに使ったら恒久的な使用ができないため、頻繁に確保する必要があった。そのため必然的に手近にあるものが用いられる。実際、籌木にしても、木だけではなく竹や野草の茎が利用されているように、素材は多種多様である。

たとえば稲作・麦作地帯では藁（わら）が多く用いられる。藁束を折って拭いたり、藁縄を腰の高さに張ってまたいで擦り拭ったりする。湖沼沿岸では、藻を乾燥させて丸めたもので尻を拭く。河岸海岸部では丸石を尻に擦りつけて拭う。

山間部にある東京都檜原村（ひのはらむら）では、昭和中期ころまでフキの葉を用いていたという。暖かい時期になると山からフキの葉を採ってきて便所に何枚か置いて使う。葉は二〜三日で萎れてくるためその都度、新しい葉を採りに行く。柔らかくて使い心地は良かったという。それ以外にも、ベニヤ板を剝いで薄くして使ったり、段ボールの切れ端を使ったこともあったという。

このように、その土地の環境や時代に合わせて入手しやすい素材が用いられた。また、植物が素材のものは畑に撒かれて肥料として処理された。

紙の使用

一方、紙で拭う習慣は中世には貴族や武士階級の一部ですでにあったが、近世になると町人たちのあいだで再生紙や粗悪な塵紙（ちりがみ）が用いられるようになる。こうした紙は使用後汲み取り式の便所に落としたため「落とし紙」と呼んだ。江戸では浅草近辺で漉き返された再生紙「浅草紙」が広く流通したため、庶民のあいだでは浅草紙が落とし紙の代名詞となった。しかし江戸時代、江戸を一歩出れば紙は希少で、農村で紙を尻拭いに使う家はほとんどなかった。

近代以降は製紙業の発展から、紙が都市や街を中心に全国的に普及していき、便所には浅草紙などの塵紙や新聞紙を切ったものが置かれた。そして戦後日本の経済成長とともに、トイレットペーパーが一気に主流となって現在にいたる。

生活の変化と尻拭い

近代以降、籌木のような自然素材で拭く慣習は急激に姿を消していった。それは、経済の発展や生活スタイルの変化によって便利で衛生的な紙が普及したことによるが、農家が減り、また農業において人糞を肥料として扱わない現代では、処分の問題から見ても紙以外を使うことにメリットが薄くなったことも要因として挙げられる。さらに近年では、温水洗浄トイレが登場し、尻の後始末の方法は刻々と変化している。

（秋山裕貴）

8 家畜小屋

マヤ

▼牛小屋

牛や馬の飼育空間。「ウマヤ」ともいう。農家ではかつて牛馬を労働や生産に利用していた。田畑を耕す作業や農作物などを運ぶ際の労働力であり、糞尿からは厩肥（きゅうひ）をつくった。また、副業として子を産ませて換金したり、肉や乳などで畜産を営むこともあった。農家はマヤ（厩・馬屋）を設けて牛馬を大切に飼育していたのである。マヤには牛馬の守り神として猿の絵札や頭蓋骨などを戸口や天井裏に祀る信仰があり、牛馬の無病などを祈願した。

牛馬の飼育数や労働での利用状況には地域的な分布傾向があり、東日本は馬、関西・中国地方では牛、九州地方は牛馬混在と指摘されている。牛の飼育空間であってもマヤなどと馬を連想する呼称が用いられる場合もあり、牛に先行して馬が利用されたことがうかがわれる。

マヤは母屋の内外に設けられ、その形態によってソトマヤとウチマヤに大別される。ソトマヤは母屋とは別棟の建物で、畜舎などをさす。一方、母屋内でニワの一画を占めるのがウチマヤで、設置位置によっては母屋がL字型になる。南部の曲屋や「マヤ中門」と称される中門造りは突出部にウチマヤがある。

ウチマヤは一般的に土間の一部を板壁で仕切って飼育空間としたもので、母屋のシモ手側に位置する。規模は飼育する頭数によって異なるが、一間半四方ほどの大きさが多い。入口部分はマセボウを二段または三段で設置して塞ぎ、牛馬が出入りする際にはとり外す。内部では地面が二尺（約六〇センチ）程度の深さに掘り下げられ、ここに藁などを敷いて、踏み込ませて厩肥を生産した。上部には天井を張り、飼料や焚き物の保管場所などに利用する。

地面が深く掘り下げられているマヤ（北方文化博物館）

牛馬を屋内で飼育するにあたっては、衛生管理が不可欠である。周囲には風呂や便所、物置などを配置して、食事にかかわる台所からはなるべく離した。また、掘り下げた床部分は糞尿がニワ（土間）に流れ出ないようにする備えでもあり、牛馬を屋内で越冬させる多雪地域ではさらに深く、三尺（約九〇センチ）に及ぶこともあった。

ウチマヤは東北地方から中国地方にかけて広く分布し、積雪地もしくは寒冷地と重なる傾向にある。母屋にマヤを設けるようになった要因として、冬期間における飼育の利便性が指摘される。屋内でともに暮らせば暖房を共有できて、牛馬の日常的な世話や健康管理も容易という利点があった。

農業機器や化学肥料の利用が一般的となった現在、農家で牛馬が飼育されなくなって久しい。マヤは役割を失い、ウチマヤの場合、母屋の改築過程でとり壊されたり、地面を埋めて飼育空間から物置など別の用途に転用されたりしている。

（池田孝博）

洋風建築

洋風建築は、幕末から明治期、大正初期に至るまでのあいだに欧米の建築様式の影響・移植を受けた建築の総称で、日本の伝統的な工法や意匠の和風建築に対して用いられる。導入にあたっては、安政六（一八五九）年開港の神奈川（横浜）、長崎、箱館（函館）、神戸などの居留地を窓口としたものや、幕末期の江戸幕府や諸藩の軍事・産業施設への西欧建築の移植があった。前者では、住宅、商館、領事館などを、外国人施主や外国人建築家の指示のもとに日本人大工棟梁が外観を模倣して完成させた。

一八八〇年代ごろを境に、それより前のものをとくに「初期洋風建築」と呼び、第一段階の外国人用から次の段階では日本人のための建築に洋風化が開始された。ここでは、建築の洋風化が徹底して進行した北海道を例にあげる。

北海道の洋風建築

開拓使は、北方開拓のために明治二（一八六九）年に設置され、一五（一八八二）年まで置かれた政府直属の出先機関である。樺太開拓使が置かれた三（一八七〇）年二月一三日から四（一八七一）年八月七日までは「北海道開拓使」と称された。開拓使廃止後は、札幌県・函館県・根室県の三県一局時代（一五年二月八日～一九〈一八八六〉年一月二六日）を経て、北海道庁が引き継いだ。

開拓使の洋風建築建設が本格化するのは、明治五（一八七二）年からである。前年に来朝したケプロンほかアメリカ人顧問団の指導はあったが、彼らの中には建築家は含まれておらず、土木技師や化学技師が中心であった。彼らは何らかの助言や関連分野の技術者として指導したが、日本人技術者側にも一方的に教わるのではなく洋風技術を選択的に学びとろうとする主体性が育っていた。開拓使技術者たちは、輸入された多くの建築書籍や図版から、洋風建築を巧みに写しとった。近年の研究では、それらに掲載の図版と建築部位との類似関係が具体的に抽出されつつあり、当時の技術者の洋風技術の修得力の高さが読みとれる。

明治六（一八七三）年に札幌に竣工した開拓使本庁舎や洋風役所群には、様式上、三つの系譜がみられる。ひとつは本庁舎に代表されるドームモチーフをもつアメリカン・ジョージアン様式、二つめは古典主義のジョージアン様式と対比的なピクチュアレスク様式やカーペンター・ゴシック、三つめは和風である。外来の手本を忠実に写すだけでなく、在来技法の可能性も含めてさまざまな試行を旺盛に行い、単に混交や代用ではなく、意図的に実験を重ねていったと考えられる。

外観が和風の簾舞通行屋（明治五〈一八七二〉年から一七〈一八八四〉年まで営業の官営旅館。札幌市有形文化財）では小屋組にキングポスト・トラス（中央に真束という支柱を立てた山形の構造形式）が使用され、七（一八七四）年竣工の琴似屯田兵屋の小屋組にも使用されていることはよく知られるが、部分的に和風意匠も見られ、洋風小屋組構造はまだ未消化であった。これが一〇（一八七七）年竣工の工業局庁舎ではかなり整ったキングポスト・トラスとなり、開拓使営繕活動の総決算ともいうべき一三（一八八〇）年の豊平館では、現在の手法と大差のない完成形となっている。

開拓使洋風建築の完成形といわれる豊平館（1880年竣工）

また、開拓使の洋風建築推進には、工業局札幌器械場（工作場、器械所、製作場などともいわれた）も一役かった。創成川の東側三丁四方に、明治五年に蒸気木挽き器械所、鍛冶場を建設、翌年には水車器械所を設置して、アメリカから輸入の丸鋸、縦鋸、柾挽き鋸などを運転し、角材、板材、屋根柾などの建築用材のほか、農具、馬具、橇なども生産した。外観だけの採用ではなく、建築技術の体系的な移植をも試みた点が注目される。

バルーン・フレーム構造

開拓使の建築に与えたアメリカの影響では、もう一つバルーン・フレーム構造の導入があげられる。約五×一〇センチの寸法の断面に器械製材した木材を、釘打ちしながら土台から小屋まで組みあげ、それに下見板などの外装材を打ちつけたものである。

この構法は、素人でも家を建てることを容易にしたもので、一八三〇年代のシカゴで発明されて中西部に広がり、一九世紀後半には全米住宅建設の六〇〜八〇パーセントを占めるにいたった。背景には、大量の建設需要と熟練工の不足、豊富な木材の供給と製材の規格化、釘の大量生産などがあった。

開拓使の技術者や大工は、この構法を使って札幌農学校模範家畜房や明治一〇年の同穀物庫、翌年の演武場（札幌時計台）などを建てたが、風船のような脆弱な構造への不信感は拭えず、また熟練した大工が不足するわけでもなかった北海道では定着しなかった。

（角　幸博）

牛小屋［ウシゴヤ］

▼マヤ

かつて、農業経営における主な労働力は牛であったといっても過言ではない。東日本では馬が大きな地位を占めていたが、西日本では牛の活躍が一般的であった。牛小屋は、重要な労働力であった牛の飼育に用いられた小屋である。単に牛小屋といってもその呼称は地域によってさまざまで、「ウシゴヤ」「ウシヤ」「ギュウシヤ」などと呼ばれた。また、地方によっては「マヤ」と称する地域もあって、その地域性豊かな表現は、牛が多く用いられてきたひとつの証拠である。

まず牛小屋の立地を見ると、独立型、並立型、混入型の三種の類型が考えられる。独立型は、牛小屋のみが独立して屋敷地内に建設されたものであり、主に上層階層の農民の屋敷に多く見られた。一頭ないし数頭の牛を飼育し、牛舎ともいえる規模であった。並立型は、母屋と並立して設けられた納屋の中に牛小屋が併設されているものである。

和歌山県日高郡日高町下志賀地区で明治一二（一八七九）年に記された「毎戸建物取調帳」には、二間、三間の独立型瓦葺き牛小屋と、納屋の中に牛小屋の存在が確認できる。また、同郡印南町山口の明治四（一八七一）年「依岡宇兵衛日記」の記録によれば、「牛屋東ニ而横四尺八寸縦四間」とあり、独立した牛小屋であったことがわかる。これら独立型、並立型の牛小屋は、近畿地方に多く見受けられる。

一方、混入型は母屋内に牛小屋が混入している状態であり、山間部とくに北近畿で多く見られた事例である。これは、冬季の寒冷期に家畜を保護するために母屋内での炊事などで発生する熱が利用されたためであり、いかに牛が重要であったのかを知ることができる。

また、牛の健康と育成を祈ってさまざまな呪物を牛小屋に設置した。とくに猿は牛の守り神として信仰され、猿まわしの絵を描いた神札や猿の頭骨を祀ることも、しばしば見られた光景である。

（裏　直記）

牛小屋（宮城県気仙沼市、写真提供：森隆男氏）

豚小屋（豚舎）［ブタゴヤ（トンシャ）］

豚小屋と便所の接続

屋敷内に設けられた豚の飼育用の小屋を豚小屋または豚舎という。奄美・沖縄地方では、豚肉はふだんの食事に古くから利用されているばかりではなく、祭礼や上棟式の供物、正月の祝い用の料理として食され、産婦の産後の滋養食としても食べられてきたため、ほとんどの家で豚が飼われており、敷地内に独立して豚小屋（豚舎）がつくられていた。豚小屋は「ワンヤ」や「フール」と呼ばれた。

豚小屋は、屋敷の裏手にあたる北西の隅などにつくられた。規模は二～三坪程度もので、中をふたつほどに区分している場合が多い。壁は二、三尺（六〇～九〇センチ）程度に珊瑚石を積み上げ、床は二尺ほど掘りくぼめて傾斜させ、石を敷いていた。

豚小屋と便所（石床に設けられた穴が見える。丸囲み部）（沖縄県那覇市、写真提供：森隆男氏）

そして豚小屋に接続するかたちで家人用の便所も設けられていた。家人用の便所の石床には、長方形の小さい穴が開けられ、その下が便槽となっていた。接続する豚小屋側からこの便槽に横穴がつけられており、豚が頭をつっこんで便槽にたまった人糞を餌として食べられるようになっていた。そのため、家人用の便所も豚小屋と同様に「フール」などと呼ばれていた場合が多い。こうした豚小屋と便所が接続した形式は、豚便所とも呼ばれた。この便所は不衛生であるとして明治三〇年代から禁止条例が公布されていたが、昭和四〇年代ごろまでは残っていた。

また、奄美・沖縄地方では、便所の神を「フルヌカン」と呼んで祀っている。久米島では、フルヌカンが荒れると豚は元気がなくなるとされ、豚に元気がないときはフルヌカンを拝むものとされている。

豚肉食の一般化

古くから豚肉を食する習慣は、奄美・沖縄地方にはあったが、本州において一般家庭の食卓に豚肉がのぼるようになるのは、昭和になってから、本格的な普及は第二次世界大戦後である。したがって本州の農家で豚が多く飼われるようになるのは豚肉が一般家庭へ普及したあとのことであり、大規模な豚舎を設けて豚を肥育する養豚専業農家が現れるのは、それ以降である。

（津山正幹）

バリアフリー

誰もが住みよい居住環境整備をめざすうえで、バリアフリーの対策は欠くことができない。「バリアフリーとは、生活における種々の障壁をとり除くこと」と理解すると、そこでは建築物などの物理的面、福祉制度などの社会制度面、医療保健の面、情報伝達の面、人々の心理や活動面など、総合的なバリアフリーが求められる。急速な高齢化によって、バリアフリーは身近な緊急課題となっており、ここでは高齢者の住まいを中心に、伝統的住まいとの関連をふくめて考察する。

日本は現在、まさに超高齢化・長寿社会を迎えている。高齢化・長寿化は医療の進展や国民の健康意識と食生活の向上等による成果でもあるが、一五歳未満の年少人口の減少が顕著で、高齢化と少子化が同時進行しているため（総務省『昭和四五年～平成二七年国勢調査』）、今後はさらなる高齢化が予測される。

このように急速な高齢化・長寿化が進むなか、歳を重ねてもできるだけ自立して生活したいという高齢者の願いは深い。高齢者ももちろん多様で、個人差も大きいが、一般的に加齢によって身体・運動機能や視覚・聴覚といった知覚機能や認知機能が低下し、バランス力や適応力が弱まって、少しの段差でつまずいたり、瞬間的な対応ができずに大怪我をしたり、日常的に危険や不便が内在している。

長期化した高齢期生活を支える住まいの良否は、直接的に高齢者の生活の質を左右する。統計的に概観すると（総務省『平成二五年住宅・土地統計調査報告』、内閣府『高齢者の住宅と生活環境に関する意識調査』）、高齢単独、高齢夫婦など高齢者のみの世帯が増加しており、住まいは比較的建設年数を経た持家居住が主流で、「古い」「段差が多い」「使い勝手が悪い」「維持管理の負担大」といった状況が見られる。借家居住の場合は、さらに厳しい現状にある。危険や不便は、とくに浴室や台所などの水まわりや、出入口、廊下などの通路に多い。介護保険をはじめ高齢化に対応した住宅改修の補助制度がしだいに整い、バリアフリーの改修が進んでいるが（写真1）、適切な改修を行うには、建築や医療、リハビリ、福祉の専門家が協力して、高齢者の心身や加齢変化、日常生活活動、補助具の適性をよく見極める必要がある。改修によって住宅の趣や美観を損ねない配慮も望まれる。

住まいは元来シェルターであり、風雨や獣などの自然の脅威を防ぐため、防犯のために、さまざまなバリアを設けて人間の生活を守ってきた。さらに、伝統的な日本の住まいは、高温多湿の気候のなかでより快適に住む工夫として、高床・畳敷となり、水や火を使う台所は土間、風呂や便所は多く別棟とした。主に農業・商工業の職住一体の住まいで、高齢者だけで長く住み続けることなど予想もされていない、段差の上り下りを繰り返す住生活であった。

今も伝統的住まいに住み続け、住生活の文化を守っているのは、主に高齢者である。高齢者の住まいのバリアフリー化は、じつは伝統的住まいや住文化の課題と密接に関連している。たしかに、伝統的住まいの居住者に住宅改修希望をたずねると、水まわりの改善や段差解消などバリアフリーに関する箇所が多い。高齢者に危険で不便な住生活を強いることはできない。しかし、伝統的住まいの保存という点では大きな転換期であり、バリアフリーと伝統保全をいかに調和させるか、真剣に取り組むべきときを迎えている（写真2）。

写真1　公的補助を受けた住宅改修例（手摺・踏台、高齢夫婦世帯、宮崎市清武町）

写真2　伝統的住まい（明治中期）の住宅改修例（スロープ、高齢夫婦世帯、宮崎県西米良村）

多様な障害や加齢による弱化があっても、住み慣れた地域でいつものように生活していく「ノーマライゼーション」の実現に向けて、生活上のバリアをひとつひとつ明らかにし、確実に除去していかねばならない。

住まいの整備は、そのもっとも基本となるものである。厳しい障壁から順次克服して、障壁のない居住環境を造りあげる、それは同時に、伝統的住まいや住文化を守る居住者の生活保障となり、そして、伝統保全と共存する道であることを信じたい。

（米村敦子）

鶏小屋［ニワトリゴヤ］

鶏小屋の設備

　鶏を飼う施設・設備を鶏小屋という。敷地内に独立した鶏小屋をもつ家もあったが、多くの場合、軒下の一部に設けた箱型の木枠に、金網を張った程度の簡単な設備であった。しかし本来、鶏は放し飼いが一般的で、八丈島では昭和四五（一九七〇）年ごろまで前庭を歩きまわっていた。床下にも自由に出入りしてシロアリを食べるため、住まいの維持にも役立ったという。夜間は外敵から身を守るため床下に潜った。卵を産む場所も床下である。

床下の鶏小屋

　卵を採取しやすいように、床下の一部を仕切って、割り竹や金網で囲っていた。このような鶏小屋のあり方も広く見られた。たとえば奈良県吉野郡十津川村では、その場所は大戸口付近であることが多い。これは、鶏が物音に敏感なため、夜間の来客を知らせるとともに、不審者の侵入を察知するためにも有効であったからという。しかし、床下に鶏小屋を設けることで、卵はもちろん、鶏自体が蛇の餌食になる場合も多かった。

天敵・蛇除けほか

　キツネや野良犬が鶏を襲うこともあるが、天敵は蛇である。鶏小屋の金網にたばこのヤニを塗りつけ、その臭いで蛇の侵入を防いだ。大阪府泉大津市では、小正月のトンドの際に灰を持ち帰り、鶏小屋の周囲に撒いて、蛇除けにした。

　鶏小屋には、餌箱や水を入れた盥、産卵を促すために土製の擬似卵を置くこともあった。餌としては米糠や屑米、雑穀などがあたえられたが、鶏は雑食性である。放し飼いの際には住まいの周辺で植物やその実、ミミズなどの小動物を餌にした。前出のシロアリもそのひとつである。

　なお、一軒あたりで飼育された鶏は比較的少なく、多くても五～六羽である。老いて卵を産まなくなった鶏は、貴重な動物性のタンパク源として食材になった。

　高度経済成長期以後、卵や鶏肉は専門の業者の手によって大量に生産されて供給されるようになった。

住まいから鶏小屋が姿を消し、鶏が庭を歩き、鳴き声をあげる風景が絶えて久しい。

（森　隆男）

家畜を飼育する道具［カチクをシイクするドウグ］

現在、畜産業で飼育されている牛馬などは、かつては家畜として居宅の一隅か宅地内の小屋で、家族のように飼育され、動物の種類も、牛馬のほかに豚・山羊・兎・鶏や、例は少ないが家鴨なども飼育されていた。しかし飼育に道具を用いる家畜は、主として牛馬に限られていたといえるようだ。道具としては飼育にかかわるものと、農作業などの使役のために装備する道具に大別できる。

飼育と道具

牛馬の餌は青草・干草・稲藁・米糠・麩（麦粉の皮くず）などである。草刈りは飼育に欠くことのできない仕事で、草が繁茂する夏は、夜明けとともに朝露に濡れている草を朝食前に刈るのが、牛馬を飼育している農家の日課であった。夏にはできるだけ多くの草を刈り、それを干草にして草のない冬の飼料として備蓄した。

草の刈り方は地方によって異なり、使用する鎌にも違いがあった。一般的には、東日本はやや大型の鎌で片手で払うように刈るが、西日本では細身の鎌で一方の手で草をつかんで刈るといった違いがあった。

写真1　飼葉桶（新潟県阿賀町）

牛馬に餌を与える際に用いるのが飼葉桶である（写真1）。桶屋で作ってもらったもので、胴の中央に鉄のタガがかけてあって、両脇に耳と呼ぶ鉄環がある。その環に縄を通して、馬の首の高さに吊るして餌を食べさせた。携帯用として持ち運びもできた。

飼葉箱は小屋に備え付けしておくもので、餌を食べるときに動かないように、厚い板の重い箱になっている。飼料は食べやすいように、長い藁などは押切りで刻み、米糠・麩などを混ぜ合わせて与えた。

牛馬のねぐらはたくさんの藁が敷いてあって糞尿で汚れると取り替えてやらなければならない。それに使用するのが肥鉤（肥掻棒ともいう）である。地方によっては二本鍬の形をしたものもある。時代が新しくなるとフォーク形のものが多用されるようになった。一本の鉤型では能率が悪いようにも思われるが、長い藁が絡みつかないという利点もあった。糞尿で汚れた藁は農作物の良質な肥料になった。

馬こしらい

馬の爪（蹄）を切り、歯のかみ合わせを良くし、針を刺して血取りをするなど、馬の体調を整える作業を「馬こしらい」とか「馬繕らい」といっていた（新潟県）。また「ソウゼン」という呼称もあり、馬飼い仲間が共同で馬の爪切りなどを行った。ソウゼン場は共同で爪切りなど馬こしらいをした場所である。昔は「馬コロバシ縄」という専用の縄を掛けて馬を横にさせ、藁の枕をあて、口にはサクチ縄という注連縄のようなものを噛ませて蹄を削った。また冬は運動不足で馬は静脈に鬱血が見られることがある。そこで針を刺して血取りをした。血取りをする針を内羅針といった。「ないら」は馬の病気の名前でもある。

写真2　馬蹄装着用具。右からバチ型包丁、ヤスリ、釘抜き、槌、削蹄鎌、釘起こし、ブラシ、砥石、鎖鉤（北海道江別市）

　後年になると爪に蹄鉄を打つようになり、専門の蹄鉄屋が出現し、共同でやる馬こしらいはなくなった。装蹄の順序は次のとおりである。まず釘抜きで古い蹄鉄を除き、伸びた蹄を削り、新しい蹄鉄を鍛冶技術で馬に合わせて作って、装着させる。写真2は主な装蹄用具である。蹄鉄を装着しない時代は草鞋を履かせた（写真3）。牛と馬とでは蹄が異なるので草鞋の形も違っていた。

写真3　馬の草鞋（新潟県阿賀町）

牛馬の使役と鞍

　牛馬を多く使役するのは犂による田打ち（田植に備えて田の土を掘り返すこと）と馬鍬による代掻き（田に水を入れて土を細かく砕いて掻き均すこと）である。使役には必

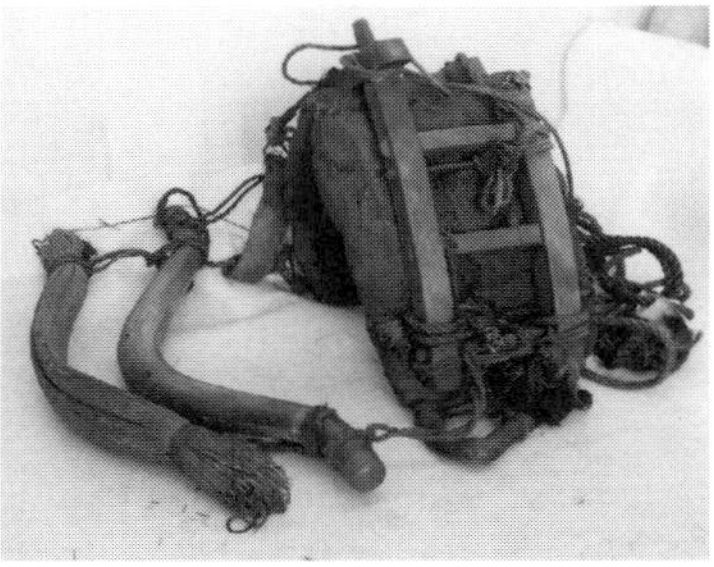

写真4　牛の鞍（農耕用）と首木（左）
（新潟県阿賀町）

ず鞍を着けた。牛と馬では鞍の形が若干違っていて、牛の場合、首筋にへの字に曲がった首木をつけ、これに鞍が連結してある（写真4）。また鞍には荷を載せる荷鞍というものもある。荷鞍には荷を載せて縄で縛って固定させる木製の鞍鉤が装備される。ほかに乗馬の皮製鞍があり、乗馬用には鐙がついている。

（五十嵐　稔）

二　貯蔵の設備

1　貯蔵

味噌部屋［ミソベヤ］

手前味噌

味噌部屋は、文字通り味噌を貯蔵するための部屋である。味噌は、調味料や副食物として、毎日の食卓になくてはならないものであった。そのため一軒の家で大量に味噌を消費した。農家では、収穫した大豆で自家製の味噌をつくった家が多い。「手前味噌」という言葉があるように、味噌の味は家ごとに異なり、その家の味を大切にした。仕込む量は家によって異なったが、七、八人家族では四斗樽（容量が約四斗の木製の樽）が二、三本になったという。

仕込んだ味噌は、一年おけば食べられたが、「三年味噌」といって、仕込んでから三年くらいおいたものがおいしいとされ、毎年仕込んでは、古いものから順に食べていった。

設置場所と機能

仕込んだ味噌の熟成には、味噌部屋や味噌蔵、味噌小屋などと呼ばれる貯蔵場所が用いられた。これらは、独立した付属建物として設けられる場合と、土蔵や物置に併設される場合があった。また、母屋の「ダイドコロ」や「ニワ」などと呼ばれる土間の一画を仕切って使用されることも多かった。家によっては、母屋や土蔵などに庇を出して設けられることもあった。静岡県田方郡韮山町（現・伊豆の国市）奈古谷近辺では、火災時に土蔵の扉を味噌で塗り固めて延焼を防ぐため、土蔵の前に味噌蔵を付属させたという。いずれにせよ長期にわたって貯蔵するため、

味噌蔵（新潟県十日町市、撮影：津山正幹氏）

温度変化が少なく低温の場所が用いられた。

味噌部屋には、仕込んだ味噌桶を並べて置いた。味噌を多く仕込むことができるのは経済力が豊かなことを示し、味噌桶を何本も並べて置くことが自慢の種になったという。味噌部屋は、醤油や漬け物、梅干などの貯蔵庫でもあり、味噌桶のほかに醤油樽や漬け物桶などが置かれることが多かった。

昭和三〇（一九五五）年以降になると、既製品の味噌を購入するようになり、味噌の消費量も減少し、自家で味噌を仕込むことは少なくなってしまった。それにともなって、味噌部屋の役割が薄れ、用途にも変化が生じた。農具や台所用具の収納場所などとして用いられるようになり、一方では、不用となった味噌部屋はとり壊され、姿を消していった。

（佐藤照美）

稗倉【ヒエグラ】

稗倉とは、稗を主食にしていた地域で、稗を貯蔵するための特別の倉をいう。稗は救荒作物（凶作に備えるために栽培する甘藷や稗などの作物）として水田や定畑、焼畑で栽培されたイネ科の一年草である。

焼畑での貯蔵方法

静岡市葵区井川地区には、一〇〇年近く前の稗を保存している倉がある。ここは、一九六〇年代まで大井川上流部の赤石山麓でヤボヤキ（藪焼き）が行われていた。八月に藪を伐り、翌年の春、火入れをして主穀である稗を植えた。収穫すると山で干し、出作り小屋であるイゴヤ（居小屋）の稗倉に穂のままで貯蔵した。

井川地区では、穀類を「ズシ」「ウチグラ（内倉）」「ソトグラ（外倉）」の三種の穀倉に貯蔵する。ズシは屋内に置く蒸籠型の箱、ウチグラは屋内に仕切りをした作り付けのもの、ソトグラは屋外に建てられた付属屋である。ソト

稗倉。100年ものの稗を貯蔵している（静岡市葵区田代）

グラを「オオグラ（大倉）」「ホグラ（穂倉）」ともいう。

また、家によってはウチグラに粟も貯蔵する粟倉を併設する場合もある。ズシはモミの板材で六尺（約一八〇センチ）四方、高さ一尺（約三〇センチ）ほどの穀箱である。これを何段にも積んで増やしていく。ウチグラとソトグラには、仕切りの柱を立て、それに切り込みを入れて上から順次板を落とし込み、貯穀量に従って板を増やしていく。六尺四方の広さを「ヒトツボ（一坪）」といい、各家は何坪の稗の備蓄しているかを競いあったという。

救荒作物を貯穀する倉

一〇〇年もの長いあいだ、大量の稗の穂を貯蔵してきたのは、なぜだろうか。まずさまざまな雑穀のなかで稗の特異性をあげるとすれば、冷涼気候に強く、備蓄に適しているということである。そのため、飢饉に備えて各地で稗が栽培され、貯蔵されてきた。

近世の天明の飢饉（一七八二〜八八年）以降、幕府による全国的な貯穀奨励策のもと、村の郷倉に備蓄された穀物は、稗・麦類・粟など雑穀が中心で、米の場合は古籾であったところもある。時代や地域差にもよるが、群馬県高崎市中里で「置き穀には稗がいちばん」といわれているように、飢饉の対策に稗を貯蔵する地域は非常に多く、郷倉のことを稗倉という地域もある。文化財として保存されている稗倉もあり、その多くは、気候や湿気を調節することができる板倉造りや校倉造りである。

（松田香代子）

板倉 ［イタグラ］

板倉とは

木材を主材料として作られた蔵を一般に板倉という。種籾や穀物の貯蔵用穀倉のことである。農具を収納することもある。よく似た倉に校倉（せいろう倉を含む）がある。この校倉は材質としては同じく木材を用いるが、木材を交互に積み重ねて壁を作る構造になっている点が異なる。部材の断面は三角・四角・円などがあり、たとえば部材断面が円というのは、丸太を積み重ねた丸太造りの倉である。六角の部材を交互に積み重ねた構造は正倉院の校倉である。この校倉は木材の伸縮する性格を利用して自然に通風管理をする仕組みで、湿気の多いときは隙間が少なくなり空気を通さないために保存品にとって良い状態を保つ工夫がなされている。

ここでは、板を落とし込む形式の板倉を中心に見ていくことにする。板倉は、土蔵の中に設けられる穀物入れの穀箱と性格はほぼ同じであるが、独立した付属建物という点

板倉（群馬県伊勢崎市境島村）

に特色が見られる。たいていは個人が所有する小規模な屋外設置の建物である。そのほとんどが穀物の貯蔵施設として利用されてきた。

栗原家の板倉

群馬県南部、利根川右岸に位置する伊勢崎市境島村に一棟の板倉がある。この板倉は母屋から離れた南隅に建つ。建物の大きさは間口九尺（二・七メートル）、奥行六尺（一・八メートル）である。内部は五室に仕切られ、最大九〇俵の穀物を分けて保存した。境島村では板倉のあるのは一軒だけである。伊勢崎市内にかつて数棟の所在が確認されていたが、雑穀を保存する必要性が失われ、犬小屋になったり物置に流用されたりし、現在そのほとんどが解体されてしまった。境島村の板倉は市指定重要文化財として保存されている。この板倉の内壁右面に次のような墨書が認められる。

「上野国佐位郡島村
栗原清右衛門
三ツ小屋　大工　伊八
久保　同　文四郎」

そして左面には「天明貳壬寅極月吉日」とある。天明二（一七八二）年は浅間山大噴火の前年である。浅間山の爆発により各地に火山灰が降って畑作物が被害を受けたことを考えると、大麦や小麦など雑穀類の貯蔵あるいは種籾の備荒施設として大いに活用されたと推察される。この板倉の外壁は落とし羽目板式で、四方板囲みとなっており、やや高床になり床は板張りである。

このような板倉を同県藤岡市上日野では、単に「コクバコ」と呼んでいた。規模は家により異なるが、九尺×六尺から二間×九尺の大きさが主流であり、内部は境島村のものと同様で三～四部屋に仕切られ大麦や小麦を保存した。板が落としぶた形式になっていたので、上から順に外して箕で大麦をすくい出した。板一枚が一石分とする家も少なくない。落としぶたの板にはアクダラの木を使うと虫が食わないのでよいとされていた。

箱状の穀箱に屋根をつけて母屋から離し、石垣の上に設置した。そのために板倉は母屋から離れた位置や崖っぷちに建てられた。火災が発生した際には、延焼を防ぐために濡れムシロを掛けたり、土台の柱を蹴飛ばして穀箱を落とした。呼称としては「イタグラ」「コクバコ」「コクビツ」などがあり、その分布は関東から東北に及ぶ。山形県置賜（おきたま）地方では「モミド（籾堂）」と呼び、母屋の東南の方角など家相を考慮して建てられ、しかも母屋から離れて建てられており火災対策と伝える事例が多い。やや大きな板倉は各地にあり、石川県白山（はくさん）市中宮（ちゅうぐう）では集落のはずれにずらりと並ぶ板倉が建てられている。ちなみに群馬県や埼玉県では、伊勢崎市のような平坦部にはほとんど見られず、群馬では多野郡や藤岡市、利根郡地方など、埼玉では秩父地方などの山間地域に広く分布していた。

（板橋春夫）

土蔵［ドゾウ］

土蔵の定義

土蔵とは、木の骨組に厚塗りの土壁・土屋根を塗り、開口部には土を塗った防火戸を設け、防火と温湿度の調整機能をもった建物のことである。主な用途は収蔵だが店蔵・座敷蔵・酒蔵等に使われることもある。

高利貸商人の質蔵から商人の商品蔵へ

鎌倉・室町時代になって商業が盛んになるにつれ、京都の商家で土蔵がつくられるようになった。古くは、鎌倉時代末に描かれた、『春日権現験記絵（かすがごんげんけんきえ）』第一四巻第六段に登場する。このころは「土倉」と呼ばれ、多くは高利貸商人の質倉であった。鎌倉中期になると、公家、武家、僧侶の財宝や土地証文も預かるようになった。室町時代ごろまでは、土倉と土蔵の文字が併用されるが、両者の使い分けはとくになかったようで、桃山時代になると土倉の文字はほとんど使われなくなる。室町時代の後半になると、商業の増加にともなって商品倉としての利用が増え、江戸時代になると民家にも普及する。

温度湿度が調節された収蔵蔵

置き屋根（兵庫県香美町、写真提供：森隆男氏）

収蔵物の保存が主な目的の建物なので、適切な室内温度・湿度管理が求められた。そのためにとられた主な手法は、置き屋根による夏の日射遮熱、土壁による調湿、土壁の蓄熱・断熱による温度管理の三点になる。

置き屋根は、土蔵の土屋根の上に通気層をはさんでもうひとつの屋根を載せた二重屋根のことで、土蔵の多くに見ることができる。近世では「鞘屋根蔵」と呼ばれていたが、次第に置き屋根と呼ばれるようになった。前記の『春日権現験記絵』に登場する土蔵の屋根は置き屋根が焼け落ち、下の土屋根が現れた、焼け跡の光景と見られる。

置き屋根は、土屋根が雨で洗われて削り出されるのを防ぐだけでなく、夏の日射遮熱に大きな効果があった。

温度湿度管理を求めた収蔵物

鎌倉時代のころに登場する土倉は、高利貸業者が質物や預かりものを保管するための土塗りの倉であった。『言継卿記』に、山科言継が、腰刀、太刀、槍、棹、笙、肩衣、白帷子、葛袴、袴直垂、蚊帳などを、借金のために質入したとする記述がある。その他、史料に出てくるものに、掛け軸、屏風、硯、書籍、土地証言などがある。室町時代の後半になると、商人が扱う商品を保管するための利用が増えていく。

民家においては、蔵にハレのときに使用する膳椀、掛け軸、工芸品などを納めていた。福島県いわき市の商家では、座布団、花器、アルバム、書籍、オルガン、座卓、贈答品、扇風機、ストーブ、屏風、雛人形、五月人形、茶道具、琴などが収蔵されていた。

商家においては、大正五（一九一六）年につくられた所沢の呉服商大野屋の聞き取りのなかで、店の番頭に指示された店員が呉服の反物を収蔵している土蔵と店の間を忙しくいきかった話が出てくる。これらの収蔵物を保管するには、一年を通じて一定の温湿度が求められていた。

収蔵ではなく、製造のための土蔵もある。主には酒を醸造するための倉で、蒸した米を発酵させる際に、一定の温度を保つ条件に適していた。

防火性能は『春日権現験記絵』第一四巻第六段でも表れているところで、定評がある。壁屋根を厚い土で包み、開口部も土戸で構成する。この絵の出入口の観音扉の土戸は厚さが薄く、蛇腹がないが、近世になると三倍の三〇センチくらいになり、カケゴと呼ばれる蛇腹がつく。近所に火事がでると火が室内に入らないように閉めた戸の隙間を味噌で埋めて避難した。味噌は結構な量を使うので味噌蔵に保管してある味噌樽からとり出した。また土蔵の入口手前の床下に粘土を入れた容器が置かれてあってそこからとり出して埋めることもある。粘土の場合は固まらないように時折水を補充して練っておく必要があった。

土蔵にはクラボッコと呼ばれる童子の姿をした守神が棲み、家運が傾くと出て行くといわれた。

（金田正夫）

住まいは肥料工場

エコ、リサイクル、ゴミの減量化、指定ゴミ袋、分別収集……これらのことばが耳慣れたものになったのは、いつのころからだろう。

私たちは、現在たくさんのゴミを生み出しながら、日々の生活をおくっている。この点について異論を唱える人は少ないと思う。日々たまっていくゴミ袋の中身に閉口しながら、ゴミの収集日を待ちわびている人も多いのではないだろうか。そして、収集日の朝ゴミステーションに袋を積み上げたあとのあの清々しさは、格別である。

しかし、それもつかの間、またすぐにゴミがたまりはじめる。この勢いでお金が貯まるのであれば、文句をいう人などいないだろう。そもそも、ゴミとはどんなものだろう。

たとえば、それは食材の一部だったり、食材の入っていた容器だったり、残飯だったりする。また、壊れたり不用になった道具や着古した衣類かもしれない。これらの物品は、ゴミとなる以前は必要とされ、買い求めたものばかりである。つまり我々は、お金を払って買ったものをさらにお金を払って捨てるという、たいへん奇妙な生活をおくっているのである。なぜこんな滑稽なことになってしまったのだろうか。先人たちは、どのようにしてゴミを処理していたのだろうか。

昔のゴミとはどんなものだろう？　現代のゴミの分別表を見ながら、江戸時代ぐらいにまでさかのぼって想像してみよう。

当然、ペットボトルや食品トレー、ポリ袋などの、いわゆる〝プラスチック系〟のものは生産されていなかった。電気はまだ研究段階で、家電製品も、乾電池や電球、蛍光灯などというものは庶民の暮らしのなかには存在していなかった。金属やガラスは高級品で、いまのように簡単にゴミになったりしなかったはずである。紙もまた高価であった。手習いで使った紙や手紙などが襖や壁に張ってある様子は、時代劇などでもお馴染みかもしれない。

ちなみに、陶磁器などの食器が、修理しながら繰り返し使い続けられていたことはよく知られていることであろう。着物は仕立て直したり、染め直したりしながら大切に使い、最後はおむつや雑巾にしてすり切れるまで使いきった。

いちばんやっかいな生ゴミはどうだろう。いまほど豊富に食材がなかった時代である。いかに無駄なく使い、食べつくすかは重要なポイントで、捨てるほど多量にくずを出したとは考えにくい。保存方法も限られており、大量に作るはずもないので、残飯は極端に少なかったと考えられる。

農村の民家では、台所の排水を直接河川へ流すのではなく、敷地内に池をつくってそこにいったん排水をため、その池に鯉を飼って残飯を食べさせたとも聞く。人間が食べない部分についても、家畜のえさや堆肥として無駄なく活用されていた。

木でできたものは、当然薪として再利用されたであろうし、その灰は肥料として売買された。人々の排泄物から風呂の残り湯にいたるまで有益な肥料であり、重要な商品であった。

こうしてみてくると、昔の生活には、まったくといっていいほど無駄がない。あらゆるものが見事にリサイクルされ、資源が循環し続ける社会。それはまさに、いま我々が必死で模索している、地球に優しいエコな社会のお手本のひとつではないだろうか。そして、人々の生活のなかから最終的に生み出されたものは、ゴミではなく肥料のみであったことに驚かされる。つまり、住まいは肥料工場でもあったのだ。

ゴミの分別が進み――というよりは、むしろ厳しくなり――家庭の生ゴミを堆肥にする装置に補助金が出る世の中になった。社会にとってゴミ問題はそれだけ深刻だといえるが、ようやく本格的なリサイクルに向けて動き出したにすぎない。

かつてのように、いますぐにゴミをゼロにできるかと聞かれたら、首を横にふるしかない。しかし、苦労してつくりあげ、購入したものを、さらにお金を払ってゴミとして積み上げ続ける生活を早急に改めることの重要性は、誰もが感じでいるのではないだろうか。

いま、ゴミとして捨てようとしているものを手にしていたとして、それが価値のあるものとわかれば、人はそのまま捨てるだろうか？　多くの人は捨てることをためらうのではないだろうか。ましてやそれが商品としての価値をもっていたなら、人は捨てようとは思わないであろう。

消費が美徳であるという価値観から脱皮し、すべてのものを資源として再利用する循環社会が成立したとき、私たちの住まいは、肥料工場を超えて資源工場になっているかもしれない。

（山岸智香）

木小屋［キゴヤ］

キゴヤ（木小屋）とは、薪などの燃料を保存しておくための小屋をいう。「マキゴヤ」「タキギコヤ」「シバッキゴヤ」などの呼び名もある。

新潟県魚沼市田中では、「キゴヤとは、土台を伏せた建物」の呼称だという。新潟平野の吉田町では、柱と屋根だけの小さな「キゴヤ」がある。また、かつて会津藩領の新潟県赤谷地区滝谷には、土台に柱を建て、板壁にトタンを張った「キゴヤ」があり、小屋の中で木割り作業もできる大きさがある。

軒下に設けられた木小屋（新潟県荒川町）

ナヤや母屋の妻側の軒下に木小屋を建てている豪雪地の魚沼地方では、雪下ろしの労苦を避けて、別棟の木小屋などは建てなかった。主に雪下ろしに支障のない場所にニオに積むか、家の二階や屋根裏に貯蔵することがふつうであった。

マキを積む場所を、「キョオキバ」（木置場）ともいい、家の前中門の一角に冬囲い（オトシイタ・ハメイタの雪囲い）をしてマキを積む場所を確保している。また屋根を架けた程度の木小屋や、近年日本の豪雪地帯で普及した高床式家屋では、わざわざ木小屋を造る必要もなくコンクリートの軒庇や、一階（駐車場、物置部分）を、キョオキバとしている。

（池田　亨）

小屋裏［コヤウラ］

▼ソラ

「屋根裏」ともいい、一階の天井と屋根とのあいだにある空間のことである。「ツシ」「タナ」「アマ」「ソラ」「テッチョウ」などの呼称がある。

もともと民家に天井はなかったが、天井を張ることによって一階の居住空間の上に小屋裏という空間が生まれた。小屋裏の上部に天井はなく、小屋組みや屋根下地を直接見ることができる。そのため、中央部分は十分な高さが確保できるが、端になるほど屋根勾配の影響で背がつくほどに低くなってしまうことが多い。

ここは、狭くて日中でも暗い。そのため居住空間にはならず、さまざまなものの保管場所として利用されていた。保管するものは屋根材の茅、脱穀後の稲藁や麦藁、燃料としての柴、種籾を入れた俵、養蚕用具、ふだんはあまり使わない道具類などである。漁家では漁具、商家では商品の置き場所にすることもあった。

常設の階段を設けている家もあるが、梯子をかけて上げ下ろしをすることが多い。使いにくい場所ではあるが、囲炉裏や竈の煙が立ち昇るため、乾燥していて虫もつきにくいという利点があった。

小屋裏の床（一階の天井）は、竹簀子天井に代表される簡易なものであった。太さ三、四センチ程度の丸竹を並べて編んだものである。保管物は軽いものが多いので強度はそれほど必要とせず、簀子の隙間からごみが落ちるのを防ぐため、上にむしろを敷く程度ですませていた。

小屋裏に保存された藁（埼玉県小川町）

養蚕が盛んになると、この小屋裏が蚕の飼育場所として利用されるようになる。とくに温暖育法と呼ぶ密閉式の飼育法が普及すると、強度のある根太天井に張り替える家が多くなった。さらに、外光を採り入れるため、屋根の一部に穴をあけて「ソラマド」などと呼ぶ小窓を設けることも行われた。採光部分をさらに大きくとると、屋根を切りあげた「かぶと造り」となる。

棟木が神霊の降りてくる場所として重要視されていたことから、その下に位置する小屋裏は神霊の居所ではなかったかとされている。

古い神札を俵に入れて、小屋裏の扠首に巻き付ける習俗もよく見られる。

（大久根　茂）

地下ムロ［ジゲムロ］

呼称

主に食料などの貯蔵・収納を目的として、屋内の土間や床下を掘ってつくられた空間。「ウチムロ」「アナグラ」「イモアナ」「イモグラ」などとも呼ばれる。

特性と機能

地中は温度・湿度の変化が年間を通じて少なく、断熱性や保湿性に優れているため、食料の凍結や腐敗を避けて安定した状態で貯蔵・保存することができる。冬の寒さが非常に厳しい寒冷地では、家の中でもイモ類や大根、卵、酒が凍ることがあった。また、冬場は野菜の収穫ができず漬け物や乾物にたよることが多いので、生野菜をいかに確保し保温貯蔵するか、工夫を凝らす必要があった。

構造

　母屋の土間の片隅、カッテ（台所）の床下などに、深さ三〜四尺（約九〇〜一二〇センチ）で、大人が入って動きまわれるほどの広さの穴を掘り、大根・人参など根菜類やさつまいも・里芋・じゃがいもなどのイモ類、ねぎ、白菜、卵などの生鮮食品を保存した。

種類

　ムロには、屋内につくる「ウチムロ（内室）」と、野菜畑などに掘った穴に藁（わら）やもみ殻などである程度保温した「ソトムロ（外室）」、また屋外にただ穴を掘り野菜を埋めて土をかぶせる「ジゴクイケ」などがあった。家の出入口近くに掘った「ダイコンニョー（外室）」に入れた大根は一月いっぱいまでしか食べられなかったのに対し、ダイドコのオカッテの床下につくられた「ダイコンアナグラ（内室）」に保存した大根は三月ごろまで食べることができた。スが入らず、いつも採れたてのようにみずみずしくて甘みも出ていた。

　このほかに、寒さに弱いさつまいも・里芋・こんにゃくは、囲炉裏のそばの床下に穴を掘って保存した。穴は藁（わら）で囲い、水分をとるために下にもみ殻を敷いて芋を入れ、上から筵（むしろ）をかけた。これを「イモアナ」「イモグラ」と呼ぶ地域もある。里芋は寒さに弱いが、イモアナに保存しておくと、翌春になっても採れたてのような状態で保存できる。

　一か所に限らず、イモグラを台所と茶の間など複数設ける場合もある。地下水位が高く床下浸水がたびたび起こる地域では、縁（えん）の下を三尺（約九〇センチ）ほど高くしてあるため、炉端のイモアナは、床板をあげてとる以外に縁の下からもとることができるようになっていた。

石室（石川県金沢市ひがし廓）

　養蚕（ようさん）農家では、地下のアナグラのまわりをセメントで塗り固めて木の蓋をとりつけ、桑の葉を貯蔵するところもあった。また、土蔵をつくるほどではないが、経済的に余裕のある家では、座敷の床下にアナグラを設けて、米や箪笥、銭などの貴重品を納めておくこともあった。

床下収納

戦前から戦後にかけて建てられた都市の文化住宅の台所にも、「床下収納」はあった。台所は北側に面した約三畳の板の間で、その南側に接した中廊下より一段低くなっており、流しの脇の三和土には北向きに勝手口が設けられている。その台所の床の上げ板を開いたところに、一畳弱の床下収納が設けられていた。周囲はセメントなどで塗り固められていることが多い。中には白菜の塩漬けなどの漬けもの、大根をはじめとする生野菜、自家製の味噌・梅干し・梅酒などの果実酒が納められ、側面に湿気とりの堅炭が埋め込まれていた。

共通点と相違点

「地下ムロ」と「床下収納」は、屋内における収納スペースという点では共通する。しかし、「地下ムロ」が多くの場合地面を掘り下げて土で囲まれているのに対して、「床下収納」は縁の下につくられることが多かった。縁の下は直接日が当たらず風通しがいいので、そこにつくられた床下収納は夏季でも比較的涼しく、食料を暑さから守り腐敗を避けるための収納スペースとして適していた。蔵や納屋などの広い空間の確保が難しい都市部の住宅では、冷蔵庫に納まりきれない保存食などを置く場所として重宝がられてきた。

屋内のほかの空間に比べれば、床下収納は相対的に温度変化が少ないといえるが、冬場は地下ムロほどの保温力はない。これに対して、寒冷地における地下ムロ（ウチムロ）は、冬季の寒さや凍結から食料を守ることに主眼が置かれてきた。食料保存という点からは共に有効なスペースとして活用されてきたが、使われる場所の気候や風土のちがいによって、両者の使い方にはちがいが見受けられた。

（古家晴美）

横井戸［ヨコイド］

井戸の主流は大地に対して垂直に掘り下げた竪井戸であるが、山地の斜面や河岸段丘に屋敷どりをした場合、斜面に横穴を穿って水を求める横井戸という形式に頼った例もある。以下に長野県飯田市の事例を示そう。

事例1　横井戸の奥行は三〇間ある。そのうち一〇間分は昭和二〇（一九四五）年に掘った。横穴は、水晶山（七九八・二メートル）の東麓斜面にあたる。横井戸には栗の木で枠がつけてある。井戸口から水場の水槽までは三～四年ものの真竹を節ぬきして水を導いた。西垣内に井戸掘り職人がおり、柄の短いツルハシで掘り、底に竹をつけた橇状の箱で土を出した。水場には、檜板でつくった一メートル四方、深さ六〇センチの水槽があり、水は炊事、風呂などに使ったが、夏は西瓜やビールなどを冷やした。冬季、青年団の会合から帰ったとき、風邪予防のためにこの水で冷水摩擦をした。水槽からあふれた水は池へ導き、さらに溝に呼んでから田に入れた。横井戸の入口に水神と刻んだ丸石を据え、正月に祀った。小字泉垣外一一戸はすべて横井戸だった。水槽を二段にして下段に鯉や鮒を入れる家もあった。鯉や鮒は水質の番役だった（長野県飯田市伊豆木・林伝雄さん・大正六年生まれ）。

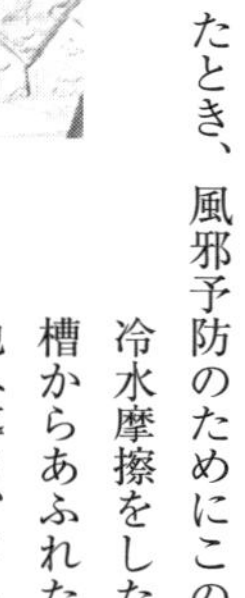
入口に水神を祀る横井戸（長野県飯田市）

事例2　母屋に向かって左側の山つきに横井戸がある。横井戸の入口は高さ六尺・幅三尺、コンクリートで固められている。入口には水神と刻んだ自然石と御幣が祀られている。その奥は一坪ほどの地下室のような体をなしており、そこは漬物置場として利用されている。その奥は幅三尺・高さ五尺・奥行八間で、そこで採った水は、昭和二五（一九五〇）年までは竹筒をつないで炊事場まで引いていたが、その後はエスロンパイプにした。土のままの横穴には里芋、甘藷などを貯蔵した。炊事場まで引いてあまった水は母屋の裏の井戸枠の中に引き、養蚕具、農具などを洗った。諭さんは一二代目で、この横井戸は三〇〇年ほど前に掘られたものではないかと伝えられている。横井戸は昭和五〇（一九七五）年まで使った（長野県飯田市伊豆木梨洞・土屋諭さん・昭和三年生まれ）。

奄美・沖縄では、隆起珊瑚礁の鍾乳洞の中にたまった水を利用することが多かった。暗河とも呼ばれる洞型の井戸も広義の横井戸に入れることができよう。

沖縄県八重山郡鳩間島には「アンノカー」「インノカー」と呼ばれるふたつの洞型井戸があるが、水量が少なく、旱天が続くと水が涸渇した。汲む順番を決め、午前四時ごろから洞に入って柄杓で掬うようにして水を汲んだ。こんな状態だったので、海底送水設備が完成する昭和五五（一九八〇）年より前はサバニ（沖縄地方の漁船のひとつ。一本の木を刳って作る刳り舟と、その発展型である構造船のハギ舟がある）に甕を積んで西表島のガー（井戸）まで水汲みに出かけていた。

（野本寛一）

高倉［タカクラ］

高倉とは、奄美群島、吐噶喇列島、沖縄諸島、八重山諸島、八丈島、青ヶ島などで見られる、穀物を貯蔵するための倉庫のことである。

琉球列島の考古遺跡の発掘調査では、一四～一五世紀ころには高床式倉庫、いわゆる高倉があったことがわかっている。脚柱は高く、柱数は四本から九本と差があるが、いずれも、一本梯子で上り下りする点は同様である。数本の円柱（丸太または石）を立てた上に床をつくり、寄棟造りで、茅、笹、竹などで屋根を葺く。床は、竹スノコまたは板張り、壁は、竹を利用したニチブ壁や板張りが多かった。床下の高さにも差があるが、おおむね五～七尺（約一・五～二・一メートル）程度である。

床下を高くする理由としては、雨風を避けつつ通気性をよくして湿気を防ぐことで、稲束の乾燥、穀物の保存に適した環境にするほか、鼠害から穀物を守るためでもあった。床下は広々として涼しいため、脱穀などの作業場として利用されるほか、物置としても利用された。沖縄諸島では、牛馬小屋に利用された例もあるという。

高倉に収納されるものは、稲束が主であるが、奄美大島では、穀物類のほか、家具、什器、魚肉類、黒砂糖なども入れたという。波照間島でかつて見られたような床下三～四尺（約〇・九～一・二メートル）くらいのものは、高床倉と区別する研究もあるが、高倉同様に稲束を収納する施設であることから、同様の機能をもつ。

波照間島にあった高倉（高床倉）（八重山博物館所蔵写真）

明治時代までは、多くの集落で見られたというが、現存しているものは少ない。

（島袋綾野）

郷蔵 ［ゴウグラ］

郷蔵とは、村に設置された「共同穀倉」のことである。年貢米保管用のものと、備荒救済用のものとがある。

江戸時代の初めは、年貢米を庄屋（名主）屋敷の倉庫に収納保管した。やがて幕藩体制の確立にともなって郷蔵に対する領主の支配が強化された。また、庄屋が世襲制から交代制に変わる地域もあった。そうなると、庄屋個人の屋敷に郷蔵があっては都合が悪く、新しい蔵屋敷を選定して年貢米用の郷蔵を建てる必要が生じた。こうして蔵屋敷は、原則的に一村に一か所、地区の中心近くに平均六〇～一五〇坪の広さをもって出現した。建物は、領主が木材などを支給し、地方が労力を提供するかたちで完成した。

若宮郷蔵（長野県富士見町）

近世後期には凶年が続き、また経世済民の思想が普及し、備荒貯穀用の郷蔵が実現した。

郷蔵には土蔵と板倉とがあり、軸組の構造によって、ふつうの土蔵木舞型のほか、板倉型、せいろう型に区分できる。

郷蔵が年貢米用のものか備荒救済用のものか、外観上は明確には区別しにくい。しかし、年貢米用のものは収穫期から短期の保管ですむのに対して、備荒用のものは長期間、暑い夏をこすという難問題があり、そのための工夫が見られる。

年貢米は俵に入れて取引される。蔵には床を張り、通風を図らなければならない。

貯穀には、俵を使う方法と、籾の形態でバラ積みにする方法がある。籾貯蔵は優れた方法であり、バラ積みの場合は木枠を使い、サイロ状に積み上げることになる。そのためには穀物を十分乾燥させて貯蔵しなければならない。

貯蔵救済用の郷蔵は、明治期あるいは昭和初期にも建設された例がある。

郷蔵は、年貢米を収納する〝お上〟のための蔵であり、また人々に救いの穀物を配る民衆のための蔵でもあった。このように郷蔵のもつ二面的な性格は、当時の農民にとって汗と涙のにじんだ建築であり、貴重な遺産であるといえよう。

（富山　博）

2 付属屋

水車小屋［スイシャゴヤ］

外部に水車を、内部にその動力を利用した精米、製粉などの設備を設けた建物を水車小屋という。

水車は『日本書紀』推古一八（六〇一）年の条に高麗僧が水車の臼をつくったという記述があり、古代に中国・朝鮮半島からわが国にこの技術を導入したことがわかる。

灌漑のために水車を用いることを示す内容が、天長六（八二九）年の太政官符に見られ、すでに水車灌漑は平安時代には行われていた。ことに宇治や淀など淀川筋の水車は有名であった。ただ、灌漑の場合には必ずしも水車小屋を必要とはしない。精米や製粉などに用いる動力水車が一般に普及するのは近世以降のことであり、それにともなって水車小屋も誕生した。

水車は、水が水輪にかかる位置によって上掛け、胸掛け、下掛けに分けられ、上掛けは山間部の落差の大きな河川、後のふたつは平野部の緩やかな河川で見られた。上掛けの場合には水輪は水車小屋の外に設けるが、後者では水車小屋の中にとり込むことが可能で、この場合には小屋の規模は大きくなるが、水輪の両側に設備を設けることが可能となる。

上から下に流れる水のエネルギーを水輪で回転エネルギーに変え、それを利用するのが水車の仕組みであるが、もっともかんたんなのは回転軸に突起をとりつけ、それによって垂直方向の棒を上下させる方法で、広く精米などに用いられた。複数の歯車を用いてひき臼などを回転させる方法では、より微細な粉をひくことが可能で、製薬などに利用された。さらに多くの歯車やベルトを連結することによって、水車は紙漉きや製材、鉱物や陶磁器原料の粉砕、線香製造のための杉葉の粉砕などにも幅広く利用されてきた。

ただ、農村で広く見られたのは精米用の水車であり、そのための水車小屋を住民が共有していた例も多い。岡山県津山市勝部には「桐の木水車」と呼ばれる精米水車が残され

水車（岩手県みちのく民俗村、写真提供：森隆男氏）

ている。この水車は、水車講という組合に入っている農家が輪番制で利用していた。水車講のメンバーは年に一度修理や清掃を行い、一〇～一五年ごとに水輪を交換していたが、現在では機械の普及によって精米に利用する農家がなくなり、水車の景観を愛する市民が会をつくって管理している。

　水車小屋の風景は動力機械のためにほとんど見られなくなったが、「桐の木水車」のように残されたものは、地域の記憶を伝える場として新たな役割を担いつつあり、近年復元された例も見られる。

（市川秀之）

納屋・物置［ナヤ・モノオキ］

　納屋や物置は母屋の付属屋で、収納や作業場として使用される建物である。母屋とは別棟で、屋敷地が広い場合は前庭や道に面して、屋敷地が狭い場合は母屋と離れたところに建てられる。納屋の名称は方言や納屋の機能、形態によって異なり、地域性豊かなさまざまな呼称がある。たとえば、コナスという脱穀する意味からコナシヤやコナシベヤ、シノウという収納する意味からシノヤやシノゴヤ、マテルという片付ける意味からマテヤがある。また稲を入れることからイナヤ、イナベヤ、小さな建物ということでコンサ、コンエ、長い建物なのでナガヤなどと呼ぶ。

　また、現在の伝統的な街並みや農村景観が、納屋など付属屋によって特色あるものとなっているものも少なくない。

　山口県山口市、防府市一帯には、寄棟の母屋とその東側に棟を直角にして長屋が建ち、母屋と長屋を釣屋でつなぐ釣屋形式といわれる農家形態がある。釣屋とは、母屋と長屋の柱に梁を架けて屋根をつけたもので、下は吹き放ちになっており、農作業場、穀物や藁・茅などの貯蔵場として使用された。また長屋とは、母屋の土間側に隣接する南北に長い納屋や物置のことである。長屋の南端から穀物の調製をする混納場、牛を飼うための空間である駄屋、北端には堆肥場が並び、それらが一棟に結合したものである。

左から木小屋、長屋、台所中門、母屋（山口市叶木）

寛延年間以降の

民政資料である『山口宰判本控（やまぐちさいばんほんひかえ）』によると、近世中後期における農家の基本的な建築構成は母屋と牛屋で、農作業は母屋で行われていた。『四冊御書付』の明和（めいわ）三（一七六六）年の法令には灰屋、本屋、長屋の記録が見え、近世後期には母屋と長屋、牛屋、灰屋など付属屋が屋敷地に建っていたことがわかる。

幕末から明治初期にかけて母屋と長屋のあいだに釣屋を架けるようになる。そして、長屋の南端の混納場は、土間が四畳半か三畳の部屋となり、隠居部屋や子供部屋として使用された。

居住空間が広がり作業場や収納場所が屋外の別棟に移るなかで、山口市や防府市では長屋を建て釣屋を作った。現存する複雑な屋根をもつ農家形態は、納屋や物置の発展が作り出したものである。

（金谷玲子）

煙草乾燥小屋［タバコカンソウゴヤ］

煙草乾燥小屋とは、熱気乾燥により黄色種の葉煙草（はたばこ）の生葉を乾燥させるための専用の建物のことである。

農村の建物景観でとりわけ人目を引く、越屋根（こしやね）をもつ小屋があるが、これが煙草乾燥小屋である。一棟のものもあるが、二棟が対になって並ぶ構成も見られる。平面構成は乾燥場と焚き場からなり、乾燥場は二間四方、四坪の広さが標準であった。乾燥場内部には天井がなく吹き抜けになっており、横桟（よこざん）が五～六段、三列組まれ、桟に葉柄（ようへい）を差し込んだ縒（よ）り縄（なわ）を吊って乾燥させた。乾燥場の壁面には、ガラスが枠に固定されて開閉できない、はめ殺しの調査窓が数か所設けられ、また温度計を差し込む穴があり、内部の乾燥状態や気温が外部から観察できるようになっている。乾燥は、焚き口から床に配管されたパイプに熱気を送ることで行う。さらに、越屋根の抜気口と壁面の小窓を開閉して湿度調整をする。

火力の燃料源には薪が用いられてきたが、第二次世界大

二棟対の乾燥小屋（和歌山県紀の川市）

乾燥場内部の横桟（和歌山県紀の川市）

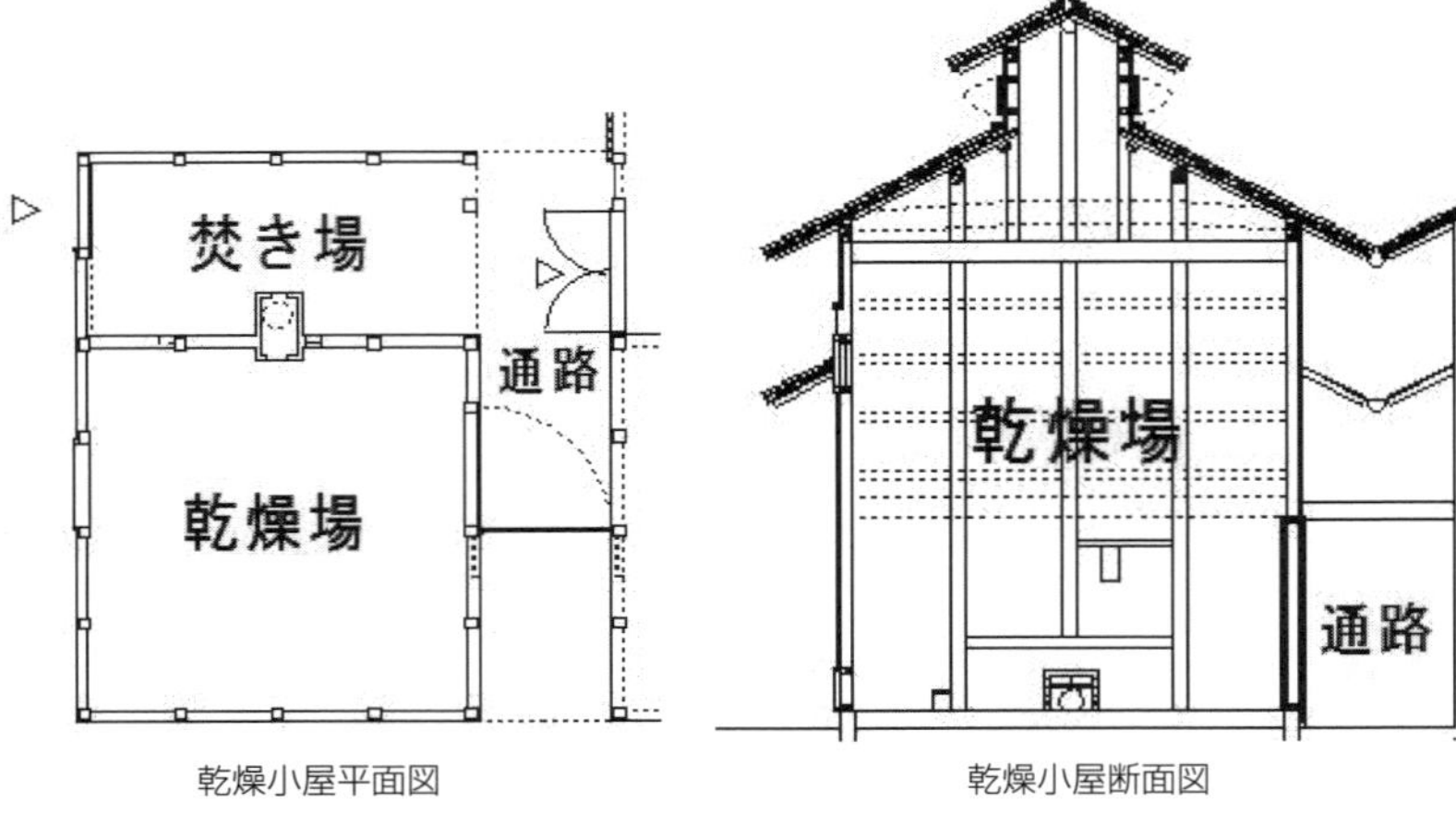

乾燥小屋平面図　　乾燥小屋断面図

戦後にはプロパンガスや重油に移り変わる。燃料源の変化によって乾燥に費やす労働は軽減しても、乾燥小屋の建物は従来の形態のままで用いられていく。

しかし、一九七〇年代には白灯油によるコンテナ式の乾燥機を用いる乾燥方法が導入されるようになる。温湿度の管理もコンピュータの自動管理となり、それに伴い乾燥小屋も変容する。乾燥小屋には乾燥機を置くための機能のみが求められ、特別な乾燥場や建物の造りを必要としなくなる。越屋根をもつ、独特な農村景観をつくり出してきた小屋もなくなりつつある。

（千森督子）

灰小屋・灰納屋［ハイゴヤ・ハイナヤ］

文字どおり灰を保存する目的で民家の庭先などに建てられた付属小屋である。その形状や呼称はさまざまで、敷地のほか原野に石を積み上げて腰壁（こしかべ）とし、その上に屋根をかけただけの簡素なものから、写真のように漆喰塗りの蔵を想わせるものまである。前者は、その小屋の中で落ち葉などを焚いて灰をつくり、そのまま保存することを目的とした。後者は、竈（かまど）や囲炉裏などから出る大量の藁灰を保存することを目的とした。

この特殊な建物が必要となった背景には、ふたつの要素が考えられる。

ひとつには、灰の利用価値の高さがある。自然界から手軽に得られる貴重なアルカリ性物質である灰は、農業用の肥料、種麹の製造、繊維の製造、染料・染色、窯業などさまざまな産業に欠かせない商品であった。とくに農業では、地力を維持・増進させ、生産性を高めるために必要不可欠であった。いくつかの農業にかかわる書籍のなかには、各農家だけでなく行政までもがその確保に努めていたとする記述が見られる。それほど灰は肥料として優秀で、その自給自足は、生産コスト低減のためにもたいへん重要であった。

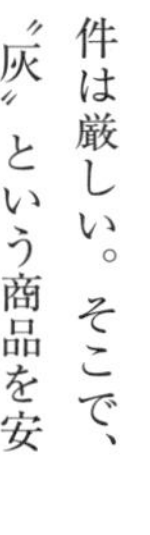
灰納屋（富山市民俗民芸村）

もうひとつには、保存の難しさがある。灰は、水に濡れると十分な効果が期待できない。雨に濡れないこと、湿らないこと、風に飛ばされないこと、出火しないことなど、その条件は厳しい。そこで、〝灰〟という商品を安全に保存するための専用の小屋が、各地に誕生することになった。

ことに、ワラを主な燃料としていた富山県には立派なものが多い。大きさは一間四方程度の高床式で、壁は小舞竹を組んだ土壁の上に、内部は漆喰の大壁にして耐火と防湿性を高めている。外壁の腰の部分は押縁下見板張とし、瓦葺きで切妻の屋根のけらばや軒の出は大きく、ともに雨や雪を防いでいる。また、火に対する信仰がある土地柄から か、門に対して上手に配置されることが多かった。

小さな付属小屋であるが、その土地の暮らしぶりや豊かさ、信仰、燃料の問題などを知るための手がかりにもなる。

（山岸智香）

屋上の農業

日本人の屋根への思い

日本人は、屋根に対する信仰をもつ。棟木は神が宿る神聖なものとして崇め、軒先は霊魂や怪奇と結びついたところであり、屋根裏が「ソラ」と呼ばれる上位の空間であったり、さまざまな風俗習慣が存在する。日本人がもつ屋根に対する思いは、上棟式の建築儀礼に顕著に見られ、日常の生活の中でも屋根に関する信仰はたびたび現れる。

屋上とベランダの緑化

これらは日本の住まいが勾配屋根であることから生じたものである。したがって屋根に土盛りして植物を植える発想は生まれない。たとえば芝棟であっても、百合や菖蒲などめでたいものや魔除けの霊力をもつ植物を棟押さえの目的で植えるだけである。軒先に菖蒲の葉を挿すのも、あわびの貝殻をくくりつけるのも、魔除けや鳥除けや縁起を目的とした習慣である。日本の風俗習慣からみれば、屋上の農業や庭園は精神性から見ても相容れないものであった。しいて屋根上を利用するといえば、町屋の瓦葺きで下屋の屋根に洗濯物の干し場を作って利用するくらいであった。

ところが、明治末期になって日本に鉄筋コンクリート造の平らな陸屋根の建築が出現した。この建物は下から屋根が見えない。棟木も軒もない。その代わり屋上というものが存在する。日本人の感覚からすると陸屋根の屋上は精神的に何ら意味を持たず、信仰の対象にはならないものである。だから屋根を足下にしても気にはならない。土を盛り、肥料を撒き、作物を植えても平気なのである。

このように屋上の緑化が日本の中に入ってきた。ただ、屋上の農業にまで発展したのはごく最近のことで、最初は小さな庭園をつくったのが始まりである。それは大正四（一九一五）年に下関市で貿易会社の秋田商会が鉄筋コンクリート三階建てを造り、その屋上に庭園を造ったという。

会社の船が大陸貿易に出ていくのを屋上庭園で灯火を飾って見送ったという話がある。また昭和九（一九三四）年に彫刻家朝倉文夫（あさくらふみお）が設計したアトリエの屋上に植栽枡を設け、土を盛って花壇を作り、オリーブの木を植えたという話があるが、これは収穫と結びつく栽培の初めであろう。ただ、屋上緑化はそれほど進展したわけではない。長い間、屋上の利用は物を置く程度であったが、やがて商業と結びついて屋上ビアガーデンが出現し、デパートの屋上などは遊園地をつくって客寄せにした。屋上は快適な娯楽の場として利用されてきた。

屋上農業のはじまり

屋上に土を盛り、植物を植えることが積極的に出現したのは二〇〇〇年ごろからである。いわゆる日射によるコンクリートの蓄熱を防ぐ目的として、屋上に芝生を植える屋上緑化が最初である。これは都市のヒートアイランドが叫ばれ、国を挙げて都市の温暖化を防ごうとした一策である。二〇〇〇年四月東京都が緑化基準を屋上にまで拡大した。これに対応して建設業界は屋上に四〇〜五〇センチも土を盛ることのできるように構造を改良したり、土や肥料に含まれる化学物質がコンクリートにしみ込まないようなシートを開発したりして、屋上緑化の推進を図った。

やがて芝生だけではなくサツマイモや野菜を植えて屋上菜園を楽しむ技術にまで発展した。ただし、これは大都会の温暖化防止というやむをえない事情から派生したものではある。周囲に豊かな土地があって、温暖化の心配もない地方の市町村では、屋上で農業をする発想は生じない。農業は広い大地で行うものであって、屋根の上で行うものではない。ましてやコンクリートの屋上で行うものではない。

屋上の農業はまだまだ解決しなければならない問題が多い。どんな作物を植えられるのか、肥料の成分がコンクリートに悪い影響を及ぼすことがないのか、防水や防護シートは何年くらい耐用性があるのか、都市に多い想定外の集中豪雨に見舞われた時、土中の水は排水できるのか、台風で強風に見舞われた時、作物が吹き飛ばされたり、小枝が折れて屋上から飛んでこないのか、などである。

さて、屋上とは反対に、地下はどうであろうか。昔から室（むろ）や地下で栽培する作物はある。たとえばモヤシや独活（うど）の栽培であり、最近ではキノコ類たとえばエノキやマイタケなどが地下室の棚の上で栽培されている。水耕栽培などの技術も進んでいる。今や工場で行われている農業もある。これらは今後発展の可能性が高い。伝統的な住文化と科学技術との相克と融合はいつの世も難しい課題である。

（古川修文）

三　暮らしの道具

1　照明

カンテラ・ランプ

カンテラ・ランプは、石油が日本に輸入されるようになってから菜種油を燃料とする行灯（あんどん）に代わって普及した灯火具である。

カンテラは、ブリキの油壺に石油を入れ、綿糸の縄を芯にした灯火具で、語源はオランダ語カラキテイ〈Kandelaar〉である。カンテラの名称自体は、江戸時代末ごろから文献に見られるようになった。持ち手がつくため携行用として炭坑などで多く使用され、次第に一般家庭にも普及した。最初は風除けもなかったが、のちに一、二面にガラス板をはめ込んだものとなった。また、中に蠟燭（ろうそく）を立てて灯すものもあった。

幕末、カンテラに間をあけずに輸入されたランプは、格段に明るかったので多用されるようになった。カンテラの

カンテラ（静岡市所蔵）

吊りランプ（静岡市所蔵）

灯芯は丸芯であったため炎が小さく光度も低かったのである。

ランプは、燃料タンクの上に燃焼させる芯の部分、そしてその上に風除けとして薄いガラス製のホヤ（火屋）を載せて使うもので、タンクの下に台がつく「置ランプ」と、太い針金の絃で吊るして灯す「吊りランプ」とがあり、吊りランプはガラス製の笠を絃にはめて使う。灯芯は多くは平芯で、二分芯、三分芯、五分芯とサイズがあり、芯元の歯車をまわすことで芯の出や、炎の大きさを調節する。細いホヤにはすぐ煤が付着するが、大人の手が入らないので、子どもがよく掃除をさせられた。

ランプにはさまざまな形があったが、いずれも真下が暗いという欠点があり、その後に普及した電灯がそれを解決した。なお、ガラスのホヤは、明治時代に日本で製作され、盛んに海外に輸出されたという側面もある。

特殊なランプの事例として、静岡県の山間部である浜松市天竜区水窪町奥領家（旧・磐田郡水窪町奥領家）では、昭和二五（一九五〇）年に村で自家発電を開始したが、村の中心部を除いてランプ生活が昭和三八（一九六三）年ころまで続いた地域である。養蚕飼育の期間はとくに夜間も照明を灯した。その際に使ったランプは、燃料の油が下に垂れ、下向きに炎が出るように工夫されたものであったので、手元を照らし作業がしやすかったという。

（外立ますみ）

提灯・行灯［チョウチン・アンドン］

暗闇を照らす明かりは暮らしを営むなかで重要であった。文安元（一四四四）年成立の『下学集』には、「蠟燭」「燭台」「挑燈」「行燈」など、当時の照明具の名称が列記されている。特定の空間のみを照らしたり、持ち歩いたりするなど明かりを自在にあやつる行為は、暮らしのなかで画期的なことであった。

提灯は、竹ひごなどを組んで紙を張り、折りたたむことができる伸縮自在の携行用の照明具で、蠟燭の普及にともなって広まったものである。『貞丈雑記』（一八四三年）には、天正年間以前の籠提灯が図で表されている。籠提灯は、底部に蠟燭などの光源が置かれ、円筒状の籠に紙を張って光源を覆ったもので、行灯に近いものであった。以後、さまざまな形のものが現れ、上下を丸い曲物で箱のように作り、折りたたむことができる箱提灯が登場する。

行灯は、灯油を用いた照明具。木などで枠を作って紙を張り、その中に灯明皿を置いて火をともす。灯台を紙で覆うことで、安定した照明を供給できるようになった。

提灯が普及するまでは、移動する際の照明具として使用された。

灯火用の油は、植物性のものが最上とされ、中世では荏胡麻油、近世では、菜種油や綿実油が用いられた。魚油など動物性の油も使われることはあったが、においがきつく、煙も多いことから屋内での使用は適していない。

行灯は江戸時代になると主に室内を照らすものとなり、それにともなって形状も変化していく。角行灯、丸行灯、有明行灯などバラエティに富んだデザインも現れ、室内照明として定着していった。角行灯は四角い枠に紙を張ったもの。「遠州行燈」とも呼ばれた丸行灯は円筒形の二重構造で、内側がスライドすることで点灯しやすい作りになっている。下部に小さな引き出しがあり、灯芯などが収められる。喜多村筠庭の『筠庭雑考』（一八四三年自序）には、「丸行灯は延享比より絵に多し」とあり、丸行燈が多く描かれるのが延享年間（一七四四～四七年）以降であるとしている。同書はまた、「遠州行灯出でぬ前は、油皿は底板に置きたりとぞ。もとはかようにもちありきしもの也」として、角形の行燈を手に提げて歩く様子を図で紹介している。

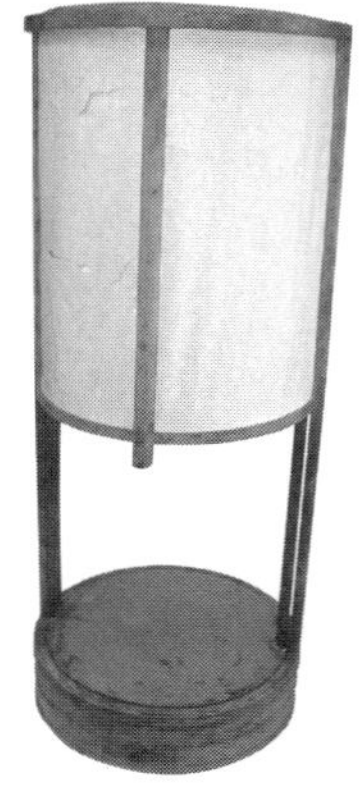

遠州行燈（紀伊風土記の丘所蔵）

喜田川守貞の『守貞謾稿』には、「京坂は今も必ず丸形を用ふ、江戸は専ら角を用ふ」とあり、江戸では角形、上方では丸形が用いられていたことをうかがわせている。

現在でも花嫁行列や盆の念仏行事などの際に提灯が使用される。

（藤森寛志）

▼提灯・行灯

燭台［ショクダイ］

室内照明のひとつ。蠟燭を立てて火をともす台。主に木や鉄、真鍮を材料としている。

燭台の登場は蠟燭の普及によるところが大きく、広く一般的に使われるようになるのは、和蠟燭の生産が本格化する江戸時代になってからのことである。和蠟燭を立てる燭台は、芯の燃えかすを切りとる芯切鋏や燃えかすを入れるほくそ壺がセットとなることが多い。

蠟燭は高価なものだったので、室内照明としては灯油を使う行灯が用いられることが多かった。『下学集』（一

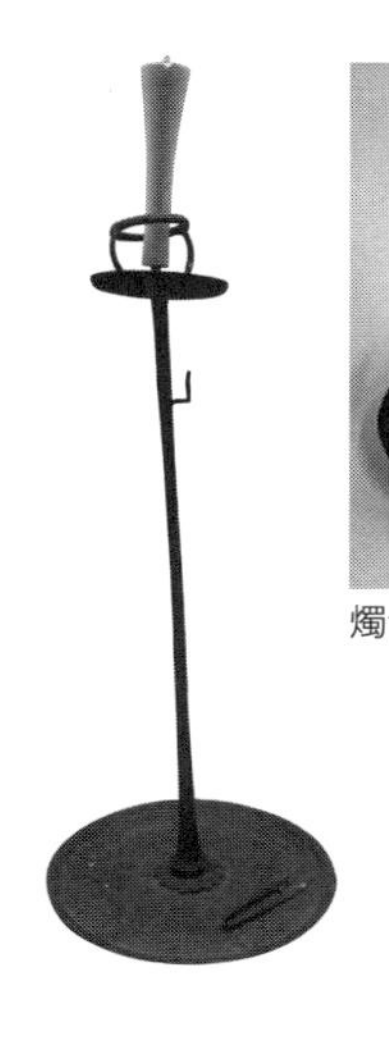

燭台（紀伊風土記の丘所蔵）

四四四年）に燭台が見えることから、室町時代には使用されていたと考えられる。この時代に用いられたものは、灯明皿を載せて照明とした灯台に、灯明皿の代わりに蠟燭立てをつけたものであった。これは、蠟燭を立てる釘の上部に輪のついた灯がいがあり、そこに油皿を設置できるもので、灯油と蠟燭を併用することができた。この併用型の燭台が、長いあいだ用いられていた。

携帯に便利な燭台も、数多く考案された。手に持って携行できる燭台を「手燭」といい、持ちやすいように柄がついている。鉄や銅でつくられているものが多く、三脚のうち、一脚が長柄になっている。これは、江戸時代に広く使われるようになった。

ほかにも、鴨居や柱にかけて使用する掛燭台や、高さを調節できる伸縮自在のもの、からくり儀右衛門こと田中久重が発明したといわれる手の中に納まるよう折りたためる懐中燭台などがある。

（藤森寛志）

火おこし・火の保存［ヒおこし・ヒのホゾン］

火おこし

火をつくりだす道具には、木と木をこすりあわせる摩擦式と、鉄に硬い石を打ちつける火花式とがある。

摩擦式　往復式と、日本で用いられた回転式に二分することができる。回転式は、スギやヒノキなどの針葉樹から作られた火きり臼の縁に溝を切り、そこに針葉樹やウツギ、アジサイなど芯が中空の火きり杵の先端を押しあてて回転させて熱を出し、発火させるものである。火きり杵のまわしかたによって錐モミ式、ヒモ錐式、弓錐式、舞錐式の四種類の発火法がある。伊勢神宮の外宮の忌火屋殿では、毎日朝夕に、天照大神をはじめとする神々に捧げる食事を用意するために、そのつど舞錐式発火法によって火をおこし、竈を焚く。同様の方法で火を切り出す鑚火神事を行っている神社もある。

火花式　利き手に火打鎌を持ち、反対の手に持った火打石を前方から手前に引いて打ちつけて火花を出す。火花が火打石に添えたホクチについて燃えだしたところにツケギをあてて、火おこしをする。あるいは、火が移りやすいようにとホクチ箱の中に入れた綿、穂、消し炭、焔硝などを混ぜたものに火花を移して火をつくった。

火の保存と管理

火を保つためには、燃料の継続的な供給が不可欠となる。冬を前にして薪を積みあげたニオはその家の経済力を表す指標ともなっているが、火を継続できるという能力を示しているのである。

火の管理は主婦の重要な仕事で、火種を失うことは大きな恥とされた。困った主婦が火種をもらう話が、「大歳の火」の昔話である。

火種を保存するために消し壺が用いられた。消し壺は素焼きの壺で、風呂やカマドで燃やされる木材の残りを壺の中に入れ、蓋を閉めて中で炭を作るために用い、この炭は「ケシズミ」などと呼ばれ着火の際などに再利用された。

火の更新と継続

火の更新と継続について、具体例を見てみよう。

囲炉裏を維持管理する道具としてハイナラシ、ヒバシ、ゴトクがあるが、新潟県新発田市滝谷新田の佐久間家では、さらにアク（灰）の中に真鍮のロブチがある。天井からはカギツケ（ジザイカギともいう）がさがり、鉄瓶がかけられ、湯が沸かされる。鉄瓶の口は、家のカミのほう（シモザシキのほう）を向けるものとされている。大晦日の晩で

元日の朝に行われる、囲炉裏の清め（新潟県新発田市）

囲炉裏に置かれた一年の火を終わりとし、消される。

元旦には、あらたに一年の火が据えられる。元日の五時ごろに火鉢で炭火を起こし、灰の中にヨコザに平行となるように熱した炭を置いていく。次に、柄杓と木椀を持って、家の脇に流れる集落開発の基になった常磐（ときわ）用水の水を汲んでくる。木椀の中の水に塩を入れ、神棚に飾りつけられた松の枝先を折りとったもので最初に囲炉裏にふりかけて清める。このあと玄関、外の門口、家の中と続く。

佐久間家には、囲炉裏がふたつある。チャノマのものは炭を焚くもので、接客用である。天井を張っているが、炭なので燻（いぶ）されることはない。魚やヤロモチなどを焼くのはダイドコロにある囲炉裏で、薪を燃やす生活用である。寝るときには炭をハイナラシで埋め、オキ（タネビともいう）を保存する。お産のときの湯は、ダイドコロのクドで沸かした。

新発田市板山の佐藤十三雄家では、ヨロビツ（囲炉裏）の火は旧年からのものを切らさないように保つ。一方、佐藤家の向かいにある星野典夫家では、年があらたまると火をとり替える。火打石で切り出した火をマメギにつけ、それで火を焚いてヨロブチの火とした。

正月サンガニチのあいだは、朝食の前の五時半ごろに、毎日トシオトコ（干支でいうのではなく、家の主人のことをこう呼ぶ）が茶碗に塩と水を入れて塩水をつくり、山からとってきたヤドメの枝葉でヨロビツの中を清める。ヨロブチの火は絶やさず保つ家と、元旦に新しく切り出して更新する家があることがわかる。

鳶（とび）職や花柳界でいまも伝えられている鑽（き）り火の作法は、出がけに肩越しに二、三回打ちかけて悪魔を払う。火おこしとは逆で、利き手に火打石を持ち、反対の手に持った火打鎌を手前から前方に打つ。つまり、日常の火の切り方とは逆にすることによってハレの火を生み出すのである。

（鈴木秋彦）

ろうそく

ろうそくは、蠟に埋め込んだ芯に点火し、蠟の気化によって燃え続ける照明である。日本には仏教の伝来とともに伝えられたが、日常生活に使うものではなかった。ろうそくの生産が本格化するのは戦国時代あたりからであり、ウルシやハゼの実から木蠟を抽出する技術が確立した。江戸時代には、ハゼの栽培地が増え、各地にろうそくの生産地ができ、江戸や大坂などの消費地にろうそく専門の問屋ができた。

江戸時代のろうそくは、地域によって原料に違いがあった。ハゼの木蠟を主原料としながら、江戸ではウルシの木蠟を混ぜた高級品が、上方では魚油や獣油などを混ぜて安価にした製品が多く流通した。とくに、火が消えにくいことから、提灯に最適であった。ただし、菜種油よりははるかに高価なものであって、庶民にとっては贅沢な照明であった。

ろうそくの製造工程は次のようになる。まず、串にろうそくの芯を巻く。芯は、奉書紙にイグサを巻き付けたものであり、ここに溶かした木蠟を塗り重ねて形を整え、木蠟が固まらないうちに串からはずす。串に刺して作るため、串の跡がろうそくに残り、ちょうど燭台についているピンにろうそくを刺すことができる。ピンのついていない燭台では、ろうを垂らし、固まらないうちにろうそくを密着させて立てる。ろうそくが高価なこともあって、ろうそくを立てるための燭台も意匠を凝らしたものがある。

和ろうそく（写真提供：奈良県立民俗博物館）

ろうそくの大きさは、仕上がったときの重さで表記し、五匁（一八・七五グラム）のろうそくでおよそ九〇分ほどもつ。燃え進むにしたがって、黒く炭化した芯が長く残ってしまい、炎が芯の長さの分、大きくなってしまう。そこで、燃え残った芯を鋏で切り落として炎の大きさを調整する「芯切り」という作業が必要になる。洋ろうそくの芯は木綿糸であり、炭化して残ることはないので、芯切りは不要である。

明治時代になると、洋ろうそくが輸入されるようになった。和ろうそくは、洋ろうそくに比べ、煤が出ない、風が吹いても消えにくい、火が長持ちするなどという利点がある。しかし、洋ろうそくは、大量生産でき、安価であるため一気に普及した。

（山崎祐子）

たいまつ

たいまつの象徴性

たいまつとは、松、竹、苧殻、藁などを束ねて、持ちやすいサイズの棒状にし、先端に点火して照明用具としたものである。「松明」の字を当てるように松脂を多く含んだ松材を割って束ねたものが用いられることが多い。夜間の行動にあたって照明としたり、合図を送るのに用いられたが、今日ではそうした実用的な用途で用いられることはほとんどなく、儀礼の場面で象徴的な意味を持って用いられている。

結婚式では嫁が夫の家に入る時に、屋敷の入口などでたいまつを燃やした。これには中宿り（なかやど）などで身支度を済ませ正装して来た嫁が実家との縁を切り、夫方の人になることを示す象徴的な意味がある。葬儀では野辺送りの行列が出る前にたいまつに火を点けないで墓地に行くが、これには先行して道案内に当たるという意味がある。盆には先祖の迎え火、送り火に、藁を束ねたたいまつが門口で焚かれる。先祖が子孫の家に戻る時の目印にするといわれる。このように昼間であっても、照明としての効用にかかわらず儀礼的な意味を持って、たいまつは使われている。

盆の柱松（兵庫県豊岡市、写真提供：森隆男氏）

たいまつを使う行事

小正月、七夕、盆には柱松（はしらまつ）の行事が行われる。大きな柱を立ててその先端に御幣（ごへい）や榊（さかき）を付け、そこに下から火の点いたたいまつを投げたり、鑽（き）り火によって点火する。これは、修験の流れをくむもの、先祖を祀るもの、主として水死者の供養のためのものに分けられる。

たいまつを投げて柱の上部の籠（たいまつ受け）に入れて点火するところでは、たいまつは燃えやすい肥松を数本束にしている。また、現在ではほとんどないが、稲が成長する過程で虫送り（害虫の発生を避けようとして行う共同祈願）が行われる際に、たいまつの火を焚き、太鼓、鉦（しょう）を鳴らしながら行列を作って水田を回り村境に送り出していた。

（古家信平）

肥松［コエマツ］

肥松とは、伐採後一〇年以上たった赤松や黒松の根を掘り起こしたもので、根の赤みがかった脂分の多いところをいう。また、これを乾燥させて細かく裂いた薪のこともさす。「油松（あぶらまつ）」「ヒデ」などとも呼ばれる。長時間燃え、風雨の中にあっても消えにくい。銘木を楽しむ人々のあいだでも珍重され、磨き込むと独特の木目模様や色合いが楽しめるとされて茶道具の素材としても用いられ、よく使い込むほどに飴色の風合いが増してくるが、加工はむずかしい。

石油やガスによる火力が普及するまでは、日々の煮炊きには薪を竈（かまど）や囲炉裏に用いていた。焚きつけには枯れ葉、簡単な煮炊きには柴、大きな火力が必要な場合には太めの薪、冠婚葬祭などで大量の調理をする時には火力が強い松の割木などを用いるように準備されていた。灯火には火付きがよい肥松が使われ、民家では囲炉裏の一角などに専用の鉢を設けて中に入れて用いた。

火の効用としては、暖をとり、照明に用い、食品の調理に使われるが、民家においては肥松はもっぱら照明に用いられた。長時間保持でき消えにくいという性質から、松明（たいまつ）の材料にもなっている。

大阪府池田市の「がんがら火」という行事で用いる重さ一〇〇キロ、長さ四メートルの大松明には、大量の肥松が使われる。八月二四日に行われ、大松明を愛宕（あたご）神社の御神火として青年が担いで町を練り歩く。その燃え残りは路上に散乱するが、こぼれ火は愛宕様が火伏せの神であるために火除けになるとして持ち帰り、灯明（とうみょう）に灯す。

（古家信平）

秉燭・短檠［ヒョウソク・タンケイ］

秉燭

秉燭は、無駄なく灯油を燃やして明かりを採る工夫が加えられた道具。器の中心部に灯芯（とうしん）をおき、ここに火をともす。「トモシビタテ」「タンコロ」などと呼ばれることもある。

形状はさまざまあり、把手（とって）や台、調光のための蓋がついたもの、また急須や水滴（すいてき）、高坏（たかつき）のようなものまである。油をつぐ手間をはぶくために油を貯める部分を椀や壺の形にしたり、油を無駄にすることなく長時間にわたって火をともすことができるよう中央に突起物や管をつけるなどの工

秉燭（紀伊風土記の丘所蔵）

夫も見られる。

正徳二（一七一七）年に記された『和漢三才図会』には、「銅ヲ用テ、筒ヲ作ル、略蠟燭ノ形ニ似タリ油ヲ盛リ、之ヲ燈ス、大小一ツナラズ」とあり、銅を筒状にしたものに油を注いで火をともすものとして、手燭に蠟燭状の容器が載せられたものが、秉燭として描かれている。

短檠

短檠は、台の上で灯明皿や秉燭をともして使用する灯台の一種。箱形の台に一本の竿を立て、その上部に灯明皿などを載せる蜘蛛手を置いたもの。台座の箱には灯芯や芯切などを入れた。短檠に対して長檠もあり、こちらは高さが自由に調節できるようになっている。日本では長檠よりも短檠が普及した。文安元（一四四四）年に出された『下学集』にその文言が見えることから、室町時代にはすでに用いられていたと考えられる。

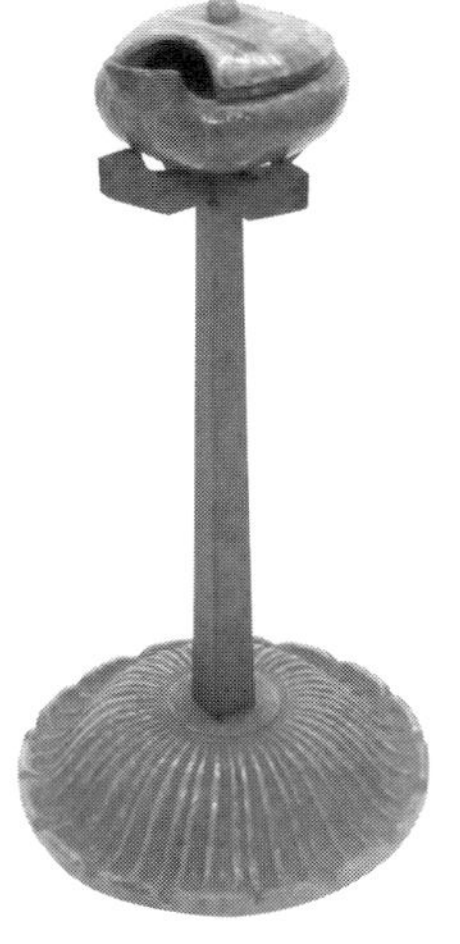

短檠（紀伊風土記の丘所蔵）

短檠には、鼠が灯明皿を見下ろすようなかたちの「鼠短檠」と呼ばれる変わり種がつくられた。油は鼠の腹部に貯められ、自動的に給油される仕組みになっている。江戸時代になると、このような趣向が凝らされた灯火具が現れるようになってくる。

（藤森寛志）

2 暖房・乾燥

火鉢［ヒバチ］

火鉢は、桶などの容器の中に灰を入れ、その上に炭火や燠を置いて手をあぶるなどして用いる道具である。日本の伝統的な住まいでは、高温多湿な夏を快適に過ごすことに重きがおかれ、そのぶん断熱性や気密性が低いつくりになっていた。そのため、部屋全体を暖めるということは難しく、暖をとるためにはもっぱら身体の一部を暖めるという方法に頼ってきたといえる。火鉢はそのような暖房器具として用いられてきたもののひとつである。

火鉢には炭を扱う火箸や灰ならし、灰の上に置く五徳などが付属する。五徳に鉄瓶をかけて湯を沸かすことで、加湿効果もあった。燃料に炭火を使用するので、炉とちがって煤・煙が出ないという利点がある。小型の火鉢は持ち運びも可能で、家族用、個人用、客用など目的や部屋のしつらえに合わせてさまざまな火鉢が用いられてきた。

火鉢の起源は定かではないが、平安時代の貴族の邸宅では火桶や炭櫃、火櫃といった、のちの火鉢に相当するような道具が使用されていたことがわかっている。たとえば、清少納言の『枕草子』「春はあけぼの」で始まる第一段には、「昼になりてぬるくゆるびもていけば、火桶の火も白き灰がちになりてわろし」と記述されている。

火鉢（写真提供：奈良県立民俗博物館）

江戸時代には都市部を中心に火鉢が普及し、丸型の陶製火鉢、欅や桜材の角火鉢（箱火鉢）や大型の長火鉢、金属製の火鉢など、多種多様な火鉢が現れる。長火鉢は、町屋では座敷や茶の間に欠かせない調度品であり、主人が使用した。酒器や煙草盆などを置く場所や、三段ほどの抽斗も設けてあり、食卓や収納としての機能もあわせもっていた。明治時代中期には燃料である木炭の流通量が増加し、火鉢の普及はさらに進んだ。

都市部でも、昭和三〇年代にガスストーブが普及し始めるまでは居間に大型の陶製丸火鉢が置かれており、餅をあぶったり、鍋をかけたり、酒の燗をつけたりしていたという。現在では、火鉢を使う家庭はほとんどないが、インテリアとしての人気は高いようである。

（高橋典子）

ストーブ

ストーブとは、上部を閉じた容器の中で燃料を燃やして熱を得る暖房器具である。

日本で初めてストーブがつくられたのは北海道であった。安政三（一八六五）年に、入港中のイギリス船のストーブを見た函館奉行が、同地の鋳物職人に製作を命じたのが最初だといわれている。

日本の旧来の暖房器具には、火鉢や囲炉裏があった。これらは上部が開口するので熱が放散してしまうが、上部が閉鎖されたストーブは内部を高温に保つことができる。冷たい空気が下方から流れ込み、温められると上方から出ていくので、空気が対流する。室内全体が効率よく暖まるため、極寒の地で威力を発揮し、明治期の北海道で販路を広めていった。

初期のストーブは、ブリキを丸めたかんたんなつくりの円筒形のものが主流で、薪を燃料としていた。その後、炭鉱の開発が進むと、薪よりも火力の高い石炭を燃料に使える鋳鉄製ストーブがつくられるようになり、ダルマ形が多くなった。これは、胴部上方に設けられた扉から燃料を投入する「投げ込み式」と呼ばれるタイプであった。投げ込み式は上部に煙突がつき、上を向く炎が燃料を一気に燃やすため、高い火力を出すことができた。官公庁や学校などの広い場所での暖房には効果的であったが、燃料の追加を頻繁に行う必要があった。

投げ込み式ストーブ（大阪府枚方市立旧田中家鋳物民俗資料館、枚方市教育委員会蔵）

ところが、大正中期にドイツから輸入された貯炭式ストーブは、胴部に煙突を設けて空気を横に流すことで、上部に貯めた石炭を少しずつ燃やす構造になっていた。投げ込み式に比べると石炭を追加する回数が少なくてすみ、煙や灰による部屋の汚れもないという点で優れていたので、これを模倣した国産ストーブがつくられることになる。

国産第一号は、大正一四（一九二五）年に完成した福禄ストーブである。福禄ストーブは札幌で開発されたが、生産工場は江戸時代以来の鋳物産地であった埼玉県川口市に建設され、西洋から輸入された大量生産に向く技術（成型法）で製造された。

まもなく、川口市や北海道などの他工場でも貯炭式ストーブが量産されるようになった。ほかに、「ルンペンストーブ」と呼ばれる鉄板を丸めた簡易なつくりのストーブも流通し、北海道では大正期から昭和期にかけて一般家庭にストーブが普及した。

しかし、本州で普及するのは第二次世界大戦後である。日本の家屋は夏向きに風通しよくつくられていたので、室内全体を暖めるストーブは燃料代に見合うほどの効果が得られなかったからであろう。

（吉田晶子）

鳥の目で見た村

集落の秩序と均斉美の発見

山や丘に登って高所から地上を広く見ることを、鳥瞰（ちょうかん）というが、慣用的に「鳥の目で見る」といういいかたをする。その反対に地上の低い位置から見上げることを「蟻の目」とか「虫の目」で見るという。どちらも、ものの形や特徴を正しく見るうえで大切な視点である。人は昔から高いところに登って下界を眺めることに爽快な気分を味わってきたが、それは一目で全体の姿かたちをとらえ、秩序や端正さを見いだすことに快感をおぼえるからであろう。

たとえば新開地に飛んできた鳥になったつもりで一つの集落を見てみよう。鳥は本能的に美しく住み心地がいい集落を見つけ出す。美しい集落には森や樹木や水や田畑がほどよくあって、そこに民家や商店、学校などがバランスよく配置している。やってきた鳥はまず集落の外れの小高い丘にある大屋根の神社や寺院とその社叢が眼に入る。そこに羽を休めて集落を見る。整理された大小の道がつながり、手入れの行き届いた樹木が並び、川や水路が光を反射してキラキラ輝き、甍（いらか）の町並みは行き交う人で活気に満ちている。生垣のある民家の庭には鯉のぼりが泳いで矢車の音がカラカラと響き、小学校のグランドでは野球やサッカーに興じる子どもたちが駆けまわっている。村はずれの田畑は青々とした作物が風になびいている。美しい集落とは人も物も植物もバランスと秩序をもって存在し、長い歴史と伝統が放つ芳醇な香りが漂い、みずみずしい生命力に溢れている。これら全体の姿は鳥の目でこそ一目瞭然となるのである。人もまた鳥の目で見たとき美しい集落に快感を覚えるのである。

ムラ、マチの形成の合理性

富山県の砺波（となみ）や島根県の斐川（ひかわ）は散居村（さんきょそん）として名高い。広い水田の平地に屋敷林で囲まれた民家がほどよい間隔を持って点在する。各家はそれぞれの屋敷構えをもつが、上空から見ると砺波は屋敷の南側にも「かいにょ」と呼ばれる防風のための杉木立がある。常識では南側に高木を植えれば日照を遮ることになるが、しかし広く眺めると砺波平野の南に北アルプスが迫り、そこから吹き降ろす季節風が凄まじく、その防風の杉であることがわかる。

斐川の民家は北と西側に「築地松（ついじまつ）」と呼ばれる黒松の防風林が植えられている。これは日本海から吹く北西の季節風に対処するものである。民家や集落の構成は高い視点で見るとその気候風土に培った合理性が一目でわかる。海岸に密集した漁村の風景を見れば、各家が肩寄せあって潮風に立ち向かう姿がわかる。狭い敷地のため各家を屋敷林で囲うのは無理であり、また、浜が作業場であるから敷地内に広い庭は不要なのである。山間に点在する集落の立地を見て、なるほど人間はいいところに集落を作るものだと感心させられる。門前町には門前町の姿があり、城下町には城下町の工夫があって、地上の視点では見えなかったものが、鳥の目では見えてくる。鳥の目でものを見ることは何事においても大切なのである。

見ようとする人の目がいちばん

しかし集落も民家も人の目線で成り立っているのは確かである。集落や町並みには鳥の目では発見できない要素が多い。人が町並みに関心を抱き、発見の喜びを体験するのは人の目線で散策したときが大部分である。各地にある伝統的建造物群保存地区などは、人が町並みを作り、町並みが人を作る相互関係を如実に示している。町並みの連続性（シーケンス）の面白さ、路地裏の探索、家のつくり、人々の生活に触れるのは人の目線でなければならない。ただ、そこには時折、道端に咲く野草に気づく虫の目が必要であったり、水路のせせらぎの音や鯉、鮒の発見であったり、足裏に伝わる石畳の感触であったり、団子屋の香ばしい香りであったりして、五感に心地よい刺激を受けてこそマチ歩きの喜びが倍増する。屋根や軒裏に施された繊細な細工や装置は見ようとしなければ気づかない。うだつの上がった家並み、出し桁（だしげた）を受けた肘木（ひじき）の彫刻、瓦に鎮座する恵比寿大黒、白壁（しらかべ）に浮き出た鏝絵（こてえ）の鶴亀、どの町並みもそれを巨細に見ると、全体の構成と個々の細やかな装置がバランスよく存在している。それは絵画に通じるものといえる。名画を観るとき、あるときは絵から離れて全体の構図の面白さを鑑賞し、あるときは絵に近づいて絵の具の重なりや迫力に見入るように、集落もまた鳥の目と人の目、そして蟻の目をもって見るとき、新たな美しさを発見し、喜びを味わうことができる。

（古川修文）

鳥の目で見た京都・美山
（撮影：早瀬哲恒氏）

炬燵［コタツ］

コタツは、木炭や炭団を入れた火炉を「ヤグラ」と呼ぶ木枠に収め、これを布団で覆って熱を閉じ込め、足を入れて暖をとる。身体を暖める道具なので、暖房具というよりも保温具、暖身具というべきものである。

コタツは、その形状から掘りゴタツと置きゴタツの二種類に大別できる。

掘りゴタツは、床を数十センチ下げ、腰掛けられるようにしたもので、「切りゴタツ」とも呼ばれる。もともとは炉に炭や薪をくべたところに「ヤグラ」と呼ぶ木製の枠を置いて使用したもので、室町時代に始まったとされている。山東京伝は『骨董集』において、このようなコタツの起源を明応・文亀のころ（一五世紀の終わりから一六世紀初頭にかけて）と推察している。神奈川県川崎市の農村部では、昭和初期ごろから炉を掘りゴタツに改造して使用していたという。

アンカ

置きゴタツは、三〇センチ四方程度の箱型容器の中に土器製の火入れを入れたもので、持ち運ぶことができる。布団をかぶせて四方から足を入れて暖まったり、就寝時に布団の中に入れるなどして使用した。寛永ごろ（一七世紀前半）から用いられるようになったといい、「高ゴタツ」とも呼ばれていた。

写真は、戦前まで使用されていた瓦焼の置きゴタツで、「アンカ」とも呼ばれていた。側面に満月や三日月の窓が設けてあり、焼け焦げを防止するために上面に座布団などがくくりつけてあった。のちに、木製のコタツヤグラの中に火入れ（瓦製の容器などに炭火を入れたもの）を入れて使用する「安全コタツ」が登場した。

昭和三二（一九五七）年、東京芝浦電気（現・東芝）から「電気やぐらこたつ」が発売されると、一酸化炭素中毒の危険性をともなう炭火を燃料とするコタツは姿を消していった。コタツ布団の上に天板を置いて食卓や座卓として使用するほか、天板の裏がラシャ張りになっていて麻雀卓としても使われ、ひとつのコタツに家族が集い、団欒する情景は、日本の冬の定番となった。

エアコンによる冷暖房が主流となった現代でも、省エネルギーの観点から再びコタツが注目されており、通年の利用を前提とした家具調コタツや、一人用のコタツなどが人気だという。

（高橋典子）

火棚［ヒダナ］

▼囲炉裏

炉の上部に、梁から太縄で吊り下げた棚をいう。東北地方などでは「ヒダナ」という呼称が一般的であるが、ほかに、三河北設楽地方（愛知県）では「ユッサゲ」「サゲ」、中部地方では「ヒアマ」「アマ」「ヒアム」「ヒヤマ」、九州地方では「アマダ」などの呼称がある。形状は、角材で組み、格子状に組み合わせたものや、四方の外枠だけを角材で組み、中に木板や真竹を隙間なく並べたものなどがあり、ほぼ炉と同じ寸法につくられる。炉に自在鉤が吊られる場合は、火棚中央部の格子の間隔が広くとられ、そこを自在鉤が貫通して吊られている場合がある。または、火棚に板などが張られて隙間がない場合は、火棚自体の中央部に自在鉤を吊すための大きな鉤が設けられている場合もある。

大井家の火棚（岐阜県白川村大牧。日本民家集落博物館）

囲炉裏のある部屋は、煙が屋根裏へと抜けるよう、天井を張らなかったり、「アマダケ」と称する竹簀が張られるのがふつうである。火棚は、炉から出る火の粉が直接茅などの屋根材に飛び散ることを防いだり、炉から出る煙を火棚に当てることによってまんべんなく屋根裏に分散させるという役割もある。

火棚はものを乾燥させるためにも使われた。味噌玉、柿、椎茸など食物のほか、濡れた衣類や雪沓（雪の中を歩くため藁で編まれた長ぐつ）などを、火棚の上にのせたり、自然木の枝などでつくられた鉤を火棚にぶら下げ、それに吊って乾燥させた。また、ベンケイ（藁を束ねた藁苞や竹籠の中に藁を詰めたもの）を吊った。ベンケイに魚などを串にさし焼いたものを突き刺し、囲炉裏の煙で薫製にした。

火棚は、民話のなかにもときどき登場している。たとえば、いたずらをする悪い狐を捕らえて火棚に上げ、炉の火で焼き殺すという民話（「片目違い」）や、旅先の宿で歓待されるが、ほんとうは宿の主人が自分を殺そうとしていることを知って逃げだし、隠れた場所が火棚であったという民話（「纐纈城」）などである。

民話に登場する火棚は、身を隠す場所としてしばしば語られる。このことは、人々の視野のなかにいつもあるがためにさまざまな凝った細工物としてつくられる自在鉤とは対照的に、火棚が炉端に座る人々の真上に位置し、人々にとって空気のような、〝意識しないけれどもなくてはならない存在〟としての性格をもっていることを物語るものとして興味深い。

（佐々木康人）

3 敷物

畳［タタミ］

歴史的には藁を厚さ六〇ミリほどに圧縮した床に藺草と糸で織り込まれた表を縫い合わせた床材をさすが、古くは畳表（ござ）、近年は芯材を合成樹脂にしたものも畳と呼んでいる。

置畳から敷畳へ

平安時代の寝殿造りでは、板敷きの部屋に座具や寝具の一部として畳が置かれる「置畳」であったが、鎌倉時代末期になると、畳を部屋全体に敷くようになる。鎌倉時代後期の『法然上人絵伝』では、敷かれた畳の上で、法然が京都の貴族に念仏を勧めている。

庶民の暮らしに畳が敷かれるのは明治になってから

庶民の暮らしに畳が敷かれる道のりは遠かった。江戸時代後期の、寛政元（一七八九）年に出された米沢藩四民節倹令では「板敷き天井板無用」とあって、板敷きさえ禁止された。盛岡藩でも寛政一一年当時に障子、襖、箪笥、長持ち、畳の使用が禁止されていた。土間の上にムシロを敷く土座の暮らしが長かったが、江戸末期の一八〇〇年代になると、小農民のあいだにも板敷きが広まるが畳敷きはその後になる。相馬藩で天保五（一八三四）年に畳敷きが容認されるなど、畳敷きを認める動きが出てくる。明治になると、自作農の農家で畳を敷く例が見られるようになるが、接客用の座敷のみであったり、正月や冠婚葬祭のときだけ敷いて、ふだんは片隅に積み上げていた。一般農家まで普及するのは、第二次世界大戦後になる。

畳割りと京間の畳寸法

畳の寸法が規格化され、柱の位置が畳の外側に設けられるつくり方を「畳割り」と呼ぶ。京間はその代表といえるが、建築史家の西和夫氏によると、近畿以西はほとんどが畳割りによっている。相対する言葉に、「柱割り」がある。柱の位置を基準寸法から先に決めて、その内側に畳を敷く敷き方で、江戸間がこの手法によっている。京間の寸法は、長手が六・三尺（約一九〇センチ）で江戸間の五・八尺（約一七五センチ）より五寸（約一五センチ）長く、柱の中心から中心までの寸法である真真寸法に置き換えると六・五尺になる。ひと回り小さい六・三尺も含めた建物は、江戸時代前半には、近畿圏に限らず全国に分布していた。住まいを人体寸法からとらえるなら、日本列島のどの地でもほぼ一致するのは不思議なことではない。その後、より小さい江戸間の真真六尺が多くなるのは、天正一二（一五八四）年の太閤検地一間六・三尺を、慶安二（一六四九）年の徳川検地で一間六尺とした影響が考えられるが、京間の寸法が三〇〇年以上経った現代においても江戸間以上に茶道や暮らしのなかで通用するのは、生活の基本単位として吟味された身体尺に裏づけられた優位性があったからとみられる。

畳の調湿と断熱・緩衝

高温多湿の日本の気候のなかで、湿気を抜きに快適な環境は考えられなかった。締め切った状態で久しく留守をしていると畳一面にカビが生えていたという経験はよくあるが、板の間や塩ビシートには生えていない。カビは湿り気のあるところに生えるので、畳が他の材に抜きん出て湿気を吸っている証明でもある。古来畳が使われ続けてきた理由のひとつに、調湿があったといっても過言ではない。

畳は、藺草による畳表とその下の約六〇ミリの藁床で構成されている。この藁床が断熱や歩く、座す、寝る際の緩衝効果をもっていた。藁床は、現代は機械でつくるが、昭和の初めごろまでは人の手でつくられていた。人の手によるプレス力では、機械とちがってカチカチに硬くならないので、人になじむちょうどいい緩衝効果を生んでくれる。

畳干し

梅雨が明けてから土用のころ（七月の後半から八月の初め）にかけて、晴天で湿度の低い、お盆を迎える前の大掃除の時に、畳を部屋からあげて庭で天日に干す。畳の裏を外に向けて二枚を屋根型に立てかける。干し終わったら竹の物差し等で埃をはたき、室内に戻す。空気から吸湿した水蒸気の乾燥と紫外線による殺菌を行う。年末の大掃除の時にも行うことがある。雪国では外に干せないので縁や土間に干した。

（金田正夫）

涼しく暮らす

暑き故ものをきちんと並べをる

という句がある。作者は細見綾子（一九〇七〜九七）で、きちんとした身だしなみで立ち居ふるまう姿が見えるようだ。せめて心がまえだけでも、こんなふうにすれば、涼しく暮らせるのかもしれない。涼しく暮らす知恵を探ってみよう。

水と風

夏は、気温よりも水温のほうが低いので、水辺にいたほうが涼しい。隅田川の屋形船も京都の川床も理にかなった遊興であるが、だれにでもできることではない。水路の暗渠化が進んだ現代では無理だが、かつては町中に水路が張り巡らされていた。路地に縁台を出せば、川床もどきとなったはずである。

住まいの襖や障子を外して葭戸にかえれば、風が通る。葭簀や青簾で直射日光を遮ることは当然だが、日があたることも涼を生む要因となる。日のあたる南側とあたらない北側とでは温度差ができ、空気が動く。太陽がかっと照りつける沖縄で、エアコンなしでも昼寝が楽しめるのは、風の道を十分に生かした家屋づくりだからである。

打ち水をすると、気化熱とそこで生じる温度差によって、ほんとうに涼しくなる。京都などの町屋には坪庭がある。坪庭に打ち水をすることで、確実に風の道ができる。坪庭には、見た目の美しさだけではなく構造的な合理性もある。

てっとりばやく風を起こす団扇や扇子も、夏の必需品である。水団扇は、団扇に水につけてあおぐもの。岐阜で製造されている水団扇は、漆を塗って撥水加工をしたものだが、最近は水のような透明感を出した薄紙に絵を描き、ニスで仕上げたものもある。

住まいにもちこむ自然

日本人は、虫の音に涼を感じる。虫は秋の季語。季節を先どりして涼を引きこむ。明治三八（一九〇五）年に刊行された『江戸府内絵本風俗往来』には、鈴虫、松虫、轡虫、邯鄲、草雲雀、蛍などが記されており、美しい虫籠に入れて売っていたとある。虫売りが商売を始めるのは、旧六月初めごろから旧七月初めまでであった。つまり、晩夏から初秋にかけてである。盆になると飼っていた虫を庭に放すので、以後は商売にならない。蛍は、もう少し早く売られる。江戸では長い竹籤の先に蛍籠をつけて売られていた。鳴く虫も蛍も、籠に入れて鑑賞した。

ガラス製の江戸風鈴、鉄製の南部風鈴など、風鈴は軒に吊るして音を楽しむ。江戸風鈴には、ガラスに金魚や水草などが描かれている。たいていは釘を打って吊るすが、夏が終われば片づける。しかし、釘はそのままなので、次の夏も風鈴は同じ場所に吊るす。指定席である。釣忍や金魚玉も、吊るして楽しむものだ。金魚はもともと上から見ることを前提として改良を重ねてきたので、吊るして眺めるのは変則的だが、ガラスと水のために屈折率が変わり、金魚が不思議な形に変わって見えるのがおもしろい。金魚玉は、風鈴を逆さにしたような形であり、製造は風鈴職人が担っていた。軒下という家の外でも内でもない空間に「自然」をもちこんでしまうというのも、粋なはからいのような気がする。都市では、風鈴も金魚も棒手振りが売り歩いた。独特の「きんぎょー、えー、きんぎょ」の売り声も夏の訪れを告げる風物詩であった。

「自然」を住まいにもとりこむという点では、箱庭や水盤、稗蒔なども同様である。『江戸府内絵本風俗往来』に載っている稗蒔売りは、薄手の鉢に稗を蒔き、五寸ほどに伸びたところを水田に見立てて橋や草屋などのミニチュアを置いたものを売り歩いたとある。つまり、ミニチュアの農村である。農村の緑を家の中にもちこんで涼を楽しむ。

触覚の涼しさ

「冷んやり」「さらっと」という触感も、涼しさを呼ぶ。花茣蓙は高度な技術で模様を織り出した茣蓙である。茣蓙は材料で呼称が異なり、籐筵、蒲筵、簟などがある。簟は細く割った竹でつくった敷物をいう。これらの敷物は、見た目の涼しさばかりではなく、床とのあいだに空気を通すことによって湿気を逃がす。つまり、長く座っていても「さらっと」の感じが持続するのである。

「冷んやり」を感じる敷物の代表は油団である。現在では越前和紙の産地である福井県の伝統工芸品となっている。福井のつくりかたをみてみよう。和紙を貼り重ね、いちばん上に鳥の子紙を貼り、表面に荏胡麻の油を塗る。さらに裏側には柿渋を塗るというように、手間がかかる高級品である。荏胡麻ではなく、漆や桐油を塗るものもある。もっとかんたんにしたものが敷紙で、こちらは貼り重ねた和紙に柿渋を塗ったものである。

座布団も、麻や楊柳などの生地でできた夏座布団に変える。革座布団も夏用とされるが、これも油団の感触に似ているとと思う。

実際には気温も湿度も下がらないかもしれないが、さりげないものが涼を呼ぶこともある。

（山崎祐子）

茣蓙・筵［ゴザ・ムシロ］

▼土座住まい

藺草で編まれた筵のことを茣蓙という。藺草を緯糸に、麻や綿を経糸にして編まれ、一般的に四辺に縁がつけられることが多い。使用時に広げ、使用しない時には巻いておく。

筵は藺草、藁（稲）、竹、蒲などで編まれた敷物の総称である。一般的には藁筵をさすことが多い。筵機で経に縄、緯に二、三本の藁により編まれた。

今日、居室の敷物といえば畳が一般的であろう。しかし、畳が住宅に普及していくのは元禄期（一七世紀末から一八世紀初頭にかけて）以降のことであり、まして農家建築では、畳敷きは上層農民にしか許されないことも多く、一般の農民の家では板敷きや土座住まいがふつうであり、床には茣蓙や筵が敷かれることが多かった。

農作業での使用

茣蓙や筵は、敷物としての用途に限られることはなく、米、麦、雑穀、豆など収穫物を上に並べて天日乾燥させたり、唐棹や臼などを使った穀物の脱穀、千歯扱で稲から米を梳く作業は、筵の上で行われた。この場合は、「ネコザ」（甲州地方）と称する四畳敷や八畳敷大の筵がニワいっぱいに広げて使用される。

部屋での使用

近畿地方北部の山間部から北陸、信州北部から東北地方にかけて、かつて見られた土座住まいは、土間に藁や籾殻を敷き詰め、その上に筵を敷き、さらに上に茣蓙を敷いて居室にするものであった。

茣蓙や筵は、土間上に敷き詰められた藁・籾殻が拡散したり身体などに付着することを防ぐ役割を果たした。そのために部屋一面に敷かれた。

炉の各座に敷かれた筵（岐阜県白川村大牧。日本民家集落博物館）

床に茣蓙・筵が敷かれる場合は、一面に敷き詰められるのではなく、円座や座布団のように、座具として使用されることが多かった。また、炉がある場合は炉の周囲に敷かれ、床の硬さや冷たさを和らげた。重要な訪問客に対しては、真新しい莫蓙や筵、あるいは布で両縁が縁どられた「ヘリトリ」と称する莫蓙が、炉のヨコザ（横座）に提供されることもあった。

ふだん板敷の部屋で莫蓙や筵が部屋一面に敷かれることがなかったのは、農家の生業などと関係した。つまり、部屋の中で藁仕事をしたり、部屋が養蚕などに利用される場合は、床は板のままのほうが都合がよかったのである。そのため、畳敷きが普及した後も、蚕室としての使用などを考慮して、常は畳を部屋の片隅に積み上げて板の間にしておく農家が多かった。長崎県の壱岐では「タタミガサネ」という木枠の畳入れに畳を積み入れて置かれた。

（佐々木康人）

座布団［ザブトン］

座布団とは、座るときに敷くほぼ正方形の布団のことである。広い意味でいえば、平安時代に貴族が使っていた「シトネ」という正方形の上蓆やイグサで編んだ円座なども含まれる。木綿の綿を入れた座布団が広まるのは、木綿栽培が盛んになる江戸時代以降のことである。

座布団には、小振りの「茶席判」から大振りの「夫婦判」などいくつかのサイズがある。現在、多く流通しているのは、「銘仙判（五五センチ×五九センチ）」と「八端判（五九センチ×六三センチ）」である。座布団のサイズの名称には、「緞子判」もあり、これらはみな織物の種類の名称である。布団や座布団に多く用いられた織物の名称が、そのまま座布団のサイズを表す名称として使われている。

座布団は、一枚の布を半分に折って縫うため、四方のうち一辺は縫い目がない。この縫い目のない辺が座布団の前に当たる。また、縫い目は内側で一方に折られており、表から見ると、折り返された方が覆いかぶさっていて、こちらが座布団の表になる。また、座布団の中央と四隅には、中綿が片寄らないように糸を通す。この糸を締め糸という。中央の締め糸の閉じ方は、関東地方では「×」や「＋」、関西地方では、「Y」や「人」になっている。

来客があったときに出す座布団は、あらかじめ敷いておくのではなく、来客があってから出すのが礼儀であるとされるが、日常生活のなかでは、かならずしもそうではない。ひとつの部屋に大勢が座るような場合、座布団を敷くことによって、座れる人数が確定される。人寄せや宴会の場合などは、座布団を敷いて準備することが多い。

冠婚葬祭などで花嫁花婿が座る座布団などは大振りのものが用意される。還暦などの年祝いで座布団を贈ることもある。とくに還暦では赤い座布団を贈ることもある。

落語の高座では紫色の大きな座布団が使われる。同じ座布団を使うということで、自分の使った座布団を裏返す作法が見られるが、これは「座布団返し」といい、高座以外ではマナー違反だとされている特殊な作法である。

（山崎祐子）

4 寝具

布団・掻巻き［フトン・カイマキ］

▼叺・紙衾

綿入れ布団

布団は、敷き布団と掛け布団に大別される。一般に、敷き布団は三布（三幅）で仕立てた。掛け布団は四布（四幅）か四布半（四幅半）、あるいは五布（五幅）でつくった。三布は並幅（約三六センチ）三枚分、四布半は並幅四枚と半幅分を意味した。四布半では表側に裏布が額縁のように出るので、「鏡布団」や「額縁布団」などとも呼ばれた。五布あれば、子どもを抱いて寝ることができたという。

布団は、嫁入り道具のひとつとされていた。持参する布団の枚数は地域や家の階層によって異なったが、神奈川県横須賀市では、敷き布団二枚に掛け布団一枚、掻巻きまたは夜着一枚を一組として、これを一組あるいは普段用と客用の二組を用意したものであった。

綿入れ以前の寝具

古くは、「フスマ（衾）」と呼ばれる長方形の布でできた寝具を身体に掛けて寝た。また、着物を掛け布団代わりに使用していた。秋田県では、「ヨブスマ（夜衾）」と呼ばれる大型の着物を用いた。これは就寝用の着物で、中に苧屑（麻の表皮）やガマの穂などが入れられていた。麻布のぼろきれを重ねて刺した被い着物は「ユブスマ」と呼ばれており、これを掛けて寝た。

綿入れの敷き布団が使われるようになったのは、江戸時代中期に綿の国内生産が向上してからである。明治時代になると、綿入れの掛け布団が普及するが、綿入り布団は贅沢品であった。綿が少なく薄い布団は「せんべい布団」などといわれていた。

東北地方から中部地方までの広範囲に、綿の代わりに藁を入れた藁布団が長く使われていた地域がある。藁布団は、丈夫な木綿の布団側の中に稲藁を入れてつくった布団で、敷き布団に用いることが多く、「シベブトン」や「シビブトン」などとも呼ばれた。静岡県伊豆半島では病人用に使われたこともあり、愛知県下では敷き布団の下に敷いて冬場のマットレスの代用とした事例も見られる。藁布団は保温力があって暖かかった。中身は、藁を詰める場合とすぐる（扱き取る）ときに出るワラシベ（屑藁）を詰める場合があり一様ではない。

九州地方や沖縄県などの暖かい地域では、畳や筵、莫蓙などの上にそのまま寝ていた。東北地方では、板の間に直に藁を敷いた藁床が見られた。いわゆる万年床で、藁の中にもぐって寝たり、藁の上に莫蓙や筵、敷き布などを敷いて寝たりした。出産の時に、藁の上で産む例は各地に散見した。寝室の敷居を他の部屋より高くして、床に敷いた藁や籾殻がこぼれ出るのを防ぐ帳台構の形態も見られた。

また、福島県南会津地方や長野県北信地方などでは、箱床といって、畳一畳ほどの大きさで深さが約三〇センチの箱の中に藁を入れた寝床もあった。山間部では、カマス（藁の筵でつくった袋）の中に入って寝るようなこともあったという。綿以外の寝具の材料としては、藁のほかに籾殻、籾糠、苧屑、スゲ、カヤ、ガマ、イグサ、海藻などが用いられてきた。

掻巻き

掻巻きは、着物の形をした綿入れの寝具で、裾と袖先には裏地を表に折り返した袘がついている。「夜着」「ドテラ」とも呼ばれ、掛け布団の下に掛けて用いる。神奈川県や東京などでは、夜着より小形で綿の薄いものを掻巻きと呼んで区別した。どちらも肩口をすっぽり覆うため暖かく、防寒に適していた。着物をそのまま身体に掛けて寝ていた風習が発展し、夜着や掻巻きになったものと考えられている。

ドテラ（福島県いわき市、写真提供：山崎祐子氏）

第二次世界大戦後に毛布が普及すると、重い夜着や掻巻きの需要は減少していく。しかし、現在でも掻巻きの愛用者がおり、化繊綿を入れたものや裏地にフリース素材を使用した軽くて暖かい掻巻き布団が、通信販売などで売られている。

布団の仕立てと手入れ

昭和四〇年代頃までは、布団づくりは主婦の大事な仕事のひとつであった。木綿綿は、保温力はあるが弾性に乏しく、定期的に手入れをする必要があった。日常的には天気の良い日に布団を干し、綿の繊維が硬くなると打ち直し（打ち返し）をした。打ち直しの目安は、おおよそ敷き布団が三年、掛け布団が五年とされ、綿屋や布団屋に依頼した。布団側に綿を入れる作業は各家庭で行い、子どもが手伝わされたものである。

家族用の布団側には、丈夫な木綿布を用いた。布団側は、自家で解いて洗濯した。板張りで乾かして縫い直し、薄くなったり破れたりした場所を繕った。布団の衿には、手拭いや共布、ビロードなどで掛衿をして汚れや傷みを防いだ。布団の手入れは、たいてい夏場や農閑期の仕事であった。

近年は、化繊綿や羽毛、羊毛などを使用した布団が普及し、既製品を購入することが多くなっている。

（佐藤照美）

叺・紙衾［カマス・カミフスマ］

就寝に使う夜具である布団が普及したのは、木綿栽培が広まってからのことである。古くは、板張りの床にそのまま横になったり、菰や筵などを敷いて横になり、寒いときには、筵や着物を上がけにして休んだ。

叺

叺は、藁でつくった筵をふたつに折って周囲を縫ったものであり、本来は収穫した穀物などを入れるものである。しかし、布団が広まる以前は、寒い時期に夜具として使うこともあった。

『秋山紀行』は、文政年間（一八一八～二九年）に鈴木牧之が秋山郷を訪れたときの紀行文であるが、ここに叺を夜具として使う記述が見られる。秋山郷は、新潟県中魚沼郡津南町と長野県下水内郡栄村とにまたがる中津川沿いの山村である。牧之が村人に夜具についてたずねたところ、寒いときでも着衣のまま炉の近くで寝ると答えている。さらに、「焚火を離れ寝るものは、叺の中に這入て臥せる。夫婦は取わけ大きなる叺一ツに這入て寝る」と記されている。

紙衾

現在では、下に敷くものを敷き布団、上にかけるものを掛け布団と呼ぶが、古くは敷くものを褥、かけるものを衾といった。紙衾は和紙でつくられた衾であり、『倭訓栞』に「かみふすまは、宇治拾遺に見ゆ、紙被也、詩集に多く見えたり、四六ふすまは、よるのものという諺あり、古へのふすまは民間皆紙ふすまを用いたり、四六ふすまは縦横の枚数なり」とあり、長方形であったことがうかがえる。

紙衾は、江戸では天徳寺と呼ばれており、『嬉遊笑覧』（一八三〇年）や『守貞謾稿』（一八三七～五三年）に掲載されている。『嬉遊笑覧』（二上）服飾の項では、衾の解説の後に「紙被を今江戸の俗にてんとくじと云」とある。この「てんとくじ」については、『守貞謾稿』（一八）雑服附雑事「天徳寺」の項目がある。寺の名前がついていることについては、同書に江戸愛宕山の禅寺にちなむものだと記されている。貧しい人々は夏に使った紙蚊帳を秋に売り、これに藁しべなどを詰めてまわりを縫い、衾として売るとあり、享保以前には、これを売り歩く者もいたと記されている。

記事にはほとんど使われなくなったとあるが、「今ハ見世店で売ルノミ」とあるので、同書の書かれた江戸末期でもまったく使われなかったわけではないことがうかがえる。また、「古紙ノミニ非ズ、新紙製モアリ、又綿ニ代ルニボロト号ケテ、更ニ不要ノ古々裁レヲ集メ納ルモアリ」とあり、木綿が流通するにつれて、安価なぼろ布などが使われるようになったものと思われる。

（山崎祐子）

枕［マクラ］

枕の形態・材質の変遷

枕とは、就寝時に頭部を支える寝具である。

日本では、古代から中世にかけて「草枕」「薦枕」「菅枕」のような柔らかい植物を束ねたものが広く利用され、布の入手が容易になってから「括り枕」へと変遷したと考えられている。括り枕とは中に綿やソバ殻、籾殻、刻んだ藁や茶殻などを入れて両端を括り、房をつけたり布の覆いをかけたりしたものである。一方、木材を使った枕も広く使われ、やがて「箱枕」へと変遷していった。

近世期には男性も女性も髷を結うようになり、髪形が崩れないように枕を首筋にあてる「箱枕」が広く使われるようになった。箱枕とは、台形の胴の上に小枕（小型の括り枕）を載せ、その上に枕当て紙をあてて用いる枕であり、小枕のつかない素朴な箱状の木枕も、江戸時代を通じて用

箱枕（船底枕）（東京都八王子市郷土資料館所蔵）

いられた。一方、髷のない僧侶や儒者は括り枕を使用したため、括り枕は「坊主枕」とも呼ばれた。近代以降、髷を結う習慣がすたれるとともに、括り枕が主流になった。

近年では、パンヤや羽毛、プラスチックの細かいパイプ片などを詰めものにした枕のほか、低反発ウレタンフォームを用いた低反発枕や形状記憶枕などさまざまな枕が流通しているが、熱を発散する特性から、旧来のソバ殻枕も根強い人気を誇っている。

枕の俗信

マクラの語源は「魂の倉（座）」であるとされるが、各地に枕に関する多様な風習や俗信が伝えられている。

枕に関する風習のなかで、死後ただちに北枕にする、部屋をかえるなどの風習は全国的にあり、枕直しなどと呼ばれている。また、枕団子・枕飯、枕花、枕刀、枕経・枕念仏など、死者に手向けられる供物や儀礼に「枕」を冠するものが多い。

枕を投げたり踏んだり蹴ったりしてはいけない、帯などの長いものを枕にすると長病いをするといった、枕に対する禁忌も多い。「石の枕」「枕返し」など、枕に関する伝説も各地に見られる。「枕返し」とは、寝ているあいだに枕を返される怪であり、座敷わらしや枕小僧のいたずらとされる場合も多い。人は枕を介して夢という別世界へ入り込むと考えられており、寝ているあいだに枕を返されることは、すべての秩序が逆転する異常なことと恐れられた。

（神かほり）

5 生活道具

つぐら

乳幼児を入れておく保育用の容器。「イズメ」「エジコ」などともいう。素材は藁、木（桶、曲物）、樹皮、竹と、地域性が見られる。

つぐらは、初子が生まれたときに家族がつくったり、つくりかたを知っている近所の人などにつくってもらう。そのあとは弟妹たちが使い、不要になったときには焼却した。長期間入れておくとガニマタになる、製作者がいない、子どもの数が減少したなどの理由で、だんだんと使われなくなっていった。

鈴木牧之の『秋山記行』に、文政一一（一八二八）年に訪れた小赤沢（長野県下水内郡栄村）の「秋山民家内部之図」の中に「ツクラ　木ノ曲モノ」として、赤ん坊とともに描かれている。

つぐらの一例を示そう。

つぐら（新潟県新発田市、飯野十三二郎氏所蔵）

新潟県新発田市板山の飯野十三二郎氏所蔵のつぐらは、娘が生まれた昭和三五（一九六〇）年ごろの冬季に、祖母の実家の近所に住んでいた人につくってもらった。稲を収穫して稲藁が手に入ったので茎の長いものを用い、編むために適当な柔らかさになるまで打った。縁の最後の合わせ目は、ウリキカワという木の皮（ウリカエデ）でくくっている。完成まで一週間くらいかかり、お礼は米一俵（約六〇キログラム）であった。

外寸は、直径六五センチ（いちばんふくらんだ部分）、高さ三三センチ、底の直径五〇センチ。内寸は、口周り五〇センチ、胴のいちばんふくらんだ部分五〇センチ、底の直径四〇センチ。重さは六・五キログラムである。中にはゴザ・コモズを敷き、アク（灰）を入れて尿・便を吸収した。ボンボコサン（赤ん坊を一枚の着物で顔だけ出してくるんだ状態をいう）のように手を重ね、ボッチョ（ぼろきれ）を入れ、小さなツグラブトンで巻いて子どもがはい出さないように固定した。

赤ん坊とツグラブトンなどを含めると、一〇キログラムを超える重さになる。そのため、つぐらの外側の二か所に取っ手の縄がついている。

子どもの首がすわる生後六か月くらいから入れ始め、歩くようになっても二、三歳まで入れたのは、農作業のために世話をすることができないからであった。二週間に一回くらい灰をとり替え、天気のいい日には干した。チャノマに置いておき、つぐらの底にはツメボウ（五〇センチ前後の木や竹で作った円筒形の棒）を入れて揺さぶってあやした。

新潟県岩船郡関川村などでは「猫のチグラ」が特産品と

なっており、山形県鶴岡市には伝統民芸品の「いずめこ人形」がある。

（鈴木秋彦）

椅子〔イス〕

日本の椅子は、奈良時代までに中国から伝来した「胡床」が起源として考えられる。床座生活の生活様式において、椅子はあまり発達しないままに明治時代になり、文明開化とともに西洋から導入された。

日本における椅子の歴史は浅く、平安時代には、身分の高い人たちが、宮廷の儀式や宴席で使用していたが、庶民の生活では使用されることはなかった。天皇の御倚子をはじめ、床几や曲彔は、公的な儀式用として、草とんは宴席で使用された。当時の椅子は、実用性よりも権力や権威また社会的地位の座を象徴する役割を果たしてきたようである。これは現在でも、たとえば「社長の椅子」などの言葉としてその椅子に座る人物の役割を象徴して使われている。

日本で椅子文化が普及するようになったのは、明治維新以降である。それも庶民の生活からではなく、官庁や学校などの公共的施設においてである。日本家屋においては、畳や筵や座布団などが椅子の役割を担っていた。

幕末から明治以降の文明開化を通して、欧米諸国との通商が増大し、それとともに椅子式生活様式が輸入され、生活様式の近代化がはじまった。

明治四（一八七二）年、制令によって官庁が椅子を使用することになった。高級椅子は大邸宅などで使用され、明治政府の政策によって、学校、工場など一般庶民が使用し始め、洋式化が進められた。

日清日露戦争後、明治三〇年代末には、中流階級の家庭が出現し始め、大邸宅用の高級椅子のほかに、中流住宅用の椅子が製造されるようになった。

椅子の導入により、私たちの座る姿勢が変化したことは、大きな変化である。私たち日本人は、床や畳に直接座る姿勢を当たり前に行っていた。食事や机で書き物をする際に使用する台類は、それに合わせて当然低い家具であった。

日本に洋式の椅子が導入され、生活様式が変化したことは、生活のなかで極めて重要なことであり、現代の生活様式は、椅子というヨーロッパの文化の導入により、「座る文化」から椅子による「立つ文化」、すなわち洋風化は、起居様式の大きな変化であるといえる。

大正から昭和初期にかけ、多くの洋風住宅が建てられた。また、和風住宅にあっても、玄関脇に洋風のソファーが置かれる「応接間」のある住宅は「文化住宅」と呼ばれ、この洋間のつくりは、中流階級への憧れであり、ステイタスシンボルであった。

（藤原美樹）

箒［ホウキ］

ごみやほこりを掃き出したり掃き寄せたりする道具で、ちりとりとあわせて使われる。形態から、稲藁をふたつ折りにして束ね、手首を使って掃く「手箒」と、手箒に竹などの柄をとりつけた「長箒」がある。使う場所によっては、座敷箒、土間箒、外庭箒に分けられる。主な素材の硬度によって、場所の使い分けがなされている。

新潟県阿賀野市笹神地区では、座敷にはキビ製のザシキボウキを、台所・土間にはキビ製のトモエボウキを、玄関にはシュロ製のゲンカンボウキ（シュロボウキとも）を、外庭には竹製のタケボウキを用いていた。製作地を見ると、同地の場合、自家製、旧村内、旧郡内、県外（栃木県からの行商）など多様で、近年は中国製のものも流通している。全国的な生産地としては、静岡県浜松市、茨城県つくば市（旧・大穂町）、神奈川県愛甲郡愛川町中津などがある。また、伝統的な箒のひとつとして、ホウキモロコシという箒草を編みあげてつくる江戸箒が知られる。

阿賀野市水原地区の皆川氏が代々つくっているちりとりを「フクミ」という。渋紙を張りあわせたもので、中央におたふくの顔を張っている。箒で掃くと福がくるという縁起物として正月に売り出された。ここには「高砂の尉と姥」の掛軸に描かれた、手に持つ箒と熊手の呪力に底通するものが見うけられる。明応九（一五〇〇）年末ごろの成立とされる『七十一番職人歌合』の二一番に「硫磺箒売」として登場し、一般的な商品として流通していたことをうかがわせる。

新潟県新発田市板山では、年中行事として一二月一三日にススハキを行った。「ナデ」という手箒をつくって神棚の掃除から始めた。次に「ススハキオトコ」という竹棒に藁の良い部分をとりつけた長箒でカミの部屋からシモにかけて掃き、終わった印として玄関の脇などに二五日ごろま

ナデを使って玄関の清掃（新潟県新発田市）

12月13日のススハキオトコ（新潟県新発田市）

で立てておいた。

箒は、実用以外に信仰用具としての使用が見られる。神話の世界では、産育と喪葬の場面で次のように語られる。天忍人命が掃守連の祖となったのは、豊玉姫がこもる海辺の産屋に寄ってくる蟹を箒で掃いたという故事による（『古語拾遺』）。天稚彦（天若日子）の殯（古代に行われていた葬儀儀礼。本葬するまでのかなり長い期間、棺に遺体を仮安置しておき、腐敗や白骨化などで死者の最終的な「死」を確認すること）の葬列のとき川雁または鷺が掃持の役をになった（『古事記』『日本書紀』）。現代でも、新発田市三光では、「ナデ（箒）を立てておくとお客がくる。ナデを逆さに立てておくと客が帰る」という。

出産の時には箒神が必ず便所神とともに立ち会うと伝わるのは、全国的な広い伝承である。葬儀においても出棺のあと部屋などを箒で掃く事例が見られる。妊婦の死にあたっても箒が用いられる。新発田市上荒沢ではミモチ（妊婦）が死んだ時ナデ（藁箒）をひとつ作り、棺の外にさげてやる。このことから日常は「ひとつナデ作るな」と言い、ナデを作る時は必ずふたつ作っている。一年に二人目の葬式を出す場合もナデをさげてやるか、ナデの代わりに藁人形を入れる地区もある。

（鈴木秋彦）

熊手・塵取［クマデ・チリトリ］

熊手とは、主に落ち葉やゴミ、脱穀調整のときに散った籾殻などをかき集める竹製の清掃具であり、農具である。長い竹の柄に、先端が熊の爪のように鉤状に曲がった割竹が扇型に広げられてとりつけられている。農家にとっては、燃料となる焚つけや肥料となる堆肥など暮らしに欠かせないものを集める重要な道具であった。

滋賀県東近江市の旧能登川町の長勝寺では、家の焚ものに使う松葉を採りに、女性や子どもが山に入った。これを「コマカキ」といった。熊手で松葉をかき集め、イジコ（藁製のかご）に入れて肩から背負って持ち帰った。

畑作地域である武蔵野地方では、冬場に「ヤマ」といわ

境内や神社周辺の店で売られる縁起物の熊手（兵庫県・西宮神社の十日戎）

れる雑木林で大量の落ち葉をかき集め、山積みにして下肥（しもごえ）をかけて堆肥をつくり、サツマイモを育てるサツマ床をつくる際に使った。

馬鍬（まぐわ）、草削鍬（くさけずりぐわ）、股鍬（またぐわ）、雁爪（がんづめ）を熊手という地域もあり、また京阪以西では熊手を「コクバカキ」「コクマカキ」「ゴカキ」「ガンジキ」などと呼んだ。鉄製の熊手は「コマザライ」ともいう。

熊手が穀物をかき集める用具であることから、福をかき集める呪具、縁起物として「福熊手」がつくられた。有名なのは、東京・浅草の鷲（おおとり）神社の一一月の酉（とり）の市（「熊手市」とも呼ばれる）で、江戸時代から竹の熊手にお多福の面や模造の小判や枡（ます）、宝船などの縁起品がつけられている。また、兵庫県の西宮（にしのみや）神社や大阪府の今宮（いまみや）神社の「十日戎（とおかえびす）」でも、熊手が販売されている。関東では熊手に縁起物がついたものが売られるが、関西では好みの縁起ものとして別途に買った熊手を飾りつける。

塵取はゴミや塵をとり集めるのに用いる道具で、「ゴミ取り」ともいわれる。多くは板でつくったが、紙を張ったものもあった。トタン板や石油缶などが出まわり、それらを再利用したものも多く使われた。現在は、プラスチック製に変わっている。形状は、箕（み）の形を模したものが多い。

（藤井裕之）

ちゃぶ台［ちゃぶダイ］

脚部が折りたたみ式になっている座式の食卓。円形のものと長方形とがあるが、どちらもダイニングテーブルに比べるとかなり小型である。軽量で持ち運びがしやすいので、客間などに据え置かれる座卓と異なり、家庭で日常の食卓として使用されてきた。子どものいる家庭では、勉強机としても活用された。夜は、脚部を折りたたんで片づければ布団を敷くことができるので、狭小な都市の住宅でとくに重宝がられていた。住まいが洋風化した現在、ちゃぶ台を見かけることは少なくなった。しかし、テレビのアニメやドラマの世界では、依然として家族が集う場面に登場する。そのせいか、ちゃぶ台を使ったことのない世代にも馴染みのある存在のようだ。

ちゃぶ台の語源

日本人の食卓の代名詞のようになっているちゃぶ台だが、その語源や普及した経緯についてはわからない部分が多い。ちゃぶ台の起源は卓袱料理（しっぽくりょうり）の食卓だといわれ、漢字も「卓袱台」の字をあてることが多い。ひとつの食卓を複数の人々が囲む卓袱料理は、江戸初期に中国系の人々によって長崎にもたらされ、享保（きょうほう）年間（一七一六～三六年）には上方でもおおいに流行した。長崎県をはじめ中部・近畿・北陸地方に、ちゃぶ台を「しっぽく台」とか「しっぷくだい」と呼ぶ地域があるのは、往時の名残りによるものと考えられている。

「ちゃぶ」の語源については、「卓袱」を南中国でcho-fuと発音することによるとか、米国で広まった中国風の麺料理チョプスウイ（chap-suey）との関連を指摘するものなど、諸説ある。外国ではなく、日本で発祥した名称だとする説もある。明治初期の横浜や神戸などの開港地では、外国人に食事のことを「ちゃぶちゃぶ」と説明していた。日本人にも外国人にも発音しやすくわかりやすいよう工夫した造語である。ここから派生して、外国人向けの料理店を「ちゃぶや」「ちゃぶちゃぶや」、料理店のダイニングテーブルを「ちゃぶだい」と呼んだ。この呼称が、後に日本の家庭に普及した床座式の食卓に継承されたのだという。共通するのは食卓の形ではなく、ひとつの卓を数人が囲むという食事形式のほうである。それは、従来の日本人の食事形式とは明らかに異なるものだった。

ちゃぶ台。昭和30年代前半（東京都北区、写真提供：新部惠右氏）

ちゃぶ台の普及

ちゃぶ台が登場したのは明治二〇年代の半ばごろだといわれる。当時、家庭では各自が銘々膳（めいめいぜん）で食事をするのが一般的だった。なかでも広く普及した箱膳（はこぜん）は、膳の下部にひとり分の茶碗や箸を収納できるようになっている。食事が済むと湯茶を茶碗に注ぎ、漬けもので飯粒などを濯（すす）いで飲み干す。茶碗や箸は洗わずに収納した。自分の身のまわりのことがある程度できるようになった子どもは、箱膳を与えられた。商家や奉公人の多い大農家などでは、使用人は箱膳だが家族は銘名膳であるとか、一家の主だけは脚の高い膳にすることも珍しくなかった。膳の場所や座順、食事の内容は、家族および使用人の身分や序列を反映するものであった。

こうした従来の食事風景をいちはやく批判したのが、社会主義者の堺利彦である。彼は明治三四（一九〇一）年に執筆した『家庭の新風味』のなかで、家族内の差別を廃止し、家族団欒を築くために「食事はかならず同時に同一食卓において」「同一のものを食わねばならぬ」と主張した。境の主張は、世間をちゃぶ台の普及促進へと大きく動かすにはいたらなかったが、時を経ずして日本の産業構造は農業から工業主体へと大きく変化していった。それとともに、都市部には給与で生計を立てる人々が増えていく。小型で移動可能なちゃぶ台は、都市の小家族の小さな住まいに普及し、やがて国民的な食卓へと定着していったのである。

食卓の変化

昭和三〇年代に入ると、食卓の主流は次第にちゃぶ台からテーブルへと移行していく。その端緒は、昭和三一（一九五六）年に日本住宅公団（現・都市再生機構）が建設した集合住宅（団地）であるといわれる。ふたつの寝室と食事室を兼ねた台所（ダイニングキッチン）からなる2DKは「食寝分離」を重要なテーマに掲げて設計されたもので、その後の集合住宅の原型となった。公団は、ダイニングキッチンに備えつけのテーブルを用意して普及を図った。当時の家庭の食卓はちゃぶ台が主流で、テーブルは高価なうえに手に入りにくかったからである。その後は、テレビなどで見聞きする欧米の生活への憧れもあって住まいの洋風化が進み、テーブルが一般家庭に積極的に取り入れられるようになっていった。

（粂　智子）

簾［スダレ］

簾は、竹や葭、萱などを細く削ったものを横糸として、隙間を空けて並べ、木綿糸やシュロ縄を縦糸として編んだものである。窓や戸口にかけて外部からの日光や視線を遮り、風を通すために用いられ、部屋の間仕切りとしても用いられた。

かけて使用する「掛簾」には、窓の外や戸外にかける「外掛け」と、窓や戸の内側、屋内の間仕切りなどに使う「内掛け」がある。立てて使う「立簾」は室外で多用されて、葭を使用する場合が多い。また建具としても用いられ、葭などでつくった簾を框にはめ込んだ「簾戸」、障子に簾をとりつけた「簾障子」、また木の枠に簾をはめ込んだ「簾屏風」は、座敷や玄関の衝立の代わりに使われた。

布地の縁を四周につけ、ヒゴを絹糸で編んだ高級な簾を、「御簾」という。寝殿造りの蔀の内側や母屋と庇の境、また貴人席との境や座敷周りに使用された。神社の神前や寺院においても、たとえば浄土真宗の寺院などでは内陣と外陣の境に下げられるなど、境界や結界を表すものとしての意味もあった。

簾作り（滋賀県東近江市）

簾に用いる竹は伊予で採れる篠竹が、葭は近江八幡市などの琵琶湖湖畔の湿地に群生するものが良質とされている。

高度成長期には機械で大量につくられるビニール製の簾が登場したが、ビニールの色あせや和風建築に不釣り合いなため敬遠され、自然素材で安価な中国製の天津葭を素材とした「天津簾」が生産流通している。近年は季節を問わないインテリアとして用いられるなど、日本産の伝統的な簾が見直されつつある。

死者が出たときに喪に服していることを示す「喪中札」は、家の表に「忌中」と書き、簾を裏にしてかけたり、竹を十文字に結わえたりした。沖縄では人が亡くなると三日目または初七日に先祖棚の前で魂を呼ぶユーユタを行う際に軒に簾を垂らして、そこから中へ魂は入れないようにしたという。簾が結界となる例である。

（藤井裕之）

縁台【エンダイ】

縁台とは、膝程度の高さの移動可能な台のことをいう。長さ四～六尺（約一・二～一・八メートル）、奥行二尺（約六〇センチ）程度のものから三尺（約九〇センチ）あるような大型のものまである。上面の素材は、板張り、畳表、竹簀状のものなどがあり、一般的には板張りが多い。

縁台は、夏は家の前に出し、腰掛けてスイカや瓜などを食べたり団扇を手に涼んだり、差し向かいで囲碁や将棋を指したり、冬は日だまりに移動して日向ぼっこをしながら談笑したりと、気どりのない交流の場として重宝されてきた。

静岡県焼津市は、マチ場でも農村部でも比較的よく縁台を見かける地域である。

漁業のマチである城之腰や鰯ヶ島では、通り土間（ニワ）をもつ漁家や商店が浜通りに軒を連ねていた。漁家では、ふだんは縁台をニワの入口近くに置き、漁師の釣道具の製作や修繕の場にした。また、八月に行われる焼津神社の荒祭り期間には、早朝から深夜にかけて渡御行列がマチの中を練り歩く。このとき、沿道の家々では縁台を屋外に運び出し、酒やご馳走を用意して家族や親戚とともに見物した。祭りに参加している者たちもこの日は無礼講で寄って休んでいく。

農家の縁台（静岡県焼津市）

一方、半農半漁の集落である浜当目や、穀倉地帯といわれる本中根の農家では、大戸（玄関）前の軒端に一畳程度の縁台を置く。農作業中に土足のまま腰掛けて休息するほかに、豆を選り分ける作業台としたり、梅を天日に干したり、風の当たるところへ出して自家用の保存食を干すなど、地面に直接置くことを避けたい食物を載せたりもする。

このように商店・漁家・農家とも、軒先の開放的な空間を縁台を使うことで効率的に利用してきた。このような空間をもつ傾向は、比較的積雪の少ない地域に見られ、とくに限られた住環境下で暮らすマチ場では、縁台を出して屋外に一時的な住空間を設けることは非常に重要なことであった。

（外立ますみ）

蚊取線香［カトリセンコウ］

蚊取線香は除虫菊（シロバナムショケギク）を主原料とする燻煙式の殺虫剤で、日本で発明されたものである。

除虫菊の花には殺虫効果のあるピレストロイドが含まれることから、ヨーロッパやアメリカでは農作物として栽培されていたが、日本での除虫菊の本格的な栽培は明治二〇（一八八七）年ごろに和歌山県有田市で始まった。当初は、摘みとった花を乾燥させて粉末にしたものを「のみとり粉」と名づけて販売されたが、粉をまくだけでは殺虫力が弱かった。

そこで、仏壇用線香をまねて、燃焼を安定させたり粉のつなぎとなるものを除虫菊の粉末に混ぜて固め、棒状にした蚊取線香が売り出された。先端に火をつけると炎が立つので、これを消して煙だけが出るようにして使うが、当時の製品の説明書には、最初に二、三本、後に一、二本を用いるようにとあり、一本では効果が薄かったようだ。長さも約二〇センチで、一時間足らずで燃えつきてしまうため、次に考え出されたのが、渦巻き型の蚊取線香であった。渦巻き型は、全部が燃焼するのに六、七時間ほどかかり、一晩を過ごすことができる。

蚊遣豚（写真提供：森 隆男氏）

蚊取線香が一般化するまでの防虫方法は、蚊遣を焚くことであった。蚊遣には、カヤノキの木片、杉や松などの大鋸屑、ヨモギや萱の草などを使い、殺虫するのではなく多量の煙を立てることで、蚊やブヨなどを追い払った。『和名類聚抄』に「蚊遣火、加夜利比、一云、蚊火」とあるので、古くからの方法であったことが知られる。

農村では囲炉裏で焚くこともあったが、都会では火鉢や筒状の容器のほか、蚊遣豚に代表されるさまざまな趣向を凝らした蚊遣台が使われていた。また、畑仕事などには、蚊火などと呼ばれる携帯用が使われた。藁、木綿布、ヨモギ、萱などを苞形に束ねたもので、これを腰に下げて、下端に火をつけて燻すことで煙を立てる。着衣に引火しないように萱や生葉を巻いたり、竹筒に入れたりの工夫がされているものもあった。

（吉田晶子）

蚊帳【カヤ】

夏の夜、寝室につるして周囲から独立させた空間をつくり、就寝中に蚊に刺されないようにするための寝具である。古くは「蚊屋」と書かれ、『日本書紀』の記述などから中国より伝えられたものと推察される。古代の蚊帳は生絹製で、上流階層しか用いることはなかったが、近世には麻製や木綿製の蚊帳が庶民にも普及し、夏の夜の必需品になった。

一九世紀の中ごろに完成した『守貞謾稿』には、天井からつり下げた竿を使って垂らす古いタイプのものや紙製の蚊帳、テントのような子ども用の母衣蚊帳（ほろがや）などが描かれているが、蚊帳の四隅につり輪（環）をつける箱状のものが、現代まで続く一般的なタイプである。布地は、蚊は入り込めず、しかし風は通るように、一ミリほどの網目になるように織りあげてある。色は汚れの目立たない萌黄（もえぎ）色などに染められるようになり、側面と天井との境界や四隅には茜（あかね）色や柄ものも使われた。

江戸時代には、奈良や近江（おうみ）（現・滋賀県）などが蚊帳の産地として知られており、行商によって広く売り歩かれたが、自家でつくることもあった。

三畳、四畳半、六畳などと、部屋の畳数に合わせたものを用意し、就寝前に中に蚊が入り込まないように気をつけながら蚊帳を広げて、部屋の四隅に打った釘（くぎ）に環をかけたり、鉤（かぎ）状の釣り金具を環にとりつけてその先を長押の窪みにひっかけたりして張る。蚊帳に入るときには、裾をめくって、できるだけ小さい隙間を開けてすばやく中に入り込む。それでも蚊帳の中で蚊が飛びまわることがあり、羽音を頼りに退治したものであった。起床すると、布団といっしょに蚊帳も折り畳んで片づけるが、大きくて箱状の蚊帳を平らに畳むのはひとりでは困難で、ふたり以上の協同作業であった。

蚊帳を張ると、その中は密室になる。外と内とを分ける道具であるためか、つり始めには吉日を選ぶ、自家でつくるときは一日で縫いあげる、雷除けに張る、葬式にはつり紐をひとつはずして三方でつるなど、蚊帳をめぐる習俗は多い。また、「蚊帳の外」というと、不利な立場や、内情がわからない状況に置かれることを意味する。

かつての日本の夏の暮らしは、戸を開けて風を通すことで涼を得ていた。しかし、昭和三〇年代以降に網戸、扇風機、クーラーが登場し、同時に生活環境の変化や防虫剤の発達によって蚊が減少したため、蚊帳をつることは少なくなった。

（吉田晶子）

蚊帳（写真提供：奈良県立民俗博物館）

電気の引かれた時期

明治一五（一八八二）年一一月一日、設立準備中だった東京電灯（東京電力の前身）は、デモンストレーションのために銀座二丁目で二〇〇〇燭光のアーク灯を試験点灯した。これが日本において一般の人々が初めて電気の光を見た瞬間である。その様子は錦絵に描かれ、絵中には「其光明数十町ノ遠キニ達シ恰モ白昼ノ如シ」などと記されている。まだ日本ではガス灯すらあまり普及していない時代、電気灯が人々に与えた衝撃は大きく、見物人が毎夜、遠近を問わず集まったという。

明治二〇（一八八七）年、東京電灯による東京市内での電力供給が始まり、日本における電気事業がスタートした。しかし、その後すぐに日本中に電気が広まったかというと、そうではない。電気の普及は地域差が大きかった。

鉄鋼や通信などといったほかの基幹産業とちがい、電力事業はまったくの民間ベースで始まった。そのため、採算の見込める地域に集中して企業が多数起こり、競争しつつ電力が供給されていた。一方、採算が見込めず電力会社の供給区域からも離れている地域は、電力会社による供給は行われなかった。

しかし、そうした地域でまったく電気が使用できなかったかというとそうでもない。産業組合などを組織して共同自家発電を行うか、もしくは電力会社から受電を行う施設を自前で建設し、地域へ配電を行うという方法で電気を導入していた地域もあったのである。

電気の普及が必ずしも都市部から均等に広がらなかったのは、ある程度採算の見込める地域であれば山間部でも小さな電力会社が創業していったことと、地域の組合などによる共同自家発電あるいは共同受電があったためである。とくに中国地方に関しては、水力発電による電力会社が多く、また組合の運営による電気施設も多かった。

戦後、昭和二六（一九五一）年に電力再編成が行われて九電力体制がとられるが、このころから、未点灯地域解消のための対策がとられていく。そのなかで重要と思われるものは、次のとおりである。

①昭和二六（一九五一）年における開拓地電気導入補助政策

②昭和二七（一九五二）年における農村漁村電気導入促進法の策定

③昭和二九（一九五四）年以降の離島電気導入補助政策

④昭和三四（一九五九）年以降のへき地電気導入補助政策

ここでいう「開拓地」「離島」「へき地」とは、農林省（現・農林水産省）が昭和二九（一九五四）年に未点灯戸の悉皆調査を行った際の分類である。この調査において「開拓地」とは昭和二一（一九四六）年以降の入植地のことであり、「離島」とは離島振興法第二条の規定に基づく離島振興対策実施地域として指定を受けた地域である。「へき地」とは、その他の地域である。

開拓地、離島に関してはそれぞれ昭和二六年、二九年から国による補助が始まったのに対して、「へき地」は当初農村漁村電気導入促進法による融資しか受けられなかった。昭和三四年から「へき地」に対する補助事業が始まるが、五戸以上の未点灯部落を対象としていたため、五戸以下の「へき地」が最後まで未点灯地域として残った。五戸以下の未点灯部落が補助対象となるのは、昭和四二（一九六七）年以降である。

なお、未点灯地域に対する電気導入事業は、自家発電を行ってきた地域に対する電力会社供給方式への切り替えという場合も多かった。こうした地域では、電力は使えるが時間が限られていたり、出力が不足していたりという状況が多かったのである。

茨城県久慈郡大子町上野宮では昭和三七（一九六二）年に自家発電から東京電力による電力供給への切り替えが行われており、東電『社報』一四七号で「サヨウナランプ生活」というタイトルで当地の取材記事が掲載されている。取材によれば、上野宮では終戦後すぐに電気を引こうとしたが、電力会社に二〇〇万円かかるといわれて断念し、ずっと自家発電機を使用してきた。しかし、出力不足で電灯はついても暗く、雨が降ると水力発電機の水車に木の葉がたまって動かなくなるなど、電力会社による供給前の暮らしの不便さについて語っている。

電気がある暮らしがあたりまえになってしまうと、電気のないころの暮らしを想像もできなくなってしまうが、地域によっては、それはけっして大昔のことではなかったのである。

（谷川隼也）

梯子［ハシゴ］

梯子とは、二本の長い縦木のあいだに何本もの横木を等間隔にとりつけて、高いところへ上ったり低いところへ下りたりするのに用いる道具である。持ち運びできて、構造物に立てかけて用いる場合と、構造物にとりつけられている場合がある。

香川県から出土したと伝えられる弥生時代の銅鐸には、すでに湿気を防ぐ高床式倉庫に立てかけられた梯子が描かれている。残っている高床式倉庫は現在、沖縄、奄美大島、八丈島だけとなっている。奄美大島では、穀物や肉類、衣類などを貯蔵し、上り下りには丸太に刻みをつけた一本梯子を用いる。この梯子を沖縄では単に「ハシ」ともいう。

土間からツシへ上がる梯子（大阪府吹田市）

家内で用いる梯子には土間から天井裏（ツシ・もの入れ）への昇降に用いるものがある。天井に開いた口に直接梯子をかけて昇降する方式と厩、納屋に中二階を設けてそこから短い梯子でツシへ昇降する方式が一般的である。天井裏を活かしたロフトに上るには梯子を使う場合が多く、現在の家にも受け継がれている。

かつて藁や茅葺きの民家が多かったころは、屋根の葺替えには木製の長梯子がなくてはならないものであった。

梯子の形態は古くから現在までほとんど変わっていないが、現在は、伸ばせば梯子として使用でき、折りたたむと脚立になる折梯子の使用が増え、素材もかつては木製が多く、竹、縄も用いられたが、現在はアルミ製へ変化している。

新仏の盆棚にかけられた梯子（三重県名張市）

西日本には新仏（あらぼとけ）を迎える盆棚に梯子をかける事例が多い。その理由として、新仏が供物を食べるために高い棚へ上るためという。

梯子に関する俗信には、「梯子の下をくぐると災難が起きる」「梯子の横木に腰を下ろすと魔物にさらわれる」などが知られている。古くは「はしのこ」と呼ばれて、江戸時代の図説百科事典である『和漢三才図会（わかんさんさいずえ）』には、古くは「かけはし」の語が用いられ、近世に入って「はしご」と呼ばれるようになったとある。梯子にはふたつの世界を橋渡しする境界の概念があり、このような俗信につながったと考えられる。

（藤井裕之）

手水鉢［チョウズバチ］

手水鉢とは、中に水を張り、手洗いに用いる容器のことである。神社など社殿への参詣前に手や口を清めるものと、一般家庭で便所の脇に置き、用足しのあとの手洗いに利用するものとがある。

前者には、石を彫って凹ませた水槽や、銅を鋳造したものなどがあり、たいてい側面には寄進者や年号などの紀年銘が刻まれる。また、神社内外で神事を行うときなど、上げ底で脚高の小ぶりな手水桶を手洗いに利用する。茶庭に設けるものは蹲（つくばい）という。

後者は、寺院や庭の趣を重視した家屋には石や銅製の凝ったものもあるが、一般家庭においては陶製の鉢や水桶を置いた。便所のことを「手水場（ちょうずば）」「お手洗い」と呼ぶが、便所の脇に必ずこのような場を設けていることに由来し、手を洗う習慣が古くから存在したことを示している。設置は、便所の戸のすぐ外側に手が洗える高さの台を設け、そこに手水鉢や水桶を置いたり、便所の小窓の外に棚

手水鉢（鹿児島県加世田市、写真提供：森隆男氏）

を設け、そこに置くものもあった。提げ手がつく水桶は鉤で吊るすこともあった。水桶には柄杓を添えておき、柄杓で水をすくっては手にかけて洗った。これら手水鉢（桶）の脇には、手拭き用の手ぬぐいが吊るしてあったものである。

使い水は、手水鉢の周りに砂利や石を敷き地に沁み込ませたり、水が飛び散らないように瓦を立てて囲み排水場所を確保することもあったが、多くはそのまま土に沁み込ませた。

昭和時代に静岡県に多かったものは、直径一尺（約三〇センチ）程度で白味がかった陶器に織部釉（緑釉）の流し掛けが施された尻すぼまりの鉢である。

手水鉢は、昭和二〇年代にブリキやプラスチック製のタンク（下部に如雨露がつき、手のひらで栓を上に押しあげると水が出る仕組み）が普及し（明治時代末には存在したとあるが、使用したのは都市部と思われる）、次に便所内に水道を引き込み、蛇口から排水口のある小さな水受けに流すものに変わっていった。さらに水洗便所が普及し、水溜タンクの上に設けた管から出る水を手洗いに使った。

（外立ますみ）

Ⅴ 変容と活用

住

解説

住まいは、とり巻く環境とくに社会的環境の変化の影響を受けて変容を続けてきた。近年の急激な過疎化と少子高齢化の波は、伝統的な住まいの衰退・消滅さえ引き起こしている。一方、一九五一年に制定された文化財保護法により民家の文化財指定が進められ、必要な保護措置が講じられてきた。しかしその多くは建築学視点から見た価値で判断された古民家が中心である。しかも基本は凍結保存で、保存修理の際に建築当初もしくは比較的古い年代に復元するものであった。その結果、所有者が住み続けることが困難になり、生活臭のないモノとしての民家が残され公開されることになった。

二〇一八年に文化財保護法の一部が改正され、活用を視野に入れた保護に転換された。これにより住まいが文化遺産として活用される道が開かれ、多様な分野からの研究が進むことになる。第V章では住まいの変容をたどりながら、文化遺産としての住まいの今後の展望をさぐる。

より快適な住まいを求めて

住まいは、より快適な生活をめざして変容を続けてきた。とくに近代以後の変容が大きく、大正時代になると台所の改善が社会運動として進められた。さらにアジア・太平洋戦争後には旧来の家制度の崩壊を受けて、新しい家族の生活の場として積極的にとり組まれることになる。これらの運動の中心になったのは若い女性たちであった。詳細は各項目をご覧いただきたい。

さてもっとも改善が遅れたのは寝室であるといわれる。寝室は、長く閉ざされた空間であった。この理由は、夜間の寝場所であるために日光を入れる必要がなかったことと、「納戸」の名称に示されるように貴重品の収納機能をもっていたことにある。

入口から離れたオクに閉鎖的な寝室が配される形が、日本の住まいの典型であったが、近年この形が崩れつつある。数年前、南西諸島の高齢化が進んだ集落を訪ねて、寝室がオクのウラザからオモテの一番座や二番座に移る傾向を確認してきた。就寝の場であることが住まいの重要な役割と観念するようになったからである。ここには住まいの原点への回帰が認められよう。私も故郷の古民家をリフォームして、玄関横の日当たりのいい部屋を寝室にした。すぐ横にトイレも配して快適な生活を手に入れたところである。

民家博物館の意義

日本には、現在一〇館を超える民家博物館が開館している。その先駆けとなったのは、本書で紹介されている日本民家集落博物館である。一九五六年、ダムで水没する白川村の合掌造りの民家が移築され、以後全国から貴重な民家が移築された。当時、民家への関心が低く、そのため一級の資料の移築が可能であった。一九六七年には神奈川県に川崎市立日本民家園が開館し、各地の自治体でも同様の民家博物館が続々オープンすることになる。

これらの民家博物館が開館してから半世紀がたつ。人の生活が営まれていない民家の寿命は短く、しばしば補修を加える必要がある。昨今の経済状況が、維持と修理に莫大な経費を必要とする民家博物館の経営を困難にしている。文化遺産として将来に残していくための模索が続いているが、国民の関心を民家に向けて、その価値を共有することが求められているといえる。

空き家を利用したまちづくり

地方と都市部を問わず空き家が増加している。高齢の親が亡くなった後、子どもの世代が放棄した結果である。とり壊しの費用が高く、更地にすると固定資産税が高くなるという背景がある。地方自治体では「空き家バンク」を設置して、希望者にあっせんし再利用に努めているが、必ずしも成功しているというわけではない。理想的な住まいを求める人にとって改築費用が少なくないからである。

伝統的建造物群保存地区に選定されている地域では、とり壊しができないため空き家問題は深刻である。二〇一四年に兵庫県豊岡市の城下町出石町で、日本民俗建築学会主催のシンポジウム「町並み保存からまちの再生へ」が開催された。会場は近畿地方最古の芝居小屋「永楽館」である。当日、約一五〇人の参加者を集めて、重要伝統的建造物群保存地区の出石の今後について熱い議論が交わされた。ここでは観光客のための町に偏重せず住民が快適に暮らせる町を求めること、住民が主体になって新しい魅力を発見することなどが提案された。さらに増加しつつある空き家の再利用についても議論が交わされ、宿泊施設に加えて住民と観光客の交流の場に活用することが提案された。空き家問題は、今後ますます重要になってくるはずで、全国でのとり組みとその成果を共有することが求められている。

住まいは心身の安らぎの場であることを条件に、社会的状況に合わせて変容していく存在である。住まいについて学ぶ場である民家博物館の意義を発信していきたい。

（森　隆男）

一　住まいの変容

1　生活改善

生活改善運動［セイカツカイゼンウンドウ］

生活改善運動とは、第二次世界大戦後に行われた、主に官公庁が主導した生活を改善する諸活動をいう。具体的には、当時の農林省（現・農林水産省）主導の生活改良普及活動、総理府（現・内閣府）主導の新生活運動、厚生省（現・厚生労働省）による保健所の活動、文部省（現・文部科学省）による公民館の活動などがあった。衣食住の改善、保健衛生の改善、虚礼廃止など、さまざまな活動が展開した。

大正・昭和初期の生活改善運動

生活の改善をうたう活動は以前からあり、日露戦争後の内務省官僚によってすすめられた地方改良運動もそのひとつであるが、これは、地方の公共機能を強化するための政策と運動であった。また、大正九（一九二〇）年には、生活改善同盟会が結成され、都市を中心に文化的な生活の指導が行われた。昭和七（一九三二）年になると、農水省に経済更正部が設置され、農山漁村経済更正運動が、役場、産業組合、農会、小学校などを中心に展開した。しかし、これらの活動は、精神的な運動の側面が大きく、村のなかで虚礼廃止などの規約や申し合わせができたが、人々の日常生活を大きく変えるものではなかった。

生活改良普及事業

生活改良普及事業は、昭和二三（一九四八）年に制定された農業改良助長法に基づく事業である。都道府県が行う資格試験に合格した生活改良普及員が、地域の農業改良普及センターに配属された。配属された地域では、二〇代から三〇代の若い主婦の世代を集めて生活改善実行グループをつくり、それぞれ地域の実情を調査しながら、改善方法を探った。

生活改良普及事業は、時代によって三つの段階に分けることができる。

一九五〇年代から六〇年代では、農村は民主化すべき対象として考えられた。自分で考える農民を育成する目的のプログラムがつくられ、衣食住や家計の管理の改善などが活動の中心であった。

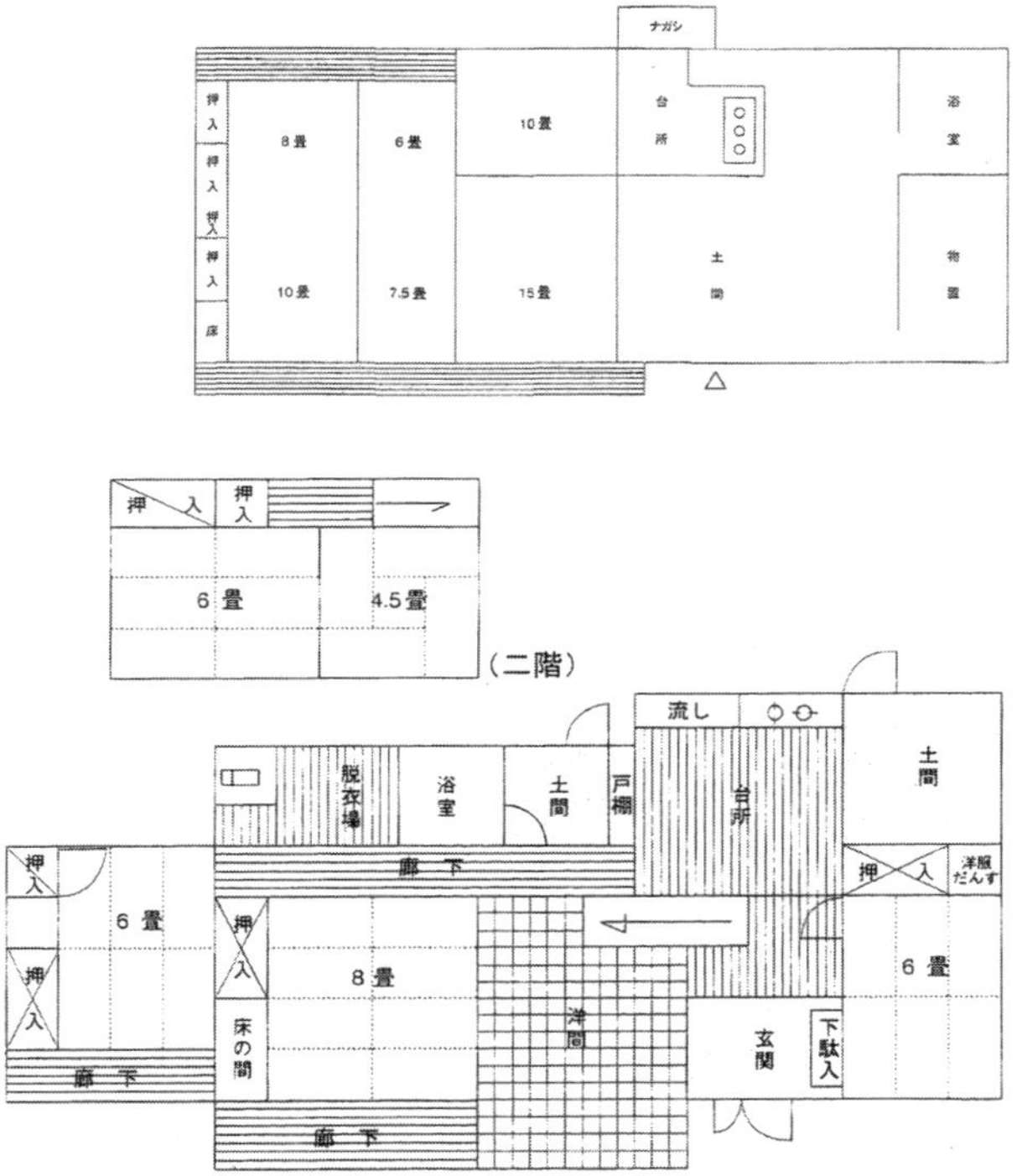

一九八〇年代になると、当時の農林省の生活改善課に文化人類学などの研究者が関わるようになり、「改善ではなく、農村生活から我々が学ぶのだ」という考え方に変わってきた。この時期には「高齢化」「日本的食生活」ということばが生まれ、農村の問題はすなわち日本の社会の問題であった。

一九九〇年代以降は、女性農業者の地位向上をめざす活動が展開された。農村の女性が農作物や農作物の加工品を販売するような経済活動が活発になり、女性の起業がさかんに行われてきた。また、近年では、日本の生活改良普及事業の方法は発展途上国の女性への支援に有効だとして、国際協力機構の活動でも評価されている。

旧宅（上）と新しい住まい（下）（神奈川県相模原市『相模原市史　民俗編』相模原市立博物館より）

新しい住まい

生活改善の諸活動のひとつに、住居の改善があった。台所や便所、風呂などを使いやすく衛生的に改築したり、窓を設けて屋内を明るくすることなどが行われた。また、伝統的な田の字型などの民家を建て替えるときに、生活改良普及員の指導を受けることもあった。

神奈川県相模原市のある家は、間口が一三間もある六間どりの養蚕農家であった。養蚕をやめた後の昭和四一（一九六六）年に、生活改良普及員と相談をしながら新しく家を建て替えている。新しい家では、台所をダイニングキッチンにし、ダイニングキッチンに隣接した小規模の土間を残した。そこにも椅子とテーブルを置いて、土足のまま休憩ができるようにした。

また、浴室の脇にも土間を設け、外からもどったときに、直接浴室に入れるようにした。このような間取りは、生活改良普及員と生活の動線を検討し、無駄のない暮らし方を考えて決めていったという。

家では冠婚葬祭を行わないという前提で二間続きの和室をなくしたが、来客の多い家であったので、応接間をつくった。土間に置いた椅子とテーブルは、家族の休憩ばかりではなく、近所の人たちが気軽に立ち寄る場所ともなり、この家では「野良着の応接間」と呼んでいる。新しい家は、無駄を省くという実利的な効果ばかりではなく、コミュニケーションのとりかたという部分でも家族や近隣とのつきあいかたを変えていったのである。

（山崎祐子）

カマドと風呂の改善［カマドとフロのカイゼン］

改良カマド

生活改良普及事業においてカマド改善を推進したのは、昭和二七（一九五二）年ごろからわずか数年間のことであった。普及事業を指導した側からは、「カマドは飴玉」とよくいわれている。普及事業のきっかけとした。つまり、カマドの改善に補助金を出して普及事業のきっかけとした。あくまでも「考える農民」の育成が目的であって、カマドはその象徴であった。

生活改善でつくったカマド（山梨市）

当時のカマドは煙突のついていないものが多く、農家にトラコーマや結膜炎などの眼病が多いのはこの煙が一因だといわれていた。また、森林の荒廃が注目され、タキギの伐採が問題視されるようになった。そこで普及事業では、熱効率がよく煙の出ない改良カマドの製作、普及に着手したのである。

カマドの改善は、県などから補助金が出たにせよ、農家にとっては大きな負担であり、普及活動の担い手であった農家の若い女性たちだけで実行できるものではなかった。普及活動では、燃焼実験の結果をもとに、カマドを改善したときの経済効果などを家長に示して相談に加わってもらった。女性たちも、鶏を飼って、卵を販売して売り上げを貯金する「卵貯金」などを開始し、少しずつではあるが、経済的に自立する一歩を踏み出すきっかけともなった。

カマドを導入することによって燃料を貨幣価値に換算する経済を覚え、家のことは家長にまかせるのではなく家族で相談をするという機会をつくったのは、普及事業の「考える農民」の育成という目標に合致するものであった。

改良カマドは、地域や時代で形を変えていった。はじめは、普及員の指導のもと、煉瓦や珪藻土を使って手づくりしていたが、次第に専門業者が施工するようになった。多くは、四、五升炊きの飯釜と味噌汁などの鍋をのせる口があり、そのあいだに湯を沸かす鉄瓶用の口がついたものであった。煙突とロストル（火種の下に敷く鉄格子）のついたカマドは熱効率がよく、カマドにつきっぱなしでなくてもいいので、食事の準備にかける時間の使い方も変わることになった。

普及事業では、映画やラジオなどのマスコミを利用した広報も行われた、カマドの改善の映画もつくられ、普及活動におおいに利用された。

風呂の改善

燃料効率や煙の問題という点では、風呂も同様であった。従来の農家では、土間に風呂桶を据えただけの、洗い場もないような風呂も多かった。そこで、浴室を設け、煙突のついた焚き口のある風呂に改造した。

普及事業では、タイル貼りの五右衛門風呂に改造したところが多かった。五右衛門風呂は、タキギばかりではなくごみを燃やすことができるので、便利であった。

風呂の改造にあたっては、水道を引くことを前提に、セットにして行うことも多かった。また、据え風呂を五右衛門風呂に変えると浴室をつくることが必要になり、浴室には体の洗い場もできた。かつてのような、風呂桶の中で垢を落とすような入浴の習慣も変えることとなった。

（山崎祐子）

2　過疎化と都市化

伝統的住まいの消滅［デントウテキスまいのショウメツ］

過疎化が住まいに与えた影響

一九七〇年代以降、地方では過疎化が急激に進み、同時に高齢化が進んでいる。これらの社会現象に影響を受けて集落の景観も変化を余儀なくされる。茅葺き屋根の減少、消滅がその典型である。戸数の減少は定期的に茅を供給してきた茅場の管理を困難にした。多くの場合、茅葺き屋根にトタンをかぶせたり、瓦葺きに改築されることになった。茅葺き職人の仕事も減少し、その人数の減少を招く結果になった。

住まい内部の変化

住まいの外観だけでなく内部も変化した。農家を中心に検証してみよう。

高度経済成長によって労働人口が都市部に集中するようになり、農村では不足する労働力を機械化によってまかなってきた。耕作のため「最も高価な農具」といわれた牛に代わって耕耘機やトラクターが普及した。不要になった牛馬のためのマヤが、玄関付近に位置していたこともあり、多くの場合、応接間に改造される。

また住まいは下肥の生産の場であった。牛馬の糞尿や使用後の風呂の湯は、小便所の便槽に流れ込むように溝が切られていた。そのため、これらの設備は正面の出入口付近に設けられていた。化学肥料の普及でこの位置に設置する意味を失い、風呂や便所は正面出入口付近から住まいのウラ側に移動した。

土間には牛馬の飼料を煮炊きする大型の竈が設けられていたが、不要になった。さらに土間はかつて脱穀や調整の作業場に充てられたが、コンバインの普及は屋内の作業を不要にした。このような生業の変化や生活の変容のなかで、不要になった土間には床が張られて接客空間の一部になった。土間に祀られていた火や井戸の神も居場所を失い、このうち火の神だけはガスレンジの付近に、かろうじて残存している。

都市化が住まいに与えた影響

都市化に伴い人口が増加すると大型店舗がつくられ、日常品はもちろん家財道具まで大型店舗で購入することになる。それまで地域住民の生活を支えていた小規模な小売店

正面出入口付近の小便所（岡山県新見市）

多様な機能をもっていた土間（宮城県名取市）

の営業が困難になり、店舗を兼ねた住まいが急激に減少した。このような小売店は、地域住民の日常的な交流の場でもあり、情報が行きかう場でもあった。結果として地域の人間関係が疎遠になり、防犯上の課題を生むことになる。

都市部の一般の住まいも変化する。地域社会に新住民が混在し、旧住民もサラリーマン化して、地域における日常的な交流が減少する。また公民館などの公的な交流の場がつくられた。その結果、住まいの中で地域に開かれ交流の場になっていた縁（えん）が役割を失うことになる。高いブロック塀でプライバシーを守ろうとする住まいも増加する。

住感覚の変容

住まいにとって、土間は多様な機能をもつ空間であり、コンクリートが張られる前は、塩のにがりと石灰を混ぜ土を固めた三和土（たたき）であった。つねに土を意識しながら生活をしていたことになる。また土間には前出のようにマヤや竈、風呂、正面の出入口付近には小便所が設置されており、さまざまなにおいの中で日常の生活が営まれてきた。囲炉裏の煙も同様である。多様なにおいの消滅は、住感覚に大きな変化をもたらしたといえる。

縁が喪失されたことも、住感覚に大きな影響を与えている。住まいから外に向かって開かれてきた空間が消滅することによって、物理的にそして精神的に閉鎖的な住まいをつくりだした。住まいが内包してきたあいまいな性格をもつ空間は、家族や地域社会の人間関係を調節する機能をもっていたからである。

（森　隆男）

限界集落［ゲンカイシュウラク］

限界集落とは、山村集落内の人口、戸数の減少と高齢化の進行によって、それまで維持されてきた社会的共同生活の維持が困難になっている集落と定義されている。

高度経済成長以後のわが国の平野部、都市部への人口移動は、「中山間地域」（山地に連なり、耕地の少ない地域）にとって、社会的機能の崩壊という深刻な状況を招いている。そこで、山村集落の実態を把握するために、高知大学教授（当時）の大野晃によって平成三（一九九一）年に唱えられた。

大野は、集落を「存続集落」「準限界集落」「限界集落」「消滅集落」の四状態に区別し、山村の現状を分析した。

存続集落とは、五五歳未満人口が五〇%を超え、跡継ぎが確保されて、集落生活の担い手が再生産されている集落をさす。

準限界集落とは、五五歳以上人口がすでに五〇%を超えており、現在は集落生活の担い手が確保されているものの、近い将来その確保が困難になっていくことが予想される集落である。

限界集落とは、六五歳以上の高齢者が集落人口の五〇%を超え、独居老人世帯も増加して集落生活の担い手が再生産されなくなり、集落の共同活動も機能低下した状態である。この状態がさらにすすむと、人口、戸数はゼロになり、集落は消滅することになる（消滅集落）。

従来、市街部から離れた中山間地域では、生産と生活の拠点が集落におかれてきた。そして、日常生活のほとんどを、集落内でまかなうことができた。これを維持・発展させるためには、集落を構成する各世帯にとって、その構成員が結婚、出産、子の養育、そして養育された子どもが独立し、再び結婚、出産、子の養育、加えて自分たちの親を

廃業したガソリンスタンド。過疎化が進む中山間地集落では、スーパーマーケットやガソリンスタンド、病院、学校など生活基盤を支える施設が廃業、移転し、過疎化に拍車をかける結果となる（京都府綾部市）

扶養するというサイクルを無限に繰り返すことが求められる。しかし、六五歳以上の高齢者人口が五〇％を超えるとこのサイクルが消滅してしまう。

このようなところでは、集落を経済的・社会的に維持・管理していくための人的・経済的な資源の活用、つまり社会的共同作業も困難になる。社会的共同作業とは、具体的には、農道や生活道の維持管理、冠婚葬祭での自治会の下部組織である組（班）の活動、集落の自治的運営組織である自治会長（区長）、副会長（副区長）、会計役の選出などである。また、民俗社会に見られる年齢階梯制による年齢集団――若者組（青年団）、子ども組（子ども会）など――や、一定の資格を持った者たちで構成される祭祀組織である宮座（みやざ）や宗教的あるいは、経済的、社会的目的を同じくする者同士で結成される講（こう）組織の維持も困難になる。

現代社会にあっては、山村といえども人々が生活を維持するためには市街地域との往来が必要不可欠である。しかし、市街部との距離が離れている地域では若年層の流出を招き、人口減少にともなう公共交通機関の廃止や自動車運転者の高齢化が、医療機関への受診機会の減少や日用品の入手困難などの問題を生んでいる。同じ市町村内にあっても、中山間地域と市街部とでは深刻な格差が生じている。

住民や自治体の取り組み

限界集落をかかえる自治体や住民のなかには、こうした現状を積極的に打開しようとする動きも生まれている。地域に限界集落をかかえる京都府綾部（あやべ）市では、平成一八（二〇〇六）年に「綾部市水源の里条例」を制定し、集落の活性化への取り組みを行ってきた。

まず、「限界集落」という呼称を「水源の里」と改めた。「限界集落」という呼称は集落分析のための学術用語であり、地域住民からすれば悲観的な現状を表現した名称だからである。「水源の里」は、「上流は下流を思い、下流は上流に感謝する」（四方八洲男（しかたやすお）綾部市長＝当時）という理念によって名づけられた。この言葉が表すように、「限界集落」問題を住民当事者の問題として、他人事としたり矮小化したりせず、広く下流域（市街地域）の住民、ひいては全国民の問題としてとらえようとの試みである。そして、住民に対しても、地域への誇りや活性化への積極的な取り組みに参画させようとするねらいがある。

この取り組みは「全国水源の里連絡協議会」として全国的な自治体運動へと広がっている。

（佐々木康人）

住宅地図の利用

フィールドでの現地調査によって得られた資料が、その根幹となる学問分野が多くある。そこに身を置く者にとって、地図は空間的な認識や物事の位置関係を把握するうえで欠くことのできないツールである。地図には、その縮尺によって、国土地理院が発行する地形図のようにフィールドをすべてカバーするものから、もっとマクロな視点から住居が一軒ずつ、その規模も合わせてとらえることのできるものまである。

住居が一軒ずつ表現されている地図には、各市町村規模の自治体が作成して発行する都市計画図（白図）と、一軒ずつの住居の居住者名が書き込まれた住宅地図、それに近年ではパソコンやスマートフォンのディスプレイ上で無償で閲覧できる地図がある。都市計画図は一般的にその縮尺が二五〇〇分の一、五〇〇〇分の一のものが多く、各自治体の窓口などで有償配付されている。また、最近ではCDやDVDなどの電子媒体に書き込まれたデータで提供され、パソコン上で閲覧し、必要に応じて印刷して利用する形態のものも多く見られる。データで提供される都市計画図は、空中写真とのオーバーレイ画像や、個々のユーザーが書き込んだデータを地図上に表現できるものもある。

一方の住宅地図も、紙ベースで冊子の形態をとるものが主流ではあるが、CDで提供されるものもみられるようになった。データで提供された住宅地図は、都市計画図と同じように必要とする場所を確認し、そこを印刷することでシームレスな図面を利用することができる。

住宅地図の利用者は、営業活動のために個人宅や会社を訪問する人が最大である。最近では、宅配便を配達する人や不動産関係に従事する人、緊急車両の運転や道路工事の計画を立てる人も利用しているようである。住宅地図に記された一軒ずつ区画内に、居住者名が書き込まれていることにより可能となる利用法である。

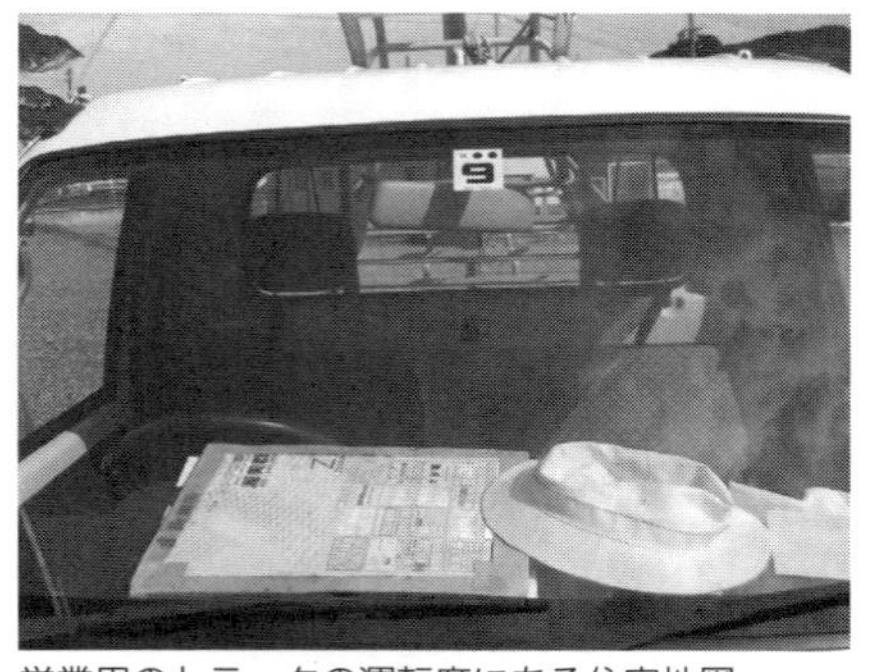

営業用のトラックの運転席にある住宅地図

日本では、住宅地図制作会社の最大手として「ゼンリン」が知られている。次に記した内容は、ゼンリンで聞いた住宅地図全般に関わるものである。

ゼンリンの住宅地図は平成二九（二〇一七）年六月一六日現在、全国一七四一市区町村についての住宅地図データが整備され、住宅地図帳として出版されている。この日に発行されたものは東京都の島嶼部七村（利島村、新島村、神津島村、三宅村、御蔵村、青ヶ島村、小笠原村）であった。ただし、北方領土六村については未整備である。

住宅地図の現地調査（更新）は発行地区によって異なるが、一〜五年くらいの間隔で行われる。作成方法の変遷については、かつては目測と歩測による手書き地図（筆耕版）から始まり、先述の都市計画図を利用した地図（筆耕版）へと変わった。その後、地図は手書きで文字は活字の地図（活字版）となり、現在では、コンピュータ入力による電子地図となった。しかし、昭和二七（一九五二）年に発行した第一号の住宅地図（大分県別府市）から一貫して「歩いて現地を調査し、情報を収集する」スタイルは変わっていない。新聞記事によると、現地調査には年間の延人数が二八万人に及ぶ。

このような住宅地図の調査方法は、フィールドを研究対象とする学問分野と共通する。つまり「歩いて現地を調査し、情報を収集する」ことが前提であるからである。

フィールド調査を旨とする学問を志す者にとって、住宅地図を利用するときに心得ておくべきことを二点あげる。まず、報告書や論文を作成するうえで、住宅地図をそのまま、もしくは書き込みをしたベースマップとして掲載することはできないこと。また、地図上以外のメディアでの個人名の公表に配慮すること。以上、著作権とプライバシーに関わる事柄である。

住宅地図は、紙ベースの地図帳の形態から、今後、スマートフォンやタブレットのディスプレイに表れるものに移行しつつある。フィールド調査にあたって、これらの機器が必携となる時も近いであろう。

（林　哲志）

フィールド調査のツールとしての住宅地図

住まい意識［スまいイシキ］

意識の多様性

住まいに寄せる人の意識は多様である。おそらく対象にする時期や居所でも異なり、建物の形態や所有の有無などの条件によっても千差万別で、一律に語るのはむずかしい。

したがって、個々の事情が住まいに関わる意識の多様性を生んだといえるが、昭和三〇年代以降に現れた暮らし方は、人々の空間認識や行動様式に大きな影響をもたらした。それまで比較的緩やかに推移してきた伝統的な住居は、DKやLDKの記号に代表される規格化・工業化したものとなり、これをモデルにする新しい形状の建物が、都市部のみならず農村部にまで浸透した。しかし、従来型が大切にした環境や生業、暮らしの習俗などといった因子は、それほど重視されなかった。結果、住居は地域性を薄めて均質化し、それにともなって住まいの意味も変わった。

住の変化は、衣・食の変化に比べ、先駆けて顕在化することは少ない。加えて、意識のそれはさらに後発的と思われ、時に内に沈み、浮上しないのがむしろふつうである。住居そのものの変化は、長く伝承された家の儀礼や住空間の秩序、そして家族のありかたまでも変え、時間差と地域差があったとしても、人々の感覚の「何か」に影響を与えた。伝統性を継承した部分も多いだろうが、時に断絶し、場合によっては新しい住感覚をも創出した。

住まいの改変

住居の増改築や転居などの出来事は、時代の様相を反映すると共に、心の動きをうかがう好機である。この観点から、新築の座敷と仮設住宅を例にとりあげてみよう。

地方都市近郊の集落（新潟県長岡市篠花）に所在するY家は、平成七（一九九五）年、田の字型中門造りの旧居をとり壊して三層式高床住居を新築した。このタイプの住居は積雪稲作地域で近年広く普及したもので、一階を農業用具の置場や車庫などに用い、階段をのぼった二階と三階に居住部を設けるのが一般的である。同家でも二階に今日的なダイニングキッチンとリビングルーム、八畳の和室二部屋を配し、三階は夫婦の寝室や子ども部屋などに細分した。

新築工事は、それまでのオモテの機能を二階に、私的なウラの機能を一階と三階に分離したが、LDKと和室が混在する二階に伝統的な機能を引き継いだ。新しい和室には仏壇や床の間、祖先の遺影などが置かれ、非日常的な座敷の対外性をひとまず継承した。ところが現実には、ここはすでにハレの日におけるムラ人との交流の場ではなくなっ

新しいタイプの和室（神奈川県川崎市）

ていた。その舞台は遠く離れた市街地のホテルや冠婚葬祭式場に移り、座敷は儀礼の前後に行われる接客や食事の場になった。つまり、式場の控えの間のようである。

しかし、全体として合理性を求めた新居にあっても、依然として畳の座敷がハレの演出装置として必要と認識されたことを示す。実質的に機能するかは別にして、客を迎える伝統的な意識が具体的な形として残ったのである。この状況は同家に限ったことでなく、都市部の住居においても少なからず継承されていると思われる。建物は変化しても、住まい意識はひとまず変化しなかったのである。さらに、同家のように座敷が階上ともなれば、物理的な高低差が大きく、縁側（えんがわ）や庭との関係で成立した儀礼や年中行事の維持は不可能である。

集合住宅での意識

高層集合住宅では寝食の場としての目的に特化され、最初から祭祀や儀礼の場を想定していない。また、生活者はそれを求めていないし、賃貸住宅は家族構成の変化や子どもの成長に伴って大きく改装できる住まいでもない。おそらく、そこで永住する人と仕事や進学などで一時的に暮らす人とでは、当然のことながら、住まいに対する愛着や関心の方向はちがっていると思われる。ここでは建物と意識の両方が変化したのである。

震災などによる仮設住宅も、一時的な住まいである。世帯の人数に応じnの部分（部屋数）が異なるDKタイプが複数種設置されている。しかし、「余儀なく住む」背景と、

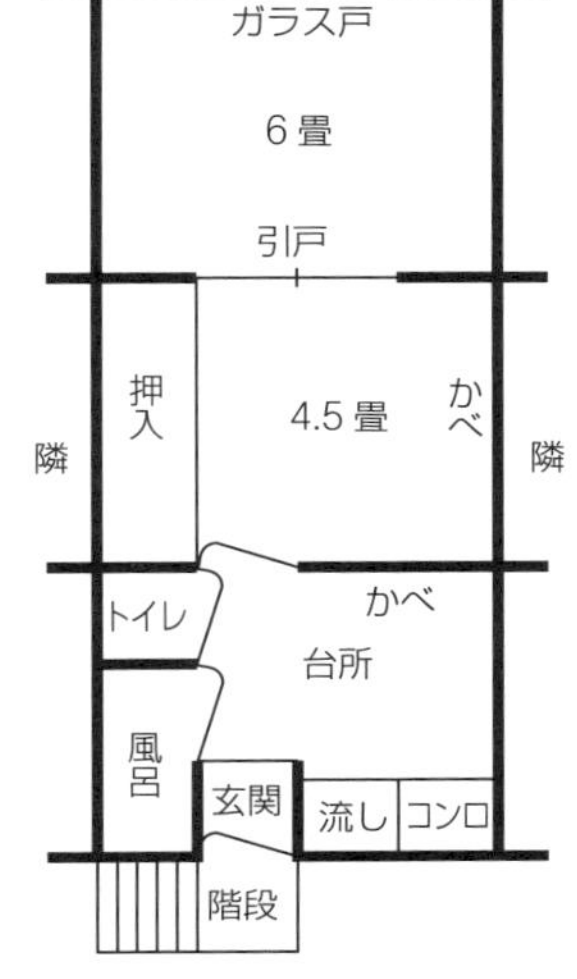

仮設の間取り（仙台市若林区伊在）

居住が期間限定される点が賃貸と異なる。また、仮設は自宅再建や災害復興住宅へ移るまでの一時避難が前提であるから、寝食以外の機能は都市住宅よりさらに考慮されない。図のような仮設では、中央の四畳半がとりあえず来客の場になるが、避難所によっては、もとの地域的つながりは分断され、意識しないと隣近所のつきあいは新たに生まれないという。

一か所に集合しても意識は孤立する。その一方、新しいコミュニティーとコンパクトな住まいを前向きに語ることもある。仮設に見られる非日常の暮らしが住まい意識に何をもたらすかは、もう少し長期的な検証が必要だろう。

（三井田忠明）

3 間取りの変容

農家の変容［ノウカのヘンヨウ］

▼養蚕民家

養蚕が民家に与えた影響

民家（農家）の変容は、生業の変化にともなう場合が多い。なかでも、民家の変容に養蚕（ようさん）があたえた影響はもっとも大きいといえる。

江戸時代から明治の初めの養蚕は、自然のままの温湿度で飼育する天然育・自然育で行われていた。この時代の養蚕は、民家の小屋裏（屋根裏）で行われたため、小屋裏をなるべく広くとる合掌造り（がっしょうづくり）のような、民家の二層以上の部分が利用された。

明治になると、通風換気をよくする清涼育という飼育法がとりいれられるようになり、屋根の一部を大きく開放する山梨県のかぶと造り・櫓（やぐら）造りの民家や、群馬県の赤城（あかぎ）型の民家のような形態が見られるようになっていく。それとともに明治のなかごろからは、火力で常に蚕室（さんしつ）を暖める温暖育・折衷育（せっちゅういく）が盛んになり、大規模な養蚕民家が出現し、小屋裏のみならず、寝室一室以外のすべての居室の畳をあげて蚕に提供するようになっていった。しかし、大正時代になると条桑育が普及し、別棟の蚕室を建てて、そこでの蚕飼育が行われるようになっていく。

生活改善が民家にあたえた影響

第二次世界大戦後まもなくのころには、生活改良普及員が各家庭をまわって「生活改善は台所改善から、台所改善はまず竈（かまど）から」のかけ声のもとに始まった生活改善普及事業が実施された。

土間は、収穫や藁仕事・貯蔵のほか、地域によっては牛馬のいる厩などに利用されていたが、生活改善普及事業によって快適で健康的な住まいは「生活と生産の分離から」との提言のもとに土間の消滅化が始まっていく。土間は、オモテ側とウラ側に仕切られ、ウラ側の土間部分から板床化されて、オモテ側に残った土間も、農業を行う家が少なくなるにつれて面積を減らしていった。これは土間にあった竈や流し、風呂などの改良をともなうことになり、それによって採光や排煙、排水の改善もなされていった。

豪壮な養蚕民家（群馬県伊勢崎市）

このような土間の減少化・消滅化は、高度経済成長期以降に見られるのが一般的だが、地域によっては土間の消滅化が、すでに大正期から見られる地域もある。新潟県南部の魚沼地域に広まる中門造りの民家では、土間が見られない。中門造りとは、棟がL字型に突出する部分をもった民家の形態で、オモテ側に突出して厩と便所が設けられる「前中門」と、後側に突出して寝室などが設けられる「後中門」の二種類がある。中門造りの民家は、魚沼地域ではすでに一七世紀に見られる古い形態ではあるものの、地域全般に普及するのは大正期ごろからで、土間の消滅は、この中門造りの普及する時期と一致しているともいえる。つまり前中門という新たな土間に代わりうる部分ができたことにより、元々あった土間が大正期にはすでに板床化されてしまったのである。ただし、板床であっても、名称は他地域で土間を意味する「ニワ」と呼ばれたままで残っている。

さらに新生活運動が展開されるようになると、それまで採光や換気が不十分で、湿気が多く非衛生であった台所が、改良竈や台所の煙突の設置、窓のとりつけなどが行われることで徐々に改善され、人々の生活改善への意識もいっそう高まっていった。

そして高度経済成長のころになると各室の改善と、間取り形式に新しい変化が現れる。それまでの四間取り（田の字型）の建具のみで仕切られていた間取りから、オモテ側とウラ側の居室のあいだに廊下を設けた中廊下型の形式が出現したのである。

昭和四〇年代以降は、建て替えが盛んに行われて古い民家の形態は姿を消していく。また、茨城県では昭和三九（一九六四）年に生活改善資金の無利子融資制度がスタートし、さらに農家住宅の改善案を公募して農家住宅の改善を奨励したような例もある。

さらに時代が下ると、非農家と違わない現代風の住宅が主流となっていく。同時に、燃料とそれにともなう設備も電気・ガス製品となり、それまでの農家の生活風景は消滅していった。

（津山正幹）

町屋の変容［マチヤのヘンヨウ］

町屋の間取り形式

町屋は本来、職住一体となったつくりである。そのため、間取りを機能面からみると、商いや手工業に関係する部分と生活の部分からなっている。

間取り形式は、京都型と江戸型、在地型に大別される。

ここでは、平安京以来の歴史がある、京都型の間取り形式の特色と変容についてみていきたい。

京都型の特色と変容

京都型は間口が狭く奥行きの深い平面構成で、土間である通り庭（通行用の土間）を軸として床上部分の部屋が縦に配される。

通り庭の前面部分は「ミセニワ」で、出入口や商いの場として用いられ、中戸（土間空間を間仕切るために間に入れられた板戸で多くは格子戸）より後方は流しや竈が据えられた「ウチニワ」である。

床上部分は一列型が一般的であるが、間口が広い場合は、二列、三列と並行して構成され、部屋数が多くなる。近世には、後列の奥の間は家族の居室から座敷へと整備されていく。さらに、大店の屋敷では、主屋後方に角屋形式（主屋から突き出して建てる家屋形式）で座敷が設けられていく。庭も整備され、接客空間が敷地後方に拡充されていく。

一方、時代とともに階高が高くなり、階層も増していく。平屋から厨子二階屋（二層からなる建物で、二階の天井が低い部分を持つ造り）、本二階屋となる。二階は、店の間の上部だけでなく、全面的に構成される。二階には物置や奉公人部屋以外に家人の居室や接客の場が設けられていく。京の町屋では、階下の座敷よりも二階座敷のほうが高い格式をもつ。階段も、梯子状から箱階段となり、家族だけでなく客の動線に配慮して、数か所設けられていく。

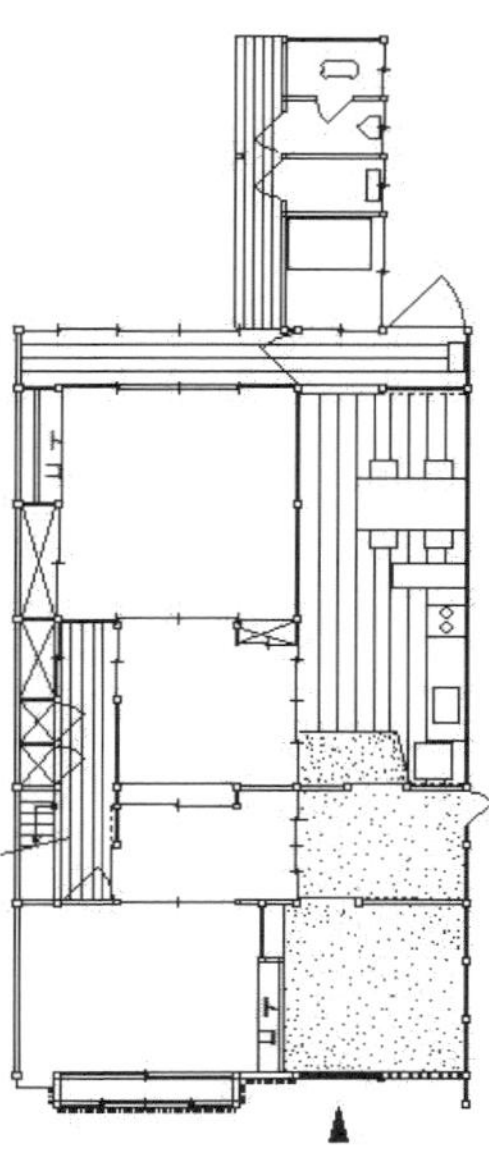

中廊下の導入、奥土間の板敷化例（『京都府の民家　調査報告　第六冊』京都府教育委員会より）

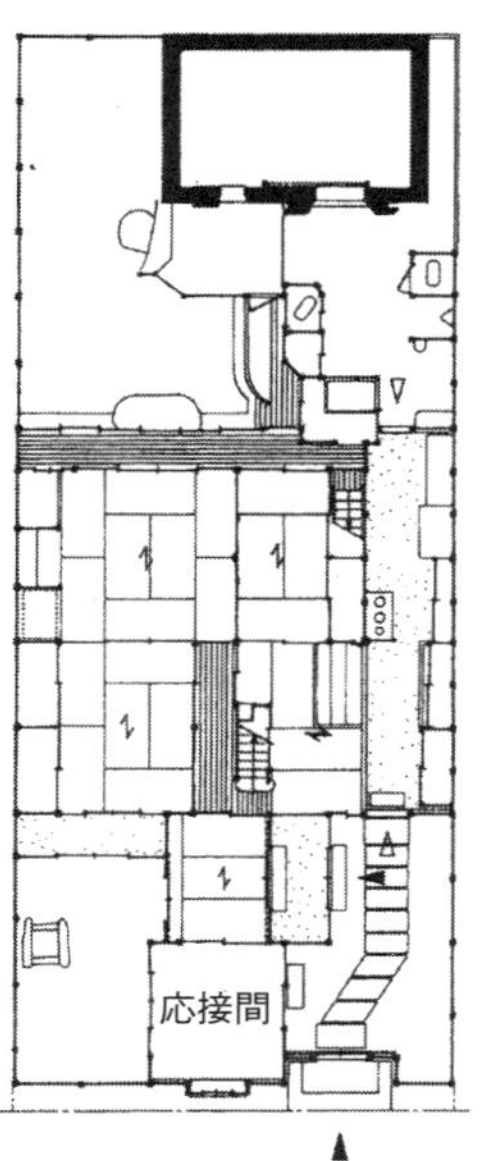

大塀造り屋敷（『京都市文化財ブックス第8集　京の住まい：地域の文化財としての民家』京都市文化観光局文化部文化財保護課より）

京都型の近代以降の変容

近代以降の間取りの変容点としては、居室間に中廊下が通され、各室が独立する中廊下型の導入があげられる。階段の位置も押入内部から廊下沿いに移されるようになり、居室を介さずに二階へ通じ、居室の独立性が確立されていく。

一方、間取りを大きく変容させる要因として、土間の板敷化があげられる。前土間も行われていくが、とりわけ奥土間の炊事場からすすみ、通り庭から裏手に通り抜ける住まい方が失われていく。

他方、職住一体の町屋が仕舞屋（家業を廃業したことにより、専用住居となった家屋）化し、住まいのみに用いられていく事例がみられる。さらに、「大塀造り」と呼ばれる、当初から住まいのみを目的としてつくられた屋敷構成も誕生する。ミセ部分がなく、道路沿いに高塀をたて、塀の内側には前庭を設け、その奥に玄関や居室をもつ家屋が位置し、敷地後方に庭や蔵を配す。

商いの場と生活の場が巧みに融合された町屋の間取りや住まい方も、時代とともに変容している。

京都では古い町屋の改修・再生が二〇〇〇年代に広まる。カフェやレストランなどの飲食店や宿泊施設に改装したり、複数人で共有するシェアハウスに活用されるなど、新たな用途や魅力の模索が行われている。

（千森督子）

わが家のメモリアルホール

私にとってのマイホームは東京都八丈島町三根にある。木造平屋建ての建物で、ちょっとした畑ができる庭もある。この家は、若かりし両親が手に入れた初めてのマイホームで、昭和五七（一九八二）年の三月下旬から八月上旬までの約四か月間住んだ家である。当時の家族構成は父と母、七歳と五歳の兄二人と二歳の私といった五人家族であった。なぜこの短期間しか私たち家族が住まなかったかは後述する。

この家の間取りは、一〇畳の居間と食堂、八畳の和室、七畳の子供部屋である。居間にはテレビやレコードプレーヤー、スピーカーなどとレコードや本が並べられ、西側の窓からは海を臨められるのが自慢であった。長押の上には父が旅先で譲ってもらった油絵などがかけられていた。子供の玩具などもこの部屋に置かれた。おそらく、私たち家族がこの家でもっと長い年月を過ごすことになれば、子供たちが描いた絵や学校で貰った賞状、父の撮った写真などがかかることになっただろうし、そうした家族の記念すべき品々の並ぶわが家のメモリアルホールとなり得たのだろうと思う。

二番目の兄の小学校進学に伴い教育熱心な父は勉強机のある子供の部屋をと考え、マイホームの建設に踏み切ったのだった。初めてのマイホームにもかかわらず、私たち家族が後にも先にもこの四か月間しか住まなかったのには二つの理由がある。ひとつは父の伊豆大島への転勤が急に決まったことにある。父の仕事は数年に一度異動があった、いわゆる転勤族ではあるのだが、こんなにも早く転勤となるとは予想していなかった。そして、もうひとつが工期の遅れである。父が家の間取りを考え、島の工務店に頼み設計図を作成してもらい、島の大工さんが家を建ててくれたのだが、どうも施工の手がうまく進まなかった。現場にいないと思うと芋掘りに行っていたり、注文していない大きな格子戸を作っていたりと、そうしているうちに予定していた工期はどんどん遅れていったという。大工さんの名誉のために言っておくが、腕は確かで、いらないと言った大きな格子戸もその細工は立派なものだったし、築三〇年以上経つ家はまだまだしっかりしている。とにかくそうして竣工が遅れ、私たち家族が入居したのは三月下旬となり、兄たちの夏休みを待って八月上旬には伊豆大島へと引越しをすることになったのだった。引越し前夜、庭に植えたスイカがまだ黄色いうちに家族で食べたことを覚えている。引越しに次ぐ引越しで慌ただしかったのと、また八丈島へ赴任するという可能性もあったのとで、居間にあったレコードや本、玩具、日常使わない来客用ティーセットなどの食器類を子供部屋の屋根裏に置いていった。伊豆大島での幼少期に、装飾的な食器や新しい玩具が欲しいとねだると決まって「八丈島の家の屋根裏にある」といわれたものだった。その後、私たち家族は伊豆大島での暮らしが長く続き、上の兄の高校進学と共に本土へ移り、島への転勤の際は父が単身赴任することとなった。ついには八丈島のマイホームに帰ることなく家族との島の暮らしは終止符を打ったのだった。

私たち家族が八丈島を離れて以来、マイホームは借家として貸していた。長らく住んでいたご夫婦のご主人が亡くなり奥さんだけが一人暮らしをしていた時に、一度伺ったことがあった。二歳の時に離れて以来、実に二〇年ぶりだった。お邪魔したマイホームでは、居間にとおしてもらい、そこでお茶をいただいた。居間には亡くなったご主人の写真などが飾ってあり、家族と住んだおぼろげな記憶よりも、よっぽどこのご夫婦が住まわれたメモリアルホールとなっていて、不思議な気分になったのを覚えている。

二〇年ぶりに訪れたマイホームは記憶の中にあったような美しい家でもなかったし、海も庭木に隠れて見えなくなっていた。ただ、子供部屋の屋根裏に上がると古ぼけていながらも食器や玩具などがいわれたそのままに置いてあった。また、かつて居間にあったレコードや本などが埃を被り、ネズミの糞にまみれながらもその物たちだけが時間が止まり、懐かしいマイホームに帰って来た気にさせてくれた。かくしてマイホームは私たち家族の記念すべき品々が積み重ねられることなく、幼き日々に家族で過ごした幸せな島での暮らしのタイムカプセルとなったのだった。

（堤　涼子）

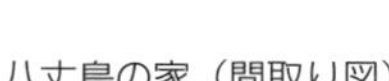

八丈島の家（間取り図）

漁家の変容［ギョカのヘンヨウ］

漁撈環境

大正末期ごろから動力船が導入されるようになり、伝統的な木造和船は昭和四〇年代になると姿を消した。船体の大型化によって港の改築がすすみ、砂浜や磯の多くが消えてしまった。

漁村の特徴であった個人の漁具小屋や作業場、舟屋などは、漁業協同組合の設立とともに共同作業場となった。個人経営であった大型網を使用する組織も、共同経営に移行した。

港の改築によってコンクリート護岸が広がり、集落は浜から遮断された。かつての漁村の姿はほとんど見ることができない。

新しい漁家。屋敷地に二階建ての建物も見られる（和歌山県日高町比井）

漁家の変容

近代化の波は、漁撈環境だけにとどまらず、漁家にも大きな影響を与えた。

漁家の様式は、漁獲量と収入の変動が大きいという生産活動の特性から、生活の場も簡素なつくりが多かった。それが、漁具の発達や漁法の開発によって安定した収入が得られるようになると、住まいへの関心が高まる。その結果、多くの漁民が住まいの改築を行い、次第に大型化していった。

間取りも、かつて作業場として使われた土間や漁具小屋に部屋の増築が進んだ。一家の人数にはさほど変化が見られないものの、個人のプライバシーを重んじるようになったためであろう。また、子どもが親の職業を継がない現状から、漁業に適した住居に住むという意識が薄れた結果ともいえる。

木造建築は費用が高いうえに維持費も高いので、鉄筋コンクリートの頑丈な民家も普及するようになった。また漁家の特徴ともいえる、波風を防ぐために工夫された軒（のき）の低さ、頑丈な石垣の構築なども減少した。このように漁村の景観も変わっていった。

（裏　直記）

琉球諸島の民家［リュウキュウショトウのミンカ］

琉球諸島の民家は、石灰岩の自然洞穴利用や、竪穴式住居など、考古学上の成果を除けば、「穴屋（アナヤー・アナブヤー）」と呼ばれる掘立柱建物から始まったといえる。掘立柱建物の痕跡は考古遺跡からも確認されるが、戦前までは沖縄県の各島で見ることができ、一部の地域では昭和三〇（一九五五）年以降も残った。建物の規模は、平均して三間（一間は約一・八メートル）四方ほどであり、内部に台所があった。

続いて、「貫屋（ヌキヤー・ヌチジャー）」に変わっていくが、これは、穴屋に対して用いられる用語であり、登場は、グスク時代後半にさかのぼる。貫屋とは、礎石建ての建物をさし、地面に置いた礎石の上に柱を立てて、貫で架構する構造形式である。礎石には、キクメ石と呼ばれる人頭大のサンゴが多く利用された。また、両者の間には、「マールヌチ」「キタヤ」などと呼ばれる中間様式も見られた。このころになると、台所は、母屋とは別に建てられるようになり、また、屋根も茅葺きから瓦葺きへと変化した。

沖縄の伝統的景観の象徴である赤瓦屋根は、比較的新しいものである。沖縄諸島では、古くは灰色瓦を使用しており、赤瓦へと変化したのは、一七世紀末ごろだといわれる。しかし当初は、琉球王府や地方庁の関係施設や、一部の特権階級のみに使用が限られていた。瓦が一般に解禁されたのは明治二二（一八八九）年のことであるが、実際に一般の民家に普及していくのは、さらに後のことである。なお、昭和三〇年代までは、現在は赤瓦の建物が印象的な竹富島でも、茅葺き屋根が一般的であった。

このような民家の変化は、主に、明治末期から昭和初期

礎石に利用されるキクメ石の加工場（昭和初期、石垣市立八重山博物館所蔵写真）

にかけて見られ、沖縄県本土復帰の昭和四七（一九七二）年以降には、コンクリートの普及とともに、戦火を逃れた赤瓦屋根の木造建築も姿を消していった。

（島袋綾野）

石垣島の茅葺き建物（昭和初期、石垣市立八重山博物館所蔵写真）

二　住まいの保存と活用

1　保存

民家の文化財指定 [ミンカのブンカザイシテイ]

文化財保護行政のもっとも基本的な手法は、いうまでもなく文化財として指定・登録することである。現行の文化財保護行政における民家の文化財指定は、国から都道府県、市町村にいたるまで、ほとんどが「有形文化財―建造物」の範疇で行われている。一方、非常に数は少ないものの、一部民俗文化財（有形民俗文化財）の範疇での指定も行われてきた。たとえば、日本民家集落博物館に移築展示された「白川村の合掌造り」は、昭和三四（一九五九）年という民家の中では早い段階の国指定であるが、重要有形民俗文化財（指定当時は「重要民俗資料」）としての指定であった。

民家研究と民俗学

日本の民家研究はその揺籃期において、在野の学であった民俗学の影響を色濃く受けたといわれる。大正五（一九一六）年、柳田國男や石黒忠篤らによって結成された白芽（はくぼう）会に、今和次郎（こんわじろう）らの建築家が参加して、民家探訪が盛んに行われ、民家研究の途が開かれたことは有名である。もちろんこの時期には、民俗学自体も確立してはいなかったわけで、後の民俗学に連なる学的営為と共に民家研究が進められたといってよいだろう。それがアジア太平洋戦争後、民家研究は建築史学のなかで確たる地位を築いていった。その過程において、昭和二五

白川村の合掌造り（大阪府豊中市、日本民家集落博物館、写真提供：森隆男氏）

（一九五〇）年に文化財保護法が制定され、文化財指定という行政施策とその前提となった民家調査が果たした役割はきわめて重要である。

戦前の文化財指定

民家の文化財指定は、社寺建造物や城郭建築などと比べるとずいぶんと遅れた。明治三〇（一八九七）年の古社寺保存法や、昭和四（一九二九）年の国宝保存法などのもとでは、民家はほとんど保存の対象とはならず、ようやく一九五〇年制定の文化財保護法のもとではじめて対象とされたのである。アジア太平洋戦争前における民家と呼べる文化財指定は、大阪府羽曳野市の吉村家住宅と、京都市の小川家住宅の二例を数えるにすぎない。

文化財保護の下での民家調査

民家が文化財保護の対象となったことで、悉皆的なデータ収集を目的として、昭和二九（一九五四）年から昭和四一（一九六六）年にかけて古民家の所在調査が全国的規模で行われた。同時に地域限定ではあるものの民家の詳細調査も行われ、その成果を吸収する形で、昭和三〇年代以降、実際に文化財指定がされていった。大角家住宅（滋賀県栗東市、一九五四年指定）、那須家住宅（宮崎県東臼杵郡椎葉村、一九五六年指定）や、今西家住宅（奈良県橿原市今井町、一九五七年指定）、羽馬家住宅（富山県東砺波郡平村〈現・南砺市〉、一九五八年指定）などは、文化財保護法に基づく民家指定の初期の成果である。

昭和三七（一九六二）年からは、国庫補助事業として、都道府県教育委員会を実施主体とした民家緊急調査が行われた。昭和四一（一九六六）年からは、それまで各年度一府県であったのが、単年度に五府県の民家調査が並行して進められるようになる。また同時期には、大学などの研究機関による民家調査も充実していき、それに比例して民家の文化財指定が急速に進んでいった。一方で、高度経済成長を迎えて、急速な開発に伴う民家の取壊しが進んだ時期であり、緊急調査の必要性がより高まる。そうした状況下で、文化財保護委員会（現・文化庁）が、古い民家の見分け方や調査・整理方法について簡便にまとめた民家調査の手引き書を、緊急調査の便に供する目的で刊行している。

民家の有形文化財指定

さて、文化財指定はそれぞれの分野毎に定められた指定基準に照らして行われる。国指定の場合、建造物は国宝および重要文化財（重文）ということになるが、昭和二六（一九五一）年、文化財保護委員会の告示第二号において重要文化財の指定基準が記されている。すなわち、建築物、土木構造物およびその他の工作物のうち、次の各号の一に該当し、かつ、各時代または類型の典型となるもの

㈠意匠的に優秀なもの
㈡技術的に優秀なもの
㈢歴史的価値の高いもの
㈣学術的価値の高いもの
㈤流派的又は地方的特色において顕著なもの

民家は、そのうちの（四）、あるいは（五）に該当するものとして指定を受けてきた。

建造物の保護は、平成八（一九九六）年の登録制度導入以前は、主として近世以前の建造物を対象としてきた。近世以前の建造物は、神社、寺院、城郭、住宅、民家、そしてその他の区分に分類されているが、そのうちの民家とは、農家、商家、漁家等、庶民の住宅様式のことをさし、公家、大名などの江戸時代以前の支配層の住宅様式である住宅とは差別化してとらえられている。その相違の根拠は、民家は住宅とは異なり、それぞれが独自の発達を遂げたという建築史学の成果を最重要視したところにある。

文化財としての民家指定の変化

有形文化財の範疇で行われた民家指定は、当初から古態を示すもの、より建築史的に価値の高いものが選択された。民家そのものは実際の生活の場であるわけで、いくら建築年代が江戸初期といっても、それぞれの時代の産業や社会にあわせたマイナーチェンジがなされてきている。しかし当初は、そうしたマイナーチェンジは、文化財としての価値を損なうもの、民家の様式美を乱す雑音とみなされた。よってたとえばひとつの屋敷地内のうち、古態を残す棟のみが指定され、改築の激しい他の棟は指定から外されるというのが一般的であったのである。現在では、そういった手法ではなく民家が伝えることのできる生活文化情報が損なわれないように、敷地内の関連施設を一括して指定する、もしくは附（つけたり）として保護することが一般化してきている。と同時に保護を目途として、文化財建造物はいうに及ばず、その真下の土地（底地）に対する相続税、固定資産税の減免措置を設ける地方自治体も増えてきている。

かつては民家園等の博物館展示でも、民家の構造や様式美を見せることが主眼であり、マイナーチェンジの痕などは復原して消し去るのがふつうで、家具なども構造を見る際の邪魔になる雑音でしかなかったのである。こうした建造物のみの復元的展示手法については、生活実態を大事にした民家研究者のあいだでは早くから批判されてきた。

（村上忠喜）

町並みのデザイン

町づくりの現状

近年、町並み整備に対してデザインということばが使われるようになってきた。しかし、建築物やインテリアに比べると、町並みのデザインをプロのデザイナーに依頼するという考え方はほとんどなく、あったとしてもそれに応えられる優秀なデザイナーが極めて少ないのが現状である。

一方、日本の町並みの景観形成は地元を愛する少数の熱心なボランティアに支えられているという現状から、住民の手づくり的な町並みデザインが主流になっている。町づくりにおいて、まず住民の意識を高めることが重要であり、関わった人々の達成感が大きくなることに価値はあるが、客観的に見て美しいかどうかという視点が置き去りにされる傾向がある。

復元と修景

その町がもっとも栄えていたある時代の景観に復元すると決めても、道路を未舗装にもどすわけにもいかず、現代の生活がおくれるようにするための設備はどうしても必要になってくる。

長野県塩尻（しおじり）市奈良井（ならい）の宿場では、かつて障子の外は板戸だけであった。その後、アルミサッシが普及するが、景観上好ましくないといってガラスを禁止することはできない。そこでこの町では、アルミサッシの外側に格子を設けて景観を守るように指導した。しかし、ここには昔、格子はなかったのである。どのようにして景観を整えるかはむずかしいことだが、復元保存と修景（しゅうけい）とのちがいがそこにある。

修景は、現代の生活のために必要なものを周囲の景観との調和を図ってデザインする手法である。このデザインはすでに全国に普及してきているが、エアコンの室外機を格子で覆うまえに見えない場所に移設できないか、あるいは自販機を板で隠すまえにほんとうにそこに自販機がいるのかという検討が不足している。また、かつてなまこ壁がなかった土地でなまこ壁模様のペイントを施すなど、修景が修景になっていない逆効果の事例も数多い。

規制の限界

山梨県南巨摩（みなみこま）郡身延町（みのぶちょう）の駅前の商店街では、区画整理、道路整備とともにほとんどの家が建て替えられた。その際、電柱の地下埋設や、建物の高さ制限、壁の材料・色など多くの規制を行った。しかし、結果として美しい町並みになったといえるのかどうか、問題は残る。

北海道上川郡美瑛町は、美しい農村景観で有名だが、駅周辺の区画整理の際に、町並みに統一感を出すために道に面して急勾配の三角屋根をつけるという建築協定がつくられた。その結果、三角形の妻面が並ぶ町並みが実現したのだが、現在、降った雪を屋根に載せたまま溶かす「克雪住宅」が主流のため、ほとんどの家の屋根は平らである。三角形の屋根は、看板のようにはりついている。また、地元産の美瑛軟石を足元に使用することも同時に決められたが、それが生かされたデザインにはなっていない。

北海道美瑛の町並み

地元産の材料を使うことや、高さや材質、色など、デザイン上のルールを設けることで景観を規制するのは必要なことだが、それを守れば美しい町並みになるとは限らない。

建築基準法をはじめ法で規制できるのは、高さや面積など定量化できるものに限られ、美しいかどうか、似合っているかどうかという主観的なデザインの問題に立ち入ることはむずかしい。平成一九（二〇〇七）年、京都市の新景観政策では「和風」ということばで規制するという施策が一歩踏みだした。だれがそれを判断するのかという批判はあるが、町並みにはいずれなんらかのデザインコントロールが必要になってくると思われる。

歴史的町並みとレトロ

昭和五一（一九七六）年からの重要伝統的建造物群保存地区の選定、平成八（一九九六）年から始まった登録有形文化財など、古い町並みの価値が認められつつある。いままで保存を訴え続けてきた人々にとってこの流れは嬉しいことではあるが、一方、古い町並みが観光資源になることが、町並み保存の動きへ向かわずに安易なレトロ建築による偽物の増殖に向かうという傾向も見られ、かえって古い町並みの歴史的価値を落とすことにもつながってしまう。

しかし、観光的にはほんとうに古いものより古っぽい偽物が求められることが多いのも事実であり、それを供給するのが現代の文化であるという見方もできる。二一世紀初期の日本の民俗的景観として受け入れなくてはならないのかもしれない。

（岸本　章）

民家博物館 ［ミンカハクブツカン］

民家博物館とは、民家を移築・復元した野外博物館をいう。

世界の民家博物館

民家博物館の先駆けは北欧であった。一九世紀後半～二〇世紀初頭、北欧ではロシア帝国などの大国から侵略され続けた小国（スウェーデン、フィンランド、ノルウェー、デンマークなどの諸国）が独立していくなかで民族主義が起こり、各国の民族学（文化人類学）・民俗学の研究が蓄積された。また、産業革命を経た後、暮らしの変化から、北欧を中心に多く見られた伝統的木造家屋が破壊されていき、移築保存の必要性があったことが主な理由としてあげられる。一八九一年、スウェーデンのスカンセンに世界初の民家博物館が、アルトゥール・ハゼリウスによって設立された。民家博物館設立は第一次世界大戦（一九一四～一八年）によって一時衰えたが、その後、一九一九年から五八年までのあいだ、新たに成立・改編されたソビエト連邦（当時）などの国家による設立が相次いだ。一九五九年以降から現在にいたるまでは、第二次大戦後の欧州の経済復興と開発によるライフスタイルの変化が、野外博物館設立の契機となっていく。失われゆく伝統的文化財の保存とともに、観光資源としての再生・活用も視野に入れられるようになったのである。

アジアでは、第二次世界大戦後の各国の独立により、国威発揚・民族の多様性を強調する民家博物館が国によって建設された。中国では、一九九〇年に北京に「中華民族園」が開館、一九九五年には深圳（しんせん）に「中国民俗文化村」が開館した。後者の文化村には、中国の少数民族のうち二四民族の民家が復元されている。

韓国では一九七五年、ソウル郊外の水原（スウォン）に「韓国民俗村」が設立された。現在は二六棟の建物が復元され、伝統文化と各地の固有な生活様式が忠実に再現されている。各民家のなかでは民族衣装をつけた職員が竹細工、紙漉きなどを伝統的な手法で実演しており、伝統文化の継承に力が入れられている。この施設は観光会社によって運営されているが、民家の復元に留まらず、民俗調査、民具類の収集、民俗芸能の保存継承など、学術的な側面でも地道な活動を続けており、アジアの野外博物館のなかでも優れた例である。また、最近では韓流時代劇の撮影セットとしても利用され、博物館に関心のない人々のあいだでも人気スポットになっている。

インドネシアでは、一九七五年に首都ジャカルタにタマン＝ミニ＝インドネシアという野外博物館が設立された。総面積一五〇ヘクタールの敷地に、二七の州ごとの伝統的民家を移築・復元し、伝統文化博物館、劇場、植物園、遊技場などが建てられている。国家を構成する多様な民族の統一をテーマに、インドネシアの国家的アイデンティティを楽しみながら体感できる施設となっている。

その他のアジア諸国では、経済発展にともなって各国とも伝統的文化が変容している状況にあり、各地で民家博物館の企画・設立がすすめられている。

日本の民家博物館

大正一三（一九二四）年、北欧を旅した渋沢敬三は、スカンセンとノルウェー民俗博物館を見学し、感銘を受ける。その後、今和次郎とともに、日本に野外博物館を設立する構想を抱き始めた。昭和一一（一九三六）年、国威発揚のため岡部長景子爵を中心に結成された「日本民族博物館設立委員会」が、文部大臣宛に「皇紀二千六百年記念日本民族博物館設立建議案」を提出し、東京郊外の保谷町（現・西東京市）に建設が計画された。渋沢は、この博物館に自己の収集品を寄付する予定であった。そのプロジェクトには、展示館とともに民家博物館部門も策定されたが、日中戦争へ突入した当時の日本には博物館建設の余裕がなく、日本民族博物館は、建設着工されたものの完成を見ることはなかった。

都会の情報を得た地域住民が家をプレハブ住宅に改築したり、集団で離村するケースも相次いだ。そのような情勢のなかで民家の移築保存が着手され、野外博物館が各地に設立されていった。

わが国の完成された民家博物館第一号としては、大阪府豊中市にある「日本民家集落博物館」があげられる。岐阜県大野郡白川村の大牧（鳩谷）ダム建設によって合掌造り民家が湖底に水没することになり、昭和三一（一九五六）年に同地から移築された合掌造り民家を公開したことから、館の歴史が始まった。ダムの開発は関西電力によって行われ、同社の寄付により民家の解体・移築が実施された。昭和三五（一九六〇）年までは豊中市立民俗館として運営されていたが、同年、財団法人の運営となり、関西財界と大阪府により、共同で運営されるようになった。当時としては画期的な運営方法であり、わが国における企業の文化貢献の先駆けとしても注目される博物館であった。関西財界の力と、利益を独占せず文化的施設を充実させることによって地域に還元する「上方商人の伝統」が相ともなって成し得た事業であった。それを契機に大阪ガス、阪急電鉄をはじめとする関西財界の援助があり、一一件の民家

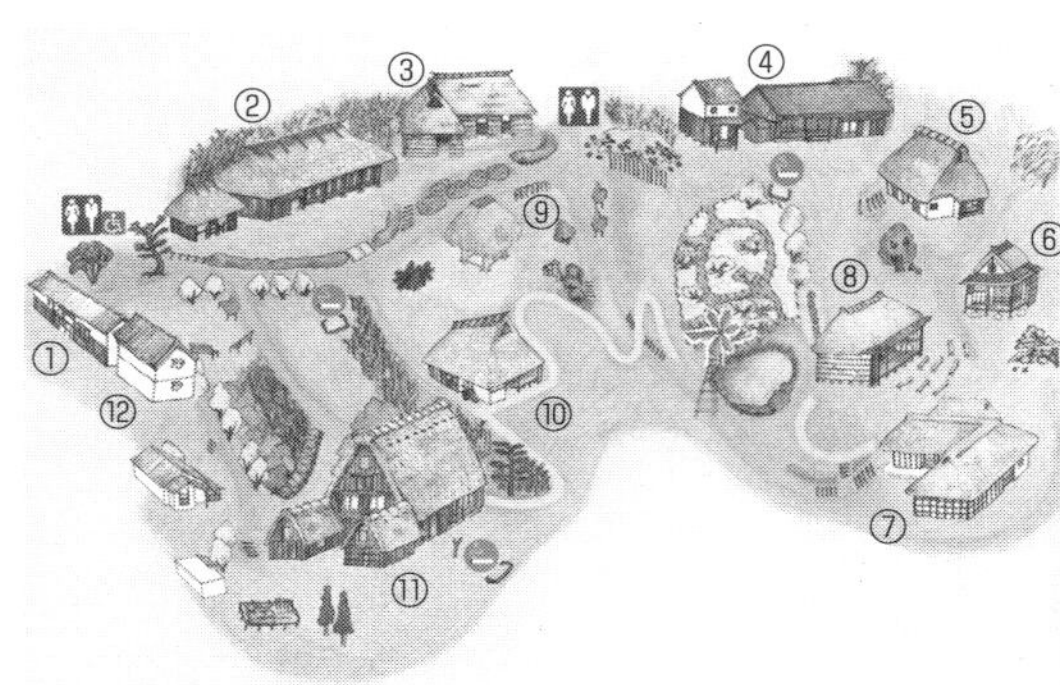

日本民家集落博物館案内図
①河内布施の長屋門（大阪府）　②日向椎葉の民家（宮崎県）
③信濃秋山の民家（長野県）　④大和十津川の民家（奈良県）
⑤越前敦賀の民家（福井県）　⑥北河内の茶室（大阪府）
⑦南部の曲家（岩手県）　⑧小豆島の農村歌舞伎舞台（香川県）
⑨奄美大島の高倉（鹿児島県）　⑩摂津能勢の民家（大阪府）
⑪飛騨白川の民家（岐阜県）　⑫堂島の米蔵（大阪府）

が移築された。現在は、国指定重要文化財三件、国指定重要有形民俗文化財一件、大阪府指定有形文化財四件、大阪府指定民俗文化財一件、国登録有形文化財三件を移築公開している。

わが国初の本格的野外博物館であり、設立に関わった文化人類学の鳥越憲三郎（とりごえけんざぶろう）、建築学の浅野清（あさのきよし）らはスカンセンを手本とし、北は岩手県から南は鹿児島県奄美大島の高倉（たかくら）まで、各地の特色を残す民家を移築・復元している。設立年代が古かったことから各地の貴重な民家が収集された。現在では現地でも完全な姿で見ることのできない民家も移築・公開されている。

また、国内の主要な民家博物館が集まって「全国文化財集落施設協議会」を結成し、施設同士の情報交換や連携が行われている。

長引く不況のなかで行財政改革が進行し、博物館への補助も格段に減少した。そのような状況のもとで、博物館運営にも自主・自立が求められている。花や紅葉など、季節ごとに変化する景観を見せ、生活感を再現したり民家にちなんださまざまなイベントを開催することで地域住民に親しんでもらえる点では、屋内博物館よりも民家博物館のほうが有利であると考える。日本人の暮らしの原点を見せる民家博物館が今後さらに、生きた施設として評価されていくことが期待される。（小島久美）

日向椎葉の民家（日本民家集落博物館）

2　活用

街づくり［マチづくり］

街づくりの視点

高度経済成長期以後、都市に集中する人口を収容するために、住宅地の開発が積極的に行われた。その結果、都市部には高層マンションが、郊外の新しい住宅地には多くの一戸建ての住まいが登場した。また、地域の経済を活性化するために観光化もすすめられた。しかしこの間、古い町や村が破壊され、私たちが失ったものも多いといわざるをえない。そのうちの重要なものが、住まいがつくりだす景観と、心が安らぐ暮らしである。

空調機の室外機をかくす格子の覆い（奈良町）

かつて、街づくりの主体者は行政であった。行政は、国がつくった指針にのっとって効率的に事業をすすめてきたといえるが、地域の伝統を尊重しつつも比較的個性に乏しい内容であった。ところが近年、各地でＮＰＯや地域住民を中心に街づくりがすすめられている。

これからの街づくりについて、以上の点に留意しながら、「奈良町（ならまち）」を事例に検討する。

景観

奈良市の「奈良町」は、律令時代に起源をもつ敷地割に近世から近代にかけての建築が残存する地域の通称名である。東大寺（とうだいじ）や春日大社（かすがたいしゃ）などの観光拠点の陰で目立つことがなかったが、平成一〇（一九九八）年には「都市景観百選」にも選ばれ、訪れる人が増加してきた。

奈良市は昭和五〇（一九七五）年に奈良町を東西に二分する都市計画道路の事業を決定したが、地域住民は伝統的な町屋がとり壊されることに反対し、町並み調査を実施した。当初、奈良市は文化財保護法に基づく伝統的建造物群の選定に向けて事業をすすめる計画であったが、地域住民の意思を尊重して比較的緩やかな保存措置をとることに方針を転換した。平成二（一九九〇）年に景観条例を制定して都市景観形成基準を設け、建造物の高さ制限に加えて伝統的な建造物を保存するための補助制度を定めた。注目したいのは、新築の際に白壁（しらかべ）や格子（こうし）を基調とした概観を採用した場合も補助の対象としたことである。これによって新しい看板が撤去され、空調機の室外機に格子の覆いがつけられるなど秩序をもった景観が出現しつつある。

しかし、残存する町屋の整備は評価できるとしても、新規に白壁や格子の外観を備えた住まいが新しい景観を創出することは、長い歴史をもつ奈良町の歴史遺産を損なうことになるといえる。そして全国のどこでも見られる「金太郎飴」のような個性の乏しい町並みは、いずれ来訪者の飽きを招くことになろう。

伝統的な街にはランドマークがある。奈良町には古くから住民の信仰を集めてきた庚申堂（こうしんどう）が残存している。身代わり猿を軒（のき）に吊り下げた独特の風情も知られるようになった。一般的に、ランドマークになるのは兵庫県豊岡市出石（いずし）町の辰鼓楼（しんころう）のように平面的な町にそびえる高さを誇る建造物である。しかし、今後は必ずしも高い建造物にこだわらず、庚申堂のようにむしろユニークさに着目した選定が行なわれるべきであろう。さらに、このような暮らしがつくりだしたモノを活用した街づくりも必要である。

地域住民の暮らし

奈良町では、町並みの保存にあたって、地域住民にとって暮らしの制限が少ない方法が採用された。街づくりが誰のために行われるのかという原点に立つとき、避けて通ることのできない問題である。保存整備事業が始まる早い時点の平成元（一九八九）年には、拠点施設として奈良町センターがオープンした。その後も「ならまち格子の家」など情報センターや公衆トイレを兼ねた施設が建設され、コンサートや版画展など多様な催しが開催されている。

奈良町のランドマーク「庚申堂」

その運営に関わっているのはＮＰＯ法人で、しばしば見学者と地元の住民が交流する機会を設定している。たとえばシンポジウムでは、研究者と地元で生活をおくる人たちのホンネのトークが展開されたりする。訪れた人に感動を与えながら地域の住民の生活を守る街づくりは、けっして容易ではない。プライバシーや騒音などの課題について、

今後とも正面から取り組んでいく必要がある。（森　隆男）

民家の再生 ［ミンカのサイセイ］

民家再生

伝統的な民家を、現代の暮らしにあった住まいにし、次代に引き継いでいくことを「民家の再生」という。元々民家は新築したとしても、それ以前に建っていた民家の部材を再利用（リサイクル）して受け継がれることが多かった。

民家の再生には、居住中の住宅の改築や内外装の改装などを行う比較的小規模な工事（リフォーム）や、古い建物を新たな使用に耐えうるように修繕・改造する比較的大規模な改修工事（リノベーション）などがある。ここでは、まず重要文化財のリフォームといえるものを示した後に、リノベーションといえる新潟県の事例も紹介する。

文化財建造物の保存修理

広島県三次市吉舎町の奥家住宅は、中国山地にたたずむ天明八（一七八八）年に建築された国の重要文化財（昭和五三〈一九七八〉年指定）である。建築当初より六間取り型の間取りに、突出部分のツノヤを設けた大規模な民家で、江戸末期には庄屋の住まいとして使われていた。

保存修理後の奥家内部（広島県三次市）

建築後には、修理や居住性の向上を目的とした改変が幾度か施されてきた。とくに明治中期からは、間仕切りの変更や一部増築などが行われた。しかし、雨漏りや不同沈下（基礎や構造物が傾いて沈下すること）が顕著となったため、平成一九（二〇〇七）年から半解体の保存修理工事が行われた。それに伴って建物としての形態がもっとも整っていたと考えられる江戸時代文化年間の姿に復元整備する一方、居住部分は所有者が住み続けるための利便性を図った最新の設備に整えられた。

文化財指定を受けた民家の建物の改変は、一般には制限がある。当家の平成一九年の改修においては、外観は元の姿をほぼそのまま残したほか、神棚や仏壇の位置や祀り方もそのままにしている。しかし、裏手のツノヤ部分の台所には、明かり取りと換気を目的とした窓を設け、炉を復元して居間として活用するように整備した。さらに裏手には風呂と便所を新しく移し、水回りを現代化した。文化庁もそれを認めて改造を許容している。

民家の再生プロジェクト

新潟県十日町市竹所（たけどころ）地区（旧・松代町（まつだいまち））は、町を「古民家再生の里」にするというプロジェクトを進めている。プロジェクトのきっかけは、この豪雪地に住む一人の建築家が、過疎のために廃屋になっていた中門造り（ちゅうもんづくり）の茅葺きの伝統民家などを再生し、再生された民家が一〇棟近く点在する地をつくりあげたことによる。建築家の名はカール・ベンクスで、一九四二年生まれのドイツ人である。カール氏が十日町市竹所に入ったのは一九九三年のことで、江戸時代に建てられて廃屋になっていた茅葺きの民家を、まず自宅用に再生した。太い梁組（はりぐみ）を残し、天井を取り払って縦横に走る梁組が見られるような吹き抜け部分を造った。居室部分は、間仕切りの建具を取り払い、開放感のある空間にした。元々、当地の民家の間取りは、魚沼（うおぬま）型と呼ばれる広間型のものが多い。田の字に居室が四室並んだ間取りとは違い、魚沼型は出入口に近い下手側の居室が、一室の広い空間をもつ形態である。

民家を再生した双鶴庵（カール・ベンクス家、新潟県十日町市）

さらにカール氏の自宅の場合は、上手側の二室の間仕切りも取り払って壁も造ってはいない。廃屋は、一旦解体され、組み直された。床は新たに檜（ひのき）材を張り、床暖房に切り換えられた。小屋組（こやぐみ）まで見通せる吹き抜けではあるが、一部に二階をしつらえて、仕事部屋と寝室を造っている。また、窓や台所・浴槽は、カール氏の出身地のドイツ製の物を使用し、さらに壁は地元にはないピンク色の壁にしている。しかし残っていた茅葺き屋根はそのまま使用し、完成した自宅を双鶴庵（そうかくあん）と称した。このように、カール氏の自宅は日本とドイツとの融合を図った民家再生の事例といえる。

カール氏の自宅に見られる古い部材の重厚感は、それらを組み合わせていく伝統的な建築技術を重んじたればこそ可能な、民家再生の手本であろう。打ち捨てられた伝統的な民家を見事に再生したドイツ人のカール氏は、現代日本の「使い捨て住宅」に対して警鐘を鳴らしているともいえるのである。

（津山正幹）

文化遺産としての住まい

［ブンカイサンとしてのスまい］

古民家について、これまでは建築学の立場で当初の姿に復元が行われ、学術資料として保存されてきた。今後は活用しながら保存することが求められ、住まいが生活の場であることを重視して、民俗学の立場から、台所や便所の設備、家財道具まで検証を加えて、一体として保存する必要があろう。

活用を視野に入れた保存

民家を移築復元した民家博物館では、体験を通して伝統文化を学ぶ企画が実践されている。たとえば昔の子どもの遊びをテーマに親子でコマや竹馬をつくり、それらを縁側で使用してみる企画である。年配のボランティアが指導役をつとめることで、世代間の交流にもなる。

さらに土間の竈（かまど）で郷土の伝統食を調理し、炉の周りで試食する企画も報告されている。いずれも民家の汚損や火災の危険などのリスクもあるが、教育上の効果は計り知れないほど大きい。

住まいをめぐる問題

①空き家問題

過疎化が進む地方だけでなく都市部においても、空き家が増加している。数年経つと屋根が落ちる事態になり、景観上そして防犯上、早急に空き家対策が求められている。とくに取り壊しができない伝統的建造物群保存地区に選定されている場合、当該民家の利用を含む地域全体の対策が喫緊の課題になっている。

日本民俗建築学会では平成二六（二〇一四）年に重要伝統的建造物群に選定されている兵庫県豊岡市出石（いずし）町の「出石永楽館（えいらくかん）」で、空き家対策を含むまちづくりのシンポジウムを開催した。宿泊施設としての再利用に加えて、地域住民の「溜り場」など、そして何よりも地域の活性化の具体案が提示された。

②個人所有の民家の保存

文化財に指定された民家の多くが個人の所有で、維持管理も所有者に委ねられている。しかし修理を含む維持管理の経費は膨大で、さらに経費上の厚い措置が必要である。公的支援を受けることは、当然、公的な活用も求められることになる。保存会を設置している事例も多いが、所有者個人が家族とともに管理に当たっているのが実情である。今後は地域の資源としての活用が望まれる。そのために保存会の構成員には建築学や歴史学、民俗学の専門家に地域住民を加えて、「地域の宝」として地域の中で保存する意識の共有化を提案したい。多様な企画を打ち出すために若い世代も会員になるべきであろう。

③民家博物館の危機

高度経済成長期に開館した民家博物館の多くが、経営上の危機に面している。入館者の減少に加えて、膨大な維持管理費の確保が困難になっている。

かけがえのない文化遺産という価値観を共有化することで、個人や企業からの資金提供も期待できる。また入館者の増加を目指して、伝統的民家の魅力を理解してもらう事業を展開することはもちろんである。

空き家を利用して、地元の人から伝統食を学ぶ学生たち（大阪府能勢町）

民家を利用した椎葉神楽の公演（日本民家集落博物館）

文化遺産としての意義

生活文化財として、衣・食・住はもちろん、年中行事や民俗信仰などの伝承文化を学び、後世に継承する場とする。そのためには世代を超えた人々が集う場にする必要があり、民家博物館が重要な役割を果たすことになろう。愛知県のリトルワールドは世界各地の住まいを集めた野外博物館である。それぞれの住まいでは、移築前の地域でみられた民族衣装を着て記念写真を撮ったり、各国の料理を食べたりすることができる。

大阪府の日本民家集落博物館では、宮崎県東臼杵郡椎葉村（しいばそん）から移築した住まいを会場に、現地から招いた保存会のメンバーが演じる神楽を鑑賞する企画が行われた。当地の神楽はかつて住まいで演じられたが、現在は公的な施設で公開されている。この企画は、椎葉の神楽の本来のあり方を再現する貴重な機会になった。

（森　隆男）

おわりに

初めて会った人に「私の研究テーマは日本の住まいです」と言うと、「建築学を専攻されているのですね」と返ってくる。衣・食・住は直接生活に関わる重要なテーマであるはずなのに、民俗学の研究者はほとんどいないのである。柳田國男の存命中に刊行された『日本民俗学体系』（平凡社　一九五八）では、第六巻で「間取り」「建築儀礼」「いろりと火」などの論考が収録されているが、住まいに関わる一部の項目をとりあげただけである。また柳田國男・山口貞夫共編『居住習俗語彙』（図書刊行会復刻　一九七五）も、断片的な情報を収集したに過ぎない。民俗学から住まいの全体像に迫った内容の刊行物が必要と考えていた。

一九六〇年代に始まった高度経済成長は各家を豊かにし、伝統的な生活を衰退・消滅させていった。住まいそのものはもちろん、そこでの生活が激変したといってもいいだろう。私が中学まで過ごした但馬の山中の村でも、厩がなくなって応接間や子ども部屋に改築された。台所や風呂、便所などの水回りに加えて、土間に床を張って玄関の間ができた。全国で民俗調査を進めている団体「古々路の会」に入会し、毎年調査地を訪ねて二〇年になる。高度経済成長期前までの住まい習俗を尋ねるが、年々困難になってきたことを実感していた。さらに現在に至る変容についても、情報の入手は容易ではなくなっている。住まいに関わる文化について、一定のまとめをしておく必要も考えていた。

柊風舎から『住の民俗事典』の刊行に向けて編者の就任を打診されたのはそのようなときで、約十年前のことである。柊風舎では民俗学の立場で衣・食・住の事典を刊行する企画を進めていた。このうち食については野本寛一先生を編者にして作業が先行していた（二〇一一年刊行）。住の編者として私を推薦してくださったのが野本先生である。私が適任者である自信はなかったが、当時、関西大学文学部の教員になり、いろいろなことに挑戦してみたいという思いもあって引き受けた。数年以内に刊行できると考えて着手したが、一〇〇名近い研究者に執筆を依頼し、原稿が揃うまで九年間を要した。その上で文章量の調整、写真や図版の絞り込み、さらに内容の確認と表記の統一など膨大な作業が待っていた。幸い山崎祐子さんと松田香代子さんが編集委員として加わってくださり、大いに進捗したが、結局、定年退職後に校正のチェックをするという想定外の作業をすることになった。この間、学会などでお会いした執筆者に刊行時期を聞かれて、あいまいな返答を繰り返したことをお詫びしたい。

実はこの仕事を引き受けたことを後悔したこともあったが、届けられた原稿を熟読することで住まいに関する理解がさらに深められ、そして何よりも住まいの魅力すなわち住文化の奥深さを再確認することができた。

長いマラソンのような事業であったが、出版事業が悪化する中で柊風舎の伊藤甫律社長、当初編集を担当してくださった本作り空の檀上聖子さん、それを引き継いでくださった柊風舎の麻生緑さんには最後まで伴走していただいた。電話やメールが繰り返され、時には感情的なやり取りもあったが、良質の事典を作りたいという気持ちは共有していた。

執筆者の皆さん、編集委員の松田さん、山崎さん、項目の選定に協力していただいた津山正幹さん、そして柊風舎のスタッフに感謝するとともに、研究生活の最後にこのような事業に関わることができた幸せをかみしめている。

森　隆男

参考文献

〈はじめに〉
E・ハワード著、長素連訳『明日の田園都市』鹿島出版会　一九六八
森隆男『住まいの文化論―構造と変容をさぐる―』柊風舎　二〇一二
森隆男『クチとオク―住まいの民俗学的研究の一視座―』清文堂　二〇一七
〈四間取り〉
杉本尚次『日本民家の研究　その地理学的考察』ミネルヴァ書房　二〇一一（一九六九の復刊）
杉本尚次『日本民家の旅』日本放送出版協会　一九八三
森隆男『住居空間の祭祀と儀礼』岩田書院　一九九六
〈広間型間取り〉
大河直躬『住まいの人類学』平凡社　一九八六
杉本尚次『地域と民家　日本とその周辺』明玄書房　一九七七
杉本尚次『住まいのエスノロジー　日本民家のルーツを探る』住まいの図書館出版局　一九八七
〈さまざまな間取り〉
杉本尚次『日本民家探訪　民俗・地理学的考察』創元社　一九七四
杉本尚次「住まいにおける聖なる空間」石川栄吉・岩田慶治・佐々木高明編『生と死の人類学』講談社　一九八五
〈寝室・納戸〉
大河直躬『住まいの人類学』平凡社　一九八六
小泉和子「絵巻物にみる中世住宅の寝場所」『絵巻物の建築を読む』東京大学出版会　一九九六
〈茶の間・居間〉
文化庁監修『日本の建築5　近世2・近代』第一法規　一九七六
平井聖『図説　日本住宅の歴史』学芸出版社　一九八〇
平井聖「近代都市住宅に於ける茶の間」『学苑』昭和女子大学近代文化研究所　二〇〇七
〈デイ・ザシキ・客間〉
大河直躬『住まいの人類学』平凡社　一九八六

森隆男『住居空間の祭祀と儀礼』岩田書院　一九九六

〈仏間〉

石原憲治『日本農民建築』南洋堂書店　一九七二～一九七三

〈子ども部屋〉

愛知川町史編集委員会編『近江　愛知川町の歴史　第3巻　民俗・文献資料編』愛荘町　二〇〇八

西山夘三『日本のすまい　壱』勁草書房　一九七五

西山夘三『日本のすまい　弐』勁草書房　一九七六年

〈隠居屋〉

福田アジオほか編『日本民俗大辞典　上・下』吉川弘文館　一九九九・二〇〇〇

山口弥一郎「隠居制と核家族・過疎村の問題」『いわき地方史研究』一九七三

上野和男「日本の隠居制家族の構造とその地域的差異」『国立歴史民俗博物館研究報告52』　一九九三

鶴藤鹿忠「付属舎　納屋」『中国地方の民家』明玄書房　一九六六

鶴藤鹿忠「付属舎」『四国地方の民家』明玄書房　一九六八

小澤弘道「隠居屋」日本民俗建築学会編『図説民俗建築大事典』柏書房　二〇〇一

『郡山市史7　民俗』郡山市　一九六九

〈機織部屋〉

愛知川町史編集委員会編『近江　愛知川町の歴史　第3巻　民俗・文献資料編』愛荘町　二〇〇八

近江麻布史編さん委員会編『近江麻布史』雄山閣出版　一九七五

福田アジオほか編『日本民俗大辞典　上・下』吉川弘文館　一九九九・二〇〇〇

〈土座住まい〉

杉本尚次『地域と民家　日本とその周辺』明玄書房　一九七七

佐伯安一「広間と土座住まい」『北陸の民俗　北陸三県民俗の会年会記録』一四集　一九九七

〈玄関〉

喜田川守貞『守貞漫稿』

川島宙次『滅びゆく民家　間取り・構造・内部』主婦と生活社　一九七三

〈勝手口〉
柳田國男編『婚姻習俗語彙』
川島宙次『滅びゆく民家　間取り・構造・内部』主婦と生活社　一九七三
〈土間〉
小林存『越後方言考』高志社　一九三七
〈ソラ〉
鏡味明克「上下で表される民家各部の名称」『民俗建築』五五号　民俗建築学会　一九六五
津山正幹「屋内のソラ」『民具マンスリー』二八巻一二号　神奈川大学日本常民文化研究所　一九九六
〈縁〉
宮本常一『日本人の住まい―生きる場のかたちとその変遷』農文協　二〇〇七
森隆男『住居空間の祭祀と儀礼』岩田書院　一九九六
森隆男『クチとオク―住まいの民俗学的研究の一視座』清文堂　二〇一七
〈犬走り〉
松下電工株式会社雨樋事業部「ナショナル雨とい二十五年のあゆみ」一九八二
〈路地〉
『季刊　自然と文化　一九八七年夏季号　特集都市の路地空間』日本ナショナルトラスト
田端修『「和」の都市デザインはありうるか』学芸出版社　二〇一〇
〈カド〉
岩田重則「屋敷と屋敷神」社会民俗研究会『社会民俗研究』二号　家と屋敷地　一九九一
大井町史編さん委員会『大井町史　民俗編』大井町　一九八五
大塚民俗学会編『日本民俗事典』弘文堂　一九七二
幸手市史編さん室編『幸手の民家』幸手市教育委員会　一九九五
直江廣治『屋敷神の研究　日本信仰伝承論』吉川弘文館　一九六六
『民俗建築』一二一・一二二合併号　民俗建築学会　一九五八
民俗建築学会民家語彙集録部会『日本民家語彙集解』日外アソシエーツ　一九八五
日本民俗建築学会編『図説民俗建築大事典』柏書房　二〇〇一

日本民俗建築学会編『写真で見る民家大事典』柏書房　二〇〇五
藤沢市教育委員会博物館建設準備担当編『藤沢の民家』藤沢市教育委員会　一九九三
民俗学研究所『綜合日本民俗語彙』平凡社　一九五五
『新編　埼玉県史　別編1　民俗1』埼玉県　一九八八
國史大辞典編集委員会『國史大辞典』吉川弘文館　一九八三
〈オモテとウラ〉
井上充夫『日本建築の空間』鹿島研究所出版会　一九六九
大河直躬『住まいの人類学』平凡社　一九八六
森隆男『住まいの文化論　構造と変容を探る』柊風舎　二〇一二
〈カミとシモ〉
森隆男『住まいの文化論　構造と変容をさぐる』柊風舎　二〇一二
金谷玲子「祭礼における住居の役割　山口県防府市大道地区お笑い講の事例」『民俗建築』一三五号　二〇〇九
山口県編『山口県史　資料編　民俗2　暮らしと環境』山口県　二〇〇六
〈クチとオク〉
大河直躬『住まいの人類学』平凡社　一九八六
森隆男『住まいの文化論　構造と変容を探る』柊風舎　二〇一二
村上忠喜「オク性の希求」『民俗建築』一二四号　日本民俗建築学会　二〇〇三
〈ウチとソト〉
高取正男「土間の作法」『高取正男著作集　3』法蔵館　一九八三
芦原義信『続・街並みの美学』岩波書店　一九八三
〈ハレとケ〉
真壁仁『黒川能　農民の生活と芸術』日本放送出版協会　一九七一
戸川安章『黒川能の歴史と風土』中央書院　一九七四
〈高さの秩序〉
大河直躬『住まいの人類学』平凡社　一九八六
三井田忠明「住空間における意識　柏崎市鵜川と和島村高畑の民家調査による検討」『柏崎市立博物館報6号』柏崎市立博物館　一九九二

三井田忠明「民家空間についての覚書　構造と習俗からみた空間秩序の試み」『へんなか』一六号　小国芸術村友の会　一九九五
津山正幹『民家と日本人　家の神・風呂・カマドの文化』慶友社　二〇〇八

〈女性の祭祀空間〉
村武精一『家と女性の民族誌』新曜社　一九九二
森隆男『クチとオク―住まいの民俗学的研究の一視座』清文堂　二〇一七

〈囲炉裏の座〉
埼玉県編『新編埼玉県史　別編1　民俗1』埼玉県　一九八八

〈敷居〉
多田井幸視『住まいと民俗―住意識の変容―』岩田書院　二〇〇二
森隆男『クチとオク―住まいの民俗学的研究の一視座』清文堂　二〇一七

〈結界格子〉
島村昇ほか『京の町家』鹿島出版会　一九七一

〈踏み石〉
森隆男「住居の開閉と縁」『住居空間の祭祀と儀礼』岩田書院　一九九六
『柏崎の民家』柏崎市立博物館調査報告書　第3集　柏崎市立博物館　二〇〇二

〈コラム・ケッカイ〉
石川純一郎「妖怪と火」『歴史公論』雄山閣　一九八五
坪井洋文「住居の原感覚」坪井洋文編『日本民俗文化大系10　家と女性―暮らしの文化史―』小学館　一九八五
山田厳子「産怪の伝承―ケッカイの諸相―」日本昔話学会編『昔話―研究と資料―』一四号　三弥井書店　一九八五
山田厳子「産室の外へ―ケッカイの行方―」世間話研究会編『世間話研究』九号　世間話研究会　一九九九

〈屋根〉
津山正幹『民家と日本人』慶友社　二〇〇八
森隆男『住居空間の祭祀と儀礼』岩田書院　一九九六

〈門〉
川島宙次『滅びゆく民家　屋敷まわり・形式』主婦と生活社　一九七六
柳田國男編『歳時習俗語彙』

柳田國男編『葬送習俗語彙』
〈破風〉
森隆男『住居空間の祭祀と儀礼』岩田書院　一九九六
〈普請帳〉
中村琢巳「古文書からみた民家を建てた職人と材料の調達先」伊勢崎市歴史的建造物調査委員会編『伊勢崎市文化財資料集4　島村のたてもの
境島村養蚕農家群調査報告書』　伊勢崎市教育委員会　二〇一一
〈牛腸〉
佐伯安一『合掌造り民家成立史考』桂書房　二〇〇九
津山正幹「牛腸」『高志路』三〇二号　新潟県民俗学会　一九九一
〈地鎮祭〉
津山正幹『民家と日本人　家の神・風呂・便所・カマドの文化』慶友社　二〇〇八
〈琵琶法師・盲僧〉
西岡陽子「地神盲僧」赤田光男他編『講座日本の民俗学』第七巻　雄山閣　一九九七
〈地搗き・ヨイトマケ〉
河北秀実ほか「地搗きの復元と史的検討」『Mie history 11』三重県歴史文化研究会　二〇〇〇
小野芳次郎『山形県の民家　その風土と暮し』高陽堂書店　一九七七
〈地搗き歌〉
小野芳次郎『山形県の民家　その風土と暮し』高陽堂書店　一九七七
宮内仁『日本の木遣唄Ⅰ』近代文芸社　一九九四
〈上棟式・建前〉
下野敏見「建築儀礼の特色と問題点」『日本民俗学』一五〇号　日本民俗学会　一九八三
津山正幹『民家と日本人　家の神・風呂・便所・カマドの文化』慶友社　二〇〇八
〈餅撒き〉
山口貞夫『地理と民俗』生活社　一九四四
荒井朝江「上棟式と餅投げ」『建築雑誌』一二八九号　日本建築学会　一九八九

〈棟梁送り〉
津山正幹「雪中の里」『塩沢町史 通史編 上巻』塩沢町　二〇〇二
小林梅次「居住」『神奈川県史 各論編 5民俗』神奈川県　一九七七

〈屋根葺き祝い〉
柏村祐司『しもつけのくらしとすまい』下野新聞社　一九八一

〈屋移り〉
三井田忠明「柱粥と呼ばれる建築儀礼」『柏崎市立博物館報　第8号』柏崎市立博物館　一九九四
津山正幹『民家と日本人　家の神・風呂・便所・カマドの文化』慶友社　二〇〇八

〈家見念仏〉
日本民俗建築学会編『図説民俗建築大事典』柏書房　二〇〇一
多摩市史編集委員会編『多摩市史叢書9　多摩市の民俗　衣・食・住』多摩市　一九九四
国分寺市教育委員会市史編さん室編『国分寺市の民家』国分寺市教育委員会　一九九六
神奈川県企画調査部県史編集室編『神奈川県史　各論編5　民俗』神奈川県企画調査部県史編集室　一九七七
埼玉県『新編埼玉県史　別編1　民俗1』埼玉県　一九八八
埼玉県教育委員会『埼玉の民謡　埼玉県民謡緊急調査報告書』埼玉県教育委員会　一九八一
埼玉県教育委員会『埼玉の民謡　歌とくらしの一年』県立民俗文化センター企画　VHSビデオ作品　一九九八
春日部市教育委員会社会教育課編『春日部市史　第5巻　民俗編』春日部市　一九九三
越谷市市史編さん室編『越谷市民俗資料　昭和44年度調査報告』越谷市市史編さん室　一九七〇
草加市編さん委員会編『草加市史　民俗編』草加市　一九八七
八潮市『八潮市史　民俗編』八潮市　一九八五
八潮市『八潮の民俗資料1　八潮市史調査報告書2』八潮市　一九八〇
八潮市『八潮の民俗資料2　八潮市史調査報告書5』八潮市　一九八二
八潮市『八潮の民俗資料3　八潮市史調査報告書6』八潮市　一九八三
八潮市教育委員会編『八潮市の文化財　第5号』八潮市教育委員会　一九九二

〈注連縄〉
E・S・モース『日本その日その日　2』東洋文庫　一九七〇

長沢利明「玉飾りとワンジメ」『民俗』二三一号　相模民俗学会　二〇一五
萩原ちとせ「しめ飾り作り　上」『東京東郊農村の生産伝承1　農閑の副業　上』葛飾区教育委員会　一九九一
萩原ちとせ「しめ飾り作り　下」『東京東郊農村の生産伝承2　農閑の副業　下』葛飾区教育委員会　一九九二

〈炉での裸廻り〉
飯島吉晴『一つ目小僧と瓢箪　性と犠牲のフォークロア』新曜社　二〇〇一
飯島吉晴『竈神と厠神　異界と此の世の境』講談社学術文庫　二〇〇七
三谷栄一「説話文学の冒頭第一話と農耕儀礼」『國學院雑誌』八四巻五号　一九八三
ミルチャ・エリアーデ（堀一郎訳）『永遠回帰の神話　祖型と反復』未来社　一九六三
安田尚道「イザナキ・イザナミの神話とアワの農耕儀礼」『民族学研究』三六巻三号　一九七一
安田尚道「小正月行事としての裸回り」『青山学院紀要』五三号　二〇一一
山田白馬「火の信仰と習俗について」『ひだびと』三巻一号　一九三五

〈小正月〉
野本寛一『軒端の民俗学』白水社　一九八九
森隆男『住まいの文化論―構造と変容をさぐる―』柊風舎　二〇一二

〈桃の節供〉
山崎祐子編『雛の吊るし飾り』三弥井書店　二〇〇七

〈コラム・古屋の漏り〉
山崎祐子「昔話の展開―住まいの民俗を中心に―」森隆男教授退職記念論考集刊行会編『住まいと人の文化』二〇一七

〈卯月八日〉
上野市編『上野市史　民俗編　下巻』上野市　二〇〇二
南山城村史編さん委員会編『南山城村史　資料編』南山城村　二〇〇二
福田アジオ他編『日本民俗大辞典　下』吉川弘文館　二〇〇〇

〈端午の節供〉
宮田登『宮田登日本を語る5　暮らしと年中行事』吉川弘文館　二〇〇六

〈七夕〉
「水の女」折口信夫『古代研究1　祭りの発生』中央公論新社　二〇〇二

〈盆〉
山路興造『京都芸能と民俗の文化史』思文閣出版　二〇〇九
〈亥の子〉
「亥の子・十日夜」文化庁編『日本民俗地図』Ⅰ（年中行事1）国土地理協会　一九六九
宮本常一「亥の子行事―刈上祭」『民俗学研究』民俗学研究所紀要第2集　日本民俗学会　一九五一
森正史「亥の子」『講座日本の民俗』6　有精堂出版　一九七八
野本寛一「畑作の年中行事」日本民俗研究大系編集委員会編『日本民俗研究大系3　周期伝承』國學院大學　一九八三
〈アエノコト〉
菊池暁『柳田国男と民俗学の近代　奥能登のアエノコトの二十世紀』吉川弘文館　二〇〇一
西山郷史「アエノコトの諸問題」『北陸の民俗3』一九八六
堀一郎「奥能登の農耕儀礼について」にいなめ研究会編『新嘗の研究』第2輯　吉川弘文館　一九五五
柳田國男『山宮考』小山書店　一九四七
〈若者宿〉
静岡県『静岡県史　資料編23　民俗1』静岡県　一九八九
文化庁文化財保護部『伊豆の若者組の習俗』一九七二
瀬川清子『若者と娘をめぐる民俗』未来社　一九七二
〈婚礼〉
宮田登『冠婚葬祭』岩波書店　二〇〇六
八木透編『日本の通過儀礼』佛教大学鷹陵文化叢書4　思文閣出版　二〇〇一
山田慎也『結婚式場の成立と永島婚礼会』国立歴史民俗博物館研究報告 第一八三集　二〇一四
小泉和子編『昭和の結婚』河出書房新社　二〇一四
長野県編『長野県史　民俗編　第5巻　総説1　概説』長野県史刊行会　一九九一
群馬県史編さん委員会編『群馬県史　資料編26　民俗2』群馬県　一九八二
仙台市史編さん委員会編『仙台市史　特別編6　民俗』仙台市　一九九八
〈葬礼〉
福田アジオほか編『日本民俗大辞典　上・下』吉川弘文館　一九九九・二〇〇〇

日本民俗建築学会編『写真でみる民家大事典』柏書房　二〇〇五
井之口章次『日本の葬式』筑摩書房　一九七七
裾野市史編さん専門委員会編『裾野市史第七巻　資料編民俗』裾野市　一九九七
〈屏風祭り〉
谷直樹・増井正哉編著『まち祇園祭すまい　都市祭礼の現代』思文閣出版　一九九四
村上忠喜「屏風祭りの系譜」新谷尚紀・岩本通弥編著『都市の暮らしの民俗学②』吉川弘文館　二〇〇六
狩野博幸著『新発見・洛中洛外図屏風』青幻舎　二〇〇七
岩間香・西岡陽子編著『祭りのしつらい　町家とまち並み』思文閣出版　二〇〇九
村上忠喜「伝統的な都市の民俗」『日本の民俗10』吉川弘文館　二〇〇九
奥平俊六・関口敦仁監修『デジタル洛中洛外図屏風［島根県美本］』淡交社　二〇〇九
〈氏神〉
原田敏明『村の祭祀』中央公論社　一九七五
原田敏明『村の祭と聖なるもの』中央公論社　一九八〇
黒田一充『祭祀空間の伝統と機能』清文堂出版　二〇〇四
黒田一充「奈良盆地と周辺部の祭りのお仮屋」『関西大学博物館紀要』9　二〇〇三
森隆男「頭屋儀礼にみられるお仮屋」『民具マンスリー』三〇巻三号　一九九七
森隆男「御仮屋からみた奈良盆地の祭祀」森著書『民俗儀礼の世界』清文堂出版　二〇〇二
〈行商人〉
瀬川清子『販女』三國書房　一九四三
北見俊夫『市と行商の民俗』岩崎美術社　一九七〇
佐治史『「青物小売り」の民族誌―福島県会津若松市における事例研究―』二〇〇七
柏崎市大洲公民館『横糸と縦糸　大洲地域の移り変わり―生業その2　大久保鋳金―』一九九八
〈神楽・獅子舞〉
『別冊太陽№一一五　お神楽』平凡社　二〇〇一
滋賀県教育委員会編『滋賀県の民俗芸能』滋賀県教育委員会　一九九八
福田アジオほか編『日本民俗大辞典　上・下』吉川弘文館　一九九九・二〇〇〇

〈コラム　火と女性〉

板橋春夫「月小屋・産屋をめぐる民俗思想―穢れ観の変容に注目して―」『長野県民俗の会会報』三七号　長野県民俗の会　二〇一五
岡正雄「産屋、他屋、寝屋、喪屋、竈屋、隠居屋など」『異人その他』岩波文庫　一九九四
大本敬久『触穢の成立　日本古代における「穢」観念の変遷』創風社出版　二〇一三
片岡耕平『穢れと神国の中世』講談社　二〇一三
片岡耕平『日本中世の穢と秩序意識』吉川弘文館　二〇一四
鈴木正崇『女人禁制』吉川弘文館　二〇〇二
瀬川清子『女の民俗誌　そのけがれと神秘』東京書籍　一九八〇
高取正男『神道の成立』平凡社　一九九三
谷川健一「産屋考」『渚の民俗誌』日本民俗文化資料集成　第5巻　三一書房　一九九〇
波平恵美子『ケガレ』講談社学術文庫　二〇〇九
成清弘和『女性と穢れの歴史』塙書房　二〇〇三
細木ひとみ「月小屋の習俗―女性たちがいかに利用してきたのか―」『御影史学論集』二五号　御影史学研究会　二〇〇〇
牧田茂『神と女の民俗学』講談社現代新書　一九八一

〈稲荷〉

直江廣治『屋敷神の研究　日本信仰伝承編』吉川弘文館　一九六六
佐々木勝『屋敷神の世界』名著出版　一九八三
埼玉県教育委員会『埼玉県民俗地図』一九七九

〈屋敷荒神〉

直江廣治『屋敷神の研究　日本信仰伝承編』吉川弘文館　一九六六
佐々木勝『屋敷神の世界』名著出版　一九八三
柳田國男編『居住習俗語彙』
『岡山県史　第15巻』岡山県　一九八三

〈水の神〉

古家信平『火と水の民俗文化誌』吉川弘文館　一九九四

〈縁起棚〉
大島建彦『疫神と福神』三弥井書店　二〇〇八
喜田川守貞『近世風俗志　守貞謾稿　3』岩波文庫　一九九九
〈仏壇〉
森隆男『住居空間の祭祀と儀礼』岩田書院　一九九六
大河直躬『住まいの人類学』平凡社　一九八六
山折哲雄監修・田中治郎著『面白いほどよくわかる日本の宗教』日本文芸社　二〇〇五
〈神棚〉
城戸千楯『民家敬神録』一八四〇（『江戸時代庶民文庫』60巻　大空社　所収　二〇一六）
聖応『胡蝶庵随筆』一七八七（『日本随筆大成』第Ⅱ期17巻　吉川弘文館　所収）
小泉和子『家具と室内意匠の文化史』法政大学出版局　一九七九
〈恵比須・大黒〉
黒川道祐『日次紀事』一六七六序（『日次紀事―本文と索引』大阪女子大学近世文学研究会　所収　一九八二）
黒川道祐『雍州府志』一六八四（『新修京都叢書』10巻　臨川書店　所収　一九六八）
城戸千楯『民家敬神録』一八四〇（『江戸時代庶民文庫』60巻　大空社　所収　二〇一六）
小泉和子『家具と室内意匠の文化史』法政大学出版局　一九七九
中野洋平「神事舞太夫と梓神子の近代」『京都民俗』30・31　京都民俗学会　二〇一三
〈年棚・恵方棚〉
民俗学研究所『改訂綜合日本民俗語彙』平凡社　一九七〇
『神奈川県史　各論編5　民俗』神奈川県　一九七七
群馬県史編さん委員会編『群馬県史　資料編27　民俗3』群馬県　一九八〇
埼玉県編『新編埼玉県史　別巻2民俗2』埼玉県　一九八六
〈カマ神〉
内藤正敏『東北の聖と賤』法政大学出版局　二〇〇七
内藤正敏「ヒョウトク譚のヘソに隠された金属伝承」『日本昔話研究集成・第1巻』名著出版　一九八五

〈カマ神様（新潟県）〉

滝沢秀一『アンギンと釜神さま　秋山郷のくらしと民具』国書刊行会　一九九〇
津山正幹『民家と日本人　家の神・風呂・便所・カマドの文化』慶友社　二〇〇八
五十嵐伊三郎編『五十沢郷生活誌』新潟県南魚沼市・五十沢郷土研究会　一九六三
池田亨『新潟県の作神信仰』「15　十日町市・中魚沼郡」新潟県教育委員会　一九八二

〈オカマ様と荒神〉

民俗学研究所『改訂綜合日本民俗語彙』平凡社　一九七〇
内田賢作「埼玉のカマド荒神信仰について」『日本民俗学』一三五号　一九八一
西郊民俗談話会『西郊民俗』一六三・一六四合併号　かまど特輯　一九九八
大島建彦「かまどとかまど神」『西郊民俗』一六三・一六四合併号　一九九八
長沢利明「品川の千体荒神祭―東京都品川区海雲寺―」『西郊民俗』一六三・一六四合併号　一九九八
大嶋一人「神無月に去来する火所の神―東京都の事例―」『西郊民俗』一六三・一六四合併号　一九九八
津山正幹「火所と神」『民家と日本人　家の神・風呂・便所・カマドの文化』慶友社　二〇〇八
神奈川県企画調査部県史編集室編『神奈川県史　各論編5　民俗』神奈川県企画調査部県史編集室　一九七七
群馬県史編さん委員会編『群馬県史　資料編27　民俗3』群馬県　一九八〇
埼玉県編『新編埼玉県史　別巻2　民俗2』埼玉県　一九八六

〈便所の神様〉

飯島吉晴『竈神と厠神　異界と此の世の境』人文書院　一九八六
大島建彦『民俗信仰の神々』三弥井書店　二〇〇三
大藤時彦「厠神考」『日本民俗学の研究』学生社　一九七九
沖縄県教育委員会『沖縄県史　第23巻　民俗2』沖縄県教育委員会　一九七三
岩崎卓爾「フリヤー・ヌ・カム」『旅と伝説　第6年4月』一九三三
倉石あつ子「便所神と家の神」『信濃』三一―一　一九七九
知里真志保『分類アイヌ語辞典　第3巻　人間篇』日本常民文化研究所　一九五四
常光徹「学校の世間話―中学生の妖怪伝承にみる異界的空間―」『昔話伝説研究』一二号　昔話伝説研究会　一九八六
李家正文『厠考』六文館　一九三二

〈座敷童子〉
遠野常民大学編『注釈遠野物語』筑摩書房 一九九七
〈オシラ様〉
柳田國男『大白神考』 一九五一（『柳田國男全集15』所収 ちくま文庫 一九九〇）
三崎一夫『図説陸前のオシラサマ』萬葉堂書店 一九七二
楠正弘『庶民信仰の世界』未来社 一九八四
内藤正敏「オシラ祭文源流考」『はちのへ市史研究 第4号』八戸市 二〇〇六
〈犬神・トウビョウ〉
石塚尊俊『日本の憑き物』未来社 一九七二
昼田源四郎『疫病と狐憑き』みすず書房 一九八五
〈荒神の使い・ネズミ〉
内田賢作「埼玉のカマド荒神信仰について」『日本民俗学』一三五号 日本民俗学会 一九八一
長谷川恩『ネズミと日本人』三一書房 一九九六
〈鬼瓦〉
喜田川守貞『守貞謾稿』一八三七起稿（『守貞謾稿』東京堂出版 一九九二）
〈出入口の魔除け〉
柳田國男編『居住習俗語彙』
〈鬼門〉
早瀬哲恒「民家と方位」『方位と風土』古今書院 一九九四
〈民家〉
石原憲治「民俗建築研究の任務」『民俗建築』一号 民俗建築会 一九五〇
森隆男『住居空間の祭祀と儀礼』岩田書院 一九九六
〈庄屋・名主の住まい〉
草野和夫『東北民家史研究』中央公論美術出版 一九九一
川村善之『日本民家の造形 ふるさと・すまい・美の継承』淡交社 二〇〇〇

〈母屋の規模〉
草野和夫『東北民家史研究』中央公論美術出版　一九九一
後藤治『日本建築史』共立出版　二〇〇三
〈大工と伝承〉
大島建彦「東北の屋根葺きの伝書」『北海道・東北地方の住い習俗』明玄書房　一九八三
芝正夫『父親が娘を殺す話　女人犠牲譚から福祉民俗学へ』岩田書院　一九九三
宮内貴久『家相の民俗学』吉川弘文館　二〇〇六
〈寄棟造り〉
川島宙次『滅びゆく民家　屋根・外観』主婦と生活社　一九七三
〈切妻造り〉
武者英二・吉田尚英『屋根のデザイン百科』彰国社　一九九九
伊藤ていじほか『屋根』淡交社　二〇〇四
〈入母屋造り〉
工藤圭章編『日本の民家　第3巻　農家Ⅲ』学習研究社　一九八一
早瀬哲恒「山陰道沿いに残る茅葺民家」『桜井女子短期大学紀要』一五号　一九九三
〈南部曲屋〉
今和次郎『日本の民家』岩波文庫　一九八九
瀬川修『南部曲がり家読本』無明舎出版 二〇〇七
〈中門造り〉
新潟県教育委員会『越後の民家　中越編』新潟県民家緊急調査報告書2　新潟県教育委員会　一九七九
温古談話会編『越後風俗志』国書刊行会　一九九〇
『柏崎の民家』柏崎市立博物館調査報告書　第3集　柏崎市立博物館　二〇〇二
〈合掌造り〉
佐伯安一『合掌造り民家成立史考』桂書房　二〇〇九
〈かぶと造り〉
杉本尚次『日本民家の研究　その地理学的考察』ミネルヴァ書房　一九六九

川島宙次『美しい日本の民家　第1巻』ぎょうせい　一九九二
関口欣也『山梨県の民家』山梨県教育委員会　一九八二
小林昌人「多摩山中のカブト造り　山梨県上野原町西原宇津木キク氏宅」『民俗建築』五五号　民俗建築学会　一九六五
堀内眞「鳴沢村の産屋とその伝承」甲斐路62
〈本棟造り〉
小林昌人『民家と風土』岩崎美術社　一九八五
多田井幸視『住まいと民俗　住意識の変容』岩田書院　二〇〇二
飯田市歴史研究所編『本棟造と養蚕建築』飯田市歴史研究所　二〇一一
〈クド造り・漏斗造り〉
川副町誌編纂委員会編『川副町誌』川副町誌編纂事務局　一九七九
大島暁雄ほか編『日本民俗調査報告書集成　九州・沖縄の民俗』三一書房　一九九六
入江奈津子『漏斗造り民家の地域社会的意味』九州大学修士論文　二〇一二
〈分棟型（別棟造り）〉
宮崎県『宮崎県史　資料編　民俗1』ぎょうせい　一九九二
米村敦子『宮崎県の過疎農山漁村の高齢者の住生活と住生活文化に関する研究』科研報告書　一九九七
〈高塀造り（大和棟）〉
工藤圭章編『日本の民家　第3巻　農家Ⅲ』学習研究社　一九八一
早瀬哲恒「大和棟の分布とその系譜」『人文地理』一〇巻四号　人文地理学会　一九五八
〈チセ〉
小林孝二『アイヌの建築文化再考　近世絵画と発掘跡からみたチセの原像』北海道出版企画センター　二〇一〇
〈茅葺き屋根〉
日塔和彦「屋根葺き（茅葺きを中心として）」『講座・日本技術の社会史　第7巻　建築』日本評論社　一九八三
日塔和彦「茅葺き建物の保存と活用」『歴史的遺産の保存・活用とまちづくり〈改訂版〉』学芸出版社　二〇〇六
菅野康二『茅葺きの文化と伝統　歴史に埋もれる茅葺き屋根の記録』歴史春秋出版　二〇〇〇
〈コラム・荒神部屋―住まいの奥にひそむ神〉
森隆男『住まいの文化論―構造と変容をさぐる―』柊風舎　二〇一二

〈板葺き屋根〉
群馬県教育委員会『群馬の屋根葺と壁塗』群馬県教育委員会　一九八一
大久根茂「板屋根の盛衰と技術伝承」『埼玉県立博物館紀要　第11号』一九八五
〈トタン屋根〉
武田五一『住宅建築要義』文献書院　一九二六
『高等建築学7　建築構造1』常磐書房　一九三三
『日本鐵板株式會社社史』一九五六
石田潤一郎『物語ものの建築史　屋根のはなし』鹿島出版会　一九九〇
〈土壁と板壁〉
山田幸一『物語ものの建築史　日本壁のはなし』鹿島出版会　一九八五
山田幸一監修『日本の壁　鏝は生きている』ＩＮＡＸ出版　一九八五
「伝統的民家における温熱特性と現代住宅への応用に関する研究」金田正夫博士論文　二〇一一
〈茅手〉
相沢韶男「会津茅手」『生活学論集　民具と生活』ドメス出版　一九七六
菅野康二『茅葺きの文化と伝統　歴史に埋もれる茅葺き屋根の記録』歴史春秋出版　二〇〇〇
〈結〉
郷田洋文「互助共同」『日本民俗学大系4　社会と民俗Ⅱ』平凡社　一九五九（一九八五復刊）
倉田一郎『農と民俗学』（民俗民芸双書39）岩崎美術社　一九六九
福田アジオ『可能性としてのムラ社会』青弓社　一九九〇
安藤邦廣『茅葺きの民俗学―生活技術としての民家―』新装版　はる書房　二〇〇四
竹内利美「ユイの労働慣行」『竹内利美著作集』1　一九九〇
橋浦泰雄「協働労働と相互扶助」（柳田國男編『山村生活の研究』一九三七）民間伝承の会発行　岩波書店刊
〈茅山〉
八王子市市史編集専門部会民俗部会編『八王子市東部地域　由木の民俗』新八王子市史民俗調査報告書　第2集　八王子市総合政策部市史編さん室　二〇一三
八王子市市史編集専門部会民俗部会編『八王子市西部地域　恩方の民俗』新八王子市史民俗調査報告書　第1集　八王子市総合政策部市史編さ

ん室　二〇一二
坪郷英彦「共有林」日本民俗建築学会編『日本の生活環境文化大事典―受け継がれる暮らしと景観―』柏書房　二〇一〇
安藤邦廣『茅葺きの民俗学―生活技術としての民家―』新装版　はる書房　二〇〇四
亘理俊次『芝棟―屋根の花園を訪ねて―』八坂書房　一九九一
竹内利美「ムラの行動」『日本民俗文化大系　8　村と村人』小学館　一九八四
橋浦泰雄「協働労働と相互扶助」柳田國男編『山村生活の研究』一九三七
〈棟仕舞と棟飾り〉
伊藤ていじ・高井潔『屋根』淡交社　二〇〇四
武者英二・吉田尚英『屋根のデザイン百科　歴史・かたち・素材・構法・納まり・実例』彰国社　二〇〇九
多田井幸視『住まいと民俗　住意識の変容』岩田書院　二〇〇二
日本建築学会民家語彙集録部会編纂『日本民家語彙集解』日外アソシエーツ　一九八五
日本民俗建築学会編『図説民俗建築大事典』柏書房　二〇〇一
玉田芳蔵『続・鬼瓦　ルーツを尋ねて』東京書籍株式会社　二〇〇九
日本民俗建築学会編『日本の生活環境文化大事典　受け継がれる暮らしと景観』柏書房　二〇一〇
〈芝棟〉
安藤邦廣『茅葺きの民俗学』はる書房　一九八三
〈懸魚〉
川島宙次『民家のデザイン』相模書房　一九八六
川島宙次『滅びゆく民家　屋根・外観』主婦と生活社　一九七三
〈切り文字〉
川島宙次『民家のデザイン』相模書房　一九八六
安藤邦廣『茅葺きの民俗学　生活技術としての民家』はる書房　二〇〇四
〈うだつ〉
中西徹『うだつ　その発生と終焉』二瓶社　一九九〇
伊藤ていじ『中世住居史　封建住居の成立』東京大学出版会　一九八四

〈坪庭〉
伊藤ていじ『借景と坪庭　古都のデザイン』淡交新社　一九六五
中村昌生『京の町家』河原書店　一九九四
高橋康夫・中川理編『京・まちづくり史』昭和堂　二〇〇三
丸山俊明『京都の町家と町なみ』昭和堂　二〇〇七
〈庭〉
柳田國男編『居住習俗語彙』
柳田國男編『歳時習俗語彙』
〈前栽・庭木〉
佐々木康人「『コト』行事についての一考察—とくに兵庫県とその近隣を中心に—」『千里山文学論集58号』一九九七
飛騨範夫『日本庭園の植栽史』京都大学学術出版会　二〇〇二
世田谷区都市整備部都市デザイン課編集『せたがや地域風景資産ガイドブック 第1回・第2回選定』世田谷区　二〇〇九
〈屋敷畑〉
氏家幹人『小石川御家人物語』学陽書房　二〇〇一
高取正男「女の民俗誌」『女の歳時記』法蔵館　一九八二
宮本常一「畑作」『日本民俗学大系　第5巻』平凡社　一九七六
柳田國男「カイトの話、宅地の経済上の意義」『定本柳田國男集　第二十九巻』筑摩書房　一九七二
〈垣根〉
田淵実夫『石垣』法政大学出版局　一九七五
額田巌『垣根』法政大学出版局　一九八四
〈屋敷の塀〉
川島宙次『滅びゆく民家　屋敷まわり・形式』主婦と生活社　一九七六
〈屋敷林〉
矢沢大二「卓越風と民家」『現代地理講座1』河出書房　一九五七
岩崎真幸「屋敷林の諸問題」『歴史と民俗』六号　平凡社　一九九〇

〈コラム・住まいの禁制〉
小澤弘道「近世の民家と家作制限令」『西会津町史　第6巻　上　民俗』一九九一
草野和夫『東北民家史研究』中央公論美術出版　一九九一
水林彪『封建制の再編と日本的社会の確立』山川出版社　一九八七
〈築地松〉
辻野増枝・青木洋子・千森督子「『築地松』を囲らす斐川の散居農家　その1　村落形態と屋敷構」『日本建築学会近畿支部研究報告集　第一七号　計画系』一九七七
辻野増枝・青木洋子・千森督子「『築地松』を囲らす斐川の散居農家　その2　住居形式」『日本建築学会近畿支部研究報告集　第一七号　計画系』一九七七
白木小三郎・辻野増枝・青木洋子・千森督子「斐川の『築地松』と『中門造』—屋敷構と家屋の推移—」『大阪市立大学生活科学部紀要　第二五巻』一九七八
〈方位・位置〉
早瀬哲恒「民家と方位」山田安彦編著『方位と風土』古今書院　一九九四
伊良湖誌編集委員会編集『伊良湖誌』伊良湖集落移転一〇〇周年記念誌　伊良湖自治会　二〇〇六
林哲志「田原市六連町の「第一弥栄」における開拓の状況と集落景観」田原市教育委員会編集『田原の文化』三五号　田原市教育委員会　二〇〇九
〈日向・日陰集落〉
関戸明子『村落社会の空間構成と地域変容』大明堂　二〇〇〇
白坂蕃『スキーと山地集落』明玄書房　一九八六
〈農村〉
青野寿彦「泉南タオル工業の地域的展開　泉佐野市を中心に」『地理学評論』四〇巻七号　日本地理学会　一九六七
石垣進「泉佐野地域における紡績関連産業の生成」『泉佐野市史研究　5』泉佐野市教育委員会　一九九九
石垣進「泉佐野における紡績業について　手織機から力織機への「移行期」について一考察」『泉佐野市史研究　8』泉佐野市教育委員会　二〇〇二
『土丸の民俗　泉佐野市民俗調査報告書　第1集』泉佐野市史編さん委員会民俗部会　一九九九
泉佐野市史編さん委員会編『長滝の民俗　泉佐野市史資料　第3集　泉佐野市民俗調査報告書　第2集』泉佐野市教育委員会　二〇〇一

泉佐野市編さん委員会編『新修泉佐野市史　第10巻　別巻・民俗編』泉佐野市　一九九九
河原典史「伊吹島からの漁民の展開」平岡昭利編著『離島研究Ⅰ』海青社　二〇〇三
中島茂『綿工業地域の形成　日本の近代化過程と中小企業生産の成立』大明堂　二〇〇一

〈農家〉

石原憲治『日本農民建築の研究』南洋堂書店　一九七六
武田久吉『農村の年中行事』竜星閣　一九四三
神戸新聞社編『兵庫探検　民俗編』神戸新聞社　一九七一

〈出小屋〉

福田アジオほか編『日本民俗大辞典　上・下』吉川弘文館　一九九九・二〇〇〇
日本民俗建築学会編『写真でみる民家大事典』柏書房　二〇〇五
文化庁文化財保護部編『民俗資料選集25　焼畑習俗』財団法人国土地理協会　一九九七
文化庁文化財保護部編『民俗資料選集30　焼畑習俗Ⅱ』財団法人国土地理協会　二〇〇二
新潟県教育委員会編『新潟県文化財調査報告書第4　民俗資料』一九五八
群馬県教育委員会編『群馬県民俗調査報告書第４集　六合村の民俗』群馬県教育委員会　一九六三
石川県白山自然保護センター編『白山の自然誌7　白山の出作り』石川県白山自然保護センター　一九八六
佐々木高明『日本の焼畑』古今書院　一九七二
野本寛一『焼畑民俗文化論』雄山閣出版　一九八四
増田昭子『雑穀の社会史』吉川弘文館　二〇〇一
松田民俗研究所編『井川雑穀文化調査報告書』井川雑穀文化調査委員会　二〇〇四
『昔話と當世風　静岡市葵区井川地区合同調査特集　第91号』古々路の会　二〇〇七
日本木地師学会編『信州秋山郷の木鉢の民俗』川辺書林　二〇一〇

〈養蚕民家〉

伊勢崎市教育委員会文化財保護課編『田島弥平旧宅調査報告書』伊勢崎市教育委員会文化財保護課　二〇一二
原田龍雄・浜口幹三郎・群馬県教員組合勢多支部編『赤城山麓の民家』群馬出版　一九四八
今和次郎「上州と甲州の民家の屋根」『今和次郎集　第2巻』ドメス出版　一九七一
村田敬一「群馬の風土と民家」『まつかぜ』一〇号　群馬県教育センター　一九八一

桑原稔「赤城南麓民家における平面と構造の年次的変遷について」『日本建築学会論文報告集』三一三号　一九八二
都丸十九一「民俗学からみた群馬県の民家」『民俗建築』一〇六号　日本民俗建築学　一九九四
〈谷口集落〉
河原典史「杦岡伸線業地域における工場跡地の利用形態」『立命館地理学　3』　一九九一
〈炭焼き小屋〉
樋口清之『ものと人間の文化史71　木炭』法政大学出版局　一九九三
〈漁村〉
高桑守史『漁村民俗論の課題』未来社　一九八三
〈漁家〉
杉本尚次『近畿地方の民家』明玄書房　一九六九
〈浜小屋・番屋〉
三井田忠明「小屋の諸相　機能と生活空間に於ける視点から」『柏崎の民俗　第3号』柏崎民俗の会　一九九〇
ＩＮＡＸギャラリー企画委員会『舟小屋　風土とかたち』ＩＮＡＸ出版　二〇〇七
三井田忠明・池田孝博『海辺の小屋　新潟の舟小屋・浜小屋・番屋』柏崎ふるさと人物館　二〇〇八
〈舟屋〉
河原典史「漁村における家屋の機能変化とその要因─丹後・伊根浦の舟屋集落を例にして─」『人文地理』四二巻二号　人文地理学会　一九九〇
柏崎ふるさと人物館『海辺の小屋　新潟の舟小屋・浜小屋・番屋』二〇〇八
〈城下町〉
小和田哲男『城と城下町』教育社（歴史新書）　一九七九
矢守一彦編『城下町の地域構造』日本城郭史研究叢書12　名著出版　一九八七
野沢謙治「秩序と闇─城下町の中心空間」岩本道弥他編『都市民俗学へのいざないⅡ　情念と宇宙』雄山閣　一九八九
国分早苗・野沢謙治『城下町の民俗　武士の暮らしにみるハレとケ』歴史春秋社　二〇〇五
〈宿場〉
赤坂憲雄他著『イザベラ・バードの会津紀行』会津学叢書　会津の旅学 VOL.1　会津学研究会　奥会津書房　二〇〇六
児玉幸多『宿駅』至文堂　一九六〇

〈街道〉
丸山雍成『日本近世交通史の研究』吉川弘文館　一九八九
児玉幸多『宿場と街道　五街道入門』東京美術　一九八六
〈商家〉
守屋毅『京の町人　近世都市生活史』教育社　一九八〇
山崎祐子『明治・大正商家の暮らし』岩田書院　一九九九
山梨県編『山梨県史　民俗編』山梨県　二〇〇三
〈酒屋・酢屋〉
愛知縣教育會『郷土研究　愛知縣地誌』川瀬書店　一九三六
愛知縣實業教育振興會編纂『愛知縣特殊産業の由来　下巻』愛知縣實業教育振興會　一九四二
野本寛一『軒端の民俗学』白水社　一九八九
日本福祉大学知多半島総合研究所・博物館「酢の里」編著『中埜家文書にみる酢造りの歴史と文化　全五巻』中央公論社　一九九八
愛知県史編さん委員会編集『愛知県史　別編　文化財1　建造物・史跡』愛知県　二〇〇六
〈醤油屋〉
千森督子「伝統産業と町家」『紀州湯浅の町並み』湯浅町教育委員会　二〇〇一
千森督子・中嶋節子・谷直樹「紀州湯浅の町並みと町家について」『生活科学研究誌　第二巻』　二〇〇三
千森督子「醸造業」日本民俗建築学会編『日本の生活環境文化大事典』柏書房　二〇一〇
〈町屋〉
玉井哲雄「江戸の町家・京の町家」『列島の文化史1』日本エディタースクール出版部　一九八四
京都府教育委員会『京都府の民家調査報告　第六冊』京都府教育委員会　一九七一
枚方市教育委員会『旧枚方宿の町家と町並』枚方市教育委員会　一九八九
〈蔵造り〉
川越市教育委員会編集『蔵造りの町並　川越市伝統的建造物群に関する調査報告書』（復刻版）川越市文化財保護協会　一九九三
宮下辰夫『川越叢書第5巻　川越の蔵造』国書刊行会　一九八二
『川越の蔵造り　川越市指定文化財調査報告書』川越市教育委員会　一九八三
『村田の歴史的町並み　観光資源調査報告書』（財）日本ナショナルトラスト　一九九四

〈港町〉
港灣協會第十回通常總會 愛知準備會編集『港灣と愛知縣』港灣協會第十回通常總會 愛知準備會　一九三七
林哲志「愛知県渥美郡旧福江町における昭和初期の地域的性格」『研究紀要　第6号』渥美町郷土資料館　二〇〇三
三浦正幸『日本の宝 鞆の浦を歩く』南々社　二〇一〇
林上『都市と港湾の地理学』風媒社　二〇一七
〈武家屋敷町〉
財団法人文化財建造物保存技術協会『重要文化財新発田藩足軽長屋修理工事報告書』重要文化財新発田藩足軽長屋修理委員会　一九七二
新発田市史編纂委員会『新発田市史　上・下巻』新発田市　一九八〇・一九八一
新発田市教育委員会『新発田市歴史的遺産活用基本計画報告書』新発田市教育委員会　二〇〇〇
新発田古文書解読研修会編集『溝口景久氏遺作集　菖城への思い』新発田古文書解読研修会　二〇〇四
〈駄菓子屋〉
浦安を知る会編『浦安いまむかし』一九九五
加藤理『駄菓子屋・読み物と子どもの近代』青弓社　二〇〇〇
〈鍛冶屋〉
三条市史編修委員会編『三条市史　資料編　第8巻　民俗』三条市　一九八二
吉田町編『吉田町史　資料編　第6巻　民俗』吉田町　二〇〇二
〈下駄屋〉
潮田鉄雄『ものと人間の文化史8　はきもの』法政大学出版局　一九八七
〈畳屋〉
佐藤理著・山田幸一監修『物語ものの建築史　畳のはなし』鹿島出版会　二〇〇〇
〈散髪屋〉
宮本常一『町のなりたち』未来社　一九六八
〈長屋〉
西山夘三『すまい考現学』彰国社　一九八九
〈郊外住宅地〉
山口廣編『郊外住宅地の系譜―東京の田園ユートピア』鹿島出版会　一九八七

森隆男『住まいの文化論―構造と変容をさぐる―』柊風舎　二〇一二
片木篤ほか編『近代日本の郊外住宅地』鹿島出版会　二〇〇〇

〈文化住宅〉

西山夘三『すまい考現学』彰国社　一九八九

〈マンション〉

平出鏗二郎『東京風俗志　上』ちくま学芸文庫　二〇〇〇
松本恭治「コミュニティ形成と管理・事例2　網の目の人間関係」『マンション居住』ドメス出版　二〇〇二

〈医院〉

川上武『現代日本医療史　開業医制の変遷』勁草書房　一九六五
児島由美子「町のハイカラだった医院建築」小泉和子編著『家で病気を治した時代　昭和の家庭看護』農山漁村文化協会　二〇〇八
新村拓編『日本医療史』吉川弘文館　二〇〇六
大澤源之助『病院醫院の建築と其の設備』鳳鳴堂書店　一九四一

〈水屋・水塚〉

福田アジオほか編『日本民俗大辞典　上・下』吉川弘文館　一九九九・二〇〇〇
日本民俗建築学会編『写真でみる民家大事典』柏書房　二〇〇五
利根川文化研究会編『利根川荒川事典』国書刊行会　二〇〇四
静岡県編『静岡県史別編2　自然災害誌』静岡県　一九九六
『日本農書全集16　百姓伝記巻一～七』社団法人農山漁村文化協会　一九七九
『しずおかの文化新書10　千年に一度の大地震・大津波に備える～古文書・伝承に読む先人の教え～』財団法人静岡県文化財団　二〇一二

〈天井舟〉

福田アジオほか編『日本民俗大辞典　上・下』吉川弘文館　一九九九・二〇〇〇
日本民俗建築学会編『写真でみる民家大事典』柏書房　二〇〇五
利根川文化研究会編『利根川荒川事典』国書刊行会　二〇〇四
静岡県編『静岡県史別編2　自然災害誌』静岡県　一九九六
『日本農書全集16　百姓伝記巻一～七』社団法人農山漁村文化協会　一九七九
『しずおかの文化新書10　千年に一度の大地震・大津波に備える～古文書・伝承に読む先人の教え～』財団法人静岡県文化財団　二〇一二

〈ウチオロシ〉

千森督子「紀州民家の防風雨装置及び屋敷構えの特性と変容」『生活科学研究誌』第四巻　二〇〇五
千森督子「十津川」日本民俗建築学会編『写真でみる民家大事典』柏書房　二〇〇五
千森督子「和歌山県東牟婁郡北山村の民家にみる屋敷構えの特性について」『民俗建築』一四四号　日本民俗建築学会　二〇一三

〈石垣〉

漆原和子著『石垣が語る風土と文化　屋敷囲いとしての石垣』古今書院　二〇〇八

〈防風林〉

『砺波平野の屋敷林』砺波散村地域研究所　一九九六

〈間垣〉

三井田忠明「風除けのある風景」『民具マンスリー』二八巻五号　神奈川大学日本常民研究所　一九九五
三井田忠明「風除けの民俗」『民家と民俗の紐帯』民家と民俗の紐帯刊行委員会　二〇〇七

〈融雪地・冬水〉

市川健夫『雪国文化誌』日本放送出版協会　一九八〇
十日町市史編さん委員会『十日町市史　資料編8　民俗』十日町市役所　一九九五
上越市史編さん委員会『上越市史　通史編7　民俗』上越市　二〇〇四

〈雁木〉

氏家武『雁木通りの地理的研究』古今書院　一九九八
上越市史編さん委員会『上越市史　通史編7　民俗』二〇〇四
新潟大学工学部建設学科西村・岩佐研究室「表町まちあるきマップ」二〇〇八
東京大学大学院工学系研究科建築学専攻建築史研究室『歴史的建造物の保存と活用に関する調査報告書—歴史的な建物と景観を活かしたまちづくり—』二〇〇二

〈雪下ろし〉

鈴木牧之『北越雪譜』文溪堂蔵　天保十一年版　一四八〇
鈴木牧之『北越雪譜』（第12刷）岡田武松校訂　岩波文庫　一九五八
高田市史編集委員会『高田市史 1』高田市史編集委員会　一九五八

〈二重窓〉
『高等建築学7　建築構造1』常磐書房　一九三三
遠藤明久『北海道住宅史話　上』住まいの図書館出版局・住まい学体系61　一九九四
北海道新聞社編『北海道大百科事典』北海道新聞社　一九八一
〈しし窓〉
吉田靖編『日本の民家1　農家Ⅰ北海道・東北・関東』学習研究社　一九八一
茨城の民家編集委員会編『ふるさとの住まい探訪　茨城の民家Ⅰ農家編』茨城新聞社
〈コラム・家船〉
広島県教育委員会『家船民俗資料緊急調査報告書』広島県教育委員会　一九七〇
尾道学寮物語刊行委員会編『尾道学寮物語　尾道・吉和漁港　家船のこどもたちの記録』ひろしま女性学研究所　一九九八
可児弘明『船に住む漁民たち　水辺の生活誌』岩波書店　一九九五
河岡武春『海の民　漁村の歴史と民俗』平凡社選書　一九八七
羽原又吉『漂海民』岩波新書　一九六三
沖浦和光『瀬戸内の民俗誌　海民史の深層をたずねて』岩波新書　一九九八
〈床の間〉
太田博太郎『床の間　日本住宅の象徴』岩波書店　一九七八
〈押板〉
太田博太郎『床の間　日本住宅の象徴』岩波新書68　一九七八
平井聖『日本住宅の歴史』ＮＨＫブックス２０９　日本放送協会　一九七四
小林昌人著『民家と風土』民俗民芸双書１００　岩崎美術社　一九八五
〈大黒柱〉
岩井宏實『暮らしの中の神さん仏さん』河出書房新社　一九八九
日本民俗建築学会編『図説民俗建築大事典』柏書房　二〇〇一
日本民俗建築学会編『写真で見る民家大辞典』柏書房　二〇〇五
津山正幹『民家と日本人―家の神・風呂・便所・カマドの文化―』慶友社　二〇〇八
日本建築学会民家語彙集録部会編『日本民家語彙集解』日外アソシエーツ　一九八五

〈荒神柱〉
日本民俗建築学会編『図説民俗建築大事典』柏書房　二〇〇一
古川修文・永瀬克己・津山正幹・朴賛弼編『写真集　よみがえる古民家—緑草会編「民家図集」』柏書房　二〇〇三
日本民俗建築学会編『写真で見る民家大辞典』柏書房二〇〇五
日本民俗学協会編『日本社会民俗辞典』誠文堂新光社　一九五二
日本民俗建築学会編『日本の生活環境文化大事典』柏書房　二〇一〇
〈コジキ柱・ホイト柱〉
高野菜緒・古川修文・朴賛弼「民家における特殊用語の研究—コジキ柱の考察を中心にして—」『民俗建築』一二五号　日本民俗建築学会　二〇〇四
〈大戸・くぐり戸〉
白木小三郎『住まいの歴史』創元社　一九七八
鈴木嘉吉編『日本の民家第六巻　町家Ⅱ』株式会社学習研究社　一九八〇
道塚元嘉「大戸と潜り戸」日本民俗建築学会編『写真でみる民家大事典』柏書房　二〇〇五
〈しとみ戸〉
高橋康夫『建築のはなし』鹿島出版会　一九八五
〈コラム・新住宅の地域性〉
多田井幸視『住まいと民俗　住意識の変容』岩田書院　二〇〇二
千森督子『紀州民家の地方性と近代化に伴う変容に関する生活史的研究』博士論文　大阪市立大学　二〇〇五
胆沢町編『胆沢町史8　民俗編1』胆沢町史刊行会　一九八五
〈襖と障子〉
高橋康夫著　山田幸一監修『物語ものの建築史　建具のはなし』鹿島出版会　一九八五
〈窓〉
野本寛一『軒端の民俗学』白水社　一九八九
南山城村史編さん委員会編『南山城村史　資料編』南山城村　二〇〇二
福田アジオ他編『日本民俗大辞典　下』吉川弘文館　二〇〇〇
大塚民俗学会編『日本民俗事典』弘文堂　一九七二

日向進『物語ものの建築史　窓のはなし』鹿島出版会　一九八八
〈天窓〉
日向進『物語ものの建築史　窓のはなし』鹿島出版会　一九八八
『今井寺内町　江戸期の民家集落』今井町町並み保存会　一九九二
〈虫籠窓〉
京都府教育委員会編『日本の民家町調査報告書集成11　近畿地方の民家1京都』東洋書林　一九九七
奥井五十吉『虫籠窓作り。自然光を取り入れるデザイン』二〇〇八
日向進『物語ものの建築史　窓のはなし』鹿島出版会　一九八八
〈台所・勝手〉
加倉井昭夫『日本の室内空間』主婦と生活社　一九六八
GKインダストリアルデザイン研究所『台所空間学』筑摩書房　一九八五
宮崎玲子『世界台所博物館』柏書房　一九八八
NHKスペシャル「日本人」プロジェクト『日本人はるかな旅4』日本放送出版協会　二〇〇一
〈流し〉
GKインダストリアルデザイン研究所『台所空間学』筑摩書房　一九八五
宮崎玲子『世界台所博物館』柏書房　一九八八
〈井戸・つるべ〉
宮崎玲子『世界台所博物館』柏書房　一九八八
〈井戸掘りの技術〉
大島暁雄『上総掘りの民俗　民俗技術論の課題』未来社　一九八六
堀内正雄『井戸と水道の話』論創社　一九八二
〈洗い場〉
小坂育子『台所を川は流れる　地下水脈の上に立つ針江集落』新評論　二〇一〇
愛知川町史編集委員会編『近江　愛知川町の歴史　第3巻　民俗・文献資料編』愛荘町　二〇〇八
福田アジオほか編『日本民俗大辞典　上・下』吉川弘文館　一九九九・二〇〇〇

〈囲炉裏〉
川島宙次『滅びゆく民家　間取り・構造・内部』主婦と生活社　一九七三
大島建彦他『日本を知る事典』社会思想社　一九七一
宮崎玲子「民家の生活空間」日本民俗建築学会編『図説民俗建築大事典』柏書房二〇〇一
秋山晴子「民家における住まい方と地方性」『民俗建築』一〇〇号記念論文　日本民俗建築学会　一九九一
〈釜屋〉
小野重郎『九州の民家』慶友社　一九八二
杉本尚次『住まいのエスノロジー　日本民家のルーツを探る』星雲社　一九八七
草野和夫『東北民家史研究』中央公論美術出版　一九九一
山本明「住居」『相馬市史　3』相馬市　一九七五
〈竈・大竈〉
小林昌人『民家と風土』岩崎美術社　一九八五
大島暁雄「昭和初期における米の炊飯方法と用具」田中宣一・松崎憲三編著『食の昭和文化史』おうふう　一九九五
佐久市志編纂委員会『佐久市志　民俗編　上』佐久市　一九九〇
〈コラム・枕石の謎〉
白崎繁仁『枕の博物誌』北海道新聞社　一九九五
矢野憲一『枕の文化史』講談社　一九八五
民俗学研究所『改訂綜合日本民俗語彙』平凡社　一九七〇
福田アジオ他編『精選日本民俗辞典』吉川弘文館　二〇〇六
福田アジオ・宮田登編『日本民俗学概論』吉川弘文館　一九八三
福田アジオ他編『図説日本民俗学』吉川弘文館　二〇〇九
福田アジオ他編『日本民俗大辞典　下』吉川弘文館　二〇〇〇
網野善彦他『日本民俗文化大系　第10巻　家と女性―暮しの文化史』小学館　一九八五
http://7rinhonpo.jp/archives/2710050.html
北九州市小倉篠崎八幡宮ＨＰ　http://www.shinozakihachimanjinja.or.jp/hebi.html
宮城県角田市春日神社　竜の枕石　宮城県角田市観光情報ポータルサイト「ココカクダ」

国際日本文化研究センター怪異・妖怪伝承データベース 清正の枕石
枕石寺　常陸太田市観光物産協会公式ＨＰ
〈自在鉤・五徳〉
宮﨑玲子『世界台所博物館』柏書房　一九八八
千宗室監修『裏千家茶道教本器物編　釜と炉・風炉』淡交社　一九六六
〈七輪〉
宮﨑玲子『世界台所博物館』柏書房　一九八八
〈柴〉
貝瀬幸咲『城内郷土誌』新潟県南魚沼市・城内郷土誌刊行会　一九六〇
『長岡市史　第3巻　民俗編』長岡市史編さん委員会　一九九三
小倉学『日本の民俗　石川県』第一法規　一九七四
〈薪〉
『津南町史　通史編　下巻』津南町　一九八五
池田亨『中部地方の水と木の民俗』「新潟県の水と木の民俗」明玄書房　一九八六
『田島町史　第4巻　民俗編』田島町史編纂委員会　一九八九
〈麦藁・稲藁〉
『米作り・麦作り』（栗東歴史民俗博物館　図録）栗東歴史民俗博物館　二〇〇一
愛知川町史編集委員会編『近江　愛知川町の歴史　第3巻　民俗・文献資料編』愛荘町　二〇〇八
福田アジオほか編『日本民俗大辞典　上・下』吉川弘文館　一九九九・二〇〇〇
〈箱階段〉
桐谷邦夫「押入と箱階段」日本民俗建築学会編『図説民俗建築大事典』柏書房　二〇〇一
小泉和子『家具と室内意匠の文化史』法政大学出版局　一九七九
〈押入・戸棚〉
桐谷邦夫「押入と箱階段」日本民俗建築学会編『図説民俗建築大事典』柏書房　二〇〇一
小泉和子『家具と室内意匠の文化史』法政大学出版局　一九七九

〈長持〉
浅井了意『むさしあぶみ』一六六一（『日本随筆大成』第Ⅲ期6巻　吉川弘文館　所収）
山崎美成『麓の花』一八一九（『日本随筆大成』第Ⅲ期11巻　吉川弘文館　所収）
野田三郎『日本の民俗　和歌山』第一法規出版　一九七四
小泉和子『家具と室内意匠の文化史』法政大学出版局　一九七九
小泉和子『ものと人間の文化史　箪笥』法政大学出版局　一九八二
〈茶箪笥〉
小泉和子『家具と室内意匠の文化史』法政大学出版局　一九七九
小泉和子『ものと人間の文化史　箪笥』法政大学出版局　一九八二
〈蒸し風呂〉
印南敏秀『石風呂民俗誌』山口県木島群東和町（現周防大島町）二〇〇二
〈共同風呂〉
印南敏秀『東和町誌　資料編四　石風呂民俗誌：もう一つの入浴文化の系譜』山口県大島郡東和町　二〇〇二
東近江市史愛東の歴史編集委員会編『東近江市愛東の歴史　第3巻　本文編』滋賀県東近江市　二〇一〇
福田アジオほか編『日本民俗大辞典　上・下』吉川弘文館　一九九九・二〇〇〇
〈コラム・住まいと療養〉
小泉和子編『家で病気を治した時代　昭和の家庭看護』農山漁村文化協会　二〇〇八
新村拓編『日本医療史』吉川弘文館　二〇〇六
夏目漱石『硝子戸の中』一九一五（『夏目漱石全集一〇』筑摩書房　一九八八　所収）
〈尻拭い〉
斎藤たま『落し紙以前』論創社　二〇〇五
渡辺信一郎『江戸のおトイレ』新潮選書　二〇〇二
大田区立郷土博物館編『トイレの考古学』東京美術　一九九七
〈マヤ〉
草野和夫『東北民家史研究』中央公論美術出版　一九九一

〈コラム・洋風建築〉
開国百年記念文化事業会編『明治文化史　第12巻　生活篇』洋々社　一九五五
越野武『北海道における初期洋風建築の研究』北海道大学図書刊行会　一九九三
『ビジュアル版日本の技術100年　6　建築 土木』筑摩書房　一九八九
遠藤明久『北海道住宅史話　上』住まいの図書館出版局・住まい学体系61　一九九四
〈牛小屋〉
杉本尚次『近畿地方の民家』明玄書房　一九六九
〈豚小屋（豚舎）〉
鶴藤鹿忠『琉球地方の民家』明玄書房　一九七二
〈コラム・バリアフリー〉
総務省『昭和四五年～平成二七年国勢調査』
総務省『平成二五年住宅・土地統計調査報告』
内閣府『高齢者の住宅と生活環境に関する意識調査』二〇一一
〈家畜を飼育する道具〉
堀之内町編集『堀之内町史　通史編　下巻』堀之内町　一九九七
五十嵐稔「江別市篠津地区見聞抄」『昔風と當世風』八八号　古々路の会　二〇〇五
〈味噌部屋〉
瀬川清子『食生活の歴史』講談社学術文庫　二〇〇一
静岡県『静岡県史　資料編23　民俗1』静岡県　一九八九
〈稗倉〉
福田アジオほか編『日本民俗大辞典　上・下』吉川弘文館　一九九九・二〇〇〇
日本民俗建築学会編『写真でみる民家大事典』柏書房　二〇〇五
文化庁文化財保護部編『民俗資料選集25　焼畑習俗』財団法人国土地理協会　一九九七
文化庁文化財保護部編『民俗資料選集30　焼畑習俗Ⅱ』財団法人国土地理協会　二〇〇二
新潟県教育委員会編『新潟県文化財調査報告書第4　民俗資料』一九五八
群馬県教育委員会編『群馬県民俗調査報告書第4集　六合村の民俗』群馬県教育委員会　一九六三

石川県白山自然保護センター編『白山の自然誌7　白山の出作り』石川県白山自然保護センター　一九八六
佐々木高明『日本の焼畑』古今書院　一九七二
野本寛一『焼畑民俗文化論』雄山閣出版　一九八四
増田昭子『雑穀の社会史』吉川弘文館　二〇〇一
松田民俗研究所編『井川雑穀文化調査報告書』井川雑穀文化調査委員会　二〇〇四
『昔話と當世風　静岡市葵区井川地区合同調査特集　第91号』古々路の会　二〇〇七
日本木地師学会編『信州秋山郷の木鉢の民俗』川辺書林　二〇一〇

〈板倉〉

小野芳次郎『山形県の民家　その風土と暮し』高陽堂書店　一九七七
田島豊穂「穀櫃についての第一報」『群馬歴史民俗』創刊号　群馬歴史民俗研究会 一九八〇
高尾純宏「秩父地方の穀箱」『東京家政学院生活文化博物館年報』五号　東京家政学院生活文化博物館　一九九七
本多修「くらその他」『日本民俗学大系　第6巻　生活と民俗』平凡社　一九五八

〈土蔵〉

伊藤ていじ・高井潔『日本の倉』淡交社　一九七三
伝統技法研究会編『所沢の土蔵における技法』伝統技法研究会　一九九九
伝統技法研究会編『さがの苑（大野屋）調査報告書』伝統技法研究会　二〇〇三

〈木小屋〉

保仙純剛『日本の民俗　奈良県』第一法規　一九七二
小倉学『日本の民俗　石川県』第一法規　一九七四
脇田雅彦『廿日市町史　通史遍　下　廿日市町の民俗編』岐阜県廿日市町　一九八八

〈小屋裏〉

上田篤『日本人とすまい』岩波新書　一九八〇
津山正幹『民家と日本人　家の神・風呂・便所・カマドの文化』慶友社　二〇〇八

〈地下ムロ〉

真島俊一・宮坂卓也「都市・木造住宅と台所―昭和十一（一九三六）年の文化住宅から」日本生活学会『生活学　台所の百年』ドメス出版　一九九九

佐久市志編纂委員会『佐久市志　民俗編　上』佐久市　一九九〇

長野県編『長野県史　民俗編　第5巻　総説2　さまざまな暮らし』長野県史刊行会　一九九一

〈郷蔵〉

富山博「村の蔵・町の蔵」『民俗建築』一一四号　日本民俗建築学会　一九九八

小林平左衛門『郷蔵制度の変遷』一九三四

〈水車小屋〉

出水力『水車の技術史』思文閣出版　一九八七

平岡昭利編『水車と風土』古今書院　二〇〇一

〈納屋・物置〉

山口県編『山口県史　資料編　民俗1　民俗誌再考』山口県　二〇〇二

金谷玲子・秋山晴子「近世後期以降の農家形態の変化について　山口市の釣屋形式を通して」『福岡教育大学紀要　第44号　第5分冊』一九九五

山口市教育員会、山口市文化財センター編『叶木かやぶき農村集落　伝統的建造物群保存対策調査報告書』山口市教育委員会　一九九二

〈煙草乾燥小屋〉

千森督子「煙草乾燥小屋の特性と変容」『民俗建築』一三五号　日本民俗建築学会　二〇〇九

千森督子「西川家煙草乾燥小屋」『和歌山県の近代化遺産　和歌山県近代化遺産（建造物等）総合調査報告書』和歌山県教育庁　二〇〇七

高橋隆博「煙草」日本民俗建築学会編『日本の生活環境文化大事典』柏書房　二〇一〇

〈コラム・屋上の農業〉

奥平建人「緑化建築の変遷とその類型化分析」法政大学大学院修士論文　二〇〇四

〈カンテラ・ランプ〉

近畿日本ツーリスト株式会社日本観光文化研究所編『研究紀要4』博文社　一九八三

静岡県『静岡県史 別編I 民俗文化史』ぎょうせい　一九九五

湯本豪一『図説　明治事物起源事典』柏書房　一九九六

日本民具学会編『日本民具辞典』ぎょうせい　一九九七

〈提灯・行灯〉

『下学集』一四四四（国立国会図書館デジタルコレクションを参照）

喜多村筠庭『筠庭雑考』一八四三（『日本随筆大成』第Ⅱ期8巻　吉川弘文館　所収）
喜田川守貞『守貞謾稿』一八三七起稿（『守貞謾稿』東京堂出版　一九九二）
日本のあかり博物館『あかり』一九九七

〈燭台〉
『下学集』一四四四（国立国会図書館デジタルコレクションを参照）
小泉和子『家具と室内意匠の文化史』法政大学出版局　一九七九

〈火おこし・火の保存〉
鈴木秋彦「発火用具の変遷」『文化財展示コーナー解説 No.39』新発田市教育委員会　一九九九
鈴木暁「遺跡から見つかった火の道具」『文化財展示コーナー解説 No.109』新発田市教育委員会　二〇〇五

〈秉燭・短檠〉
『下学集』一四四四（国立国会図書館デジタルコレクションを参照）
小泉和子『家具と室内意匠の文化史』法政大学出版局　一九七九

〈火鉢〉
宮本馨太郎『燈火　その種類と変遷』朝文社　一九九四
小泉和子『道具が語る生活史』朝日新聞社　一九八九
山東京伝「骨董集」『日本随筆大成　第一期　15巻』吉川弘文館　一九七六

〈ストーブ〉
「福禄石炭ストーブのコレクション付きポスター」『川口市文化財調査報告書　第15集』川口市教育委員会　一九八二
宇田哲雄「福禄ストーブの形式について」『民具研究』一一四号　日本民具学会　一九九七

〈炬燵〉
小泉和子『道具が語る生活史』朝日新聞社　一九八九
小川望「コタツをめぐる民具たち」『多摩のあゆみ』六九号　たましん地域文化財団　一九九二

〈火棚〉
柳田國男編『居住習俗語彙』
川島宙次『滅びゆく民家　間取り・構造・内部』主婦と生活社　一九七三

〈畳〉
伊藤ていじ『民家は生きてきた』美術出版社　一九六三
小倉強『東北の民家』相模書房　一九五五
広島県立歴史博物館編『備後表　畳の歴史を探る』広島県立歴史博物館　一九九〇
西和夫「一間の長さの変遷とその地域分布」網野善彦他『列島の文化史3』日本エディタースクール出版部　一九八六
小川光陽『寝所と寝具の文化史』雄山閣出版　一九八四
伝統技法研究会編『伝技塾3　畳―蘇れ、藁とイグサと職人技』伝統技法研究会　二〇〇八
神崎彰利『検地　縄と竿の支配』教育社　一九八三
平井聖『日本人のすまい』市ヶ谷出版社　一九八八
菊池憲夫『岩手の古民家建築』胆江日日新聞社　二〇〇三
平井ゆか「畳と畳を支えるシステムの開発と普及についての文献に関する研究」『住宅総合研究財団研究年報27』二〇〇一
宮崎清『ものと人間の文化史55-2　藁2』法政大学出版会　一九八五
〈莫蓙・筵〉
柳田國男他編『居住習俗語彙』
宮崎清『ものと人間の文化史55-1・55-2　藁1・2』法政大学出版局　一九八五
〈布団・掻巻き〉
瀬川清子『きもの』六人社　一九四八
小川光陽『風俗文化史選書7　寝所と寝具の歴史』雄山閣出版　一九七三
小泉和子『道具が語る生活史』朝日新聞出版　一九八九
小泉和子『昭和の家事　母たちのくらし』河出書房新社　二〇一〇
〈枕〉
小川光陽『寝所と寝具の文化史』雄山閣出版　一九八四
福島惣一郎「枕の民俗」『民間伝承』一六巻六号　一九五二
宮田登『妖怪の民俗学』岩波書店　一九八五
矢野憲一『枕』法政大学出版局　一九九六

〈つぐら〉

中野修一「ツグラ」『文化財展示コーナー解説No.55』新発田市教育委員会　二〇〇〇

斎藤たま『わらの民俗誌』論創社　二〇一一

〈椅子〉

鍵和田務『椅子のフォークロア』柴田書店　一九七七

小泉和子『家具と室内意匠の文化史』法政大学出版局　一九七九

神戸市立博物館『神戸・横浜〝開花物語〟』神戸市立博物館　一九九九

家具の歴史館『家具の年表　その1　椅子』家具の歴史館・家具保存協会

〈箒〉

大橋順二「〝ナデ〟談義」『新発田郷土誌』一号　新発田市史編纂委員会　一九六二

大島建彦・御巫理花『掃除の民俗』三弥井書店　一九八四

前田伊勢松『箒神風土紀』自費出版　一九八四

飯島吉晴「子供の発見と児童遊戯の世界」『日本民俗文化大系　第10巻　家と女性』小学館　一九八五

田中久夫「箒とその俗信覚書―出産儀礼の中から」『祖先祭祀の展開　日本民俗学の課題』清文堂出版　一九九九

鈴木秋彦「ほうき」『文化財展示コーナー解説No.62』新発田市教育委員会　二〇〇一

〈ちゃぶ台〉

石毛直道「食卓の変化」祖父江孝男・杉田繁治編『現代日本文化における伝統と変容1　暮らしの美意識』ドメス出版　一九八四

石毛直道ほか「現代日本における家庭と食卓―銘々膳からチャブ台へ」『国立民族学博物館研究報告別冊　16号』一九九一

小泉和子『ちゃぶ台の昭和』河出書房新社　二〇〇二

〈縁台〉

日本民具学会編『日本民具辞典』ぎょうせい　一九九七

焼津市総務部市史編さん室編『浜通りの民俗』焼津市史民俗調査報告書　第3集　焼津市　二〇〇四

佐藤道外『明治大正焼津街並往来絵図』東京美術　一九九一

〈蚊取線香〉

有田市誌編纂委員会編『有田市誌』有田市　一九七四

大日本除虫菊株式会社社史編纂室編集『金鳥の百年　大日本除虫菊株式会社百年史』大日本除虫菊　一九八八

〈蚊帳〉
小泉和子『家具と室内意匠の文化史』法政大学出版局　一九七九
柳平則子「佐渡の嫁入りガヤ」『民具マンスリー』一二巻七号　神奈川大学日本常民文化研究所　一九七九
GK道具学研究所・山口昌伴「蚊帳」『和風探索　にっぽん道具考』筑摩書房　一九九〇
〈コラム・電気の引かれた時期〉
僻地未点灯解消記念会編『へき地未点灯解消のあゆみ』僻地未点灯解消記念会　一九六四
橋爪紳也・西村陽編　都市と電化研究会著『にっぽん電化史』日本電気協会新聞部　二〇〇五
東京電力株式会社編纂『関東の電気事業と東京電力　電気事業の創始から東京電力50年への軌跡』東京電力　二〇〇二
小谷即一編『電力百年史　前編』政経社　一九八〇
小坂直人「離島の灯りと公共性」『北海学園大学経済論集52　4』通号一六〇号
「ルポタージュ〝サヨウナラ〟ランプ生活」『東京電力株式会社社報　No.147』東京電力　一九六三
「未点灯需用の解消について」『東京電力株式会社社報No.160』東京電力　一九六四
「文明の灯を送って―都市の未点灯家屋ゼロ―」『東京電力株式会社社報No.160』東京電力　一九六四
〈手水鉢〉
E・S・モース『日本人の住まい』八坂書房　一九九一
日本民具学会編『日本民具辞典』ぎょうせい　一九九七
『日本トイレ博物誌』INAX　一九九〇
〈生活改善運動〉
田中宣一編『暮らしの革命　戦後農村の生活改善事業と新生活運動』農山漁村文化協会　二〇一一
田中宣一「生活改善諸活動と民俗―『官』の論理と『民』の論理―」『民俗学論叢19』相模民俗学会　二〇〇四
富田祥之亮「むらの生活革命」新谷尚紀・岩本通弥編『都市の暮らしの民俗学1』吉川弘文館　二〇〇六
相模原市総務局総務課市編さん室編『相模原市史　民俗編』相模原市総務局総務課市編さん室　二〇一〇
〈カマドと風呂の改善〉
山崎祐子「カマドは市大改革―山梨市Hさんの生活改善」『民家と民俗の紐帯』民家と民俗の紐帯古川修文先生御退職記念誌発行委員会編　二〇〇七

〈限界集落〉
大野晃『山村環境社会学序説　現代山村の限界集落化と流域共同管理』農山漁村文化協会　二〇〇五
〈コラム・住宅地図の利用〉
内田宗治『ゼンリン 住宅地図と最新ネット地図の秘密』実業之日本社　二〇一四
〈住まい意識〉
塩谷壽翁「現代の住まいをつくりだしているもの—暮らしにあらわれる空間感覚を読む」日本生活学会『生活学　住まいの一〇〇年』ドメス出版　二〇〇二
〈農家の変容〉
三井田忠明「住居・変化するものしないもの」『柏崎市立博物館館報　第12号』柏崎市立博物館　一九九八
小林昌人『民家と風土』岩崎美術社　一九八五
田中宣一編『暮らしの革命　戦後農村の生活改善事業と新生活運動』農山漁村文化協会　二〇一一
〈町屋の変容〉
千森督子「間取り」日本民俗建築学会編『図説　民俗建築大事典』柏書房　二〇〇一
千森督子「間取り」日本民俗建築学会編『日本の生活環境文化大事典』柏書房　二〇一〇
大場修「町家」日本民俗建築学会編『日本の生活環境文化大事典』柏書房　二〇一〇
〈漁家の変容〉
高桑守史『漁村民俗論の課題』未来社　一九八三
〈民家の文化財指定〉
文化財保護委員会監修『民家のみかた調べかた』第一法規　一九六七
文化庁文化財部監修『文化財保護関係法令集』ぎょうせい　二〇〇六
中村賢二郎『わかりやすい文化財保護制度の解説』ぎょうせい　二〇〇七
〈民家博物館〉
杉本尚次『世界の野外博物館　環境との共生をめざして』学芸出版社　二〇〇〇
大原一興他『古民家の保存・活用のための方法論的研究　古民家の地域内保全と民家展示施設の考察』住宅総合研究財団研究年報26巻　二〇〇〇
横浜市歴史博物館、神奈川大学日本常民文化研究所編『屋根裏の博物館—実業家渋沢敬三が育てた民の学問—』横浜市歴史博物館　二〇〇二

鳥越憲三郎「日本民家集落博物館開設の経緯」『民具マンスリー』七巻一号　一九七四
日本集落博物館編集『日本民家集落博物館開館50周年記念誌』日本民家集落博物館　二〇〇六
『日本民家集落博物館活性化のための試案』日本民家集落博物館　一九九七
http://www.tatemonoen.jp/shuraku/index.html
〈街づくり〉
森隆男『住まいの文化論―構造と変容をさぐる―』柊風舎　二〇一二
〈民家の再生〉
『重要文化財奥家住宅保存修理工事報告書』文化財建造物保存技術協会　二〇一〇
『カール・ベンクス　よみがえる古民家』新潟日報事業社　二〇〇四

■単位の換算

●重さ・質量の単位

名称と記号	定義、換算、大きさなど	国際単位系（SI）*との関係
グラム（g）	＝1/1000kg	
キログラム（kg）	国際キログラム原器の質量	基本単位
貫	3.75kg	＝3.75kg
匁（mon）	1/1000貫	＝ 3.75g
両	10匁	＝37.5g
斤	160匁	＝600g

●長さ・距離の単位

名称と記号	定義、換算、大きさなど	国際単位系（SI）との関係
ミリメートル（mm）	＝1/10cm	
センチメートル（cm）	＝1/100m	
メートル（m）	1秒の299 792 458分の1の時間に光が真空中を伝わる行程の長さ	基本単位
尺（曲尺）	10/33m	＝0.3(03)**m
尺（鯨尺）	25/66m	＝0.3(78)m
寸（曲尺）	1/10尺	＝3.(03)cm
間	6尺	＝1.(81)m
尋	6尺	＝1.(81)m
丈	10尺	＝3.(03)m
町	60間	＝109.(09)m
里	36町	＝3.9(27)**km

＊：国際単位系（略称SI）は、メートル法に基づいてつくられた統一的で合理的な単位系であり、メートル、キログラム、秒、アンペアなど7つの基本単位がもとになっている。

＊＊：循環小数（カッコ内の数字が無限に続く）

■単位の換算

●面積の単位

名称と記号	定義、換算、大きさなど	国際単位系(SI)との関係
平方センチメートル(cm^2)	1辺の長さが1センチメートルの正方形の面積	
平方メートル(m^2)	1辺の長さが1メートルの正方形の面積	組立単位
坪・歩	1辺の長さが6尺(60/33m)の正方形の面積	≒3.305785m^2
畝	30坪	≒99.17355m^2
反	10畝	≒991.7355m^2
町	10反	≒9917.355m^2

●体積・容積の単位

名称と記号	定義、換算、大きさなど	国際単位系(SI)との関係
立方センチメートル(cm^3)	1辺の長さが1センチメートルの立方体の体積	
立方メートル(m^3)	1辺の長さが1メートルの立方体の体積	組立単位
リットル(L)	1dm^3	=0.001m^3
升	4寸9分×4寸9分×2寸7分	≒1.8039L
合	1/10升	≒0.18039L
斗	10升	≒18.039L
石	10斗	≒180.39L

■そのほかの単位

1俵(ぴょう)=4斗=約72リットル

執筆者紹介（五〇音順）　名前の脇の＊印は本書の編者および編集委員

赤田光男（あかた　みつお）帝塚山大学名誉教授／民俗学・民俗宗教

秋山晴子（あきやま　はるこ）福岡教育大学名誉教授／住居学・福祉住居学

秋山裕貴（あきやま　ひろたか）富士市役所／民俗学

飯島吉晴（いいじま　よしはる）前天理大学文学部教授／民俗学

五十嵐稔（いからし　みのる）日本民具学会会員・新潟県民具学会会長・新潟県民俗学会監事・古々路の会代表／民具

池田孝博（いけだ　たかひろ）柏崎市教育委員会／民俗建築・民具

池田亨（いけだ　とおる）新潟県民俗学会会員・日本考古学協会会員・日本民具学会会員／民具・民俗

磯部淳子（いそべ　じゅんこ）大牟田市立宅峰中学校教諭／家政学（住居）

板橋春夫（いたばし　はるお）日本工業大学教授／民俗学・住まい文化論

市川秀之（いちかわ　ひでゆき）滋賀県立大学人間文化学部教授／日本民俗学

印南敏秀（いんなみ　としひで）愛知大学地域政策学部教授／民俗・民具・生活学

上田喜江（うえだ　よしえ）安堵町歴史民俗資料館学芸員／日本民俗学（民俗芸能）

裏直記（うら　なおき）帝塚山大学非常勤講師／生業・歴史民俗・宗教民俗

榎美香（えのき　みか）千葉県立関宿城博物館主任上席研究員／民俗学・民具学

榎本直樹（えのもと　なおき）狛江市史編さん専門調査員／日本民俗学

大久根茂（おおくね　しげる）埼玉県立川の博物館研究交流部長／民俗学（民具）

岡絵理子（おか　えりこ）関西大学環境都市工学部教授／住環境学・都市計画学

小澤弘道（おざわ　ひろみち）日本民俗建築学会監事／近世史・日本民俗学

小花宰（おばな　おさむ）日本民俗建築学会会員／民家と町並み

折橋豊子（おりはし　とよこ）国学院大学文学部伝承文学専攻／民俗学

角幸博（かど　ゆきひろ）北海道大学名誉教授・ＮＰＯ法人歴史的地域資産研究機構代表理事／建築史学

加藤幸治（かとう　こうじ）東北学院大学文学部教授／日本民俗学（物質文化）

金谷玲子（かなや　れいこ）山口県立大学非常勤講師／住居学

金田正夫（かねだ　まさお）㈲無垢里一級建築士事務所主宰・法政大学デザイン工学部大学院兼任講師・職業能力開発短期大学校非常勤講師／住宅設計・パッシブ住宅・環境

狩野敏次（かのう　としつぐ）日本文藝家協会会員／文化史・建築史

河原典史（かわはら　のりふみ）立命館大学文学部教授／歴史地理学

岸本章（きしもと　あきら）岸本章設計所・多摩美術大学環境デザイン学科教授／建築・環境デザイン

粂智子（くめ　ともこ）日本民俗学会会員・相模民俗学会会員／口承文芸・人生儀礼

黒田一充（くろだ　かずみつ）関西大学文学部教授／日本民俗学

小島久美（こじま　くみ）日本民家集落博物館学芸員／民俗学

小林孝二（こばやし　こうじ）ＮＰＯ法人歴史的地域資産研究機構れきけん技術専門員／建築史・北海道建築史・住宅史・アイヌ建築史

駒木敦子（こまき　あつこ）富士見市立難波田城資料館学芸員／日本民俗学

今野大輔（こんの　だいすけ）成城大学民俗学研究所／民俗学

佐伯安一（さえき　やすかず）日本民俗建築学会名誉会員・日本民俗学会評議員・富山民俗の会代表／民俗学・近世農村史

坂本高雄（さかもと　たかお）日本民俗建築学会／地理学・民俗建築

佐々木康人（ささき　やすと）市立福知山市民病院附属看護学校講師／民俗学・生活文化史

佐藤照美（さとう　てるみ）日本民俗建築学会会員／日本民俗学

島袋綾野（しまぶくろ　あやの）石垣市立八重山博物館学芸員／考古学

神かほり（じん　かほり）日本民俗学会会員／日本民俗学・地域史

杉本尚次（すぎもと　ひさつぐ）国立民族学博物館・総合研究大学院大学名誉教授・日本民俗建築学会長／地理学・文化人類学

鈴木秋彦（すずき　あきひこ）新発田市立歴史図書館／日本民俗学

瀬川修（せがわ　おさむ）元岩手県立博物館学芸員／民俗学・民家

高田照世（たかだ　てるよ）帝塚山大学文学部准教授／民俗学・民俗宗教

高橋典子（たかはし　のりこ）シルク博物館学芸員／日本民俗学

田中斉（たなか　ひとし）元武蔵大学講師／民俗学

谷川隼也（たにかわ　じゅんや）古々路の会／民俗学

千森督子（ちもり　とくこ）和歌山信愛女子短期大学教授／住居学

津田良樹（つだ　よしき）前神奈川大学／建築史学

堤涼子（つつみ　りょうこ）多摩美術大学助手／環境デザイン

津山正幹（つやま　せいかん）日本民俗建築学会幹事長／民俗建築学

富山博（とみやま　ひろし）中部大学名誉教授／蔵・舞台・山車

内藤正敏（ないとう　まさとし）元東北芸術工科大学大学院教授／写真家・民俗学者

西岡陽子（にしおか　ようこ）大阪芸術大学文芸学科教授／民俗学

日塔和彦（にっとう　かずひこ）元東京藝術大学客員教授・文化財建造物修理技術者／日本、ヨーロッパ等の茅葺き技術・文化財建造物の修理技術

野沢謙治（のざわ　けんじ）放送大学福島学習センター客員教授／民俗学

野本寛一（のもと　かんいち）近畿大学名誉教授／日本民俗学

外立ますみ（はしだて　ますみ）日本民具学会理事／民具学

長谷川嘉和（はせがわ　よしかず）元同志社大学嘱託講師／日本民俗学

早川美奈子（はやかわ　みなこ）柏崎市立博物館学芸員／民俗学

林哲志（はやし　てつし）愛知県立成章高等学校教諭／地理学

早瀬哲恒（はやせ　あきひさ）元京都府立高等学校教諭／地理学

藤井裕之（ふじい　ひろゆき）吹田市立博物館副館長／日本民俗学

藤森寛志（ふじもり　ひろし）和歌山県立紀伊風土記の丘学芸員／

日本民俗学

藤原美樹（ふじわら　みき）福山大学工学部建築学科准教授／建築歴史・意匠

古家信平（ふるいえ　しんぺい）筑波大学人文社会系名誉教授／民俗学

古家晴美（ふるいえ　はるみ）筑波学院大学経営情報学部教授／民俗学

古川修文（ふるかわ　のぶひさ）元法政大学工学部教授／建築環境・民俗建築

堀内眞（ほりうち　まこと）山梨県立富士山世界遺産センター／山岳信仰

松田香代子*（まつだ　かよこ）愛知大学綜合郷土研究所研究員／日本民俗学・自然災害史・山岳信仰など

三井田忠明（みいだただあき）新潟大学・新潟産業大学非常勤講師／民俗学

御船達雄（みふね　たつお）和歌山県教育委員会／民家史

宮内貴久（みやうち　たかひさ）お茶の水女子大学教授／民俗学

宮﨑勝弘（みやざき　かつひろ）日本民俗建築学会／建築民俗学・一級建築士

宮﨑玲子（みやざき　れいこ）日本民俗建築学会／台所史研究・学術博士・一級建築士

明珍健二（みょうちん　けんじ）花園大学文学部文化遺産学科教授／日本民俗学

村上忠喜（むらかみ　ただよし）京都産業大学文化学部教授／日本民俗学

むらき数子（むらき　かずこ）古々路の会・総合女性史学会会員／日本近代史（昭和の生活史・助産師の歴史）

森隆男*（もり　たかお）元関西大学文学部教授・帝塚山大学大学院非常勤講師／日本民俗学

八木透（やぎ　とおる）佛教大学歴史学部教授／民俗学

山岸智香（やまぎし　ちか）医療法人博和会上松病院

山崎祐子*（やまざき　ゆうこ）学習院女子大学非常勤講師／日本民俗学

山城統（やましろ　おさむ）公益財団法人大阪府文化財センター／民俗学

山田巌子（やまだ　いつこ）弘前大学人文社会科学部教授／民俗学

吉田晶子（よしだ　しょうこ）元関西大学非常勤講師

米村敦子（よねむら　あつこ）宮崎大学教育学部教授／住居学

渡邊秀一（わたなべ　ひでかず）佛教大学歴史学部教授／歴史地理学（日本近世都市）

渡会奈央（わたらい　なお）ゲストハウス三奇楼／民俗学

■ヤ行

■マ行

■ナ行

■タ行

■カ行

索引

凡例

●目次項目はゴシック体で示し、その他は並字で示した。

●収録頁は、本文中に説明のあるものなど、主なものに限った。写真のキャプションを示す場合もある。

●配列は五十音順、静音・濁音・半濁音の順、アルファベット・数字、促音・拗音は読みのとおり。音引きは、はずして配列した。

■編者
森　隆男（もり　たかお）
1951年兵庫県生まれ。関西大学大学院修了。博士（文学）。日本民家集落博物館学芸員、尼崎市教育委員会学芸員、関西大学文学部教授を経て、現在帝塚山大学大学院非常勤講師。日本民俗建築学会奨励賞（1996年）、同竹内芳太郎賞（2018年）。著書に『住居空間の祭祀と儀礼』（岩田書院）、『住まいの文化論―構造と変容をさぐる―』（柊風舎）、『クチとオク―住まいの民俗学的研究の一視座』（清文堂）。編著に『民俗儀礼の世界』（清文堂）、『写真でみる民家大事典』（共編、柏書房）、『住まいと集落が語る風土―日本・琉球・朝鮮―』（関西大学出版部）など。

■編集委員
山崎祐子（やまざき　ゆうこ）
1956年福島県生まれ。東京女子大学卒業。宮本記念財団評議員・研究員。学習院女子大学非常勤講師。著書『明治大正商家の暮らし』（岩田書院）、編著『雛の吊るし飾り』（三弥井書店）、共著『日本の民俗７　男と女の民俗誌』（吉川弘文館）、『写真でみる民家大事典』（共編、柏書房）など。

松田香代子（まつだ　かよこ）
1959年静岡県生まれ。武蔵大学卒業。愛知大学綜合郷土研究所研究員、愛知大学非常勤講師。共著『千年に一度の大地震・大津波に備える～古文書・伝承に読む先人の教え～』（しずおかの文化新書10）、『雛の吊るし飾り』（三弥井書店）など。

編集・制作
・本作り空sola
・坂本由佳

装丁
・中浜小織

イラスト・作図
・いたやさとし
（18～23, 27, 80, 233, 237, 242, 256, 322, 362, 370, 372, 472, 561頁）

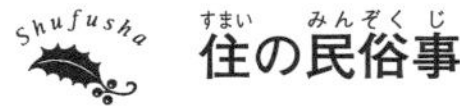

住の民俗事典（すまいみんぞくじてん）

2019年2月21日　第1刷

編　者　森　隆男
発行者　伊藤甫律
発行所　株式会社柊風舎
〒161-0034　東京都新宿区上落合1-29-7　ムサシヤビル5F
TEL. 03（5337）3299　FAX. 03（5337）3290

印　刷　株式会社明光社印刷所
製　本　小髙製本工業株式会社
ISBN978-4-86498-061-6　C0539

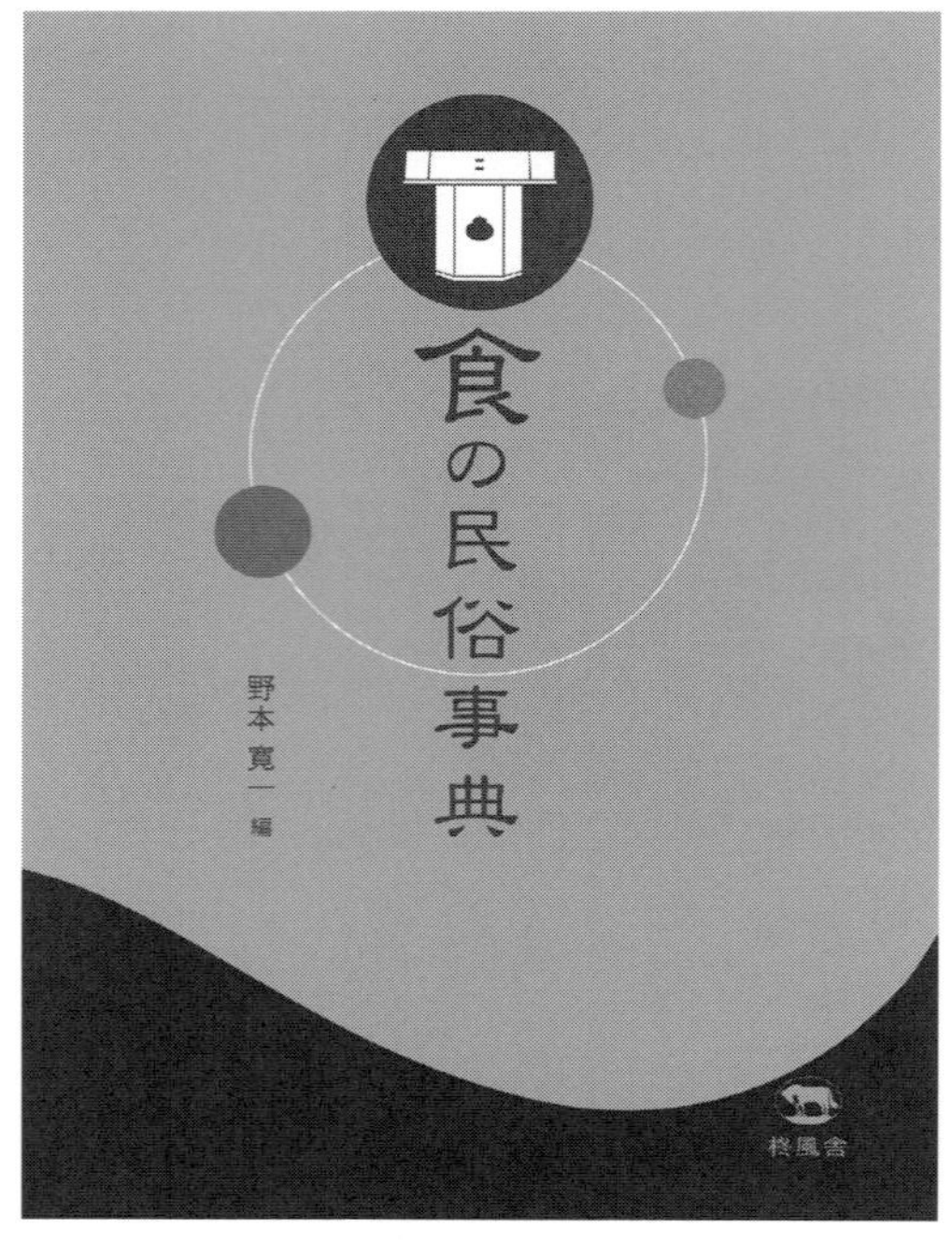
食の民俗事典
野本寛一 編
柊風舎